INTRODUCTION TO
CRIMINAL JUSTICE

형사사법 입문

범죄와 형벌

심희기 외

박영사

머리말

새로운 제목으로 개정된 본서의 출간에 앞서...

'현대 한국의 범죄와 형벌(부제: 형사사법 입문) 제3판'이 출간된 지 거의 3년 만에 책의 제목을 바꾸어 개정판을 출간한다. 현대 한국의 범죄와 형벌 제3판이 출간된 때가 2020년 8월이었는데, 그 사이 형법, 형사소송법, 기타 특별 형법이 여러 차례 개정되었고, 책의 내용 중에 언급되기도 한 일분 판례들에 변화가 있었음은 물론 중요 법령의 조문들이 헌법재판소에서 헌법불합치 혹은 위헌 결정을 받기도 하였다. 또한 범죄학, 심리학, 경찰학, 법과학 등 형사사법과 관련한 사회과학과 자연과학도 비약적으로 발전하고 있고, 디지털 기술의 엄청난 혁신은 형사사법분야에도 큰 영향을 주고 있다. 본서의 개정이 필요한 이유이다.

책의 제목이 바뀌게 되면서 초판의 발간 형식을 빌려 개정된 이 책의 특징은 다음과 같다.

첫째, 범죄심리학(제3장)을 기존 범죄학(제2장) 부분에서 별도로 떼어내 독자적인 장으로 신설하였고, 각론적 쟁점으로 사이버범죄(제8장)를 신설하여, 변화하는 범죄현상을 반영하여 내용을 보완하였다.

둘째, 현대 한국의 범죄와 형벌 제3판까지 포함되었던 '품위 있는 죽음'은 이제 일상 속에 정착되었다고 판단하여 삭제하였다.

셋째, 이 책을 강의교재 및 학습자료로 활용하는 독자들의 편의를 고려하여, 각 장의 퀴즈와 해설을 보완하고, 더욱 상세한 내용의 학습자료에 대한 접근과 검색을 위하여 참고문헌과 학습도우미 전자자료도 추가, 보완하였다.

넷째, 각 장의 앞 부분에서 제시된 스토리텔링은 가급적 한국에서 발생한 사건들을 소재로 제시하려고 노력하였다. 그러나 소개할 만한 적절한 스토리를 국내사건에서 발굴하기 어려운 경우에는 부득이 외국사건에서 끌어왔다.

아울러, 지난 현대 한국의 범죄와 형벌 제3판까지 '범죄와 형벌(Crime and Punishment)'을 주 제목으로 내세웠지만 개정된 이 책에서는 미국 등 영어권 국가의 선례처럼 '형사사법 입문(Introduction to Criminal Justice)'을 주 제목으로 내세워도 좋겠다는 생각이 들었다.

초판의 형식을 빌린 본서의 개정작업을 총괄하고 장의 순서까지 재조정해 주신 권칭국 교수님께 감사의 뜻을 전한다.

마지막으로 본서의 기획과 출판에 동의하여 흔쾌히 동참해주신 필자분들과 박영사의 편집과 디자인, 그리고 마케팅을 담당하는 직원 여러분들, 대표이사님, 박영사 회장님께 감사의 말씀을 전한다.

2023년 8월

집필진 대표 심희기(연세대학교 법학전문대학원 명예교수) 씀

차 례

제 1 장 21세기 한국형사사법의 개요 [심희기]

short storytelling ······ 2

Ⅰ. 수사와 공판 ······ 5

1. 수사기관의 수사 ······ 5
2. 검찰청 송치 ······ 5
3. 검사의 기소여부 판단 ······ 5
4. 공판절차 ······ 7

Ⅱ. 범죄와 불법행위의 구별 ······ 10

Ⅲ. 형벌론 ······ 12

1. 개요 ······ 13
2. 응보형론 ······ 13
3. 예방형론(=목적형론 deterrence) ······ 14
4. 재사회화 이념과 회복적 사법 ······ 14
5. 응보관념이 가장 잘 표현된 판결례 ······ 16
6. 교화와 개선: 보호관찰·사회봉사명령·수강명령 ······ 16
7. 21세기 한국의 형사사법이 나아가야 할 길 ······ 18

제 2 장 범죄학 [노성호]

short storytelling ······ 26

Ⅰ. 범죄학이란? ······ 29

Ⅱ. 범죄 연구를 위한 자료수집 방법 ······ 30

1. 공식통계 ······ 31
2. 자기보고조사 ······ 32
3. 범죄피해조사 ······ 33

Ⅲ. 범죄에 대한 다양한 설명: 범죄학 이론 ······ 33

1. 사회구조와 범죄의 연관성을 강조하는 입장 ······ 35
2. 사회통제와 범죄의 관계를 강조하는 입장 ······ 43
3. 범죄자에 대한 사회적 반응(낙인)을 강조하는 입장 ······ 48

제 3 장 범죄심리학 [최이문]

short storytelling ······ 58

Ⅰ. 범죄심리학이란? ······ 60
1. 대중적 인식 ······ 60
2. 범죄심리학의 정의 ······ 60
3. 인접학문과의 관계 ······ 61
4. 범죄심리학에 대한 오해와 이해 ······ 64

Ⅱ. 범죄심리학 연구방법 ······ 66
1. 임상적인 연구방법 ······ 66
2. 계량적인 연구방법 ······ 67
3. 신경과학적 방법 ······ 68

Ⅲ. 범죄에 대한 심리학적 설명 ······ 70
1. 신경범죄학적 설명 ······ 70
2. 심리학적 설명 ······ 78
3. 디지털 시대 인간의 변화와 범죄 행동 ······ 96

Ⅳ. 심리학과 범죄수사 ······ 98

제 4 장 비범죄화론과 범죄화론 [전지연]

short storytelling ······ 108

Ⅰ. 비범죄화론 ······ 110

1. 간통 ············110
2. 혼인빙자간음 ············111
3. 양심적 병역거부 ············112
4. 낙태 ············115

II. 범죄화론 ············120
1. 성매매 ············120
2. 스토킹 ············122

제5장 가정폭력과 교제폭력 [윤지영]

short storytelling ············136

I. 사회적 범죄로 대두된 가정폭력 ············137

II. 가정폭력 대응 입법과 주요 내용 ············138
1. 가정폭력범죄의 처벌 등에 관한 특례법 ············139
2. 가정폭력방지 및 피해자보호 등에 관한 법률 ············143

III. 최신의 가정폭력 실태 ············145
1. 배우자나 파트너에 의한 폭력 피해 경험 ············146
2. 아동폭력 가해 경험 ············147
3. 가족원폭력 피해 경험 ············148
4. 노인폭력 피해 경험 ············148

IV. 입법 공백 상태의 교제폭력 ············148

V. 교제폭력 관련 해외법제 ············150
1. 미국 ············150
2. 영국 ············151

VI. 교제폭력 대응을 위한 향후 과제 ············152

CONTENTS

제 6 장 아동학대 [심희기]

short storytelling ········· 166

Ⅰ. '아동복리법' 시대에서 '아동복지법·특례법' 시대로의 변화 ········· 169

Ⅱ. 아동학대의 개념 ········· 170

Ⅲ. 아동학대의 유형 ········· 171

1. 신체적 학대(physical abuse) ········· 171
2. 정서적 학대(emotional abuse) ········· 175
3. 성적 학대(child sexual abuse) ········· 177
4. 유기(abandonment)와 방임(neglect) ········· 179

Ⅳ. 아동복지법과 아동특례법의 주요 내용 ········· 180

1. 「아동학대 범죄의 처벌 등에 관한 특례법」의 내용 ········· 180
2. 일부개정된 아동복지법의 내용 ········· 182
3. 특례법 제정의 의미 ········· 182
4. 아동복지법과 특례법의 잦은 개정 ········· 184

제 7 장 성범죄자 재범억지를 위한 대책들 [윤지영]

short storytelling ········· 194

Ⅰ. 성범죄자 신상공개 ········· 196

Ⅱ. 위치추적 전자감독 ········· 204

Ⅲ. 성충동 약물치료 ········· 210

Ⅳ. 취업제한 ········· 214

Ⅴ. 공소시효 특례 ········· 216

Ⅵ. 한국의 미투운동과 과제 ········· 217

Ⅶ. N번방 사건과 디지털 성폭력 ········· 220

제 8 장 사이버범죄 [전지연]

short storytelling ···· 234

Ⅰ. 사이버범죄의 출현 ···· 235

Ⅱ. 사이버범죄의 유형과 현황 ···· 236

1. 사이버범죄의 유형 ···· 236
2. 사이버범죄의 현황 ···· 237

Ⅲ. 사이버범죄의 특징 ···· 238

1. 행위자 특성 ···· 238
2. 행위의 특성 ···· 240

Ⅳ. 사이버범죄의 종류 ···· 241

1. 해킹(Hacking; 정보통신망 무단침입) ···· 241
2. DDos 공격 ···· 242
3. 인터넷피싱 ···· 243
4. 사이버도박 ···· 245

제 9장 경 찰 [박다정]

short storytelling ···· 256

Ⅰ. 경찰이란 무엇인가? ···· 258

1. 경찰의 개념과 역사 ···· 258
2. 경찰의 활동전략과 현대 경찰 ···· 262

Ⅱ. 한국의 경찰조직과 기능 ···· 264

1. 조직구성 ···· 264
2. 기능별 업무 ···· 270

Ⅲ. 경찰관의 주요 직무 ···· 272

1. 경찰관의 직무범위 ······ 272
2. 행정경찰활동의 예 ······ 273

Ⅳ. 사법경찰활동 ······ 280
1. 수사의 개념과 수사기관 ······ 280
2. 「형사소송법」 개정과 수사권조정 ······ 281
3. 경찰수사의 흐름 ······ 283
4. 인권보장을 위한 수사의 지도원리 ······ 285

Ⅴ. 한국의 지역사회 경찰활동(community policing) ······ 286
1. 경찰활동에 대한 패러다임의 변환 ······ 286
2. 지역사회 경찰활동과 관련한 경찰활동의 예 ······ 287

제10장 범죄예방 [김연수]

short storytelling ······ 300

Ⅰ. 개관 ······ 304

Ⅱ. 범죄예방의 역사 ······ 305

Ⅲ. 범죄예방모델 ······ 306
1. 1차적 범죄예방 ······ 306
2. 2차적 범죄예방 ······ 307
3. 3차적 범죄예방 ······ 307

Ⅳ. 범죄예방기법 ······ 307
1. 환경설계를 통한 범죄예방(CPTED) ······ 307
2. 빅데이터를 활용한 범죄예방 ······ 311
3. 생체인식기술을 활용한 범죄예방 ······ 313

차 례

제11장 형 법 [김용수]

short storytelling ········· 324

Ⅰ. 죄형법정주의 ········· 326

1. 역사적 배경 ········· 326
2. 의의와 내용 ········· 328

Ⅱ. 「형법」과 형법전 ········· 329

1. 「형법」 ········· 329
2. 형법전 ········· 330

Ⅲ. 범죄와 형벌 ········· 332

1. 범죄 ········· 332
2. 형벌 ········· 332

Ⅳ. 사안의 형법적 쟁점 ········· 334

1. 명확성의 원칙 ········· 334
2. 예비·음모죄와 미수범 ········· 334
3. 교사의 의미와 실패한 교사 ········· 335
4. 살인죄의 종류 ········· 336

제12장 정당방위 [이강민]

short storytelling ········· 346

Ⅰ. 범죄의 성립요소: 구성요건해당성과 위법성 그리고 책임 ········· 349

1. 구성요건해당성과 위법성 그리고 책임의 의의 ········· 349
2. 구성요건해당성과 위법성의 관계 ········· 350
3. 위법성과 책임의 관계 ········· 350
4. 위법성과 위법성조각사유 ········· 350

Ⅱ. 정당방위란 무엇인가? ········· 351

Ⅲ. 어떠한 행위가 정당방위가 되는가? ····· 352
1. 자기 또는 타인의 법익에 대한 현재의 부당한 침해 ····· 352
2. 방위하기 위한 행위 ····· 357
3. 상당한 이유 ····· 358
Ⅳ. 정당방위에 해당하면? ····· 359
Ⅴ. 정당방위에 해당하는 사례들 ····· 360

제13장 형사소송법: 실체적 진실의 발견과 적법한 절차 [권창국]

short storytelling ····· 376
Ⅰ. 「형사소송법」의 의의 ····· 379
1. 형사소송이 지향하는 목표: 형사소송의 이념 ····· 379
2. 형사소송의 이념을 실현하기 위한 도구로서 「형사소송법」: 형사소송의 구조 ····· 380
Ⅱ. 실체적 진실의 추구와 적법절차 ····· 384
1. 어떠한 절차가 적법한 절차인가?: 적법절차원칙 ····· 384
2. 영장주의원칙이란 무엇인가? ····· 385
3. 위법하게 수집된 증거와 적법절차원칙: 위법수집증거배제법칙 ····· 388
Ⅲ. 진술거부권 및 진술거부권을 고지받을 권리 ····· 392
Ⅳ. 범죄수사와 수사기관: 수사권의 분재와 조정 ····· 396
1. 수사의 의의 및 유형, 수사조건 ····· 396
2. 수사기관과 수사권 ····· 398
Ⅴ. 공판절차 및 재판 ····· 404
1. 공판절차 ····· 404
2. 재판의 확정과 상소 ····· 406
Ⅵ. 재심 ····· 413

차 례

제14장 교정학 [안성훈]

short storytelling ······ 428

Ⅰ. 교정 일반론 ······ 430

1. 교정 및 행형법의 의의 ······ 430
2. 국가와 수용자의 관계 ······ 431
3. 교정처우의 원칙 ······ 431
4. 교정시설 수용 현황 ······ 432

Ⅱ. 「형의 집행 및 수용자의 처우에 관한 법률」 ······ 436

1. 연혁 ······ 436
2. 형집행법의 주요 내용 ······ 436

Ⅲ. 한국 교정행정의 당면과제 ······ 444

1. 노인수형자의 급증에 따른 대책마련 ······ 444
2. 과밀수용 해소방안 마련 ······ 446

제15장 소년사법 [김정환]

short storytelling ······ 462

Ⅰ. 소년범죄 ······ 464

1. 소년범죄의 개념 ······ 464
2. 소년범죄의 실태 ······ 464
3. 소년범죄대책의 필요성 ······ 466

Ⅱ. 「소년법」 ······ 467

1. 「소년법」의 연혁 ······ 467
2. 「소년법」의 적용대상 ······ 469
3. 소년사건의 처리절차 ······ 471

제16장 현대 형사사법절차와 법과학 [권창국]

short storytelling ······ 486
Ⅰ. 법과학의 기원과 발전 ······ 488
Ⅱ. 법과학과 형사사법절차 ······ 494
Ⅲ. DNA 프로파일링 및 DNA 데이터베이스 ······ 499
Ⅳ. 디엔에이법에 대한 위헌논란: Fingerprint Analogy vs. Genetic Privacy ······ 502
Ⅴ. 법과학에 대한 올바른 접근과 이해 ······ 506

제17장 피해자학 [박종승]

short storytelling ······ 518
Ⅰ. '피해자 비난'에서 '피해자 보호'로의 변화 ······ 520
Ⅱ. 피해자의 개념 및 피해의 유형 ······ 521
1. 피해자의 개념 ······ 521
2. 피해의 유형 ······ 521
Ⅲ. 범죄피해자 보호를 위한 법률의 주요 내용 ······ 526
1. 「범죄피해자 보호법」의 취지 및 주요 내용 ······ 526
2. 「범죄피해자보호기금법」의 취지 및 주요 내용 ······ 528
3. 기타 피해자보호 관련 법률 ······ 528
Ⅳ. 범죄피해자 보호 현실 ······ 529
1. 경제적 지원제도 ······ 529
2. 심리적 지원제도 ······ 530
3. 신체적 보호제도 ······ 531
4. 법률적 지원제도 ······ 531

Ⅴ. 피해자 보호를 위한 발전 방향 ······ 532

제18장 국민참여재판 [김형국]

short storytelling ······ 544
Ⅰ. 국민주권주의와 국민참여재판 ······ 546
Ⅱ. 국민참여재판의 형태, 참심제와 배심제 ······ 547
Ⅲ. 국민참여재판의 유래와 발전 ······ 548
Ⅳ. 국민참여재판의 절차 ······ 551
1. 국민참여재판의 신청과 배심원의 사격 ······ 551
2. 배심원선정절차 ······ 552
3. 국민참여재판의 공판과 배심원의 평결 ······ 554
Ⅴ. 국민참여재판의 효력과 전망 ······ 555

찾아보기 ······ 566

/ 제1장 /

21세기 한국형사사법의 개요

– 심희기

범죄와 형벌

Ⅰ. 수사와 공판
Ⅱ. 범죄와 불법행위의 구별
Ⅲ. 형벌론

short storytelling

의붓아버지 살해 사건(대법원 1992. 12. 22. 선고 92도2540 판결)

▌사안

대학생 D는 학교 친구 D2로부터 D2의 의붓아버지 V(피살자)와의 관계를 고백 받고 같이 번민하다가 'V를 살해하고 강도로 위장하기로 공모'하였다. D가 전날 서울 창동시장에서 범행에 사용할 식칼, 공업용 테이프, 장갑 등을 구입한 후 범행장소인 충주에 내려가서 D2와 전화통화로 범행시간을 정하고(살인의 예비·음모), 약속된 시간인 1992. 1. 17. 01:30경 D2가 열어준 문을 통하여 V의 집안으로 들어간 다음(주거침입), V가 술에 취하여 잠들어 있는 방에 몰래 들어가 V의 머리맡에서 식칼을 한손에 들고 V를 겨누고(실행의 착수) 양 무릎으로 V의 양팔을 눌러 꼼짝 못하게 한 후, V를 깨워 V가 제대로 반항할 수 없는 상태에서 'D2를 더 이상 괴롭히지 말고 놓아 주라'는 취지의 몇 마디 이야기를 하다가 들고 있던 식칼로 V의 심장을 1회 찔렀다. V는 그 자리에서 사망하였다(살인 기수). D는 V가 강도살인을 당한 것처럼 위장하기 위하여 죽은 V의 양 발목을 공업용 테이프로 묶은 다음 현금을 찾아 태워 없애고(재물손괴) 장농, 서랍 등을 뒤져 범행현장에 흩어 놓고 나서, V가 다른 강도범에게 당한 것처럼 꾸미려고 D2의 브래지어 끈을 칼로 끊고 양손목과 발목을 공업용 테이프로 묶은 다음 달아나고, D2는 양손목과 발목이 공업용 테이프로 묶인 채 옆집에 가서 '강도를 당하였다'고 허위로 신고하였다(여기서 D2와 D의 범행이 우발적으로 이루어진 것이 아님을 알 수 있다). D2와 D는 살인의 공동정범으로 기소되었다. 제1심은, D에게 징역 7년, D2에게 징역 4년을 선고하였다. D2와 D가 항소하였다. 항소심(제2심)은 D에게 징역 5년, D2에게 '징역 3년 5년간 집행유예'를 선고하였다. D2와 D는 '정당방위로 인한 무죄' 혹은 '양형과중'(量刑過重)을 주장하며 상고하였다.

▌쟁점

법관은 유죄를 인정하고 선고형을 정할 때 "1. 범인의 연령, 성행, 지능과 환경 2. V(피해자)에 대한 관계 3. 범행의 동기, 수단과 결과 4. 범행 후의 정황"을 참작[1]하여 정한

---

1 「형법」 제51조(양형의 조건) 형을 정함에 있어서는 다음 사항을 참작하여야 한다. 1. 범인의 연령, 성행, 지능과 환경 2. V에 대한 관계 3. 범행의 동기, 수단과 결과 4. 범행 후의 정황.

다. 이를 양형(量刑)이라고 한다. 법관이 양형할 때는 개선교화(reformation, rehabilitation), 무력화(incapacitation, restraint), 응보(retribution, just desert), 특별예방(individual deterrence, special prevention), 일반예방(general deterrence, general prevention) 등을 종합적으로 고려한다. '특정한 케이스에 봉착하여 어떤 목적을 어떻게 고려하여야 하는가' 하는 문제(sentencing)는 매우 어려운 문제이다. D2와 D에게 특별예방의 필요는 없어 보이는데도 D에게 징역 5년, D2에게 '징역 3년 5년간 집행유예'를 선고하는 것이 정당한 양형인가?

▌재판요지(상고기각)

1. 원심의 사실인정을 수긍하기에 부족함이 없다. 사실관계가 위와 같은 이상 피고인들(D, D2)의 이 사건 범행이 우발적으로 이루어진 것이라고 볼 수도 없다.

그리고 사실관계가 원심이 인정한 바와 같다면, 피고인들에게 '기대가능성이 없다'는 주장을 배척한 원심의 조처도 수긍할 수 있고 거기에 기대가능성의 법리를 오해한 위법이 없다.

2. 정당방위 또는 과잉방위를 주장하는 부분에 대하여

원심이 인정한 바와 같이, 피고인 D2가 약 12살 때부터 의붓아버지인 피해자의 강간행위에 의하여 정조를 유린당한 후 계속적으로 이 사건 범행무렵까지 피해자와의 성관계를 강요받아 왔고, 그 밖에 피해자로부터 행동의 자유를 간섭받아 왔으며, 또한 그러한 침해행위가 그 후에도 반복하여 계속될 염려가 있었다면, 피고인들의 이 사건 범행 당시 피고인 D2의 신체나 자유 등에 대한 현재의 부당한 침해상태가 있었다고 볼 여지가 없는 것은 아니나, 그렇다고 하여도 판시와 같은 경위로 이루어진 피고인들의 이 사건 살인행위가 「형법」 제21조 소정의 정당방위나 과잉방위에 해당한다고 하기는 어렵다.

정당방위가 성립하려면 침해행위에 의하여 침해되는 법익의 종류, 정도, 침해의 방법, 침해행위의 완급과 방위행위에 의하여 침해될 법익의 종류, 정도 등 일체의 구체적 사정들을 참작하여 방위행위가 사회적으로 상당한 것이었다고 인정할 수 있는 것이어야 하는데(당원 1966. 3. 15. 선고 66도63 판결; 1984. 6. 12. 선고 84도683 판결 각 참조), 피고인들이 사전에 판시와 같은 경위로 공모하여 범행을 준비하고, 술에 취하여 잠들어 있는 피해자의 양팔을 눌러 꼼짝 못하게 한 후 피해자를 깨워 피해자가 제대로 반항할 수 없는 상태에서 식칼로 피해자의 심장을 찔러 살해한다는 것은, 당시의 상황에 비추어도 사회통념상 상당성을 인정하기가 어렵고, 피고인들의 범행의 동기나 목적을 참작하여도 그러하므로, 원심이 피고인들의 판시 행위가 정당방위에 해당한다거나 야간 기타 불안스러운 상태하에서 공포, 경악, 흥분 또는 당황으로 인하여 그 정도를 초과한 경우에 해당한다는 피고인들의 주장을 배척한 조처도 정당하고, 거기에 소론과 같은 법리를 오해하거나 채증법칙을 어긴 위법이 있다고 할 수 없다.

정당방위의 성립요건으로서의 방어행위에는 순수한 수비적 방어뿐 아니라 적극적 반격을 포함하는 반격방어의 형태도 포함됨은 소론과 같다고 하겠으나, 그 방어행위는 자기 또는 타인의 법익침해를 방위하기 위한 행위로서 상당한 이유가 있어야 하는데, 피고인들의 판시 행위가 위에서 본 바와 같이 그 상당성을 결여한 것인 이상 정당방위행위로 평가될 수는 없는 것이므로, 원심이 피고인들의 이 사건 범행이 현재의 부당한 침해를 방위할 의사로 행해졌다기 보다는 공격의 의사로 행하여졌다고 인정한 것이 적절하지 못하다고 하더라도, 정당방위행위가 되지 않는다는 결론에 있어서는 정당하여, 이 사건 판결의 결과에 영향이 없는 것이다.

3. 심신장애를 주장하는 부분에 대하여

「형법」 제10조 소정의 심신장애의 유무 및 정도를 판단함에 있어서 반드시 전문인의 의견에 기속되어야 하는 것은 아니고 범행의 경위, 수단, 범행 전후의 피고인의 행동 등 기록에 나타난 제반자료와 공판정에서의 피고인의 태도 등을 종합하여 법원이 독자적으로 판단할 수 있는 것이다(당원 1983. 7. 12. 선고 83도1262 판결; 1990. 11. 27. 선고 90도2210 판결; 1991. 9. 13. 선고 91도1473 판결 각 참조).

그러므로 원심이 같은 취지에서, 원심증인 김광일, 김재환의 법정에서의 각 진술부분과 그들이 작성하여 공판기록에 편철된 피고인들의 정신 및 심리상태의 조회에 대한 회신의 각 기재부분은 그들이 피고인들을 면담조차 아니한 채 변호인이 제공한 이 사건 공판기록의 일부분과 변호인이 작성한 '사실관계요지서'라는 서면에 기초하여 피고인들의 정신 및 심리상태를 분석하여 작성되었거나 이를 근거로 진술한 것이라는 이유로 배척하고, 이 사건 기록에 나타난 피고인들의 연령, 생활환경, 성장과정, 대학교 생활의 내용 및 성적, 이 사건 범행 당시의 상황, 그 범행 후의 정황 등과 그 밖에 수사기관을 비롯하여 제1심 및 원심법정에서의 피고인들의 태도 및 언동 등에 비추어 보면 피고인들이 이 사건 범행 당시 사물을 변별할 능력이나 의사를 결정할 능력이 없었다거나 미약한 상태에 있었던 것은 아니라고 하여 피고인들의 심신장애 또는 심신미약의 주장을 배척한 조처는 정당한 것으로 수긍이 가고, 거기에 채증법칙을 어긴 위법이 있다거나 소론과 같은 법리오해의 위법이 있다고 할 수 없다.

4. 양형부당을 주장하는 부분에 대하여

피고인들에게 각 징역 10년 미만이 선고된 이 사건에서 양형부당을 이유로 하여서는 「형사소송법」상 적법한 상고이유로 삼을 수 없다.

I 수사와 공판

1. 수사기관의 수사

수사의 단서(변사체 발견, 고소·고발, 언론보도 등)가 있으면 수사기관(사법경찰관과 검사)은 수사를 개시한다.

[Box 1.1] 수사의 예

1981년 6월에 전주에서 변사체가 발견되었다. 경찰은 범행시각을 1981년 6월 24일 23시경으로 추정하였다. D는 살인사건의 유력한 용의자로 지목되었다. 경찰이 D를 유력한 용의자로 지목한 이유는 두 가지였다. 하나는 '범인이 피살된 V의 얼굴을 덮어씌워 묶었던 티셔츠가 D가 소지하고 있던 티셔츠와 같은 종류의 것이었다'는 점이었고 또 하나는 '6월 24일을 전후하여 D가 입고 있던 바지에서 피살된 V의 혈액형과 같은 형인 AB형의 혈흔이 검출되었다'는 점이었다. 변사체가 발견되면 검사의 지휘(「형사소송법」 제222조)로 사법경찰관이 범죄로 인한 사망인지 여부를 판정하고 범죄로 인한 사망으로 판명되면 사법경찰관은 범인이 누구인지 조사를 시작하고 증거수집에 돌입한다(「형사소송법」 제195조). 증거재판주의가 채택(「형사소송법」 제307조)되어 있어 사법경찰관의 주관적 혐의만으로는 범인을 처벌할 수 없기 때문이다.

2. 검찰청 송치

사법경찰관이 특정 사건에 대한 수사를 종결하였을 때 경찰관서장 또는 해양경비안전기관의 장의 지휘를 받아 사건을 모두 관할 지방검찰청 검사장 또는 지청장에게 송치한다(범죄수사규칙 제189조).

3. 검사의 기소여부 판단

사건이 검찰에 송치되면, 검사는 피의자에 대해 불구속 상태 혹은 구속 상태로 보강수사를 추가하여 공소제기 여부를 판단한다. 송치된 사건에 대한 검사의 종결처분은 크게 기소처분과 불기소처분으로 구분할 수 있다. 피의자를 유죄로 판단할 만한 객관적 혐의가 구비되고 처벌의 필요가 인정되면 검사는 공소를 제기한다(「형사소송법」 제246조). 그러나 피의자를 유죄로 판단할 만한 객관적 혐의가 구비되어 있다 하더라도 검사가 보기에 처벌의 필요가 인정되면 검사는 공소를 제기하지 않을 수 있다(「형사소송법」 제247조). 이를 **기소편의주의**라고 한다. 한국 형사소송법이 기소편의주의를 채택한 이유는 검찰청에 송치된 모든 사건을 기소하면 법원이 감당할 수 없을 만큼 기소되는 사건이 많아지고 또 송치된 사건 중에서 굳이 기소할 필요가 없는 사건도 많기 때문이다. 그러므로 검사는 이를 '케이스 바이 케이스' 기조로 잘 분별해 내야 한다. 기소하지 않는다고 해서 피의자에게 아무 부담도 지우지 않는 것이 아니라, 각종의 조건(교육조건부, 선도조건부, 봉사활동 조건부 등)을 붙여 불기소처분한다. 검사의 합리적인 재량권 행사를 믿지 못하는 나라에서는 송치받은 모든 사건을 기소하게 되는데 그런 법제를 **기소법정주의**라고 한다. 독일 「형사소송법」이 기소법정주의를 취하고 있지만 넘쳐나는 기소의 공소유지를 감당하기 어려워 조금씩 사실상의 기소편의주의의 폭을 넓히고 있는 추세에 있다. 정치적으로 민감한 사안에서는 불기소처분을 통지받은 고소인이 고등법원의 재판을 받아 검사에게 기소를 강제하는 통로(「형사소송법」 제260조 이하의 기소강제절차)가 열려 있다.

[Box 1.2] 검사의 '부당한 기소유예처분'에 대한 재정신청이 수용된 사례(대법원 1988. 1. 29. 자 86모58 결정)

'다른 사람의 주민등록증을 변조·행사한 위장취업' 혐의로 구속된 여대생 V는 사건이 검찰에 구속 송치된 후 구치소 안에서 담당형사였던 D경장을 인천지방검찰청에 고소하였다. **고소**사실의 요지는 "D가 1986년 6월 6일 새벽에 여자 피의자 V를 경찰서 수사과 조사계 사무실로 끌어내 2시간에 걸쳐 5·3 인천소요사태 관련수배자의 소재를 추궁하면서 V의 상의를 벗기고 바지의 지퍼를 끌어내린 다음 젖가슴을 여러 번 만지고 고춧가루 고문을 하겠다는 등 협박을 하였으며, 6월 7일 밤 8시 30분경 V를 같은 경찰서 조사계 사무실로 불러 내 5·3 인천 소요사태의 배후관련자의 소재를 추궁하면서 6월 7일 밤 10시 30분경까지 2시간에 걸쳐 V의 바지단추를 풀고 지퍼를 내린 후 V의 젖가슴을 여러 번 만지고 팬티 속으로 손을 넣어 음부를 수회 만지다가 V의 바지와 팬티를 무릎 밑까지 끌어내린 다음 자신의 성기를 꺼내 V의 음부에 대고 수회 비비는 등 고문과 강제추행을 하였다"는 것이다. 변호사 9명은 1986년 7월 5일 V의 고소사실과 동일한 내용으로 D를 **고발**하는 고발장을 인천지방검찰청에 제출하였다. 인천지방검찰청의 검사는 강제추행(형법 298조) 혐의에 대하여는 증거불충분을 이유로 '무혐의' 판단을 하고, 독직·가혹행위(형법 125조) 혐의는 인정하면서도 '기소유예처분'을 하였다. 기소유예처분의 이유는 "D가 직무에 집착한 나머지 **우발적**으로 저지른 범행이고 이로 인하여 이미 **'파면처분'**을 받았으며, 또한 D가 10여 년간 경찰관으로 봉직하면서 성실하게 근무하여 왔을 뿐 아니라 자신의 잘못을 깊이 반성하고 있는 등 그 **정**

상(情狀)에 참작할 사유가 많으므로 소추를 유예함이 상당"하다는 것이었다. 고소인과 고발인은 1986년 9월 1일 서울고등법원에 재정신청을 하였다. 서울고등법원은 독직·가혹행위 사실을 인정하였으나 "검사의 기소유예처분이 타당하다"고 판단하여 **재정신청을 기각**하였다. 재정신청인이 대법원에 **재항고하였다. 대법원은 다음과 같이** 서울고등법원의 재판을 파기환송하였다. "1. **기소편의주의**를 채택하고 있는 우리 법제 하에서 검사는 범죄의 혐의가 충분하고 소송조건이 구비되어 있는 경우에도 개개의 구체적 사안에 따라 형법 51조에 정한 사항을 참작하여 불기소처분(기소유예)을 할 수 있는 재량을 갖고 있기는 하나 그 재량에도 스스로 합리적인 한계가 있는 것으로서 이 한계를 초월하여, 기소를 하여야 할 극히 상당한 이유가 있는 사안을 불기소처분한 경우, 이는 '기소편의주의의 법리'에 어긋나는 부당한 조처라 하지 않을 수 없고, 이러한 부당한 처분을 시정하기 위한 방법의 하나로 우리 형사소송법은 재정신청제도를 두고 있다. 2. 헌법 9조는 '모든 국민은 인간으로서의 존엄과 가치를 가지며 행복을 추구할 권리를 가진다. 국가는 개인이 가지는 불가침의 기본적 인권을 확인하고 이를 보장할 의무를 진다. 국가는 개인이 가지는 불가침의 기본적 인권을 확인하고 이를 보장할 의무를 진다'고 규정하고 있고, 헌법 11조 2항은, '모든 국민은 고문을 받지 않으며 형사상 자기에게 불리한 진술을 강요당하지 아니한다'고 하여, 특히 형사절차에서의 인권보장 규정도 두고 있다. 이러한 헌법 정신에 비추어 볼 때에 (중략) 경찰관이 그 직무를 행함에 당하여 형사피의자에 대하여 폭행 및 가혹행위를 하고, 특히 여성으로서의 성적 수치심을 자극하는 방법으로 신체적, 정신적 고통을 가하는 것과 같은 인권침해행위는 용납할 수 없는 범죄행위로서, 원심판시와 같은 **정상을 참작한다 할지라도 그 기소를 유예할 만한 사안으로는 도저히 볼 수 없다**. 결국 원심은 재정신청제도와 기소편의주의에 관한 법리를 오해하여 재판에 영향을 미친 위법을 저질렀다."

4. 공판절차

형사사법 절차에서 가장 중요한 절차가 공판절차이다. 사법경찰관과 검사는 주관적으로 피의자가 처벌할 가치가 있는 악질적인 범죄자라는 확신이 있었기 때문에 사건을 검찰청에 송치하고 검사가 정식으로 기소한 것이다. 그러나 그들도 사람이기 때문에 인간적 오류를 범할 수 있다. 판사도 사람이므로 오판을 할 수 있다. 현대 문명국의 공판절차는 인간적 오류의 가능성을 솔직히 인정하여 무죄추정의 법리(「형사소송법」 제275조의2), '의심스러울 때는 피고인에게 유리하게 재판하라(무죄판결을 하라)'는 법리(「형사소송법」 제325조), 증거재판주의, 직접주의와 전문법칙(「형사소송법」 제310조의2), 3심제도 등의 합리적 증거법과 합리적 상소제도를 운용하고 있다. 현재 한국의 법원이 강조하는 정책적 기조는 **공판중심주의와 피고인의 반대신문권 강화**이다. 공판중심주의란 종래 수사서류의 증명력을 높게 평가하였던 관행(수사중심주의로 부를 수 있다)으로부터 벗어나 공판정에서의 공격과 방어만을 기초로 피고인의 유죄·무죄를 심리하겠다는 정책적 선택을 말한다. 피고인의 반대신문권 강화란 법정에 출석한 검찰측 증인이 피고인의 유죄를 증언하는 경우에 피고인측이 그 검찰측 증인에게 반대신문할 수 있는 기회를 준 다음에 비로소 공정한 증거자료가 법정에 현출된 것으로 간주할 수 있다는 발상에 기초한다. 영미법 계통의 나라들에서는 검찰측 증인에게 날카로운 반대신문을 가하여 피고인의 무죄를 입증하는 장면이 영화로 만들어지는 경우가 많다. 한국에서도 공판중심주의와 피고인의 반대신문권 강화의 추세 속에 멋진 반대신문권 행사 사례가 발생하고 있다.

[Box 1.3] 국민참여재판의 모범적인 공판절차 진행과 재판장의 배심원에 대한 설명의무 사례 (대법원 2014. 11. 13. 선고 2014도8377 판결)

제1심은 국민참여재판을 원하는 피고인 D의 의사에 따라 "D는 2013. 5. 22. 주점에서 술을 마시다가 피해자 V 일행과 시비 끝에 V를 살해하기 위하여 과도로 V의 복부를 5㎝ 깊이로 찔렀으나 V에게 4주 이상의 상해를 가하는 것으로 미수에 그쳤다."(이하 '이 사건 주위적 공소사실'이라 한다)는 내용으로 기소된 사건에 관하여 쟁점과 증거를 정리하기 위해 공판준비기일을 진행하였다. D가 위 공판준비기일에서 자신은 'V를 칼로 찌른 적이 없다'고 주장하자 제1심 재판장은 사건의 쟁점을 'D가 당시 D의 일행인 공소외 O에게 칼을 빼앗겼는지'와 'V가 칼에 찔리게 된 경위'로 정리하였다. 검사는 공판준비기일이 종결된 이후인 2013. 11. 25. 예비적으로 'D가 과도로 V를 찔러 상해를 가했다'는 내용의 폭력행위 등 처벌에 관한 법률 위반(집단·흉기등상해)의 공소사실(이하 '예비적 공소사실'이라 한다)을 추가하는 공소장변경허가신청을 하였다. 제1심 재판장은 제1회 공판기일인 2013. 12. 5. 11:15경 배심원들과 예비배심원들에게 배심원과 예비배심원의 권한·의무·재판절차, 그 밖에 직무수행을 원활히 하는 데 필요한 사항을 설명한 후, 검사의 위 공소장변경신청을 허가한 다음, 검사로 하여금 공소장 및 예비적 공소장변경허가신청서에 의하여 이 사건 주위적 공소사실 및 예비적 공소사실의 요지, 죄명 및 적용법조를 낭독하게 하였고, 변호인은 'D가 V를 칼로 찌른 사실이 없다'고 변론을 하면서 이 사건 '주위적 공소사실과 예비적 공소사실은 범의에서 차이가 나는 것'이라고 진술하였다. 이어서 제1심 재판장은 배심원들에게 "본격적인 심리에 들어가기에 앞서, 검사와 변호인 및 D의 진술을 토대로 이 사건의 주된 쟁점을 간단히 설명하여 드리겠습니다."고 한 뒤, 이 사건 주위적 공소사실의 요지를 말한 다음, 유·무죄 판단과 관련된 쟁점은, "D는 당시 칼을 들었던 사실은 있으나 D의 일행 O와 그곳에서 일하는 여자의 만류로 칼을 빼앗겼기 때문에 그 칼을 사용하지 않았고 V를 칼로 찌른 사실도 없다는 취지로 변소하고 있으므로 이 사건의 쟁점은 D가 V를 칼로 찌른 사실이 있는지 여부인바, 구체적으로는 D가 당시 O에게 칼을 빼앗겼는지 여부, V는 어떤 경위로 칼에 찔리게 되었는지 등입니다."라고 설명하였다.

이후 같은 날 진행된 증인신문 등 심리절차와 그 다음 날 진행된 피고인 신문, 최종 의견진술 등의 각 절차에서 'D가 V를 칼로 찌른 사실이 인정되는가'의 문제를 중심으로 공방과 심리가 이루어졌는데, 이 사건 예비적 공소사실의 내용, 양형 조건 등에 관하여는 특별히 이 사건 주위적 공소사실과 분리하여 독자적인 공방과 심리가 진행되지는 않았다. 제1심 재판장은 제1회 공판기일 오전 재판 후 점심식사를 위한 휴정을 거친 다음 오후 재판을 개정하면서 변호인에게 이제까지 진행된 공판절차의 결과에 대하여 이의가 있는지 물었으나 변호인은 '없다'고 답변하였다.

제1심 재판장은 2013. 12. 6. 10:00경에 개시된 제2회 공판기일에서 변론을 종결한 후 법정에서 배심원들에게 최종 설명을 하면서 "지금부터 그동안의 재판 내용을 간단히 요약해드리고, 이 사건에 적용되는 법 원칙을 설명하겠습니다. 다만 변론종결되는 시점에서 검찰과 변호인 측의 주장과 증거관계에 관한 설명을 충분히 들으셨으므로 중복되지 않도록 설명드리겠습니다. 공소사실의 요지는 생략합니다."라고 한 뒤, 배심원설명서에 의하여 설명하였다. 다만 제1심 재판장이 배심원들에게 배부한 배심원설명서에는 공소사실과 죄명으로 이 사건 주위적 공소사실에 관한 것만이 기재되어 있었다. 그 후 제1심 재판장은 평의할 때 유의하여야 하는 증거법칙, 평의절차 등에 관하여 상세히 설명하였는데, 그 내용 중에는 "만장일치가 되지 아니할 때에는 다수결에 의한 평결을 할 수 있지만, 그에 앞서 반드시 재판부의 의견을 들어야 한다. 평의 과정에서 확인할 필요가 있는 사항이 있을 경우 질문할 수 있다."라는 등의 설명이 있었다.

배심원들은 평의를 거쳐 유죄 5명, 무죄 4명의 다수결로 이 사건 주위적 공소사실에 관하여 유죄 평결을 내리고, 이 사건 주위적 공소사실에 대한 형으로 징역 2년 6월(배심원 4명), 징역 3년(배심원 4명), 징역 4년(배심원 1명)의 양형의견을 밝혔다. 제1심은 이 사건 주위적 공소사실을 유죄로 인정하고 징역 3년의 형을 선고하였다.

피고인(D)과 변호인은, 최종 설명 때 이 사건 예비적 공소사실의 요지를 설명하지 아니한 제1심 재판장의 조치에 대하여, 당시 제1심 재판장에게 이의를 제기하거나 최종 설명에 이 사건 예비적 공소사실의 요지의 설명을 포함시켜 달라는 요청을 하지 않았다. 제1심판결에 대하여 검사가 징역 3년이 너무 가벼워서 부당하다고 주장하며 항소하였다. 항소심은 직권으로 "제1심 법원 내지 재판장의 각 조치, 그리고 이러한 일련의 조치들에 의하여 진행된 공판진행은, 국민참여재판을 원하는 D의 신청을 받아들여 이 사건 주위적, 예비적 공소사실 전부에 관하여 국민참여재판절차에 회부하여 놓고도 특별한 배제결정 없이 예비적 공소사실에 대해서는 국민참여재판절차를 진행하지 아니함으로써 D의 국민참여재판을 받을 권리의 실질적인 부분을 침해한 위법한 조치이고, 따라서 이러한 위법한 공판절차에서 이루어진 소송행위는 무효"라고 판단한 다음, "제1심이 다시 국민참여재판을 할 필요가 있다."는 이유로 제1심판결을 파기하고 사건을 제1심 법원에 환송하는 판결을 선고하였다.

II 범죄와 불법행위의 구별

본서의 제5장에서 전개되는 범죄론은 **형법적 범죄론**이다. 그러나 여기서 언급하고 싶은 대상은 범죄(crimes, 「형법」 제87조 이하 제372조까지)와 불법행위(torts, 「민법」 제750조)의 구별이다.

다음 세 가지의 사건을 생각해 보자.

ⓐ 놀부가 필로폰을 변학도에게 팔았다.
ⓑ 홍길동이 약속 시간에 늦지 않으려고 빠른 걸음으로 앞만 보고 가다가 90도 방향으로 천천히 지나가던 흥부 부인과 충돌하여 흥부 부인이 넘어져 상해를 입고 치료비로 10만 원이 들었다.
ⓒ 변학도가 춘향에게 오늘 밤 자신의 수청을 들라고 명령하였지만 춘향이 거절하자 사령(使令)을 시켜 춘향을 옥(獄)에 가둔 후 형추(刑推)할 것을 명령하였다. 형추를 받고 춘향이 크게 다쳤다.

불법행위란 타인에게 해(harm)를 끼치거나 타인의 재산에 손상을 가하는 위법행위이다. 불법행위로 손해를 입은 원고(plaintiff)는 가해자를 피고(defendant)로 삼아 손해배상을 청구할 수 있고 그 요건과 절차를 정하는 법이 **민법**과 **민사소송법**이다. 민사소송에서 승소하기 위한 입증 원칙은 '증거의 우월(preponderance of proof)'이다. **ⓑ가 전형적인 '과실에 의한 불법행위'** 사안이다. ⓑ에서 통상의 경우 홍길동에게 흥부 부인을 넘어뜨려 상해를 입히려는 **고의**는 없었을 것이다. 그러나 홍길동이 주의 깊게 행동하였더라면 얼마든지 충돌을 면할 수 있었을 것이고 따라서 홍길동에게 **과실책임**을 물을 수 있다.

범죄란 국회와 정부가 범죄로 명시(죄형법정주의)한 위법행위이다. 전형적인 범죄는 **살인, 절도, 강제추행, 사기, 횡령** 등이다. 범죄의 요건을 정하는 법이 「**형법**」과 **특별형법**, 범죄자를 처벌하는 절차를 정하는 법이 「**형사소송법**」, **형집행법** 등이다. 범죄를 처벌하는 절차에서 정부를 대변하는 공무원들이 **사법경찰관**과 **검사**이다. 형사절차에서는 검사가 원고의 역할을 수행하고 범죄자는 **피의자**(수사단계)·**피고인**(공판단계)의 지위에 선다. 형사절차에서 검사가 승소하기 위한 입증 원칙은 '**합리적 의심의 여지가 없는 증명**(proof beyond a reasonable doubt)'(「형사소송법」 제307조

③항)이다. 입증 원칙이 다르기 때문에 형사재판에서 무죄판결을 받은 가해자가 민사재판에서는 손해배상책임을 지는 수가 있다. ⓒ에서 변학도의 행위가 **전형적인 범죄행위**이다. **범죄행위는 원칙적으로 고의행위만 처벌**한다. ⓒ는 19세기 조선을 배경으로 하는 허구적인 소설의 설정이지만 그와 유사한 행위가 21세기 한국에서 행하여지면 변학도는 폭행의 **교사범**, 사령은 폭행의 **실행정범**(혹은 양자의 공동정범이 될 수도 있다)인 범죄가 될 것이다. 다만 한국 「형법」 몇 조의 어떤 범죄가 될 것인지는 형법 해석학의 과제가 될 것이다.

그런데 ⓑ와 ⓒ에서의 홍길동과 변학도의 행위는 민사적인 불법행위가 될 수도 있음에 주의하여야 한다. 홍길동과 변학도의 그 행위들은 민법 제750조의 요건에도 포섭될 수 있기 때문이다. 흥부 부인과 춘향은 홍길동과 변학도에게 민사책임을 물을 수도 있고 형사책임을 물을 수도 있다. 어느 하나만을 물을지, 둘 다 물을지, 어떤 순서로 물을지는 오로지 피해자인 흥부 부인과 춘향의 선택에 달려 있다. 흥부 부인과 춘향의 선택에 자문(諮問)해 해줄 수 있는 지위에 있는 사람들이 **변호사**들이다.

형사사법이란 ⓒ의 사건을 합리적으로, 효율적으로, 공정하게 처리하는 절차에 역점을 두는 절차이다. 역사적으로 억울하게 **피의자·피고인**이 되어 부당한 대우를 받는 사례가 많았기 때문에 피의자·피고인의 법률적 방어를 돕는 사람들이 필요하였고 그들이 절차법상 **변호인**으로 등장한다. 피의자·피고인의 **방어권** 중 가장 중요한 것이 **진술거부권**(「헌법」 제12조 ②항)과 **변호인의 조력을 받을 권리**이다(「헌법」 제12조 ④항).

마지막으로 ⓐ의 사안을 보자. 여기서는 피해자(victim)가 없는 것처럼 보인다. 그래서 학계에서는 마약거래 행위를 **피해자 없는 범죄**(victimless crime)라고 부른다. 그러나 한국에는 마약류관리에 관한 법률이 있어 놀부와 변학도는 중벌(重罰)을 받게 된다. 피해자가 없는데 왜 중벌을 가하는가?

마약거래자를 중벌하는 법을 국회가 만들어서 시행하였는데(국회의 선택), 거기에 한국의 법무부와 검찰이 다른 범죄보다도 사안을 **중대**하다고 간주하고 많은 수사력을 투입하여 실천하기 때문이다. 마약거래를 도덕적으로 비난하는 측면이 없다고 할 수 없지만 그보다는 국회와 법무부, 검찰의 **정책적 선택**의 결과로 보는 것이 자연스럽다. 이런 맥락에서 상대적으로 도덕적 비난의 강도가 큰 범죄를 **형법범** 혹은 **자연범**, 마약범죄를 **법정범**, **특별법범**으로 부르는 수가 있다.

Ⅲ 형벌론

위의 의붓아버지 살해 사건과 그 처리과정은 21세기 한국 형사사법의 실상과 개혁이 필요한 부분이 무엇인지를 잘 보여주는 상징적 사건이다. D2는 전혀 모르는 사람이 아닌 아는 사람, 더군다나 보호가 기대되는 사람(의붓아버지)으로부터 오히려 성폭행을 당하였고 그것도 1회성이 아니라 수십년 동안 반복적으로 당해 왔다. 객관적 관찰자를 슬프게 하는 사실은 D2의 친모가 이 비행을 몰랐을 리가 없는데 이 비행을 저지하지 못했다는 사실이다. 더욱 슬픈 사실은 가해자가 성폭행을 예방하고 진압해야 할 위치에 있는 수사 전문가였다는 사실이다. D2는 자신의 피해사실을 경찰이나 검찰에 고소해도 경찰이나 검찰이 움직이지 않을 것이라는 사실을 알기 때문에 대학에서 알게 된 D에게 이 사실을 호소하였고 정의감이 넘치는 D는 스스로 해결책을 강구하였다가 살인죄 혐의로 기소되어 징역 3년이라는 실형을 선고받고 만기출소하였다. D, D2의 처지를 애석하게 생각하는 사람들은 '위 사건에서 D, D2에게 위법성 조각사유(정당방위, 긴급피난, 자구행위)를 인정할 수는 없을까?' 하는 생각을 할 수 있다. 이런 문제 제기는 형법적 문제 제기이다. 다음에 의붓아버지의 의붓 딸 성폭행 사례는 아주 희귀한 현상이 아니다. 세상에는 의붓 딸을 친딸 이상으로 잘 양육해 주는 좋은 의붓아버지가 훨씬 더 많을 것이다. 친부의 친딸 성폭행 사례도 많다. 의붓아버지·친부의 의붓 딸·친딸 성폭행 사례가 자주 목격되는 것도 사실이다. '왜 그럴까? 이를 획기적으로 감소시키려면 어떤 대책이 필요할까?'라는 문제를 제기한다면 이것은 범죄학적 문제 제기이다. 다음에 위 사안의 D, D2를 동정할 수 있지만 그렇다고 'D, D2가 저지른 일에 대하여 수사를 개시하지 않거나 아무런 처벌을 가하지 말아야 하는가? 그러면 경찰, 검찰, 법원은 왜 존재하는가?'하는 의문이 제기될 것이다. 박종철 고문치사 사건은 경찰, 검찰도 시민적 감시대상이 되어야 함을 일깨워준다. 이 현상은 헌법적 형사소송론의 필요를 느끼게 하는 현상이다.

다음에 D, D2는 이 사건 이후에 행복한 생활을 누릴 것 같지 않다. 그들이 더 이상 불행한 일을 당하지 않고 보통 사람들처럼 평화롭게 살아가기를 원하지만 그것은 쉬운 일이 아닐 것이다. 이런 걱정을 하고 '우리 공동체가 어떤 도움을 주어야 하며 이런 일이 반복되지 않도록 하려면 어떤 조치가 필요할까?'라는 문제 제기가 있어야 한다. 피해자학이 이런 고민을 감당하고 있다. 이런 여러 가지 측면을 종합적으로 연구하는 분야가 형사사법(criminal justice)이다. 본서는 형사사법의 여러 측면을 개괄적으로 소개하고 개괄적인 문제 제기를 하는 저술이다. 이 장에서는 형벌론에 초점을 맞추어 그 개요를 소개한다.

1. 개요

형벌은 시대순으로 응보형론 → 일반예방론(소극적 일반예방 → 적극적 일반예방) → 특별예방론과 개선교화형론[2]의 순서로 발전해 왔다. 전문적인 지식이 적은 일반 시민들, 특히 언론과 사법관료들은 응보형과 일반예방을 중시한다. 학설은 형벌의 상한은 책임(응보형론)으로 정하되 그 범위 내에서 필요에 따라 일반예방과 특별예방을 고려하는 '종합적 형벌근거설'(통설)을 주장한다. 사회사업가들과 NGO들은 형벌 대신에 '범죄인(가해자)·피해자(V)·공동체(community)의 치유(healing)'를 도모하는 회복적 司法(restorative justice)의 도입을 주장한다.

2. 응보형론

형벌(예를 들어 사형과 자유형, 재산형)은 중대한 해악이다. 국가가 이 해악을 유죄인에게 가할 수 있는 정당화근거(rationale ground)는 무엇인가? '타인(과 공동체)에 해악을 끼친 만큼 범죄인도 해악을 받아야 한다'는 발상이 응보형론의 기본관점이다. 피해자(V)측의 입장에서 형벌을 바라보는 다소간 본능적인 반응이다. 이성적이지 않지만 형벌의 상한을 획정하는 기능이 있다(절도범을 강도범보다 중벌할 수는 없다. 지각한 자에게 결석한 자보다 중한 불이익을 줄 수는 없다).

---

2 개선교화(Rehabilitation)란 다음과 같은 믿음을 의미한다. 수형자에게 치료와 교육을 시행하여 수형자를 유익한 생활, 양호한 환경으로 복귀시킬 수 있다. 이 믿음의 저변에는 '이 세상에 생래적 범죄인은 없다. 따라서 누구든지 유용한 사람으로 만들 수 있다'는 가정이 자리잡고 있다. 이런 이론에 합치하는 형벌조치가 사회봉사(community service), 보호관찰(probation orders), 갱생보호이다. 인도주의자들은 사형(death penalty)조차도 개선교화조치로 대체되어야 한다고 주장한다.

3. 예방형론(=목적형론 deterrence)

응보형론은 맹목적이다(예를 들어 칸트를 보라). 범죄인과 일반인이 장래에 향하여 더 이상의 추가적인 범죄를 못하도록 하기 위하여 형벌을 가한다는 발상이 예방형론·목적형론이다. 목적형론은 '범죄예방효과가 없는 형벌은 불필요[3]하다'고 생각하므로 그런 측면에서 예방형론은 처벌범위를 한정하는 순기능을 한다.

범죄인 자신의 재범방지에 역점을 두는 발상이 특별예방사상이고 잠재적 범죄자(일반인)의 추가적인 범죄방지를 위하여 형벌을 가한다는 발상이 일반예방사상이다. 일반인에게 형벌로 두려움·경각심을 주어야 한다는 발상을 '소극적 일반예방'(棄市[4]와 심리적 강제설), 일반인에게 무엇이 규범인가 하는 점을 각인시키기 위하여 형벌을 가한다는 발상이 '적극적 일반예방론'(록신, 야콥스)이다.

소극적 일반예방론은 각 개인에게 위협(威脅, fear)을 가하여 문제를 해결한다는 측면에서 '인간존엄성 사상'에 반한다. 적극적 일반예방론도 궁극적으로 '인간존엄성 사상'에 충실하지 못한 측면이 있다. 개선교화형론과 결합된 특별예방론은 비교적 인도적이고 과학적이다. 특별예방론을 실천하려면 범죄자를 교육·개선시켜야 하므로 교육·개선에 많은 자원투여가 필요하다. 그러나 특별예방론도 'V와 공동체의 치유'에 눈을 돌리지 않는 문제가 있다. 이에 불만을 품고 새롭게 대두되고 있는 운동이 '회복적 사법'(RJ) 운동이다.

4. 재사회화 이념과 회복적 사법

범죄자를 응보하면 'V(피해자)·공동체'가 행복해질 것인가? 그렇지 않다. V·공동체가 진정으로 원하는 것은 '피해상태를 극복하여 평화를 회복'하는 일이다. 근대적 형벌제도는 원시적 복수사상을 제거하는데 공헌하였지만 형사사법의 운영에서 V를 소외시켜 버리는 부정의를 대량으로 연출하고 있다. 근대적 형사사법

---

3 피고인들(D, D2)에게는 '재범의 위험성'이 없는데도 D에게는 징역 5년의 실형이, D2에게는 집행유예가 선고되었다. 과잉방위, 과잉피난일 때에도 재범의 위험성이 없는 경우가 많을 것이다.

4 기시(棄市): 사람들이 많이 모이는 시장에서 죄인을 죽인 다음 시신을 방치하는 형벌이다. 이를 지켜보는 사람들에게 겁을 주어 차후의 범죄를 예방하려는 데 목적이 있었다. 일반예방사상을 잘 보여주는 형벌이다.

을 근본적으로 전복시킬 수는 없지만 현대 사회는 근대적 형사사법의 맹점을 대대적으로 수술하지 않으면 안 되는 시점에 서있다. '범죄인(가해자)·V·공동체의 치유'(healing)='회복적 사법'(RJ, restorative justice)[5]이 한국형사법이 나아가야 할 방향이다.

가. 보호관찰, 수강명령, 사회봉사명령 등은 재사회화(rehabilitation) 이념에 봉사하는 제도들이지만 회복적 사법 방향으로의 '조금씩의 전진'을 말하여 준다.

나. D2에게 실형이 선고되지 않은 이유

특별예방의 필요성이 적기 때문이다. D2는 오랜 기간 동안에 걸친 의붓아버지의 아동학대(child sexual abuse)의 피해자이므로 응보형을 가하여야 할 필요성이 적고 재범의 위험성도 없다.[6]

다. D에게 실형이 선고된 이유

응보의 필요성 때문이다. D는 '아동학대의 피해자'가 아니다. D에게 실형을 선고하지 않으면 의붓아버지의 가족들이 크게 반발할 것이 예상된다.

---

5 '회복적 사법'의 전문 웹 사이트(예를 들어 http://restorativejustice.org, http://www.redian.org/archive/74037)를 찾아서 읽어보기 바란다.

6 [유사한 사례] [창원지법, 폭력 남편 살해한 가정주부에 집행유예 판결] 폭력 남편을 살해한 30대 가정주부 임모씨에게 이례적으로 집행유예가 선고됐다. 창원지법 형사3부(재판장 문형배 부장판사)는 12일 임모씨에 대한 살인죄 선고공판(2005고합160)에서 임씨에게 징역 3년에 집행유예 5년과 함께 중병환자 개호를 포함한 240시간의 사회봉사명령을 선고했다. 임씨에 대해 검찰은 징역 5년을 구형했었다. 재판부는 "피고인(임씨)이 가정폭력에 정신적·육체적으로 시달린 나머지 극도의 두려움과 증오심에서 범행에 이르게 되었으며, 딸들이 아직 어려 피고인(임씨)의 보호가 절실히 필요한 점 및 범행 직후 스스로 경찰에 자신의 범행을 알리고 자수한 점을 참작했다"고 양형이유를 밝혔다. 임씨는 결혼 이후 10년간이나 남편으로부터 폭행을 당하다 2005년 6월 11일 술에 취해 귀가한 남편이 또 각목으로 머리와 목을 때리고 강제로 성행위를 한 뒤 잠이 들자 장롱 안에 있던 넥타이로 목을 졸라 살해한 혐의로 기소됐었다[2006-04-14 법률신문].

5. 응보관념이 가장 잘 표현된 판결례

가. [보험금 타내기 위해 딸·조카 살해한 30대에 사형선고] 9억 5천만 원의 보험금을 편취할 목적으로 딸과 조카 등 4명을 살해한 반인륜범에게 사형이 선고됐다. 서산지원(지원장 成樂松)은 18일 보험금을 타기 위해 두 딸과 조카 2명을 차에 태워 서산시 운산면 저수지에 고의로 추락시켜 익사케 한 L씨(36·건축업)에 대해 사형을 선고했다. 재판부는 판결문에서 "차량을 고의로 추락시켜 딸과 조카를 익사시키고 자신은 물속에서 빠져나와 어린 아이들이 죽기를 기다린 잔인함과 냉혹함, 범행 후에도 뉘우침 없이 보험사에 보험금 지급을 요구한 점을 볼 때 사회에서 영원히 격리하는 것이 마땅하다"고 밝혔다. L씨는 사건 초기 단순 교통사고로 처리돼 불구속입건 됐으나 올해 6월 13일 이원석 서산지청 검사가 진실을 밝혀냄으로써 구속기소 됐었다[2000-11-25 법률신문].

나. [20대 살인범 사형선고, 애인 등 3명 살해·암매장] 애인 등 3명을 살해한 20대 피고인에게 법원이 법정최고형인 사형을 선고했다. 서울고법 형사3부(재판장 朴仁鎬 부장판사)는 23일 남자관계를 의심한 끝에 애인을 살해한 뒤 암매장하는 등 7년간 모두 3명을 살해한 혐의로 구속기소돼 1심에서 사형이 선고된 서종환(27) 피고인에 대한 항소심(2000노61)에서 살인 및 사체유기죄 등을 적용, 사형을 선고했다[2000-03-24 법률신문].

6. 교화와 개선: 보호관찰·사회봉사명령·수강명령

가. 보호관찰[7]이란 범죄행위자에게 자유사회에서의 준수사항을 명하고 이것

7 보호관찰제도는 도입된 지 20여 년이 경과하고 있다. 현대의 형사사법제도는 정치, 경제, 사회의 변화에 따라 새로운 형사정책 이념과 연구성과를 수용하면서 발전하고 있다. 우리나라의 보호관찰제도는 세계적으로 유례가 없을 만큼 빠른 시일 내에 괄목할 만한 성장을 이룩하였다. 최근의 세계적인 형사정책의 추세는 형벌보다는 건설적인 형사제재수단의 도입, 사후처벌적 정책보다는 예방적 정책이 강조되는 경향을 보이고 있어 이에 따라 보호관찰제도의 중요성이 날로 커져가고 있다. 보호관찰제도는 향후 형사제재와 그 집행에서 전통적인 교정제도를 훨씬 능가하여 그 활용범위가 확대될 것으로 전망되며, '기소이전단계에서 보호관찰부 기소유예를 통한 신속한 형사절차종결', '공판단계에서 판결전조사를 통한 양형 적정화와 V(피해자) 및 이웃의 의견반영 등 관계인의 사법절차 참여', '보호관찰집행단계에서 준수사항과 제재조치를 더욱 다양화하여 대상자의 기본권 제한범위를 분명히 하고 만약 이를 위반하였을 때 그 처벌범위도 최소화해 나가야 한다.

을 준수하도록 지도하고, 필요한 때에는 원조하여 그 개선과 갱생을 도모하는 처분이다. 보호관찰은 대상자를 구금시설 밖에서 처우(이른바 사회내 처우)하므로 '권력관계 하의 케이스 워크'이다. 따라서 이 제도는 감독(관찰, supervision)과 보호(protection)가 필수요소이다. 감독은 전통적인 형벌주의와 사회방위론을 근거로 하고, 보호는 인도주의적 사회복지론을 배경으로 삼고 있다. 현행제도는 양자의 이상을 병합하여 실시하려는 발상이다. 보호관찰을 '인도적 사회방위'제도라고 하는 이유는 여기에 있다. 보호관찰제도는 미국법상의 프로베이션(probation, 보호관찰)과 퍼로울(parole, 가석방) 제도가 유명하다. 미국에서는 보호관찰이 선고유예제도와 밀접한 관계 하에 운용되고 있다.

나. 사회봉사명령은 대상자로 하여금 지정된 기간 동안 무보수로 근로봉사에 종사하도록 하는 처분이며, 수강명령은 피명령자로 하여금 지정된 장소에 출석하여 강의, 훈련, 상담을 받도록 명령하는 처분이다. 법원은 집행유예 판결을 선고할 때 대상자(D)에게 보호관찰, 사회봉사·수강명령을 동시에 붙일 수 있다.[8] 「형법」 제62조의2의 보호관찰, 사회봉사·수강명령을 붙일 것인지 여부는 법원의 재량이다.

다. [보호관찰부 집행유예제 '일석삼조'/교도소 과밀화 방지하고 피고인(D) 실형부담 덜고 봉사활동으로 교정효과] 형사재판에서 D(피고인)에게 실형대신 집행유예를 선고하면서 보호관찰 및 사회봉사명령을 부과하는 제도가 전국법원에서 적극 활용돼 큰 성과를 거두고 있다. 보호관찰부 또는 사회봉사명령(수강명령 포함)부 집행유예제도는 재판부가 D를 교정시설에 구금하지 않는 대신 집행유예와 함께 보호관찰이나 사회봉사활동을 통해 반성과 사회적응을 할 수 있도록 돕

---

8 "형법 제62조의2 제1항은 '집행을 유예하는 때에는 보호관찰을 받을 것을 명하거나 사회봉사 또는 수강을 명할 수 있다'고 규정하고 있는바, 그 문리에 따르면, 보호관찰과 사회봉사는 각각 독립하여 명할 수 있다는 것이지, 반드시 그 양자를 동시에 명할 수 없다는 취지로 해석되지는 아니할 뿐더러, 소년법 제32조 제3항, 성폭력범죄의처벌 및 V(피해자) 보호등에관한법률(1997. 8. 22. 법률 제5358호로 개정된 것) 제16조 제2항, 가정폭력범죄의처벌등에관한특례법(1997. 12. 31. 법률 제5436호로 제정된 것) 제40조 제1항 등에는 보호관찰과 사회봉사를 동시에 명할 수 있다고 명시적으로 규정하고 있다. 일반 형법으로 보호관찰과 사회봉사를 명하는 사안과 비교하여 특별히 달리 취급할 만한 이유가 없으며, 제도의 취지에 비추어 보더라도, 범죄자에 대한 사회복귀를 촉진하고 효율적인 범죄예방을 위하여 양자를 병과할 필요성이 있는 점 등을 종합하여 볼 때, 형법 제62조로 집행유예를 선고할 때에는 같은 법 제62조의2 제1항에 규정된 보호관찰과 사회봉사 또는 수강을 동시에 명할 수 있다(대법원 1998. 4. 24. 선고 98도98 판결(폭력행위등처벌에관한법률위반·절도·도박 공1998, 1562))."

기 위해 1997년부터 도입됐다. 교도소 과밀화 방지와 수용에 따른 비용을 줄일 수 있는데다, 피고인(D) 입장에서는 실형을 사는 부담을 덜고, 해당 지역사회의 숙원사업 및 사회복지단체 등에서 봉사활동 경험을 통해 교정효과도 거둘 수 있다는 점에서 긍정적 평가를 받고 있다. 특히 보호관찰 대상자의 평균 재범률은 4% 안팎으로 일반형사범의 평균 재범률 25%보다 6분의 1 수준에 불과한 것으로 나타났다. 2003년 전국법원에서 D에게 보호관찰이나 사회봉사명령부 집행유예를 선고한 것은 모두 1만 5천 4백 57명으로 전체 집행유예사건의 44%를 차지했다. 집행유예 선고사건의 절반 가까이에 보호관찰이나 사회봉사명령 등이 부과된 셈이다. 이 중 사회봉사명령부 집행유예가 56.2%인 8천 6백 79명으로 가장 많았고 보호관찰부 집행유예 4천 3백 86명(28.4%), 수강명령부 집행유예 1천 1백 37명(7.4%), 사회봉사명령과 수강명령이 동시에 부과된 경우가 1천 2백 55명(8.1%) 등이었다. 법원별로는 제주지법이 82.7%로 보호관찰 및 사회봉사명령부 집행유예 제도의 활용률이 가장 높았고 인천지법이 25.1%로 가장 낮았다. 제주지법이 전국 법원 평균에 비해 이처럼 높은 것은 제주보호관찰소 등 유관기관과의 유기적인 협조로 사회봉사명령 등이 실효성 있게 집행되고 있고 제주지역 특성상 비교적 경미하고 우발적인 범행이 많아 이 제도를 적극적으로 활용하고 있기 때문이다. 제주보호관찰소의 경우 대상자들을 25개 사회봉사명령 위탁집행기관에서 간병이나 문화재보호, 농촌봉사활동, 관광안내 도우미 등 봉사활동을 하도록 하고 있다. 법무부 관찰과의 한 간부는 "보호관찰부 집행유예제도는 봉사활동을 하면서 스스로 반성하고 자신을 돌아볼 기회라는 점에서 재범방지 효과가 높다"며 "봉사자들이 생업활동이나 학업 등에 지장이 없도록 가능한 범위 내에서 봉사시간도 배려하고 있다"고 밝혔다[2004-10-26 법률신문].

7. 21세기 한국의 형사사법이 나아가야 할 길

1992년을 전후하여 발생한 '의붓아버지 살해 사건과 그 재판의 경과'는 '20세기 후반과 21세기 한국 형사사법의 전체상'을 파악하는 데 매우 전형적인 소재를 제공하고 있다. 이 사건은 한국사회의 어두운 측면 중 하나인 아동학대, 그 중에서도 아동 성학대 문제를 담고 있고, 이 사건에 대한 재판의 경과에서는 시민과 검사, 판사의 범죄론과 형벌사상이 아주 구태의연한 응보형론 위주로 운영되고 있음을 잘 보여주고 있다. 한국의 「형법」과 「형사소송법」, 범죄학, 피해자학은 현안문제의 파악에도 어둡고, 현안문제를 어떻게 풀어나갈 것인가 하는 대책론에서는 더더욱 갈피를 못 잡고 헤매는 모습이 잘 드러나고 있다.

이 모든 것이 과학적인 범죄론과 형벌론, 형사사법론이 발전하지 못한 데 기인한다. '경험에 기초한 과학적인 형사사법의 구축과 개혁'을 기대한다.

퀴즈 [진위형] quiz

1 의붓아버지 살해 사건에서 피고인들의 행위가 정당방위라는 주장, 행위시에 피고인들은 심신장애 상태였다는 주장, 행위시에 피고인들에게 '적법행위에 대한 기대가능성이 없었다'는 주장은 모두 부정되었다.

2 법관이 양형할 때는 개선교화(reformation, rehabilitation), 무력화(incapacitation), 응보(retribution, just desert), 특별예방(individual deterrence, special prevention), 일반예방(general deterrence, general prevention) 등을 각각 개별적으로 고려한다.

3 범죄로 인한 사망인지 여부를 판정하고 범죄로 인한 사망으로 판명되면 사법경찰관은 범인이 누구인지 조사를 시작하고 증거수집에 돌입한다. 사법경찰관이 특정 사건에 대한 수사를 종결하였을 때 사법경찰관은 경찰관서장 또는 해양경비안전기관의 장의 지휘를 받아 사건을 모두 관할 지방검찰청 검사장 또는 지청장에게 송치한다. 사건이 검찰에 송치되면, 검사는 피의자에 대해 불구속 상태 혹은 구속 상태로 보강수사를 추가하여 공소제기 여부를 판단한다. 송치된 사건에 대한 검사의 종결처분은 크게 기소처분과 불기소처분으로 구분할 수 있다. 피의자를 유죄로 판단할 만한 객관적 혐의가 구비되어 있다 하더라도 검사가 보기에 처벌의 필요가 인정되지 않으면 검사는 공소를 제기하지 않을 수 있다. 이를 기소법정주의라고 한다.

4 '사이코패시'란 용어는 특정한 정신적 상태를 지칭하는 용어이며, 이러한 증상을 보이는 사람들을 '사이코패스'라고 한다. 사이코패스는 이성적이고 합리적으로 행동하며, 정신장애자들에게 흔히 나타나는 환상이나 망상, 불안 등을 보이지 않는다. 사이코패스는 언변이 뛰어나고 피상적인 매력을 가지고 있으며, 과장된 자존감, 자극 추구, 병리적 거짓말 등의 특징이 나타나고, 남을 속이고 조종하는 경향을 보인다. 사이코패스는 자기의 감정을 억제하지 못하며, 자신의 감정과 고통에는 매우 예민하지만 타인에 대한 공감을 할 수 없기 때문에 누구와도 정서적 유대감을 맺지 못하는 것이 특징이다. 헤어의 PCL-R은 총 25개의 항목으로 구성되어 있으

며, 면담 기법을 사용하여 25개 항목을 평가해서 사이코패스 여부를 판단한다.

5 머튼은 노동계층에서 절도 등의 재산범죄의 발생이 많은 이유를 설명하기 위해서 뒤르껨의 아노미 개념을 발전시켰다. 뒤르껨은 인간의 열망이나 욕망은 개인의 내부에서 발생하며 사회가 규범을 통해서 그것을 통제한다고 보았다. 또한 머튼은 아노미에 대한 사람들의 적응유형을 문화적 목표와 제도화된 수단을 중심으로 5개 유형으로 구분하였다. 문화적 목표는 수용하지만 제도화된 수단이 결핍되어 합법적 방법이 아니라 불법적 방법에 의하여 목표를 달성하고자 하는 행위유형을 머튼은 반역형(rebellion)으로 분류하였다.

6 사회통제이론은 범죄의 발생을 억제하는 사회통제 요인이 무엇인가를 밝히고자 하며, 이러한 통제 요인이 약화되었을 때 범죄가 발생한다고 본다. 그런가 하면 낙인이론가들은 범죄행위 자체가 객관적으로 존재하고 그것이 범죄자를 만드는 것이 아니라 범죄자는 사회적 반응에 의해 만들어지는 것이라고 본다.

7 관습형법의 금지, 유추해석(적용) 금지, 소급효금지, 명확성의 원칙, 일사부재리의 원칙은 모두 죄형법정주의의 파생원칙이다.

8 가정폭력은 사회적 고립상태에서 강화되는 경향이 있지만 개인적 병리현상으로 보아야 할 때가 더 많다.

9 2019년부터 시행된 「여성폭력방지기본법」은 "여성폭력방지와 피해자 보호·지원에 관한 국가 및 지방자치단체의 책임을 명백히 하고, 여성폭력방지정책의 종합적·체계적 추진을 위한 기본적인 사항을 규정함으로써 개인의 존엄과 인권증진에 이바지함"을 목적으로 한다.

10 구 「민법」 제 915조의 '친권자는 그 자를 보호 또는 교양하기 위하여 필요한 징계를 할 수 있다'는 '징계권' 조항이 2021년 삭제되었다. 이 조치는 아동의 인권 신장에 기여할 수 있는 획기적인 조치이다.

참고문헌 및 학습도우미 전자자료
reference & study aid electronic materials

Carolyn Boyes-Watson, Crime and Justice: Learning through Cases 3rd Edition, Rowman & Littlefield Publishers, 2018.

Larry J. Siegel, John L. Worrall, Introduction to Criminal Justice 14th Edition, 2013.

Joycelyn M. Pollock, Crime and Justice in America 2nd Edition, Anderson Publishing, 2012.

한국형사·법무정책연구원
https://www.kicj.re.kr/board.es?mid=a10101000000&bid=0001&paramNttID=10552&paramPage=1

국가법령정보센터
https://www.law.go.kr/lsSc.do?section=&menuId=1&subMenuId=15&tabMenuId=81&eventGubun=060101&query=%EB%A7%88%EC%95%BD%EB%A5%98+%EA%B4%80%EB%A6%AC%EC%97%90+%EA%B4%80%ED%95%9C+%EB%B2%95%EB%A5%A0#undefined

대법원 뉴스레터
https://www.scourt.go.kr/portal/newsletter/NewsLetterList.work?gubun=730

간편한 판례검색
https://casenote.kr/

간편한 미국판례검색
https://law.justia.com/

해 답
answer

1. 그렇다.
행위시에 피해자는 자고 있었으므로 피고인들에게 현재의 부당한 침해를 인정할 수 없어 정당방위 주장은 성립될 수 없다. 행위시에 피고인들은 사전에 시장에서 식칼을 사는 등 치밀하게 준비하였으므로 심신상태 상황이라는 주장은 성립될 수 없다. 직접 살해하는 행위를 하는 대신에 경찰에 호소하는 행위를 할 수 있었으므로 '적법행위에 대한 기대가능성이 없었다'는 주장도 성립될 수 없다.

2. 아니다.
법관이 양형할 때는 개선교화(reformation, rehabilitation), 무력화(incapacitation), 응보(retribution, just desert), 특별예방(individual deterrence, special prevention), 일반예방(general deterrence, general prevention) 등을 고려하지만 위 요소들을 종합적으로 고려한다.

3. 아니다.
맞는 설명이 대부분이지만 마지막 부분이 오류이다. 피의자를 유죄로 판단할 만한 객관적 혐의가 구비되어 있다 하더라도 검사가 보기에 처벌의 필요가 인정되지 않으면 검사는 공소를 제기하지 않을 수 있는데 이런 방침은 기소편의주의라고 한다.

4. 아니다.
맞는 설명이 대부분이지만 마지막 부분이 오류이다. 헤어의 PCL-R은 총 20개의 항목으로 구성되어 있다.

5. 아니다.
맞는 설명이 대부분이지만 마지막 부분이 오류이다. 문화적 목표는 수용하지만 제도화된 수단이 결핍되어 합법적 방법이 아니라 불법적 방법에 의하여 목표를 달성하고자 하는 행위유형을 머튼은 혁신형(innovation)으로 분류하였다.

6. 그렇다.
어느 한 이론이 범죄와 관련된 현상을 모두 설명해 주지는 않는다. 그러나 현재까지 영향력을 미치는 이론은 적어도 어느 한 측면을 잘 설명해 주기 때문에 살아 남아 있다. 사회통제이론과 낙인이론은 그런 이론에 속하는 이론들이다.

7. 아니다.
관습형법의 금지, 유추해석(적용) 금지, 소급효금지, 명확성의 원칙은 죄형법정주의의 파생원칙이지만 일사부재리의 원칙은 죄형법정주의와 관련이 없다.

8. 아니다.
가정폭력도 사회적 병리현상으로 보아야 할 때가 더 많다.

9. 그렇다.
이 법은 가정폭력처벌법을 다소 우회적으로 지원하는 특별법이다.

10. 그렇다.
구 「민법」 제915조에 '친권자는 그 자를 보호 또는 교양하기 위하여 필요한 징계를 할 수 있다'는 일명 '징계권' 조항이 규정되어 있었다. 이 조항이 2021년 삭제되어 대한민국은 부모의 아동에 대한 체벌을 금지한 62번째 국가가 되었다.

/ 제2장 /

범죄학

– 노성호

Ⅰ. 범죄학이란?
Ⅱ. 범죄 연구를 위한 자료수집 방법
Ⅲ. 범죄에 대한 다양한 설명: 범죄학 이론

short storytelling

범죄에 대한 인식과 범죄 신화

현대 사회를 살아가는 사람들은 범죄에 대한 다양한 정보를 접하게 되며, 이러한 정보와 지식을 바탕으로 범죄에 대한 인식을 형성한다. 사람들이 가지는 범죄에 대한 인식은 일상생활 중에서 범죄와 관련된 태도, 범죄에 대한 두려움, 범죄에 대처하는 행동의 결정에 영향을 미치게 된다. 따라서 이러한 인식이 어떻게 형성되고, 얼마나 정확한지에 대한 이해가 필요하다. 이러한 맥락에서 다음과 같은 질문에 대한 답을 생각해 볼 필요가 있다.

"우리가 알고 있는 범죄에 대한 지식이나 정보는 어떤 경로를 통해서 얻어진 것인가?"
"우리가 알고 있는 범죄에 대한 정보나 인식은 얼마나 정확하며, 현실을 어느 정도 제대로 반영하고 있는 것일까?"
"범죄 정보를 얻는 경로는 범죄에 대한 지식에 어떤 영향을 미치는가?"

우리가 어떤 현상에 대해 인식하고 판단할 때에 자신이 그 대상에 대해서 가지고 있는 정보의 영향을 받는다. 어떤 통로를 통해서 어떤 내용의 정보를 접하는가에 따라서 그 대상에 대한 인식이 달라진다. 일반적으로 사람들이 범죄에 대한 지식과 정보를 얻는 경로는 대중매체의 보도 또는 SNS의 영상, 주변 지인들의 이야기, 본인의 경험 등이다. 지식을 접촉하는 빈도에 따라서 구분하면 대부분의 경우 대중매체 등을 통해서 접촉하고, 그리고 주변 지인들의 이야기를 듣거나, 아주 드물게 본인의 직접적 경험에 의존한다. 그런데 이러한 경로들은 올바르고 객관적인 범죄 인식을 형성하는 데 문제가 있다. 이에 따라 사람들은 범죄에 대한 객관적이고 정확한 인식 대신에 왜곡된 인식을 가지게 되며, 의식하지 못하는 사이에 범죄에 대한 신화를 가지게 된다.

우리는 일상생활 중에 주변에서 어떤 정보를 접하면 그에 대한 사실의 확인이나 객관성을 따지지 않고 그러한 내용을 받아들이고 이를 중심으로 대상을 판단하는 경우가 많다. 예를 들어 어떤 병원이 특정 질병을 잘 치료한다는 소식을 들은 사람들은 사실 여부의 검증에 대한 별다른 생각 없이 그것을 받아들이고, 이를 소개할 수 있는 상황에 되면 지인들에게 그 병원에 대해 이야기를 한다. 관심이 있다면 그 병원에 대한 정보를 검색해서 확인하려고 하겠지만 그런 경우도 거의 없고, 확인하려 해도 객관적인 사실에 근거한 확인은 거의 불가능하다.

범죄에 대한 정보를 접하면서 주변의 지인에게 이야기를 듣거나 자신의 경험을 통한 경로가 바로 이와 유사하다. 사람들은 자신의 범죄 관련 경험을 객관화시켜서 보기 어려우며, 주변에서 듣는 일부 범죄사례에 대한 정보는 객관적인 근거를 가지지 못한 편향된 정보일 가능성이 상당히 높다. 그렇지만 이러한 정보를 확인하려는 생각도 하지 않으며, 하고자 해도 객관적으로 확인할 방법도 알지 못하는 경우가 대부분이다. 따라서 이렇게 받아들인 편향된 지식을 근거로 범죄에 대한 일반적인 판단을 내리고, 범죄에 대한 인식을 형성한다. 이로 인해 범죄 현상의 모습을 있는 그대로 보지 못하게 하고, 불완전한 정보로 인해범죄 현상에 대해 왜곡된 인식을 가지게 되는 경우가 많다.

사람들이 범죄에 대한 정보를 얻는 가장 큰 경로는 대중매체의 범죄에 관한 보도를 접하는 것이다. 그런데 이 경로로 얻어지는 범죄에 대한 지식 역시 대중매체의 범죄 보도가 가지는 특성으로 인해 의식하지 못하는 사이에 범죄에 대한 사람들의 인식을 왜곡시키는 결과를 가져온다.

대중매체의 범죄에 대한 보도는 언론보도가 가지는 일반적인 특성에서 자유롭지 못하다. 범죄를 보도할 때 보도가치라는 기준에 따르게 된다. 즉 독자들이나 시청자들이 더 많은 관심을 가지는 항목이나 주제에 더 높은 가치를 부여하고, 그러한 내용이 더 많이 보도된다. 따라서 경미한 범죄사건보다는 살인, 성폭력 등과 같은 심각한 범죄사건이 보도될 가능성이 높고, 평범한 사건보다는 특이한 것들이 관심의 대상이 된다. 사소하고 평범한 사건들은 독특한 스토리로 연결될 수 있을 때 보도의 가능성이 높아진다. 예를 들어 일반적인 절도사건은 보도될 가능성이 거의 없지만, 어린 자녀가 굶고 있는 것을 볼 수 없어서 가난한 부모가 분유를 훔치는 등과 같은 생계형 절도라면 보도될 가능성이 높아진다.

최근의 범죄백서에 기록된 범죄통계를 살펴보면 최근 몇 년 동안 살인 사건은 1년에 1,000건 미만의 사이의 발생건수를 보이고, 강도사건 역시 1,000건에 미치지 못한다. 반면 절도는 대략 20만건 정도, 사기는 30만 건의 발생건수를 보인다. 그렇지만 범죄사건이 보도되는 비율로 따지면 절도나 사기보다는 살인이나 강도 사건이 더 높다. 이러한 범죄보도를 접하는 사람들은 의식하지 않은 사이에 범죄보도가 제시하는 정보에 따라서 범죄에 대한 인식을 형성하기 때문에 일반적으로 사람들은 살인, 강도, 성폭력 등과 같은 강력범죄가 실제보다 훨씬 더 많이 발생하는 것으로 인식하게 된다.

이처럼 사람들은 실제 발생하는 범죄의 모습과는 다른 형태로 범죄에 대한 왜곡된 인식을 형성하게 된다. 이처럼 범죄에 대한 사람들의 잘못된 인식은 '범죄에 대한 신화'라는 표현으로 대변된다.

범죄에 대한 신화 중 대표적인 것은 "우리나라의 범죄가 급격하게 증가하고 있다."라는 것이다. 일반적으로 사람들은 범죄가 급격하게 증가하고 범죄문제가 점점 더 심각해지고 있다고 생각한다. 대부분의 범죄에 대한 언론보도는 범죄문제가 심각하며, 점점 더 나빠진다고 보도하기 때문이다. 그렇지만 공식통계를 근거로 살펴보면 우리나라의 전체 범죄발생건수는 그렇게 급격하게 증가하고 있지 않다. 최근 범죄백서를 통해서 총범죄 발생건수의 경향을 살펴보면 최근 10년 동안 범죄발생 건수는 오히려 약간 감소하는 형태를 보인다. 또한 우리나라의 범죄문제가 점점 더 심각해지고 있다는 것도 공식통계상의 근거를 찾기 어렵다. 이러한 인식은 다음에 언급하는 두 번째의 범죄신화와 연결된다고 볼 수 있다.

두 번째 신화는 범죄사건 중에서 주로 많이 발생하는 것은 살인, 강도, 강간 등의 범죄라는 것이다. 최근 몇 년간 공식통계상에 나타난 전체 범죄사건은 대략 연간 2백만 건에 조금 미치지 못하는 정도이다. 최근에 몇 년간 살인사건은 대략 800-900건 정도, 강도사건 역시 800-1000건 정도, 성폭력사건은 3만 건 정도 발생한다. 즉 전체 범죄사건 중에서 이러한 범죄사건들이 차지하는 비율은 매우 낮은 편이다. 그럼에도 앞에서 살펴본 대로 살인, 강도, 강간 등과 같은 범죄가 가장 많이 발생한다고 인식하는 것은 이러한 심각한 범죄사건들이 언론에 끊임없이 보도되기 때문이다. 이처럼 사람들은 언론에 많이 보도되는 사건들이 범죄발생 중에서 상당히 높은 비율을 차지할 것이라고 생각하게 되며, 이러한 영향은 앞서 언급한 바와 같이 우리나라의 범죄문제가 점점 더 심각해지고 있다는 인식과 연결된다.

범죄에 대한 신화는 여성들이 가지는 성폭력 범죄에 대한 두려움에서도 나타난다. 일반적으로 여성들이 가장 큰 두려움을 느끼는 성폭력 범죄의 형태는 낯선 남성에 의해서 낯선 장소에서 강제적으로 당하는 형태이다. 그렇지만 통계를 통해서 성폭력의 실태를 살펴보면 성폭력, 특히 강간의 피해는 낯선 사람보다는 아는 남성에 의해 당하는 경우가 더 많다. 또한 성폭력 피해는 남성이나 여성의 집에서 당하는 비율이 가장 높다. 이처럼 범죄에 대한 신화는 우리의 범죄에 대한 인식이 왜곡될 가능성이 높음을 보여주며, 이로 인해 우리의 일상적 삶에 잘못된 영향을 미칠 수 있음을 염두에 둘 필요가 있다.

I 범죄학이란?

사람들은 일상생활 중에 범죄에 대해서 다양하게 이야기하고 설명한다. 그렇지만 일상적으로 이루어지는 수준의 범죄에 대한 이야기를 범죄학이라는 학문에 포함시킬 수는 없다. 범죄학은 범죄에 대한 일상적인 수준의 설명에서 그치는 것이 아니라, 과학적이고 체계적으로 범죄 현상을 연구하는 학문의 영역이기 때문이다.

서덜랜드와 크레시는 '범죄학'이라는 고전적인 저서에서 범죄학이라는 학문을 다음과 같이 정의하였다. "범죄학은 사회현상으로서의 범죄에 관한 지식의 집합으로 법률 형성, 법률 위반 행동, 법률 위반에 대한 반응 등의 과정을 포함한다. 범죄학의 목표는 이러한 법률, 범죄, 처우 등의 과정에 대해 일반적이고 검증된 원리와 기타 관련 지식을 발전시키는 것이다."

이와 같은 몇 줄 정도의 간단한 정의는 범죄학이 학문으로서 가지는 특성을 잘 보여준다. '법률 형성, 법률 위반 행동, 법률 위반에 대한 반응 등의 과정을 포함한다.'는 표현은 범죄학의 연구 영역을 보여준다. 이에 따르면 기본적으로 범죄학의 연구 영역은 범죄를 규정하는 법률의 형성과 관련된 영역, 다양한 법률 위반 행동, 즉 범죄행동과 관련된 영역, 그리고 법률 위반(범죄)에 대한 반응, 즉 범죄에 대한 사회적 처벌을 포괄한다.

또한 범죄학은 이러한 연구대상에 대한 과학적 설명을 추구한다. 과학적 설명이란 연구대상이 되는 현상에 대한 일반화된 설명을 추구하며, 경험적 검증을 통해 주장의 옳고 그름을 판단한다는 것을 의미한다. 위의 정의에서 '일반적이고 검증된 원리와 기타 관련 지식을 발전시킨다.'라는 것이 바로 여기에 해당한다. 범죄학은 개별 범죄 사례에 초점을 맞추어 연구하는 것이 아니라 범죄현상에 대한 일반화되고 원리적인 설명을 추구하고 이를 통해서 범죄를 설명하는 이론을 구축한다. 또한 가설과 이론을 검증하기 위하여 다양한 연구방법으로 수집된 경험적 자료를 분석함으로써 가설이나 주장에 대한 진위여부를 검증하는 학문이다. 이러한 맥락에서 범죄학은 사회과학의 영역에 포함된다.

최근에는 범죄학의 연구 영역은 다음과 같은 6개의 영역을 포괄하는 것으로 본다.

① 범죄통계학: 범죄행위의 발생 빈도와 발생 경향을 측정하는 하위 영역이다. 범죄를 측정하기 위해서는 신뢰할 수 있고 타당한 측정 방법의 사용이 필요하고, 범죄공식통계, 자기보고조사, 범죄피해조사 등의 방법이 사용된다.

② 법사회학: 「형법」을 결정하는 과정에서 사회적 힘이 수행하는 역할과 「형법」이 사회의 변화과정에 미치는 역할에 관심을 가지는 범죄학의 하위 영역이다.

③ 이론구성: 범죄의 원인에 대하여 이해하는 영역이다. 범죄자의 개인적·심리적 특성과 사회적 환경 등을 중심으로 범죄의 원인을 규명하는 다양한 이론을 구성한다.

④ 범죄행위체계: 폭력범죄, 재산범죄, 공공질서위반범죄, 조직범죄 등 특정 범죄유형과 행동패턴에 대해 연구하는 하위 영역이다. 특정 범죄유형을 기술하고 이해하기 위한 시도는 계속 이루어지고 있으며 범죄유형론이라고도 한다.

⑤ 교정학: 범죄자에 대한 통제와 교정을 연구하는 하위 영역이다.

⑥ 피해자학: 범죄를 저지른 가해자가 아니라 피해자에 초점을 맞춰 다양한 분야를 연구하는 하위 영역이다. 범죄피해조사, 피해자에 끼친 범죄의 비용계산, 범죄피해자가 될 가능성을 증가시키는 요인, 범죄를 유발하거나 촉발하는 피해자의 역할, 상담이나 보상 프로그램, 범죄피해자 지원서비스 계획 등이 연구대상이다.

II 범죄 연구를 위한 자료수집 방법

범죄를 연구하기 위해서 사회과학의 다양한 방법들이 사용된다. 범죄의 연구는 일반적인 사회현상의 연구와는 차이가 있으며, 따라서 연구방법의 사용에 있어서도 차이가 존재한다. 일반적인 사회현상과 다른 범죄현상의 특징 중의 하나는 희소성이다. 즉, 범죄의 발생이 일상에서 보편적으로 나타나는 현상이 아니라는 점이다. 이러한 현상은 연구대상이 되는 범죄가 심각해질수록 더 강해진다.

따라서 자기보고조사를 통해 범죄행동을 측정할 때 일정 수준 이상의 범죄건수를 확보하기 위해서는 상당히 큰 표본이 필요하다. 이러한 현상은 가해조사뿐만 아니라 범죄피해조사에서도 두드러지게 나타난다. 두 번째 특징은 범죄가 일반적으로 감추고자 하는 현상이라는 점이다. 따라서 객관적인 데이터를 수집하기 위해서 익명성의 확보 등과 같이 좀 더 정교한 조사절차가 필요하다.

범죄연구에서 가장 손쉽게 접근하고 사용할 수 있는 자료가 범죄에 관한 공식통계이다. 공식통계는 손쉽게 범죄에 대한 정보를 제공해주는 등 여러 가지 장점이 있지만, 암수범죄로 인하여 범죄의 실태를 파악하는 데 결정적인 한계를 지닌다. 이러한 점을 보완하기 위해서 자기보고조사와 범죄피해조사 방법이 사용된다.

1. 공식통계

공식통계는 경찰, 검찰, 법원 등과 같이 국가의 공식적인 형사사법기관을 통하여 집계되는 범죄통계 자료를 말한다. 경찰, 검찰, 법원, 교도소, 소년원 등 형사사법기관의 통계자료를 분석함으로써 범죄의 양적 추세, 질적·유형적 특성, 범죄자의 배경 및 특성, 피해자 특성 및 피해액 등을 밝히는 것이다. 공식통계는 전통적으로 범죄연구의 일차적 자료로 사용되어 왔다. 대표적인 공식통계로는 대검찰청의 범죄분석, 경찰청의 범죄분석, 법무연수원의 범죄백서 등이 있다.

공식통계는 다음과 같은 장점을 가진다. ① 양적으로 방대한 자료가 정기적으로 수집된다. ② 자료에 대한 접근이 용이하다. 자료를 공개하여 누구든지 자유롭게 활용할 수 있다. 최근에는 인터넷을 활용하여 누구나 손쉽게 범죄에 관한 통계를 찾아볼 수 있다. ③ 윤리적인 문제가 해결된다.

반면 공식통계는 다음과 같은 한계점을 지니고 있다. ① 암수범죄나 비행이 많아서 공식통계 상의 범죄는 실제로 발생한 범죄의 일부분에 지나지 않는다. 많은 범죄가 발생했음에도 불구하고 형사사법기관에 보고되지 않아서 범죄통계로 집계되지 못한다. ② 보고에 있어서 단일성이 없다. 법규가 달라지거나, 새로운 법규가 제정되거나, 범죄통계 집계 관련 행정체계가 변화되면 통계 집계방식이 달라지기 때문에 보고의 단일성이 상실되고 따라서 비교가 무의미해진다. ③ 범죄통제의 선택성 때문에 특정 범죄 또는 범죄자들은 공식통계에 제대로 반영되지 않는다. 즉 살인, 강도, 절도 등의 통상적인 범죄들은 모두 공식통계에 기록되지만, 대기업의 비리행위, 화이트칼라범죄, 법집행기관의 범죄는 제외되는 경우가 많다.

2. 자기보고조사

자기보고조사는 특정 인구집단을 대상으로 면접이나 설문지 조사를 통하여 범죄의 실태를 파악하는 조사방법이다. 익명성을 보장한 상태에서 일정 기간 동안(보통은 1년) 자신이 저지른 범죄사실을 자발적으로 설문지에 기록하도록 한다. 일정한 집단을 대상으로 하여 범죄 또는 비행을 스스로 보고하도록 함으로써 암수범죄를 추정하는 것이 가능하다. 자기보고조사를 위해서는 표본조사를 실시한다. 전체 모집단의 특성과 유사하도록 표본을 추출하며, 그 표본을 대상으로 조사하여 범죄 실태를 파악한다.

자기보고조사는 공식통계를 통하여 범죄의 실태를 정확하게 파악하는 데 한계가 있다는 지적에서 비롯된 것이며, 공식통계보다 범죄나 범죄자에 대하여 자세한 정보를 수집할 수 있다는 장점이 있기 때문에 범죄의 원인을 파악하는 데도 유용하다.

자기보고조사의 장점은 다음과 같다. ① 공식통계 집계에서 누락된 암수범죄를 파악하여 보다 정확한 범죄 실태를 파악하는 것이 가능하다. ② 범죄의 실태를 파악하는 것뿐만 아니라 범죄의 원인도 밝힐 수 있는 조사방법이다. 이는 범죄 연구에 있어서 자기보고 조사방법을 많이 사용하게 하는 중요한 장점이다. 다양한 통계분석방법을 사용함으로써 범죄의 원인에 대한 다양한 분석이 가능하다.

자기보고조사도 몇 가지의 한계를 지니고 있다. 범죄라는 현상의 특성, 즉 사람들이 감추고자 하는 현상이라는 특성으로 인해 일반적인 사회현상에 비해 응답 내용의 진실성의 문제에 더 취약하다. 조사에서 익명성을 보장한다고 강조해도 심각한 범죄에 대하여는 발각의 두려움 때문에 보고하지 않는 경향이 있을 수도 있고, 반대로 있시도 않은 범죄사실을 보고하는 등의 과장의 가능성도 존재한다. 따라서 조사결과의 신뢰도와 타당도를 확보하는 것이 중요한 문제이다. 이와 연관해서 다양한 종류의 범죄를 포착하기 어렵다는 한계도 있다. 자기보고조사는 경미한 숨은 범죄의 실태 파악에는 적절할지 몰라도 강력범죄 등과 같이 심각한 범죄의 파악에는 한계가 있다.

3. 범죄피해조사

범죄피해조사는 일반인을 대상으로 그들의 범죄피해 경험을 조사함으로써 범죄발생의 실태를 파악하고자 하는 조사방법이다. 자기보고조사가 일반인들이 범죄를 저지른 가해경험을 묻는 것이라면, 피해조사는 범죄의 피해경험을 묻는 것이다. 범죄피해조사는 자기보고조사와 마찬가지로 추출된 표본에 대하여 익명성을 보장한 상태에서 응답자 본인이나 가족이 일정 기간 동안 경험한 범죄피해를 묻는다.

범죄피해조사는 범죄의 '암수'를 측정하기 위한 목적에서 시작되었다. 뿐만 아니라 범죄피해를 많이 당하는 사람의 특성, 범죄피해가 발생하는 구체적인 상황, 범죄피해로 인한 사람들의 일상생활의 변화 등에 대한 해답을 찾을 수 있게 해준다. 현재 우리나라는 한국형사법무정책연구원에서 2년마다 전국적인 범죄피해조사를 시행하고 있다.

범죄피해조사는 전체 범죄의 실제 발생정도를 추정할 수 있다는 장점과 더불어 범죄피해에 있어서 피해자의 책임이나 피해원인에 대한 연구자료로 활용하여 예방책 마련에 도움이 된다는 장점이 있다. 반면 모집단에 대한 전체조사가 아니라 표본조사만 가능하기에 범죄 발생에 대한 추정치만 구할 수 있다는 점, 전국적 조사를 실시하기에는 예산과 시간의 부담이 크다는 점, 조사할 수 있는 범죄의 종류가 제한된다는 점이 한계로 작용한다.

Ⅲ 범죄에 대한 다양한 설명: 범죄학 이론

범죄학은 범죄현상의 다양한 측면에 관심을 가지고 연구하는 학문이지만, 연구자들은 범죄를 야기하는 원인을 파악하고 설명하는데 가장 큰 관심을 가진다. 범죄의 원인을 설명한다는 것은 소수의 특정 사람만 범죄를 저지르는 이유가 무엇인지 밝히는 것이다. “사회의 대다수의 사람들은 범죄를 하지 않는데, 소수의 사람들만 범죄를 저지르는 이유는 무엇일까?”, “무엇이 그들로 하여금 범죄를 저지르도록 하는 것일까?” 이러한 질문에 대한 답을 논리적이고 체계적으로 구성한 것이 범죄학 이론이며, 범죄의 원인을 설명하는 것이라 해서 범죄원인론이라고 하기도 한다.

범죄를 저지르도록 영향을 미치는 요인은 크게 세 가지 관점으로 구분할 수 있다.

첫째는 생물학적 관점이다. 범죄의 원인을 사람의 신체적인 특징이나 유전적인 특징으로 설명하고자 하는 입장을 말한다. 범죄자와 비범죄자, 즉 범죄를 저지르지 않는 사람들은 생물학적으로 다르다는 전제를 가지고 있다. 이탈리아 학파와 같이 범죄학 초기의 이론들이 범죄의 원인으로서 생물학적 특성을 강조하였지만 범죄학이 발달함에 따라서 서서히 그 영향력이 축소된 상태이다. 최근 발달된 생물학적·의학적 지식을 토대로 한 이론이 다시 주목을 받기도 한다.

둘째는 심리학적 관점이다. 범죄를 저지르게 하는 원인을 범죄자의 마음, 즉 심리적 특징에서 찾는 입장이다. 본능, 충동 등과 같은 일반적인 심리학적 특성과 심리학의 다양한 이론을 사용하여 범죄를 설명한다. 최근 사람들이 많은 관심을 가지는 범죄심리학이라는 분야가 이러한 관점과 유사하다고 볼 수 있다. 범죄심리학이란 범죄를 저지르도록 만드는 심리적인 요인을 찾아내고 이를 통해서 범죄를 설명하는 학문분야이다.

셋째는 사회학적 관점이다. 앞의 두 관점과 달리 범죄의 원인을 개인적 특성이 아니라 사람들의 사회적 환경에서 찾는 입장이다. 사람들로 하여금 범죄행동을 하게 하는 사회구조나 환경에 관심을 가지고 연구한다. 사회구조, 계급구조, 문화, 사회변동 등이 범죄에 미치는 영향에 주목한다. 사회학이 주류를 이루는 범죄학에서 가장 많이 소개되는 관점이기도 한다.

본 장에서 수많은 범죄학 이론을 모두 소개할 수 없으므로, 사회학적 관점에서 범죄를 설명하는 이론 중에서 중요한 것들을 중심으로 범죄학 이론들 소개하도록 하겠다.

생물학적 이론이나 심리학적 이론은 개인의 특성을 중심으로 범죄를 설명한다. 범죄자와 범죄자가 아닌 사람들은 생물학적 특성, 심리적 특성에서 차이가 존재하고 그러한 차이로 인해서 범죄가 발생한다고 본다. 그렇기 때문에 사회에 따리시 범죄발생의 정도에 차이가 있으며, 한 사회 내에서도 집단이나 지역에 따라서 범죄발생에 차이가 나타나는 현상에 대해서 제대로 설명하지 못하는 한계가 있다. 범죄 발생이 많은 사회나 지역, 집단에는 생물학적으로, 심리학적으로 문제가 되는 사람들이 많기 때문이라는 설명밖에 하지 못하기 때문이다. 이러한 맥락에서 개인을 둘러싼 사회적 환경, 즉 사회적 맥락에서 범죄를 설명하는 이론이 필요하다. 사회환경을 중심으로 범죄를 설명하는 사회학적 관점에서는 어느 사회나 집단, 지역이건 개인들 간에는 차이가 없다고 간주한다. 다만 사회적 환경의 영향이 달라짐으로 인해서 범죄 발생에 차이가 나타난다고 설명한다.

1. 사회구조와 범죄의 연관성을 강조하는 입장

사회구조와 범죄의 연관성을 강조하는 입장은 기본적으로 범죄 발생에 있어서 계층 간의 차이, 구체적으로 하위 계층에서 다른 계층에 비해서 범죄가 더 많이 발생하는 이유를 설명하는 데 초점을 맞춘 이론들로 구성된다. 초기 범죄학 이론을 주장한 범죄학자들은 하위 계층의 사람들이 범죄를 많이 저지르고, 하층민이 거주하는 지역에서 범죄가 많은 이유를 사회구조적인 차원에서 설명하고자 하였고, 이를 위해 사회학적 개념과 논리를 사용하여 범죄 원인을 설명하였다. 이러한 입장은 다시 아노미이론과 하위문화이론으로 나누어진다.

가. 아노미이론

아노미이론은 긴장이론 중에서 가장 대표적인 이론에 해당하는데, 긴장이론에서는 사회의 소수의 구성원들에게 범죄를 저지르게 하는 구조적 압력이나 긴장 요인이 작용하여 범죄를 하게 된다고 본다. 이러한 구조적 압력이나 긴장은 사회 구성원들에게 무작위로 영향을 미치는 것이 아니라 사회구조적인 측면에서 하층에 집중되는 경향이 있고 이로 인해 하층의 범죄가 더 많이 발생한다고 본다.

긴장이론에서 볼 때 사회의 구성원들은 모두가 경제적 성공이라는 가치와 목표를 공유하고 있지만, 그러한 개인적 목표를 달성할 수 있는 능력, 즉 목표를 달성하기 위한 수단은 모두가 가지고 있는 것이 아니며, 개인마다 차이가 존재한다. 문제는 이러한 수단의 차이가 무작위적으로 분포하는 것이 아니라 사회경제적 지위에 의해서 차별적으로 계층화되어 있기 때문에 하위 계층 사람들은 중산층에 비해서 목표를 달성하는 능력이나 수단이 부족하다는 점이다. 따라서 중산층 이상은 자신의 목표를 달성하는 능력을 갖추는 데 큰 어려움이 없지만 하위계층 사람들은 자신의 목적을 달성할 길이 막혀 있음을 느끼게 되고 좌절감이나 분노의 감정을 느끼게 되며, 이러한 긴장이나 압력 요인이 범죄의 동기로 작동한다. 이러한 측면을 가장 잘 설명한 이론이 머튼의 아노미이론이다.

머튼은 노동계층에서 절도 등의 재산범죄의 발생이 중상층보다 더 많다는 사실을 발견하고, 그 이유를 설명하기 위해서 사회학자인 뒤르껭의 아노미 개념을 사용하였다. 뒤르껭은 인간의 열망이나 욕망은 개인의 내부에서 발생하며, 특별한 규제가 존재하지 않으면 끊임없이 상승한다고 보았다. 개인의 열망과 욕망이 지나치게 상승하면 사회가 존속할 수 없기 때문에 사회는 규범을 통해서 적절한 수준에서 욕망을 통제한다. 뒤르껭에 있어서 아노미 상태란 무규범 상태를 의미하는 것으로서 사람들의 욕망을 규제하는 규범이 존재하지 않은 상태를 의미하며, 사회가 지나치게 빨리 변화하여 기존의 규범과 새로운 규범이 지배적으로 사람들을 규제하지 못하게 되면 아노미 상태가 된다고 보았다.

뒤르껭의 아노미 개념을 가져오면서 머튼은 개인의 열망이나 욕망이 개인에게서 발생하는 것이 아니라, 사회의 문화에 의해서 규정되는 것으로 보았다. 뒤르껭의 입장에서 볼 때 개인은 누구나 스스로 통제하기 어려운 욕망, 예를 들어 금전적 욕구 등을 가지고 있다고 본 반면에, 머튼은 경제적으로 성공하고 더 많은 돈을 벌어야겠다는 욕망도 사회가 문화를 통해서 구성원들에게 조장하는 것으로 보았다.

머튼은 아노미 개념을 한 사회 내의 문화적 목표와 제도화된 수단 사이의 괴리현상으로 규정하였다. 여기에서 문화적 목표란 경제적 부나 권력 등과 같이 사회에서 모든 구성원들이 소유하기 원하는 대상이나 목표를 의미한다. 이러한 목표는 그 사회의 문화에 의해서 모든 구성원들에게 주입된다는 점에서 문화적 목표라고 한다. 그렇지만 이러한 대상은 희소성을 특징으로 하기 때문에 모든 사람이 그것을 가질 수는 없다. 반면 제도화된 수단은 그러한 목표, 즉 돈을 많이 벌어서 경제적으로 성공하고 권력을 가지겠다는 목표를 달성하기 위해서 사회에서 제도적으로 인정되는 합법적인 수단을 의미한다. 여기에는 열심히 공부하는 것, 좋은 직장을 가지는 것, 열심히 일해서 저축하는 것 등이 해당된다.

머튼은 서구 사회와 같이 모든 구성원들에게 돈을 많이 벌어서 경제적으로 성공해야 한다는 단일한 목표를 강조하는 문화가 존재하고, 동시에 그 사회의 사회계층 구조가 경직되어 있거나 심한 불평등 구조를 가지고 있을 때, 그러한 사회에서 아노미가 팽배할 것으로 예측하였으며, 미국사회가 바로 여기에 해당한다고 보았다. 미국 사회의 경우 부(富), 즉 경제적 성공이 문화적 목표로 강조되고 모든 사람이 이를 내면화하여 경제적 성공을 꿈꾸지만, 그것을 이룰 수 있는 제도화된 수단은 모든 사람에게 공평하게 분배되어 있지 않다. 제도화된 수단은 집단적으로 또는 사회구조적으로 불균등하게 분포되어 있는데, 이는 주로 사회계층, 인종이나 성별 등에 따라 차별적으로 분포되어 있다. 즉 하위 계층, 유색인종, 여성에게 집중적으로 제도화된 수단이 결여되어 있다.

앞서 아노미를 문화적 목표와 제도화된 수단 간의 괴리라고 규정하였기에 제도화된 수단을 어느 정도 갖춘 중상층은 아노미를 적게 느끼지만, 제도화된 수단을 가지지 못한 하층의 사람들은 아노미를 크게 느끼게 된다. 이러한 아노미는 하층의 사람들에게 범죄를 저지르게 하는 동기로 작용한다.

이러한 문화적·사회구조적 상황에서는 목표에 대한 성취만을 강조할 뿐 수단의 정당성에 대해서는 고려하지 않는 경향이 있으며, 따라서 이러한 사회에서는 제도적 수단의 정당성이 크게 약화될 수밖에 없다. 따라서 불평등 구조에서 하층에 위치한 사람들, 즉 제도화된 수단을 가지지 못한 사람들은 합법적 수단에 대한 접근이 제한되어 있는 상황에도 불구하고 경제적 성공이라는 목표를 달성하기 위해서 노력하게 되고, 결국 불법적 수단이라도 동원해서 경제적 성공이라는 목표를 달성하고자 하게 된다. 이러한 행위가 바로 범죄행동이다. 이처럼 문화적 목표와 제도화된 수단이 불일치하거나 괴리가 발생해서 적절하게 조화를 이루지 못할 때 아노미가 발생하며 이로 인한 긴장으로 범죄행동을 하게 된다.

한편 머튼은 아노미에 대한 사람들의 적응유형을 문화적 목표와 제도화된 수단을 중심으로 5개 유형으로 구분하였다.

① 동조형: 문화적 목표를 받아들이고, 그것을 달성하기 위하여 합법적인 방법에 의존하는 정상적인 행위를 의미한다.
② 혁신형: 문화적 목표는 수용하지만 제도화된 수단이 결핍되어 합법적 방법이 아니라 불법적 방법에 의하여 목표를 달성하고자 하는 행위유형으로 하층이 주로 저지르는 전형적인 범죄행위에 해당한다.

③ 의례형: 문화적 목표를 포기하고 제도화된 수단에만 집착하는 유형이다. 목표의식 없이 정해진 절차나 규범만을 충실하게 따르는 행위양식으로 부의 축적에 관심이 없고 전통적 의식을 수행하는 것에서 즐거움을 얻는다. 문화적 목표를 포기했기 때문에 범죄에서 가장 낮은 수준을 보이는 유형이다.

④ 도피형: 계속되는 실패로 인해서 문화적 목표와 제도화된 수단을 모두 포기하고 사회로부터 도피하는 행위양식으로 알콜중독자, 마약중독자, 노숙자 등이 대표적이다.

⑤ 반역형: 기존의 문화적 목표와 제도화된 수단을 모두 거부하고 새로운 문화적 목표와 제도화된 수단을 추구하는 행위양식이다. 히피문화나 테러리스트 등이 대표적인 예이다.

개인의 사회화 방식과 내용에 따라 사회에 대한 적응방식이 달라질 수 있으며, 이러한 적응유형은 범죄는 개인이 사회화 과정을 통해 형성한 자아, 인성, 성격, 가치관 등에 따라 사회에 적응하는 방식 중 하나라는 사실을 보여준다.

나. 하위문화이론

사회구조의 측면에서 범죄를 설명하는 하위문화이론 역시 하위 계층이 더 많은 범죄를 저지르는 현상을 설명하는 데 초점을 맞추고 있으며, 하층의 거주지역에 사는 사람들이 자신들이 경험하는 사회적 고립과 경제적 박탈에 반응하는 방식을 통해서 하층 사람들의 범죄를 설명한다. 경제적 박탈로 좌절 상태에 빠진 하위계층은 이에 대응하기 위해서 그들만의 규칙과 가치를 가진 독립적인 하위문화를 만들어내는데, 이러한 하층의 하위문화는 중산층 문화와 반대적인 성격을 가지며, 하위문화가 가진 일탈적인 성격으로 인해서 범죄를 조장하는데 기여한다.

하위문화이론은 코헨의 비행하위문화이론, 밀러의 하층계급문화론, 클로워드와 올린의 차별적 기회구조이론으로 대표된다. 세 이론은 하위문화의 개념을 사용하여 하층의 범죄를 설명하지만, 세 이론은 강조하는 설명의 초점이 다르다. 코헨의 비행하위문화이론은 하층 청소년들의 비행하위문화가 발생하는 원인과 과정에 설명하는 데, 밀러의 하층계급문화론은 비행하위문화의 내용을 설명하는

데, 마지막으로 클로워드와 올린의 차별적 기회구조이론은 비행하위문화의 유형에 초점을 맞추어 설명한다.

첫째로 코헨의 비행하위문화이론은 학교라는 청소년들의 생활영역을 중심으로 하층 거주 지역에서 청소년의 비행하위문화가 생성되는 원인과 과정에 초점을 맞추어 설명하였다. 모든 청소년들이 소속되는 학교라는 사회적 영역에서는 모든 평가에 있어서 학업성적 등과 같은 중산층의 기준이 지배하며, 이를 중심으로 경쟁하고 평가한다. 학교에서 인정받기 위해서는 공부를 잘하고, 착하고, 정숙하며, 순종적이어야 하는데, 이는 모두 중산층이 강조하는 기준이다. 어려서부터 이러한 기준에 의해서 양육 받아온 중산층의 청소년들은 학교에서 적응하는 데 문제가 없다. 그렇지만 하층 청소년들은 어려서부터 공부보다는 당장의 돈벌이, 문제해결의 수단으로서 설득과 대화보다는 폭력의 사용 등과 같이 중산층과는 다른 방식으로 양육 받아왔기 때문에, 이들이 학교생활에 적응하고 인정받는 지위를 획득하는 것은 중산층 청소년에 비해서 훨씬 어렵다. 즉 중산층의 가치가 지배적인 가치가 되어버린 학교에서 하층 청소년들은 불리한 위치나 지위를 얻게 되고, 이에 따라 하층 청소년들은 집단적으로 지위좌절을 경험하게 된다. 하층의 청소년들도 학교에서 인정받고 싶은 마음은 있지만 그 기준을 충족시키지 못함으로써 인정받는 지위를 얻는 것이 어렵기 때문이다.

이러한 지위좌절 상황에서 하층의 학생들은 세 가지 반응을 보이게 된다. 첫째는 모범학생 반응으로, 중산층의 사회적 문화적 가치를 받아들이고 중산층의 기준을 충족하고 인정받는 지위를 확보하기 위해서 노력하는 유형이다. 둘째는 안정적 주변인 반응으로, 학교나 공부에서 인정받는 것을 포기하고 주위의 친구들로부터 지지받기 위해서 노력하는 유형이다. 하층 청소년에게서 가장 일반적으로 나타나는 반응이다. 셋째는 비행적 반응으로 코헨이 주목한 반응유형이다. 지위좌절을 경험한 학생 중에서 일부는 자신들에게 좌절을 주는 중산층의 기준을 적극적으로 거부하고, 중산층 가치에 대한 반동형성으로 자신들만의 문화, 즉 비행하위문화를 만드는 방식으로 대응한다. 이처럼 비행하위문화는 청소년들이 지위좌절의 문제를 해결하기 위해 집단적으로 중산층의 기준을 버리고, 대신에 자신들에게 유리한 준거틀이나 기준을 만듦으로써 형성된다. 이러한 비행하위문화는 사회의 지배적인 규범을 거부하기 때문에 반동적인 성격을 띠며, 중산층의 지배가치와 대립되고 반대되는 특성을 가지게 된다. 하층의 청소년들이 이러한 하위문화적 특성에 따라서 행동하고 인정받기 위해서 노력하게 되면 비행을 저지를 가능성이 높아지게 된다.

이렇게 형성되고 중산층 문화에 대한 반동형성의 특성을 가지는 비행하위문화는 다음과 같은 세 가지 성격을 가진다. 이는 중산층에서 강조하는 문화적 요소를 거부하고, 그와 반대되는 가치를 중요시하는 것이다.

① 비공리성: 합리성의 추구라는 중산층 가치에 반대되는 것으로 합리적 계산에 의한 이익에 따라서 행동하는 것이 아니라 스릴과 흥미 등에 따른 행동을 추구한다. 코헨은 비공리성의 예로 하층 청소년들이 모자를 훔치는 사례를 든다. 여러 명의 청소년들이 상점에서 모자를 훔치는데, 먼저 한 사람이 모자를 성공적으로 훔쳐서 나오면, 두 번째 사람은 그 모자를 쓰고 들어가서 다른 것으로 바꿔 쓰고 나온다. 이런 방식으로 절도를 계속하는데, 이는 중산층의 합리성이라는 기준에 부합하지 않는다. 합리성의 기준에 따른다면 청소년들이 각자 모자를 하나씩 훔치는 것이 더 적합하기 때문이다. 하층 청소년들이 이러한 방식으로 절도를 하는 것은 그 행위가 합리성을 거부하고 단지 청소년들에게 즐거움과 스릴을 주는 것으로 받아들이기 때문이다.

② 악의성: 중산층의 문화나 상징에 대한 적대적 표출로서 중산층에서 다른 사람들에 피해주는 것을 금하는 매너나 에티켓에 대한 반발의 의미를 가진다. 다른 사람에게 불편을 주는 행동, 사회에서 금지되는 행동을 하는 것을 즐긴다.

③ 부정성: 기존의 지배문화, 인습적 가치와 반대되는 행동을 추구한다. 기존의 어른들의 문화를 부정하는 성향을 가진다.

두 번째로 밀러의 하층계급문화론은 비행하위문화의 내용적 측면에 초점을 맞춘다. 이 이론은 코헨의 비행하위문화이론과 달리 하층 청소년에게 영향을 주는 비행하위문화는 중산층 문화와의 갈등에서 발생한 반대문화가 아니며, 하층계급 자체가 가지고 있는 고유문화로서, 오랫동안 존속하여 왔고, 그 자체로서 통합력을 가지며 유형화된 전통을 가지고 있는 문화로 본다.

그는 하층계급 문화의 특성(독특한 가치체계)을 관심의 초점이라는 개념을 통해 고찰한다. 관심의 초점이란 하층 사람들이 그들의 문화의 영향에 따라 자신들이

행동하고 사고하는데 있어서 중요하다고 생각하는 관심분야 등을 말하는 것이다. 하층의 청소년들의 하위문화가 가지고 있는 특성으로서 그들이 중요하게 생각하고 관심을 가지는 분야로서 이러한 관심의 초점은 그 문화에서 인정받는 데 있어 중요한 의미를 지닌다. 따라서 이러한 관심의 초점에 대한 순응이 하층 사람들의 삶을 지배한다. 즉 중산층과는 달리 하층 계급의 사람들에게는 아래 기술된 관심의 초점에 따라 사는 것이 더 중요한 가치를 가지게 된다.

밀러는 하층 계급의 관심의 초점으로 아래와 같은 6개를 소개하였다.

① 말썽: 중산층은 업적을 중심으로 평가하지만, 하층에서는 권위에 대하여 분쟁거리를 만들어내고 잘 빠져나오는 것이 평가기준이 된다.
② 강인함: 힘, 용감성, 대담성, 거침, 남자다움과 같은 것이 관심의 초점이다. 따라서 싸움능력, 운동능력, 힘이 강조된다.
③ 교활함: 남을 잘 속이는 반면에 자신은 남에게 속지 않으려는 것에 초점을 둔다. 머리를 써서 최소한의 육체적 노력으로 가치 있는 재화나 지위를 획득하는 능력을 강조한다.
④ 자극: 스릴이나 모험심 등 권태감을 해소하는 행동에 대한 관심으로, 흥분거리가 되는 자극적인 일을 추구하는 것이다.
⑤ 운명주의: 운수, 재수 같은 것으로, 자신의 인생이 자신이 어떻게 할 수 없는(통제불가) 외적 요소에 의해 좌우된다고 보는 것이다. 미래를 위한 현실적 노력이나 소망보다는 운명에 맡기는 태도를 의미한다. 범죄를 저지르고 붙잡혔을 때 나쁜 짓을 해서 잡힌 것으로 생각하지 않고 재수가 없어서 잡혔다는 식으로 생각하는 것이다.
⑥ 자율성: 일종의 방종을 의미하는 것으로 다른 사람의 간섭을 받기 싫어하는 태도, 자기 마음대로 행동하려는 태도이다. 이는 대부분의 하층 사람들이 다른 사람들의 지시나 명령을 따라야 하는 낮은 직업적 위치에 있다는 점과 관련된다.

하층 청소년들에게 있어서 이러한 6개 관심의 초점에 따라서 행동하고, 이를 적극적으로 표현하는 것이 집단 내에서 지위를 얻는 데 중요한 기준이 된다. 관심의 초점에 따라서 행동하는 것 자체가 비행이나 범죄가 되는 것은 아니다. 그렇지만 이들이 지위를 얻기 위해 관심의 초점에 해당하는 행위를 더 많이 하게 되면 자연스럽게 비행이나 범죄를 저지를 가능성이 높아진다.

세 번째로 클로워드와 올린의 차별적 기회구조이론은 비행하위문화의 유형에 관심을 가진다. 이들은 머튼의 아노미이론의 가정에 대한 비판에서 출발한다. 아노미이론은 하층 사람은 합법적 수단이 제한되었을 때 누구든지 불법적 수단을 사용할 수 있고, 그것을 사용하여 경제적 성공이라는 목표를 추구하는 것이 가능하다고 암묵적으로 가정하고 있다. 그렇지만 합법적인 수단을 사용할 수 없게 되었다고 해서 누구나 불법적인 수단을 사용해서 범죄를 저지를 수 있는 것은 아니다. 지금 당장 돈이 필요하고 합법적 방법으로 돈을 구할 수 있는 방법이 없다고 해도, 누구나 다른 사람의 물건을 훔치거나, 다른 집에 들어가서 절도하는 행동을 할 수 있는 것은 아니다. 합법적 수단이 차등적으로 분배되어 있는 것처럼 불법적 수단도 모든 사람이 가질 수 있는 것이 아니라 차등적으로 배분되어 있다. 합법적 수단이 제한되었을 때, 누구나 범죄를 할 수 있는 것이 아니라 불법적인 수단을 사용할 수 있는 경우에만 범죄를 할 수 있다.

이 상황에서 하층 사람들의 불법적 수단 사용에 영향을 미치는 것이 그들이 속해 있는 하위문화이다. 즉 합법적 수단이 제한된 하층의 사람들은 다음에 기술된 적응양식 중의 하나를 선택하여 반응할 수 있다. 그런데 합법적 수단이나 기회구조에서 소외된 사람들이 어떤 적응양식을 선택하는가는 개인의 선택이 아니라 그들에게 제공되는 사회문화적 환경, 즉 하위문화에 의해서 영향을 받는다.

클로워드와 올린은 인습적 가치(사람들이 일상적으로 가지고 있는 가치기준)와 일탈적 가치(범죄에 관련된 가치)를 구분하고 그것이 어떻게 통합되어 있는가에 따라서 세 가지 하위문화를 제시하였다.

① 범죄하위문화: 일탈적 가치와 인습적 가치가 조화를 이루면서 자리 잡은 하위문화이다. 성공적인 범죄사업을 위한 환경이 조성된 안정적인 하류층 지역에 존재한다. 마피아와 같은 범죄조직이 뿌리를 내리고 있는 지역의 하위문화가 여기에 해당한다. 이 하위문화에는 범죄를 학습할 수 있는 기회가 많고, 범죄를 저지른 후에도 은닉, 도피, 장물을 처분할 수 있는 기회 등이 잘 조직화되어 있다. 이 하위문화의 영향을 받는 사람들은 불법적인 수단을 쉽게 사용하여 범죄를 할 수 있다.

② 갈등하위문화: 인습적 가치와 일탈적 가치가 갈등하는 지역의 하위문화

이다. 갈등한다는 것은 두 가치가 상황에 따라 무원칙적으로 사용된다는 것을 의미한다. 범죄조직이 완전히 조직화되지 못하였기 때문에 상대적으로 불법적 수단에 대한 학습은 잘 이루어지지 않는다. 따라서 범죄는 개인적으로 이루어지는 것이 대부분이며, 범죄조직의 통제가 확고하지 않기 때문에 과시적인 폭력이 많이 이루어진다.

③ 도피하위문화: 인습적 가치와 일탈적 가치가 뿌리를 내리지 못한 하위문화이다. 불법적 수단을 학습할 기회도 없고, 좌절을 폭력으로 표출할 신체적 능력도 없으며 폭력적 방법의 사용이 내면화되지 못한 경우로서, 도피자들이 많은 문화이다. 음주, 대마초, 헤로인, 예외적인 성경험, 음악 등과 같이 끊임없이 황홀감에 빠질 수 있는 방법을 찾는다.

2. 사회통제와 범죄의 관계를 강조하는 입장

이 입장은 앞서 소개한 아노미이론이나 하위문화이론과는 정반대의 가정에서 논의를 시작한다. 사회구조의 측면에서 범죄를 설명하는 이론은 사람들로 하여금 범죄를 저지르게 만드는 동기나 압력이 존재한다고 가정하고 그 요인을 찾는데 관심을 가지고 있다. 즉 사람은 그러한 특별한 동기나 압력이 존재하지 않으면 범죄를 저지르지 않고 일상적인 삶을 살아가는 존재라고 가정한다. 반면 사회통제이론은 사람들이 기본적으로 범죄를 저지르기 쉬운 성향을 가지고 태어났고, 범죄행동은 흥미롭고 유익한 것이라고 가정한다. 그럼에도 불구하고 어느 사회나 소수의 사람들만 범죄를 저지르고 대부분의 사람들은 규범을 준수하며 살아간다. 즉 대부분의 사람들은 자신의 성향을 거스르며 살아가는 것이다. 따라서 사회통제이론은 대부분의 사람들로 하여금 자신의 성향을 거스르면서 범죄를 하지 않게 만드는 요인에 관심을 가지고, 그 요인이 무엇인지 찾고자 한다. 이를 사회통제라고 하며, 사회통제 요인은 어떤 것들이 있는지 밝히고자 한다. 이처럼 사회통제이론에서는 통제가 잘 이루어지고 있는 동안에는 문제가 없지만, 이러한 통제 요인이 약화되었을 때 타고난 성향에 따라서 범죄를 하게 된다고 본다. 사회통제이론 마짜의 중화이론과 허쉬의 사회유대이론이 대표적이다.

가. 중화이론

마짜는 사회통제이론의 하나로서 중화이론을 제시하였는데, 비행하위문화이론에 대한 비판에서 출발하였다. 비행하위문화이론에서 주장하는 바와 같이 하층청소년들이 자신들의 하위문화에서 비행에 대한 가치를 배워서 비행을 저지른다면, 그들은 자신이 저지른 비행을 나쁜 행동이라고 생각하지 않고 떳떳해야 한다. 하위문화에서 그렇게 학습하였기 때문이다. 그렇지만 현실적으로는 그렇지 않다. 대부분의 비행소년들은 자신의 비행이 나쁜 행동이라고 생각하고 그것을 감추려고 한다. 더불어 비행청소년이라 해도 하루의 시간 중 정상적인 활동을 훨씬 더 많이 하고 비행행동을 하는 시간은 일부분에 불과하다. 마짜는 이처럼 대부분의 비행청소년들은 비행행동이 나쁜 행위라는 것을 인정하고 있으며, 상당수의 비행소년은 완전한 범죄자가 아니라는 점에 초점을 맞춘다.

미국 사회에는 인습적 가치와 더불어 잠재적 가치가 존재한다. 잠재적 가치란 문화 내에 정착되어 영향력을 가지고 있지만 공적으로는 비난 받고 있는 가치를 의미한다. 즉 사회 구성원들에게 실질적으로 영향력을 미쳐서 그런 가치에 따른 행동을 하기는 하지만, 다른 사람들 앞에서 그런 행동을 한다고 드러내어 떳떳하게 말하지는 못하는 것을 의미한다. 즉 사회 내에 인습적 가치와 함께 공존하며, 공적으로는 비난받지만 사적으로는 인정되고 실행되는 행위들이다.

중화이론에서 대부분의 사람들은 완전히 자유로운 상태도 아니고 완전히 구속된 상태에 있는 것도 아닌 존재이다. 즉 어떤 문화에 완전히 구속되어 행위를 강요받고 그대로 행동하는 존재가 아니며 동시에 그러한 문화로부터 완전히 자유롭게 행동할 수 있는 존재도 아니다. 사회에서 일정한 통제를 받고 있기 때문이다. 그렇지만 이러한 통제는 완전히 인간의 행위를 구속하지 못한다. 이런 의미에서 사람들은 인습적 가치와 잠재적 가치 사이를 표류한다.

범죄자가 되는 과정은 잠재적 범죄자가 규범을 위반하는 것이 나쁘다는 인습적 가치를 약화 또는 무력화시키는 기술, 즉 중화하는 기술을 습득하고, 불법적 행동과 인습적 행동 사이를 표류하며 오가는 학습과정이다. 즉 중화의 기술을 학습한 비행청소년들이 규범을 벗어나는 행동을 하고자 할 때 중화의 기술을 이용하여 사회통제를 무력화한 후 일시적으로 인습적 행동으로부터 벗어나 표류하여 범죄나 약물남용과 같은 불법적 행동을 저지르고, 그 후에 다시 인습적 행동으로 돌아온다. 이처럼 비행청소년들은 자기가 하는 불법적 행동이 나쁜 행동임을 알고 있지만 불법적 행동을 하게 되는 상황에 직면할 때, 도덕적 고민을 해결하기 위해 사회적으로 용인된 표준화된 기술을 사용하여, 하고자 하는 불법적 행동이 나쁜 것은 아니라거나 정당하다고 합리화 또는 중화하는 과정을 먼저 거치며, 그 후에 비행을 하게 된다.

중화의 기술이란 비행청소년들로 하여금 사회규범에서 잠시 벗어나게 하고 잠재적 가치에 참여하도록 만드는 기술을 의미하며, 다음과 같은 다섯 가지의 형태가 있다.

① 책임의 부인: 비행행동이 자기 잘못이 아니라고 주장하며, 자신의 통제에서 벗어난 어쩔 수 없는 힘이나 우연한 사건의 결과라고 생각하는 것을 말한다. 자신이 범죄를 하는 것을 무책임한 부모의 탓이라고 합리화하는 것이 한 예이다. 가난한 부모, 교사 등 남을 탓함으로써 나쁜 행동에 대한 자신의 책임감을 무력화시키는 기술이다.

② 피해자의 부인: 두 가지의 형태가 있는데, 첫째는 피해자가 범죄를 자초하거나, 유혹한다는 생각이다. 성폭력을 하는 남성의 경우 노출이 심한 복장으로 늦은 밤에 홀로 다니는 여성에 대해 성폭력을 자초하거나 유혹한다고 생각하는 것이다. 두 번째는 피해당할만한 사람이라고 생각하며 피해자의 존재를 부정하는 것을 말한다. 못된 놈이기 때문에 맞아도 싸다고 생각하는 것, 행실이 나쁘기 때문에 성폭행을 당해도 싸다고 생각하는 것 등이다. 때로 이러한 피해자의 부인은 주인이 없는 틈을 타서 상점에서 절도할 때, 차량이나 집의 문이 잠겨 있지 않은 상황에서 절도할 때도 사용될 수 있다. 이러한 피해자의 부인이 특정 민족, 인종, 종교, 성적 취향과 연결될 때 증오범죄로 발전될 수 있다.

③ 손상의 부정: 자신의 행위가 상대방에 피해를 준다는 사실을 부정하는 것이다. 기물파괴는 장난이라고 생각하고, 자동차 절도는 잠시 빌리는 것이라고 생각한다. 청소년들 사이에서 많이 일어나는 금품갈취의 경우도 빌리는 형식을 취하는 경우가 많다.

④ 비난자에 대한 비난: 타락한 사람들이 자기의 잘못된 행동을 나무라는 것은 부당하다고 생각한다. 일반적으로 비행청소년을 비난하는 대상은

부모, 교사, 경찰관 등이다. 자기를 비난하는 형사사법기관 사람들은 자기보다 더 나쁜 사람들이기에 자기를 비난할 자격이 없으며, 비난받을 사람은 자기가 아니라 그 사람들이라고 생각한다. 이들은 자기를 좌절하게 하는 부모, 촌지를 받고 학생을 편애하는 교사, 부패한 경찰 등의 이유를 들어 정당화를 시도한다.

⑤ 충성심에 호소: 자신이 속한 집단에 대한 의리 혹은 충성심 때문에 어쩔 수 없이 나쁜 짓을 하게 되었다고 합리화하는 행위이다. 즉 사회의 규범 준수와 가까운 동료집단에 대한 충성 사이의 딜레마 상황에서 규범의 준수보다는 즉각적이고 가까이 있는 동료집단의 요구를 우선하는 것이다. 맞은 친구에 대한 의리로 때린 사람에 대해서 폭력을 행사하는 행위 등이 여기에 해당한다. 폭력이나 공격행동을 선배가 시켜서 하는 것이라고 무력화하는 경우도 마찬가지이다.

이러한 중화의 논리는 하층 청소년 등의 특정 계층이나 비행하위문화와 같은 것에 국한되는 것은 아니고, 일반사회에서도 흔히 발견된다. 범죄행동은 아니라 할지라도 마음에 걸리는 행동을 하고자 할 때 자신이 하려는 행동을 합리화함으로써 마음의 부담을 덜어내는 과정은 일반인들에게서도 심심치 않게 찾아볼 수 있다.

나. 사회유대이론

허쉬의 사회유대이론은 범죄가 유혹적이고, 흥미로우며, 유익하기 때문에 사람들은 기본적으로 일탈을 저지를 가능성을 다분히 가지고 있다는 가정에서 출발한다. 그렇지만 대부분의 사람들은 범죄를 저지르지 않고 소수의 사람들만이 범죄를 저지른다. 이런 맥락에서 사람들이 "왜 범죄를 하는가?"가 아니라 "왜 범죄를 하지 않는가?"에 대한 설명이 필요하다고 보았다.

사람은 누구나 잠재적으로 법을 위반할 가능성을 가지고 있지만, 범죄행동을 했을 때 가족이나 친구, 이웃, 교사, 고용주와의 관계에 손상을 가져올 것이라는 두려움 때문에 그런 행동을 하지 않으며, 그런 의미에서 통제 상태에 있다고 할 수 있다. 결국 사람들은 기존에 자신이 가지고 있는 사회와의 '유대(끈)' 때문에 범죄를 하지 않는다. 따라서 어떤 이유에서건 이러한 유대가 약화되거나 끊어지면 범지를 저지르게 된다.

허쉬는 이러한 사회유대에는 네 가지 차원이 있다고 보았다.

① 애착: 사회유대의 감정적·정서적 측면으로, 관습적인 타자에 대한 애정적인 감정적인 측면의 유대관계를 의미한다. 구체적으로 타인에게 애정을 가지고 있는 정도, 존경·존중하는 정도, 타인의 기대에서 벗어나지 않으려고 하는 정도를 말한다. 애착의 대상으로서 부모가 가장 중요하기는 하지만, 여기에서는 타인과 애착을 가진다는 사실 자체가 중요하다. 내가 나쁜 짓을 하면 부모가 실망할 것이 떠올라서 그만두는 경우가 이에 해당한다. 청소년들에게 주요한 애착의 대상은 부모, 학교, 친구로서, 이들에 대한 애착이 비행을 통제하는 중요한 영향력을 가진다.

② 수용: 사회유대의 합리적 측면으로, 일상적 활동에 소비하는 시간, 에너지와 노력의 정도 등을 의미한다. 이는 범죄나 비행을 함으로써 잃어버리게 될 수 있는 삶에 얼마나 가치를 부여하는가를 말한다. 사회적으로 인정되고 자신에게 중요한 것에 대하여 더 많이 투자했을수록 범죄를 할 때 잃어버리는 것이 많아지므로 손해를 보지 않으려고 범죄를 하지 않게 된다. 성적이 좋은 학생이 나쁜 학생보다 시험 중 부정행위를 할 가능성이 낮고, 사회적으로 성공한 사람이 성공하지 못한 사람들보다 범죄를 할 가능성이 낮다. 그 이유는 전자의 경우 후자보다 범죄로 인해서 잃을 것이 더 많기 때문이다.

③ 참여: 사회유대의 행위적 측면으로, 일상적인 활동에 실제로 참여하는 정도, 시간을 의미한다. 모든 사람에게는 24시간이 주어지기 때문에 정상적인 활동을 많이 할수록 비행과 같은 나쁜 짓을 할 시간이 줄어든다는 차원이다. 이 차원은 나중에 비판받기도 하는데, 실제로 비행이나 범죄와 같은 나쁜 행동을 하는데는 많은 시간이 필요하지 않은 경우가 많기 때문이다.

④ 신념: 사회유대의 도덕적 측면으로, 일반적이고 통상적인 가치와 규범에 대한 인정 및 수용 정도를 의미한다. 특정 법률 자체나 그 내용에 대한 믿음을 말하는 것이 아니라 법과 규칙이 도덕적으로 옳게 지켜져야 한다는 일반적인 믿음을 말한다. 사회의 기존 가치를 신봉하는 정도 및 규범의 내면화 정도가 높을수록 범죄를 하지 않게 된다.

이러한 사회유대가 약해지거나 끊어지면 사회통제가 약화되어 범죄를 저지르게 된다. 사회유대의 네 가지 차원은 서로 간에 상관관계가 높아서, 하나가 약해지면 다른 것도 약해질 가능성이 높다.

3. 범죄자에 대한 사회적 반응(낙인)을 강조하는 입장

낙인이론으로 불리는 이 입장은 베커, 레머트 등이 대표적인 학자이며, 상징적 상호작용론에서 출발한다. 상징적 상호작용론은 사람들이 의사소통할 때 단어, 이미지, 몸짓 등과 같은 상징을 이용하며, 사회적 상호작용 과정에서 다른 사람이 사용한 상징을 나름대로 해석하고 그것을 기반으로 다른 사람에게 반응한다고 보았다. 자기가 일을 잘하는지, 호감과 인정을 받고 있는지는 다른 사람이 자신에 대해 사용하는 상징을 보고 그것을 해석함으로써 알게 된다. 따라서 상징적 상호작용론에서는 다른 사람의 반응을 해석하고, 이 해석에 의해 의미를 창출하는 것이 중요하다. 이처럼 해석과 의미 부여가 중요하기 때문에 상징적 상호작용론에서 객관적 현실이란 존재하지 않고, 상징에 대한 해석이 변하기 때문에 개념이나 상징의 의미도 변화하게 된다. 예를 들어 여학생에게 아름다운 꽃다발이 배달되어 왔다고 가정해보자. 이때 여학생은 꽃이라는 대상 그 자체에 대해서 반응하지 않는다. 그것보다는 누가 그 꽃을 보냈는지 확인하고, 좋아하는 사람이 보냈다면 그 꽃은 아주 소중한 의미를 지니게 되지만, 싫어하는 사람이 보냈다면 그 꽃은 쓰레기통으로 버려질 것이다. 이처럼 꽃이라는 객관적 대상이 아니라 그 대상에 부여하는 의미가 훨씬 더 중요하다.

낙인이론은 일탈행동 또는 범죄에 대한 개념에서 기존의 이론과는 다른 입장에서 출발한다. 이전의 범죄학 이론에서는 범죄행동이라는 행위 자체가 객관적으로 존재하고, 행위 그 자체가 가지고 있는 속성에 의해서 판명되는 것으로 파악했다. 그렇지만 낙인이론은 범죄행동이라는 객관적 실체는 존재하지 않는다고 보고, 범죄에 대한 사회적 반응과 그러한 사회적 반응에 대한 범죄자의 해석에 관심을 가졌다.

베커는 범죄행동이란 사람들이 범죄로 낙인찍는 행위라고 규정하였다. 행위 자체가 범죄인 것은 없으며, 단지 어떤 행위가 범죄로 낙인되는가 여부가 중요하다고 보았다. 이러한 맥락에서 범죄자란 그러한 낙인이 성공적으로 적용된 사람,

즉 낙인을 당해서 체포되거나 사법당국의 처벌을 경험한 사람을 말한다. 이는 범죄에 해당하는 행동을 저질렀다고 해서 모두가 범죄자가 되는 것은 아니며, 범죄행동을 했다고 해도 잡히지 않는다면 범죄자가 되지 않는다는 것을 의미한다. 따라서 낙인이론가들은 사람이 처음 범죄행동을 하는 이유, 즉 범죄의 원인에 크게 관심을 가지지 않는다. 다양한 맥락에서 다양한 이유 또는 충동에 의해서 일탈행동이나 범죄가 발생할 수 있다고 본다.

베커는 낙인효과를 설명하기 위해서 주지위의 개념을 사용하였다. 주지위란 개인의 가진 여러 지위 중에서 그 사람의 정체성에 결정적인 영향을 줄 수 있는 가장 대표적인 지위를 의미한다. 현대 사회에서는 특정한 직업이 그 사람의 주지위가 되어 그 사람의 정체성을 결정하는 경우가 많다. 성직자 같은 것이 대표적인 경우인데, 성직자는 어떤 사회적 관계나 상황에서도 그 상황에 맞는 지위가 아니라 성직자로 여겨지는 경우가 많다.

최초의 범죄행동이 발각되어 사회적 낙인이 이루어져 범죄자가 되면 범죄자라는 지위는 그 개인을 대표하고 평가하는 주지위가 된다. 즉 범죄자라는 지위는 개인이 가지고 있는 다른 어떤 지위보다 우선하며, 주변 사람들이 그 사람을 대할 때는 다른 지위들을 무시하고 범죄자라는 지위로만 보기 때문에 다양한 부정적 반응을 보이게 된다. 처음에는 범죄자가 그러한 지위를 인정하지 않지만, 반복적으로 이루어지는 부정적 사회적 반응으로 인하여 결국 스스로 범죄자라는 자아개념을 가지게 된다. 이러한 측면에서 낙인이론은 범죄자의 범죄경력이나 지속적 범죄를 설명하는데 유용한 과정적 이론이라고 볼 수 있다.

레머트는 일탈자라는 낙인이 성공적으로 적용되어 일탈자가 스스로 범죄자라는 자아개념을 가지게 되면 제2의 일탈을 저지르게 된다고 보았다. 이를 설명하기 위해서 일차적 일탈과 이차적 일탈로 개념을 구분하였다. 일차적 일탈이란 여러 가지 이유로 발생할 수 있는 일탈행동으로 타인에게 노출되지도 않고 사회적 반응이나 낙인이 이루어지지 않은 일탈이다. 이 단계에서는 아직 자신을 일탈자라고 생각하지 않으며, 아무런 문제 없이 정상인처럼 생활한다. 즉 일탈행동을 했다고 해도 발각되어 낙인되지 않는다면 일차적 일탈의 단계에서 끝난다. 반면 이차적 일탈이란 일탈행동에 대한 사회적 반응과 낙인으로 인하여 발생하는 일탈행동을 의미한다. 즉 일차적 일탈이 드러나서 그에 대한 낙인이 이루어짐으로써 일련의 과정을 거쳐 이차적 일탈에 이르게 된다. 일차적 일탈에 대한 사회적 낙인으로 인하여 자신이 범죄자, 일탈자라는 자아개념을 가지게 되고, 사회적으로 가해지는 여러 가지 불이익, 즉 부정적 사회적 반응으로 인해서 불가피하게 이차적 일탈로 가게 된다. 결국 이차적 일탈의 원인은 낙인이라고 할 수 있다.

낙인이론은 범죄자에 대한 처벌이 가지는 범죄억제라는 긍정적 측면이 아니라 범죄 유발 내지는 범죄자 악화라는 부정적 측면에 대한 관심을 유발하였다. 이러한 반성으로부터 낙인이론은 비범죄화, 전환처우, 탈시설화, 탈낙인화 등과 같은 형사정책의 커다란 변화를 가져오는 데 기여하였다.

summary

요 약

범죄학은 법률형성, 법률위반 행동(범죄), 법률위반에 대한 반응(처벌 등) 등의 과정을 포함하는 범죄에 관한 지식의 집합이다. 이러한 대상에 대한 일반적이고 검증된 원리와 기타 관련 지식을 발전시키는 학문이다.

범죄를 연구하는 방법으로 범죄에 관한 공식통계가 대표적이다. 국가기관이 방대한 범죄자료를 수집하여 제공하기 때문에 손쉽게 범죄의 실태 등에 관한 많은 자료를 활용할 수 있다. 그렇지만 암수범죄가 포함되지 못한다는 한계를 가지고 있기 때문에, 이를 보완하기 위해서 범죄학자들은 자기보고조사와 범죄피해조사 방법을 사용한다. 자기보고조사는 설문조사 등의 방법을 사용해서 응답자가 저지른 범죄행동을 질문하는 방식의 연구방법이고, 범죄피해조사는 설문조사방법을 사용하기는 하지만 범죄에 대한 피해경험을 질문하는 방식이다. 자기보고조사는 다양한 범죄의 원인을 탐구하는 연구방법이라는 장점이 있으며, 범죄피해조사는 공식통계의 한계인 암수범죄의 추정을 보완해주는 장점을 가진다.

범죄의 원인을 밝히는 것이 범죄학의 주요 목적 중의 하나이며, 범죄의 원인을 밝히고자 하는 체계적 설명을 범죄학 이론이라고 한다. 범죄의 원인에 대한 설명은 세 가지 관점에서 이루어지는데, 범죄의 원인을 사람의 신체적인 특징이나 유전적인 특징으로 설명하는 생물학적 관점, 범죄의 원인을 사람의 마음, 즉 심리적 특징에서 찾는 심리학적 관점, 범죄의 원인을 개인적 특성이 아니라 사람들의 사회적 환경에서 찾는 사회학적 관점이 존재한다.

사회학적인 관점에서의 범죄 설명도 다양한 하위분야로 나누어지는데, 여기에서는 세 가지를 소개하였다. 첫째는 사회구조적 설명으로 하층이 다른 계층에 비해서 범죄를 더 많이 저지르는 이유에 대해 설명하는 것으로 긴장이론(아노미이론)과 하위문화이론이 여기에 해당한다. 둘째는 사회통제이론으로 범죄의 발생을 막고 있는 사회통제의 요인과 원리를 설명하는데, 중화이론과 사회유대이론이 대표적이다. 마지막으로 낙인이론은 범죄자에 대한 처벌이 재범을 야기하는 과정과 원리를 설명한다.

key word &
current hot issues

주요 용어와 현안 문제

1. 범죄에 대한 신화

사람들이 일반적으로 가지고 있는 범죄에 대한 잘못된 인식을 의미한다. 사람들은 실제 발생하는 범죄의 모습을 왜곡하여 인식하고 있는 부분이 많으며, 이는 대부분 언론의 범죄보도의 영향에서 기인하는 것으로 볼 수 있다. 강간에 대한 신화 등이 대표적인 것이다.

2. 공식통계

형사사법에 관련된 국가기관(경찰, 검찰, 법원 등)에 의해서 수집되고 발표된 범죄에 관한 통계를 의미한다. 범죄를 연구하는 데 기본적인 자료를 제공해준다.

3. 자기보고조사와 범죄피해조사

범죄의 실태를 파악하기 위해서 암수범죄라는 공식통계의 한계를 극복하기 위해 도입된 범죄 연구방법이다. 자기보고조사는 범죄의 가해 여부와 관련된 내용을 설문조사 방식으로 자료를 수집하고, 범죄피해조사는 범죄피해 여부 및 피해와 관련된 내용을 설문조사를 통해서 수집하는 방법이다. 각각의 장단점을 가지고 있어 범죄연구에 많이 사용된다.

4. 아노미

머튼이 하류층의 범죄를 설명하기 위해서 사용한 개념으로서, 뒤르껭이 자살을 설명할 때 사용한 아노미 개념을 발전시켜 사용한 것이다. 하류층 역시 성공에 대한 목표와 열망을 가지고 있지만 그 목표를 달성할 수 있는 합법적 수단을 가지지 못함으로 인해서 불법적인 수단을 사용해서 목표를 달성하고자 함으로써 범죄를 저지르게 된다고 본다.

5. 사회통제

범죄는 흥미롭고 유익하며, 사람들은 범죄를 저지르기 쉬운 성향을 가지고 태어나지만,

대부분의 사람들이 범죄를 저지르지 않고 소수의 사람들만 범죄를 저지르는 이유를 설명하기 위해서 사회통제이론에서 사용하는 개념이다. 사람들은 사회유대 등과 같은 요인에 의해 통제 상태에 있기에 범죄를 저지르지 않으며, 이러한 통제가 약화될 때 범죄를 하게 된다.

퀴즈 [진위형] quiz

1 우리나라에서 주로 발생하는 범죄는 살인, 강도, 성폭력이다.

2 범죄학에서는 범죄를 설명함에 있어서 일반적 원리보다는 개별 범죄사례를 중요하게 생각한다.

3 범죄에 대한 공식통계를 사용해서 우리나라의 실제적인 범죄발생 정도를 온전히 파악할 수 있다.

4 범죄연구방법으로서 자기보고조사는 범죄의 실태뿐만 아니라 범죄의 원인을 밝힐 수 있는 조사방법이다.

5 아노미이론에서 머튼이 가장 주목한 적응유형은 혁신형이다.

6 코헨의 비행하위문화이론은 하위문화의 발생원인에 초점을 맞추었으며, 비행하위문화는 지배적인 중산층 문화에 대한 반동형성의 성격을 가진다.

7 차별적 기회구조이론에서는 합법적 기회가 제한된 하층사람들은 모두가 불법적 수단을 사용해서 범죄를 저지를 수 있다고 본다.

8 중화의 기술에서 피해자의 부인은 자신의 행위가 상대방에게 피해를 준다는 사실을 부정하는 것이다.

9 사회유대이론에서 수용은 사회유대의 합리적 측면으로 범죄나 비행을 함으로써 잃어버리게 될 수 있는 삶에 얼마나 가치를 부여하는가를 말한다.

10 낙인이론에서 이차적 일탈은 일탈행동에 대한 낙인에 의해서 발생하게 되는 일탈행동을 의미한다.

참고문헌
reference

김준호 외, 『청소년 비행론』, 청목출판사, 2018.
래리 시겔, 『범죄학: 이론과 유형』, 센게이지 러닝, 2012.
신동준, "현대 사회의 '괴물', 사이코패스 이해하기," 「현상과 인식」, 35(1/2), 147-173, 2011.
Bartol and Bartol, 『범죄심리학』, 청목출판사, 2015.

해 답
answer

1. 아니다.
실제로 공식통계상 우리나라에서 발생하는 범죄 중에서 살인, 강도, 성폭력은 극히 일부분에 불과하다. 우리의 인식 가운데 이런 범죄들이 많이 발생하는 것으로 알려져 있는 것은 이런 유형의 범죄들이 언론에 자주 보도되기 때문이다.

2. 아니다.
서덜랜드와 크레시는 범죄학은 정의하면서 범죄학의 목표를 일반적으로 검증된 원리와 기타 관련 지식을 발전시키는 것이라고 하였다. 범죄학은 경험과학으로서 범죄현상의 설명에 있어서 개별적인 범죄사례보다는 일반적인 원리에 의한 설명을 추구한다.

3. 아니다.
공식통계는 방대한 자료를 가지고 있지만 암수범죄라는 한계가 있기 때문에 우리나라의 범죄 발생 실태를 온전히 파악하는 데는 부족하다. 실제 발생하였지만 형사사법기관에 알려지지 않는 범죄는 공식통계에 집계될 수 없기 때문이다.

4. 그렇다
자기보고조사는 자료수집시 범죄에 관련된 항목뿐만 아니라 다른 원인관련 항목에 대한 조사가 가능하고, 통계분석방법을 사용하여 범죄원인에 대한 다양한 분석이 가능하다.

5. 그렇다.
머튼이 가장 주목한 유형은 혁신형이다. 문화적 목표를 받아들이지만 제도화된 수단의 부재로 불법적 행동을 통해서 목적을 달성하려는 유형이 혁신형이기 때문이다.

6. 그렇다
코헨은 학교라는 영역을 중심으로 나타나는 하층 청소년들의 집단적 지위좌절과 이에 대한 대응으로 생성된 비행하위문화를 강조하며, 이는 지배문화에 대해서 반동적인 성격을 지고 있다고 보았다.

7. 아니다.
차별적 기회구조이론은 합법적 수단이 제한된 사람들이 모두 불법적 수단을 사용할 수 있다는 아노미이론의 가정을 비판한다. 불법적 수단에 대한 접근가능성에 따라서 범죄하위문화, 갈등하위문화, 도피하위문화로 구분된다.

8. 아니다.
피해자의 부인은 피해자가 범죄를 유혹했다는 주장이다. 자신의 행위가 상대방에 피해를 준다는 사실을 부정하는 것은 손상의 부정에 해당한다.

9. 그렇다.
수용은 합리적 차원의 사회유대로서, 일상적 행동에 소비하는 시간, 에너지와 노력을 의미한다.

10. 그렇다.
레머트는 이차적 일탈을 일탈행동에 대한 사회적 반응과 낙인으로 인하여 발생하는 일탈행동이라고 보았다.

/ 제3장 /

범죄심리학

– 최이문

Ⅰ. 범죄심리학이란?

Ⅱ. 범죄심리학 연구방법

Ⅲ. 범죄에 대한 심리학적 설명

Ⅳ. 심리학과 범죄수사

short storytelling

2019년 5월 25일 자신의 여섯살 난 아들을 2년만에 만나게 된 아버지 강씨는 설레는 마음으로 제주도를 향했다. 그런데 며칠이 지나도 연락이 없자 강씨의 남동생은 강씨가 실종됐다며 경찰에 실종 신고를 했다. 경찰은 강씨가 자신의 아이와 전처 고씨와 함께 제주도 펜션에 들어간 장면을 인근 CCTV로 확인했으나, 강씨가 펜션에서 나오는 모습은 기록되어 있지 않았다. 경찰 조사 결과 전처 고씨가 전남편 강씨를 살해하고 시신을 훼손 유기한 것으로 밝혀졌으나, 고씨는 강씨가 자신을 성폭행하려 해서 우발적으로 살해한 것이라고 정당방위를 주장했다. 2020년 대법원은 고씨가 고의적으로 살인을 저지르고 시체를 은닉했다고 판결하며 무기징역을 선고한 원심을 확정했다.

고씨는 매우 잔혹하게 전남편을 살해하고 시신을 유기한 것으로 밝혀졌다. 고씨는 미리 준비한 졸피뎀을 전남편 강씨에게 먹인 후 잔혹하게 살해했다. 26일과 27일 펜션에서 미리 구입한 30여장의 종량제 봉투에 전남편의 시신을 나눠 담은 후 바다에 유기했다. 이 과정에서 경찰이 피해자 가족의 신고로 고씨에게 피해자의 행방을 묻자, 고씨는 태연스럽게 전남편이 성폭행을 시도하다 도주했다고 답변했다. 이로 인해 경찰 수사는 혼선을 겪게 되었고, 수사과정에서 어려움을 겪었다. 고씨는 체포된 이후에도 자신에게 불리한 내용은 감추는 등 수사를 방해하다가 자신의 신상공개가 결정되자 극도로 분노하는 등 이중적인 모습을 보여 대중들의 공분을 샀다.

고씨는 부족함 없이 자랐으나, 재혼한 아버지와 새어머니 사이에서 어린 시절을 보냈고, 이 과정에서 상당한 심리적 불안을 겪었다. 그러다 2007년 남편 강씨를 만나 5년간의 연애 끝에 결혼을 한다. 다정했던 연인이었던 이들의 관계는 남편인 강씨가 학업으로 인해 경제적 어려움을 겪자 삐걱거리기 시작했다. 아이가 태어나면서 출산과 양육에 들어가는 비용으로 더욱 더 어려움을 겪었다. 고씨는 점점 남편에게 폭력적으로 변해갔으며, 결국 자해를 하고 응급실에 실려가기도 했다. 남편과 고씨는 결국 2017년 이혼하게 되고 고씨는 곧 재혼하게 된다. 이혼 후 고씨는 남편에게 아이를 보여주지 않다가 결국 면접교섭권 재판 결과에 따라 2019년 2년 만에 처음으로 강씨에게 아이를 보여주게 되자, 분노해 전남편 강씨를 살해할 계획을 세우게 되었다.

정신의학자들과 심리학자들의 의견에 따르면, 고씨는 사이코패스나 경계선 성격장애의 특징을 모두 보이고 있다. 경계선 성격장애를 가진 사람의 공허함, 무기력감, 불안, 폭력성, 자살 시도 등 자신을 학대하는 모습도 보이고, 살해방법이나 수사재판과정의 행동을 볼 때 도덕적 관념이나 공감능력이 부족하고 타인에게 위해를 가하는 사이코패스적인 모습도 가지고 있다. 예를 들어, 고씨는 자신의 전남편을 살해하고 토막내놓고도 태연하게 마트에 가서 물건을 환불하거나 포인트를 적립하는 등 독특한 행동도 보였다.

심리학에서 '성격'이란 다른 사람과 다른 생각, 감정, 행동의 방식으로, 경험이나 환경 등에 영향을 받는다. 이러한 성격은 장시간에 걸쳐서 나타나는데, 성격장애는 사고방법, 감정이나 행동이 문화적인 기대나 규범에서 벗어나는 행동이 장기간 나타나며, 이로 인해 스트레스를 겪거나 기능적 문제를 경험하게 되는 것이다. 고씨의 사례에서 확인할 수 있듯 일종의 성격장애에 해당하는 사이코패스에 관한 설명은 범죄 행동을 이해하는 데 도움을 줄 수 있다. 그러나 대부분의 범죄는 상황적, 생물학적, 심리학적 원인을 종합적으로 살펴보는 것이 필요하다.

I 범죄심리학이란?

1. 대중적 인식

현대 사회를 살아가는 우리는 다양한 범죄를 접하게 된다. 특히 매스미디어와 소셜네트워크의 발달은 과거에는 일회성 보도에 그치던 사건들을 계속해서 접하도록 만든다. 끔찍하거나 이해할 수 없는 범죄는 우리가 안전하고 공정한 사회에서 살고 있다는 믿음을 송두리채 흔드는 사건이다. 이런 사건이 발생하면 대중은 전문가들의 도움을 받아 사건을 이해하고 싶어하며, 범죄행동과 범죄자의 마음을 연구하는 범죄심리학은 더욱 대중들의 관심을 받게 된다. 살인이나 성범죄의 경우 원한, 치정, 금전 문제인 경우가 대부분이지만, 묻지마 범죄나 무동기 범죄와 같은 이해할 수 없고 불특정 다수를 대상으로 한 범죄는 범죄심리학적 설명이 더욱 호소력을 갖게 된다. 범죄심리학은 대중들이 이러한 범죄현상을 이해하는데 돕는 역할을 하기도 한다.

심리학은 '인간의 마음과 행동을 과학적으로 연구하는 학문분야'이다. '마음'은 사적이고 내적인 경험으로, 지각, 사고, 기억, 감정으로 구성되어 있는 끊임없이 일어나는 의식의 흐름을 뜻하며, '행동'은 관찰할 수 있는 행위를 의미한다. 범죄심리학은 심리학 연구의 결과, 방법론, 관점 등을 범죄 행동에 적용하는 학문분야라고 할 수 있다. 여기서 범죄란 인간의 행위 중 법이라는 규범에서 금지하고 있는 특수한 형태의 인간 행동이라고 볼 수 있으며, 심리학의 범위에 비해 매우 제한적일 수밖에 없다. 그럼에도 불구하고 현대 심리학과 생물학, 신경과학, 정신의학, 인지과학 등과의 연계에 기반해 범죄자와 범죄행동을 이해하는 것은 현대 사회의 범죄를 연구하는 데 반드시 필요하다.

2. 범죄심리학의 정의

범죄심리학(criminal psychology)은 심리학 이론, 지식, 경험을 적용하여 범죄행동과 범죄자에 대한 심리적 이해를 높이는 학문분야이다. 범죄심리학의 연구대상은 범죄의 원인, 범죄자의 특성, 범죄 행동의 개인차, 범죄자의 치료 및 재범방지를 통한 범죄의 예방 등 다양한 분야를 포함하고 있다(박지선, 2012). 협의의 범죄심리학은 범죄의 원인에 대한 설명이고, 광의의 범죄심리학은 심리학 지식을 범죄에 대한 이해와 예방을 위해 사용하는 분야라고 할 수 있다.

범죄학, 형사정책학에서 범죄심리학은 범죄의 원인론을 설명하는 분야로 주로 소개되고 있다. 범죄의 생물학적 요인, 성격적인 요인, 사이코패시 등이 주로 범죄심리학의 설명으로 인용된다. 그러나 범죄심리학은 인문학적인 특성뿐 아니라 신경과학과 같은 분야를 포함하는 심리학의 연구방법론과 연구결과를 반영하여 영역이 확대되고 있고, 범죄의 원인 분석뿐 아니라, 수사, 재판, 교정 등 다양한 형사정책적인 문제에 적용되고 있다.

범죄심리학의 주요 연구분야를 순수심리학에서 응용심리학까지 살펴보면 다음과 같다.

① 신경과학(neuroscience): 생물학적인 요인에 의한 범죄성향, 트라우마의 신경학적 영향력
② 인지심리학(cognitive psychology): 목격자 기억, 면담기법
③ 발달심리학(developmental psychology): 공격성의 발달, 청소년 비행, 아동목격자 진술
④ 사회심리학(social psychology): 배심원의사결정, 목격자 증언, 폭력성
⑤ 수사심리학(investigative psychology): 프로파일링, 지리 프로파일링, 수사면담기법
⑥ 법정심리학(forensic psychology): 심리 평가, 위험성 평가, 정신감정
⑦ 경찰심리학(police psychology): 경찰관의 선발과 업무스트레스, 정신질환자 대처
⑧ 교정심리학(correctional psychology): 수용자 교정, 치료, 가석방 결정

3. 인접학문과의 관계

가. 범죄심리학과 법

범죄심리학과 가장 밀접한 관계가 있는 분야는 법과 범죄학이다. 이 중 법과 범죄심리학은 매우 복잡한 연결관계를 가지고 있으며, 서로 영향을 주고 받는다. 법은 범죄심리학의 연구범위를 확정짓거나 연구 문제를 제시하고, 범죄심리학(여

기서는 법정심리학, 법심리학이라는 표현이 더 적합한 것으로 보인다)은 법을 만들거나, 법적 판단의 배경지식을 제공하거나, 법률적 쟁점사안에 대한 심리학적 지식과 통찰을 제공한다.

법과 범죄심리학은 다음과 같은 점에서 상이한 점이 존재한다. 첫째, 법은 개인의 행동은 자유의지에 의해서 이루어지고 있으며, 모든 결과에 대하여 전적인 책임을 져야 한다는 가정에 기초한 규범이다(박광배, 2002). 반면 심리학은 생물, 심리, 상황적인 인자들이 행동에 영향을 미친다는 결정론적인 관점으로 연구한다. 즉 법은 개인의 자유의지를 강조하고, 심리학은 생물, 심리, 상황적인 요인들을 강조하기 때문에, 동일한 사안을 바라볼 때 서로 대척점에 서기도 한다.

예를 들어, 범죄심리학 연구에 따르면, 여성이 수차례에 걸쳐서 사건전에 심각한 수준의 가정폭력에 시달린 경우, 남편이 폭력행동을 시작할 때 이 상황을 생명이 위험한 상황이라고 판단해 남편을 살해할 수 있으며, 이 상황에서 피해자이자 가해자인 이 여성에게 관대한 처분을 해야 한다고 주장한다. 이러한 현상을 '매맞는 여성증후군(battered woman syndrome)'이라고 한다. 반면, 법적 판단의 경우, 가정폭력에 시달려온 것은 안타깝지만, 이 여성은 자신의 의지로 살인을 저질렀고, 인지능력과 의지능력 모두 손상되지 않았기 때문에 살인에 대한 책임을 져야 한다고 본다.

둘째, 심리학은 판단의 불확실성을 처음부터 기정사실화하고 이러한 불확실성을 다루기 위해 양적이고 확률적인 판단을 한다. 반면 법은 불확실성을 받아들이지 않고 권위를 통해 질적이고 확정적인 결론을 사용한다. 그 이유는 심리학의 일차적 목적이 현상을 설명하고 예측하는 것인데 반해, 법의 일차적 목적은 개인 및 사회에 대한 행동통제와 문제의 해결이기 때문이다. 이러한 차이로 인해 심리학은 특정 사실에 대한 계량적인 추정치를 보고하고, 법은 사실관계를 판단하는 경우가 있다. 예를 들어, 살인사건의 피고인이 심신장애가 있었는지를 판단할 때, 정신과의나 심리학자들은 피고인을 인터뷰하고 평가한 후 심신장애의 유무를 양적인 확률('개연성이 높다', '낮다')로 판단한다. 반면, 법관들은 이러한 전문가들의 증언을 토대로 피고인의 심신장애 여부를 질적으로('있다, 없다') 선언한다.

셋째, 심리학의 분석 수준은 집단이고, 법의 분석 수준은 개인이다. 심리학은 계량적인 방법을 주로 사용하기 때문에 다수의 동일한 선행조건을 가진 사람들이 어떻게 판단하는지를 생각하고, 법은 개인의 고유한 특성에 대해서 관심을 갖는다. 이러한 차이점으로 인해 범죄심리학은 과거 범죄자들의 행동과 현재 피고인의 행동의 유사성에 기반해 피고인이 범죄자일 가능성을 유추한다. 반면, 법정에서는 피고인이 실제로 범죄를 저질렀는지 유무에만 관심을 기울인다. 예를 들어, 프로파일링 증거를 통해 피고인의 행동이 미제사건 범죄자의 프로파일링과 일치한 경우 범죄심리학자들은 동일범일 가능성이 높다고 판단하지만, 법원은 실제로 피고인이 범죄를 저질렀는지에 대해서 관심이 있기 때문에 프로파일링 증거는 증거능력을 인정받기 어렵다.

넷째, 심리학은 주로 귀납적 사고를 하고, 법은 규범에 따른 연역적 사고를 주로 사용한다. 법은 법률, 판례, 사례 등에서 일반적인 법칙을 찾고 이를 특정 사례에 적용하여 결론을 내린다. 반면, 범죄심리학은 새로운 범죄와 관련된 자료의 축적을 통해서 법칙을 만들어낸다. 따라서 법은 과거의 논리에 기반하기 때문에 새로운 판례를 만드는 데 매우 보수적으로 접근하지만, 심리학은 새로운 연구결과가 축적되면 바로바로 새로운 법칙을 세우게 된다. 예를 들어, 심리학에서 정신질환에 대해 연구하면서 사용하는 매뉴얼인 DSM-5의 경우 질병 분류에 대한 증거들이 수집되면 질병의 분류가 바뀌게 된다.

나. 범죄학과 범죄심리학

범죄학과 범죄심리학 사이의 경계는 구분하기가 매우 어렵다. 초기 범죄심리학은 범죄학의 영향력에서 시작되었다. 특히 3장에서 다룬 실증주의학파 범죄학의 세 가지 하위 이론들이 범죄심리학의 발전에 기여했다. 첫째, 사회학적 범죄이론 사회학적 요인들, 즉 가난, 불평등, 지역사회의 특성이 범죄행위에 미치는 영향력을 설명함으로써 개인의 행동에 대해서 중점적으로 살펴보는 심리학적 관점을 확장시켰다. 둘째, 생물학적 범죄원인론 특히 롬브로소가 발전시킨 범죄인과 뇌의 구조에 대한 설명은 현대 신경과학연구에서 대부분 부정되고 있지만, 인간의 뇌와 행동에 대해 관심을 기울이도록 했다는 점에서 범죄심리학의 발전에 기여했다. 셋째, 심리학적 범죄원인론은 지능이론, 정신분석이론, 성격이론, 학습이론, 사회인지이론으로 심리학 연구를 범죄에 적용하도록 함으로써 심리학과 범죄학의 연결고리를 형성했다.

반면, 범죄학과 범죄심리학은 학문적인 방법론이 다르다. 국내외에서 연구되는 대부분의 범죄학은 사회학적 관점을 강조하고 있기 때문에, 개인의 심리에 대한 연구에 기반한 범죄심리학과는 다음과 같이 다른 점들이 있다. 첫째, 주요한 연구 주제와 관점이 다르다. 가장 중요한 두 학문 간의 차이는 범죄학은 범죄를 하나의 사회적 현상으로 보고, 사회적, 문화적, 경제적 요인들이 범죄행동에 미치는 영향을 연구한다. 반면 범죄심리학은 범죄행동에 영향을 미치는 개인적인 심리적 사고, 동기, 성격적 요인들에 초점을 맞추고 있다. 둘째, 이론적인 배경이다. 범죄학은 사회학적인 관점을 가지고 있어서 억제이론, 사회통제이론, 낙인이론 등에 기반해 사회적 맥락에서 범죄행동을 이해한다. 범죄심리학은 사회학습이론, 인지이론, 성격이론, 생물학적 설명 등에 기반해 범죄 행동에 기저한 심리적 과정을 이해하려고 한다. 셋째, 분석수준에 차이가 존재한다. 범죄학은 지역, 사회, 문화와 같은 거시적 수준의 분석을 선호하는 반면, 범죄심리학은 범죄자 개인의 심리적 특성과 같은 미시적 접근을 선호한다. 넷째, 방법론적으로 범죄학은 통계적 양적 데이타를 수집하며 대규모의 연구를 주로 수행한다. 반면 심리학은 개인의 특성에 대한 통찰을 얻기 위해 작은 수준의 이론(petite theory)을 검증하기 위한 실험이나 소규모 설문을 선호한다. 다섯째, 범죄학자들은 형사정책, 범죄예방, 범죄분석, 지역사회 등과 같은 영역에서 일하지만, 범죄심리학자들은 범죄자 개인에 대한 분석이나 수사재판과정에서 필요한 통찰에 더 집중하는 경향이 있다.

범죄학과 범죄심리학 모두 범죄행동에 대한 관심을 가지고 있으나, 이 두 학문의 연구 주제, 관점, 방법론에는 상당한 차이가 존재한다. 그럼에도 범죄학의 거시적인 관점과 범죄심리학의 미시적 관점 모두가 결합되어야 범죄 행동을 이해하고 예방할 수 있을 것이다.

4. 범죄심리학에 대한 오해와 이해

범죄심리학은 최근 매스미디어를 통해 소개되면서 많은 오해도 있다. 범죄심리학을 어떻게 정의하느냐에 따라 여러 가지 답변이 가능하지만, 본 장에서는 과학적 심리학에 기반한 범죄심리학에 대한 대표적인 오해 5개를 살펴보겠다.

오해 1. 범죄심리학자들은 대부분 범죄자프로파일러로 범죄자를 수사, 체포하는 데 도움을 줄 수 있다.

범죄심리학자가 수사에 협조할 수는 있지만, 범죄심리학자들은 범죄자 개인에 대해서 예측하기 보다는 비슷한 성향이나 태도를 보였던 사람들에 대한 통계적이고 보편적인 설명을 추구한다. 범죄심리학은 관찰, 실험, 면담 등의 기법을 사용하는 사회과학의 한 분야이다. 대부분의 범죄심리학자들은 수사보다는 수사기관에서의 교육, 재판과정에서의 참여, 대학에서의 연구, 각종 연구기관에서 연구 업무에 종사하는 경우가 더 흔하다.

오해 2. 대다수의 범죄자들은 정신질환자이다.

모든 범죄자들이 정신질환자가 아니며, 오히려 정신질환자들이 일반인들에 비해 범죄를 저지르는 빈도가 낮다. 몇몇 범죄자들의 경우 심리적 문제를 가지고 있지만, 대다수의 범죄자들은 사회적, 심리적, 상황적 요인들에 의해서 범죄를 저지른다.

오해 3. 범죄자 프로파일링, 폴리그래프, 법최면은 과학적인 수사기법이다.

범죄자 프로파일링, 폴리그래프, 법최면은 수사관이 사건을 이해하고 수사방향을 결정하는 데 도움을 주지만 과학적 연구에 기반하기 보다는 수사경험과 직관에 의존하고 있으며, 신뢰성과 타당성 지표가 부족하기 때문에 과학적인 수사기법으로 볼 수 없다.

오해 4. 범죄심리학은 살인, 강간, 폭행 등과 같은 폭력범죄만을 연구한다.

범죄심리학자들은 다양한 유형의 범죄행동을 연구하는데, 화이트 칼라 범죄, 청소년 범죄, 마약, 도박, 비폭력적인 범죄 등도 연구한다. 범죄심리학이 과학적이고 계량적인 기법을 주로 사용하기 때문에 오히려 연쇄살인과 같이 표본이 충분하지 않은 경우 연구 성과가 제한적이다. 오히려 범죄심리학은 성폭력, 화이트 칼라 범죄, 도박, 절도 등과 같이 자주 발생하는 범죄의 분석에도 유용하다.

오해 5. 범죄심리학은 법의학, DNA, 혈흔, CCTV, 디지털 포렌식 등 법과학의 발달로 인해서 역할이 점점 축소되고 있다.

한 연구에 따르면 강력사건의 90%에서 물리적 증거가 없기 때문에 목격자의 진술이 핵심적인 증거로 사용된다. 많은 범죄 사건에서 인간의 정신상태, 동기, 행동 등에 대한 범죄심리학적인 내용이 핵심 법률적인 쟁점이 되기도 한다. 범죄심리학은 법과학의 발전에 도움과 영향을 받아 더욱 정교하게 인간의 사고, 행동, 정서를 연구하고 있다. 법심리학은 법과학의 발달로 영역이 점점 확대되고 있으며, 상호간의 협력도 이루어지고 있다.

Ⅱ 범죄심리학 연구방법

범죄심리학 연구방법은 크게 임상적인 방법(clinical method), 계량적인 방법(acturial method), 신경과학적 방법(neuro-scientific method) 세 가지로 나눌 수 있다. 각각의 방법론은 범죄행위를 설명하는 방법과 관점이 다르며, 이로 인해 장단점이 나뉜다.

1. 임상적인 연구방법

범죄심리학의 주된 연구방법 중 하나는 임상적인 연구다. 임상기법은 범죄자 개인의 심리적 특성, 동기, 행동 패턴들을 깊이있게 평가할 수 있다. 주로 법임상심리학에서 주로 사용한다. 주로 사용되는 방법은 다음과 같다.

- 정신의학적-심리학적 평가: 다양한 표준화된 검사와 평가기법을 사용하여 범죄자들의 인지능력, 성격 특성, 감정 특성 등을 측정한다. 이러한 평가들을 통해 범죄행동에 영향을 미치는 잠재적 위험 요소를 파악하고 치료 및 대처 계획을 세운다.
- 인터뷰: 인터뷰는 직접적으로 범죄자들의 심리적인 동기, 인지, 성격을 파악하는 중요한 방법이다. 정신의학적 평가가 표준화되고 계량화된 방법을 사용한다면, 인터뷰는 범죄자의 개별화된 특성을 파악하기 위해 사용한다. 특히 범죄자의 독특한 경험이나 어린 시절의 경험 또는 내적 갈등, 심리적 인지적 장애 등의 독특성을 연구하는 데 유용한 방법이다.

임상적 방법의 장점은 첫째, 범죄자에 대해 포괄적이고 개별화할 수 있는 독특한 심리적 특성과 경험을 파악할 수 있다. 둘째, 범죄자 개인에 맞는 대처 및 치료방법을 찾을 수 있다. 셋째, 인간 중심적인 접근방법으로, 범죄자가 단순한 통계에서 '1'이라는 숫자가 아니라 한 명의 인간이라는 점을 강조할 수 있다. 넷째, 수사나 재판과정에서 임상적인 방법을 사용한 진단과 결정이 더 선호된다.

임상적 방법의 단점은 첫째, 연구자의 경험이나 주관적인 판단에 좌지우지되는 경향이 강하다. 표준화된 검사를 사용하더라도 표준화된 검사는 하나의 도구이며, 결과적으로 범죄심리학자의 전문적 지식과 해석에 의존하기 때문이다. 둘째, 일반화가 제한적이다. 임상적인 연구 방법은 개별 사례에 집중하기 때문에, 다른 범죄자들에게 연구 결과가 적용되기 어렵다. 예를 들어, 한 명의 독특한 연쇄 살인범을 연구한 결과를 다른 연쇄 살인범에 적용할 수 없다. 셋째, 임상적인 방법은 많은 시간과 자원이 필요하며, 전문지식이 필요해 대규모 연구가 어렵다.

2. 계량적인 연구방법

범죄심리학에서 계량적인 연구방법은 통계 모형과 객관적인 데이터에 기반해 범죄행동을 예측하고, 범죄자의 위험성을 평가하는 데 사용된다. 계량적인 연구방법론은 집단을 상대로한 통계적인 설문이나 측정과 같은 방법과 함께 인지, 사회심리학에서 사용되는 실험 연구방법도 포함된다.

계량적인 방법의 예는 다음과 같다.

- 위험성 평가 도구(Risk Assessment Instruments): 계량적인 위험성 평가 도구는 통계적인 알고리즘을 통해 인구학적 변인과 기존의 기록들에 기반해 앞으로 범죄를 저지를 가능성에 대해서 연구한다. 예를 들어, 한국판 위험성평가도구, 한국판 재범위험성평가(Korean Offender Risk Assessment; KORAS-G), 폭력위험성평가(Historical-clinical-risk management-20; HCR-20), 사이코패시 측정도구 개정판(Psychopath Checklist-revised; PCL-R) 등이 사용된다.
- 실험 연구: 범죄자들의 사고, 행동, 감정의 패턴이나 법과 관련된 심리적 사건에 대한 실험을 통해 수사, 재판, 교정에 필요한 연구를 수행한다.

계량적 연구방법의 장점은 첫째, 객관성이 높다. 계량적 연구방법은 통계적 알고리즘과 데이터에 기반하기 때문에 연구의 반복 검증이 가능하고, 연구자에 따른 편견이나 주관성을 배제해 신뢰성을 높일 수 있다. 둘째, 예측의 정확성과 오류 가능성을 측정할 수 있다. 계량적인 방법은 재범 위험성을 추정하는데 높은 예측 타당성을 보이고, 신뢰성과 오류 가능성이 측정가능하기 때문에 수사기관이나 법정에서 보다 신뢰로운 결정을 내릴 수 있도록 돕는다. 셋째, 계량적인 연구 방법은 임상적인 방법에 비해 빠르고 비용의 측면에서도 효율적이어서 대규모 연구에 적합하다.

계량적 연구방법의 단점은 첫째, 임상적인 연구 방법에 비해 개별 범죄자의 심리적 요인이나 범죄 행동의 동기를 이해하는 데 제한적이다. 둘째, 위험성 평가 도구들은 범죄 행동을 지나치게 단순화시키고, 점수에 과도하게 의존하도록 만들 수 있다. 셋째, 범죄가 발생하게 된 맥락에 대한 정보가 부족하게 되어, 개인의 위험성에 대한 평가에는 부적절하다. 넷째, 통계, 실험 연구방법은 인과적인 설명이 가능하지만, 지나치게 범죄의 원인을 단순화한다.

3. 신경과학적 방법

신경과학적 방법은 새롭게 사용되고 있는 방법이다. 신경과학적 방법은 신경학적 생물학적 요인들이 어떻게 범죄 행동에 영향을 미치는지를 탐구한다. 이를 위해 범죄 성향과 관련된 뇌의 구조나 기능을 살펴보는데 대표적인 방법은 다음과 같다.

- 뇌영상기법(Brain Imaging): 기능성 자기공명 장치(Functional magnetic resonance imaging, fMRI), 양전자 방출 단층 촬영(positron emission tomography, PET)등은 연구 대상이 어떠한 행동을 할 때 뇌의 활동이 어떻게 이루어지는지를 살펴볼 수 있다. 이 연구 방법을 통해 의사결정, 충동통제, 정서적 통제가 어떻게 이루어지는지를 살펴볼 수 있게 되었다.

예를 들어, 과거에는 청소년들의 문제행동이 단순히 세상 경험이 없거나, 의지가 부족해서라고 생각했다. 그러나 뇌영상기법을 통해서 뇌의 충동통제 기능의 미성숙 때문이라는 것을 알게 되었다.

- 신경생물학적 연구(Neurobiological Studies): 신경생물학적 연구는 유전자, 신경화학적 요인들을 연구한다. 특히 신경전달물질, 호르몬, 유전적 변이가 공격적이거나 충동적인 성향을 어떻게 만드는지를 연구하고 있다.

신경과학적 방법의 장점은 첫째, 범죄 행동의 생물학적 기제를 이해함으로써 통찰력을 제공한다. 특히 뇌가 범죄 행동에 어떻게 영향을 미치는지를 연구함으로써 범죄의 예방과 범죄자의 재활에 필요한 정보를 제공한다. 둘째, 뇌영상과 신경생물학적 연구방법은 객관적인 데이터를 제공하여, 연구결과의 신뢰성을 높이고 주관적 해석의 가능성을 줄인다. 셋째, 범죄행동의 신경학적 구조를 이해함으로써 개인의 구체적인 문제점을 찾아낼 수 있고, 개별화된 치료나 대처방법을 제공할 수 있다. 넷째, 신경과학 분야의 연구성과와 방법론을 받아들임으로써 과학적인 범죄심리학 연구가 이루어질 수 있다.

신경과학적 연구방법의 단점은 첫째, 뇌영상기법은 뇌를 직접적으루 연구히는 침습적인 방법론이기 때문에 연구 대상에 대한 윤리적인 고려가 필요하다. 둘째, 신경과학적 연구는 복잡하고 전문적 지식을 요구하기 때문에 다른 범죄 심리 연구 방법들보다 더 많은 자원과 시간이 요구된다. 셋째, 환원주의적 설명에 빠지기 쉽다. 신경학적인 설명에 의존하기 때문에 범죄 행동의 심리적, 사회적, 상황적 영향을 무시할 수 있다. 뇌영상기법 자체의 문제로, 대부분의 연구 결과가 상관연구에 불과하고, 비용의 문제로 극소수의 데이터로 연구할 수밖에 없으며, 뇌에 대한 연구가 아직 충분하지 않아, 단순화된 신경과학적 설명은 새로운 '골상학'이라는 비판을 받고 있다.

앞에서 설명하였듯이 범죄심리학에서 사용하는 방법들은 각각의 장점과 단점을 가지고 있다. 범죄심리학자들은 이러한 방법론을 혼합하여 사용함으로써 범죄심리학 분야의 연구의 타당성과 응용가능성을 높이고 있다.

Ⅲ 범죄에 대한 심리학적 설명

심리학에서는 인간의 행동을 하나의 성격이나 개인의 동기와 같은 결정적인 요인보다는 생물학적, 심리학적, 환경적 요인들이 복합적으로 작용하고 있다고 보고 있다. 범죄심리학도 범죄행동을 범죄라는 행동도 하나의 범죄 소인보다는 다양한 요인들이 복합적으로 작용하고 있다고 설명하고 있다.

1. 신경범죄학적 설명

생물학적 관점은 생물학, 신경과학적 접근으로 인간의 심리를 연구한다. 최근 신경범죄학은 범죄생물학과 범죄학의 하나로서 신경과학, 생물학, 범죄학의 융합을 통해 범죄행동을 이해하려는 학문으로 펜실베니아의 심리학자이자 범죄학자인 아드리안 레인 교수를 중심으로 발달되고 있다.

가. 범죄의 유전적 요인

① 행동유전학

인간 행동이 유전적 요인에 의해 결정되는지, 아니면 환경의 산물인지, 만약 둘 다가 영향을 미치면 어느 정도 영향을 미치는지 등은 심리학, 범죄학뿐 아니라 인간의 행동과 관련된 모든 학문과 법학과 같은 규범학문에서도 중요한 질문이다. 부모가 범죄자인 경우에 자녀가 범죄자가 되는 비율이 높아지는 현상은 유전적 요인의 영향으로 설명할 수도 있고 환경적 요인의 영향으로 설명할 수도 있다. 이에 연구자들은 범죄성의 유전여부를 밝히기 위해서 연구하고 있다.

유전학에서는 유전자와 환경이 상호작용하여 행동, 기질, 정신장애 등에 어떻게 영향을 미치는지를 살펴본다. 행동유전학과 분자유전학은 유전학의 두 분야이다. 행동유전학은 개인의 행동과 심리적 특성에 유전자가 어떻게 역할을 하는지 연구한다. 행동유전학의 주요 목표는 특정 유전자가 특정한 특성의 유전적 확률을 이해하고 행동과 관련된 유전적 인자를 찾아내는 것이다. 반면 분자유전학은 분자 수준에서의 유전자의 구조와 기능을 연구한다. 세포 내에서 유전자가 어떻게 구성되고 규제되며 발현되는지를 조사한다. 분자유전학은 DNA, RNA 및 신경전달물질 등과 관련하여 유전자의 상속과 발현 기제를 연구한다.

행동유전학은 어떤 개인 간의 편차가 유전과 환경 중 어떤 요소에 의해서 나타나는지를 연구하는 학문분야이다. 가장 일반적인 연구방법론은 가족연구, 쌍둥이 연구, 입양연구 등을 통해 유전이 행동에 미치는 영향을 연구하는 분야이다. 범죄성이 환경의 영향에 의한 것이 아니라 유전되는 것이라고 결론내리기 위해서는 환경은 동일하지만 유전과 범죄행동에 있어서 차이를 보이는 대상을 비교해야 한다. 즉 범죄행동에 차이가 있는 두 대상이 환경에서는 동일하지만 유전적으로 차이가 있을 때, 범죄행동에서의 차이가 환경적 요인에 의한 것이 아니라 유전적 요인에 의한 것이라고 할 수 있다. 현실적으로 이러한 연구가 가능한 상황이 쌍생아를 대상으로 한 연구이다.

일란성 쌍생아는 하나의 수정란에서 나뉜 것이기 때문에 유전적으로 동일하지만, 이란성 쌍생아는 동시에 두 개의 수정란이 생긴 결과이기 때문에 유전적으로 동일하지 않다. 반면 쌍생아들은 기본적으로 동일한 환경을 공유한다고 할 수 있기 때문에, 일란성 쌍생아와 이란성 쌍생아 간의 행동의 차이는 환경의 차이가 아니라 유전적 차이에서 기인하는 것으로 볼 수 있다. 범죄행동의 차이를 검증하기 위해서 일란성 쌍생아와 이란성 쌍생아 중 형제 모두가 범죄를 저지른 경우, 즉 범죄성 일치의 정도를 비교한다. 일란성 쌍생아가 이란성 쌍생아보다 범죄성 일치의 정도가 높다면, 유전적 요인이 범죄를 하는데 있어서 중요한 역할을 하는 것으로 설명할 수 있다. 랑게, 뉴만, 크리스티안센 등 여러 학자들의 연구에 따르면 예상했던 바와 같이 일란성 쌍생아의 범죄성 일치 정도가 이란성 쌍생아보다 상당히 높게 나타났다. 이러한 결과들은 범죄성이 어느 정도 유전되는 것이라는 점을 시사한다.

쌍생아 연구와 더불어 범죄행동에 있어서 유전과 환경의 차이를 보여줄 수 있는 연구대상이 입양아이다. 입양아는 친부모로부터 유전적인 영향을 물려받고, 양부모로부터 환경적 영향을 받게 되는데, 이 두 영향은 입양이라는 절차를 통해서 분리된다. 입양아 연구에서는 범죄자인 친부모와의 접촉이 입양 후 차단되기 때문에 친부모의 환경적 영향은 차단된다. 입양아 연구는 쌍생아 연구의 경우에도 여전히 남아 있는 환경적 요인의 영향이 불분명하다는 문제, 즉 쌍생아에게 미치는 환경적 영향이 부모로부터 동시에 받은 것인지, 아니면 형제에게 영향을 받은 것인지 불분명하다는 문제점을 극복할 수 있다. 즉 같은 쌍생아라고 해도 일란성 쌍생아는 이란성 쌍생아에 비해서 높은 외모의 동질성 등으로 형제간의 친밀성이 더 높게 나타날 수 있다고 볼 수 있다는 것이다.

허칭스와 메드닉이 코펜하겐에서 태어난 입양아 4,068명의 생부, 양부, 본인 범죄기록을 조사하여 분석한 결과, 생부와 양부가 모두 범죄기록이 없는 경우 입양아의 범죄자 비율은 13.5%이며, 양부만 범죄기록이 있는 경우는 14.7%, 생부만 있는 경우는 20.2%, 생부와 양부 모두 범죄기록이 있는 경우에는 24.5%로 나타났다. 이러한 결과는 양부의 범죄기록보다 생부의 범죄기록에 의한 차이가 더 크다는 것을 보여주는 것으로 범죄성에 유전적 요인의 영향이 있음을 보여주는 것이다.

② 분자유전학

행동유전학과 달리 분자유전학은 어떤 유전자가 반사회적 행동에 영향을 주는지에 대해서 연구하고 있다. 범죄행동은 유전적, 환경적, 사회적, 심리학적 인자들이 상호작용하기 때문에 하나의 '범죄행동 유전자(criminal behavior gene)'를 찾는 것은 사실상 불가능하다. 그러나 특정 유전인자들은 범죄성향을 증가시키는데 영향을 미칠 것으로 예상되고 있다.

가장 잘 알려진 것이 1993년 처음으로 소개된 인간의 '모노아민 산화효소 A(Monoamine Oxidase type A, MAOA)' 염색체의 변이다. MAOA는 도파민, 세로토닌 등 주요 신경전달 물질을 분해하는 역할을 한다. 만일 유전적 결함으로 MAOA가 제 역할을 하지 못하면, 분해되지 않은 신경전달물질이 뇌 속에 축적되어 충동제어에 어려움을 겪고, 폭력성과 분노를 보이게 된다는 것이다. 실험실 연구에서 쥐에게서 MAOA 유전자를 불활성화하면 매우 공격적으로 변하는 반면, 유전자를 다시 작동시키면 정상적인 행동을 회복하는 것으로 알려져 있다. 따라서 저활성화된 MAOA 유전자를 연구자들은 '전사유전자(warrior gene)'라고 부른다. MAOA 유전자 변이는 인구의 약 1/3이 가지고 있는 것으로 알려져 있으며, 인종 간 차이도 존재하는 것으로 알려져 있다.

반면, MAOA 염색체 이상이 반드시 공격성과 반사회적 행동을 가져오는 것은 아니라는 연구 결과도 존재한다. 많은 연구 결과에 따르면 MAOA의 저활성화 상태는 적대적인 상황에서의 공격성을 예측하는 데에는 매우 유용하지만, 비적대적인 상황에서의 공격성 예측에는 충분치 않은 것으로 알려져 있다. 또한 퍼거슨 등의 연구에 따르면, MAOA 염색체의 이상을 가진 사람이 어린 시절 역경을 경험한 이 유전자를 가진 개인은 청소년기 후반과 성인 초기에 범죄를 보고할 가능성이 훨씬 더 높다는 것을 볼 때 환경적인 요인들과의 상호작용이 생겨날 수 있다. 예를 들어, 2009년 미국에서는 최초로 유전적으로 '전사유전자'를 가지고 있고, 어린 시절의 학대경험을 겪은 피고인이 일급살인죄와 사형선고를 면한 판결이 있다.

이 외에도 도파민 리셉터와 관련된 유전자(Dopamine D2 Recepter, DDRD2), 세로토닌 리셉터와 관련된 유전자(Serotonin Transporter Gene, 5HTTLPR) 등이 충동적이고 위험한 행동, 공격적인 행동 등과 관련되어 있을 것으로 추정되고 있다.

나. 신경학적 이상

신경범죄학(neurocriminology)은 신경과학, 생물학, 심리학, 범죄행동 사이의 관계를 연구하는 학제 간 연구분야이다. 신경범죄학은 뇌의 구조, 기능, 신경생물학적인 과정이 어떻게 범죄와 반사회적 행동에 영향을 미치는지를 연구한다. 신경범죄학에서는 특히 뇌의 비정상적인 활동과 기능문제가 개인의 범죄행동에 중요한 역할을 할 수 있다고 설명한다. 뇌의 기능, 신경전달물질 불균형, 신경회로 문제 등이 뇌의 문제와 범죄행동을 연계시키는 주요 요인이라고 보고 있다.

① 비정상적인 뇌파의 활동

신경심리학에서 행동의 신경학적 기원을 밝히기 위해 가장 많이 사용되는 방법은 EEG(electroencephalogram)라는 장비다. EEG는 뇌활동 시 나타나는 뇌파를 측정함으로써 인간의 행동과 뇌의 활동 사이의 연계를 연구할 수 있는 도구로 사용되었다. 1995년 활동하는 인간의 뇌를 촬영하는 fMRI 기술이 개발되어 광범위하게 사용되기 시작했으나, 여전히 방법론상의 장단점으로 인해 EEG도 적극적으로 사용되고 있다.

신경심리학적 이상에서 가장 먼저 언급할 수 있는 부분은 범죄자의 뇌파가 일반인들에 비해 불규칙적이라는 사실이다. 연구자들은 범죄를 저지르거나 반사회적 성격을 가지고 있는 사람들을 연구한 결과 이들의 뇌는 정상인들의 뇌와 비교했을 때 뇌파가 불규칙적으로 활성화된다는 점을 알게 되었다. 전전두엽 부위에서 관찰되는 불규칙한 뇌파는 충동조절을 실패하게 만들고 판단력을 흐리게 만들 수 있고, 정서적인 통제도 어렵게 만들 수 있다는 연구 결과가 존재한다. 실제로 교도소에 수감된 수용된 범죄자들과 문제청소년들의 경우 불규칙한 뇌파 패턴을 보이고 있으며, 이러한 뇌파의 문제 때문에 충동적이고 폭력적인 범죄가 일어날 수 있다.

② 뇌의 기능적 · 구조적 손상

시상하부 구조와 전전두엽(이마엽) 부분의 뇌기능 이상이 충동적이고 공격적인 범죄행동을 일으킬 수 있다. 피질하구조는 대뇌 피질 아래에 위치한 편도체, 해마, 시상, 중뇌를 포함하고 있으며, 대뇌 피질 아래에 위치하는 영역으로, 감정통제, 운동조절, 감각정보처리 등 다양한 생리학적 기능을 수행한다. 특히 편도체는 정서의 통제와 공격성에 관여를 하는데, 편도체의 이상은 충동적이고 공격적인 행동을 유발할 수 있다. 과도한 피질하구조의 활성화는 공격적인 기질(temperament)을 갖도록 할 것으로 예상되고 있다. 일례로, 1966년 8월 택사스대 시계탑 총기난사 사건의 휘트먼은 15명을 총기로 살해하고, 31명에게 부상을 입히고 경찰관에 의해 사살되었다. 사후 그의 뇌를 부검했을 때 뇌에 호두만한 종양이 편도체 부위에서 발견되었다.

전전두엽 부위의 손상은 범죄행동을 스스로 통제하는 데 어려움을 겪게 한다. 전두엽은 뇌의 앞부분으로 이마 부위에 위치하기 때문에 '이마엽'이라고 부르기도 한다. 의사결정, 문제해결, 행동이나 정서의 통제와 같은 높은 수준의 인지능력에 관여한다. 특히 계획을 수립하고, 조직화하고, 복잡한 의사결정을 할 때 중요한 작용을 한다. 전전두엽 부위의 손상은 다양한 방식으로 범죄행동을 유발할 것으로 보이며, 전전두엽이 손상된 사람은 갈등 상황에서 자제력이 부족한 것으로 알려져 있다.

반사회적 행동을 보이는 사이코패스들도 전전두엽 부위가 제대로 기능하지 못하고 있는 것으로 알려져 있다. 사이코패스들은 공감능력의 부족, 죄책감 결여, 충동성, 자기 중심성 등을 보이는데, 이러한 문제가 전전두엽이 손상된 사람들과 유사하다. 아드레안 레인 교수는 감정적으로 다른 사람을 살해한 41명의 살인자들을 대상으로 뇌영상 촬영을 했다. 그 결과 뇌의 이마위치인 전전두엽 부분에서 눈에 띄는 손상을 확인했는데, 살인자들의 대부분이 지능지수가 낮을 뿐 아니라 일반인에 비해 전전두엽의 용량이 14%까지 작은 것을 확인했다. 후속연구에서 레인 교수는 미국의 남녀 살인범 38명 중에서 일반적인 환경에서 자란 26명과 어린 시절 학대와 방임을 당한 12명을 비교한 결과, 환경적 요인에 상관없이 38

넝 모두 공격적 행동에 대해 전두엽이 반응하지 않았고, 상대적으로 좋은 환경에서 자란 26명이 학대를 당했던 12명에 비해 더 전전두엽의 활동이 낮은 것으로 알려졌다.

국내에서 박춘풍은 한국에 불법체류 중이다가 2014년 자신의 동거녀를 살해하고 토막살인을 했다. 실제로 박춘풍은 어린 시절 사고로 눈을 다쳐 안대를 끼고 있었는데, 이 사고로 공감능력 등을 담당하는 전전두엽 일부가 손상되었을 것이라는 주장도 있다.

뇌가 사고나 외상으로 인해 손상을 받는 경우 발생하는 뇌손상으로 인해 범죄행동이 나타나기도 한다. 교통사고나 외상으로 인해 뇌에 손상이 생기는 '외상성 뇌 손상(Traumatic Brain Injury, TBI)'을 유발하는 것으로 알려져 있다. TBI는 손상의 범위와 위치에 따라 다양한 영향을 가져오게 된다. 일반적으로 TBI는 두통, 어지럼증, 기억 문제, 정서적 불안, 수면 장애, 감각 이상 등을 가져오고, 심각한 수준의 TBI는 영구적인 장애를 가져올 수 있다. TBI는 폭력적인 행동 뿐 아니라 인지, 감정, 행동의 급작스러운 변화를 가져올 수 있다. 미국 연구에 따르면, 일반 인구는 약 8.5%가 TBI를 겪고 있는데 반해 수감자들의 약 60%가 TBI로 고통받는 것으로 알려져 있다.

미국에서 미식축구 선수들의 경우 장기적으로 태클과 충돌에 노출되면서, TBI를 많이 겪고 있는 것으로 알려졌다. 미식축구 선수인 애런 헤르난데스는 미국 뉴잉글랜드 패트리어트 팀의 플레이어였으나, 2015년 1급 살인 혐의로 체포되었다. 2017년 사후 뇌를 부검한 결과 애런은 만성적인 뇌손상을 입었음이 알려졌다.

③ 신경전달물질

신경전달물질은 뇌와 신경계에서 화학적인 신호를 전달하는 물질로, 생리학적 심리학적 기능을 통제하는 것으로 알려져 있다. 범죄행동과 관련되어 있다고 연구되는 신경전달물질은 세로토닌, 도파민, 노르에피네프린 등이다. 각각의 호르몬은 다음과 같은 특징을 보인다.

㉠ 세로토닌(serotonin): 세로토닌은 종종 기분을 좋게 하는 신경전달물질로 알려져 있으며, 행복감과 만족감을 준다. 세로토닌 수준이 낮아지면 충동적이고 공격적으로 변하며 감정 통제가 어려워진다. 몇몇 연구에서는 낮은

세로토닌 수준을 보이는 사람들이 조금 더 폭력적으로 행동하거나 범죄를 저지르는 것으로 알려져 있다.

㉡ 도파민(dopamine): 도파민은 동기, 쾌락, 강화 등에 영향을 준다. 비정상적인 도파민 수준은 충동적이고 위험한 행동을 하도록 만들며, 범죄행동을 유발하기도 한다. 또한 도파민은 특정 행동에 중독되도록 만드는 경우가 있다.

㉢ 노르에피네프린(Norepinephrine): 노르에피네프린은 신체의 스트레스와 각성과 관련되어 있다. 노르에피네프린의 증가는 폭력적인 행동을 유발하는 것으로 알려져 있다.

이외에도 GABA와 글루타메이트(Glutamate) 등이 폭력적인 행동을 유발하는 것으로 알려져 있다.

신경전달물질은 폭력적인 행동 뿐 아니라 중독행동과도 관계가 깊은 것으로 알려져 있다. 앞에서 설명한 도파민의 경우 쾌감과 보상을 주는데, 일단 중독되거나 강박적인 행동을 하는 경우 뇌에서 도파민이 분비된다. 일단 도파민이 계속되면 뇌는 그 수준의 도파민 분비에 적응하게 되고 더욱 더 강한 도파민을 추구하게 된다. 따라서 음란물이나 도박에 중독되는 경우 중독행위를 했을 때 성취감이나 만족을 느끼는 것이 아니라 더욱 더 강한 자극을 추구하게 된다.

신경전달물질과 범죄의 관련성에 대해 흥미로운 사실은 사랑에 빠지기 시작할 때와 사랑이 끝나는 시점의 뇌가 비슷한 호르몬 변화를 보인다는 점이다. 사랑을 시작할 때 뇌는 도파민과 노르에피네프린이 증가한다. 도파민은 사랑하는 상대와 함께 있을 때 행복하고 셀레는 기분을 느끼도록 해주고, 노르에피네프린은 사랑하는 사람과 함께 있을 때 기운이 나고 강한 호기심과 흥분을 느끼게 한다. 놀랍게도 로맨틱한 관계가 끝나는 시점에도 뇌는 비슷한 신경전달물질 분비 패턴이 관찰되는데, 특히 이별 초기에 해당된다. 로맨틱한 관계가 끝나면 도파민과 노르에피네프린 수준이 감소하게 되어 슬픔과 손실감, 고립감을 느끼게 되고, 과거의 경험으로 인해 강한 갈망을 느끼게 된다. 이로 인해 감정적인 고통과 사랑을 시작할 때 경험하는 신체적 증상이 생겨날 수 있다. 제한적이지만, 이러한 결과는 연애관계가 끝났을 때 과거 전 연인에 대해서 집착하고 공격적인 행동을 하도록 만들며, 스토킹과 같은 부적절한 행동(강박적 집착, 충동성, 정서적 통제부족)의 원인에 대해서 설명하는 데 도움이 될 수 있다.

④ 자율적 각성이론(Autonomoic Arousal Theory)

범죄의 자율적 각성이론은 범죄이력이 없거나 많지 않은 사람들은 지속적이고 만성적인 범죄자에 비해서 다양한 상황과 조건에서 낮은 수준의 자율적 각성을 나타낼 것이라는 가설이다. 즉, 낮은 수준의 각성은 대담함을 유발하고 반사회적 자극을 추구하기 때문에 범죄에 취약하게 만든다는 이론이다. 이 이론은 사회적 환경적인 요인들이 각성을 일으킬 수 있는데, 이러한 요인들에는 도발, 좌절, 위협, 부당함 등이 포함된다. 반사회적 소년과 범죄자 사이코패스는 비반사회적 소년보다 생리적 각성 수준이 낮은 것으로 알려져 있다(피부 전기 및 심혈관 활동으로 측정)(Raine, 2002; Raine, Venables, & Williams, 1995, 1996).

다. 기질

기질(temperament)은 성격에 포함되지만 타고나고, 생물학적인 기제가 존재하며, 안정적인 특질로 환경에 대응하는 개인이 정서나 행동에 영향을 주는 인자를 나타내는 개념이다. 이러한 기질은 유전적인 인자가 강하게 존재하는 것으로 알려져 있다. 대부분의 발달심리학자들은 기질이 생물학적인 기반이 있다고 생각한다. 대표적인 기질은 활동수준, 사회성, 정서적 반응성, 적응력, 접근/회피 등의 요인들이다. 이들 중 발달심리학자들은 아동의 따뜻함, 반응성 등이 중요하다고 주장한다. 토마스와 체스는 아동의 기질에 따라 용이한 아이, 어려운 아이, 천천히 준비되는 아이 등 세 가지 유형으로 분류했다. 다루기 어려운 기질의 아이들은 부모에게 더 도전하고, 이로 인해 청소년기 비행이나 범죄행동으로 쉽게 이어진다고 알려져 있다. 다루기 힘든 미취학 아동들은 15세가 되었을 때 반사회적 문제와 무모한 위험 행동을 보일 가능성이 높은 것으로 알려져 있다. 엄격하고 규칙에 기반한 양육 방식은 이러한 아동의 반사회적 행동을 예방하고, 교정하고, 제거할 수 있는 것으로 알려져 있다. 반면 억압적이고 강압적인 양육방식과 다루기 어려운 기질을 가진 아동들은 더 위험한 행동을 하는 것으로 알려져 있다. 부모와 자녀들의 기질은 서로 닮아가게 되며, 이러한 특징으로 인해 범죄 행동이 발달과정에서 생겨날 수 있다고 알려져 있다.

성격과 기질은 개인의 행동, 감정 및 대인관계에 영향을 주는 관념적인 개념이지만, 설명의 범위와 기원에 대해서는 차이가 있다. 성격은 생물학적인 기줄을 포함해 배운 행동과 사회적 영향을 포함하여 개인의 사고, 감정 및 행동의 전반적인 패턴을 형성하는 보다 넓은 특성을 포함한다. 환경적 및 문화적 요인에 의해 더 많은 영향을 받으며 경험과 개인적 성장을 통해 시간이 지남에 따라 변할 수 있다. 반면, 기질은 출생 시부터 존재하는 능동하고 안정적인 행동 경향을 의미하며, 개인의 자연스러운 성향과 감정적 반응을 나타낸다. 기질은 성격이 형성되는 기반이 되며, 개인이 세상을 접근하고 다양한 상황에 대응하는 방식을 결정하는 기초를 형성한다. 성격은 학습 및 습득된 다양한 특성을 포함하고 상황이나 환경에 의해서 변화하는 반면, 기질은 개인의 핵심 성격과 감정 스타일을 나타내는데에 상대적으로 안정적이며, 일생 동안 거의 변하지 않는다.

범죄에 대한 유전학적, 신경과학적, 기질론적 설명은 범죄 행동의 과학적 근거, 개인차 그리고 위험 요소에 대한 통찰력을 제공한다. 새로운 신경과학, 생물학 이론과 기술의 발전은 과거에는 선택이나 의지의 문제라고 여겼던 행동에 대해 다른 관점에서 살펴볼 수 있는 기회를 제공하고 있다. 그러나 이러한 연구방법론은 범죄행동을 지나치게 단순화시킬 수 있으며, 과거 '골상학' 설명의 문제점이었던 결정론적인 설명으로 잘못 이해할 수 있으며, 윤리적 문제를 일으킬 수 있다. 범죄 행동과 생물학적 요인 간의 관계는 인과관계보다는 상관관계인 경우가 많다. 범죄행동에 대한 포괄적인 이해를 위해서는 심리적, 사회적, 환경적 요인을 고려하고, 연구방법론의 한계와 윤리적 고려 사항을 항상 인정해야 한다.

2. 심리학적 설명

심리학적 설명은 사고, 행동, 감정의 개인차나 성격차가 범죄행동에 어떻게 영향을 미치는지에 대해 연구한다. 범죄심리학에서 가장 많이 연구되는 분야는 개인의 안정적이고 지속적인 특성을 설명하는 성격, 정상적인 범위에서 벗어나 사회적 기능적 이상을 가져오는 정신장애 등에 대해서 연구되고 있다. 또한 범죄행위가 어떻게 학습되는지를 살펴보는 학습과정을 살펴보는 학습이론과 공격적인 행동에 대해서 살펴보자.

가. 성격

사회적 관계를 형성하는 사람들은 다양한 성격을 가지고 있다. 성격은 사회적 삶에 큰 영향을 미친다. 그렇다면 어떤 성격을 가진 사람들이 범죄를 저지를 가능성이 높을까? 외향적인 사람들과 내성적인 사람들 중에서 어느 쪽이 범죄를 저지를 가능성이 높을까? 이러한 질문에 대한 답은 성격와 범죄의 관계에 대한 설명에서 찾아볼 수 있다. 성격은 기질과 달리 다양한 상황이나 시간에도 상관없이 유지되는 개인의 사고, 행동, 정서의 광범위하고 복잡한 집합을 뜻한다. 성격은 생물학적 기초를 강조하는 기질을 포함할 뿐 아니라, 개인의 사회적 환경적 요인에 의해서 만들어진 개인의 정체성과 행동도 포함하고 있다.

범죄행동을 성격을 중심으로 설명한 대표적인 학자가 아이젠크이다. 그는 외적인 자극이 범죄행동의 발생에 부분적으로 영향을 미친다는 점을 인정하면서도, 범죄는 주로 선천적으로 물려받고 장기간 지속되는 개인적 특성에 의해서 대부분 영향을 받는다는 점을 강조하였다.

성격은 외향성, 신경증, 정신이상의 세 가지 차원으로 구분되며, 각 차원은 낮은 것에서부터 높은 것까지 연속성을 가진다. 각 차원에서 최극단에 있는 사람은 거의 없으며 대부분의 사람들은 연속선상의 양극단 사이의 어딘가에 위치한다. 외향성의 정도가 높은 사람은 외부지향적이고 사교적이며 낙천적이고 충동적이다. 신경증의 정도가 높은 사람은 걱정이 많고 변덕스럽고 매우 민감하다. 정신이상을 측정하는 척도는 다소 확실하지 못하다는 비판이 있기는 하지만, 정신이상의 정도가 높으면, 타인에게 둔감하거나, 혼자 있기를 좋아하거나 센세이션을 추구하거나 위험에 대한 고려가 부족하다. 각 차원에서 점수가 낮은 사람들은 높은 사람들과 반대의 특징을 보인다.

아이젠크는 성격 차원과 범죄행동을 다음과 같이 연결한다. 아동의 성공적인 사회화, 즉 사회적으로 허용되는 방식으로 행동하도록 사회화되는 정도는 부모로부터 학습되는 정도에 달려 있다. 부모는 아동이 반사회적 행동을 했을 때 처벌을 통한 훈육 등을 통해서 아동이 반사회적 행동을 하지 않도록 학습시킨다. 이와 같은 부모의 학습(조건화)에 의해서 아동의 양심의 발달이 이루어지는데, 양심의 발달이 잘 이루어져 양심이 강해지면 반사회적 행위에 뒤따르는 처벌을 떠올리기 때문에 범죄행동을 피하게 된다. 이처럼 범죄행동의 회피를 가져오는 양심의 발달은 학습(조건화) 과정이 얼마나 잘 이루어지는가에 따라서 결정되는데, 이러한 조건화 과정에 성격의 특성이 영향을 미친다. 특정한 성격 특성은 아동의 학습(조건화)이 잘 이루어지지 못하게 하며, 이러한 아동은 양심의 발달이 잘 이루어지지 못하고 결과적으로 범죄행동의 가능성이 높아지게 된다.

외향성은 개인의 대뇌피질의 자극수용 정도와 관련이 있다. 외부에서 들어오는 자극은 신경계를 거쳐 대뇌피질에 전달되는데, 외향적인 사람은 대뇌피질이 자극을 받아들이는 정도가 낮기 때문에 동일한 외부 자극이 들어와도 내성적인 사람들보다 자극을 덜 느낀다. 따라서 이들은 반사회적인 행동을 하고 부모로부터 처벌을 받아도, 처벌로 인한 불쾌감을 덜 느끼게 되며, 이로 인해 조건화가 잘 이루어지지 않는다. 반면 내성적인 사람은 대뇌피질이 자극을 더 빠르게 받아들이고 그것을 오랫동안 간직한다. 그들은 반사회적 행동에 따르는 처벌로 인한 불쾌감을 더 민감하게 받아들이기 때문에 그런 행동을 피하게 된다. 그러므로 내성적인 사람은 외향적인 사람에 비해서 조건화를 통한 범죄행동에 대한 억제력이 잘 발달된다. 외향적인 사람은 내성적인 사람처럼 효과적으로 학습이 잘 이루어지지 못한다. 따라서 외향성이 높은 사람일수록 더 빈번하게 범죄행동을 할 것이라고 기대된다.

신경증의 생물학적 근원은 앞에서 언급했던 자율신경계에 있다. 신경증의 정도가 높은 사람은 불쾌한 자극에 대하여 강력하게 반발하는 불안정한 자율신경계를 가지고 있다. 반응을 유발하는 자극이 많아지면 불안감이 지나치게 커지기 때문에 조건화 과정이 손상되어 조건화가 제대로 이루어지지 못한다. 반면 신경증 정도가 낮은 사람은 자극이 유발하는 불안감이 크지 않기 때문에 조건화가 잘 이루어진다. 자극이 유발하는 불안감은 사회적 훈련이라는 아이젠크의 관념에서 매우 중요하다. 따라서 신경증이 높은 사람들은 낮은 사람들에 비해서 더 빈번하게 범죄행동을 할 것이라고 기대된다. 한편 그는 자세하게 설명하지는 않았지만 정신이상과 범죄행위는 정적인 관계라고 본다. 이와 같은 아이젠크의 주장에 따르면 반사회적 성향을 가진 사람의 경우에 정신이상, 외향성, 신경증의 정도가 높을 것이라고 기대할 수 있다.

나. 사이코패스

범죄심리학 분야에서 가장 많이 연구되고 있으며, 가장 유용하고, 대중들에게 가장 잘 알려진 개념은 사이코패스일 것이다. 반면 대중들에게 가장 잘못 알려져 있고, 언론이나 미디어에서 남용하고 있는 범죄심리학 개념들 중 하나이다. 일반인들의 상식으로 동기가 이해되지 않거나, 범행수법이 지나치게 잔혹한 경우 사람들은 사이코패스라고 지칭하는 경우가 많다. 인간은 사회를 믿을 수 있는 곳이라고 생각하기 때문에, 이를 통해 '정상적'인 사람들은 이러한 끔찍한 범죄를 저지르지 않을 것이라고 굳게 믿게 된다. 그럼에도 불구하고 전문가나 수사기관에서 범죄자가 사이코패스가 아니라는 의견을 발표하는 경우 많은 사람들이 갸우뚱하는 경우가 있다. 이는 일반인들이 생각하는 사이코패스 개념과 과학적인 개념이 다르기 때문이다.

사이코패시는 대인관계, 감정, 행동 등 다양한 특성으로 특징지어지는 성격장애로, 일반적으로 얕은 매력, 타인을 조작하고 이용하려는 행동, 공감 능력 부족, 충동성, 사회적 규범과 타인의 권리를 무시하는 특징을 갖는다. 사이코패시를 가진 개인들은 일면 매력적으로 보일 수 있지만 냉담하고 기만적이며 다른 사람들의 감정과 고통에 대해 무관심할 수 있다. 이들은 자주 감정적 반응이 얕고, 해를 끼치는 행동에 대해 거의 죄책감이나 후회를 느끼지 않는다. 사이코패시는 복잡하고 이질적인 성격을 가진 상태로, 진단과 평가는 주로 임상 평가와 로버트 헤어가 개발한 사이코패시 체크리스트(PCL)와 같은 특수 도구를 사용하여 이루어진다. 중요한 점은 사이코패시가 DSM-5(정신질환의 진단 및 통계 매뉴얼)에서 공식적인 진단이 아니고, 사이코패시, 반사회적 성격장애, 소시오패스라는 단어들과 혼재하여 사용되고 있다.

사이코패시의 독특성은 이러한 정신질환을 가지고 있는 사람을 지칭하는 사이코패스라는 표현이 있다는 점이다. 다른 정신질환은 그 질환을 가지고 있는 사람을 구분지어 부르는 독특한 용어가 존재하지 않는 경우가 많다. 예를 들어, 조현병, 우울증, 자폐증 등의 질환을 가지고 있는 환자들을 별도의 단어로 구분지어 사용하지 않고, 조현병 환자, 우울증 환자, 자폐증 환자와 같은 표현을 사용한다. 이러한 특징은 사이코패시라는 개념이 질환에 대한 이해부터 시작한 것이 아니라, 정신적인 이상이 관찰되지 않지만 사회적 규범을 어기고, 공감능력이 부족하고, 충동적인 사람들에 대한 연구에서 시작되었음을 시사한다. 19세기 초 프랑스의 정신의학자 필립 피넬은 외적인 정신이상이 없음에도 불구하고, 비정상적으로 도덕적으로 타락한 사람을 지칭하며 '현실감각에 이상없는 정신이상'이라는 표현을 사용했다. 근대적 의미의 사이코패스는 2차 세계대전 이후 귀향한 군인들을 연구하던 정신과 의사 클래클리가 쓴 책 '정상의 가면'을 통해 알려졌다. 반면 사이코패스 개념의 가장 큰 발전은 1980년 캐나다의 범죄심리학자인 로버트 헤어 교수가 만들어낸 PCL-R 도구이다. PCL-R은 사이코패스 개념이 모호하고 애매하여 실무에 적용할 수 없다는 기존의 문제를 해결했고, 뇌영상 기법과 연계하여 분석하는 등 사이코패스 연구에 중요한 공헌을 했다.

사이코패시, 반사회적 성격장애(ASPD), 소시오패스라는 세 가지 개념은 지속적인 반사회적 행동, 공감 불능 및 충동성과 같은 공통적인 특성을 가지고 있는 반면 뚜렷한 차이점들도 있다. 사이코패시는 공식적인 진단명이 아니지만 임상 및 연구 분야에서 자주 사용되며, 감정적인 차단과 타인을 조종하려는 경향이 존재한다. 반사회성 성격장애는 DSM-5에 수록된 성격장애로 비슷한 특징을 가지고 있으며, 감정적 기질이 더 다양하고 행동의 표현에 중심을 둔다. 소시오패스는 공식적인 진단기준도 아니고, 임상적으로 사용되지는 않지만, 반사회적 성격장애의 한가지 하위집단으로 이해할 수 있다. 미국정신의학회는 반사회적 성격장애가 사이코패시에 비해 행동에 더욱 집중하기 때문에 과학적으로 그 원인을 연구하거나 행동을 관찰하기에 용의하다고 판단하여 공식적인 용어로 유지하고 있다. 반면, 사이코패스는 반사회적 성격장애의 하나의 명칭이라고 기재하고 있다.

이 세 가지 용어는 유전적 원인과 발달적인 원인에서 차이가 난다. 사이코패시는 강한 유전적 기초를 전제로 하며, 유전인자들에 대한 연구가 이루어지고 있다. 반사회적 성격장애와 소시오패스 모두 유전적 영향을 강조하지만, 사이코패시와 같은 극단적인 행동을 보이는 대상을 연구하지 않기 때문에 과학적인 연구가 어렵다. 이 세 개념은 개인의 사회적 기능과 행동의 특성에 대해서 설명할 때에도 차이가 있다. 사이코패시는 사회에서 능숙하게 어울리고 매력적이며 조종적인 경향을 가지고 있어 조작적인 행동을 감지하기 어려울 수 있다. 반사회성 성격장애와 소시오패스 역시 타인을 조종하고 이용하려는 특성을 가질 수 있지만, 이들은 사회적인 관계를 유지하는 데 어려움을 겪는다.

전반적으로 사이코패시, 반사회성 성격장애, 사회성은 반사회적이며 공감 능력 부족과 같은 공통점을 가지고 있지만, 진단적 지위, 감정적 표현, 유전적 영향, 발달적 기원 및 사회적 행동에서의 차이점은 이러한 개성적 특징을 이해하는 복잡하다는 점을 시사한다.

사이코패스는 다양한 성격적 특성을 갖는데, 사이코패스를 연구할 때 사용하는 로버트 헤어 교수의 PCL-R(Psychopathy Checklist-Revised)을 살펴보면 그 원형을 이해하는 데 도움이 된다. 헤어의 PCL-R은 총 20개의 항목으로 구성되어 있으며, 반구조화된 면담 기법을 사용하여 20개 항목을 평가해서 사이코패스 여부를 판단한다. ① 언변이 뛰어나고 피상적인 매력을 가지고 있으며, ② 과장된 자존감, ③ 자극 추구, ④ 병리적 거짓말 등의 특징이 나타나고, ⑤ 남을 속이고 조종하는 경향을 보인다. 그러면서도 ⑥ 후회나 죄책감을 느끼지 못하며, ⑦ 피상적 감정을 보일 뿐만 아니라 ⑧ 둔감하고 공감 능력이 결여되어 있다. 그리고 사이코패스는 ⑨ 기생적인 생활양식을 보이면서, ⑩ 행동 통제에 취약하고, ⑪ 문란한 성 생활과 함께 ⑫ 아동기에 문제행동을 보인다. 또한 ⑬ 현실적 목표가 결여되어 있고, ⑭ 충동성과 ⑮ 무책임성을 보이면서, ⑯ 자신의 책임을 받아들이지 못한다. 뿐만 아니라 사이코패스는 ⑰ 대인관계 면에서는 단기적 관계로 특징지어지며, ⑱ 청소년기에 비행 경력이 있고, ⑲ 조건부 가석방이 자주 취소되며, 마지막으로 ⑳ 다양한 범죄들을 저지른다. PCL-R의 총점이 7점 이하일 때 저위험군, 8점에서 24점까지 중위험군, 25점 이상일 때 고위험군으로 판정된다. 이 진단표는 사이코패스의 특징을 진단할 수 있도록 구성되어 있다.

이러한 특성들을 고려해보면 사이코패스는 자기의 감성을 억제하지 못하며, 자신의 감정과 고통에는 매우 예민하지만 타인에 대한 공감을 할 수 없기 때문에 누구와도 정서적 유대감을 맺지 못하는 것이 특징이다. 또 가공할 죄를 저지르고도 자신의 잘못을 전혀 느끼지 못하며, 거짓말과 속임수에 능하고 충동적이며, 자신의 행동을 잘 제어하지 못하며, 자극을 추구한다. 유년기와 청소년기에는 끊임없는 거짓말, 사기, 도둑질, 방화, 무단결석, 약물남용, 폭력, 급우 괴롭히기, 가출, 이른 성행위 등의 문제행동을 하는 형태로 나타난다. 형제나 다른 아이들에게 잔인하게 구는 경우도 많다. 청소년기 이후에는 반사회적 행동이 나타나는데, 다양한 범법행위와 성적 문란, 채무불이행이 나타나며, 가정생활에서도 무책임한 모습을 보인다. 이들의 정신병질은 평소에는 내부에 잠재되어 있다가 범행을 통해서만 밖으로 드러나기 때문에 주변 사람들이 알아차리지 못하는 경우가 많다. 그래서 범행 사건이 알려졌을 때 주변의 친지나 이웃들은 전혀 알지 못했으며, 뜻밖이라는 반응을 보이는 경우가 많다.

사이코패시의 특징은 범죄 행동에 다음과 같은 영향을 미친다.

첫째, 높은 범죄성: 사이코패스적 성향을 지닌 사람들은 폭력행동, 절도, 사기, 거짓말 등과 같은 범죄를 저지를 성향이 높다. 공감능력과 반성의 부족은 다른 사람을 해칠 때 죄책감이나 후회를 하지 않게 한다. 물론 사이코패스도 재판과정에서 자신의 죄를 반성할 가능성이 있으나, 이는 자신의 죄를 뉘우치기 보다는 이러한 행동으로 수사나 재판과정에서 이득을 얻기 위해서이다.

둘째, 높은 재범율: 사이코패시의 경우 재범위험성이 높다. 사이코패스적 성향이 있는 사람은 형기를 마치거나 가석방에 나오게 되면 다시 범죄를 저지를 가능성이 높다. 충동적이고 반사회적 양식은 사회적 규범이나 법률적 제한을 받아들이고 따르기 어렵기 때문이다.

셋째, 범죄의 폭력성: 일반인들은 타인의 감정에 공감하기 때문에 폭력적인 상황에 닥쳐서 피해자의 얼굴을 보면 행동을 멈추게 된다. 반면 사이코패스는 타인의 감정이나 고통에 둔감하기 때문에 더 심하게 폭력행동을 보일 수 있다. 따라서 폭행, 살인, 가정폭력 등을 저지른다. 그리고 심리적으로 둔감하고 공격적인 특성은 사이코패스가 타인을 주저함없이 공격하도록 한다.

넷째, 낮은 재활가능성: 사이코패시적 개인들은 범죄율을 줄이는 전통적인 심리치료나 재활프로그램에 반응하지 않는 경우가 많다. 그들은 성격장애로 인해 변화에 저항하고, 피해자에 대한 책임을 인정하지 않고, 병적인 거짓말로 타인을 속이려 들어, 친사회적 행동을 증가시키려는 모든 처치에 반응하지 않는다.

다섯째, 화이트 칼라 범죄 가능성: 화이트 칼라 사이코패스 범죄자들의 경우 죄책감이나 후회없이 타인을 이용하는데 망설이지 않기 때문에, 개인적인 이득을 위해 사기, 횡령, 거짓말 등을 망설이지 않고 저지를 수 있다.

여섯째, 다양한 범죄를 저지른다. 일반인들의 경우 자신의 동기나 필요성에 따라 제한된 범죄를 저지르는 반면, 사이코패스들은 다양한 상황에서 다양한 범죄를 저지를 수 있다. 사이코패스들의 적응력과 공포나 감정적 반응의 부재는 그들이 범죄를 능숙하고 불편함 없이 저지를 수 있도록 만든다.

주의할 점은 일반적으로 이해하기 어려운 심각한 범죄자를 설명하기 위해서 사이코패스의 개념이 유용할 수도 있겠지만 이론적 측면에서 그리고 형사정책적 측면에서 이 개념을 사용하는 데 한계가 있음을 염두에 두는 것이 필요하다. 더불어 언론보도 등에서 뚜렷한 근거 없이 폭력범죄자 또는 성폭력범죄자를 사이코패스로 몰아감으로써 일반인들을 불필요한 두려움에 빠지도록 해서도 안 된다.

다. 정신장애

잔혹하고 폭력적이며 상상조차 할 수 없는 범죄가 발생하면 사람들은 정신질환자의 범행일 것이라고 추측하고, 언론은 사이코패스 아니면 정신질환자일 것이라고 생각한다. 한 연구에 따르면, 일반 살인사건에 비해 정신질환 사건에서 더 잔인성이 부각되며 집중보도된다. 언론은 정신장애인의 범죄를 무동기 살인, 우발적 살인, 대상의 임의성 등을 부각한다. 이 과정에서 대중들은 동기를 알 수 없고, 범행수법이 잔혹하고, 누구나 살해할 수 있는 정신질환자들에 대한 공포심을 느끼게 될 것이다. 예를 들어, 2016년, 생면부지의 20대 여성을 30대 남성이 잔혹하게 살해한 강남역 살인사건, 2019년, 자신이 살고 있던 진주시 아파트 4층에 불을 지르고 계단으로 대피하는 주민들에게 흉기를 휘둘러 5명을 살해한 진주 아파트 방화 살인사건, 2018년 강북삼성병원 정신과 의사 피살사건, 2021년, 20대 조현병 환자가 자신의 60대 아버지를 살해한 남양주 존속살해사건 등 정신질환자에 의한 잔혹한 살인사건이 발생할 때마다 사람들은 정신질환과 범죄의 연결고리를 찾고자 노력했다. 정신질환은 무엇이고, 정신질환과 범죄의 관계는 무엇이며, 범죄와 관련된 정신장애들은 무엇이 있는지 살펴보자.

① 정신장애의 정의

정신장애(정신질환)는 개인이 자신의 생각, 감정, 행동 또는 사회적 상호작용에서 심각한 문제를 경험하고 있는 상태를 말한다. 이러한 문제가 개인이 속한 문화에서 정상이라고 여겨지지 않으며, 일상생활에서의 고통이나 어려움을 야기하는 경우를 뜻한다. 즉, 의학적 정의로 정신장애는 단순히 불편한 것 뿐 아니라 스스로가 스트레스를 받거나 자신 혹은 타인에게 심각한 문제를 일으키는 경우이다. 정신장애의 진단기준은 DSM(Diagnostic and Statistical Manual of Mental Disorders) 또는 ICD(International Classification of Diseases)에 기재된 특정 기준에 따라 진단된다. 이러한 상태는 기분장애, 불안장애, 정신병적 장애부터 성격장애, 식사장애, 신경발달 장애까지 다양하다.

② 정신장애와 범죄

반사회적 성격장애나 사이코패시를 제외하고 정신질환 자체가 범죄를 유발하는 경우는 많지 않다. 다만, 다음과 같은 정신질환의 증상은 범죄 행동에 영향을 줄 수 있다.

㉠ 판단력 저하 및 충동성: 일부 정신질환은 판단력을 저하시키고 충동적인 행동을 유발한다. 특히 충동성은 개인이 결과를 고려하지 않고 범죄 행동을 하도록 만들 수 있다.

㉡ 현실 왜곡: 조현병과 같은 정신병적 장애는 환자들이 환각과 망상을 경험하게 하며, 현실을 왜곡시킬 수 있다. 이러한 왜곡된 믿음으로 인해 잘못된 믿음에 기반한 폭력적이거나 범죄적인 행동이 발생할 수 있다.

㉢ 자가약물화 및 약물 남용: 일부 정신질환자는 증상을 완화하기 위해 알코올이나 약물에 의존할 수 있다. 이로 인해 약물 관련 범죄, 도난 또는 폭력과 같은 범죄 행동으로 이어지기도 한다.

㉣ 치료와 지원 부족: 정신질환을 적절하게 치료하지 않거나 적절한 지원을 제공하지 않을 경우, 개인들은 증상을 다루기 어려워질 수 있으며 이로 인해 범죄 행동을 일으킬 가능성이 증가한다.

㉤ 인지 기능 저하: 특정 정신질환은 인지 기능에 영향을 줄 수 있으며, 행동의 결과를 이해하는 데 어려움을 겪을 수 있다.

㉥ 희생자로서의 취약성: 심한 정신질환을 가진 사람들은 가해자보다 희생자로서 더 취약할 수 있으며, 강요나 조작에 의해 범죄 행동에 연루되기도 한다.

㉦ 정신보건 체계와의 마찰: 일부 정신질환자는 경찰이나 의료기관에서 구금과 관련하여 범죄행위를 할 수 있다.

중요한 점은 정신질환은 범죄 행동의 직접적인 원인이 아니라는 점이다. 대다수의 정신질환자는 범죄 행위를 하지 않는다. 반면 정신질환자의 위험성에 대한 선입견과 편견은 정신질환자가 범죄를 저지르지 않도록 하기 위한 적절한 치료, 조기 개입, 의료 시스템 지원 등을 받지 못하도록 함으로써 오히려 정신질환자에 의한 범죄를 증가시킬 수 있다.

③ 정신질환자들의 위험성

국내 범죄통계를 살펴보면, 정신질환자들은 천명 중 1명, 비정신질환자들은 천명 중 5명 정도가 범죄를 저지르는데, 정신질환자에 의한 범죄발생률은 매우 낮은 것을 알 수 있다. 전체 범죄자들 중 정신장애로 인해 범죄를 저지르는 사람은 약 0.5%에 불과하다. 반면 정신질환 범죄의 문제는 범죄의 종류이다. 전체 범죄자들 중 강력범죄자들은 2% 정도인 반면, 정신질환 범죄자들 중 강력범죄자는 약 10%에 육박한다. 여전히 정신질환 범죄자의 수는 일반 범죄자들에 비해서 많지 않고, 강력범죄를 저지를 확률도 높지 않다. 그러나 범죄를 저지른 소수의 정신질환자들은 다시 범죄를 저지를 확률이 높은 것으로 알려져 있다. 종합하면 정신질환자들이 범죄를 저지를 가능성은 매우 낮은 반면, 정신질환자들이 일단 범죄를 저지르면 그 범죄의 형태가 강력범죄일 가능성은 상대적으로 높다.

④ 범죄와 관련된 정신장애

(i) 망상장애

망상장애는 반대되는 증거에도 불구하고 잘못된 믿음을 강하게 믿는 망상의 존재를 특징으로 하는 정신장애이다. 망상은 현실에 기반하지 않으며, 종종 실제하기 어려운 경우가 많다. 망상장애를 겪고 있는 사람들은 망상의 영향을 받는 부분이 아닌 영역에서는 정상적인 생활을 할 수 있다. 망상장애의 유병률은 상당히 낮으며, 전체 인구의 약 1% 미만이 앓고 있는 것으로 알려져 있다. 망상장애는 주로 중년기부터 시작되며 치료를 받지 않으면 만성화될 가능성도 있다.

2016년 10월 19일 오후 6시 30분경 서울 강북구 번동 오패산 터널 인근에서 강간 등 전과 9범이자 전자발찌 부착대상자였던 성모(46)씨가 경찰관을 향해 총을 난사해 출동한 경찰관 1명이 숨지고 시민 2명이 숨졌다. 이 사건의 범인인 성모씨는 자신이 그동안 받아온 형사처벌이 부당하고 경찰이 배후에서 조직적으로 주도했다고 생각하고, 순직한 경찰관도 경찰이 살해했다는 망상에 시달리고 있었다. 애초에 교정당국에서 망상장애자임을 수감기간 중에 알 수 있었음에도 불구하고 성범죄자라고 생각해 전자발찌 부착 후 관리가 소홀했었다.

(ii) 조현병

조현병은 과거 정신분열증으로 불리웠던 정신의학의 발전으로 뇌의 신경전달물질 작용의 불균형 때문이라는 점이 밝혀져 '현악기의 줄을 고른다'는 의미에서 조현병으로 이름이 바뀌었다. 정신질환으로 개인의 사고, 감정, 행동에 영향을 미치는 복잡하고 심각한 정신질환이다. 조현병은 환각(존재하지 않는 것을 보거나 듣는 것), 망상(허위 믿음을 갖는 것), 조직화되지 않은 사고, 감정 표현의 어려움 등의 다양한 증상을 겪게 된다. 조현병 환자는 사회적으로 격리되고, 동기가 부족하고, 일상생활에서의 기능이 저하될 가능성이 높다. 조현병의 유병률은 약 1% 미만인 것으로 알려져 있다. 다만, 조기 발견과 적절한 치료, 약물 등의 치료에 잘 반응하는 경우 약 70% 이상의 조현병 환자들이 적절한 치료를 통해 정상적인 생활을 유지하고 있다. 조현병 환자의 살인사건으로 위험성이 과장되게 나타나는데, 조현병 환자가 범죄를 저지를 빈도는 일반인에 비해서 현격히 낮다. 정신분열증 환자는 일반인에 비해 전체적인 강력범죄 비율은 낮으나 살인의 위험이 높은 것을 알 수 있어 일부 정신분열증 환자의 폭력 행동 위험은 심각한 수준으로 간주되고 있다. 다만, 심각한 문제를 일으키는 극소수가 문제이나 실제보다 위험성이 과장되게 나타날 가능성이 높다.

2016년 5월 17일 서울 강남역 인근 주점에서 인근 주점 종업원 김모(34)씨가 노래방 화장실에 들어가서 대기하고 있다가 약 30분 뒤인 오전 1시 7분에 들어온 여성 하모(23)씨를 길이 32.5cm인 주방용 식칼로 무참히 살해한 사건이다. 김모씨는 사건 이전에도 여러 차례 입원과 외래로 치료를 받아온 조현병 환자임이 밝혀져 많은 사람들을 경악하게 하였다.

(iii) 지적장애

지적장애, 지적발달장애는 발달 시기에 시작되며, 지적 기능과 적응기능의 결함이 있는 신경발달장애 중 하나이다. 이 장애를 가진 개인은 학습, 문제해결, 복잡한 정보 이해에 어려움을 겪는다. 의사소통, 자기관리, 사회적 상호작용과 같은 적은 능력도 크게 손상되며, 조기개입과 적절한 지원이 중요하다. 지적장애는 결과를 이해하기 어려움을 겪고, 사회 생활이 적절하지 못하고, 다른 사람에게 이용당하는 측면 등이 있어 범죄행동에 노출될 가능성이 있다. 따라서 범죄의 가해자보다는 피해자가 되는 경우가 많다.

해외 연구에 따르면 지적장애인의 성범죄율은 3.7%로 비장애인은 4%와 비슷하다. 하지만 성범죄 재범률은 지적장애인이 비장애인에 비해서 3.5배 높다고 알려졌다. 지적장애로 인해 성범죄의 심신미약을 인정받는 사례도 늘고 있다. 이를 해결하기 위해 국회에서 2019년 발달장애인을 대상으로 하는 성범죄 예방 교육법이 통과되었다.

(iv) 변태성욕장애

변태성욕장애는 일반적이지 않거나 부적절한 대상이나 행동에 대해 반복적이고 강렬한 성적 흥분이 성적 공상, 성적 충동 또는 성적 활동으로 발현되는 것으로서, 이러한 성적 충동이나 성적 공상이 사회적, 직업적 또는 다른 중요한 기능 영역에서 임상적으로 현저한 고통이나 손상을 초래하는 것이다. 단순히 이러한 패턴을 보인다고 정신장애로 분류하지는 않으며, 이로 인해 자신 혹은 타인에게 스트레스나 고통을 줄 때 변태성욕장애로 진단한다. 주요 변태성욕장애의 종류는 다음과 같다.

비정상적인 행동에 대한 선호

관음장애(voyeuristic disorder)- 사적인 행동을 훔쳐보는 것

노출장애(exhibitionistic disorder)- 성기를 노출

마찰도착장애(frotteuristic disorder)- 찬성하지 않는 사람을 만지거나 비비는 행위

성적피학장애(Sexual Masochism)- 모욕, 본디지, 고통 등을 당함

성적가학장애(Sexual Sadism)- 모욕, 본디지, 고통 등을 가함

비정상적인 대상에 대한 선호

소아성애장애(pedophilic disorder)- 아동들에 대해 성적으로 관심

물품음란장애(fetishistic disorder)- 물건이나 성기가 아닌 특정 부위에 집착

복장도착장애(transvestic disorder)- 다른 성의 옷을 입었을 때 성적으로 흥분

한 가지 중요한 점은 소아성애장애의 경우 만 13세 미만의 2차 성징 이전의 사람을 대상으로 성적인 관심이나 행동을 보일 때 진단된다는 점이다. 일반적으로 법에서 규정하고 있는 아동청소년 보호법이나 미성년자 의제 강간에 비해 피해자의 연령이 낮다는 점이다. 이는 법률적인 보호대상과 정신질환 환자의 판타지가 일치하지 않는다는 점을 보여주는 예이다.

2017년 9월 30일 이영학은 자신의 자택에서 14세인 자신의 딸의 친구인 김양에게 수면제를 먹인 다음 성폭행을 시도하다 피해자가 깨어나 저항하자 목졸라 살해하고 시체를 강원도 영월군 야산에 유기했다. 이영학은 자신의 아내뿐 아니라 다른 사람들을 대상으로 이러한 소아기호증을 포함한 변태성욕장애를 가지고 있었던 것으로 보인다.

(v) 해리장애

해리성장애는 정신 건강 상태에서 일반적으로 나타나는 자아, 의식, 기억 또는 현실 인식에 장애가 있는 그룹의 정신질환을 말한다. 이러한 장애는 외상적이거나 압도적인 경험들에 대처하는 방법으로서 자신의 생각, 감정, 감각 또는 행동으로부터의 분리나 분리를 포함한다. 해리성장애의 진단 특징은 해리 증상이 나타나는 것으로, 이는 기억 상실(기억 손실), 자아 비인지(자신과의 연결감 상실), 현실 비인지(외부 세계와의 연결감 상실) 그리고 자아 정체성 혼동 또는 분열과 같은 것들을 포함한다. 해리성장애의 전반적인 유병률은 상대적으로 낮으며, 대략 인구의 1-2% 정도에 영향을 미치는 것으로 추정된다.

2016년 4월 23일 대학에 갓 입학한 신입생 A양은 선배들과의 대면식 과정에서 모욕적인 행동을 당했고 이후 도서관 4층에서 추락했다. A양은 떨어지기 전 14분이 기억나지 않는다고 밝혔다. 이처럼 충격적인 피해를 입은 사람들이 범죄 전후 상황만을 기억하지 못하는 해리성 기억장애를 보이는 경우가 종종 관찰된다.

(vi) 성격장애

성격장애는 개인의 사고방식과 행동양식이 왜곡되어 있고 대인관계나 직업생활에 문제를 일으키는 정신질환이다. 이러한 성격장애는 일생을 걸쳐서 나타나기 때문에 범죄로 이어지는 경우가 많다. 반사회적 성격장애를 가진 사람들은 일반적인 도덕적 기준과 법률을 무시하며, 폭력적이고 비사회적인 행동을 자주 보일 수 있다. 이러한 성격장애자들은 종종 범죄자로서의 경력이 있으며, 반복적이고 충동적인 범죄 행동을 저지를 수 있다.

조현형 성격장애(Schizotypal Personality Disorder): 조현형 성격장애는 친분관계를 급작스럽게 불편해하고, 능력의 감퇴 및 인지 지각의 왜곡, 행동의 괴이성 등이 나타나 사회적 및 대인관계 결함이 광범위한 형태로 나타난다.

경계성 성격장애(Borderline Personality Disorder): 경계성 성격장애를 가진 사람들은 자기 정체성의 불안정성과 강한 감정 변동성을 겪는다. 이러한 특성으로 인해 폭발적인 행동이나 자해 또는 타인에 대한 폭력적 행동을 보일 수 있다. 이러한 감정적 불안정성으로 인해 폭력적인 범죄의 위험이 증가할 수 있다.

연극성 성격장애(Histrionic Personality Disorder): 연극성 성격장애를 가진 사람들은 주의를 끌기 위해 과장된 감정 표현과 드라마틱한 행동을 자주 보인다. 이러한 특성으로 인해 사회적 상호작용에서 문제가 발생할 수 있고, 이로 인해 범죄를 저지를 가능성이 증가할 수 있다. 그러나 연극성 성격장애와 범죄와의 관련성은 비교적 드물다.

편집성 성격장애(Paranoid Personality Disorder, PPD): 지속적으로 다른 사람에 대해 불신과 의심을 느끼는 성격장애이다. 이들은 주변 사람들의 의도와 행동을 적대적이고 위협적으로 해석하는 경향이 있으며, 현실적인 근거없이 다른 사람들을 의심하고 신뢰하지 않는다. 이러한 불신으로 정상적인 상황에서도 지속적으로 대인관계에 문제를 일으킨다.

이러한 성격장애들과 범죄와의 관련성은 성격장애의 유형과 범죄의 종류, 개인의 생활 환경 등 다양한 요소에 따라 다양하게 나타날 수 있다. 범죄 예방과 범죄 대응을 위해서는 성격장애와 관련된 요소를 고려하고, 범죄 예방을 위해 개인들의 심리적 특성과 사회적 환경을 이해하고 대응하는 것이 중요하다.

라. 공격성

인류는 5600년 동안 약 14,600번 이상 전쟁을 경험할 정도로, 공격성은 인류가 지니고 있는 본능이라고 보아도 무리가 아닐 것이다. 공격성은 대부분의 심리학 분야에서 중요한 연구주제이며, 범죄심리학에서는 기초적인 개념이다. 신체적 폭력, 범죄, 공격성 간에 절대적인 인과관계가 성립되는 것은 아니지만, 범죄행동을 이해하기 위해서는 반드시 공격성을 이해해야 한다.

① 공격성의 분류

사전적 의미의 공격성은 '타인을 해치려는 의도로 행하는 신체적 언어적 행동'이다. 심리학자들은 인간은 공격의 대상, 상황, 원인 등에 따라 공격의 형태가 달라진다고 주장한다.

버스(Buss)는 공격성을 능동적/수동적, 직접적/간접적, 신체적/언어적 세 차원으로 구분했다.

- 능동적, 직접적, 신체적: 주먹질, 때리기
- 능동적, 직접적, 언어적: 피해자를 모욕하기

- 능동적, 간접적, 신체적: 신랄한 농담, 함정
- 능동적, 간접적, 언어적: 악의적 소문
- 수동적, 직접적, 신체적: 통행을 방해
- 수동적, 직접적, 언어적: 대화를 거부
- 수동적, 간접적, 신체적: 필요한 일을 안 하기
- 수동적, 간접적, 언어적: 동의하지 않기

패슈바흐(1964)는 공격성을 적대적/도구적 공격성으로 구분하였다. 적대적 공격성은 표출적 공격성으로도 부르는데, 목적은 상대방을 고통스럽게 만드는 것이다. 모욕 당하거나, 모욕당했다고 느끼거나, 신체적 공격을 당하거나, 실패하는 등 분노유발 상황에 대한 반응이자 강렬한 분노가 특징이다. 살인, 강간 등과 같은 강력범죄에서 주로 나타난다. 도구적 공격성은 다른 사람이 소유한 물건(보석, 금전, 토지 등)이나 지위에 대한 경쟁이나 욕망에서 비롯되며, 가장 큰 목적은 정당한 대가를 치르지 않고 이러한 물건이나 지위를 획득하려고 한다. 도구적 공격은 강도, 절도, 화이트 칼라 범죄에 있어서 주요한 요인이 된다. 도구적 공격성을 보일 때 목적은 타인에 대한 가해가 아니라 가치있는 물건의 획득이기 때문에, 상대방을 해치려는 의도는 없다.

반두라(1973)는 공격성을 가해자(실행자)의 행동과 의도만을 가지고 판단해서는 안 되고, 피해자의 사회적 판단까지 모두 고려해야 한다고 지적했다. 당시 대부분의 공격성 연구는 피해자가 인지하는 공격성보다는 행동으로 나타나는 객관적인 공격성에만 초점을 맞추었다. 반두라는 공격성을 '개인에게 신체적 또는 심리적 피해를 입히거나 파괴하려는 행동'으로 정의했으며, 심리적 피해에는 '협박, 위협, 또는 스토킹'과 같이 여전히 형사책임이 있는 행위들이 포함되어 있다고 주장했다.

② 공격성에 대한 이론

(i) 정신분석학

프로이트는 인간이 태어날 때부터 축적된 공격적인 에너지는 위험한 수준에 도달하기 전에 소멸되거나 배출되어 하며, 모든 형태의 폭력은 이러한 에너지 방출의 징후라고 주장했다. 이러한 과정을 프로이트는 카타르시스(catharsis)라고 불렀으며, 내면의 에너지가 방출되는 과정으로 실제 행동이나 대리 경험이 중요하나고 보았다. 정신분석학적인 관점에서 스포츠에 참여하거나 배출하는 아이들이 그렇지 않은 아이보다 덜 공격적일 것이라고 예측하고 있다.

(ii) 생태학적 관점

생태학적 관점은 동물의 행동을 연구하고, 그 결과를 인간의 행동과 비교하는 방법론이다. 1960년대부터 로렌즈, 로버트 아드레이, 데스몬드 모리스와 같은 생태학자들이 동물 연구를 통해 인간의 공격성을 연구했다. 생태학자들은 공격성이 인간과 동물 모두에게 유전되는 본능이라고 믿었다. 공격성은 동물 및 인간이 음식과 물을 확보하고, 이동하고, 번식하기 위한 장소, 즉 영역을 방어하기 위한 것이다. 로렌즈는 자신의 영토를 침범하는 침입자를 공격하는 경향성을 영토성(territoriality)이라고 부르고 진화를 통해 발전된 타고난 성향이라고 믿었다.

진화과정에서 더 강한 무기를 가진 동물들은 실제로 다툼을 벌여 공멸하기보다는 억제하려는 본능이 진화했다고 보았으며, 이를 위해 의례화된 공격성(ritualized aggression)은 동물이 종내 공격을 수행하는 방법이며 일반적으로 지배적인 동물이 승리한다고 주장했다. 반면, 인간은 종을 보존하기 위한 의례화된 공격보다는 기술력의 발전과 학습으로 동족을 멸살하는 기술을 개발했다고 비판했다. 생태학적 관점은 흥미로운 주장을 펼쳤으나, 인간공격성 연구를 통해 입증되지 못했고, 인간의 고유 특성은 사고, 동기, 행동 통제 능력 등을 반영하지 못하고 있다고 비판받고 있다.

(iii) 좌절공격성 이론(Frustration-Aggression Hypothesis)

공격성과 관련하여 가장 유명한 이론은 좌절공격성 이론이다. 1939년 프로이트가 사망할 즈음, 예일대 심리학자들을 중심으로 공격성은 좌절로 인한 직접적인 결과라는 주장을 제기했다. 돌라드는 좌절하고, 억압되고, 화나고, 위협받는 인간은 공격적으로 행동하는데, 공격성은 좌절스러운 상황에서 자연스럽고, 거의 자동적인 반응이라고 주장했다. 좌절-공격 가설은 많은 연구를 이끌어냈지만 너무 단순하고 좌절을 정확하게 측정하지 못한다는 비판을 받았다. 게다가 좌절이 항상 공격으로 이어지는 것은 아니며 공격적인 행동이 항상 좌절의 표현이 아니라는 주장도 제기되었다. 예를 들어, 군대 내 총기사고의 경우 하급자가 자신의 개인사에 좌절을 경험하거나 군대내에서 적응하지 못하는 경우, 공격적으로 돌변해 주위 사람에게 해를 끼치는 행동으로 볼 수 있다.

베르코비츠는 분노뿐 아니라 고통이나 성적 흥분과 같은 상황에서도 공격성이 증가할 수 있다는 좌절공격성 가설의 개정판을 제안했다. 좌절은 공격적인 행동의 가능성을 증가시키고 이러한 행동은 외현적(신체적 또는 언어적)이거나 암묵적(타인의 죽음을 바라거나) 형태로 나타나게 된다. 공격성은 좌절에 대한 반응의 하나일 뿐이며, 개인은 다른 사람들로부터 회피하거나, 움직이지 않거나, 상황을 바꾸거나 타협하는 행동 등을 배울 수 있다고 주장했다. 베르코비츠는 외부/내부 환경의 공격적인 자극은 공격적인 반응의 가능성을 높이게 된다고 주장하며, 총기는 종종 공격성과 관련이 있으며 어떤 사람들에게는 공격적인 행동을 유발할 수 있다고 주장한다. 예를 들어, 눈에 보이는 무기(예: 경찰관이 휴대할 수 있는 무기)는 실제로 일부 사람들의 폭력적인 반응을 억제하기보다는 촉진할 수 있다는 증거를 제시했다.

(iv) 흥분전달 이론(Excitation Transfer Theory)

흥분 전달 이론은 생리적 각성이 한 상황에서 다른 상황으로 어떻게 전이되고 일반화될 수 있는지를 설명한다. 생리적 각성(예, 분노)은 시간이 지남에 따라 천천히 사라지지만, 이전 상황으로 인해 각성상태가 여전히 남을 수 있다. 예를 들어, 가정에서 말다툼을 하고 출근한 경우, 사소한 운전 중의 불편함에도 폭발하여 다른 운전자나 승객 보행자와 말다툼을 하거나 난폭운전을 하게 될 수 있다. 특히 한 상황에서 다른 상황으로 각성이 전이되는 경우는 전혀 관련없는 상황에서 생겨난 감정이 본인이 인식하지 못하고 다른 상황에 적용할 때 발생할 가능성이 높다른 것이다.

(v) 전이된 공격성 이론(Displaced Aggression Theory)

부시먼 등(2003)은 공격성은 잘못된 장소와 시간에 있는 무고한 대상에게 전이될 수 있다는 것이다. 자신을 도발한 대상에 대해서 보복을 할 수 없게 되면, 자신에게 만만하거나 쉽게 공격할 수 있는 사람을 공격하게 된다는 이론이다. 즉 '종로에서 뺨 맞고 한강에서 눈흘긴다'라는 속담과 일치한다. 부시먼은 자신의 생각과 감정에 초점을 맞추는 반추(rumination)라는 개념을 추가했는데, 자신의 생각을 반복함으로써 일정 기간 화난 감정을 품고 유지할 수 있게 되는 것을 의미한다.

(vi) 사회학습이론

반두라는 다른 사람의 행위에 대한 관찰을 통해서도 공격성이 학습될 수 있다고 보았다. 즉 직접적인 경험을 통한 학습도 중요하지만, 다른 사람의 행위에 대한 관찰을 통한 간접적 학습도 중요하다고 본 것이다. 유명한 보보인형 실험을 통해서 관찰을 통한 공격성의 학습을 검증하였다. 아동들에게 보보인형을 때리는 영상을 보여준 후 그 방에 들어가게 했을 때 별도의 지시가 없었음에도 보보인형에게 달려가 폭력을 행사하며, 영상보다 더 폭력적인 모습을 보였다. 이는 사람들이 다른 사람들이 어떤 목표를 달성하기 위해서 공격적으로 행동하는 것을 직접 관찰하거나, 텔레비전이나 영화 등에서 사람이 폭력행동으로 보상받는 장면을 관찰하는 것으로 폭력행동을 학습할 수 있다는 점을 보여준다. 공격행동의 과정을 이해하기 위해서는 세 가지 중요한 국면에 대한 이해가 필요하다고 주장한다.

① 공격행동의 습득: 직접적인 경험뿐만 아니라 관찰을 통하여 이루어진다. 공격행위의 주요 모델링으로 가족, 대중매체, 하위문화가 있다.
② 공격행동의 유인과정: 공격에 의해서 예기되는 결과를 말하는데, 그러한 결과는 이전의 직접 또는 간접적인 학습을 통하여 알게 되고 얻어지게 되는 것을 말한다.
③ 공격지속의 조건: 예기된 결과와는 별도로 환경적 조건이 공격의 지속에 영향을 미친다. 예를 들어 높은 기온, 공기오염, 혼잡함 등이 감정을 자극함으로써 공격의 유인을 더 쉽게 하며, 또한 상대방의 언어적 또는 행동적 대응도 공격지속의 조건이 될 수 있다.

(vii) 공격성의 인지 모델

사회학습이론은 타인의 행동을 관찰하는 것을 중요시했다면 인지모델은 공격성은 단순히 수용되는 것이 아니라고 주장한다. 휴즈먼은 공격행동은 경험을 통해 학습되고 기억된 인지스크립트에 의해서 통제된다고 주장했다. 각각의 스크립트는 사람마다 다르지만, 일단 확립되면 변화하기 어렵고 성인이 되어서도 지속된다. 휴즈먼은 반두라의 보보인형 실험에 참여한 아이가 행동에 대해 공격적인 스크립트를 형성하게 되면 비슷한 공격성을 꾸준히 보이게 된다는 것을 실험으로 보여주었다. 즉, 공격적인 아이는 다른 사람으로부터 공격적인 행동에 대해

칭찬받고 강화받아, 인간의 공격성에 대한 믿음을 확인하고 영구적으로 공격적인 아이가 된다고 주장했다.

닷지 등은 공격성이 높은 아이들은 애매한 상황에서 다른 사람들이 적의를 가지고 있다고 해석하는 경향이 있다고 주장했다. 즉 타인의 행동을 어떻게 해석하느냐에 따라 공격성이 나타날 개연성이 달라진다는 주장이다.

(viii) 공격성의 성차

성별에 따른 행동의 차이, 특히 공격성의 차이는 범죄심리학자들의 주된 관심사 중 하나이다. 인지심리학자와 사회학습론자들은 여성과 남성은 세계를 이해하고 구성하는 개념에 있어서 사회화된 성차가 있다고 주장한다. 캠벨은 '단지 남성이 여성보다 공격적이라고 단정해서는 안 된다. 그들은 공격성의 표현 양식이 다르기 때문'이라고 주장했다. 성차를 연구하는 심리학자들은 개인차가 남녀간 성차보다 크다는 주장을 한다. 마찬가지로 공격성도 단순하게 생물학적 원인보다는 사회적 환경적 단서들로 인해 개인이 만드는 인지스크립트와 공격 전략의 차이가 발생하기 때문에 개인이 어느 환경에 놓여 있는가가 중요하다.

3. 디지털 시대 인간의 변화와 범죄 행동

범죄를 일으키는 환경에 대한 설명은 사회학적 범죄학의 주된 관심분야이다. 범죄학에서의 사회심리학적 관점과 달리 심리학의 사회심리학은 범죄학의 관점에서는 매우 미시적인 수준이다. 본 장에서는 거시적인 범죄학의 사회학적 개념으로 범죄행동을 설명하고 있기 때문에 현대 사회에서 인간의 변화, 즉 디지털 기술과 사회의 발달이 가져온 인간변화에 대한 최근 심리학계의 연구들을 소개하고 이러한 환경의 변화가 범죄행동과 사고에 미치는 영향력을 살펴보도록 하겠다.

가. 디지털 시대 인간의 변화

디지털 시대는 디지털 기술, 인터넷, 소셜 미디어의 보급으로 인간의 기억, 감정, 자아 개념 및 성적 행동과 같은 다양한 측면에 변화를 가져왔다. 기억의 측면에서 정보 과부하로 인해 기억력이 감소하고, 디지털 기기를 외부 기억 장치처럼 사용하고 의존하는 경향이 생겨났다. 예를 들어, 한 연구에 따르면 사람들은 궁금한 내용이 있으면 자신의 기억을 더듬기 보다는 구글에서 어떻게 검색해야 하는지를 먼저 떠올린다. 이러한 성향으로 인해 정보의 가공이 줄어들고 장기기억으로 인코딩되는 횟수가 줄어들고 있다. 감정 측면에서 지속적인 온라인 연결로 인해 불안, 타인과의 비교 등의 감정을 느끼며, 소셜 미디어는 자신을 타인과 지속적으로 비교하게 되었고, 온라인 괴롭힘과 트롤링으로 개인의 감정적 안녕이 저하되고 있다. 마지막으로 자아 개념으로는 자신에 대한 이해가 부족하고, 사회적 비교가 만연하여 자신에 대해 불만족을 느끼고 우울을 느끼는 경우가 많다. 마지막 성적 행동의 측면에서는 인터넷을 통해 성적 콘텐츠를 손쉽게 접근하게 되어 부적절한 성적인 콘텐츠에 대해서도 무감각해 지고 있으며, 데이팅 앱 등의 발달로 인해 캐주얼한 성적인 관계를 유지하며, 윤리적 판단이 다소 모호해지고 있다.

나. 범죄행동과의 연결성

인간의 변화는 다양한 범죄행동의 변화를 가져왔다. 인터넷과 소셜 미디어의 보급으로 인해 사이버 범죄가 증가하고, 개인정보 유출, 금융사기, 온라인 사기 등 다양한 형태의 범죄가 증가하고 있다. 특히, 사이버 공간에서 범죄자들은 익명성과 접근 용이성을 이용하여 범죄 행위를 계획하고 수행하는 경우가 늘어나 과거에는 공범을 형성하기가 어려웠는데 최근에는 공범과 범행을 저지르기가 용이하다. 또한, 소셜 미디어 플랫폼에서는 사람들이 쉽게 소셜 업데이트를 공유하고 상호 작용하는 환경이 제공되어, 일부 개인들이 범죄적 행위를 동기로 한 포스트를 공유하거나 홍보하는 경우가 생겨났다.

또한, 디지털 시대에서는 온라인 괴롭힘이나 사이버 불링과 같은 문제가 더욱 쉽게 발생할 수 있다. 인터넷을 통해 다른 사람들을 괴롭히는 사례가 늘어나고 있으며, 이는 피해자들에게 정신적 고통과 감정적 피해를 초래할 수 있다. 최근 연구에서는 온라인상의 괴롭힘을 당하면 신체적인 고통을 느낄 수도 있는 것으로 알려져 있다. 소셜 미디어 플랫폼은 바이럴 콘텐츠와 에코 챔버를 통해 감정을 과도하게 강화시킬 수 있으며, 이로 인해 긍정적 및 부정적 감정 경험 모두가 강화될 수 있다. 이러한 감정적 반응은 사람들의 행동에 영향을 미치고 범죄행동으로 이어질 수도 있다.

Ⅳ 심리학과 범죄수사

심리학은 범죄 조사 기술에 핵심적인 역할을 수행하며, 범행자와 피해자의 행동, 동기 및 정신 상태에 대한 소중한 통찰력을 제공한다. 심리학 연구 방법론과 연구 결과를 범죄수사에 사용하는 주된 방법은 다음과 같다.

1. 정신감정 및 평가: 정신감정 및 평가는 형사 사건이나 민사 소송과 관련된 개인들의 정신 상태, 능력 및 잠재적 위험을 이해하기 위해 평가하는 것으로, 심리적 평가와 검토를 토대로 법원에 전문적 의견을 제공한다.

2. 위험성 평가: 위험성 평가는 범죄자나 폭력 이력이 있는 개인들의 미래 위험 행동 가능성을 평가하는 것이다. 재범 위험 관리와 감옥출소, 치료 계획에 관한 결정에 영향을 미치는데 도움을 준다.

3. 목격자 연구: 목격자 연구는 법정에서 피해자나 증인에 의한 증언의 정확성과 신뢰성을 이해하기 위해 목격자의 증언에 영향을 미치는 요인을 조사한다. 기억, 인지, 식별 정확성에 영향을 미치는 요소를 조사하여 목격자 증거의 사용을 개선하는 것을 목표로 한다.

4. 범죄자 프로파일링: 범죄자 프로파일링은 범죄 수사과정에서 범죄 현장 증거와 패턴을 기반으로 범인의 행동적 심리적 특징을 추출하는 과정이다. 이를 통해 범죄자로 의심되는 용의자 범위를 좁히고, 범인의 동기와 특성을 이해하는 데 도움이 된다.

5. 진술 유효성 평가: 진술 유효성 평가는 주로 학대 또는 트라우마 관련 사건과 관련된 진술의 신뢰성과 정확성을 평가하는 방법으로, 진술의 신뢰성 여부를 판별하기 위해 진술의 정확성에 영향을 미치는 요소를 고려한다.

6. 폴리그래프(일명 거짓말 탐지기): 폴리그래프는 사람이 질문에 대답하는 동안 생리적 반응(심박수, 혈압, 피부 전도율 등)을 측정하는 기술로, 진실과 거짓 여부를 평가한다. 그러나 폴리그래프의 신뢰성과 타당성에 대해서는 전문가

들 사이에서 논란이 있다.

7. 뇌 지문검사: 뇌 지문검사는 전기뇌파(EEG)를 사용하여 범죄와 관련된 정보에 대한 특정 뇌 반응을 감지하는 기술로, 용의자의 뇌에 특정 정보가 있는지 여부를 판단하기 위해 사용된다. 그러나 뇌 지문검사 역시 과학적 타당성과 법정적 적용 가능성에 대하여 여전히 논란이 있다.

8. 심리 부검: 심리 부검은 특히 자살이나 의심스러운 사망 사건과 관련된 개인의 정신 상태와 사망에 영향을 미치는 요인을 사후적으로 조사하는 것이다. 가족 및 친구와의 인터뷰 등 다양한 소스를 통합하여 개인의 정신 건강과 사망에 기여한 요소를 파악하기 위해 사용된다.

summary

요 약

범죄심리학은 심리학 이론, 지식, 경험을 적용하여 범죄행동과 범죄자에 대한 심리적 이해를 높이는 학문분야이다. 범죄심리학의 연구대상은 범죄의 원인, 범죄자의 특성, 범죄 행동의 개인차, 범죄자의 치료 및 재범방지를 통한 범죄의 예방 등 다양한 분야를 포함하고 있다.

범죄심리학의 주된 연구 방법은 크게 임상적인 방법, 계량적인 방법, 신경과학적 방법 세 가지로 나누어 볼 수 있다. 임상적 방법은 범죄자 개개인에 대한 인터뷰나 연구를 통해 범죄자만의 개인적인 특성을 연구한다. 계량적 연구방법은 통계적 알고리즘과 데이터에 기반해 다수의 대상을 상대로 연구하는 방법으로, 설문조사, 심리평가 도구, 위험성 평가도구 등을 사용하는 방법이다. 신경과학적 방법은 새롭게 떠오르는 방법으로 뇌영상 기법이나 신경생물학적 연구 기법을 사용해 범죄행동의 신경학적인 분야를 연구하는 방법이다. 세 방법 모두 각각의 장점과 단점이 있으며, 설명의 방식이 다르기 때문에, 통합하여 서로 보완하며 사용하고 있다.

범죄심리학의 목적은 범죄의 원인을 심리학적으로 설명하고, 이러한 연구 결과에 기반해 실제 수사, 재판, 교정 등에 활용하는 것이다. 범죄의 심리학적 설명에는 신경범죄학적 설명, 심리학적 설명, 디지털 시대 인간의 변화 등으로 살펴볼 수 있다. 신경범죄학적 설명은 생물학과 신경과학의 발전과 그 궤를 같이하고 있는데, 생물 분자 유전학에 따른 인간의 환경과 기질에 대한 연구, 뇌와 신경과학적 차이를 살펴보는 신경학적 설명, 기질의 차이 등으로 설명하고 있다. 심리학적 설명으로는 공격성의 형태에 따른 설명, 성격차에 따른 범죄 행동 설명, 사이코패스와 정신장애로 인한 범죄 행동 등이 포함된다. 디지털 시대 인간의 변화는 디지털 기술로 인간의 기억, 감정, 자아개념, 성적 행동 등의 변화가 범죄행동에 미치는 영향을 살펴보고 있다.

범죄심리학은 심리학의 연구방법론과 발견을 범죄원인과 행동 분석에 사용하기 때문에 수사과정에서 범죄심리학 지식을 사용하고자 하는 시도가 계속되고 있다. 정신감정 및 평가, 위험성 평가, 목격자 연구, 범죄자 프로파일링, 진술 유효성 평가, 폴리그래프, 뇌지문검사, 심리 부검 등이 수사, 재판, 교정 단계에서 활용되고 있다.

key word & current hot issues

주요 용어와 현안 문제

1. 범죄학과 범죄심리학

초기 범죄심리학은 범죄학의 영향력에서 시작되었다. 범죄학은 사회적인 요인들이 개인의 행동에 미치는 영향을 설명함으로써 범죄심리학의 관점을 확장시키고, 생물학적 범죄원인론 특히 롬브로소는 뇌의 구조와 범죄에 대한 설명은 신경과학적인 발견을 범죄행동에 접목시키도록 만들었다. 셋째, 범죄학은 심리학적 범죄원인론을 받아들임으로써 심리학과 범죄학이 연결고리를 갖게 됐다.

반면 국내외에서 연구되는 대부분의 범죄학은 사회학적 관점을 강조하고 있다. 범죄학은 사회적 문화적 경제적 요인의 영향력을, 심리학자들은 개인의 심리적 사고, 동기, 성격적 요인들에 초점을 맞춘다. 둘째, 범죄학은 사회학적 관점의 설명을, 심리학은 인지적 생물학적 설명을 선호한다. 셋째, 범죄학은 심리학에 비해 분석 수준이 거시적이다. 넷째, 범죄학과 심리학은 동일하게 양적데이터를 선호하지만, 범죄학에 비해 심리학은 작은 이론을 증명할 정도로 상대적으로 소수의 데이터를 선호한다.

2. 정신질환과 범죄

잔혹하거나 불특정 대상을 상대로 한 범죄가 발생하면 많은 사람들은 정신질환자에 의한 범죄라고 생각한다. 통계적으로 정신질환자가 범죄를 저지를 확률은 천명 중 1명 정도로 비정신질환자가 범죄를 저지를 확률 천명 중 5명의 1/5에 불과하다. 그러나 일단 범죄를 저지르는 경우 정신질환 범죄자의 10%가 강력범죄를 저지른다. 이는 비정신질환 범죄자의 2%에 비해 매우 높다. 정신질환 범죄자가 범죄를 저지를 비율은 높지 않으나, 일단 범죄를 저질렀을 때에는 강력범죄를 저지를 가능성이 높다.

3. 성격과 기질

기질은 생물학적인 기제를 가지고 있고 타고나는 것이고, 성격은 기질을 포함할 뿐 아니라, 개인의 사회적 환경적 요인에 의해서 만들어진 개인의 정체성과 행동도 포함하고 있다.

4. 적대적/도구적 공격성

공격성을 분류하는 가장 기본적인 구분법으로 패슈바흐(1964)에 의해서 만들어진 구분법이다. 적대적 공격성은 표출형 공격성으로 상대방을 고통스럽게 만들기 위한 공격성이다. 모욕당하거나, 당했다고 느끼거나, 신체적 공격을 당하거나, 실패할 때 분노유발 상황에 대한 반응이다. 도구적 공격성은 다른 사람이 소유한 물건이나 지위를 정당한 대가를 치르지 획득하고자 할 때 나타나는 공격성이다.

5. 사이코패스

사이코패시는 대인관계, 감정, 행동 등 다양한 특성으로 특징지어지는 성격장애로, 일반적으로 얕은 매력, 타인을 조작하고 이용하려는 행동, 공감 능력 부족, 충동성, 사회적 규범과 타인의 권리를 무시하는 특징을 갖는다. 사이코패시를 가진 개인들은 높은 범죄성, 높은 재범율, 낮은 재활가능성, 화이트 칼라 범죄 가능성, 다양한 범죄를 저지를 가능성 등이 있다.

퀴즈 [진위형] quiz

1 조현병 환자들도 적절한 치료를 받으면 정상적인 생활을 할 수 있다.

2 사이코패스는 미국 정신의학회에서 발간한 DSM-5에 반사회적성격장애의 동의어로 수록되어 있다.

3 프로파일링은 과학적 근거를 기반으로 만들어졌기 때문에 법정에서 증거로서 인정된다.

4 범죄심리학은 살인, 강간, 폭행 등과 같은 폭력범죄만을 연구한다.

5 범죄심리학자들은 범죄자들에 대해 수사관들이 모르는 더 깊은 심리적 문제를 이해하고 있다.

참고문헌
reference

이수정, 『최신범죄심리학』, 학지사, 2018.
박지선, 『범죄심리학』, 법문사, 2018.
한상훈 외 역, 『법심리학』, 정독, 2022.
C. R., & Bartol, A. M, 『Criminal behavior: A psychological approach (10th ed.)』, Pearson, 2014.

해 답
answer

1. 그렇다.
조현병이 악화된 상태에서는 망상이나 환각과 같은 상태를 경험하고 혼돈을 경험할 수 있다. 이 경우 폭력적이거나 위험한 행동을 할 수 있다. 반면, 조기에 발견하고 적절한 치료, 약물 등의 치료에 잘 반응하는 경우 약 70%의 조현병 환자들이 정상적인 생활을 유지하고 있다.

2. 그렇다.
사이코패시는 공식적인 진단명이 아니지만, 임상 및 연구 분야에서 자주 사용되며 대중들에게 익숙한 용어이다. 반면 반사회적 성격장애는 DSM-5에 수록된 성격장애로 사이코패스를 하나의 동의어로 기재되어 있다.

3. 아니다.
범죄자 프로파일링은 범죄 수사과정에서 범죄현장 증거와 패턴을 기반으로 범인의 행동적 심리적 특징을 추출하는 과정이다. 이를 통해 용의자 범위를 좁힐 수 있고, 범인의 동기와 특성을 이해할 수 있다. 그러나 범죄자 프로파일링은 과학적 연구에 기반하기보다는 수사경험과 직관에 의존하고 있고, 과학적 신뢰성과 타당성이 부족해서, 법정에서 증거로 사용될 수 없다.

4. 아니다.
범죄심리학은 과학적이고 계량적인 기법을 주로 사용하기 때문에 성폭력, 화이트 칼라 범죄, 도박, 절도 등과 같이 자주 발생하는 범죄에 대해서도 유용하다.

5. 아니다.
심리학자들은 대부분 다수의 범죄자들을 대상으로 연구해 평균적인 특성에 대해서 연구한다. 반면 개별 범죄자들의 독특한 특성이나 행동들에 대해서는 수사관들이 더 많은 경험과 정보를 가지고 있다.

/ 제4장 /

비범죄화론과 범죄화론

– 전지연

Ⅰ. 비범죄화론
Ⅱ. 범죄화론

short storytelling

2016. 11. 3. 회사원인 A씨는 음식점 부근에서 20대 여성이 화장실로 들어가는 것을 보고 그녀를 따라가 용변보는 장면을 훔쳐보다 적발됐다. 화장실은 음식점 건물의 계단에 설치되어 음식점 영업시간에 맞춰 개방됐지만 음식점 손님이 아니어도 사용할 수 있었다. 검찰은 A씨를 「성폭력범죄의 처벌 등에 관한 특례법」(약칭: 성폭력특례법) 제12조(성적 목적을 위한 공공장소 침입행위)를 위반한 혐의로 기소했다. 당시 해당 조항은 자신의 성적 욕망을 만족시킬 목적으로 공중화장실법에 따른 공중화장실 등 공공장소에 침입하거나 같은 장소에서 퇴거요구를 받고 이에 응하지 않은 사람을 1년 이하 징역 또는 300만원 이하의 벌금으로 처벌하도록 규정한 조문이다. 그리고 공중화장실법은 '일반 대중에게 제공하기 위해 국가나 지자체, 법인 또는 개인이 설치하는 화장실'이 공중화장실이라고 규정하고 있다. 대법원은 이 사건의 화장실이 지방자치단체장 등에 의해 관리되는 화장실이 아닐 뿐 아니라 음식점의 영업시간에 맞추어 개방·폐쇄돼 음식점 손님들을 위한 시설일 뿐 성폭력특례법에서 규정하는 공중화장실법에 따른 공중화장실에 속하지 않기 때문에 A에 대해 성폭력특례법 제12조를 적용할 수 없다고 판단하여, A에게 무죄를 선고하였다. 이 판결이 나오자 시민들은 상가건물의 화장실과 같은 공중화장실이 아닌 곳에서는 마음 놓고 용변조차 보지 못하는 것 아닌가 하는 불안감을 내비치면서 판결에 의구심을 가지는 듯하다. 상식적으로 판단하더라도 어떤 화장실은 훔쳐보아도 되고 어떤 화장실은 훔쳐보아서는 안 된다는 것은 어딘가 잘못된 판결이라고 생각할 수 있다.

여성인 B씨는 자발적으로 성매매를 한 범죄사실로 「성매매알선 등 행위의 처벌에 관한 법률」(약칭: 성매매처벌법) 위반죄로 기소되었다. B씨는 착취나 강요 없는 성매매를 처벌하는 것은 성적 자기결정권을 존중하는 변화된 사회의 가치관을 반영하지 못한 것이고, 성매매 근절의 실효성이 있는지도 의문이라는 이유 등을 들어 해당 조항이 위헌이라고 주장하며, 위헌신청을 제기하였다. 헌법재판소는 성의 자유화와 개방화 추세가 성을 사고파는 행위까지 용인한다고 볼 수 없다고 보았다. 또한 성매매를 합법화하거나 처벌하지 않게 되면 성 산업으로 거대자금 유입과 불법체류자 증가, 노동시장 기형화 등을 초래해 국민생활의 경제적·사회적 안정을 해칠 수 있다고 지적하였다. 성매매근절의 실효성이 의문이라는 주장에 대해서는 성매매를 형사처벌하는 결과 성매매 업소와 성판매 여성이 감소 추세에 있는 점 등에 비춰 해당 조항이 실효성이 있다고 보았다.

A와 B에 대한 법원의 판결이나 헌법재판소의 결정이 잘못된 것일까? 형사법의 기본

원리로 죄형법정주의라는 원칙이 존재하며, 죄형법정주의의 핵심내용 중 하나로 유추해석 금지의 원칙이 있다. 유추해석 금지의 원칙이란 형법 조문의 해석은 가능한 한 엄격하게 해석해야 하며, 법문(法文)의 의미나 한계를 초월하여 이와 유사한 다른 사실에 적용할 수 없다는 원칙을 말한다. 유추해석을 금지함으로써 유사한 조문을 적용하여 피고인에게 불리하게 범죄를 인정하거나 불리한 형벌을 부과하는 것은 엄격히 금지된다. 따라서 위의 화장실 사건에서 공중화장실법에 따른 화장실을 일반 화장실까지 포함하여 해석하는 것은 금지되므로 성폭력특례법을 적용할 수 없다. 여기에서 공중화장실 뿐 아니라 처벌되는 범위를 확장시키고자 한다면 이를 포섭하는 표현으로 법률을 개정하거나 새로이 제정하여야 한다. 실제로 이 판결이 있은 후 공중화장실의 범위를 확대하기 위하여 성폭력특례법 제12조는 "자기의 성적 욕망을 만족시킬 목적으로 화장실, 목욕장·목욕실 또는 발한실(發汗室), 모유수유시설, 탈의실 등 불특정 다수가 이용하는 다중이용장소에 침입하거나 같은 장소에서 퇴거의 요구를 받고 응하지 아니하는"으로 개정되었다. 이와 같이 새로운 법률규정들을 통하여 기존에는 처벌되지 아니한 행위를 처벌하도록 규정하는 것을 범죄화 또는 신종범죄화라고 한다. 다른 한편, 이미 특정한 행위를 법률에 의하여 범죄로 처벌하고 있는 경우라고 할지라도, 과연 해당 행위를 범죄로 인정하여 처벌할 필요 등이 있는지 의문이 있을 수 있다. 사회적, 도덕적 또는 윤리적으로 비난받는 행위에 대하여 모두 형벌을 부과하여 처벌하는 것은 가능한 일도 아니며 적절한 일도 아니다. 국가의 형벌권행사는 국민의 기본권을 침해하거나 제한하는 것이므로 형벌을 부과함에는 그 한계가 존재한다. 여기에서 고려되는 국가형벌권 행사의 한계로서 해당 행위가 실질적 범죄개념(예컨대 반사회적 유해행위)에 포섭되고, 형벌필요성·처벌필요성·법익보호필요성이 존재하여야 한다. 나아가 만일 해당 행위를 범죄로 인정하여 처벌하는 경우에도 그 처벌이 과잉금지의 원칙에 위반되지 않아야 한다. 따라서 이미 법률에 의하여 처벌되는 행위로 규정되어 있다고 하더라도 위의 원칙에 위반되는 경우에는 그 행위는 비범죄화, 즉 범죄의 카테고리에서 제외되어 처벌되지 않는 행위로 환원되어야 하는 것이다.

I 비범죄화론

1. 간통

구 형법은 제241조에 배우자 있는 자가 간통한 때에는 처벌하며, 다만 배우자의 고소가 있어야 공소를 제기할 수 있다고 규정하였다. 그러나 이러한 간통죄의 규정은 2015. 2. 26. 헌법재판소에서 위헌으로 결정(헌재결 2015. 2. 26. 2009헌바17 등)되어, 2016. 1. 6. 법률 제13719호에 의하여 간통죄의 규정은 삭제(비범죄화)되었다. 간통죄가 위헌으로 판단되어 비범죄화된 이유는 다음과 같다.

사회구조 및 결혼과 성에 관한 국민의 의식이 변화되고, 성적 자기결정권을 보다 중요시하는 인식이 확산됨에 따라 간통행위를 국가가 형벌로 다스리는 것이 적정한지에 대해서는 이제 더 이상 국민의 인식이 일치한다고 보기 어렵고, 비록 비도덕적인 행위라 할지라도 본질적으로 개인의 사생활에 속하고 사회에 끼치는 해악이 그다지 크지 않거나 구체적 법익에 대한 명백한 침해가 없는 경우에는 국가권력이 개입해서는 안 된다는 것이 현대 형법의 추세여서 전 세계적으로 간통죄는 폐지되고 있다. 또한 간통죄의 보호법익인 혼인과 가정의 유지는 당사자의 자유로운 의지와 애정에 맡겨야지, 형벌을 통하여 타율적으로 강제될 수 없는 것이며, 현재 간통으로 처벌되는 비율이 매우 낮고, 간통행위에 대한 사회적 비난 역시 상당한 수준으로 낮아져 간통죄는 행위규제규범으로서 기능을 잃어가고, 형사정책상 일반예방 및 특별예방의 효과를 거두기도 어렵게 되었다. 부부 간 정조의무 및 여성 배우자의 보호는 간통한 배우자를 상대로 한 재판상 이혼청구, 손해배상청구 등 민사상의 제도에 의해 보다 효과적으로 달성될 수 있고, 오히려 간통죄가 유책의 정도가 훨씬 큰 배우자의 이혼수단으로 이용되거나 일시 탈선한 가정주부 등을 공갈하는 수단으로 악용되고 있기도 하다. 따라서 간통죄의 조항은 과잉금지원칙에 위배하여 국민의 성적 자기결정권 및 사생활의 비밀과 자유를 침해하는 것으로서 헌법에 위반된다.

2. 혼인빙자간음

구 「형법」 제304조에서는 혼인을 빙자하여 음행의 상습 없는 부녀를 기망하여 간음한 자를 처벌하는 혼인빙자간음죄의 규정이 있었다. 그러나 혼인빙자간음죄의 규정은 2009. 11. 26. 헌법재판소에서 위헌으로 결정(헌재결 2009. 11. 26. 2008헌바58 등)되어 형법에서 삭제(비범죄화)되었다. 혼인빙자간음죄가 위헌으로 판단된 근거를 과잉금지의 원칙(key term 참조)에 따라 검토하면 다음과 같다:

가. 입법목적은 정당한가?

혼인빙자간음죄의 규정은 입법목적의 정당성이 인정되지 않는다. 첫째, 남성이 위력이나 폭력 등 해악적 방법을 수반하지 않고서 여성을 애정행위의 상대방으로 선택하는 문제는 그 행위의 성질상 국가의 개입이 자제되어야 할 사적인 내밀한 영역인데다 또 그 속성상 과장이 수반되게 마련이어서 우리 형법이 혼전 성관계를 처벌대상으로 하지 않고 있으므로 혼전 성관계의 과정에서 이루어지는 통상적 유도행위 또한 처벌해야 할 이유가 없다. 둘째, 여성이 혼전 성관계를 요구하는 상대방 남자와 성관계를 가질 것인가의 여부를 스스로 결정한 후 자신의 결정이 착오에 의한 것이라고 주장하면서 상대방 남성의 처벌을 요구하는 것은 여성 스스로가 자신의 성적 자기결정권을 부인하는 행위이다. 셋째, 혼인빙자간음죄가 다수의 남성과 성관계를 맺는 여성 일체를 '음행의 상습 있는 부녀'로 낙인찍어 보호의 대상에서 제외시키고 보호대상을 '음행의 상습 없는 부녀'로 한정함으로써 여성에 대한 남성우월적 정조관념에 기초한 가부장적·도덕주의적 성이데올로기를 강요하는 셈이 된다. 따라서 혼인빙자간음죄의 규정은 남녀평등의 사회를 지향하고 실현해야 할 국가의 헌법적 의무(「헌법」 제36조 ①항)에 반하는 것이자, 여성을 유아시(幼兒視)함으로써 여성을 보호한다는 미명 아래 사실상 국가 스스로가 여성의 성적 자기결정권을 부인하는 것이 되므로, 혼인빙자간음죄의 법률조항이 보호하고자 하는 여성의 성적 자기결정권은 여성의 존엄과 가치에 역행하는 것이다.

나. 수단은 적절한가?

결혼과 성에 관한 국민의 법의식에 많은 변화가 생겨나 여성의 착오에 의한 혼전 성관계를 형사법률이 적극적으로 보호해야 할 필요성은 이미 미미해졌고, 성인이 어떤 종류의 성행위와 사랑을 하건, 그것은 원칙적으로 개인의 자유 영역에 속하고, 다만 그것이 외부에 표출되어 명백히 사회에 해악을 끼칠 때에만 법률이 이를 규제하면 충분하다. 사생활에 대한 비범죄화 경향이 현대 형법의 추세이고, 세계적으로도 혼인빙자간음죄를 폐지해 가는 추세이며 일본, 독일, 프랑스 등에도 혼인빙자간음죄에 대한 처벌규정이 없다. 또한 국가 형벌로서의 처단기능의 약화, 형사처벌로 인한 부작용 대두의 점 등을 고려하면, 그 목적을 달성하기 위하여 혼인빙자간음행위를 형사처벌하는 것은 수단의 적절성과 피해의 최소성을 갖추지 못한 것이다.

다. 법익균형성을 갖추고 있는가?

혼인빙자간음죄의 규정은 개인의 내밀한 성생활의 영역을 형사처벌의 대상으로 삼음으로써 남성의 성적 자기결정권과 사생활의 비밀과 자유라는 기본권을 지나치게 제한하는 것인 반면, 이로 인하여 추구되는 공익은 오늘날 보호의 실효성이 현격히 저하된 음행의 상습 없는 부녀들만의 '성행위 동기의 착오의 보호'로서 그것이 침해되는 기본권보다 중대하다고는 볼 수 없으므로, 법익의 균형성도 상실하였다.

라. 소결

결국 혼인빙자간음죄의 법률조항은 목적의 정당성, 수단의 적절성 및 피해최소성을 갖추지 못하였고 법익의 균형성도 이루지 못하였으므로, 헌법 제37조 제2항의 과잉금지원칙을 위반하여 남성의 성적 자기결정권 및 사생활의 비밀과 자유를 과잉 제한하는 것으로 헌법에 위반된다.

3. 양심적 병역거부

가. 서언

갑은 부모의 영향으로 어려서부터 여호와의 증인의 신자로서 신앙생활을 해왔고, 자신이 믿는 종교적 교리에 따라 형성된 인격적 정체성을 지키기 위한 양심의 명령에 따라 현역병 입영을 거부하였다. 갑의 이러한 행위에 대하여 「병역법」 제88조 ①항(입영의 기피 등)을 적용하여 형벌을 부과하는 것은 간접적으로 갑의 양심상의 결정에 반하여 현역병 입영을 강제하는 것으로서 헌법 제19조가 보호하는 '자신의 양심상 결정에 반하는 행위를 강제 받지 아니할 자유'를 제한하고, 동시에 피고인의 양심상 결정의 동기가 그가 믿는 종교에 기초한 이상 헌법 제20조 ①항의 종교의 자유도 제한하는 것으로 갑을 불처벌하여야 하는가의 문제가 발생한다.

나. 이전의 입장(범죄로 판단)

이와 관련하여 과거에 대법원은(대법원 2004. 7. 15. 선고 2004도2965 전원합의체 판결) ① 양심의 자유는 기본적으로 국가에 대하여, 개인의 양심의 형성 및 실현 과정에 대하여 부당한 법적 강제를 하지 말 것을 요구하는, 소극적인 방어권으로서의 성격을 가지며, ② 양심 실현의 자유도 결국 그 제한을 정당화할 헌법적 법익이 존재하는 경우에는 법률에 의하여 제한될 수 있는 상대적 사유라고 하여야 할 것이고, ③ 병역의무의 이행을 확보하기 위하여 현역입영을 거부하는 자에 대하여 형벌을 부과할 것인지, 대체복무를 인정할 것인지 여부에 관하여는 입법자에게 광범위한 입법재량이 유보되어 있다고 보아야 하므로, 현역입영을 거부하는 자에 대하여는 현역입영을 대체할 수 있는 특례를 두지 아니하고 형벌을 부과하는 규정만을 두고 있다고 하더라도 과잉금지 또는 비례의 원칙에 위반된다거나 종교에 의한 차별금지 원칙에 위반된다고 볼 수 없고, ④ 법규범은 개인으로 하여금 자기의 양심의 실현이 헌법에 합치하는 법률에 반하는 매우 드문 경우에는 양심의 실현이 뒤로 물러나야 하는 것이 원칙이라는 관점에서 양심적 병역거부자에 대하여 형벌을 부과하는 것이 허용된다고 판단하였다.

다. 비범죄화로 변경

대법원은 2018년 11월 1일 전원합의체의 판결을 통하여 양심적 병역거부사건에 대하여 무죄의 선고를 하며 이전까지의 양심적 병역거부사례에 대하여 일률적으로 형벌을 부과하였던 입장을 변경하였다(대법원 2018. 11. 1. 선고 2016도 10912 전원합의체 판결). 동 판결의 입장을 요약하면 다음과 같다.

헌법상 국가의 안전보장과 국토방위의 신성한 의무, 그리고 국민에게 부여된 국방의 의무는 아무리 강조해도 지나치지 않다(대법원 2004. 7. 15. 선고 2004도2965

전원합의체 판결 등 참조). 국가의 존립이 없으면 기본권 보장의 토대가 무너지기 때문이다. 국방의 의무가 구체화된 병역의무는 성실하게 이행하여야 하고 병무행정 역시 공정하고 엄정하게 집행하여야 한다. 헌법이 양심의 자유를 보장하고 있다고 해서 위와 같은 가치를 소홀히 해서는 안 된다. 따라서 양심적 병역거부의 허용 여부는 양심의 자유 등 기본권 규범과 국방의 의무 규범 사이의 충돌·조정 문제가 된다.

국방의 의무는 법률이 정하는 바에 따라 부담한다(「헌법」 제39조 ①항). 즉 국방의 의무의 구체적인 이행방법과 내용은 법률로 정할 사항이다. 그에 따라 병역법에서 병역의무를 구체적으로 정하고 있고, 입영의무의 불이행을 처벌하면서도 한편으로는 '정당한 사유'라는 문언을 두어 입법자가 미처 구체적으로 열거하기 어려운 충돌 상황을 해결할 수 있도록 하고 있다(「병역법」 제88조 ①항). 따라서 양심적 병역거부에 관한 규범의 충돌·조정 문제는 '정당한 사유'라는 문언의 해석을 통하여 해결하여야 한다. 이는 충돌이 일어나는 직접적인 국면에서 문제를 해결하는 방법일 뿐만 아니라 병역법이 취하고 있는 태도에도 합치하는 해석방법이다.

소극적 부작위에 의한 양심실현의 자유에 대한 제한은 양심의 자유에 대한 과도한 제한이 되거나 본질적 내용에 대한 위협이 될 수 있다. 양심적 병역거부는 이러한 소극적 부작위에 의한 양심실현에 해당한다. 양심적 병역거부자들은 헌법상 국방의 의무 자체를 부정하지 않는다. 단지 국방의 의무를 구체화하는 법률에서 병역의무를 정하고 그 병역의무를 이행하는 방법으로 정한 집총이나 군사훈련을 수반하는 행위를 할 수 없다는 이유로 그 이행을 거부할 뿐이다.

헌법은 기본권 보장의 체계로서 기본권이 최대한 실현되도록 해석·운용되어야 한다. 모든 국민은 인간으로서의 존엄과 가치를 가지며 국가는 개인이 가지는 불가침의 기본적 인권을 확인하고 이를 보장할 의무를 진다고 선언하고 있다(「헌법」 제10조). 양심의 자유는 도덕적·정신적·지적 존재로서 인간의 존엄성을 유지하기 위한 필수적 조건이다.

우리나라의 경제력과 국방력, 국민의 높은 안보의식 등에 비추어 양심적 병역거부를 허용한다고 하여 국가안전보장과 국토방위를 달성하는 데 큰 어려움이 있을 것으로는 보이지 않는다. 따라서 진정한 양심적 병역거부자에게 집총과 군사훈련을 수반하는 병역의무의 이행을 강제하고 그 불이행을 처벌하는 것은 양심의 자유에 대한 과도한 제한이 되거나 본질적 내용에 대한 위협이 된다.

자유민주주의는 다수결의 원칙에 따라 운영되지만 소수자에 대한 관용과 포용을 전제로 할 때에만 정당성을 확보할 수 있다. 국민 다수의 동의를 받지 못하였다는 이유로 형사처벌을 감수하면서도 자신의 인격적 존재가치를 지키기 위하여 불가피하게 병역을 거부하는 양심적 병역거부자들의 존재를 국가가 언제까지나 외면하고 있을 수는 없다. 일방적인 형사처벌만으로 규범의 충돌 문제를 해결할 수 없다는 것은 이미 오랜 세월을 거쳐 오면서 확인되었다. 그 신념에 선뜻 동의할 수는 없다고 하더라도 이제 이들을 관용하고 포용할 수는 있어야 한다.

요컨대, 자신의 내면에 형성된 양심을 이유로 집총과 군사훈련을 수반하는 병역의무를 이행하지 않는 사람에게 형사처벌 등 제재를 해서는 안 된다. 양심적 병역거부자에게 병역의무의 이행을 일률적으로 강제하고 그 불이행에 대하여 형사처벌 등 제재를 하는 것은 양심의 자유를 비롯한 헌법상 기본권 보장체계와 전체 법질서에 비추어 타당하지 않을 뿐만 아니라 소수자에 대한 관용과 포용이라는 자유민주주의 정신에도 위배된다. 따라서 진정한 양심에 따른 병역거부라면, 이는 「병역법」 제88조 ①항의 '정당한 사유'에 해당한다.

4. 낙태

가. 서언

산부인과 의사인 갑은 수차례에 걸쳐 임부의 촉탁 또는 승낙을 받아 낙태하게 하였다는 공소사실(업무상승낙낙태죄) 등으로 기소되었다. 갑은 낙태죄의 조항이 헌법에 위반되고, 예비적으로 위 조항들의 낙태 객체를 임신 3개월 이내의 태아까지 포함하여 해석하는 것은 헌법에 위반된다고 주장하며 헌법소원을 청구하였다. 이에 대하여 헌법재판소는 단순위헌의견 3인, 헌법불합치의견 4인, 합헌의견 2인으로 해당 조항들에 대하여 헌법불합치결정을 내렸다(헌재결 2019. 4. 11. 2017헌바127).

나. 헌법불합치의견(다수의견)

자기낙태죄 조항은 모자보건법이 정한 예외[1]를 제외하고는 임신기간 전체를

---

1 「모자보건법」 **제14조(인공임신중절수술의 허용한계)** ① 의사는 다음 각 호의 어느 하나에 해당되는 경우에만 본인과 배우자(사실상의 혼인관계에 있는 사람을 포함한다. 이하 같다)의 동의를 받아 인공임신중절수술을 할 수 있다.

통틀어 모든 낙태를 전면적·일률적으로 금지하고, 이를 위반할 경우 형벌을 부과함으로써 임신의 유지·출산을 강제하고 있으므로, 임신한 여성의 자기결정권을 제한한다.

자기낙태죄 조항은 태아의 생명을 보호하기 위한 것으로서, 정당한 입법목적을 달성하기 위한 적합한 수단이다.

임신·출산·육아는 여성의 삶에 근본적이고 결정적인 영향을 미칠 수 있는 중요한 문제이므로, 임신한 여성이 임신을 유지 또는 종결할 것인지 여부를 결정하는 것은 스스로 선택한 인생관·사회관을 바탕으로 자신이 처한 신체적·심리적·사회적·경제적 상황에 대한 깊은 고민을 한 결과를 반영하는 전인적(全人的) 결정이다.

현 시점에서 최선의 의료기술과 의료 인력이 뒷받침될 경우 태아는 임신 22주 내외부터 독자적인 생존이 가능하다고 한다. 한편 자기결정권이 보장되려면 임신한 여성이 임신 유지와 출산 여부에 관하여 전인적 결정을 하고 그 결정을 실행함에 있어서 충분한 시간이 확보되어야 한다. 이러한 점들을 고려하면, 태아가 모체를 떠난 상태에서 독자적으로 생존할 수 있는 시점인 임신 22주 내외에 도달하기 전이면서 동시에 임신 유지와 출산 여부에 관한 자기결정권을 행사하기에 충분한 시간이 보장되는 시기(이하 착상 시부터 이 시기까지를 '결정가능기간'이라 한다)까지의 낙태에 대해서는 국가가 생명보호의 수단 및 정도를 달리 정할 수 있다고 봄이 타당하다.

낙태갈등 상황에서 형벌의 위하가 임신종결 여부 결정에 미치는 영향이 제한적이라는 사정과 실제로 형사처벌되는 사례도 매우 드물다는 현실에 비추어 보면, 자기낙태죄 조항이 낙태갈등 상황에서 태아의 생명 보호를 실효적으로 하

---

1. 본인이나 배우자가 대통령령으로 정하는 우생학적(優生學的) 또는 유전학적 정신장애나 신체질환이 있는 경우
2. 본인이나 배우자가 대통령령으로 정하는 전염성 질환이 있는 경우
3. 강간 또는 준강간(準强姦)에 의하여 임신된 경우
4. 법률상 혼인할 수 없는 혈족 또는 인척 간에 임신된 경우
5. 임신의 지속이 보건의학적 이유로 모체의 건강을 심각하게 해치고 있거나 해칠 우려가 있는 경우

② 제1항의 경우에 배우자의 사망·실종·행방불명, 그 밖에 부득이한 사유로 동의를 받을 수 없으면 본인의 동의만으로 그 수술을 할 수 있다.

③ 제1항의 경우 본인이나 배우자가 심신장애로 의사표시를 할 수 없을 때에는 그 친권자나 후견인의 동의로, 친권자나 후견인이 없을 때에는 부양의무자의 동의로 각각 그 동의를 갈음할 수 있다.

지 못하고 있다고 볼 수 있다.

낙태갈등 상황에 처한 여성은 형벌의 위하로 말미암아 임신의 유지 여부와 관련하여 필요한 사회적 소통을 하지 못하고, 정신적 지지와 충분한 정보를 제공받지 못한 상태에서 안전하지 않은 방법으로 낙태를 실행하게 된다.

모자보건법상의 정당화사유에는 다양하고 광범위한 사회적·경제적 사유에 의한 낙태갈등 상황이 전혀 포섭되지 않는다. 예컨대, 학업이나 직장생활 등 사회활동에 지장이 있을 것에 대한 우려, 소득이 충분하지 않거나 불안정한 경우, 자녀가 이미 있어서 더 이상의 자녀를 감당할 여력이 되지 않는 경우, 상대 남성과 교제를 지속할 생각이 없거나 결혼 계획이 없는 경우, 혼인이 사실상 파탄에 이른 상태에서 배우자의 아이를 임신했음을 알게 된 경우, 결혼하지 않은 미성년자가 원치 않은 임신을 한 경우 등이 이에 해당할 수 있다.

자기낙태죄 조항은 모자보건법에서 정한 사유에 해당하지 않는다면 결정가능기간 중에 다양하고 광범위한 사회적·경제적 사유를 이유로 낙태갈등 상황을 겪고 있는 경우까지도 예외 없이 전면적·일률적으로 임신의 유지 및 출산을 강제하고, 이를 위반한 경우 형사처벌하고 있다.

따라서, 자기낙태죄 조항은 입법목적을 달성하기 위하여 필요한 최소한의 정도를 넘어 임신한 여성의 자기결정권을 제한하고 있어 침해의 최소성을 갖추지 못하였고, 태아의 생명 보호라는 공익에 대하여만 일방적이고 절대적인 우위를 부여함으로써 법익균형성의 원칙도 위반하였으므로, 과잉금지원칙을 위반하여 임신한 여성의 자기결정권을 침해한다.

자기낙태죄 조항과 동일한 목표를 실현하기 위하여 임신한 여성의 촉탁 또는 승낙을 받아 낙태하게 한 의사를 처벌하는 의사낙태죄 조항도 같은 이유에서 위헌이라고 보아야 한다.

자기낙태죄 조항과 의사낙태죄 조항에 대하여 각각 단순위헌결정을 할 경우, 임신 기간 전체에 걸쳐 행해진 모든 낙태를 처벌할 수 없게 됨으로써 용인하기 어려운 법적 공백이 생기게 된다. 더욱이 입법자는 결정가능기간을 어떻게 정하고 결정가능기간의 종기를 언제까지로 할 것인지, 결정가능기간 중 일정한 시기까지는 사회적·경제적 사유에 대한 확인을 요구하지 않을 것인지 여부까지를 포함하여 결정가능기간과 사회적·경제적 사유를 구체적으로 어떻게 조합할 것인지, 상담요건이나 숙려기간 등과 같은 일정한 절차적 요건을 추가할 것인지 여부 등에 관하여 앞서 헌법재판소가 설시한 한계 내에서 입법재량을 가진다.

따라서 자기낙태죄 조항과 의사낙태죄 조항에 대하여 단순위헌 결정을 하는 대신 각각 헌법불합치 결정을 선고하되, 다만 입법자의 개선입법이 이루어질 때까지 계속 적용을 명함이 타당하다.

다. 단순위헌의견

헌법불합치의견이 지적하는 기간과 상황에서의 낙태까지도 전면적·일률적으로 금지하고, 이를 위반한 경우 형사처벌하는 것은 임신한 여성의 자기결정권을 침해한다는 점에 대하여 헌법불합치의견과 견해를 같이한다. 다만 여기에서 더 나아가 이른바 '임신 제1삼분기(first trimester, 대략 마지막 생리기간의 첫날부터 14주 무렵까지)'에는 어떠한 사유를 요구함이 없이 임신한 여성이 자신의 숙고와 판단 아래 낙태할 수 있도록 하여야 한다는 점, 자기낙태죄 조항 및 의사낙태죄 조항에 대하여 단순위헌결정을 하여야 한다는 점에서 헌법불합치의견과 견해를 달리한다.

임신한 여성이 임신의 유지 또는 종결에 관하여 한 전인격적인 결정은 그 자체가 자기결정권의 행사로서 원칙적으로 보장되어야 한다. 다만 이러한 자기결정권도 태아의 성장 정도, 임신 제1삼분기를 경과하여 이루어지는 낙태로 인한 임신한 여성의 생명·건강의 위험성 증가 등을 이유로 제한될 수 있다.

한편, 임신한 여성의 안전성이 보장되는 기간 내의 낙태를 허용할지 여부와 특정한 사유에 따른 낙태를 허용할지 여부의 문제가 결합한다면, 결과적으로 국가가 낙태를 불가피한 경우에만 예외적으로 허용하여 주는 것이 되어 임신한 여성의 자기결정권을 사실상 박탈하게 될 수 있다.

그러므로 태아가 덜 발달하고, 안전한 낙태수술이 가능하며, 여성이 낙태 여부를 숙고하여 결정하기에 필요한 기간인 임신 제1삼분기에는 임신한 여성의 자기결정권을 최대한 존중하여 그가 자신의 존엄성과 자율성에 터 잡아 형성한 인생관·사회관을 바탕으로 자신이 처한 상황에 대하여 숙고한 뒤 낙태 여부를 스스로 결정할 수 있도록 하여야 한다.

심판대상조항들은 임신 제1삼분기에 이루어지는 안전한 낙태조차 일률적·전면적으로 금지함으로써, 과잉금지원칙을 위반하여 임신한 여성의 자기결정권을 침해한다.

자유권을 제한하는 법률에 대하여, 기본권의 제한 그 자체는 합헌이나 그 제한의 정도가 지나치기 때문에 위헌인 경우에도 헌법불합치결정을 해야 한다면, 법률이 위헌인 경우에는 무효로 선언되어야 한다는 원칙과 그에 기초한 결정형식으로서 위헌결정의 존재 이유가 사라진다. 심판대상조항들이 예방하는 효과가 제한적이고, 형벌조항으로서의 기능을 제대로 하지 못하고 있으므로, 이들 조항이 폐기된다고 하더라도 극심한 법적 혼란이나 사회적 비용이 발생한다고 보기 어렵다. 반면, 헌법불합치결정을 선언하고 사후입법으로 이를 해결하는 것은 형벌규정에 대한 위헌결정의 효력이 소급하도록 한 입법자의 취지에도 반할 뿐만 아니라, 그 규율의 공백을 개인에게 부담시키는 것으로서 가혹하다. 또한 앞서 본 바와 같이 심판대상조항들 중 적어도 임신 제1삼분기에 이루어진 낙태에 대하여 처벌하는 부분은 그 위헌성이 명확하여 처벌의 범위가 불확실하다고 볼 수 없다. 심판대상조항들에 대하여 단순위헌결정을 하여야 한다.

라. 합헌의견(소수의견)

태아와 출생한 사람은 생명의 연속적인 발달과정 아래 놓여 있다고 볼 수 있으므로, 인간의 존엄성의 정도나 생명 보호의 필요성과 관련하여 태아와 출생한 사람 사이에 근본적인 차이가 있다고 보기 어렵다. 따라서 태아 역시 헌법상 생명권의 주체가 된다.

태아의 생명권 보호라는 입법목적은 매우 중대하고, 낙태를 원칙적으로 금지하고 이를 위반할 경우 형사처벌하는 것 외에 임신한 여성의 자기결정권을 보다 덜 제한하면서 태아의 생명 보호라는 공익을 동등하게 효과적으로 보호할 수 있는 다른 수단이 있다고 보기 어렵다.

태아의 생명권을 보호하고자 하는 공익의 중요성은 태아의 성장 상태에 따라 달라진다고 볼 수 없으며, 임신 중의 특정한 기간 동안에는 임신한 여성의 인격권이나 자기결정권이 우선하고 그 이후에는 태아의 생명권이 우선한다고 할 수도 없다.

다수의견이 설시한 '사회적·경제적 사유'는 그 개념과 범위가 매우 모호하고 그 사유의 충족 여부를 객관적으로 확인하기도 어렵다. 사회적·경제적 사유에 따른 낙태를 허용할 경우 현실적으로 낙태의 전면 허용과 동일한 결과를 초래하여 일반적인 생명경시 풍조를 유발할 우려가 있다.

이처럼 자기낙태죄 조항으로 인하여 임신한 여성의 자기결정권이 어느 정도 제한되는 것은 사실이나, 그 제한의 정도가 자기낙태죄 조항을 통하여 달성하려는 태아의 생명권 보호라는 중대한 공익에 비하여 결코 크다고 볼 수 없으므로, 자기낙태죄 조항은 법익균형성 원칙에도 반하지 아니한다.

의사낙태죄 조항은 그 법정형의 상한 자체가 높지 않을 뿐만 아니라, 선고유예 또는 집행유예 선고의 길이 열려 있으므로, 책임과 형벌 간의 비례원칙에 위배되지 아니한다. 태아의 생명을 보호해야 하는 업무에 종사하는 자가 태아의 생명을 박탈하는 시술을 한다는 점에서 비난가능성 또한 크므로, 의사낙태죄 조항에 대하여 동의낙태죄(제269조 ②항)와 달리 벌금형을 규정하지 아니한 것이 형벌체계상의 균형에 반하여 헌법상 평등원칙에 위배된다고도 할 수 없다.

따라서 자기낙태죄 조항 및 의사낙태죄 조항은 모두 헌법에 위반되지 아니한다.

Ⅱ 범죄화론

1. 성매매

「성매매알선 등 행위의 처벌에 관한 법률」(약칭 성매매처벌법) 제21조 ①항에 의하면 "성매매를 한 사람은 1년 이하의 징역이나 300만원 이하의 벌금·구류 또는 과료에 처한다"고 규정하여, 성매매를 알선한 사람과 성매수를 한 사람 이외에 성을 판매한 사람도 처벌하도록 규정하고 있다. 여기서 성판매자를 형법적으로 처벌하는 것이 필요한가에 대하여는 논란이 있으나, 우리 입법자는 성판매자 역시 처벌할 필요가 있는 것으로 결정하였으며, 헌법재판소는 성판매자에 대한 처벌이 헌법에 위반되지 않는다고 판단하였다(헌재결 2016. 3. 31. 2013헌가2). 여기서 자발적 성판매자에 대한 범죄화의 입장이 타당한지 여부를 검토하여 보면 다음과 같다.

가. 목적의 정당성과 수단의 적절성

성매매처벌법 제21조는 성매매를 형사처벌하여 성매매 당사자의 성적 자기결정권, 사생활의 비밀과 자유 및 성판매자의 직업선택의 자유를 제한하고 있다. 그런데 개인의 성행위 그 자체는 사생활의 내밀영역에 속하고 개인의 성적 자기결정권의 보호내상에 속한다고 할지라도, 그것이 외부에 표출되어 사회의 건전한 성풍속을 해칠 때에는 법률의 규제를 받아야 한다. 외관상 강요되지 않은 자발적인 성매매행위도 인간의 성을 상품화함으로써 성판매자의 인격적 자율성을 침해할 수 있고, 성매매산업이 번창하는 것은 자금과 노동력의 정상적인 흐름을 왜곡하여 산업구조를 기형화시키는 점에서 사회적으로 매우 유해한 것이다. 성매매는 그 자체로 폭력적·착취적 성격을 가진 것으로 경제적 대가를 매개로 하여 경제적 약자인 성판매자의 신체와 인격을 지배하는 형태를 띠므로 대등한 당사자 사이의 자유로운 거래 행위로 볼 수 없고, 인간의 성을 상품화하여 성범죄가 발생하기 쉬운 환경을 만드는 등 사회 전반의 성풍속과 성도덕을 허물어뜨린다. 성매매를 형사처벌함에 따라 성매매 집결지를 중심으로 한 성매매업소와 성판매여성이 감소하는 추세에 있고, 성구매사범 대부분이 성매매처벌법에 따라 성매매가 처벌된다는 사실을 안 후 성구매를 자제하게 되었다고 응답하고 있는 점 등에 비추어 보면, 성매매를 형사처벌함으로써 사회 전반의 건전한 성풍속 및 성도덕을 확립하려는 성매매처벌법 제21조의 입법목적은 정당하고 수단의 적절성도 인정된다.

나. 침해의 최소성

성매매에 대한 수요는 성매매 시장을 형성, 유지, 확대하는 주요한 원인인바, 우리 사회는 잘못된 접대문화 등으로 인하여 성매매에 대한 관대한 인식이 팽배해 있으며, 성매매 집결지를 중심으로 한 전통적인 유형의 성매매뿐만 아니라 산업형(겸업형) 성매매, 신·변종 성매매 등 다양한 유형의 성매매 시장이 활성화되어 있고, 불법체류자나 이주노동자들의 성매매, 청소년·노인의 성매매 등 성매매의 양상도 점차 복잡해지고 있다. 이러한 상황에서 성매매에 대한 지속적인 수요를 억제하지 않는다면, 성인뿐만 아니라 청소년이나 저개발국의 여성들까지 성매매시장에 유입되어 그 규모가 비약적으로 확대될 우려가 있고, 재범방지 교육이나 성매매 예방교육 등이 형사처벌과 유사하거나 더 높은 효과를 갖는다고 볼 수 없으므로 성구매자에 대한 형사처벌이 과도하다고 볼 수 없다.

성매매 공급이 확대되거나 쉽게 접근할 수 있는 길을 열어줄 위험과 불법적인 조건으로 성매매를 유도할 가능성이 있는 점 등을 고려할 때 성판매자도 형사처벌의 대상에 포함시킬 필요성이 인정된다. 사회구조적 요인이 성매매 종사에 영향을 미칠 수는 있으나 이는 성매매에만 국한된 특유한 문제라고 볼 수 없고, 만약 이들에게 책임을 묻기 어려운 사정이 있는 경우에는 성매매피해자로 인정되어 형사처벌의 대상에서 제외될 수 있는 가능성도 존재하는 점, 형사처벌 외에 보호사건으로 처리될 수도 있는 점, 성매매피해자 등의 보호, 피해 회복 및 자립·자활을 지원하기 위하여 법적·제도적 장치가 마련되어 있는 점 등에 비추어 성판매자에 대한 형사처벌도 과도하다고 볼 수 없다. 또한 나라별로 다양하게 시행되는 성매매에 대하여 정책의 효율성을 판단하는 것도 쉽지 않으므로, 전면적 금지정책에 기초하여 성매매 당사자 모두를 형사처벌하도록 한 입법을 침해최소성에 어긋난다고 볼 수 없다.

다. 법익균형성

자신의 성뿐만 아니라 타인의 성을 고귀한 것으로 여기고 이를 수단화하지 않는 것은 모든 인간의 존엄과 평등이 전제된 공동체의 발전을 위한 기본전제가 되는 가치관이므로, 사회 전반의 건전한 성풍속과 성도덕이라는 공익적 가치는 개인의 성적 자기결정권 등 기본권 제한의 정도에 비해 결코 작다고 볼 수 없어 법익균형성원칙에도 위배되지 아니한다. 따라서 성판매자를 포함하여 성매매를 처벌하는 제21조는 개인의 성적 자기결정권, 사생활의 비밀과 자유, 직업선택의 자유를 침해하지 아니한다.

라. 평등권 침해

더 나아가 불특정인을 상대로 한 성매매와 특정인을 상대로 한 성매매는, 건전한 성풍속 및 성도덕에 미치는 영향, 제3자의 착취 문제 등에 있어 다르다고 할 것이므로, 불특정인에 대한 성매매만을 금지대상으로 규정하고 있는 것이 평등권을 침해한다고 볼 수도 없다.

2. 스토킹

가. 개념

스토킹(stalking)의 개념에 대하여는 사회학자, 심리학자, 법률가, 법집행기관 등 그 관점에 따라 접근방법이 다르고, 외국의 입법례에서 정하고 있는 개념도 다양하여 하나의 통일된 개념으로 정의하기는 어렵다. 다만 스토킹을 일반적으로 정의하자면 '특정 개인을 향해 비정상적으로 장기간에 걸쳐 반복적·지속적으로 위협하거나 또는 괴롭히는 행위'라고 할 수 있다. 좀 더 구체적으로 말하면 일정 기간 동안 의도적·반복적으로 행함으로써 일반인이라면 누구나 공포나 불안을 느낄 만한 일련의 행위(편지, 전화, 전자우편, 모사전송기, 선물, 미행, 감시, 집과 직장방문, 기물파손, 납치, 위협 및 폭력행위 등)로 특정인이나 그 가족들에게 육체적·정신적 피해를 입히는 일방적이고 병적인 행동을 스토킹이라고 할 수 있다.

나. 범죄화의 필요성

스토킹의 개념에서 보듯이 스토킹이 다른 범죄행위와 구별되는 특징은 그것이 반복적·지속적으로 되풀이하여 행해지고, 그 결과 스토킹대상인 피해자 자신이나 그 가족은 지속적인 위협이나 괴롭힘을 당한다. 그리고 스토커는 반복적인 스토킹행위로 인하여 자신이 행하는 스토킹행위를 내재적으로 정당화함으로써 논리적인 대화나 이성적인 소통이 불가능하게 되며, 여기에서 피해자는 더 좌절하게 된다. 이러한 상황에서 피해자는 법률적인 대응도 쉽지 않고 주위의 친지나 수사기관의 무관심이 겹치는 경우에는 피해자의 고립심은 더욱 커지게 된다. 또한 극단적인 경우에는 스토커는 피해자에게 혐오감이나 공포심을 주는 것은 물론 그 행위 형태에 따라서는 피해자나 그 친지 등에 대해서 상해를 가하거나 심한 경우에는 그 생명을 박탈하는 경우까지 나타난다. 이런 점들을 종합적으로 고려하여 볼 때 스토킹 행위에 대한 법적 규제가 필요하다고 할 것이고, 일정한 유형의 스토킹 행위에 대해서는 형벌로서 처벌할 것이 요청된다(범죄화의 필요성). 예컨대 스토킹의 개념을 단계별로 규정하여 보다 넓은 개념의 스토킹인 '괴롭히기' 전반에 대하여는 임시조치나 보호처분 등의 규제로 대응하고, 좁은 개념의 '스토킹' 내지 '가중된 스토킹'에 대하여는 그에 상응한 형사적 제재를 차등 있게 부과하는 방안이 적절하다고 생각된다.

다. 범죄화의 시도

1999년 이후 수차례에 걸쳐 스토킹처벌법안이 발의되고 폐기되기를 반복하여 왔다. 그러나 국회는 한편으로는 스토킹의 개념이 불명확하며, 스토킹의 행위유형에 따라서는 협박죄, 폭행죄, 명예훼손죄, 「정보통신망 이용촉진 및 정보보호 등에 관한 법률」의 위반 등 다양한 법률을 적용하여 처벌할 수 있다는 이유로, 다른 한편으로는 은밀한 개인적인 '사랑의 행위'들이 과도하게 처벌될 수도 있다는 이유 등으로 스토킹처벌법의 제정을 미루어 왔다. 그 결과 스토킹으로 인하여 피해자가 심각한 정신적 피해를 입고, 생명이나 신체에 대한 위험성이 존재함에도 불구하고 실제 그러한 법익이 침해되지 않았다는 이유로 스토커는 단순한 경범죄처벌법으로 처벌하는 정도에 그쳤다. 2021년 3월에 일어난 노원구 세모녀 살해사건[2]은 다시 한번 우리 사회에서 스토킹이 가지는 시민의 생명과 안전에 대한 심각한 위험성을 보여주었다. 이로 인하여 2021. 4. 20. 비로소 「스토킹범죄의 처벌 등에 관한 법률」(이하'스토킹처벌법'이라 칭한다)이 제정되었으며, 6개월이 지난 2021. 10. 21.부터 시행되었다.

라. 스토킹처벌법의 내용

스토킹처벌법은 '스토킹행위'를 상대방의 의사에 반하여 정당한 이유 없이 ① 상대방 또는 그의 동거인, 가족(이하 "상대방등"이라 한다)에게 접근하거나 따라다니거나 진로를 막아서는 행위, ② 상대방등의 주거, 직장, 학교, 그 밖에 일상적으로 생활하는 장소(이하 "주거등"이라 한다) 또는 그 부근에서 기다리거나 지켜보는 행위, ③ 상대방등에게 우편·전화·팩스 또는 「정보통신망 이용촉진 및 정보보호 등에 관한 법률」 제2조 ①항 1호의 정보통신망(이하 "정보통신망"이라 한다)을 이용하여 물건이나 글·말·부호·음향·그림·영상·화상(물건 등)을 도달하게 하거나 정보통신망을 이용하는 프로그램 또는 전화의 기능에 의하여 글·말·부호·음향·그림·영상·화상이 상대방등에게 나타나게 하는 행위, ④ 상대방등에게 직접 또는 제3자를 통하여 물건 등을 도달하게 하거나 주거 등 또는 그 부근에 물건 등을 놓는 행위, ⑤ 상대방등의 주거 등 또는 그 부근에 놓여져 있는 물건 등을 훼손하는 행위, ⑥ 상대방등의 다음의 어느 하나에 해당하는 정보(1)「개인정보 보호법」 제2조 1호의 개인정보, 2)「위치정보의 보호 및 이용 등에 관한 법률」 제2조 2호의 개인위치정보, 3)

---

2 2021년 3월 23일 서울시 노원구에서 세 여성(어머니와 딸 자매)이 딸의 스토커에게 살해당한 사건이다. 피해자 가족의 주거지에서 발견되어 체포된 해당 사건의 범인은 피해자 자매 중 언니 쪽에 교제를 요구하면서 수 개월간 스토킹하다 거부한 피해자에게 앙심을 품고 퀵서비스 기사를 사칭하여 피해자 가족의 주거지에 침입해, 집에 있던 동생을 살해하고, 다시 나중에 귀가한 언니와 어머니를 순서대로 살해한 사건이다.

1) 또는 2)의 정보를 편집·합성 또는 가공한 정보(해당 정보주체를 식별할 수 있는 경우로 한정한다))를 정보통신망을 이용하여 제3자에게 제공하거나 배포 또는 게시하는 행위, ⑦ 정보통신망을 통하여 상대방등의 이름, 명칭, 사진, 영상 또는 신분에 관한 정보를 이용하여 자신이 상대방등인 것처럼 가장하는 행위와 같은 7가지 스토킹유형 중 어느 하나에 해당하는 행위를 하여 상대방에게 불안감 또는 공포심을 일으키는 것으로 정의하고 있다(제2조 1호). 그리고 '스토킹범죄'란 앞의 스토킹행위를 지속적 또는 반복적으로 하는 것을 말한다(제2조 2호). 스토킹범죄를 저지른 사람은 3년 이하의 징역 또는 3천만원 이하의 벌금으로 처벌하며(제18조 ①항), 흉기 또는 그 밖의 위험한 물건을 휴대하거나 이용하여 스토킹범죄를 저지른 사람은 '특수스토킹'으로 일반 스토킹의 경우보다 중한 5년 이하의 징역 또는 5천만원 이하의 벌금으로 처벌한다(제18조 ②항). 여기에서 스토킹처벌법 제정 당시에는 스토킹범죄의 경우 피해자가 구체적으로 밝힌 의사에 반하여 공소를 제기할 수 없는 반의사불벌죄에 해당하였으나(제18조 ③항), 2023. 6. 21.의 개정에서 반의사불벌죄의 규정을 삭제하였다.

스토킹행위나 스토킹범죄의 단계에 따라 사법경찰관이나 검사(형사사법기관)는 응급조치, 긴급응급조치, 잠정조치라는 3가지 종류의 대응조치를 취할 수 있다.

마. 일본에서의 스토킹처벌법

일본에서는 2000년부터 「스토커행위 등의 규제에 관한 법률」을 제정·시행하고 있다. 이 법은 스토킹행위 등을 처벌하는 것과 피해자에 대한 원조 등에 대하여 규정하고 있으며, 처벌되는 행위를 '따라다니기 등'과 '스토커행위'의 2가지로 나누어 규정하고 있다. 먼저 '따라다니기 등'이라 함은 특정인에 대하여 연애감정 등의 호의적 감정 또는 그것이 충족되지 않은 데 대한 원한의 감정을 충족할 목적으로 그 특정인 또는 그 가족 등에 대하여 행하는 행위라고 한다(동법 제2조 ①항). 그리고 스토커행위라 함은 동일한 자에 대하여 따라다니기 등(위 제1호부터 제4호까지의 행위에 대하여는 신체의 안전, 주거 등의 평온 혹은 명예가 침해되거나 또는 행동의 자유가 현저히 침해되는 불안을 느끼게 하는 방법에 의하여 행해지는 경우에 한함)을 반복하여 행하는 것을 말한다고 규정하고 있다(동법 제2조 ②항).

summary

요 약

국가는 사회질서를 유지하고 보호하기 위하여 규범의 침해가 존재하는 경우에는 그에 대한 제재를 가하여야 한다. 규범침해에 대한 제재 가운데 국가가 사용할 수 있는 가장 강력한 제재는 형법이라는 수단을 가지고 행하는 제재이다. 그러나 형법이라는 무기를 통한 제재는 강력한 특성을 가지고 있기 때문에 국가는 이를 사용함에 있어 신중하고 조심스럽게 행사하여야 한다. 또한 형법이라는 제재수단의 특색은 피해자를 보호하기 위하여는 행위자(또는 범죄자)의 특정 이익 내지는 특정 법익을 침해하여야만 한다. 이러한 의미에서 형법상 피해자의 보호는 곧 행위자에 대한 침해에 의하여 달성될 수 있음을 알 수 있다. 형법은 "양날을 가진 칼"이라는 리스트(v. Liszt)의 지적은 이러한 점을 함축적으로 표현하고 있다. 국가는 또한 논리-미학적 욕구에서 단지 형법이라는 수단만을 가지고 사회 전체에 대한 봉쇄적이고 포괄적인 보호체계를 이루어 인간의 공동생활에 대한 완전한 보호를 이룰 수 있다는 유혹에 빠지지 말아야 한다. 형법은 이미 그 출발에서부터 결함을 가지고 있다. 즉 법률에 규정되어 있는 행위는 처벌되나, 이러한 처벌되는 행위에 상응하는 행위들 가운데 법률에 규정이 없으므로 처벌하지 못하는 행위도 존재하며, 그 역의 경우도 존재한다. 여기서 형법은 결함을 가지고 있으며 불완전하다는 것이다.

여기서 처벌되어야 하는 행동의 실질적 기준이 무엇인지가 문제된다. 그 기준을 우리는 법질서와 사회질서를 본질적으로 침해하는 행위만이 범죄여야 한다고 생각하며 이를 그 행위가 가지고 있는 사회적 해악성이라고 표현한다. 그리고 여기서의 본질적 침해는 법이 보호하는 이익(법익)의 가치와 침해행위의 정도를 기준으로 한다. 이러한 기준을 실질적 범죄개념이라고 하며, 실질적 범죄개념은 입법적으로 고정되어 존재하는 것이 아니다. 사회에서 특정한 행위를 처벌하여 왔으나 더 이상 처벌필요성이 없거나 또는 그 행위를 처벌함으로써 보호할 법적인 이익이 존재하지 않다고 생각하는 경우에는 이를 불처벌되는 행위로 전환하며 이를 비범죄화라고 한다. 이에 반하여 그 역으로 사회에서 특정 행위를 처벌하지 않았으나 그 행위의 처벌필요성이 존재하는 경우에는 이를 법률로서 처벌하도록 규정하는 작업을 한다. 이러한 입법작업을 범죄화라고 한다.

key word

주요 용어

1. 죄형법정주의(罪刑法定主義)

죄형법정주의는 어떠한 행위가 범죄가 되고, 또 이에 대하여 어떠한 형벌을 부과하느냐를 미리 성문의 법률로써 규정하여야 한다는 원칙이다. 이 원칙은 보통 상징적으로 "법률 없이는 범죄 없다(nullum crimen sine lege)"라는 말로 표현된다. 죄형법정주의는 형사법의 인권보장적 기능을 위하여 불가결한 원리이며, 국가형벌권의 남용을 방지하고 인권보장의 견지에서 처벌을 적정하게 하기 위한 형벌권억제의 원리이다. 죄형법정주의는 기본적 인권, 특히 개인의 자유를 보장하기 위하여 범죄와 형벌을 미리 명백히 규정하여 두지 않으면 안 된다는 원칙이다. 죄형법정주의에 의하여 국민은 자기의 행위가 처벌되는가의 여부에 대하여 예측가능성을 가질 수 있어 불안을 가지지 않고 행동의 자유와 법적 안정성을 확보할 수 있다. 또한 죄를 범하여 처벌받는 경우에도 그에 대한 형량이 명확히 규정되어 있기 때문에 국가의 자의적인 형벌권행사로부터 자유로울 수 있다. 죄형법정주의의 구체적인 내용은, ① 어떠한 행위가 범죄로 되고 이에 대하여 어떠한 형벌을 부과할 것인가를 '형식적 의미의 법률'로 규정하여야 한다는 법률주의(lex scripta), ② 형벌법규는 그 시행 이후에 행하여진 범죄에 대하여서만 적용되고 그 시행 이전의 행위에 소급하여 적용될 수 없다는 소급효금지(lex praevia), ③ 명문의 규정이 없는 사항에 대하여 그것과 유사한 성질을 가진 사항에 관한 법률을 적용하는 것은 금지된다는 유추해석금지(lex stricta), ④ 범죄와 형벌이 미리 성문의 법률에 규정되는 것만으로는 부족하고, 일반국민이 예측가능할 정도로 구체적으로 명확하게 규정되어 있어야 한다는 명확성의 원칙(lex certa), ⑤ 범죄와 형벌이 법률로써 명확하게 규정되어 있다고 할지라도 그 내용이 합리적이고 적정한 것이어야 한다는 과잉금지의 원칙으로 구성되어 있다.

2. 실질적 범죄개념

범죄의 개념은 형식적 범죄개념과 실질적 범죄개념이라는 두 가지로 나누어질 수 있다. 형식적 범죄개념은 범죄를 실정법(實定法)인 형벌법규에 의하여 형벌을 과하도록 되어있는 행위로 이해한다. 즉 어떤 특정한 행위가 이미 만들어져 있는 형벌법규의 구성요건에 해당하고, 위법하며, 책임 있는 행위인 경우에 범죄로 된다는 것이다. 실질적 범죄개념은 범죄를 실정법의 범죄규정과 관계없이 국가가 보호하는 사회생활상의 이익이나 가치를 침해 내지 위협하는 반사회적 행위를 말한다. 따라서 실질적 범죄개념은 실정형법을 초월하여 어떤 행위를 범죄화할 것인가(신종범죄화), 어떤 행위를 기존의 범죄로부터 제외할 것인가(비범죄화)의 기준을 제시한다. 형사실무에서 다루는 범죄는 주로 형식적 범죄개념이며, 이것은 실정형사법의 해석과 적용을 중심대상으로 삼는다는 것을 말한다. 다만 그 범죄가 개정이나 폐지의 필요성이 있다거나 혹은 새로운 범죄유형으로 도입할 필요성이 있는 경우에는 예외적으로 실질적 범죄개념을 다루게 된다. 예를 들면 위의 화장실사건에서 음식점 화장실에서 용변보는 것을 엿보는 행위는 형식적 범죄개념에 의하면 범죄에 해당하지 않았다. 여기서 많은 사람들은 해당 행위의 처벌필요성과 사회유해성을 인정하여 실질적인 의미에서 범죄로 파악하여, 이를 범죄화할 것을 주장한 것이다. 이에 반하여 성매매사건의 경우 형식적 범죄개념에 의하면 범죄에 해당한다. 그러나 일부에서 성매매의 사회유해성이나 처벌필요성을 인정할 수 없다는 입장에서 실질적으로 범죄로 볼 수 없으므로 이의 폐지(비범죄화)를 주장하는 것이다.

3. 과잉금지의 원칙

과잉금지원칙은 기본권의 최대보장이라는 이념에 근거하여, 국가가 기본권을 제한할 수밖에 없는 예외적인 경우에서도 그 제한은 과잉적인 것이 되어서는 아니 되고 최소한에 그쳐야 한다는 원칙을 의미한다. 따라서 기본권 제한의 한계로서 과잉금지원칙은 기본권의 구체적 내용이 존재하고, 그에 대한 제한이 있는 경우에 그 제한 정도를 심사하는 기준으로서의 기능을 갖는다. 과잉금지원칙에 대한 헌법상의 명시적 규정은 없으나, 동 원칙이 헌법적 지위를 가진다는 점에서는 다툼이 없다. 과잉금지의 원칙은 국가의 기본권 보장이념 내지 기본권 그 자체로부터 당연히 도출되는 것으로서 국가의 기본권 제한에 있어서 기본권의 공동화를 방어하는 중요한 수단중의 하나라고 할 수 있다. 과잉금지원칙의 구체적 내용으로서는 목적의 정당성, 방법(수단)의 적절성, 피해의 최소성과 법익의 균형성이 요구되고 있으며, 이러한 요건들이 충족될 때 국가의 입법작용에 비로소 그 정당성이 인정되고, 그에 따라 국민의 수인의무가 생겨나는 것이다.

4. 처벌(또는 형벌)필요성

처벌필요성 또는 형벌필요성은 특정 행위에 대하여 이를 형벌로서 처벌할 필요가 있는가의 여부, 즉 국가적인 형벌을 개입시킬 필요성이 있는가를 말한다. 여기서 언제 형벌의 개입필요성이 존재하는가는 보통 '형벌목적(Strafzweck)'의 존부에 종속된다. 이러한 처벌필요성을 구체적으로 살펴보면 처벌보충성과 처벌실효성이라는 두 가지 내용을 포함하고 있다. 먼저 처벌보충성은 형법의 투입이 개별적인 법익의 보호에 필요한가 하는 문제나 또는 동일한 결과가 형벌 이외의 덜 중한 조치로 도달될 수 있는가 하는 문제와 관련이 있다. 즉 처벌보충성은 형벌이 사회적 유해행위를 진압하기 위하여 필요한 최소한의 수단일 것을 요구한다. 만약 징계, 민사벌, 행정벌 등과 같은 형벌보다 더 가벼운 법적 제재수단으로 그 목적을 달성할 수 있을 경우에는 형벌은 그 자리를 양보하고, 이들 형벌 이외의 다른 가벼운 수단으로는 그 목적달성에 충분하지 않은 경우에만 최후수단으로 형벌은 발동되어야 하는 것이다. 뿐만 아니라 같은 형벌 내에서도 가벼운 형벌로써 법익보호가 가능하다면 이 가벼운 형벌이 무거운 형벌보다 먼저 과하여져야 하고, 가벼운 형벌부과로써 그 목적을 도저히 달성할 수 없을 경우에만 무거운 형벌이 과해져야 한다. 오늘날 벌금형이 자유형(징역이나 금고형)에 비해 主刑化하는 현상은 바로 처벌보충성의 요구에 기인한 것이라고 할 수 있다. "형법은 사회정책의 최후수단이요, 형사정책은 사회정책의 최후수단이다"(v. Liszt)라는 명제도 이 같은 측면을 염두에 두고 한 말이다. 따라서 처벌필요성을 결정하기 위해서는 항상 처벌보충성의 원리가 고려되어야 한다. 처벌실효성은 형벌은 실효성이 있을 경우에만 과해져야 한다는 것이다. 즉 실효성 없는 형벌은 불필요한 형벌이다. 그럼에도 불구하고 이것을 관철하려고 하는 경우에는 규범과 현실의 괴리현상을 형벌로써 메우려는 결과가 되어, 자칫 잘못하면 형법이 이데올로기화할 위험을 초래하게 된다. 예를 들면 낙태는 생성 중에 있는 생명을 침해하는 사회적 유해행위이므로, 법익침해가 존재한다. 그러나 오늘날 모든 낙태행위를 엄격하게 형벌로써 금지하려고 하는 것은 사회현실에 비추어 볼 때 그 실효성이 의문시된다. 오히려 형벌보다는 산모의 건강배려, 생활대책 등 사회정책적 고려가 보다 효과적인 낙태의 예방수단이 될 수 있을 것이다. 그러므로 입법정책으로는 사회의 변동에 동떨어지지 아니한 기준에서 낙태가 가능한 허용조건을 제시하고, 이 같은 허용조건을 넘어서까지 행하여지는 낙태행위만을 형벌로써 제재하는 것이 바람직하다.

퀴즈 [진위형] quiz

1 행위자가 반사회적 행위를 하였으나 직접적으로 해당 행위를 처벌하는 규정이 없는 경우에는 그와 가장 유사한 처벌조문을 적용하여 처벌할 수 있다.

2 간통은 부부간의 정조의무를 위반하는 반사회적 행위로서 형식적 의미에서 범죄에 해당한다.

3 혼인빙자간음행위를 범죄로 인정하여 처벌하는 것은 과잉금지원칙을 위반하여 남성의 성적 자기결정권 및 사생활의 비밀과 자유를 과잉 제한하는 것으로 헌법에 위반된다.

4 양심적 병역거부의 경우는 처벌하나, 그 처벌에 있어서는 양심의 결정에 따른 병역의 거부라는 점에서 징역형이 아닌 벌금형을 선고하여야 한다.

5 성매매를 처벌하는 국가는 성매수자뿐만 아니라 성판매자도 처벌한다.

6 낙태를 처벌하는 것은 어떠한 경우에도 우리 헌법에 합치되지 아니한다.

7 스토킹처벌법이 없는 경우에는 스토킹행위는 현재의 법률로 처벌하기가 불가능하다.

8 스토킹처벌법에서 스토킹범죄의 경우 피해자의 의사에 반하여 처벌할 수 없도록 하였던 규정(반의사불벌죄 규정)을 삭제하여 일반 범죄로 개정한 것은 피해자의 보호에 더 적극적인 태도를 보인 것이다.

9 직장 상사인 갑은 부하직원 A를 옷을 특이하게 입는다는 등으로 지속적으로 다른 직원들 앞에서 모욕을 주거나, 혼자있을 경우에는 신체적인 약점을 지적하는 등의 행위를 한 경우 갑의 행위는 스토킹행위로서 스토킹처벌법으로 처벌할 수 있다.

10 범죄와 형벌을 법률로 규정하여야 한다는 죄형법정주의는 가능한 한 국가형벌권을 확대하여 사회질서를 유지하는 취지의 원리이다.

참고문헌
reference

박성민, "성매매특별법상 자발적 성매매행위의 비범죄화 가능성 고찰," 「형사법연구」 제27권 제4호, 2015.

윤영철, "병역법 제88조 제1항과 양심적 병역거부," 「비교형사법연구」 제6권 제2호, 2004.

이원상, "스토킹 처벌규정 도입에 대한 고찰," 「형사정책연구」 제94권, 2013.

임웅, 「비범죄화의 이론」, 법문사, 1999.

전지연, "형법형성에서의 법치국가적 원칙," 「연세법학연구」 제3집, 1995.

전지연, "스토킹행위의 형법적 처벌에 관한 비교법적 연구," 「연세법학」 제40호, 2022.

정준섭, "간통죄 위헌결정에 대한 소고," 「법학연구」 제47집, 전북대학교 법학연구소, 2016.

조국, 『형사법의 성편향』, 전면개정판, 박영사, 2018.

홍영기, "죄형법정주의의 근본적 의미," 「형사법연구」 제24호, 2005.

해 답
answer

1. 아니다.

유추해석금지의 원칙에 따라 유사한 규정을 적용하여 처벌하는 것은 금지된다. 따라서 해당 행위를 처벌하고자 하는 경우에는 새로운 입법을 통하여 처벌규정을 마련하여야 한다. 입법의 논의과정에서 해당 행위를 처벌할 것인가에 대한 진지한 논의가 이루어질 것이며, 처벌필요성이 확인되는 경우 그에 대한 처벌규정을 마련하는 것으로 충분하다. 이를 통하여 국민은 자신의 행위가 처벌될 수 있다는 예측가능성을 가지고 행동할 수 있는 것이다.

2. 아니다.

간통은 부부간의 정조의무를 위반한 행위라는 점에서는 타당하다. 그러나 부부간의 정조의무는 형벌을 통한 보호가 아니라 간통한 배우자를 상대로 한 재판상 이혼청구, 손해배상청구 등 민사상의 제도에 의해 보다 효과적으로 달성될 수 있다. 오히려 간통죄가 유책의 정도가 훨씬 큰 배우자의 이혼수단으로 이용되거나 일시 탈선한 가정주부 등을 공갈하는 수단으로 악용되고 있기도 하다. 따라서 간통행위를 형벌로 처벌하는 것은 과잉금지원칙에 위배하여 국민의 성적 자기결정권 및 사생활의 비밀과 자유를 침해하는 것으로서 헌법에 위반된다.

3. 그렇다.

혼인빙자간음죄는 목적의 정당성, 수단의 적절성 및 피해최소성을 갖추지 못하였고 법익의 균형성도 이루지 못하였으므로, 「헌법」 제37조 ②항의 과잉금지원칙을 위반하여 남성의 성적 자기결정권 및 사생활의 비밀과 자유를 과잉 제한하는 것으로 헌법에 위반된다.

4. 아니다.

자신의 내면에 형성된 양심을 이유로 집총과 군사훈련을 수반하는 병역의무를 이행하지 않는 사람에게 형사처벌 등 제재를 해서는 안 된다. 양심적 병역거부자에게 병역의무의 이행을 일률적으로 강제하고 그 불이행에 대하여 형사처벌 등 제재를 하는 것은 양심의 자유를 비롯한 헌법상 기본권 보장체계와 전체 법질서에 비추어 타당하지 않을 뿐만 아니라 소수자에 대한 관용과 포용이라는 자유민주주의 정신에도 위배된다. 따라서 양심적 병역거부자에게는 징역이나 벌금의 형벌을 부과하는 것은 허용되지 아니한다. 다양한 병역특례제도를 운영하고 있다는 점에서 양심적 병역거부자에게 대체복무의 방법을 지정하는 것이 적절하다.

5. 아니다.

한국과 중국, 베트남, 필리핀, 미국 뉴욕·워싱턴·샌프란시스코주 등은 성매매 자체를 금지하고 처벌한다. 이에 반하여 일본과 대만은 성판매자만, 스웨덴·노르웨이·아이슬란드는 성구매자만 처벌한다.

6. 아니다.

임산부나 태아의 상태와 관계없이 모든 낙태를 형법적으로 처벌하는 것은 헌법에 합치되지 아니한다. 그러나 예컨대 임신의 유지여부를 결정할 수 있는 결정가능기간의 고려하여 낙태의 허용 여부를 결정하는 것은 헌법에 위반되지 아니한다.

7. 아니다.

현행법에 의하는 경우에도 정보통신망을 통하여 공포심이나 불안감을 유발하는 말, 음향, 글, 화상 또는 영상을 반복적으로 상대방에게 도달하게 한 자(소위 사이버스토킹)의 경우에는 「정보통신망 이용촉진 및 정보보호 등에 관한 법률」 위반(제65조 ①항 3호)으로 처벌한다. 또한 정당한 이유 없이 다른 사람에게 전화 또는 편지를 여러 차례 되풀이하여 괴롭힌 사람은 경범죄처벌법으로 처벌한다. 더 나아가 스토킹을 계속해서 행함으로써 특정 피해자가 우울증이나 신경쇠약에 빠지는 구체적인 건강훼손의 결과가 발생된 경우에는 범죄자의 고의의 내용에 따라 「형법」상 폭행치상죄(제262조)나 상해죄(제257조 ①항)가 성립할 수도 있다.

8. 그렇다.

반의사불벌죄의 경우에는 피해자의 명시한 의사에 반하여 공소를 제기할 수 없다. 따라서 스토킹범죄가 반의사불벌죄에 해당하면 가해자는 처벌을 피하기 위하여 보다 더 적극적으로 피해자나 그 가족들에게 접근하여 처벌을 원하지 않는다는 의사를 하도록 요구하는 일이 발생한다. 이는 또 다른 스토킹행위이며, 심한 경우 피해자나 가족에게 생명이나 신체에 위협이 가해질 위험도 있다. 여기에서 반의사불벌죄의 규정이 없다면 수사기관은 스토킹범죄의 초기 단계부터 개입할 수 있고, 스토킹범죄가 발생한 이후에도 피해자의 보호에 더 효과적인 작용을 한다.

9. 아니다.

사용자나 근로자가 직장에서 지위나 관계에서의 우위를 이용하여 다른 근로자에게 신체적·정신적 고통을 주거나 근무환경을 악화시키는 행위는 스토킹행위가 아니라 '직장내 괴롭힘'행위이다. 직장내 괴롭힘 행위는 스토킹처벌법이 아니라 근로기준법에 따라 처리된다(동법 제76조의3).

10. 아니다.

죄형법정주의는 형사법의 인권보장적 기능을 위하여 불가결한 원리이며, 국가형벌권의 남용을 방지하고 인권보장의 견지에서 처벌을 적정하게 하기 위한 형벌권억제의 원리이다. 죄형법정주의는 기본적 인권, 특히 개인의 자유를 보장하기 위하여 범죄와 형벌을 미리 명백히 규정하여 두지 않으면 안 된다는 원칙이나. 죄형법정주의에 의하여 국민은 자기의 행위가 처벌되는가의 여부에 대하여 예측가능성을 가질 수 있어 불안을 가지지 않고 행동의 자유와 법적 안정성을 확보할 수 있다. 또한 죄를 범하여 처벌받는 경우에도 그에 대한 형량이 명확히 규정되어 있기 때문에 국가의 자의적인 형벌권 행사로부터 자유로울 수 있다.

/ 제5장 /

가정폭력과 교제폭력

– 윤지영

Ⅰ. 사회적 범죄로 대두된 가정폭력
Ⅱ. 가정폭력 대응 입법과 주요 내용
Ⅲ. 최신의 가정폭력 실태
Ⅳ. 입법 공백 상태의 교제폭력
Ⅴ. 교제폭력 관련 해외법제
Ⅵ. 교제폭력 대응을 위한 향후 과제

short storytelling

1. 2014년 5월 연예계의 잉꼬부부로 알려졌던 개그맨 A가 강남의 한 오피스텔 지하 주차장에서 그의 부인 B를 폭행한 사실이 알려졌다. 사건 직후 A는 사소한 말다툼과 몸싸움이 있었던 것이라고 주장했으나, B가 전치 3주 진단을 받고, 사건 현장 CCTV 영상이 공개되면서 A를 향한 비난의 목소리가 커졌다. 한 방송을 통해 공개된 영상에는 A가 B의 다리를 잡아끌고 가는 모습이 담겨 있었는데, B의 진술에 의하면 A는 B의 목을 조르기도 했다고 한다. 재판과정에서 B는 A로부터 성폭력을 당한 후 2개월여 만에 결혼을 했고, 지속적인 가정폭력에 시달렸다고 밝히면서 다시금 파장이 일었다. 2015년 5월 법원은 A에 대해 징역 6월에 집행유예 2년을 선고하였다.

2. 사회복지사로 일하고 있는 B는 어린 시절부터 양어머니인 A로부터 매일같이 "너는 언제 죽냐"라는 말을 들었다. A는 B의 뺨을 때리거나 머리채를 잡는가 하면, 몸을 짓밟기도 했는데, 어느 순간부터 B는 자신이 태어난 것 자체가 잘못이라는 죄책감에 사로잡혔다고 한다. 한편 A는 온갖 이유 때문에 B를 폭행했으나 다음날이면 약을 발라주었다. 이러한 행동이 무한 반복되었으나 B는 폭행도 엄마의 사랑이라고 생각했다고 한다. 27세에 결혼을 하면서야 독립한 B는 자신의 경험을 담은 에세이를 출간했는데, 부모는 가해자인 동시에 의식주를 해결해주는 보호자이기 때문에 가정폭력을 인지하기까지 오랜 시간이 걸렸다고 말했다.

3. 30대 여배우 A는 유흥업소에서 일하던 20대 남성 B를 만나 교제하게 되었다. 이후 A는 헤어지자고 하던 B를 폭행하였고, 무단으로 B의 집에 들어가기도 했다. 또한 A는 승용차로 B를 들이받을 것처럼 운전했는가 하면, B가 자신의 차량 보닛 위로 올라가자 그대로 승용차를 움직여 피해자가 도로에 떨어지게 하였다. 이에 B가 경찰에 신고하자 격분한 A는 피해자의 가슴을 밀치고, 목을 조르며, 손목을 꺾는 등 폭행을 가하였다. 한편 B가 다른 여성들과 만나는 것을 알게 된 A는 카카오톡 대화방에 B의 지인 80여 명을 초대하여 B의 사생활을 폭로하였다. 특수협박과 특수폭행 및 명예훼손 등으로 기소된 사건에서 법원은 A에게 징역 8월에 집행유예 2년을 선고했는데, A는 피해자 B 이외에도 교제했던 남성들을 폭행하여 여러 차례 벌금형을 받은 사실이 알려지기도 했다.

I 사회적 범죄로 대두된 가정폭력

"북어와 마누라는 3일에 한 번씩 패야 부드러워진다"는 말이 공공연하게 회자되던 시절이 있었다. 가부장적 문화가 만연하던 시대에 남편이 아내를 폭행하는 것이 대수롭지 않게 용인되었고, 가족구성원들 간에 발생하는 폭력은 은폐되어야 할 가정 내 치부로 인식되었다. 또한 가정폭력은 지속적·상습적으로 발생하는 경향이 있고, 학습을 통해 세대 간 전이가 일어날 수 있다. 특히 피해자는 가정폭력으로 인해 불안감과 무력감 및 우울감 등을 경험하는데, 1979년 미국의 심리학자 레노어 E. 워커(Lenore E. Walker)는 '매 맞는 여성 증후군(Battered Woman Syndrome)'이라는 개념을 제안하기도 했다. '매 맞는 여성 증후군'이란 폭력에 시달리는 여성의 경우 '긴장 형성 → 격심한 구타 → 구타의 중지 및 화해'라는 악순환이 반복되면서 무기력해진다는 것이다. 즉 긴장 관계가 형성되면 가해자는 피해자를 비난하며 폭력을 가함으로써 긴장을 해소하고, 이후 자신의 잘못을 뉘우치며 피해자와 화해하게 되는데, 이 과정이 반복되면 피해자는 폭력 상황을 극복하려는 시도조차 하지 않는 학습된 무력감에 빠진다. 또한 피해자 중 일부는 분노나 복수심이 아닌 극도의 공포심과 생명의 위험에 대한 과대각성으로 인해 배우자를 살해할 수 있다고 분석되기도 한다.

[Box 5.1] 가정폭력의 원인

가정폭력의 원인을 규명하기 위한 다양한 시도가 이루어졌는데, 행위자의 개인적 요인이나 사회적 요인 및 개별 요인들의 복합적 상호작용 등에 초점이 맞추어졌다.

먼저, 가정폭력 행위자의 심리적·병리적 측면에서 그 원인을 찾는 입장이 있다. 이에 의하면, 행위자의 성격적 결함이나 정신질환 및 약물남용 등의 영향으로 인해 적절한 상황판단 능력이나 공격성을 통제하는 능력이 저하되어 가정폭력이 발생할 수 있다는 것이다. 또한 학습이론을 토대로 어린 시절에 가정폭력을 당하거나 목격한 사람은 성인이 되어서 가정폭력을 행사한다는 분석도 있다.

한편 사회의 문화적·구조적 측면에서 가정폭력의 원인을 규명하고자 하는 입장도 있다. 일례로 가부장적 문화가 팽배한 불평등한 사회구조 하에서는 남편이 권위를 지키고 가족들을 통제하기 위한 수단으로 폭력을 사용하는 경우가 많다는 것이다. 또한 사회적 좌절이나 고립 및 스트레스를 경험한 행위자는 이를 극복할 수 있는 자원이 부족할 때 가정 내에서 폭력을 행사한다는 이론적 접근도 있다.

가정폭력은 그 피해자가 누구인지에 따라 아동학대나 노인학대와 중첩되기도 하고, 종래 가정폭력의 피해자가 남성인 경우보다 여성인 경우가 압도적으로 많았던 것으로 인해 여성폭력의 한 유형으로 이해되기도 한다. 1980년대부터 여성단체들은 가정폭력이 중대한 인권침해라는 인식을 제고하기 위해 노력했고, 1990년대에 들어서는 가정폭력의 피해자가 사망에 이르거나 또는 가해자를 살해한 사건이 연이어 발생하면서 더 이상 가정폭력을 가정 내의 문제로 간주할 수 없다는 사회적 인식이 형성되었다. 아울러 1995년 북경에서 개최된 제4차 세계여성대회에서는 189개 국가가 참석한 가운데 21세기 여성발전을 위한 전략으로 성주류화를 채택한 행동강령이 발표되었고, 회원국들의 이행이 촉구되었는바, 여성에 대한 폭력을 해소해야 할 국가의 의무와 책임이 강조되면서 가정폭력 관련 입법을 추진해야 할 동력이 되었다.

Ⅱ 가정폭력 대응 입법과 주요 내용

가정폭력이 범죄구성요건을 충족할 때에는 형사처벌이 가능하나, 가정 내에서 발생한 범죄는 은폐되기 쉽고, 국가형벌권의 개입이 제대로 이루어지지 않아서 더 큰 피해를 야기할 수 있다는 우려가 제기되었다. 또한 가해자와 피해자가 가족이라는 특징으로 인해 사건 처리 및 피해자 보호를 위한 특별한 절차들이 마련될 필요성도 대두되었다. 요컨대 가정폭력을 가정 내의 문제로 치부하여 방치할 것이 아니라 사회와 국가가 적극적으로 개입해야 한다는 국민적 여론이 형성됨에 따라서 1997년 12월 13일에 「가정폭력범죄의 처벌 등에 관한 특례법」과 「가정폭력방지 및 피해자보호 등에 관한 법률」이 제정되어 1998년 7월 1일부터 시행되었다. 현행법의 주요 내용은 다음과 같다.

1. 가정폭력범죄의 처벌 등에 관한 특례법

가. 법의 목적

「가정폭력범죄의 처벌 등에 관한 특례법」(이하 '가정폭력처벌법'이라고 함)은 "가정폭력범죄의 형사처벌 절차에 관한 특례를 정하고 가정폭력범죄를 범한 사람에 대하여 환경의 조정과 성행의 교정을 위한 보호처분을 함으로써 가정폭력범죄로 파괴된 가정의 평화와 안정을 회복하고 건강한 가정을 가꾸며 피해자와 가족구성원의 인권을 보호함을 목적"으로 한다(가정폭력처벌법 제1조). 동법 제정 당시에는 "가정폭력범죄로 파괴된 가정의 평화와 안정을 회복하여 건강한 가정을 육성하는 것"만 목적으로 규정되어 있었는데, 그 배경에는 강력한 형사처벌 위주로 대응할 경우 오히려 피해자가 신고에 소극적일 수 있다는 우려의 목소리가 있었다. 즉 가해자에 대한 처벌로 인해 가정이 해체되면, 피해자가 그 부담을 지게 되므로 국가의 개입 요청을 주저하게 된다는 것이다. 그러나 동법에 대해서는 '폭력의 종식'보다는 '이혼 방지'에 초점을 두고 있기 때문에 가정의 정상화를 위해 협력해야 할 동반자로 자리매김된 피해자에 대한 보호가 미비하다는 비판이 제기되었고, 가정의 해체를 무릅쓰고서라도 가해자에 대한 강력한 형사처벌이 필요하다는 의견도 제시되었다. 이에 2002년 12월 18일에 동법이 개정되면서 그 목적에 "피해자와 가족구성원의 인권 보호"가 추가되었다.

나. 가정폭력의 개념 및 가족구성원의 범위

"가정폭력"이란 가정구성원 사이의 신체적, 정신적 또는 재산상 피해를 수반하는 행위를 말한다(가정폭력처벌법 제2조 1호). 이때 "가정구성원"이란 ① 배우자(사실상 혼인관계에 있는 사람을 포함) 또는 배우자였던 사람, ② 자기 또는 배우자와 직계존비속관계(사실상의 양친자관계를 포함)에 있거나 있었던 사람, ③ 계부모와 자녀의 관계 또는 적모와 서자의 관계에 있거나 있었던 사람, ④ 동거하는 친족 중 어느 하나에 해당하는 사람을 말한다(동조 2호).

다. 가정폭력범죄의 유형

"가정폭력범죄"는 가정폭력으로서 「형법」상 상해, 폭행, 유기, 학대, 체포, 감금, 협박, 강간, 추행, 명예훼손, 모욕, 주거침입, 강요, 공갈, 손괴의 죄나 「성폭력범죄의 처벌 등에 관한 특례법」상 카메라 등을 이용한 촬영죄, 「정보통신망 이용촉진 및 정보보호 등에 관한 법률」상 정보통신망을 통해 공포심이나 불안감을 유발하는 영상 등 불법유통죄 및 상기의 죄로서 다른 법률에 따라 가중처벌되는 죄 중 어느 하나에 해당하는 것을 말한다(가정폭력처벌법 제2조 3호). 가정폭력범죄에 대하여는 이 법이 우선적으로 적용되나, 아동학대범죄에 대하여는 「아동학대범죄의 처벌 등에 관한 특례법」이 우선적으로 적용된다(동법 제3조).

라. 보호처분 등

가정폭력범죄는 일반적인 형사제재가 아닌 보호처분의 대상이 되기도 하는데, 이를 "가정보호사건"이라고 한다. 법원은 가정보호사건에 대해 심리를 거쳐 가정폭력행위자에게 일정한 처분을 내릴 수 있는데, 보호처분의 유형으로는 ① 피해자 또는 가정구성원에 대한 접근 제한, ② 피해자 또는 가정구성원에 대한 전기통신을 이용한 접근 제한, ③ 피해자에 대한 친권 행사 제한, ④ 사회봉사·수강명령, ⑤ 보호관찰, ⑥ 감호위탁시설 또는 보호시설에의 감호위탁, ⑦ 의료기관에의 치료위탁, ⑧ 상담소등에의 상담위탁이 있고(동법 제40조 ①항), 각 처분을 병과할 수도 있다(동조 ②항).

이에 앞서 판사는 가정보호사건의 원활한 조사·심리 또는 피해자 보호를 위해 필요하다고 인정하는 경우에는 결정으로 가정폭력행위자에게 임시조치를 할 수 있는데, 임시조치의 유형으로는 ① 피해자 또는 가정구성원의 주거 또는 점유하는 방실로부터의 퇴거 등 격리, ② 피해자 또는 가정구성원이나 그 주거·직장 등에서 100미터 이내의 접근 금지, ③ 피해자 또는 가정구성원에 대한 전기통신을 이용한 접근 금지, ④ 의료기관이나 그 밖의 요양소에의 위탁, ⑤ 국가경찰관서의 유치장 또는 구치소에의 유치, ⑥ 상담소등에의 상담위탁이 있다(동법 제29조 ①항).[1]

누구든지 가정폭력범죄를 알게 된 경우에는 수사기관에 신고할 수 있는데(동법 제4조 ①항), 특정한 직무를 수행하는 사람의 경우에는 정당한 사유가 없으면 즉

---

1 제1항 제1호부터 제3호까지의 임시조치기간은 2개월, 같은 항 제4호부터 제6호까지의 임시조치기간은 1개월을 초과할 수 없다. 다만, 피해자의 보호를 위하여 그 기간을 연장할 필요가 있다고 인정하는 경우에는 결정으로 제1항 제1호부터 제3호까지의 임시조치는 두 차례만, 같은 항 제4호부터 제6호까지의 임시조치는 한 차례만 각 기간의 범위에서 연장할 수 있다(가정폭력처벌법 제29조 ⑤항).

시 수사기관에 신고해야 할 의무를 부담한다(동조 ②항).[2] 또한 아동상담소나 가정폭력 관련 상담소 및 보호시설, 성폭력피해상담소 및 보호시설에 근무하는 상담원과 그 기관장은 피해자 또는 피해자의 법정대리인 등과의 상담을 통해 가정폭력범죄를 알게 된 경우에 가정폭력피해자의 명시적인 반대의견이 없으면 즉시 신고해야 한다(동조 ③항).

진행 중인 가정폭력범죄에 대하여 신고를 받은 사법경찰관리는 즉시 현장에 나가서 응급조치를 취해야 하는데, ① 폭력행위의 제지, 가정폭력행위자·피해자의 분리, ② 현행범인의 체포 등 범죄수사, ③ 가정폭력 관련 상담소 또는 보호시설로 피해자 인도(피해자가 동의한 경우만 해당), ④ 의료기관으로 긴급치료가 필요한 피해자 인도, ⑤ 폭력행위 재발 시 임시조치를 신청할 수 있다는 통보, ⑥ 피해자보호명령 또는 신변안전조치를 청구할 수 있다는 고지가 그것이다(동법 제5조).

사법경찰관은 가정폭력범죄를 신속히 수사하여 사건을 검사에게 송치해야 하고(동법 제7조 전문), 검사는 가정폭력범죄가 재발될 우려가 있다고 인정하는 경우에 직권으로 또는 사법경찰관의 신청에 의하여 법원에 대해 ① 피해자 또는 가정구성원의 주거 또는 점유하는 방실로부터의 퇴거 등 격리, ② 피해자 또는 가정구성원이나 그 주거·직장 등에서 100미터 이내의 접근 금지, ③ 피해자 또는 가정구성원에 대한 전기통신을 이용한 접근 금지를 청구할 수 있다(동법 제8조 ①항). 또한 검사는 가정폭력행위자가 이러한 청구에 의해 결정된 임시조치를 위반하여 가정폭력범죄가 재발될 우려가 있다고 인정하는 경우에는 직권으로 또는 사법경찰관의 신청에 의하여 법원에 국가경찰관서의 유치장 또는 구치소에의 유치를 청구할 수 있다(동조 ②항).

한편 사법경찰관은 응급조치에도 불구하고 가정폭력범죄가 재발될 우려가 있고, 긴급을 요하여 법원의 임시조치 결정을 받을 수 없을 때에는 직권 또는 피해

2 ① 아동의 교육과 보호를 담당하는 기관의 종사자와 그 기관장, ② 아동, 60세 이상의 노인, 그 밖에 정상적인 판단 능력이 결여된 사람의 치료 등을 담당하는 의료인 및 의료기관의 장, ③ 「노인복지법」에 따른 노인복지시설, 「아동복지법」에 따른 아동복지시설, 「장애인복지법」에 따른 장애인복지시설의 종사자와 그 기관장, ④ 「다문화가족지원법」에 따른 다문화가족지원센터의 전문인력과 그 장, ⑤ 「결혼중개업의 관리에 관한 법률」에 따른 국제결혼중개업자와 그 종사자, ⑥ 「소방기본법」에 따른 구조대·구급대의 대원, ⑦ 「사회복지사업법」에 따른 사회복지 전담공무원, ⑧ 「건강가정기본법」에 따른 건강가정지원센터의 종사자와 그 센터의 장이 직무를 수행하면서 가정폭력범죄를 알게 된 경우에는 정당한 사유가 없으면 즉시 수사기관에 신고해야 한다.

자나 그 법정대리인의 신청에 의하여 ① 피해자 또는 가정구성원의 주거 또는 점유하는 방실로부터의 퇴거 등 격리, ② 피해자 또는 가정구성원이나 그 주거·직장 등에서 100미터 이내의 접근 금지, ③ 피해자 또는 가정구성원에 대한 전기통신을 이용한 접근 금지 중 어느 하나에 해당하는 긴급임시조치를 할 수 있다(동법 제8조의2 ①항). 사법경찰관이 긴급임시조치를 한 때에는 지체 없이 검사에게 임시조치를 신청하고, 신청받은 검사는 법원에 임시조치를 청구해야 하는데, 이 경우 임시조치의 청구는 긴급임시조치를 한 때부터 48시간 이내에 청구하여야 하며, 긴급임시조치결정서를 첨부해야 한다(동법 제8조의3 ①항).[3]

검사는 가정폭력범죄로서 사건의 성질·동기 및 결과, 가정폭력행위자의 성행 등을 고려하여 이 법에 따른 보호처분을 하는 것이 적절하다고 인정하는 경우에는 가정보호사건으로 처리할 수 있는데, 이때 검사는 피해자의 의사를 존중하여야 한다(동법 제9조 ①항). 또한 검사는 가정폭력사건을 수사한 결과 가정폭력행위자의 성행 교정을 위하여 필요하다고 인정하는 경우에는 상담조건부 기소유예를 할 수 있다(동법 제9조의2).

마. 피해자보호명령

판사는 피해자의 보호를 위하여 필요하다고 인정하는 때에는 피해자, 그 법정대리인 또는 검사의 청구에 따라 결정으로 가정폭력행위자에게 ① 피해자 또는 가정구성원의 주거 또는 점유하는 방실로부터의 퇴거 등 격리, ② 피해자 또는 가정구성원이나 그 주거·직장 등에서 100미터 이내의 접근금지, ③ 피해자 또는 가정구성원에 대한 전기통신을 이용한 접근금지, ④ 친권자인 가정폭력행위자의 피해자에 대한 친권행사의 제한, ⑤ 가정폭력행위자의 피해자에 대한 면접교섭권행사의 제한 중 어느 하나에 해당하는 피해자보호명령을 할 수 있고(가정폭력처벌법 제55조의2 ①항), 각 명령을 병과할 수도 있다(동조 ②항).[4]

또한 법원은 피해자의 보호를 위하여 필요하다고 인정하는 경우에는 피해자

---

3 임시조치를 청구하지 아니하거나 법원이 임시조치의 결정을 하지 아니한 때에는 즉시 긴급임시조치를 취소하여야 한다(가정폭력처벌법 제8조의3 ②항).

4 판사는 피해자보호명령의 청구가 있는 경우에 피해자의 보호를 위하여 필요하다고 인정하는 경우에는 결정으로 피해자보호명령의 유형 중 어느 하나를 임시보호명령으로 부과할 수 있다(가정폭력처벌법 제55조의4 ①항). 임시보호명령의 기간은 피해자보호명령의 결정 시까지로 하되, 판사는 필요하다고 인정하는 경우에 그 기간을 제한할 수 있다(동조 ②항).

또는 그 법정대리인의 청구 또는 직권으로 일정 기간 동안 검사에게 피해자에 대하여 ① 가정폭력행위자를 상대방 당사자로 하는 가정보호사건, 피해자보호명령사건 및 그 밖의 가사소송절차에 참석하기 위하여 법원에 출석하는 피해자에 대한 신변안전조치, ② 자녀에 대한 면접교섭권을 행사하는 피해자에 대한 신변안전조치, ③ 그 밖에 피해자의 신변안전을 위하여 대통령령으로 정하는 조치 중 어느 하나를 하도록 요청할 수 있다(동조 ⑤항 전문).[5] 이 경우 검사는 피해자의 주거지 또는 현재지를 관할하는 경찰서장에게 신변안전조치를 하도록 요청할 수 있으며, 해당 경찰서장은 특별한 사유가 없으면 이에 따라야 한다(동조 동항 후문).

2. 가정폭력방지 및 피해자보호 등에 관한 법률

가. 법의 목적과 기본이념

「가정폭력방지 및 피해자보호 등에 관한 법률」(이하 '가정폭력방지법'이라고 함)은 가정폭력을 예방하고 가정폭력의 피해자를 보호·지원함을 목적으로 한다(가정폭력방지법 제1조). 또한 동법은 "가정폭력 피해자는 피해 상황에서 신속하게 벗어나 인간으로서의 존엄성과 안전을 보장받을 권리가 있다"는 기본이념을 규정하고 있다(동법 제2조).

나. 국가 등의 책무

국가와 지방자치단체는 가정폭력의 예방·방지와 피해자의 보호·지원을 위하여 ① 가정폭력 신고체계의 구축 및 운영, ② 가정폭력의 예방과 방지를 위한 조사·연구·교육 및 홍보, ③ 피해자를 보호·지원하기 위한 시설의 설치·운영, ④ 임대주택의 우선 입주권 부여, 직업훈련 등 자립·자활을 위한 지원서비스 제공, ⑤ 법률구조 및 그 밖에 피해자에 대한 지원서비스 제공, ⑥ 피해자의 보호와 지원을 원활히 하기 위한 관련 기관 간의 협력 체계 구축 및 운영, ⑦ 가정폭

5 각 호의 피해자보호명령의 기간은 1년을 초과할 수 없다. 다만, 피해자의 보호를 위하여 그 기간의 연장이 필요하다고 인정하는 경우에는 직권이나 피해자, 그 법정대리인 또는 검사의 청구에 따른 결정으로 2개월 단위로 연장할 수 있다(가정폭력처벌법 제55조의3 ①항). 피해자보호명령의 기간을 연장하거나 그 종류를 변경하는 경우 종전의 처분기간을 합산하여 3년을 초과할 수 없다(동조 ②항).

력의 예방·방지와 피해자의 보호·지원을 위한 관계 법령의 정비와 각종 정책의 수립·시행 및 평가, ⑧ 피해자와 긴급전화센터, 가정폭력 관련 상담소, 가정폭력 피해자 보호시설의 상담원 등 종사자의 신변보호를 위한 안전대책 마련, ⑨ 가정폭력 피해의 특성을 고려한 피해자 신변노출 방지 및 보호·지원체계 구축, ⑩ 가정폭력을 목격하거나 피해를 당한 아동의 신체적·정신적 회복을 위하여 필요한 상담·치료프로그램 제공 등의 조치를 취하여야 한다(가정폭력방지법 제4조 ①항).

한편 여성가족부장관은 3년마다 가정폭력에 대한 실태조사를 실시하여 그 결과를 발표하고, 이를 가정폭력을 예방하기 위한 정책수립의 기초자료로 활용하여야 한다(동법 제4조의2 ①항). 국가기관, 지방자치단체 및 「초·중등교육법」에 따른 각급 학교의 장, 그 밖에 대통령령으로 정하는 공공단체의 장은 가정폭력의 예방과 방지를 위하여 필요한 교육을 실시하고, 그 결과를 여성가족부장관에게 제출하여야 한다(동법 제4조의3 ①항). 또한 국가나 지방자치단체는 피해자나 피해자가 동반한 가정구성원이 아동인 경우 주소지 외의 지역에서 취학할 필요가 있을 때에는 그 취학이 원활히 이루어지도록 지원하여야 한다(동법 제4조의4 ①항). 여성가족부장관 또는 시·도지사는 ① 피해자의 신고접수 및 상담, ② 관련 기관·시설과의 연계, ③ 피해자에 대한 긴급한 구조의 지원, ④ 경찰관서 등으로부터 인도받은 피해자 및 피해자가 동반한 가정구성원의 임시 보호의 업무 등을 수행하기 위하여 긴급전화센터를 설치·운영하여야 한다. 이 경우 외국어 서비스를 제공하는 긴급전화센터를 따로 설치·운영할 수 있다(동법 제4조의6 ①항).

국가나 지방자치단체는 가정폭력 관련 상담소[6]와 가정폭력피해자 보호시설을 설치·운영할 수 있다(동법 제5조 ①항, 제7조). 국가나 지방자치단체는 보호시설에

---

6 가정폭력방지법 제6조(상담소의 업무) 상담소의 업무는 다음 각 호와 같다.

1. 가정폭력을 신고받거나 이에 관한 상담에 응하는 일
   1의2. 가정폭력을 신고하거나 이에 관한 상담을 요청한 사람과 그 가족에 대한 상담
2. 가정폭력으로 정상적인 가정생활과 사회생활이 어렵거나 그 밖에 긴급히 보호를 필요로 하는 피해자등을 임시로 보호하거나 의료기관 또는 제7조 제1항에 따른 가정폭력피해자 보호시설로 인도하는 일
3. 행위자에 대한 고발 등 법률적 사항에 관하여 자문하기 위한 대한변호사협회 또는 지방변호사회 및 「법률구조법」에 따른 법률 구조법인 등에 대한 필요한 협조와 지원의 요청
4. 경찰관서 등으로부터 인도받은 피해자등의 임시 보호
5. 가정폭력의 예방과 방지에 관한 교육 및 홍보
6. 그 밖에 가정폭력과 그 피해에 관한 조사·연구

입소한 피해자나 피해자가 동반한 가정 구성원의 보호를 위하여 필요한 경우 ① 생계비, ② 아동교육지원비, ③ 아동양육비, ④ 직업훈련비, ⑤ 퇴소 시 자립지원금, ⑥ 그 밖에 대통령령으로 정하는 비용을 보호시설의 장 또는 피해자에게 지원할 수 있다(동법 제7조의5 ①항). 보호시설은 피해자등에 대하여 ① 숙식의 제공, ② 심리적 안정과 사회적응을 위한 상담 및 치료, ③ 질병치료와 건강관리(입소 후 1개월 이내의 건강검진을 포함)를 위한 의료기관에의 인도 등 의료지원, ④ 수사·재판과정에 필요한 지원 및 서비스 연계, ⑤ 법률구조기관 등에 필요한 협조와 지원의 요청, ⑥ 자립자활교육의 실시와 취업정보의 제공, ⑦ 다른 법률에 따라 보호시설에 위탁된 사항, ⑧ 그 밖에 피해자등의 보호를 위하여 필요한 일을 행한다(동법 제8조 ①항 본문). 의료기관은 피해자 본인, 가족, 친지나 긴급전화센터, 상담소 또는 보호시설의 장 등이 요청하면 피해자에 대하여 ① 보건에 관한 상담 및 지도, ② 신체적·정신적 피해에 대한 치료, ③ 그 밖에 대통령령으로 정하는 의료에 관한 사항과 관련된 치료보호를 실시해야 한다(동법 제18조 ①항). 다만 상담소나 보호시설의 장은 피해자 등의 명시한 의사에 반하여 보호시설을 통한 보호나 치료보호를 할 수 없다(동법 제9조).

Ⅲ 최신의 가정폭력 실태

가정폭력방지법에 근거하여 여성가족부장관은 3년마다 가정폭력에 대한 실태조사를 수행하고 있는바, 최신의 조사는 2022년에 실시되었다.[7] 그 결과를 요약하면 다음과 같다.

7 2022년 8월 29일부터 11월 14일까지 만 19세 이상 9,062명(여성 5,975명, 남성 3,087명)을 대상으로 실시된 조사(표본오차 95%, 신뢰수준 ±1.03%p)에서는 가정폭력 관련 인식 및 경험, 배우자나 비혼동거 파트너 사이에서 발생한 폭력 피해 및 가해 경험, 아동폭력 가해 경험, 가족원폭력 피해 경험, 노인폭력 피해 경험, 가정폭력에 대한 인식과 지식 및 정책 수요 등이 파악되었다.

1. 배우자나 파트너에 의한 폭력 피해 경험

법률혼 또는 사실혼 관계의 배우자가 있거나(별거중인 경우 제외) 비혼동거 파트너가 있는 만 19세 이상의 응답자를 대상으로 지난 1년간(2021년 8월~2022년 7월) 배우자나 파트너에 의한 폭력 피해 경험을 조사한 결과에 의하면, 신체적·성적 폭력 피해율은 여성 4.6%, 남성 1.8%로 나타났다. 또한 4개 유형의 폭력(신체적·성적·경제적·정서적 폭력) 피해율은 여성 9.4%, 남성 5.8%였고, 5개 유형의 폭력(신체적·성적·경제적·정서적 폭력 및 통제) 피해율은 여성 28.7%, 남성 26.3%로 집계되었다.[8] 2019년에 조사되었던 배우자에 의한 폭력 피해 경험률을 비교할 때, 지난 1년간 4개 유형의 폭력 피해율은 8.8%에서 7.6%로 1.2%p 낮아졌고, 5개 유형의 폭력 피해율은 27.5%로 아무런 변화가 없었다.

배우자나 파트너의 폭력 피해로 인한 영향으로는 여성의 경우 상대방에 대한 분노나 무력감 및 자존감의 하락, 피해의 재현, 우울 및 불안 등 정신적 고통을 경험하는 데 비해 남성은 무력감과 자존감 하락의 형태를 보이는 것으로 나타났다. 또한 배우자나 파트너의 신체적·성적·정서적·경제적 폭력에 대해 절반 이상(53.3%)의 피해 경험자가 '별다른 대응을 한 적이 한 번도 없다'고 답했다. 그 이유로는 '폭력이 심각하지 않다고 생각해서'라는 응답이 많았는데, 남성은 56.1%, 여성은 40.6%가 이와 같이 답하였다. 다음으로 '대응했다가 폭력이 심해질 수 있다는 우려로'라는 응답을 한 사람은 남성이 4.0%, 여성이 11.8%를 차지했다. 아울러 배우자나 파트너의 폭력 발생 이후에 남성의 96.7%, 여성의 89.7%는 외부에 도움을 청한 경험이 없었던 것으로 나타났다. 도움을 청한 대상으로는 '가족이나 친척'이 3.9%, '이웃이나 친구'가 3.3%, '여성긴급전화 1366'이 1.2%, '경찰'은 0.8%, '가정폭력 상담소 및 보호시설'이 0.3%로 집계되었다.

한편 평생 동안 이혼, 별거, 동거종료 경험이 있는(현재의 배우자나 파트너와 헤어졌다가 다시 만난 경우는 제외) 응답자 중 이혼이나 별거 및 동거종료 이전에 당시의 배우자나 파트너에 의한 신체적·성적 폭력 피해를 입은 비율은 여성이 38.8%,

8 폭력 유형별로는 지난 1년간 남성과 여성 모두 통제 피해 경험률이 가장 높았고(여성 25.1%, 남성 24.3%) 정서적 폭력 경험은 여성 6.6%, 남성 4.7%가 경험하였다. 그 다음으로 여성은 성적 폭력 3.7%, 신체적 폭력 1.3%, 경제적 폭력 0.7% 순이었던 데 비해 남성은 신체적 폭력 1.0%, 성적 폭력 0.8%, 경제적 폭력 0.2% 순이었다.

남성이 20.9%였고, 4개 유형의 폭력(신체적·성적·경제적·정서적 폭력) 피해율은 여성 53.9%, 남성 45.7%였으며, 5개 유형의 폭력(신체적·성적·경제적·정서적 폭력 및 통제) 피해율은 여성 66.0%, 남성 62.2%로 나타났다. 폭력을 유형별로 나누어보면 여성 응답자의 경우 통제가 58.4%, 정서적 폭력 50.7%, 신체적 폭력 34.7%, 경제적 폭력 27.0%, 성적 폭력 21.1% 순이었고, 남성 응답자의 경우에는 통제 피해가 56.2%, 정서적 폭력 43.3%, 신체적 폭력과 경제적 폭력이 각각 20.4% 순이었으며, 성적 폭력은 4.8%에 불과했다. 또한 이혼이나 별거 및 동거종료 이후에 당시의 배우자나 파트너에 의한 스토킹 피해 경험이 조사되었는데, 응답자에 대한 직접적 접근을 경험한 비율은 여성이 11.2%, 남성이 7.5%였다. 또한 여성의 경우에는 가족이나 함께 지내는 사람(4.5%), 친구 등 지인(4.7%)에 대한 접근이 있었던 비율도 5% 가량으로 집계되었다. 특히 이혼, 별거, 동거종료 전에 당시의 배우자나 파트너에 의한 폭력 피해 경험은 이혼이나 별거 및 동거종료 이후에 직접적인 스토킹 피해 가능성을 높이는 것으로 나타났는데, 이별 전 5개 유형의 폭력 피해 경험이 없는 여성의 2.6%, 피해 경험이 있는 여성의 15.7%, 피해 경험이 없는 남성의 1.6%, 피해 경험이 있는 남성의 11.1%가 이별 후 직접적인 스토킹 피해를 경험한 것으로 파악되었다.

2. 아동폭력 가해 경험

만 18세 미만의 아동을 양육하고 있는 응답자 중 지난 1년 동안 아동 대상 폭력 가해 경험이 있는 사람은 11.7%였는데, 폭력의 유형별로는 정서적 폭력이 10.2%, 신체적 폭력이 4.0%, 방임이 0.5%였다. 배우자나 파트너에 의한 폭력 피해를 경험한 집단의 경우 그렇지 않은 집단에 비해 아동폭력 가해 경험률이 훨씬 높은 것으로 나타났는데, 특히 남성의 경우에는 배우자나 파트너에 의한 폭력 피해 경험이 없는 사람의 아동폭력 가해율은 6.8%인 것에 비해 피해 경험이 있는 사람의 가해율은 20.9%인 것으로 드러났다.

3. 가족원폭력 피해 경험

만 65세 미만 응답자 중 지난 1년간 부모나 자녀, 형제자매 등 배우자나 파트너를 제외한 가족원으로부터 폭력 피해를 경험한 사람은 3.3%였다. 폭력 유형별로는 정서적 폭력이 1.9%, 신체적 폭력과 성적 폭력이 각각 0.7%, 경제적 폭력이 0.5%로 나타났다.

4. 노인폭력 피해 경험

만 65세 이상 응답자 중 지난 1년간 자녀나 사위, 며느리, 손자녀로부터 폭력을 경험한 비율은 4.1%였고, 그중 정서적 폭력이 3.3%, 방임이 0.5%, 신체적 폭력과 경제적 폭력이 각각 0.4%로 집계되었으며, 주된 가해자로는 아들이 66.1%, 며느리가 31.3%, 딸이 2.6%였다. 한편 가족원에 의한 폭력 피해를 경험한 노인 응답자 중에서 주위에 도움을 요청했던 경험을 가진 사람은 없는 것으로 파악되었다.

Ⅳ 입법 공백 상태의 교제폭력

CCTV에 포착된 연인 간의 무차별적인 폭행 장면이 공개되면서 사회적 파장이 일기도 하는데, 최근에는 인기 서바이벌 예능 프로그램에 출연했던 전 국가대표 럭비선수가 여자 친구를 성폭행하고 불법 촬영한 혐의로 1심에서 중형을 선고받았다. 또한 연인이나 전 연인을 상대로 한 폭력은 살인과 같은 강력범죄로 이어지기도 하는데, 2021년 7월 25일 서울 마포구의 한 오피스텔에서 다툼 끝에 남자친구로부터 상해를 입고 병원으로 이송된 후 사망한 25세 여성 피해자의 어머니가 청와대 국민청원을 통해 가해자에 대한 엄중한 처벌과 특별법 제정을 촉구하면서 주목받기도 했다. 뒤이어 2022년 1월 12일에는 천안의 한 원룸에서 이별통보를 한 27세 여성이 살해된 후 가해자의 신상이 공개되었고, 2023년 5월 26일에는 서울 금천구에서 30대 남성이 자신을 교제폭력 혐의로 신고한 연인을 살해한 사건이 발생했다.

종래 '데이트폭력'이라고도 불리던 '교제폭력'에 대해서는 명확한 법적 정의가 존재하지 않고, 폭력의 범위를 어디까지 인정할 것인지에 대해서도 의견이 분분하다. 다만 '데이트'라는 용어는 서로에게 호감을 느낀 남녀 사이에서 벌어지는 낭만적 행위로 이해되는 경향이 있어서 폭력이 발생한 사태의 심각성이 축소될 수 있다는 우려로 인해 보다 중립적인 뉘앙스를 가지는 '교제폭력'이라는 용어가 사용되고 있다. 일반적으로 교제폭력은 친밀한 관계 내지는 연인 관계에서 발생하는 폭력으로서 신체적 폭력 이외에 언어적·정신적 폭력도 포함되며, 해당 관계가 종료된 이후에 결별 등을 이유로 자행되는 폭력도 포섭되는 것으로 파악된다. 물리적 폭력 이외에 상대방의 일상을 통제하는 것도 그 자체가 폭력일 수 있으나, 연인 관계의 특수성으로 인하여 통제 행위는 남다른 '애정'이나 '보호'로 자연스럽게 수용되고, 물리적 폭력이 있을 때 비로소 문제 상황으로 인식되는 경향이 있다. 즉 교제폭력은 결별과 같은 특정 상황에서 갑자기 발생하기보다는 물리적 폭력이 행사되기 전에 이미 일방이 타방을 통제하는 관계가 형성되어 있는 경우가 대부분이라는 분석이 나오고 있는 것이다.

교제폭력은 가정폭력이나 스토킹과 상당한 관련성을 가지고 있으며, 이들은 모두 젠더폭력(gender-based violence)이라는 범주 내에서 논의되기도 한다. 가정폭력의 경우 '가정구성원 사이에서 발생하는 신체적·정신적 또는 재산상 피해를 수반하는 행위'로 정의되는데, 이때 가정구성원에는 법률상 배우자뿐만 아니라 사실혼 관계에 있는 배우자 및 배우자였던 사람도 포함된다. 요컨대 법률상 배우자가 아닌 관계에서 발생한 폭력도 가정폭력이 될 수 있으나, 사실상의 혼인 관계가 인정되지 않는 이상 가정폭력에 포섭되지 않는 것이다. 현재 우리나라에서는 가정폭력이 발생한 경우의 형사절차 및 보호처분을 규정하는 「가정폭력범죄의 처벌 등에 관한 특례법」이 제정되어 있고, 그 예방 및 피해자에 대한 보호·지원을 위한 「가정폭력방지 및 피해자보호 등에 관한 법률」도 마련되어 있다.

한편 종래에 스토킹은 「경범죄 처벌법」상 '지속적 괴롭힘'으로 처벌될 수 있었는데, 이는 '상대방의 명시적 의사에 반하여 지속적으로 접근을 시도하여 면회 또는 교제를 요구하거나 지켜보기, 따라다니기, 잠복하여 기다리기 등의 행위를 반복하여 하는 것'으로서 10만원 이하의 벌금, 구류 또는 과료의 형으로 처벌된다(「경범죄 처벌법」 제3조 ①항 41호). 그러나 최근 들어 스토킹으로 인하여 정상적인 일상생활이 어려울 만큼 정신적·신체적 피해를 입는 사례가 증가하였고, 범행 초기에 가해자 처벌 및 피해자에 대한 보호조치가 이루어지지 아니함으로써 폭행이나 살인 등과 같은 강력범죄로 이어지는 것이 사회적 문제로 대두되었다. 이에 따라 2021년 4월 20일 「스토킹범죄의 처벌 등에 관한 법률」이 제정되어 2021년 10월 21일부터 시행되었고, 2023년 1월 17일에는 「스토킹방지 및 피해자보호 등에 관한 법률」이 제정되어 2023년 7월 18일부터 시행되고 있다. 이러한 스토킹은 교제폭력과 중첩되는 부분이 있으나, 친밀한 관계가 아닌 사이에서도 발생할 수 있다는 점에서 데이트폭력과는 구별된다.

가정폭력이나 스토킹과 달리 교제폭력에 특화된 대응 법률은 부재한 상황이다. 이로 인해 사건이 발생했을 때 해당 범죄의 특성을 고려한 형사절차나 보호처분이 이루어지기 어렵고, 그 예방이나 피해자에 대한 보호·지원 방안도 체계적으로 준비될 수 없다는 문제가 지적된다. 교제폭력과 가정폭력은 모두 가까운 관계에서 벌어지기 때문에 은밀하고 지속적으로 발생하는 경향이 있고, 국가공권력의 개입이나 피해자 보호가 용이하지 않다는 점에서 유사하나, 교제폭력의 경우에는 입법의 부재로 인하여 이러한 특성을 고려한 법적 조치들이 제대로 취해지지 못하고 있는 것이다.

V 교제폭력 관련 해외법제

1. 미국

미국의 경우 가정폭력 및 성폭력 처벌과 피해자 보호를 위해 1994년에 제정되었던 「여성폭력방지법(Violence Against Women Act, VAWA)」의 적용 범위를 확장시켜 교제폭력에 대응하고 있다. 현재 동법은 가정폭력과 성폭력 이외에 교제폭력과 스토킹 등에 적용되며, 해당 폭력의 피해자는 비단 여성에 한정되지 않고 성소수자와 남성도 피해자로서 보호받을 수 있다. 이 법은 연방정부 차원에서 여성폭력범죄의 처벌과 피해자에 대한 보호·지원 조치를 제도화시킬 수 있는 법적 기반을 마련했다는 점에서 그 의의가 있다. 또한 동법은 가정폭력이나 교제폭력 등이 발생한 경우에 경찰이 가해자를 적극적으로 체포하고, 법원에 의해 피해자 보호명령이 내려질 수 있도록 근거 규정을 마련하고 있다. 연방의 적극적 체포 정책(pro-arrest policy)은 각 주별로 상이하게 구현되고 있는데, 뉴저지 주 등 일부 주에서는 해당 폭력범죄가 발생했다고 믿을 만한 상당한 이유가 있으면 피해자의 의사나 영장 발부 여부와 상관없이 반드시 경찰로 하여금 가해자를 체포하도록 규정하고 있다. 이에 비해 경찰에게 체포 의무를 부과하지는 않지만, 범죄의 경중이나 현행범 여부 등과 무관하게 우선적으로 가해자를 체포하도록 권장하는 주들이 있는가 하면, 경찰로 하여금 영장이 없더라도 임의로 가해자를 체포할 수 있다고만 규정하고 있는 주도 있다. 한편 동법은 피해자를 신속하게 보호하기 위해 법원이 가해자에게 보호명령(protection order)을 내릴 수 있도록 하고 있는바, 접근금지나 연락금지, 상담이나 교육프로그램 이수 및 배상금 지불 등의 명령이 내려질 수 있다.

2. 영국

영국에서는 2009년 클레어 우드(Clare Wood)라는 여성이 남자친구에 의해 살해당한 사건이 발생했는데, 가해자는 과거에도 자신의 파트너를 폭행했던 전력이 있었고, 클레어도 살해되기 전에 폭행을 당한 사실을 신고하였으나 경찰이 제대로 된 조치를 취하지 않았다. 클레어의 유족은 피해자가 가해자의 범죄전력을 알았다면 사건을 미연에 방지할 수 있었을 것이고, 향후 이러한 사태를 방지하기 위해서는 파트너의 폭력전과를 조회할 수 있는 법적 장치가 마련되어야 한다고 주장하였다. 이에 2014년부터 가정폭력전과를 공개하는 내용의 입법인 이른바 '클레어법(Clare's Law)'이 시행되었는데, 영국에서는 교제폭력이 가정폭력의 범주에서 다루어지고 있다는 점이 특징적이다. 즉 영국에서 가정폭력은 '사회적·생물학적 성별에 관계없이 가족구성원 또는 친밀한 연인 관계에 있거나 그러한 관계에 있었던 16세 이상인 자 사이에서 행해진 통제나 강압, 위협적 행동, 폭력 및 학대'를 의미하는 것으로 정의되고 있는바, 연인 사이의 폭력도 가정폭력의 범주에 포섭되는 것이다. 친밀한 사이에서 발생할 수 있는 교제폭력을 방지하기 위한 클레어법이 제정되면서 당사자 일방은 경찰에 대하여 타방의 폭력전과에 관한 정보를 요청할 수 있게 되었고, 경찰은 당사자가 폭력의 위험에 노출되어 있다고 판단할 경우 해당 정보를 제공함으로써 알 권리를 보장하는데, 정보의 공개 여부 및 공개의 방법과 범위는 위원회의 심의를 거쳐 결정된다. 또한 영국은 가정폭력

피해자 보호 통지 및 명령 제도를 운영하고 있는데, 교제폭력이나 가정폭력 사건 발생 시 경찰은 가해자를 피해자로부터 격리시킬 수 있고, 법원은 가정폭력피해 지원관으로 하여금 피해자에게 통합지원 서비스를 제공하도록 하고 있다.

VI 교제폭력 대응을 위한 향후 과제

우리나라의 경우 성폭력이나 성매매, 가정폭력, 스토킹에 대해서는 형사절차 진행 및 피해자 보호 등에 관한 특례법이 마련되어 있으나, 교제폭력의 경우에는 입법적 불비로 인해 가해자에 대한 조치나 피해자 지원 등이 사각지대로 남아 있다. 여론의 관심이 집중된 교제폭력 사건이 발생할 때마다 관련 법안들이 발의되기는 하였으나 입법을 위한 국회의 논의는 본격적으로 전개되지 못하였다. 발의된 법안들은 크게 두 방향으로 분류될 수 있는데, 기존의 가정폭력처벌법과 가정폭력방지법의 적용 범위를 교제폭력으로 확대하는 방안과 새롭게 교제폭력처벌법과 교제폭력방지법을 신설하는 방안이다. 전자의 경우 현행법을 개정하는 형식이라 상대적으로 신속하게 입법이 단행될 수 있으나, 가정의 평화와 안정을 회복하여 건강한 가정을 육성한다는 목적이나 상담조건부 기소유예제도 등은 교제폭력에 적용되기 적절하지 않으므로 보완이 필요하다는 의견이 제기된다. 후자의 경우에는 교제폭력 범죄와 그 피해의 특성을 반영한 특화된 법률을 만들 수 있으나, 사실상 대부분의 조치들은 가정폭력에 적용되는 것들과 겹칠 수밖에 없다는 전망이 나온다.

한편 2018년 2월 21일에는 정춘숙의원 등이 친밀한 관계에서 발생하는 교제폭력을 비롯해 가정폭력이나 성폭력, 성매매, 성희롱, 지속적 괴롭힘, 디지털폭력 및 묻지마 폭력 등 여성에 대한 폭력 방지 정책을 종합적·체계적으로 추진하고자, 피해자 지원 정책의 실효성을 제고시키기 위한 「여성폭력방지기본법안」(의안번호 제12065호)을 발의하였고, 이는 2018년 12월 7일 국회 본회의에서 수정가결되었다. 동 법률은 여성폭력 방지 및 피해자 보호·지원 정책의 수립에 관한 국가와 지방자치단체의 책임을 명백히 하고, 2차 피해와 피해자 권리 조항을 명시했다는 점에서 의미가 있다. 그러나 국회 논의 과정에서 '여성폭력'의 정의가 '성별에 기반한 폭력'에서 '성별에 기반한 여성에 대한 폭력'으로 축소되고, '성평등'이라는 문구가 '양성평등'으로 변경되었는바, 동법 적용 대상이 '생물학적 여성'에 한정되고, 성소수자나 남성 피해자는 배제되고 있다는 비판이 강력하게 제기되었다. 모든 사람이 젠더에 기반한 폭력으로부터 자유로워야 하고, 그 폭력으로 인한 피해자라면 누구라도 지원 대상에서 배제되어서는 안 된다는 목소리가 높아지고 있는 가운데 향후 동 법률이 어떻게 변화될지 주목할 필요가 있다.

summary

요 약

가정폭력은 은폐되어야 할 가정 내 치부로 인식되기 쉬운데, 국가형벌권이 제대로 개입되지 않을 경우 피해자와 그 가족구성원의 인권이 심각하게 침해될 뿐만 아니라 살인과 같은 강력범죄로 이어질 우려도 있다. 이에 우리나라는 1997년 12월 13일에 「가정폭력범죄의 처벌 등에 관한 특례법」과 「가정폭력방지 및 피해자보호 등에 관한 법률」을 제정하여 시행 중이다. 동법에 의할 때 가정폭력은 가정구성원 사이의 신체적, 정신적 또는 재산상 피해를 수반하는 행위로 정의되고, 가정구성원에는 법률혼 관계의 배우자뿐만이 아니라 사실혼 관계의 배우자나 배우자였던 사람 등도 포함된다.

가정폭력범죄는 일반적인 형사제재가 아닌 보호처분의 대상이 되기도 하는데, 이러한 가정보호사건에 대해서는 판사가 심리를 거쳐 접근 제한이나 친권 행사 제한, 사회봉사 · 수강명령, 보호관찰, 감호위탁, 치료위탁, 상담위탁이라는 보호처분을 내릴 수 있다. 또한 이에 앞서 판사는 사건의 원활한 조사 · 심리나 피해자 보호를 위해 필요하다고 인정하는 경우에는 퇴거 등 격리나 100미터 이내의 접근 금지, 전기통신을 이용한 접근 금지, 의료기관이나 요양소에의 위탁, 유치장 또는 구치소에의 유치, 상담위탁과 같은 임시조치를 결정할 수 있다. 아울러 판사는 피해자나 그 법정대리인 또는 검사의 청구에 의해서도 가정폭력행위자에게 퇴거 등 격리, 100미터 이내의 접근금지, 전기통신을 이용한 접근금지, 친권행사의 제한, 면접교섭권행사의 제한과 같은 피해자보호명령을 내릴 수 있다.

검사는 가정폭력범죄로서 이 법에 따른 보호처분을 하는 것이 적절하다고 인정하는 경우에는 가정보호사건으로 처리할 수 있는데, 이때 검사는 피해자의 의사를 존중해야 한다. 또한 검사는 가정폭력범죄가 재발될 우려가 있다고 인정하는 경우에는 퇴거 등 격리나 100미터 이내의 접근 금지 및 전기통신을 이용한 접근 금지와 같은 임시조치를 법원에 청구할 수 있다. 아울러 검사는 가정폭력행위자가 임시조치를 위반하여 범죄를 재발할 우려가 있다고 인정하는 경우에는 해당 행위자에 대한 유치장 또는 구치소에의 유치를 법원에 청구할 수도 있다.

가정폭력범죄를 신고 받은 사법경찰관리는 즉시 현장에 나가서 폭력행위를 제지하고 가정폭력행위자와 피해자를 분리하는 등의 응급조치를 취해야 한다. 그러나 응급조치에도 불구하고 가정폭력범죄가 재발될 우려가 있고, 긴급을 요하여 법원의 임시조치 결정을 받을 만한 시간적 여유가 없을 때에는 퇴거 등 격리나 100미터 이내의 접근 금지 및 전기통신을 이용한 접근 금지와 같은 긴급임시조치를 취할 수 있다.

한편 친밀한 연인관계에서 발생하는 교제폭력은 현행법상 가정폭력에 포섭되지 않는다. 또한 교제폭력은 스토킹과 중첩되기도 하나, 스토킹은 친밀한 관계가 아닌 사이에서도 발생한다는 점에서 데이트폭력과 구별된다. 최근 스토킹범죄에 대응하기 위해 「스토킹범죄의 처벌 등에 관한 법률」과 「스토킹방지 및 피해자보호 등에 관한 법률」이 제정되어 시행 중인데, 교제폭력에 대해서는 특화된 대응 입법이 없다. 이로 인해 교제폭력 사건이 발생했을 때 해당 범죄의 특성을 고려한 형사절차나 보호처분이 이루어지기 어렵고, 그 예방이나 피해자에 대한 보호 · 지원도 체계적으로 준비될 수 없다는 문제가 지적되고 있는바, 교제폭력 대응 법률이 조속히 마련될 필요가 있다.

key word & current hot issues

주요 용어와 현안 문제

1. 상담조건부 기소유예

기소권을 가지는 검사는 수사결과상 공소를 제기할 만한 충분한 혐의가 인정되고 소송조건이 갖춰진 때에는 공소를 제기한다. 다만 우리나라는 검사가 일정한 사항을 참작하여 공소를 제기하지 않을 수 있는 '기소편의주의'를 채택하고 있는데, 일반적으로 기소유예 시에 참작되는 사정으로는 범인의 연령이나 성행, 지능과 환경, 피해자에 대한 관계, 범행의 동기나 수단 및 결과, 범행 후의 정황 등이 있다. 또한 검사는 피의자에게 일정한 의무를 부과하고, 이를 준수하는 것을 조건으로 기소를 유예할 수 있는데, 이를 '조건부 기소유예'라고 한다. 현행 가정폭력처벌법상 검사는 가정폭력사건을 수사한 결과 가정폭력행위자의 성행 교정을 위하여 필요하다고 인정하는 경우에는 상담조건부 기소유예를 할 수 있다. 이 제도에 대해서는 가해자들이 가정폭력을 범죄가 아닌 사소한 문제로 인식할 수 있다는 이유로 그 폐지가 주장되기도 했다. 현행 「가정폭력사범 조건부 기소유예 처리지침」에 의하면, 검사는 중하지 않은 사안으로서 가정폭력행위자가 상담이나 교육에 동의하고, 피해자의 의사에 반하지 않으며, 가정구성원간 화합과 치유 등에 비추어 상당하다고 판단되는 경우에 상담조건부 기소유예 처분을 할 수 있는데, ① 가정폭력행위자의 범행 경위, 전력, 성향 등을 종합하여 볼 때 가정폭력행위자에게 전문적인 상담이 필요하다고 판단되는 경우이거나 ② 가정폭력행위자에게 주벽이나 약물·알코올 남용 등의 습성이 있어 지속적인 관찰과 계도 등 상담이 필요하다고 판단되는 경우일 때 가능하다(「가정폭력사범 조건부 기소유예 처리지침」 제3조 1호).

2. 가정폭력·성폭력 피해 남성 보호시설

가정폭력방지법상 보호시설의 종류에는 ① 단기보호시설(피해자등을 6개월의 범위에서 보호하는 시설)과 ② 장기보호시설(피해자등에 대하여 2년의 범위에서 자립을 위한 주거편의 등을 제공하는 시설), ③ 외국인보호시설(외국인 피해자등을 2년의 범위에서 보호하는 시설) 및 ④ 장애인보호시설(「장애인복지법」의 적용을 받는 장애인인 피해자등을 2년의 범위에서 보호하는 시설)이 있다(가 성폭력방지법 제7조의2). 2022년 6월 30일 기준으로 전국에 설치되어 있는 가정폭력 피해자 보호시설은 총 65개인데, 남성 피해자를 위한 전용 시설은 설치되어 있지 않다. 이에 여성가족부는 가정폭력이나 성폭력으로 인한 남성 피해자 수가 증가하는 추세를 감안하여 2023년에는 남성 피해자를 위한 전용 보호시설을 설치하겠다는 계획을 발표했다.

퀴즈 [선택형] quiz

1 「가정폭력범죄의 처벌 등에 관한 특례법」에 대한 설명으로 옳지 않은 것은?

① 가정폭력이란 가정구성원 사이의 신체적, 정신적 또는 재산상 피해를 수반하는 행위를 말한다.

② 가정구성원에는 법률상 배우자만 포함되고 사실혼 관계에 있는 배우자나 배우자였던 사람은 제외된다.

③ 가정폭력범죄에 대하여는 이 법이 우선적으로 적용되나, 아동학대범죄에 대하여는 「아동학대범죄의 처벌 등에 관한 특례법」이 우선적으로 적용된다.

④ 가정폭력으로서 「성폭력범죄의 처벌 등에 관한 특례법」상 카메라 등을 이용한 촬영죄를 범한 경우 가정폭력범죄에 해당한다.

⑤ 가정폭력범죄로 인하여 이 법에 따른 보호처분의 대상이 되는 사건을 가정보호사건이라고 한다.

2 가정보호사건에 대해 법원이 심리를 거쳐 내릴 수 있는 보호처분에 대한 설명으로 옳지 않은 것은?

① 가정폭력행위자가 피해자에게 접근하는 행위를 제한할 수 있으나, 다른 가정구성원에게 접근하는 행위까지 제한할 수는 없다.

② 가정폭력행위자가 친권자인 경우 피해자에 대한 친권 행사를 제한할 수 있다.

③ 「보호관찰 등에 관한 법률」에 따라서 사회봉사 · 수강명령이나 보호관찰을 부과할 수 있다.

④ 의료기관에 치료를 위탁하거나 상담소등에 상담을 위탁할 수 있다.

⑤ 하나의 처분을 내리거나 여러 처분을 함께 부과할 수 있다.

3 가정폭력범죄 사건 처리에 대한 설명 중 옳지 않은 것은?

① 가정폭력범죄의 신고를 받은 사법경찰관리는 즉시 현장에 나가서 폭력행위를 제지하고 가정폭력행위자와 피해자를 분리시키는 등 응급조치를 취해야 한다.

② 사법경찰관은 응급조치에도 불구하고 가정폭력범죄가 재발될 우려가 있고, 긴급을 요하여 법원의 임시조치 결정을 받을 수 없을 때에는 직권 또는 피해자

나 그 법정대리인의 신청에 의하여 가해자의 퇴거 등 격리나 접근 금지와 같은 긴급임시조치를 취할 수 있다.

③ 사법경찰관은 가정폭력범죄를 신속히 수사하여 사건을 검사에게 송치해야 하고, 검사는 가정폭력범죄가 재발될 우려가 있다고 인정하는 경우에 직권으로 또는 사법경찰관의 신청에 의하여 법원에 대해 가해자의 퇴거 등 격리나 접근 금지와 같은 임시조치를 청구할 수 있다.

④ 검사는 가정폭력행위자가 임시조치 결정을 위반하여 가정폭력범죄를 재발할 우려가 있다고 인정하는 경우에 직권으로 또는 사법경찰관의 신청에 의하여 법원에 국가경찰관서의 유치장이나 구치소에 유치할 것을 청구할 수 있다.

⑤ 검사는 가정폭력사건에서 가해자에게 이 법에 따른 보호처분을 내리는 것이 적절하다고 인정하는 경우에 가정보호사건으로 처리할 수 있는데, 이때 피해자의 의사가 고려되지는 않는다.

4 다음 중 가정폭력의 예방·방지와 피해자의 보호·지원을 위해 국가와 지방자치단체가 취할 조치가 아닌 것은?

① 가정폭력 신고체계의 구축 및 운영

② 가정폭력 가해자의 범죄이력 공개

③ 피해자를 보호·지원하기 위한 시설의 설치·운영

④ 법률구조 및 피해자에 대한 지원서비스 제공

⑤ 피해자 신변노출 방지 및 보호·지원체계 구축

5 교제폭력에 대한 설명 중 옳지 않은 것은?

① 일반적으로 교제폭력은 친밀한 관계 내지는 연인 관계에서 발생하는 폭력으로서 신체적 폭력 이외에 언어적·정신적 폭력도 포함된다.

② 교제폭력은 가정폭력이나 스토킹과 상당한 관련성을 가지고 있고, 이들은 모두 젠더폭력이라는 범주 내에서 논의되기도 한다.

③ 스토킹은 교제폭력과 중첩되는 부분이 있으나, 친밀한 관계가 아닌 사이에서도 발생할 수 있다는 점에서 데이트폭력과는 구별된다.

④ 교제폭력에 대응하기 위해 「교제폭력범죄의 처벌 등에 관한 법률」과 「교제폭력방지 및 피해자보호 등에 관한 법률」이 제정되어 있다.

⑤ 현행 「여성폭력방지기본법」에 대해서는 성소수자나 남성 피해자를 배제하고 있다는 비판이 제기된다.

퀴즈 [진위형] quiz

1 「가정폭력범죄의 처벌 등에 관한 특례법」은 가정폭력범죄로 파괴된 가정의 평화와 안정을 회복하고 건강한 가정을 가꾸는 것만을 목적으로 한다.

2 검사는 가정폭력사건을 수사한 결과 가정폭력행위자의 성행 교정을 위하여 필요하다고 인정하는 경우에는 상담조건부 기소유예를 할 수 있다.

3 가정폭력 사건의 피해자가 청구할 경우 판사는 피해자의 보호를 위하여 필요하다고 인정하는 때에는 가정폭력행위자에게 피해자 또는 가정구성원의 주거 또는 점유하는 방실로부터의 퇴거 등 격리를 명할 수 있다.

4 누구든지 가정폭력범죄를 알게 된 경우에는 수사기관에 신고해야 할 의무를 부담한다.

5 영국에서는 교제 중인 파트너의 폭력전과에 대한 정보를 요청할 수 있는 제도가 운영되고 있다.

참고문헌 및 학습도우미 전자자료

reference & study aid electronic materials

김정혜 외. 2022년 가정폭력 실태조사 연구 보고서, 여성가족부, 2012.

김미애, “가정폭력 유발원인의 척도개발 연구”, 「지역사회연구」 제19권 제2호, 한국지역사회학회, 2011.

박복순, “가정폭력처벌법 시행 20주년의 평가 및 향후 과제”, 「여성연구」 제99권 제4호, 한국여성정책연구원, 2018.

1. 법제처 국가법령정보센터
   https://www.law.go.kr/LSW/main.html

2. 여성가족부
   http://www.mogef.go.kr/

3. 국회 의안정보시스템
   https://likms.assembly.go.kr/bill/main.do

4. 미국의 가정폭력 종식을 위한 전국 네트워크(The National Network to End Domestic Violence, NNEDV)
   https://nnedv.org/content/our-history/

5. 영국 정부
   https://www.gov.uk/

해 답[선택형]
answer

1. ②

가정구성원이란 ① 배우자(사실상 혼인관계에 있는 사람을 포함) 또는 배우자였던 사람, ② 자기 또는 배우자와 직계존비속관계(사실상의 양친자관계를 포함)에 있거나 있었던 사람, ③ 계부모와 자녀의 관계 또는 적모와 서자의 관계에 있거나 있었던 사람, ④ 동거하는 친족 중 어느 하나에 해당하는 사람을 말한다(가정폭력처벌법 제2조 2호).

2. ①

가정폭력행위자가 피해자 또는 가정구성원에게 접근하는 행위의 제한 및 전기통신을 이용하여 접근하는 행위의 제한이 부과될 수 있다(가정폭력처벌법 제40조 ①항 1호, 2호).

3. ⑤

검사는 가정폭력범죄로서 사건의 성질·동기 및 결과, 가정폭력행위자의 성행 등을 고려하여 이 법에 따른 보호처분을 하는 것이 적절하다고 인정하는 경우에는 가정보호사건으로 처리할 수 있는데, 이때 검사는 피해자의 의사를 존중하여야 한다(가정폭력처벌법 제9조 ①항).

4. ②

가정폭력방지법 제4조에 국가와 지방자치단체의 책무가 규정되어 있는데, 가정폭력 가해자의 범죄이력 공개는 시행되지 않는 제도이다.

5. ④

가정폭력이나 스토킹과 달리 교제폭력에 특화된 대응 법률은 부재한 상황이다. 이로 인해 사건이 발생했을 때 해당 범죄의 특성을 고려한 형사절차나 보호처분이 이루어지기 어렵고, 그 예방이나 피해자에 대한 보호·지원 방안도 체계적으로 준비될 수 없다는 문제가 지적된다.

해 답[진위형]
answer

1. 아니다.

「가정폭력범죄의 처벌 등에 관한 특례법」 제정 당시에는 “가정폭력범죄로 파괴된 가정의 평화와 안정을 회복하여 건강한 가정을 육성하는 것”만을 법의 목적으로 규정하였으나, 피해자에 대한 보호가 미비하다는 비판이 제기되면서 2002년 12월 18일에 단행된 동법 개정을 통해 “피해자와 가족구성원의 인권 보호”도 법의 목적에 추가되었다.

2. 그렇다.

검사는 가정폭력사건을 수사한 결과 가정폭력행위자의 성행 교정을 위하여 필요하다고 인정하는 경우에는 상담조건부 기소유예를 할 수 있다(동법 제9조의2).

3. 그렇다.

판사는 피해자의 보호를 위하여 필요하다고 인정하는 때에는 피해자, 그 법정대리인 또는 검사의 청구에 따라 결정으로 가정폭력행위자에게 ① 피해자 또는 가정구성원의 주거 또는 점유하는 방실로부터의 퇴거 등 격리, ② 피해자 또는 가정구성원이나 그 주거·직장 등에서 100미터 이내의 접근금지, ③ 피해자 또는 가정구성원에 대한 전기통신을 이용한 접근금지, ④ 친권자인 가정폭력행위자의 피해자에 대한 친권행사의 제한, ⑤ 가정폭력행위자의 피해자에 대한 면접교섭권행사의 제한 중 어느 하나에 해당하는 피해자보호명령을 할 수 있고(가정폭력처벌법 제55조의2 ①항), 각 명령을 병과할 수도 있다(동조 ②항).

4. 아니다.

누구든지 가정폭력범죄를 알게 된 경우에는 수사기관에 신고할 수 있지만(가정폭력처벌법 제4조 ①항), 이것이 의무인 것은 아니다. 다만 아동의 교육과 보호를 담당하는 기관의 종사자와 그 기관장, 노인복지시설이나 아동복지시설 및 장애인복지시설의 종사자와 그 기관장 등과 같이 특정한 직무를 수행하는 사람의 경우에는 정당한 사유가 없으면 즉시 수사기관에 신고해야 할 의무를 부담한다(동조 ②항). 또한 아동상담소나 가정폭력 관련 상담소 및 보호시설, 성폭력피해상담소 및 보호시설에 근무하는 상담원과 그 기관장은 피해자 또는 피해자의 법정대리인 등과의 상담을 통해 가정폭력범죄를 알게 된 경우에 가정폭력피해자의 명시적인 반대의견이 없으면 즉시 신고해야 한다(동조 ③항).

5. 그렇다.

영국에서는 교제폭력이 가정폭력의 범주에서 다루어지고 있는데, 2014년부터는 가정폭력전과를 공개하는 ‘클레어법(Clare's Law)’이 시행되고 있다. 친밀한 사이에서 발생할 수 있는 교제폭력을 방지하기 위한 클레어법이 제정되면서 당사자 일방은 경찰에 대하여 타방의 폭력전과에 관한 정보를 요청할 수 있게 되었고, 경찰은 당사자가 폭력의 위험에 노출되어 있다고 판단할 경우 해당 정보를 제공함으로써 알 권리를 보장하는데, 정보의 공개 여부 및 공개의 방법과 범위는 위원회의 심의를 거쳐 결정된다.

/ 제6장 /

아동학대

– 심희기

Ⅰ. '아동복리법' 시대에서 '아동복지법·특례법' 시대로의 변화
Ⅱ. 아동학대의 개념
Ⅲ. 아동학대의 유형
Ⅳ. 아동복지법과 아동특례법의 주요 내용

short storytelling

“어린 시절에 나는 남자 형제들, 친구들과 같이 놀았고, 영화관에 갔고, 쇼핑몰에도 간 기억이 난다. 내가 가족과 함께 외출하였을 때 많은 경우에 가족들이 나를 향하여 화난 태도로 소리친 것 같다. 가장 생생하게 기억나는 것은 나의 엄마가 나를 향해 소리지르고, 화난 듯이 내 이름을 부르며, 나를 주저앉힌 일들이다. 때때로 엄마는 나를 때렸다. 엄마가 나를 때릴 때 그녀는 너무 화가 나 있어 자신을 억제하지 못했다. 엄마가 화가 나서 나를 때릴 때는 일부러 내가 더 다치도록 궁리하는 것 같았다. 최초의 사건은 내가 5살 때였다. 우리 가족들은 교회에 갈 예정이었는데 나는 내 신발을 찾을 수 없었다. 내가 ‘신발을 찾을 수 없다’고 하자 엄마는 내가 마치 ‘교회에 가지 않으려고 일부러 신발을 감춘 것’이라고 소리치며 나무랐다. 교회에 가는 도중에도 엄마는 내가 ‘악마(devil)!’이며 내 안에는 ‘악마적인 생각만 가득하다’고 소리쳤다. 초등학교 4학년 때 나는 전학하게 되었다. 전학한 지 4~5개월 동안 나는 왕따(bullying)를 당했다. 내가 그 사실을 말하자 엄마의 반응은 내가 ‘무슨 짓을 했길래 다른 애들이 나를 왕따하는지’를 묻는 것이었다. 이때부터 나는 ‘다른 애들보다 내가 열등하다’고 믿기 시작했다. 나는 그런 감성을 갖고 어른이 되었고 지금까지도 그 감성을 떨쳐 내려 싸우고 있다.

7학년이 되기 전의 여름날 나는 어느 수수께끼를 푸느라고 정신이 없었다. 그때 마침 내 친구가 나에게 전화를 걸었다. 조금만 더 궁리하면 수수께끼를 풀 수 있을 것 같아 나는 전화를 받은 엄마에게 ‘내가 나중에 그 친구에게 전화를 걸겠다고 말해달라’고 요청했다. 그랬더니 엄마는 전화를 끊고 갑자기 화를 내며 나에게 ‘네가 그런 식으로 친구를 대하니 앞으로 너는 절대로 친구를 사귈 수 없을 것!’이라고 말했다. 나는 아직도 엄마가 내게 한 그 말을 가슴에 품고 산다. 내가 10대일 때 나는 미국 수영 팀으로부터 ‘1988년 올림픽 팀에서 훈련을 받지 않겠냐?’는 제안을 받았다. 나는 매우 흥분했었다. 그러나 엄마는 그 제안을 거절했다. 엄마에게 ‘왜 거절했냐?’고 물으니 엄마는 ‘나는 그런 일에 시간을 낭비하기 싫다’고 말했다. 이와 유사한 일들은 하나 둘이 아니다. 나의 15살 전후에 위와 유사한 일들은 일상이 되었다.

지금까지 엄마가 내게 행한 유쾌하지 못한 일들을 열거하였지만 나는 엄마를 사랑했고 엄마도 나를 사랑했다는 것을 나는 안다. 엄마가 많은 희생을 감수하였기에 나와 내 남자형제들은 원하는 일을 했고 여가를 즐길 수 있었다. 문제가 생성되는 때는 엄마가 화가 날 때였다. 엄마는 ‘할머니가 엄마에게 대한 태도’ 그대로 우리에게 대했다. 나는 엄마가, '할머니가 엄마에게 반응한 것 보다 좀 더 나은 방향으로 우리들에게 대응하지 못한 것'에 실망한다. 10대 후반에 나는 어렵게 약물남용을 그만 두었지만 그 대신에 술을 과다하게 먹기 시작했다.

막 20세가 되었을 때 나는 전문가의 치료를 받기 시작했고 결국 정신의학자의 치료를 받기 시작했다. 지난 25년 동안 나는 치료를 받다가는 중지하고 약을 먹다가는 중지하는 일을 반복하고 있다. 나는 현재 치료 중에 있고 나를 치료하는 치료사에게 만족한다. 나는 항우울 약물치료(antidepressants medication)와 항불안장애 약물치료(anti-anxiety medication)를 병행하고 있다. 매일 매일이 자존감(self-esteem)을 얻기 위한 싸움이다. 매일 매일 나는 엄마가 나에게 한 말 대로의 사람('악마', '절대로 친구를 사귈 수 없을 것' 등)이 아니라고 믿기 위하여 사투(死鬪)를 벌이고 있다. 가장 큰 전쟁은 내가 나의 자존감을 찾기 위하여 싸우는 동시에 내 아이들에게 자존감을 심어 주기 위한 전쟁이다. 아이들의 부모로서 나는 엄마가 나에게 한 것 같은 소리치기, 화내기, 자존감에 상처를 주는 행위를 안하려고 안간힘을 쓰고 있다. 내 아이들이 이상한 행동을 할 때 내 아이들이 '무슨 잘못을 했는지'에 집중하지, 그들이 '얼마나 역겨운 사람'인가에 대하여 절대로 말하지 않으려고 한다. 왜냐하면 그들은 역겨운 사람이 아니니까! 나는 내가 화가 나면 냉각기간이 필요하다는 것을 실감하고 있다. 나는 내 아이들을 때리지 않는다. 때리는 것이 잘못이라고 믿기 때문이 아니라 나는 때리지 않는 사람이기 때문이다. 그러나 사실은 내 엄마가 그랬듯이 나도 이성을 잃을 것이 두려워서이다."[1]

[폭력예방국장(director, Violence Prevention Office)의 답변] 이 이야기는 부모가 자녀양육(parenting)을 어떻게 해야 하는지를 몰라 발생하는 매우 슬픈 이야기이다. 주인공이 경험한 불행은 사태를 아는 전문가가 개입하여 일찍 대처하였더라면 막을 수 있었던 불행이다. 주인공의 엄마는 그녀의 화를 표현하려고 언어적, 신체적 폭력을 사용하였다. 그녀에게 생긴 감정들은 불행하게도 딸의 행동과는 아무 관련이 없는 감정들이었다. 엄마와 딸 사이의 건강하지 못한 관계는 딸에게 점점 더 좋지 못한 방향으로 악화되었다. 딸은 그 관계를 극복하기 위하여 약물남용과 알코올 남용에 빠졌다. 어른이 되어 주인공인 딸은 좋은 행동을 할 것을 원하고 있다. 딸은 자신의 자녀에게 해를 끼치지 않기를 원한다. 딸은

1 미국 심리학회(American Psychological Association) 홈페이지에 게시된 어느 여성의 수기(手記)이다. 그 여성은 어릴 때 학대를 당하고 그 후유증으로 평생 고통을 당하고 있지만 지금은 자녀를 양육하고 있는 중년여성이다.

자신의 결함을 알고, 자녀양육의 어려움을 알고, 이 불행의 대물림(cycle), 재생산을 반복하지 않으려고 싸우고 있다. 엄마로서의 이 딸을 어떻게 도울 수 있을까? 딸은 다음의 사실들을 이해할 필요가 있다.

1. 폭력은 선업성이 있고 학습될 수 있다. 그러나 폭력은 억지될 수 있다. 부모가 자신의 자녀에게 대하거나 자녀 앞에서 하는 행동은 자녀에게 모범으로 학습될 수 있다.

2. 부모는 자녀에게 최초의 교사이고 긍정적인 행동의 모범이 될 수 있고 긍정적인 행동을 자녀에게 가르칠 수 있다. 자녀에게 안전하고, 건강하고, 굳건한 환경을 제공하는 부모는 가정 내에서 폭력과 학대를 예방하는 데 큰 도움을 준다.

3. 때리는 것(Spanking)은 자녀양육과 훌륭한 행동을 가르치는 효과적인 방식이 아니다. 왜냐하면 그것은 이미 발생한 부정적인 행동을 겨냥하는 것이기 때문이다. 때리는 것은 '자신이 사랑하고 보호해야 할 사람을 다치게 해도 문제없다'는 사실을 가르치기 때문이다.

4. 자녀양육의 스타일은 자녀의 정서와 행동에 일정한 영향을 미친다. 훈육목적으로 자녀를 때리는 사람은 자녀를 낮은 자존감, 우울증, 심리적 상처(trauma)에 빠지게 하고 자녀가 약물남용이나 알콜중독 등의 위험한 행동으로 나아가도록 유도할 수 있어 위험한 양육방법이다.

5. 부모에게는 인내심이 필요하다. 아동은 성장하면서 배운다. 아동의 이해능력, 감정, 행동은 연령과 성장단계에 따라 변화된다. 그걸 알면 부모는 아동의 행동에 덜 당황하게 되고 아동에 대하여 덜 공격적으로 될 수 있다.

6. 부모는 연습과 실습을 통하여 화(anger)를 제어하는 방법을 배울 수 있다. 이걸 배우면 무엇이 화가 나게 만들었는가, 그리고 그 때의 신체반응, 어떻게 정서를 표현하는가, 문제와 갈등을 긍정적으로 해결하는 전략 등을 이해할 수 있게 된다.

7. 사람들은 상황(situations)마다 그 상황에 특유한 정서(emotions)를 가지고 있다. 상황이 특정한 정서를 산출한다는 사실을 인식하는 것이 중요하다. 우리들이 당황하고 피곤하게 되는 상황, 그러나 화를 낼 상황이 아닌 상황에 봉착하여 우리들은 폭력을 사용한다.

8. 정신치료(psychotherapy)에 들어 갈 것인가 여부를 결정할 때는 치료제공자(provider)가 '증거에 기초한 트라우마 중심 치유법'(an evidence-based trauma focused treatment)을 채택하는가 여부를 체크하는 것이 중요하다.

I '아동복리법' 시대에서 '아동복지법 · 특례법' 시대로의 변화

1962년 1월 1일부터 시행된 아동복리법은 아동학대에 대한 사회적·국가적 문제의식이 희박하여 '유기 아동 또는 고아의 보호'에 중점이 있는 법이었고 규범내용의 실천장치도 대단히 미약한 법이었다. 2000년 1월 아동복리법이 전부개정되고 명칭도 '아동복지법'으로 변경되면서 아동학대에 대한 사회적·국가적 문제의식이 본격화되기 시작하였다. 그러나 대한민국의 아동복지법의 규범내용의 실천장치는 여전히 미약한 상태이다.

2013년에 학대로 인한 아동사망률이 갑자기 높아졌다. 매년 평균 8명에서 12명 사이이던 것이 22명으로, 다른 해에 비해 거의 2~3배로 증가한 것이다. 또 아동보호자에 의한 잔인한 아동학대 사례[2]가 연일 언론에 집중 보도되었다. 이에 자극받아 '모종의 국가적·사회적 개입이 필요하다'는 여론이 형성되었다. 2013년 12월 31일 국회에서 '아동학대 범죄의 처벌에 관한 특례법'(이하 '특례법'으로 약칭함)이 제정되었고 아동복지법도 일부개정되었다. 2014년 9월 24일 "아동학대 범죄의 처벌 등에 관한 특례법 시행령"이 제정되어 규범내용의 실천장치가 다소 강화되었다.

아래에서는 아동학대의 개념(Ⅱ), 아동학대의 유형(Ⅲ), 아동복지법과 특례법의 주요 내용(Ⅳ)의 순서로 대한민국의 아동보호체제(CPS, child protection system)를 개략적으로 살펴본다.

---

2 "2013년 10월 24일, 울산에 사는 계모 A씨는 2천원을 훔쳤는데도 훔치지 않았다고 거짓말을 한다는 이유로 '학교 소풍을 가고 싶다'고 말하는 딸 B양(9세)을 등교시키지 않고 B양의 머리와 가슴을 주먹과 발로 때려 갈비뼈 24개 중 16개를 부러뜨리고 아동을 숨지게 했다. 검찰(울산지검)은 A씨에 대하여 살인죄로 기소하고 법정 최고형인 사형을 구형했다(2014. 3. 11)"는 신문기사 등 참조.

Ⅱ 아동학대의 개념

세계보건기구(WHO, The World Health Organisation)는 아동학대(child abuse or maltreatment)를 "(1) 아동의 건강, 생존, 발전, 존엄성에 실제로 혹은 잠정적으로 해악(harm)을 끼치는, (2) 책임·신뢰·보호관계 맥락에서의, (3) 신체적·정서적·성적 학대와 유기·방임, 상업적 기타의 착취 등 모든 형태의 학대"로 정의한다. 아동학대는 단 하나의 사건으로도 발현될 수 있지만 보통 여러 차례 반복되고 복합적으로 발현된다. 대한민국「아동복지법」제3조 7호는 아동학대를 "ⓑ 보호자를 포함한 성인이, ⓐ 아동의 건강 또는 복지를 해치거나 정상적 발달을 저해할 수 있는 ⓒ 신체적·정신적·성적 폭력이나 가혹행위를 하는 것과 아동의 보호자가 아동을 유기하거나 방임하는 것"(「아동복지법」제3조 7호; 「아동학대범죄의 처벌 등에 관한 특례법」제2조 3호)으로 정의하여 세계보건기구의 정의보다 다소 협소한 것처럼 보이지만 아동복지법 제17조(금지행위)에서 금지되는 행위[3]에 '상업적 착취행위'의 일부를 포함시켜 아동복지법의 아동학대 개념은 실질적으로 세계보건기구의 포괄적 정의와 크게 다르지 않다. '부모나 보호자(caregiver)'등 보호책임 없는 사람의 아동에 대한 폭행 등은 '형법상의 범죄'라는 맥락에서 아동학대의 개념설정에 '(2), ⓑ'가 추가되었다. 어떤 입법례는 아동으로 하여금 가정폭력을 목격하도록 만드는 것[4]도 아동학대의 개념에 포함시키는 데 한국의 아동복지법도 장차 그런 방향으로 나아가야 할 것이다.

---

3 "1. 아동을 매매하는 행위 2. 아동에게 음란한 행위를 시키거나 이를 매개하는 행위 또는 아동에게 성적 수치심을 주는 성희롱 등의 성적 학대행위 3. 아동의 신체에 손상을 주거나 신체의 건강 및 발달을 해치는 신체적 학대행위 4. 삭제 <2014. 1. 28.> 5. 아동의 정신건강 및 발달에 해를 끼치는 정서적 학대행위 6. 자신의 보호·감독을 받는 아동을 유기하거나 의식주를 포함한 기본적 보호·양육·치료 및 교육을 소홀히 하는 방임행위 7. 장애를 가진 아동을 공중에 관람시키는 행위 8. 아동에게 구걸을 시키거나 아동을 이용하여 구걸하는 행위 9. 공중의 오락 또는 흥행을 목적으로 아동의 건강 또는 안전에 유해한 곡예를 시키는 행위 또는 이를 위하여 아동을 제3자에게 인도하는 행위 10. 정당한 권한을 가진 알선기관 외의 자가 아동의 양육을 알선하고 금품을 취득하거나 금품을 요구 또는 약속하는 행위 11. 아동을 위하여 증여 또는 급여된 금품을 그 목적 외의 용도로 사용하는 행위"

4 이것 외에 국제학계에서는 '조직적 아동성학대(Organised sexual abuse, 복수의 아동이 복수의 성인에 의하여 성학대를 당하는 현상)'를 포함시키는 학자들이 늘어나고 있다.

회복하기 어려운 심각한 학대를 당한 피학대 아동이 성인이 되면 어린 시절의 학대로 말미암아 성인이 된 이후에도 여러 가지 후유장애를 경험하게 되므로 아동학대는 억제되어야 한다. 또 아동학대는 대단히 발생빈도가 높다. 세계 모든 나라에서 아동학대를 심각한 사회문제로 인식하고 그 치료와 예방에 많은 노력을 기울이고 있는 이유는 여기에 있다.

Ⅲ 아동학대의 유형

가장 발생빈도가 높은 유형은 다음과 같은 네 가지 유형이지만 피학대아동의 입장에서 보면 중복학대를 당하는 수가 많다. 예를 들어 신체적 학대를 당하는 아동은 정서적 학대가 수반되는 경우가 많고, 신체적 학대를 행하는 친권자는 유기와 방임을 병행하는 수가 많다. 전국아동학대 현황보고서(2016)가 전하는 대한민국 아동학대의 실태는 다음과 같다.

> "중복학대가 8,980건(48.0%)으로 가장 많았고, 정서학대 3,588건(19.2%), 방임 2,924건(15.6%), 신체학대 2,715건(14.5%), 성학대 493건(2.6%)의 순이다. 중복학대를 별도로 구분하지 않고 아동학대사례 유형의 분포를 살펴보면 정서학대가 12,262건(43.1%)으로 가장 많았고, 신체학대와 방임이 각각 10,875건(38.2%), 4,592건(16.1%), 성학대 753건(2.6%)이다. 아동학대사례 유형에 따른 피해아동의 성별 분포를 살펴보면 신체학대와 방임사례에서는 남아가 여아보다 높았고, 정서학대와 성학대에서는 여아가 남아보다 높았다. 특히 성학대 사례에서는 여아가 87.8%로 압도적인 비율을 보였다."

1. 신체적 학대(physical abuse)

어느 사람이 타인에게 신체적 공격을 가하면 「형법」상의 범죄(폭행, 폭행치사, 상해치사)가 된다. 동일한 공격이 가정 내에서 일어나면, 예를 들어 가장(家長)이 부인이나 아동에게 폭행 등을 하면 신체적 학대이다. 정책당국은 보호자들(caregivers)이 피보호자인 아동을 신체적으로 학대하는 행위를 억제하는 데 실패를 거듭하고 있다. 가장 문제가 되는 영역은 부모나 교사가 행하는 '교육목적상의 체벌' 문제이다. 이른바 '신성한 교육목적'이 담겨있는 '사랑의 매('reasonable correction', 'reasonable chastisement')'는 정당화되어야 한다는 논증으로 많은 나라에서 법적으로 '교육목석상의 체벌'을 '아동학내' 개념에서 제외하고 있어 문제이다.

[Box 6.1] 체벌판례: 체벌이 법령에 의한 정당행위로 인정될 수 있는지 여부와 그 요건 (대법원 2004. 6. 10. 선고 2001도5380 판결)

[사안]

여자중학교 체육교사 겸 태권도 지도교사인 D는 1999년 3월 자신이 체육교사로 근무하는 충남 모 여중학교 운동장에서 V(여학생)가 '무질서하게 구보한다'는 이유로 손바닥으로 두 차례 목을 때리고, 같은 달 태권도 대회 출전과 관련해 질문하는 V2 등 2명에게 낯모르는 학생들이 보는 가운데 '싸가지 없는 년'이라고 욕설하여 폭행·모욕혐의로 기소되었다. 제1심과 항소심은 유죄를 인정하고 벌금 100만 원을 선고하였다. D는 자신의 행위가 '교육목적상 정당한 징계행위이므로 정당행위'임을 주장하며 무죄를 구하는 상고를 하였다.

[쟁점]

초·중등교육법 제18조 제1항은 '학교의 장은 교육상 필요한 때에는 법령 및 학칙이 정하는 바에 의하여 학생을 징계하거나 기타의 방법으로 지도할 수 있다'고 규정하고 제20조 제4항은 '교사는 법령이 정하는 바에 따라 학생을 교육한다'고 규정하며, 그 법 시행령 제31조 제1항은 '법 제18조 제1항 본문의 규정에 의하여 학교의 장이 교육상 필요하다고 인정할 때에는 학생에 대하여 다음 각 호의 1의 징계를 할 수 있다. 1. 학교 내의 봉사, 2. 사회봉사, 3. 특별교육이수, 4. 퇴학처분'이라고 규정하고 그 제31조 제8항은 '학교의 장은 법 제18조 제1항 본문의 규정에 의한 지도를 하는 때에는 학칙으로 정하는 바에 따라 학생에게 신체적 고통을 가하지 아니하는 훈육, 훈계 등의 방법으로 행하여야 한다'고 규정하고 있다. 교육목적상 체벌은 법률에 의한 행위로서 사회상규에 위배되지 않는 행위(형법 제20조)로 인정될 수 있는가?

[판결요지(상고기각)]

1. 형법 제20조가 '법령에 의한 행위 또는 업무로 인한 행위 기타 사회상규에 위반되지 아니하는 행위는 벌하지 아니한다'고 규정하여 법령에 의한 학생에 대한 징계나 학생에 대한 교육적 지도행위의 경우에는 그 행위의 위법성이 조각(阻却)되는 것임은 상고이유로 주장된 바와 같다. 그런데 사회상규에 위반되지 아니하는 행위라 함은 법질서 전체의 정신이나 그의 배후에 놓여 있는 사회윤리, 도의적 감정 내지 사회통념에 비추어 용인될 수 있는 행위를 말하는 것이어서 어떠한 행위가 사회상규에 위배되지 아니하는가는 구체적 사정 아래에서 합목적적, 합리적으로 고찰하여 개별적으로 판단되어야 할 것이다(대법원 2000. 4. 25. 선고 98도2389 판결 참조).

2. 교육에 관한 중심 법규이던 구 교육법에 갈음하여 교육기본법(법률 제5437호)이 1998.

3. 1.부터 시행되고 그 법 제9조에 의거하여 초·중등교육법(법률 제5438호)이 제정 시행됨과 아울러 그동안의 교사와 학생의 인식, 인적·물적 교육환경에 변화가 있었고 그에 따라서 학생의 징계, 지도에 관한 규정내용도 달라졌으므로, 이후 초·중등학교에서의 학생의 징계, 지도에 관한 법적 규율에도 그러한 사정이 반영될 수밖에 없다. (중략) 그 규정들에 따르건대, 교사는 학교장의 위임을 받아 교육상 필요하다고 인정할 때에는 징계를 할 수 있고 징계를 하지 않는 경우에는 그 밖의 방법으로 지도를 할 수 있는데 그 지도에 있어서는 교육상 불가피한 경우에만 신체적 고통을 가하는 방법인 이른바 체벌로 할 수 있고 그 외의 경우에는 훈육, 훈계의 방법만이 허용되어 있다.
3. 그러하니 교사가 학생을 징계 아닌 방법으로 지도하는 경우에도 징계하는 경우와 마찬가지로 교육상의 필요가 있어야 될 뿐만 아니라 특히 학생에게 신체적, 정신적 고통을 가하는 체벌, 비하(卑下)하는 말 등의 언행은 교육상 불가피한 때에만 허용되는 것이어서, 학생에 대한 폭행, 욕설에 해당되는 지도행위는 ㉮ 학생의 잘못된 언행을 교정하려는 목적에서 나온 것이었으며 ㉯ 다른 교육적 수단으로는 교정이 불가능하였던 경우로서 ㉰ 그 방법과 정도에서 사회통념상 용인될 수 있을 만한 객관적 타당성을 갖추었던 경우에만 법령에 의한 정당행위로 볼 수 있을 것이다. 따라서 교정(矯正)의 목적에서 나온 지도행위가 아니어서 ⓐ 학생에게 체벌, 훈계 등의 교육적 의미를 알리지도 않은 채 지도교사의 성격 또는 감정에서 비롯된 지도행위라든가, ⓑ 다른 사람이 없는 곳에서 개별적으로 훈계, 훈육의 방법으로 지도·교정될 수 있는 상황이었음에도 낯모르는 사람들이 있는 데서 공개적으로 학생에게 체벌·모욕을 가하는 지도행위라든가, ⓒ 학생의 신체나 정신건강에 위험한 물건 또는 지도교사의 신체를 이용하여 학생의 신체 중 부상의 위험성이 있는 부위를 때리거나 학생의 성별, 연령, 개인적 사정에서 견디기 어려운 모욕감을 주어 방법·정도가 지나치게 된 지도행위 등은 특별한 사정이 없는 한 사회통념상 객관적 타당성을 갖추었다고 보기 어려운 것이다.
사실관계에 위의 법리를 적용하여 본즉, D가 V등의 각 언행을 교정하기 위하여는 위에서 본 학생지도시의 준수요건을 지켜 개별적 지도로서 훈계하는 등의 방법을 사용할 수 있었던 상황이었으며 달리 특별한 사정은 인정될 수 없었음에도 스스로의 감정을 자제하지 못한 나머지 많은 낯모르는 학생들이 있는 교실 밖에서 피해학생들의 행동을 본 즉시 D 자신의 손이나 주먹으로 V의 머리 부분을 때렸고, D가 신고 있던 슬리퍼로 V의 양손을 때렸으며 감수성이 예민한 여학생인 V등에게 모욕감을 느낄 지나친 욕설을 하였던 것은 사회관념상 객관적 타당성을 잃은 지도행위이어서 정당행위로 볼 수 없다.

[분석과 해설]

좋은 의미의 체벌은 '교육자가 피교육자의 행동을 변화시키려는 목표를 달성하기 위한 수단으로서 의도적으로 가하는 육체적·정신적 고통'(Spanking, corporal punishment, 이하 '체벌'로 약칭함. 비하하는 말 등의 언행도 이 범주에 포함시킬 수 있다)이다. 체벌로 학생이 불구가 되거나 사망하는 사고가 생기면 학생의 보호자는 체벌을 가한 교사나 그 사용자를 상대로 불법행위로 인한 손해배상청구소송을 제기하거나 체벌을 가한 교사를 폭행·상해치사 혐의로 형사고소 하는 경우가 빈발한다. 그럴 경우 손해배상청구소송의 상대방(국가나 지방자치단체, 사립학교 재단)이나 형사기소된 교사는 '교육목적상의 체벌은 불가결한 교육수단'

이라는 유교적인 발상[한국의 교육체벌의 역사는 유교의 도입과 역사를 같이 할 것]으로 보인다. 왜냐하면 유교문화권에서 가장 낮은 형벌로 통하는 태형(笞刑)은 그 기원상 교육체벌이었기 때문이다. 태장도유사(笞杖徒流死)의 오형(五刑) 중 태형은 교육방침에 순종하지 않는 피교육생에 대한 교육체벌이었다. 유교문화의 영향권 내에 있는 아시아권의 국가들은 한국의 사정과 비슷한 역사를 가지고 있다. 그러나 21세기 현재, 체벌문제에 관한 한 한국의 상황은 같은 유교문화권 국가 중에서도 최악의 조건 속에 놓여 있다. 왜냐하면 현대 한국사회는 신유학(新儒學, 朱子學)적 유교문화가 여전히 실생활 속에 살아 움직이고 있는 거의 유일한 사회이기 때문이다. 한국사회에서는 여전히 위와 같은 신유학적 사고방식에 기초하여 자신의 행위는 '사회상규에 위반되지 아니하는 정당행위'라고 항변하거나 종래 '체벌'에 대한 근거규정이 교육법에 규정되어 있었으므로 자신의 행위는 '법령에 의한 행위'라고 항변하면서 민형사상의 책임을 부인하는 사람들이 많다. 교육법등 법률의 규정은 한국사회의 통념을 기초로 규정되기 마련이므로 궁극적으로는 한국사회에서 체벌이 '사회상규에 위반되지 아니하는 정당행위'로 인정될 수 있는지 여부와 그 요건이 쟁점화된다. 1998. 3. 1.부터 구 교육법을 대체하여 교육기본법(법률 제5437호)과 초·중등교육법이 새로 제정·시행되고 있는데 본판결은 교육기본법과 초·중등교육법 시행 이후에 나온 최초의 형사판결이어서 주목된다.

부모와 교사의 자녀·학생체벌은 엄청난 사회적 폐해를 가져온다. 체벌은 은연 중 '목적이 정당하면 체벌이 정당화될 수 있다'는 규범의식을 청소년에게 교육시켜 청소년 범죄를 증가시키는 주요 원인이 되고 있다. 게다가 어린 시절에 체벌을 당한 사람은 성장하여 타인에게 폭력을 행사하는 경향이 있다. 이런 점들이 알려져 오래전부터 '일체의 체벌불법화' 운동이 유엔 차원에서 전개되고 있다. 인권선진국의 경험에 의하면 체벌불법화 운동의 최대의 적(敵)은 공포(fear, 체벌을 안하면 교육이 안된다는 공포)와 무지(ignorance, 체벌만큼 좋은 교육수단이 없다는 무지)이다. 한국의 교사들은 체벌의 불가피성을 주장하지만 체벌 없이도 얼마든지 교육은 가능하다.

구 「민법」 제915조의 '친권자는 그 자를 보호 또는 교양하기 위하여 필요한 징계를 할 수 있다'는 일명 '징계권' 조항이 2021년에 삭제되었다.

얼마나 많은 아동들이 보호자들로부터 신체적 학대를 받고 있을까? 미국의 어느 조사에서는 조사대상자의 2.4%의 아동이 보호자로부터 발로 채이거나 불에 달궈지거나, 총칼로 위협당하거나 이빨에 물리고 있다. 8.5%의 아동은 보호자의 손발이 아닌 다른 도구로 맞고 있다.

혹시 아동을 신체적으로 학대하는 부모에게 나타나는 공통된 특성이 있을까? 그 부모들은 대체로 정서적 결함이 있는 사람이거나 약물남용이나 알코올중독자이거나, 사회적 지원을 받지 못하는 사람이거나 가정폭력의 습성이 있는 사람이거나 어린 시절에 자신의 보호자로부터 학대를 받은 사람들이었다.

피학대 아동의 성별 분포에 유의미한 차이는 보이는 않는다. 예를 들어 피학대아동은 소년(50%)과 소녀(50%)의 비율에 거의 차이가 나지 않는다.

신체적 학대를 받고 있는 아동은 다른 사람과 사귀는데 장애를 갖는 수가 많다. 집에서 항상적으로 신체학대를 받고 자란 아동은 항상 타인을 경계하거나 타인을 잘 신뢰하려고 하지 않는 경향이 있다. 그런가 하면 그 아동들은 타인의 행동을 지배하려 하거나 타인에 대한 공격적 성향이 발견되기도 한다. 그들은 또한 정서적 폭발성(심각한 비탄, 공포, 분노의 표출)을 보이기도 하고 작은 일에도 과잉반응 현상을 보이기도 한다.

신체적 학대를 받고 자란 아동은 다음 사항에 어려움을 겪을 수 있다.

- 학업성취(academic achievement)
- 신체적 발전과 조정(physical development and coordination)
- 친구사귀기와 관계유지(developing friendships and relationships)
- 공격성과 분노조절(aggression and anger management)
- 우울증, 불안, 낮은 자존감(depression, anxiety and low self-esteem)

신체적 학대를 받고 자란 아동은 성인이 된 후에도 계속적으로 위의 어려움을 겪는 수가 있다. 그들은 공격적으로 되거나 폭력적 행위로 나아갈 위험성이 있거나 수줍음을 타거나 타인을 기피하는 성향을 띨 가능성이 있다.

2. 정서적 학대(emotional abuse)

정서적 학대란 '아동의 정신건강과 발달에 해를 끼치는 학대행위'를 말한다. 아동을 무시하거나 거부하는 행위 혹은 애정표현이나 칭찬을 하지 않는 것과 같은 소극적 형태의 학대와 끊임없이 고함을 치거나 위협하거나, 공포심을 주거나, 트집을 잡거나 아동에게 말을 하지 않는 언어적 거부 등과 같은 정신적 형태의 학대도 정서적 학대에 포함된다.

정서적 학대는 심리적·사회적 측면(the psychological and social aspects)의 학대이다. 많은 부모들이 이 학대를 저지르고 있고 그 와중에 불가피하게 신체적, 성적 학대가 자행되기도 한다. 어떤 부모들은 아동의 니즈(needs)나 취향과 상관없이 자신의 니즈와 목표에 따라 아동을 양육하려다가 정서적 학대로 나아간다. 이런 부모들의 스타일은 아동을 향하여 노골적인 공격성, 예를 들어 소리치거나 위협을 하거나 심지어는 거짓 조작까지 불사하는 과잉행동으로 발현되기도 한다.

부모 또는 아동을 돌보는 사람이 아동에게 극히 부정적인 태도를 가지며 언어적 또는 정서적으로 공격하거나 공격의 위협을 가하는 수가 있다. 예를 들어 아동의 행동이 '부모의 죽음 또는 자살까지 불러올 수 있다'고 위협하는 것, 아동을 어두운 곳에 가둬두는 등의 위협 또는 처벌로 무서움에 떨게 하는 것, 아동을 아동으로 인정하지 않는 것, 사랑이나 애정을 주지 않는 것, 아동이 정상적인 취약점을 표하거나 사랑을 구할 때 겁주거나 놀려주는 것 등이다. 이런 행위는 아동에게 당장 심각한 손상을 가하지는 않을지 모르지만 아동을 정서적으로 불안하게 함으로써 아동의 대인관계나 사회 적응에 장애를 불러일으키게 된다는 점에서 그 문제가 심각하다.

정서적 학대에서 중요한 포인트는 아동의 정서에 미치는 영향(정서발달장애와 자존감결여)에 있다. 그 영향은 성질상 그 존재와 인과관계 입증이 매우 어렵다. 또 정서적 학대는 다른 유형의 학대가 있을 때 거의 언제나 부수적으로 수반되는 현상이다.

부모만이 정서적 학대의 주체가 되는 것은 아니다. 아동에 대하여 일정한 보호교육책임이 있는 어른들도 정서적 학대의 주체가 될 수 있다. 또 다른 아동이 다른 아동을 정서적으로 학대할 수도 있다. 우리는 그것을 왕따(bullying)라고 부른다. 학교에서의 지속적인 왕따는 피해아동에게 치명적인 해악을 가하기 때문에 왕따의 존재가 인지되면 아동보호체제는 능동적이고 신속하게 개입해야 한다.

얼마나 많은 아동이 정서적으로 학대당하고 있을까? 미국의 어느 학부대학 소속 학생들을 상대로 한 설문조사에서 25%의 학생들이 아동기에 부모로부터 정서적 학대의 경험이 있다고 답했다. 25%의 학생들은 가정 밖에서 '왕따받은 경험이 있다'고 답했다.

피해아동의 성비(性比)에 차이는 없고 피해연령은 6~8세 사이의 연령대가 가장 많았다.

누가 정서적 학대의 가해자인가? 대체로 아동에 대하여 부정적인 태도를 가지는 부모나 부모역할을 달갑게 여기지 않는 부모들이다. 그들은 그들이 보기에 통제하기 어려운 아동의 행동, 특히 아동이 자신의 부적절한 양육에 적응하지 못하는 반응을 보일 때, 그것을 자신의 무지(無知)[5]나 무관용에 돌리지 않고, 오히려 자신의 부정적인 감정과 연결시킨다. 정서적 학대는 부모의 정신건강 문제, 가정폭력, 약물남용, 알코올남용, 어린 시절의 피학대 경험과 연계되는 수가 많다.

[아동기에 나타나는 징후]

- 자신을 불행하다고 느끼거나, 우울하게 되기 쉽고 쉽게 놀라는 상태가 될 수 있다.
- 공격적으로 행동하거나 반사회적으로 행동하거나, 또래에 비하여 성숙한 행동을 한다.
- 학업성취나 학교출석에 어려움을 겪는다.
- 친구 사귀는 데 어려움을 겪는다.
- 신체적 방임이나 영양실조의 징후를 보인다.
- 자제심 결여의 모습이 보이거나 이상한 고통을 경험한다.
- 신체적, 정서적 발진의 지체를 보인다.
- 끊임없이 타인을 비난한다.
- 지나치게 규범을 준수하거나 극단적으로 수동적인 태도를 보인다.

[정서적 학대를 당한 아동이 성인이 된 후에 나타내는 징후]

- 정신건강 문제를 경험한다.
- 타인의 행동과 역할기대를 잘 하지 못하기 때문에 사교적, 직업적, 로맨틱한 대인관계에서 어려움을 겪는다.
- 다층적 피학대와 연계되어 있는 복잡한 심리적·사회심리적 문제를 겪는다.

3. 성적 학대(child sexual abuse)

아동은 성적 행동에 대한 동의능력이 없기 때문에 아동과 성적 행동을 하는 성인(成人)은 설사 아동의 동의를 얻어 아동과 성행위를 하였다 하더라도 아동에게 성적 학대를 하는 것으로 간주된다. 피해아동은 평생에 걸쳐 치명적인 해악에 시달린다.

5 무지(無知)로 인한 아동학대의 전형적인 사례로 뒤에 설명하는 '흔들린 아이 증후군(셰이큰 베이비 신드롬, shaken baby syndrome)' 사례이다.

아동에 대한 성학대 행위들은 다음과 같은 행위들을 포함한다.

- 음란한 내용의 전화, 텍스트 메시지 보내기, 디지털 소통
- 성기주변을 만지거나 접촉하기
- 맨몸 보여주기
- 아동 앞에서의 자위행위 혹은 아동으로 하여금 자위행위를 하도록 시키기
- 아동과의 성교행위
- 아동과의 유사성행위 혹은 아동이용음란행위
- 상업적 성착취를 위한 아동인신매매

[누가 성학대의 주체가 되는가?]

대부분 아동이나 그 가족이 아는 사람이다. 18~19세 미만 아동의 93%가 그 가해자를 안다. 가해자는 성인인 경우가 많으나 가해자가 또래의 아동인 경우가 늘어나고 있다. 가해자는 형제자매, 친구, 촌수가 먼 가족구성원, 교사, 스포츠 코치나 감독, 돌보미, 또래친구의 부모일 수도 있다. 우리나라에서는 가해자가 친족인 경우가 36.3%, 동네사람 21%, 동급생 및 선배 7.7%, 교사 6.7%의 순으로 나타나고 있다. 아동에 대한 성학대는 전체의 3분의 1 이상이 친족에 의해서 발생하고, 대부분 평소 안면이 있는 사람들로부터 일어나고 있다.

가해자는 피해아동이 피해사실을 누군가에게 알리지 않고 비밀로 간직하도록 하기 위하여 여러 가지 전술을 쓴다. 가해자는 자신의 권력으로 성학대를 강요하고 위협을 가하거나 속여 누설을 막는다. 예를 들어 '성행위는 정상적인 것'이라거나 '양쪽 모두 즐겼다'는 식으로 속인다. 성학대는 동시에 신체적 학대의 일부이기도 하고 권위관계 혹은 신뢰관계를 저버리는 비윤리적 행위이기도 하다.

아동이 성학대를 당한 것이 아닌가를 의심하게 만드는 징후들은 다음과 같다.

[신체적 징후]

- 걷거나 앉는 데 어려움을 겪는다.
- 속옷에 피가 묻거나 찢어졌거나 손상되었거나 오물이 묻어 있다.
- 성기 주변에 피가 나거나 상처가 있거나 부풀어 올랐다.
- 성기 주변에 통증을 느끼거나 가려워하거나 불에 그을린 흔적이 있다.
- 비뇨기에 잦은 질환, 손상이 발생하거나 거품이 생긴다.

[행동적 징후]

- 신체접촉을 피하거나 누군가에게 위협을 당한 것 같은 느낌이 든다.
- 우울증의 징후를 표출하거나 외상후 스트레스 장애(PTSD)를 겪는다.
- 특히 사춘기에 자살을 언급한다.
- 자위행위를 한다.
- 병적공포(phobias)가 발전한다.
- 학교에 결석을 자주 하거나 성적이 떨어진다.
- 샤워를 자주 하지 않거나 반대로 지나치게 자주 샤워한다.
- 손가락을 빠는 등 퇴영적인 행동을 한다.
- 학교에 잘 나가지 않거나 가출을 자주 한다.
- 악몽에 시달리거나 자면서 오줌을 싼다.
- 연령에 어울리지 않는 과도한 성적 지식이 있고 그런 행동을 한다.

호주에서는 설문을 받은 사람 중 3분의 1에 해당하는 여성들이 아동기에 성학대를 당한 경험이 있다고 응답했고, 10%에 해당하는 남성들이 아동기에 성학대를 당한 경험이 있다고 응답했다. 소녀가 소년보다 더 많은 성적 위험에 노출되었다. 장애아동은 비장애아동에 비하여 7배나 많은 비율로 성적 위험에 노출되었다. 오직 10%에 해당하는 사건들만이 경찰에 신고되었다.

가해자는 주로 남성이었으며 그들은 대부분이 정신질환이 없는 사람이었고 아동성애자(pedophilia)도 아니었다.

4. 유기(abandonment)와 방임(neglect)

유기(遺棄)와 방임(放任)은 잘 구별되지 않는다. 그래서 양자를 구별하지 않는 입법례가 있지만 유기와 방임을 구별하는 입법례도 있다. 한국의 아동복지법은 양자를 구별하고 있으므로 이곳에서는 양자를 구별해 보기로 한다.

대체로 부모가 자신의 정체성을 분명히 하지 않거나 자신의 소재(所在)를 아동에게 알리지 않아 아동이 심각한 결핍에 노출되거나, 부모가 아동과의 접촉을 유지하지 않거나, 상당한 기간 동안 부모가 아동에게 이성적인 지원을 하지 않으면 부모가 아동을 유기한 것이다.

부모가 아동의 연령대에 적합한 돌봄(care) 서비스를 제공하지 않는 형태의 학대가 방임이다. 방임은 보통 계속적으로 부적절한 돌봄이 지속되는 패턴 유형이다. 아동이 학교에 다니면 그 아동을 항상적으로 접촉하는 지위에 있는 교사는 아동의 불량한 위생상태, 비정상적인 야윔, 불충분한 의료적 처치, 빈번한 불출석 등을 통하여 그 부모의 아동에 대한 방임을 의심할 수 있다. 방임은 다시 신체적 방임, 정서적 방임, 교육적 방임, 의료 방임으로 나누어 살펴볼 수 있다.

2005년의 미국 조사에서 아동은 신체적 학대나 성적 학대보다 방임적 학대를 더 많이 경험하는 것으로 나타났다. 예를 들어 조사대상 아동의 62.8%가 방임, 16.6%가 신체적 학대, 9.3%가 성적 학대, 7.1%가 정서적 학대로 나타났다. 62.8% 중 2%가 의료 방임이었다. 그럼에도 불구하고 방임은 신체적 학대나 성 학대에 비하여 관심을 덜 받고 있다. 그 이유는 무엇일까?

방임은 그 존재를 입증하기가 어렵기 때문이라는 견해가 설득력이 있을지 모른다. 방임은 부작위에 가깝다. 그러나 아동의 니즈를 방임하는 것은 아동을 때리는 것 못지 않게 해악이 심각하다.

Ⅳ 아동복지법과 아동특례법의 주요 내용

1. 「아동학대 범죄의 처벌 등에 관한 특례법」의 내용

이 법은 종래 '가정 내 훈육'으로 치부되던 행위들을 '중대한 범죄'로 인식하여 '국가가 적극적으로 개입'할 수 있는 길을 열었다는 데 중요한 의미가 있다.

아동특례법은 6장 64조로 되어 있다. 이 법은 총칙에서 '아동학대범죄의 (1) 처벌 및 그 절차에 관한 특례, (2) 피해아동에 대한 보호절차, (3) 아동학대행위자에 대한 보호처분을 규정하여 규범내용의 실천력을 높이려고 한다.

(1) 처벌특례의 내용은 아동학대치사, 아동학대중상해, 상습범, 아동복지시설의 종사자 등의 아동학대범죄를 가중처벌하고 판사가 이들에게 유죄판결을 할 때 수강명령 또는 아동학대 치료프로그램의 이수명령을 병과할 수 있게 하여 범죄자에 대한 형량을 높였다(제2장). 그러나 형량을 높이는 것이 능사가 아니라 집행력을 높이는 것이 중요하다.

아동학대중상해, 상습범에 대하여 검사는 의무적으로 친권상실 청구를 하여야 한다. 과거에 우리나라 사람들은 '친권은 신성불가침하여 국가라 할지라도 친권을 박탈할 수 없다'고 생각해 왔다. 이에 비추어 볼 때 특례법의 내용은 진보적인 조치이지만 향후에 검사가 얼마나 이 조항을 활용한 것인지 지켜볼 필요가 있다.

주목되는 것은 아동학대의 실사례를 목격하기 쉬운 지위에 있는 교사, 의사 등에게 아동학대 신고의무를 부과하고 경찰의 현장출동의무 등을 규정한 점이다. 학대범죄를 신고 접수한 사법경찰관이나 아동보호전문기관 직원은 지체 없이 현장에 출동하여야 한다. 현장을 발견한 사법경찰관리·아동보호전문기관직원은 피해아동과 아동학대행위자를 격리하고 아동을 보호시설이나 의료기관등으로 인도하는 등의 필요한 응급조치를 취하여야 한다. 응급조치의 기간은 72시간을 넘지 못한다. 응급조치에도 불구하고 아동학대가 재발될 우려가 있는 경우 사법경찰관은 아동학대행위자에 대한 긴급 임시조치를 할 수 있다.

특례법은 임시조치의 내용으로 피해아동이나 가족 구성원의 주거로부터 퇴거, 접근금지, 상담, 교육, 요양시설에 위탁이나 구치소에 유치 등 이외에 친권행사의 제한 및 정지를 규정하여 아동에 대한 부당한 친권 행사를 신속히 견제하고 동시에 임시 후견인을 지정하도록 하여 법정 대리인의 공백이 없도록 배려하였다.

성폭력범죄의 처벌 등에 대해서만 적용하던 피해자 국선변호사 및 진술조력인 제도도 도입하였다(3장 16조).

가정 내에서 발생하는 1회적이고 경미한 사건에 대해서는 보호처분을 통해 아동과의 관계회복을 통해 원 가정을 보호할 수 있게 하였다.

특례법은 신고의무 대상자를 확대하고 아동학대 의심이 있는 경우에도 신고를 하도록 의무를 부과하고 과태료도 상향하여 (3장 10조) 아동학대를 사전에 발견하여 심각한 상황으로 가는 것을 사전에 예방하는 장치도 마련하였다.

특례법은 또 피해아동을 위하여 기존 가정폭력법상의 조치(접근제한, 통신제한, 친권제한) 외에 후견권 행사 제한·정지, 피해아동 보호위탁·치료위탁·가정위탁 등을 추가하였다.

2. 일부개정된 아동복지법의 내용

아동복지법은 특례법상의 아동학대범죄에 살인죄를 추가하였다(제1장 제3조 8호). 또 국가와 지방자치단체의 책무로 아동보호자의 양육교육 지원을 추가(제1장 제4조 ⑥항)하였다. 3장에서는 아동에 대한 보호서비스 및 아동학대의 예방 및 방지에 대한 관련기관의 역할 및 책임내용도 구체화하였다. 경찰관이 직무상 아동학대의 의심사례를 발견하면 아동보호전문기관에 통보하도록 의무화(제27조의2)하였다. 아동학대 관련 보호시설 및 의료기관은 정당한 사유 없이 아동의 인수를 거부하지 못하도록 하였고(제27조의3), 피해아동, 그 가족 및 학대행위자에 대한 정보와 아동학대예방사업에 대한 정보를 관리할 아동학대정보시스템을 구축·운영(제28조의2)하도록 하였다.

아동학대 관련범죄로 형 또는 치료감호를 선고받아 확정된 자는 집행종료·유예·면제된 날 부터 10년 동안 아동관련 기관을 운영하거나 취업할 수 없도록 하였다(제29조의3 ①항). 아동 관련기관은 직원 채용 시 아동학대 관련범죄 전력을 확인하여야 하며(제29조의3), 아동 관련기관이 직원 채용 시 아동학대 관련범죄 전력을 확인하지 않을 경우 500만 원 이하의 과태료를 물리도록 하였다.

3. 특례법 제정의 의미

세계보건기구, 유니세프 등은 각 회원국으로 하여금 아동보호체제(CPS)를 구축할 것을 권고하고 있다. 종래 한국의 특례법과 아동복지법은 강령(綱領)을 선언하는데 그치거나 장차의 희망사항을 조문화하였을 뿐 실천성이나 규범력의 강화와는 거리가 먼 법에 그쳤다. 최근의 특례법 제정과 아동복지법 개정은 실천성·규범력의 강화 측면에서 진일보된 조치의 모습을 보이고 있어 '한국형 아동보호체제'의 법률적 얼개를 형성하였다고 평가할 만하다.

첫째, 아동보호전문기관의 직원들에게 법적 권한이 부여되고 아동학대 범죄 신고시 현장에 사법경찰과 아동보호전문기관이 동행할 수 있고, 응급상황시 사법경찰이 반드시 동행하도록 의무화하였다. 종래 법적 권한이 없는 상황에서 현장조사라는 공적 역할을 수행해야 하는 아동보호전문기관의 어려움이 다소간 완화될 수 있는 법적 근거가 생긴 것이다.

둘째, 사법경찰과 아동보호전문기관이 아동학대에 대한 정보를 공유하고 아동학대 행위자에 대한 DB를 구축할 수 있는 근거가 생겼다.

셋째, 법원, 병원, 검찰, 법원 교육기관 등 공적 전달체계 등의 다양한 관련 체계의 역할과 책임에 대한 내용이 규정되어 있어 협력 체계를 갖추는 데 필요한 법적 근거가 마련되었다. 그러나 실제로 협력할 수 있는 기관·기구가 지역에 없거나 인력이 부족해서 필요한 협조를 구하기 어려운 상황은 여전히 발생하고 있다. 종래 학대가 있어도 훈육차원으로 이해하고 신고를 하지 않거나 신고하더라도 부모가 훈육차원의 체벌이라고 주장하면 심각한 외상이 아닌 한 대개 훈방 조치되는 경우가 많았는데 이런 상황이 특례법이 시행된다고 하여 갑자기 크게 달라지지는 않을 것이다.

넷째, 학대행위자에 대해서도 처벌이 능사가 아니므로 특례법은 상담, 치료, 격리 등 다양한 형태의 개입을 제시하고 있다. 종래에는 학대행위자들의 자발적인 참여에 의해서만 교육, 상담 및 치료 등이 이루어졌었지만 이제 법으로 강제할 수 있는 근거가 생겼다.

다섯째, 특례법은 의료진, 교사, 사회복지사, 아이 돌보미 등 신고 의무자 범위를 확대하고 그들에 대한 과태료 등을 강화[6]함으로써 아동학대 발견 및 신고를

6 [서울=연합뉴스] “아동학대 의무 신고제가 제역할을 못하고 있다는 지적이 나온다. 2016년 3월 29일 보건복지부에 따르면 아동학대 판정 건수는 2010년 5천 657건, 2011년 6천 58건, 2012년 6천 403건, 2013년 6천 796건, 2014년 1만 27건, 2015년 1만 1천 709건 등으로 최근 5년 새 갑절로 늘었다. 하지만 아동학대 신고의무 불이행으로 과태료가 부과된 것은 32건뿐이었다. 2012년과 2013년 1건씩 과태료가 부과됐으며 아동학대범죄 처벌에 관한 특례법이 시행된 2014년 10건으로 늘어난 뒤 작년 다시 20건으로 증가하는 데 그쳤다. 정부는 2012년 아동 관련 업무 종사자들이 아동학대를 목격했을 때 의무적으로 수사기관에 신고하도록 제도를 개선했다. 아동학대 신고의무자는 어린이집과 유치원, 학교의 교직원과 아이 돌보미, 학원의 운영자와 강사, 직원, 가정위탁지원센터와 아동복지시설, 장애인복지시설, 청소년시설, 청소년보호센터, 가정폭력상담소와 피해자보호시설 활동가 등이다. 건강가정지원센터와 다문화가족지원센터, 정신보건센터 관계자와 사회복지전담공무원, 아동복지전담공무원, 의료인·의료기관장, 소방구급대원 등을 포함해 모두 24개 직군 168만 명이 이에 해당한다. 신고 의무를 이행하지 않는 경우에는 500만원 이하의 과태료가 부과된다. 이명숙 법무법인 나우리 대표변호사는 신고의무자가 아동학대를 목격해 신고하기까지는 심리적으로 큰 부담을 감수해야 하는데, 이를 극복하고 신고를 할 수 있도록 유도해야 한다고 강조했다. 이 변호사는 “신고 의무자가 왜 신고를 못 하는지 원인을 밝혀내고 해결해야 한다”며 “신고에 대한 부담을 줄여줘서 신고할 수 있는 분위기를 만들어줘야 하며 신고하면 많이 격려하고 의무를 어길 때는 과태료를 부과해야 한다”고 말했다. 이처럼 제도가 실효성을 발휘하지 못하고 있는 상황에서 정부는 이날 발표한 ‘아동학대 방지대책’을 통해 신고의무자에 대한 교육을 강화하고 신고 대상 직군을 확대하겠다는 보완책을 내놨다. 정부는 기존

통한 조속한 조치를 취하도록 하였다. 종래 아동학대가 발견되었음에도 신고의무자들에 의한 신고율은 매우 낮았었다. 전국아동학대 현황보고서(2016)에 의하면 전체 신고건수의 32.0%만이 신고의무자에 의한 신고였다. 특례법은 이런 현실을 인식하고 신고 의무자 범위의 확대와 의무위반에 대한 제재를 강화하여 규범의 집행력을 높이려고 하는 것이다. 그러나 특례법이 제정되었다고 해서 아동학대 문제가 획기적으로 해결되거나 감소하지는 않을 것이다.

4. 아동복지법과 특례법의 잦은 개정

특례법은 2016년과 2019년에 개정되었고 2020년에도 그 개정안이 국회에서 발의되고 논의되고 있다. 국가나 지방자치단체의 재정적 지원을 받는 NGO나 아동보호기구, 교육 주체가 아동학대의 징후를 발견하면 수사기관에 신고할 수 있는 기회를 늘리고, 경찰과 검찰이 학대 가정에 개입할 수 있는 법적 근거를 보다 명시하고 성문화하고 있다. 이 중에서 가장 강한 조치는 친권상실제도이다. 그러나 우리나라의 상황은 여전히 '고양이에게 생선을 맡기는 격'의 현실이 자주 발생하고 있다.

예를 들어 교육 주체가 아동학대의 징후를 발견하면 수사기관에 신고할 수 있는 기회를 늘리고 있지만 교육 주체가 학대 주체일 경우에는 어떻게 할 것인가? 친권자가 학대 주체일 경우에는 어떻게 할 것인가? 경찰과 검찰에게 개입 권한을 주지만 경찰과 검찰은 아동학대 사건 말고도 처리해야 할 업무가 산더미처럼 쌓여 있어 아동학대 사건에 적극적으로 개입할 시간과 인력이 부족하다. 아동복지법과 특례법에는 좋은 내용의 조문이 시간이 지날수록 속속 채워지고 있지만 그 규범적 내용이 실천되고 있는지 점검하고 감시하는 메커니즘은 거의 고려되고 있지 않거나 무시되는 수가 많다. '어찌 어찌 해야 한다'는 주장은 넘쳐나지만 '누가 어떻게 무슨 돈으로 실천할 것인가, 과연 실천할 수 있는가, 어떤 시간

24개 직군 외에 성폭력 피해자 통합지원센터와 육아종합지원센터 및 입양기관 종사자를 아동학대 신고 의무자에 포함하는 방안을 추진 중이다. 이를 통해 신고의무자를 3천명 가량 늘릴 계획이다. 또 신고의무 위반 때 예외 없이 과태료를 부과하고 신고의무자에게 아동학대 선별 도구 매뉴얼을 보급할 예정이다. 신고의무자가 관련 자격 취득 때 서약을 하도록 하고 자격 취득과 보수교육 과정에 아동학대 예방 교육을 포함하도록 권장할 방침이다."

표로 어떤 목표를 달성할 것인가?' 하는 실천적 프로그램은 좀처럼 논의되고 있지 않다.

마지막으로 한국 사회 전체의 법의식이 향상되지 않으면 안 된다. 교육시설 내에서는 해마다 일정 시간의 아동학대방지 교육을 이수하도록 강제하고 있다. 이런 정책이 수십 년 지속되면 조금씩 앞으로 나아갈 것이다. 또 공중파와 지상파의 아동학대 예방 캠페인을 좀 더 강화할 필요가 있고, 수사기관은 아동학대 범죄의 수사와 기소, 재판의 사례를 늘려가야 하며, 친권상실 사례도 늘려가야 한다(김용화, "아동학대범죄의 처벌 등에 관한 특례법 개정의 필요성", 인하대학교 법학연구소 「법학연구」 22(2), 2019.6).

요컨대 현대 한국의 문제는 법규범의 부족에 있는 것이 아니라 법규범의 내용을 실천하려는 의지의 부족에 있다.

[Box 6.2] 비극적인 아동학대 사망사건(캐리어 아동학대 사망사건)

2020년에 발생한 사건으로 9세 남아의 버릇을 고치려는 의도로 보호자가 여행용 캐리어에 아동을 7시간 넘게 가두어 사망에 이르게 한 사건이다. 병원 치료 과정에서 학대사실이 수사기관에 신고되고, 아동보호전문기관이 개입하였으며, 경찰의 수사가 이루어졌음에도 아동의 사망을 막아내지 못하였다. 모종의 추가적인 조치가 필요함을 시사하는 사건이다. 그 추가적인 조치는 효과적인 친권 제한과 친권 상실제도의 도입이다. 부모의 보호와 관심, 양육과 훈육의 이름으로 폭넓게 용인되어왔던 자녀에 대한 부모의 통제권도 시대의 흐름에 따라 변화되었다. 1989년 유엔아동권리협약 9조 1항은 부모와 함께 살 아동의 권리에 대하여 '부모와 분리되는 것이 아동의 최상의 이익일 때는 법률과 절차에 따라 분리'되어야 한다고 규정하고 있다. 현재의 성문법상 이 제도는 존재하지만 좀처럼 실현되지 못하는 점이 문제이다. 학대로 아동이 중상해를 입은 경우 또는 상습적으로 아동을 학대한 경우 검사는 아동학대특례법 제9조에 따라 친권상실 선고를 청구해야 한다. 법률 개정에 따라 2020년 10월 1일부터는 검사가 이러한 청구를 하지 않을 경우 시·도지사 또는 자치구의 구청장은 직접 법원에 친권상실선고를 청구할 수 있다. 그런데 현재 법원행정처의 통계에는 아동학대를 사유로 한 친권 제재 건수를 알 수 있는 통계가 마련되어 있지 않다.

부모의 학대가 외부에 알려져 기관이 개입한 이후에도 아동이 결국 사망하는 사례가 생기는 이유는 무엇일까? '부모의 반성', '데리고 가서 잘 키우겠다는 부모의 요청', '열심히 교육받은 부모', '친모의 가정 복귀 신청'이 있어 아동을 다시 학대 부모에게 넘겨주는 사례가 많기 때문이다.

아동학대 사안을 완화시키려면 다양한 법적·사회적 제도가 마련되어야 한다. 아동학대 가해자의 77%가 부모인 현실에서 학대 부모의 친권을 제한하거나 상실시키는 조치의 마련은 필수적이다.

첫째, 친권 제재를 법원에 청구할 수 있는 청구권자의 범위가 확대되어야 한다. 검사나 지방자치단체의 장의 청구에만 의존할 것이 아니라, 복지 선진국의 입법례를 본받아 일방의 부모, 후견인, 실제 학대 피해 아동을 돌보고 있는 자 또는 관련 기관 등에게 친권 제재 청구권을 부여하는 체제를 도입하여야 한다.
둘째, 친권 제재 조치 이후 아동이 안전하게 보호받고 성장할 수 있는 국가시스템을 구축하여야 한다. 피해아동을 부모와 분리할 경우 돌봄을 받을 곳이 마땅치 않다는 이유가 학대 부모에 대한 친권 제재 관련 선고를 망설이거나 주저하게 하는 요인이 되는 현상황을 개선하지 않으면 안 된다.

summary

요 약

회복하기 어려운 심각한 학대를 당한 피학대 아동이 성인이 되면 어린 시절의 학대로 말미암아 성인이 된 이후에도 여러 가지 후유장애를 경험하게 되므로 아동학대는 억제되어야 한다. 또 아동학대는 대단히 발생빈도가 높다. 세계 모든 나라에서 아동학대를 심각한 사회문제로 인식하고 그 치료와 예방에 많은 노력을 기울이고 있는 이유는 여기에 있다.

아동학대로 인한 사회적·경제적 손실은 상상을 초월한다. 아동학대는 심각한 사회문제임에도 그동안 한국사회에서는 그 심각성과 위험성에 대한 인식이 그지 않았다. 아동학대는 가정 내에서 발생하는 숨겨진 범죄라는 특수성과 정신적·육체적 미성숙으로 인하여 아동 스스로가 피해사실을 주장하고 방어할 수 없기 때문에 문제의 심각성이 축소되고, 사회적으로 외면당해 왔다.

교육목적으로 체벌하는 부모·교사의 체벌동기와는 정반대로 체벌로 인한 후유증이 치명적일 수 있다는 사실을 교육목적 체벌을 허용하여야 한다고 주장하는 부모·교사는 명심해야 한다. 다행히 2014년부터 「아동복지법」과 「아동학대범죄의 처벌 등에 관한 특례법」이 제정·개정되어 시행되고 있고, 2021년에는 구 「민법」 제915조의 '친권자는 그 자를 보호 또는 교양하기 위하여 필요한 징계를 할 수 있다'는 '징계권' 조항이 삭제되어 교육목적·훈육목적의 체벌이 감소되는 계기가 되었다. 그러나 그 법들의 규범력을 높이려면 갈 길이 멀다.

key word &
current hot issues

주요 용어와 현안 문제

1. 아동보호체제(CPS, Child Protection System)

아동학대를 방지하고 예방하는 데 도움이 되는 온갖 종류의 아동보호 이슈들을 항상적이고 포괄적으로 논의하는 체제를 말한다. CPS는 기본정책을 수립·집행하고, 이를 뒷받침하는 법률과 시행령을 마련하고, 돌보미들을 교육하고 정기적으로 집행실태를 점검해야 한다. 보건당국, 교육당국, 재정당국, 사법당국 사이의 역할을 조종하고 공조(共助)를 효율화하는 조정역할에 중점이 있다. 최근의 강조점은 예방의 극대화, 당국과 NGO의 능력확충, 데이터 수집에 있다. 대한민국의 아동학대문제가 완화되지 못하면 CPS가 제대로 구축되지 않았거나 제대로 작동하지 않음을 의미하는 것이다.

2. 조직적 아동성학대(Organised sexual abuse)

복수의 아동이 복수의 성인에 의하여 성학대를 당하는 현상을 말한다. 복수의 아동들이 아동성매매(child prostitution)에 동원되거나 아동 포르노그래피(child pornography)의 제작에 동원되거나 이상하고 가학적인 성행위, 청소년이용음란 행위에 동원되는 현상이 적발되어 세계적으로 학자들의 연구대상이 되고 있다. 최근에 아동성매매의 가해자로 등장하는 한국인들이 늘어나고 있어 이런 행위를 아동학대 개념에 포섭시킬 필요가 있다.

3. 흔들린 아이 증후군(셰이큰 베이비 신드롬, shaken baby syndrome)

건강했던 생후 6개월 된 남자 아이가 어린이집에 맡겨진 뒤 두 시간 여 만에 뇌사 상태에 빠지는 사건이 발생했다. 병원 검사 결과 특별한 외상은 없지만 뇌출혈과 왼쪽 두개골 골절, 양쪽 망막에 출혈이 발견되었다. 의료진은 '흔들린 아이 증후군(셰이큰 베이비 신드롬)' 진단을 내렸다. 아마도 돌보미는 아이가 울자 달래려고 아이를 흔들었을 것이다. 아마도 돌보미는 아이를 흔드는 것이 이렇게 위험한 행위인 줄 몰랐을 것이다.

퀴즈 [선택형] quiz

1 아동학대에 관한 다음 설명 중 옳지 않은 것은?

① 폭력은 전염성이 있고 학습될 수 있다. 그러나 폭력은 억지될 수 있다. 부모가 자신의 자녀에게 대하거나 자녀 앞에서 하는 행동은 자녀에게 모범으로 학습될 수 있다.

② 부모는 자녀에게 최초의 교사이고 긍정적인 행동의 모범이 될 수 있고 긍정적인 행동을 자녀에게 가르칠 수 있다. 자녀에게 안전하고, 건강하고, 굳건한 환경을 제공하는 부모는 가정 내에서 폭력과 학대를 예방하는 데 큰 도움을 준다.

③ 자녀양육의 스타일은 자녀의 정서와 행동에 일정한 영향을 미친다. 훈육목적으로 자녀를 때리는 사람은 자녀를 낮은 자존감, 우울증, 심리적 상처(trauma)에 빠지게 하고 자녀가 약물남용이나 알콜중독 등의 위험한 행동으로 나아가도록 유도할 수 있어 위험한 양육방법이다.

④ 정신치료(psychotherapy)에 들어 갈 것인가 여부를 결정할 때는 치료제공자(provider)가 '증거에 기초한 트라우마 중심 치유법(an evidence-based trauma focused treatment)'을 채택하는가 여부를 체크하는 것이 중요하다.

⑤ 때리는 것(Spanking)은 자녀양육과 훌륭한 행동을 가르치는 효과적인 방식의 하나이다.

2 다음 설명 중 옳은 것은?

① 아동학대는 주로 저소득층 가정에서 발생하고 중산층 가정이나 고소득층 가정에서는 상대적으로 덜 발생한다.

② 「초·중등교육법」의 "학교의 장은 교육을 위하여 필요한 경우에는 법령과 학칙으로 정하는 바에 따라 학생을 징계할 수 있다."는 조문은 최근 삭제되었다.

③ 성학대는 압도적으로 여자 아이에게만 발생한다.

④ 자녀를 신체적으로 학대하는 부모는 본래 나쁜 성품의 사람들이다.

⑤ 구민법 제 915조의 '친권자는 그 자를 보호 또는 교양하기 위하여 필요한 징계를 할 수 있다'는 일명 '징계권' 조항이 현재는 삭제되었다.

퀴즈 [진위형]] quiz

3 아동은 성장하면서 배운다. 아동의 이해능력, 감정, 행동은 연령과 성장단계에 따라 변화된다. 그걸 알면 부모는 아동의 행동에 덜 당황하게 되고 아동에 대하여 덜 공격적으로 될 수 있다.

4 2000년 1월 「아동복리법」이 전부개정되고 명칭도 「아동복지법」으로 변경되면서 아동학대에 대한 사회적·국가적 문제의식이 본격화되기 시작하였고 아동복지분야는 눈에 띠게 향상되고 있다.

5 대체로 부모가 자신의 정체성을 분명히 하지 않거나 자신의 소재(所在)를 아동에게 알리지 않아 아동이 심각한 결핍에 노출되거나, 부모가 아동과의 접촉을 유지하지 않거나, 상당한 기간 동안 부모가 아동에게 이성적인 지원을 하지 않으면 부모가 아동을 방임한 것이다.

6 「아동복지법」은 아동학대를 "보호자를 포함한 성인이, 아동의 건강 또는 복지를 해치거나 정상적 발달을 저해할 수 있는, 신체적·정신적·성적폭력이나 가혹행위를 하는 것과 아동의 보호자가 아동을 유기하거나 방임하는 것"으로 정의하고 있는데 이 정의는 세계보건기구(WHO, The World Health Organization)의 정의보다 넓은 개념이다.

7 학대받은 아동은 보통 그 사실을 누군가에게 말한다.

8 학대받았다는 아동의 진술은 거짓일 가능성이 높다.

9 아동이 학대를 당했을 때 그 의학적 증거는 획득하기가 쉽지 않다.

10 아동이 보호자의 집에서 학대를 받았다면 그 학대는 성적 학대일 가능성이 가장 높다.

참고문헌 및 학습도우미 전자자료

reference & study aid electronic materials

보건복지부·중앙아동보호전문기관, 「전국아동학대현황보고서」, 2016.

원혜욱, "아동학대의 개념 및 실효적인 대책에 관한 검토," 인하대학교 「법학연구」 18집 4호, 31~60, 2015. 12. 31.

허남순, "한국 아동학대 범죄의 처벌 등에 관한 특례법의 의미와 과제," 「童光」 109호, 2014.

Child Welfare Information Gateway, What Is Child Abuse and Neglect? Recognizing the Signs and Symptoms, July 2013.

Unicef, Child Maltreatment: Prevalence, Incidence and Consequences in the East Asia and Pacific Region: A Systematic Review of Research, Strengthening Child Protection Systems Series: No 1 [UNICEF East Asia and Pacific Regional Office (EAPRO) 2012].

서울시 아동복지센터

https://child.seoul.go.kr/

unicef의 아동보호

https://www.unicef.org/child-protection

save the children

https://resourcecentre.savethechildren.net/document/definitions-child-abuse-and-possible-indicators-harm/

아동보호전문기관

http://korea1391.go.kr/new_index/sub/sub1_03_11.php

해 답
answer

1. ⑤
때리는 것(Spanking)은 때림을 받는 자에게 치명적인 결과를 초래하므로 많은 나라에서 금지되는 추세에 있다.

2. ⑤
구민법 제915조에 '친권자는 그 자를 보호 또는 교양하기 위하여 필요한 징계를 할 수 있다'는 일명 '징계권' 조항이 규정되어 있었다. 이 조항이 2021년 삭제되어 대한민국은 부모의 아동에 대한 체벌을 금지한 62번째 국가가 되었으며, 아시아 태평양 지역에서는 4번째이다. 2021년 현재 아동 인구는 900만 명이었다. 나머지 지문들은 모두 사실이 아니다.

3. 그렇다.
따라서 아동을 양육하는 부모에게는 인내심이 필요하다.

4. 아니다.
대한민국의 「아동복지법」의 규범내용의 실천장치는 여전히 미약한 상태이다.

5. 아니다.
지문의 사례는 방임이 아니라 유기이다. 부모가 아동의 연령대에 적합한 돌봄(care) 서비스를 제공하지 않는 형태의 학대가 방임이다. 방임은 보통 계속적으로 부적절한 돌봄이 지속되는 패턴 유형이다.

6. 아니다.
「아동복지법」은 아동학대를 "보호자를 포함한 성인이, 아동의 건강 또는 복지를 해치거나 정상적 발달을 저해할 수 있는, 신체적·정신적·성적폭력이나 가혹행위를 하는 것과 아동의 보호자가 아동을 유기하거나 방임하는 것"으로 정의하고 있는데 이 정의는 세계보건기구(WHO, The World Health Organization)의 정의와 동일하다.

7. 아니다.
학대받은 아동은 보통 그 사실을 아무에게도 말하지 않거나 아주 드물게만 말한다.

8. 아니다.
학대받았다는 아동의 진술이 거짓일 가능성은 통계적으로 2~10% 정도이다.

9. 그렇다.
범인들은 은밀한 곳에서 은밀하게 학대하기 때문이다.

10. 아니다.
아동이 보호자의 집에서 학대를 받았다면 그 학대는 방임(NEGLECT)일 가능성이 가장 높다.

/ 제7장 /

성범죄자 재범억지를 위한 대책들

– 윤지영

범죄와 형벌

Ⅰ. 성범죄자 신상공개
Ⅱ. 위치추적 전자감독
Ⅲ. 성충동 약물치료
Ⅳ. 취업제한
Ⅴ. 공소시효 특례
Ⅵ. 한국에서의 미투운동과 과제
Ⅶ. N번방 사건과 디지털 성폭력

short storytelling

1994년 7월 29일, 미국 뉴저지(New Jersey) 주에 거주하던 7세 아동 메간 니콜 칸카(Megan Nicole Kanka)가 이웃집에 살던 33세 남성 제시 티멘데쿠아스(Jesse Timmendequas)에 의해 무참히 강간살해당하였다. 강아지를 보여주겠다며 메간을 유인했던 범인은 소아성애자로서 이미 두 번의 성범죄 전과가 있었고, 과거 수감생활 중에 만난 또 다른 성범죄 전과자 2명과 함께 거주하고 있었던 것으로 밝혀졌다. 이후 메간의 부모는 이웃에 성범죄 전과자가 살고 있다는 사실을 알았더라면 딸을 혼자 그 집에 보내지 않았을 것이라고 주장하면서 성범죄 전과자의 신상정보를 공개할 수 있는 법률을 제정하도록 촉구하는 운동을 전개하였다. 이후 1994년 10월 31일에 뉴저지 주는 이른바 메간법(Megan's Law)이라 불리는 성범죄자 신상정보 등록 및 통지 법률(Sex Offender Registration and Notification Law)을 입법화하였고, 1996년 5월 17일에는 연방 메간법(Public Law No. 104-145. An act to amend the Violent Crime Control and Law Enforcement Act of 1994 to require the release of relevant information to protect the public from sexually violent offenders; Megan's Law)이 제정되었다. 통상 메간 사건을 계기로 제정된 성범죄자 등록 및 공개에 관한 개별 주법과 연방법을 통칭하여 메간법(Megan's Law)이라 부르고 있는데, 현재 미국의 모든 주가 이 법률을 가지고 있으며, 그 내용은 대동소이하다.

한편 2005년 2월 24일, 미국 플로리다(Florida) 주에서는 집에서 잠자고 있던 9세 아동 제시카 마리 런스포드(Jessica Marie Lunsford)가 이웃에 살고 있던 46세 남성 존 쿠이(John Couey)에 의해 납치되어 강간살해를 당한 사건이 발생하였다. 성범죄 전력이 있던 존 쿠이는 제시카를 자신의 트레일러로 납치해가서 여러 차례 강간한 후 피해자를 3일간 옷장에 감금하였다. 범인은 집에 보내주겠다는 말로 제시카를 속여 쓰레기봉투에 들어가게 한 뒤 산 채로 매장하여 질식사시켰다. 실종된 제시카 런스포드를 수색하는 과정에서 존 쿠이는 범행을 자백하였고, 경찰은 사건이 발생한 지 약 3주 만에 부패한 피해자의 시신을 발견하였다. 쓰레기 봉투를 뚫고 나온 백골화된 두 개의 손가락이 산 채로 매장당한 제시카의 필사적인 몸부림과 고통을 생생하게 전해주면서 이 사건은 미국 시민들의 공분을 불러일으켰고, 이후 재판에서 배심원단은 만장일치된 의견으로 존 쿠이에게 사형을 선고하였다. 해당 사건이 발생하기 전에도 존 쿠이는 아동성추행 관련 범죄로 10년형을 선고받았으나 모범수로 2년 만에 출소했다는 점과 이후에도 유사한 아동성추행 범죄를 저질렀다는 사실이 밝혀졌다. 이에 제시카의 아버지는 성범죄자를 엄격하게 관리할 수 있는 법률을 제정해 줄 것을 요청하였고, 2005년 9월 1일 플로리다 주는 아동성범죄자의 경우 초범이라도 가석방 없이 25년 이상 구금시키고, 석방 뒤에도 평생 동안 위치추적 전자장치를 부착시키며, 학교나 공원으로부터 2,000피트(약 610m) 이내에 거주할 수 없도록 하는 제시카 런스포드법(Jessica Lunsford Act)을 제정·발효하였다. 같은 해 연방하원에도 제시카 런스포드 법률안(H.R.1505. Jessica Lunsford Act)이 제출되었으나 연방차원의 법 제정으로 이어지지 못했다. 한편, 2005년 미국 연방정부는 주와 지방정부가 성범죄자들을 대상으로 위치추적 전자감시를 실시할 수 있는 제반시설을 마련하도록 보조금을 제공하는 내용의 성폭력흉악범 감시법안(The Sexual Predator Effective Monitoring Act of 2005)을 제출하였으나, 입법화되지 못하였다. 그러나 2006년 제정된 연방애덤월시법(Adam Walsh Child Protection and Safety Act)은 성범죄자에 대한 전자감시 프로그램을 운영하는 주와 지방정부에게 "제시카 런스포드와 사라 런드 보조금(Jessica Lunsford and Sarah Lunde Grants)"을 제공하도록 하는 내용을 담고 있다.

I 성범죄자 신상공개

1990년대 후반 우리 사회에는 이른바 원조교제라고 불리는 10대 청소년들의 성매매가 사회적 병폐로 대두되기 시작하였고, 성적 학대나 착취로부터 아동과 청소년을 보호하기 위한 국제사회의 움직임에 동참할 것이 요청되었다. 이에 우리나라는 청소년의 인권을 보장하고 그들이 건전한 사회구성원으로 성장할 수 있도록 청소년을 대상으로 한 성매매와 그 알선 및 성폭력 행위를 강력하게 처벌하고, 대상 청소년을 보호·구제하는 것을 내용으로 하는 (구)「청소년의 성보호에 관한 법률」(이하 '(구)청소년성보호법'이라 함)을 2000년 2월 3일에 제정하여 같은 해 7월 1일부터 시행하였다. 동법 제20조를 통해 성범죄자 신상공개제도가 처음으로 도입되었는데, 아동·청소년 대상 성폭력범이나 성매수범 등 일정범위의 청소년 대상 성범죄자의 성명, 연령, 직업 등과 같은 신상정보와 범죄사실의 요지가 공개될 수 있는 법적 근거가 마련된 것이다.

신상공개 제도와 관련해서는 그 도입과정에서부터 청소년 대상 성범죄를 예방하기 위한 특단의 조치로서 합헌이라는 입장과 범죄자의 인격권이나 사생활의 비밀을 과도하게 침해하는 것으로서 위헌이라는 입장 간에 첨예한 의견 대립이 있었다. 자라나는 청소년을 대상으로 한 각종 성범죄는 피해자의 인권을 침해하고 그 사회의 근간을 무너뜨리는 중대한 범죄이며, 아동이나 청소년 대상 성범죄를 처벌하고 그 피해자를 구제하기 위한 특별한 프로세스를 마련하는 것은 전 세계적인 추세라는 점에 비추어 볼 때 신상공개 제도의 필요성은 간과될 수 없었다. 이에 2003년 6월 26일에 헌법재판소는 (구)청소년성보호법상의 신상공개를 합헌으로 결정하였다. 위헌결정을 위한 정족수 6인에 달하지 못해 합헌으로 결정되기는 하였으나, 헌법재판관 9인 중 5인이 위헌의견을 표명하였는바, 위헌 소지를 해소할 필요가 있었다.

초창기 신상공개 제도에 대해서는 신상정보를 등록하는 제도가 부재하고, 해당 범죄자를 제대로 확인할 수 없는 수준의 정보만이 공개된다는 점 등으로 인해 실효성에 대한 비판이 제기되었다. 이후 동 제도는 그 문제점을 개선하고 실효성을 확보하기 위해 지속적으로 변모되어 왔는데, 당초 청소년 성매매를 예방하기 위해 도입되었던 동 제도는 아동이나 청소년 대상 성폭력범죄자의 재범 예방으로 초점이 맞추어졌다. 이에 2009년 6월 9일에는 (구)청소년성보호법이 「아동·청소년의 성보호에 관한 법률」로 제명이 변경되었고, 2011년 4월 16일에는 「성폭력범죄의 처벌 등에 관한 특례법」개정을 통해 19세 이상의 성인을 대상으로 한 성폭력범죄자의 신상도 공개하도록 그 적용 범위가 확대되었다.

현재 신상공개제도는 성범죄자 신상정보 등록과 등록정보의 공개 및 고지로 이원화되어 있는데, 전자에 관한 사항은 「성폭력범죄의 처벌 등에 관한 특례법」(이하 '성폭력처벌법'이라 함)에 근거하여 법무부장관이 집행하고, 후자에 관한 사항은 「아동·청소년의 성보호에 관한 법률」(이하 '청소년성보호법'이라 함)에 근거하여 여성가족부장관이 집행하고 있다.

우선, 등록대상 성범죄로 유죄판결이 확정된 자나 등록정보의 공개명령이 확정된 자가 신상정보 등록대상자가 되는데(성폭력처벌법 제42조), 이들은 판결이 확정된 날부터 30일 이내에 ① 성명, ② 주민등록번호, ③ 주소 및 실제거주지, ④ 직업 및 직장 등의 소재지, ⑤ 연락처(전화번호, 전자우편주소를 말함), ⑥ 신체정보(키와 몸무게), ⑦ 소유차량의 등록번호를 자신의 주소지를 관할하는 경찰관서의 장에게 제출하여야 한다. 다만, 등록대상자가 교정시설 또는 치료감호시설에 수용된 경우에는 그 교정시설의 장이나 치료감호시설의 장에게 신상정보를 제출함으로써 이를 갈음할 수 있다(동법 제43조 ①항). 등록대상자는 기본신상정보를 제출한 그 다음 해부터 매년 주소지를 관할하는 경찰관서에 출석하여 사진을 촬영해야 하며(동조 ④항), 제출한 신상정보가 변경된 경우에는 그 사유가 발생한 날로부터 20일 이내에 해당 사유와 변경내용을 제출해야 한다(동조 ③항).

법무부장관은 ① 관할경찰관서나 교정시설 등의 장으로부터 송달받은 신상정보 등을 비롯하여 ② 등록대상 성범죄 경력정보와 ③ 성범죄 전과사실(죄명, 횟수) 및 ④ 「전자장치 부착 등에 관한 법률」에 따른 전자장치 부착 여부 등 등록대상자의 신상정보를 등록해야 하고(동법 제44조 ①항), 등록대상자가 정보통신망을 이용해서 등록정보를 열람할 수 있도록 해야 하며, 등록대상자가 신청하는 경우에는 등록정보를 등록대상자에게 통지해야 한다(동조 ②항). 또한 법무부장관은 최초 등록일부터 일정기간 동안 등록정보를 보존·관리해야 하는데(동법 제45조 ①항), 등록 당시 등록대상자가 교정시설 또는 치료감호시설에 수용된 경우에는 등록대상자가 석방된 후 지체 없이 등록정보를 등록대상자의 관할경찰관서의 장에게 송부해야 한다(동조 ⑥항). 관할경찰관서의 장은 등록기간 중 일정한 기간마다 직접 대면 등의 방법으로 등록정보의 진위와 변경 여부를 확인하여 그 결과를 법무부장관에게 송부해야 한다(동조 ⑦항).

법무부장관은 등록정보를 등록대상 성범죄와 관련한 범죄 예방 및 수사에 활용할 수 있도록 검사 또는 각급 경찰관서의 장에게 배포할 수 있다(동법 제46조 ①항). 등록대상자의 신상정보의 등록·보존 및 관리 업무에 종사하거나 종사하였던 자는 직무상 알게 된 등록정보를 누설하여서는 아니 된다(동법 제48조). 등록정보의 공개 및 고지에 관하여는 청소년성보호법을 적용하여 여성가족부장관이 집행하고, 법무부장관은 이에 필요한 정보를 여성가족부장관에게 송부하여야 한다(동법 제47조, 제49조).

한편, 법원은 ① 아동·청소년대상 성폭력범죄를 저지른 자, ② 성폭력처벌법 중 일부 죄질이 중한 범죄(제2조 ①항 3호·4호, 동조 ②항(①항 3호·4호에 한정), 제3조부터 제15조까지의 범죄)를 저지른 자, ③ 13세 미만의 아동·청소년을 대상으로 아동·청소년대상 성범죄를 저지른 자로서 13세 미만의 아동·청소년을 대상으로 아동·청소년대상 성범죄를 다시 범할 위험성이 있다고 인정되는 자 및 ④ 아동·청소년대상 성폭력범죄나 성폭력처벌법 중 일부 죄질이 중한 범죄를 범하였으나 「형법」 제10조 ①항의 심신상실로 처벌할 수 없는 자로서 또 다시 동종범죄를 범할 위험성이 있다고 인정되는 자에 대해서는 대상 사건의 판결과 동시에 일정한 신상정보를 등록기간 동안 정보통신망을 통해 공개하도록 명령하는 판결을 선고해야 한다. 다만, 피고인이 아동·청소년인 경우, 그 밖에 신상정보를 공개하여서는 아니 될 특별한 사정이 있다고 판단하는 경우에는 그러하지 아니하다(청소년성보호법 제49조 ①항). 이때 공개되는 정보는 ① 성명, ② 나이, ③ 주소 및 실제거주지(도로명 및 건물번호까지로 함), ④ 신체정보(키와 몸무게), ⑤ 사진, ⑥ 등록대상 성범죄 요지(판결일자, 죄명, 선고형량 포함), ⑦ 성폭력범죄 전과사실(죄명 및 횟수), ⑧ 「전자장치 부착 등에 관한 법률」에 따른 전자장치 부착 여부 등이며(동조 ③항), 공개정보를 정보통신망을 이용하여 열람하고자 하는 자는 실명인증 절차를 거쳐야 한다(동조 ⑥항).

또한 법원은 공개대상자 중 ① 아동·청소년대상 성범죄를 저지른 자,[1] ②

1 종래 '아동·청소년대상 성폭력범죄를 저지른 자'가 고지명령 대상이었으나 2020년 5월 19일 청소년성보호법 개정을 통해 '아동·청소년대상 성범죄를 저지른 자'로 확대되었고, 이는 2020년 11월 20일부터 시행되었다.

성폭력처벌법 중 일부 죄질이 중한 범죄[제2조 ①항 3호·4호, 같은 조 ②항(①항 3호·4호에 한정), 제3조부터 제15조까지의 범죄]를 저지른 자, ③ 아동·청소년대상 성폭력범죄나 성폭력처벌법 중 일부 죄질이 중한 범죄를 범하였으나 「형법」 제10조 ①항의 심신상실로 처벌할 수 없는 자로서 또 다시 동종범죄를 범할 위험성이 있다고 인정되는 자에 대해서는 대상 사건의 판결과 동시에 공개명령 기간 동안 일정한 신상정보를 특정인에게 고지하도록 명하는 판결을 선고해야 한다. 다만, 피고인이 아동·청소년인 경우, 그 밖에 신상정보를 고지하여서는 아니 될 특별한 사정이 있다고 판단하는 경우에는 그러하지 아니하다(동법 제50조 ①항). 고지명령을 선고받은 자는 공개명령을 선고받은 자로 간주되며(동조 ②항), 일정 기간 내에 고지명령이 이루어져야 하는바, ① 집행유예를 선고받은 고지대상자는 신상정보 최초 등록일부터 1개월 이내, ② 금고 이상의 실형을 선고받은 고지대상자는 출소 후 거주할 지역에 전입한 날부터 1개월 이내, ③ 고지대상자가 다른 지역으로 전출하는 경우에는 변경정보 등록일부터 1개월 이내에 행해져야 한다(동조 ③항). 여성가족부장관은 ① 고지대상자가 이미 거주하고 있거나 전입하는 경우에는 공개정보(다만, 주소 및 실제거주지는 상세주소를 포함)를, ② 고지대상자가 전출하는 경우에는 전출한 고지정보와 그 대상자의 전출 정보를 고지해야 한다(동법 제50조 ④항). 고지정보는 고지대상자가 거주하는 읍·면·동의 아동·청소년이 속한 세대의 세대주를 비롯해 어린이집의 원장 및 육아종합지원센터·시간제보육서비스지정기관의 장, 유치원의 장, 초·중등학교의 장, 읍·면 사무소와 동 주민센터의 장(경계를 같이 하는 읍·면 또는 동을 포함), 교습소의 장·개인과외교습자·학교교과교습학원의 장, 아동양육시설·아동일시보호시설·아동보호치료시설·공동생활가정·지역아동센터, 청소년복지시설의 장 및 청소년수련시설의 장에게 우편이나 이동통신단말장치 등으로 송부되고, 읍·면 사무소 또는 동 주민센터 게시판에 30일간 게시된다(동법 제51조 ④항).[2]

한편 여성가족부장관은 정보통신망을 이용하여 공개명령을 집행하며(동법 제52조 ①항), 아동·청소년대상 성범죄의 발생추세와 동향, 그 밖에 계도에 필요한 사항을 연 2회 이상 공표하여야 한다(동법 제53조 ①항). 현재 성범죄자의 신상정보는 여성가족부가 운영하는 웹사이트인 '성범죄자 알림e(www.sexoffender.go.kr)'를 통

2 청소년성보호법 제51조 ④항은 2023년 4월 11일에 개정되어 2023년 10월 12일부터 시행된다.

해 공개되고 있으며, 모바일을 통해서도 해당 정보를 조회하고 성범죄자 위치 알림기능을 이용할 수 있도록 애플리케이션을 제공하고 있다. 정보통신망을 이용해서 이러한 공개정보를 열람하고자 하는 자는 실명인증 절차를 거쳐야 하고, 공개정보는 아동·청소년 등을 등록대상 성범죄로부터 보호하기 위하여 성범죄 우려가 있는 자를 확인할 목적으로만 사용되어야 한다(동법 제55조 ①항). 또한 등록대상 성범죄자의 신상정보의 공개 및 고지 업무에 종사하거나 종사하였던 자는 직무상 알게 된 등록정보를 누설해서는 아니 된다(동법 제54조).

〈그림 7-1〉 **성범죄자 알림e 웹사이트**

※ 그림 출처: https://www.sexoffender.go.kr/indexN.nsc (성범죄자 알림e 홈페이지)

[Box 7.1] 신상공개 제도 자체에 대한 합헌결정(헌법재판소 2003. 6. 26. 2002헌가14)

[재판관 윤영철, 재판관 하경철, 재판관 김효종, 재판관 김경일의 합헌의견]

헌법 제13조 제1항에서 말하는 '처벌'은 원칙적으로 범죄에 대한 국가의 형벌권 실행으로서의 과벌을 의미하는 것이고, 국가가 행하는 일체의 제재나 불이익처분을 모두 그 '처벌'에 포함시킬 수는 없다. 공개되는 신상과 범죄사실은 이미 공개재판에서 확정된 유죄판결의 일부로서, 개인의 신상 내지 사생활에 관한 새로운 내용이 아니고, 공익목적을 위하여 이를 공개하는 과정에서 부수적으로 수치심 등이 발생된다고 하여 이것을 기존의 형벌 외에 또 다른 형벌로서 수치형이나 명예형에 해당한다고 볼 수 없으므로 동 제도는 헌법 제13조의 이중처벌금지 원칙에 위배되지 않는다.

신상공개 제도는 범죄자 본인을 처벌하려는 것이 아니라, 현존하는 성폭력위험으로부터 사회공동체를 지키려는 인식을 제고함과 동시에 일반인들이 청소년 성매수 등 범죄의 충동으로부터 자신을 제어하도록 하기 위하여 도입된 것으로서, 이를 통하여 달성하고자 하는 '청소년의 성보호'라는 목적은 우리 사회에 있어서 가장 중요한 공익의 하나라고 할 것이다. 이에 비하여 공개된 형사재판에서 밝혀진 범죄인들의 신상과 전과를 일반인이 알게 된다고 하여 그들의 인격권 내지 사생활의 비밀을 침해하는 것이라고 단정하기는 어렵다. 또한, 신상과 범죄사실이 공개되는 범죄인들은 이미 국가의 형벌권 행사로 인하여 해당 기본권의 제한 여지를 일반인보다는 더 넓게 받고 있다. 요컨대, 청소년 성매수자의 일반적 인격권과 사생활의 비밀의 자유가 제한되는 정도가 청소년 성보호라는 공익적 요청에 비해 크다고 할 수 없으므로 결국 법 제20조 제2항 제1호의 신상공개는 해당 범죄인들의 일반적 인격권, 사생활의 비밀의 자유를 과잉금지의 원칙에 위배하여 침해한 것이라 할 수 없다.

신상공개가 되는 청소년 대상 성범죄를 규정한 법률조항의 의미와 목적은 성인이 대가관계를 이용하여 청소년의 성을 매수하는 등의 행위로 인하여 야기되는 피해로부터 청소년을 보호하려는 데 있는 것이고, 이에 비추어 볼 때 청소년 대상 성범죄와 그 밖의 일반 범죄는 서로 비교집단을 이루는 '본질적으로 동일한 것'이라고 단언하기는 어려우며, 나아가 그러한 구분기준이 특별히 자의적이라고 볼 만한 사정이 없다. 신상공개 제도로 인하여 기본권 제한상의 차별을 초래하나, 그 입법목적과 이를 달성하려는 수단 간에 비례성을 벗어난 차별이라고 보기 어렵고, 달리 평등권을 침해한 것이라고 볼 수 없다.

[재판관 한대현, 재판관 김영일, 재판관 권성, 재판관 송인준, 재판관 주선회의 위헌의견]

신상공개 제도는 사회적 인격상에 관한 자기결정권을 현저하게 제한함으로써 범죄인의 인격권에 중대한 훼손을 초래한다. 신상공개 제도는 소위 '현대판 주홍글씨'에 비견할 정도로 수치형과 매우 흡사한 특성을 지닌다. 즉, 현행 신상공개 제도는 대상자를 독자적 인격의 주체로서 존중하기보다는 대중에 대한 전시(展示)에 이용함으로써 단순히 범죄퇴치 수단으로 취급하는 인상이 짙다. 청소년 성매매의 폐습을 치유함에 있어서는, 형벌이나 신상공개와 같은 처벌 일변도가 아니라, 성범죄자의 치료나 효율적 감시, 청소년에 대한 선도, 기타 청소년 유해환경을 개선하기 위한 정책 추진과 같은 다양한 수단들을 종합적으로 활용하는 것이 얼마든지 가능하고, 오히려 전체 청소년 성매수 사건 중 적발되는 사건의 비율이 극히 미미한 현실에 비추어 볼 때 이와 같은 근본적인 예방책에 치중하는 것이 더 바람직한 것으로 보인다.

그러함에도 국가가 이러한 노력을 다하기도 전에 개인의 인격권에 중대한 침해를 가져올 수 있는 신상공개라는 비정상적인 방법을 동원하는 것은 최소침해성의 관점에서도 문제가 있다. 이미 형벌이 부과된 마당에 형벌과 다른 목적이나 기능을 가지는 것도 아니면서, 형벌보다 더 가혹할 수도 있는 신상공개를 하도록 한 것은 국가공권력의 지나친 남용이다. 더구나 신상공개로 인해 공개대상자의 기본적 권리가 심대하게 훼손되는 데에 비해 그 범죄억지의 효과가 너무도 미미하거나 불확실한바, 이러한 점에서도 법익의 균형성을 현저히 잃고 있다고 판단된다. 결국 청소년 성매수자에 대한 신상공개는 대상자의 인격권을 과도하게 침해하고 있다고 할 것이다.

한편 일반 범죄자 및 일부 청소년 대상 성범죄자에 대해서는 신상공개를 통한 위와 같은 제한을 허용하고 있지 않다. 범죄방지의 필요성은 일반범죄자등의 경우에도 마찬가지로 인정되므로 양자를 차별하는 것이 과연 정당화될 수 있는지는 헌법상 해명의 필요가 있다. 청소년 성매수자가 신상공개되는 것은 일반범죄자등보다 죄질이나 법정형이 더 무겁거나 재범의 위험성이 보다 더 높아서가 아니다. 그리고 청소년에게 성매수 행위의 상대방이 되도록 유인·권유한 자 등은 모두 청소년 성매매를 유발·조장하는 범죄자들로서, 청소년 성매수자보다 더 무거운 법정형이 예정되어 있는데도, 신상공개는 되지 않는 점에서 '청소년의 성 보호'라는 보호법익의 특수성이 신상공개 여부를 나누는 결정적인 기준이 되고 있다고 할 수도 없다. 결국 일반범죄자등과 청소년 성매수자를 차별할 만한 다른 합리적 이유는 찾기 어렵고, 다만 성인 남성들에게 청소년 성매수 행위를 하지 말라는 강력한 경고의 메시지를 전하려는 입법의도만 유일한 차별근거가 아닌가 생각된다. 그러나 이러한 입법의도가 청소년 성매수자에 대한 신상공개를 정당화할 만큼의 성질이나 비중을 가지고 있지 않음은 이미 앞에서 인격권의 침해 여부를 논하면서 살펴본 바와 같다. 따라서 일반범죄자등과는 달리 청소년 성매수자만 차별하여 신상공개를 하는 것은 그 차별의 이유와 차별의 내용 사이의 적절한 균형관계를 인정할 수 없으므로 평등원칙에 위배된다고 할 것이다.

[Box 7.2] 성폭력처벌법상 신상정보 등록대상자의 범위에 대한 위헌결정(헌법재판소 2016. 3. 31. 2015헌마688)

통신매체이용음란죄로 유죄판결이 확정된 자는 신상정보 등록대상자가 된다고 규정한 '성폭력범죄의 처벌 등에 관한 특례법'(2012. 12. 18. 법률 제11556호로 전부개정된 것, 이하 '성폭력처벌법'이라 한다) 제42조 제1항 중 "제13조의 범죄로 유죄판결이 확정된 자는 신상정보 등록대상자가 된다"는 부분이 청구인의 개인정보 자기결정권을 침해하는지가 문제되었다. 성범죄자의 재범을 억제하고 재범 발생시 수사의 효율성을 제고하기 위하여, 일정한 성범죄를 저지른 자로부터 신상정보를 제출받아 보존·관리하는 것은 정당한 목적을 위한 적합한 수단이다. 그러나 모든 성범죄자가 신상정보 등록대상이 되어서는 안 되고, 신상정보 등록제도의 입법목적에 필요한 범위 내로 제한되어야 한다. 통신매체이용음란죄의 구성요건에 해당하는 행위 태양은 행위자의 범의·범행 동기·행위 상대방·행위 횟수 및 방법 등에 따라 매우 다양한 유형이 존재하고, 개별 행위유형에 따라 재범의 위험성 및 신상정보 등록 필요성은 현저히 다르다. 그런데 심판대상인 성폭력처벌법 제42조 제1항은 통신매체이용음란죄로 유죄판결이 확정된 사람은 누구나 법관의 판단 등 별도의 절차 없이 필요적으로 신상정보 등록대상자가 되도록 하고 있고, 등록된 이후에는 그 결과를 다툴 방법도 없다. 그렇다면 동 조항은 통신매체이용음란죄의 죄질 및 재범의 위험성에 따라 등록대상을 축소하거나, 유죄판결 확정과 별도로 신상정보 등록 여부에 관하여 법관의 판단을 받도록 하는 절차를 두는 등 기본권 침해를 줄일 수 있는 다른 수단을 채택하지 않았다는 점에서 침해의 최소성 원칙에 위배된다. 또한, 동 조항으로 인하여 비교적 불법성이 경미한 통신매체이용음란죄를 저지르고 재범의 위험성이 인정되지 않는 이들에 대하여는 달성되는 공익과 침해되는 사익 사이에 불균형이 발생할 수 있다는 점에서 법익의 균형성도 인정하기 어렵다.

[Box 7.3] 신상정보의 일률적 등록기간에 대한 헌법불합치결정(헌법재판소 2015. 7. 30. 2014헌마340 등)

우선 이 사건에서는 성폭력범죄의 처벌 등에 관한 특례법 위반(카메라등이용촬영, 카메라등이용촬영미수)죄로 유죄판결이 확정된 자는 신상정보 등록대상자가 되도록 규정한 '성폭력범죄의 처벌 등에 관한 특례법'(2012. 12. 18. 법률 제11556호로 전부개정된 것) 제42조 제1항 중 "제14조 제1항, 제15조('성폭력범죄의 처벌 등에 관한 특례법' 제14조 제1항의 미수범으로 한정한다)의 범죄로 유죄판결이 확정된 자는 신상정보 등록대상자가 된다"는 부분이 개인정보자기결정권을 침해하는지가 문제되었다. 성범죄자의 재범을 억제하고 수사의 효율성을 제고하기 위하여, 일정한 성범죄를 저지른 자로부터 신상정보를 제출받아 보존·관리하는 것은 정당한 목적을 위한 적합한 수단이다. 처벌범위 확대, 법정형 강화만으로 카메라등이용촬영범죄를 억제하기에 한계가 있으므로 위 범죄로 처벌받은 사람에 대한 정보를 국가가 관리하는 것은 재범을 방지하는 유효하고 현실적인 방법이 될 수 있다. 카메라등이용촬영죄의 행위 태양, 불법성의 경중은 다양할 수 있으나, 결국 인격체인 피해자의 성적 자유 및 함부로 촬영당하지 않을 자유를 침해하는 성범죄로서의 본질은 같으므로 입법자가 개별 카메라등이용촬영죄의 행위 태양, 불법성을 구별하지 않은 것이 지나친 제한이라고 볼 수 없고, 신상정보 등록대상자가 된다고 하여 그 자체로 사회복귀가 저해되거나 전과자라는 사회적 낙인이 찍히는 것은 아니므로 침해되는 사익은 크지 않은 반면 이 사건 등록조항을 통해 달성되는 공익은 매우 중요하다. 따라서 이 사건 등록조항은 개인정보자기결정권을 침해하지 않는다.
다음으로 이 사건의 경우 법무부장관이 등록정보를 최초 등록일부터 20년간 보존·관리하여야 한다고 규정한 성폭력처벌법 제45조 제1항이 개인정보자기결정권을 침해하는지도 문제되었다. 성범죄의 재범을 억제하고 수사의 효율성을 제고하기 위하여, 법무부장관이 등록대상자의 재범 위험성이 상존하는 20년 동안 그의 신상정보를 보존·관리하는 것은 정당한 목적을 위한 적합한 수단이다. 그런데 재범의 위험성은 등록대상 성범죄의 종류, 등록대상자의 특성에 따라 다르게 나타날 수 있고, 입법자는 이에 따라 등록기간을 차등화함으로써 등록대상자의 개인정보자기결정권에 대한 제한을 최소화하는 것이 바람직함에도, 이 사건 관리조항은 모든 등록대상 성범죄자에 대하여 일률적으로 20년의 등록기간을 적용하고 있으며, 이 사건 관리조항에 따라 등록기간이 정해지고 나면, 등록의무를 면하거나 등록기간을 단축하기 위해 심사를 받을 수 있는 여지도 없으므로 지나치게 가혹하다. 그리고 이 사건 관리조항이 추구하는 공익이 중요하더라도, 모든 등록대상자에게 20년 동안 신상정보를 등록하게 하고 위 기간 동안 각종 의무를 부과하는 것은 비교적 경미한 등록대상 성범죄를 저지르고 재범의 위험성도 많지 않은 자들에 대해서는 달성되는 공익과 침해되는 사익 사이의 불균형이 발생할 수 있으므로 이 사건 관리조항은 개인정보자기결정권을 침해한다.
다만 이 사건 관리조항의 위헌성을 제거하기 위하여 등록기간의 범위를 차등적으로 규정하고 재범의 위험성이 없어지는 등 사정 변경이 있는 경우 등록의무를 면하거나 등록기간을 단축하기 위한 수단을 마련하는 것은 입법자의 형성재량의 영역에 속하므로 헌법불합치결정을 선고하고, 2016. 12. 31.을 시한으로 입법자가 개선입법을 할 때까지 이 사건 관리조항의 계속 적용을 명한다.

Ⅱ 위치추적 전자감독

2006년 2월 서울 용산에서 11세 여자 초등학생이 성폭행을 당한 후 살해·유기된 사건이 발생하면서 성폭력 범죄자를 효과적으로 감시하는 제도가 필요하다는 국민적 공감대가 형성되었다. 이에 성폭력 범죄자에게 전자장치를 부착하여 그 위치를 파악하는 「특정 성폭력 범죄자에 대한 위치추적 전자장치 부착에 관한 법률안」, 이른바 전자발찌 법안이 마련되었다. 일부 정치권과 시민단체들을 중심으로 범죄자의 인권이 침해될 수 있다는 우려가 제기되면서 동 법안의 처리가 보류되고 있던 중 같은 해 11월 제주도에서 초등학생이 아동성폭력 전과자에 의해 강간살인을 당하는 사건이 발생하였고, 이를 계기로 동 법안은 2007년 4월 2일 국회를 통과하였다. 한편 동법 제정 당시에는 시행일이 2008년 10월 28일로 예정되어 있었다. 그러나 2007년 12월에 또다시 경기도 안양에서 여자 초등학생 2명이 성폭력 전과자에 의해 살해되었는가 하면, 2008년 3월 경기도 일산에서 성폭력 전과자에 의한 초등학생 납치 미수 사건이 발생하였는바, 2008년 6월 13일 법률 개정을 통해 그 시행일을 2008년 9월 1일로 앞당기고, 위치추적 전자장치의 부착기간을 연장하는 등 제도의 실효성을 높이기 위한 입법이 단행되었다.

일명 전자발찌 제도는 인공위성을 이용해 사물의 위치를 파악할 수 있는 GPS 방식을 활용한 24시간 위치추적과 보호관찰관의 밀착감독을 통해 재범을 방지하는 것을 말한다. 기존에는 위치추적 대상자가 부착장치(전자발찌)와 함께 별도의 휴대용 추적장치를 소지해야 했으나 2018년부터는 양자의 기능이 결합된 일

제형 전자발찌가 보급되고 있다.

〈그림 7-2〉 위치추적 전자발찌

(기존) 분리형 전자발찌	[현재] 일체형 전자발찌
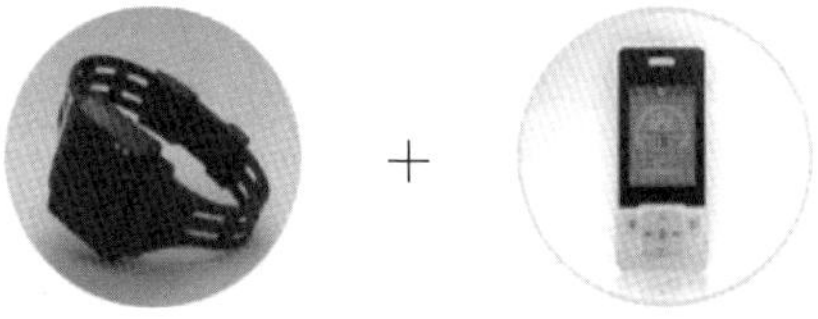	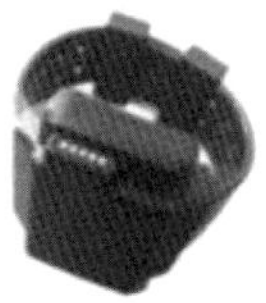

※ 그림출처: 법무부 보도자료 2018년 9월 5일자, http://viewer.moj.go.kr/skin/doc.html?rs=/result/bbs/31&fn=1546653301076101 (2023년 7월 10일 최종접속).

인공위성과 전자발찌 등 첨단 IT 기술을 활용한 위치추적 전자감독 제도는 전자발찌 부착 대상자의 현재 위치와 상태를 정확히 파악하여 보호관찰관의 지도감독 업무에 활용함으로써 재범률을 획기적으로 감소시켰다는 평가를 받고 있다. 이에 특정 성폭력 범죄자를 대상으로 도입된 위치추적 전자감독 제도는 점차 그 적용 대상이 확대되었는데, 2009년 5월 8일에는 미성년자 대상 유괴범죄가 포함되면서 그 법명도 「특정 범죄자에 대한 위치추적 전자장치 부착 등에 관한 법률」로 변경되었다. 뒤이어 2010년 4월 15일에는 살인범죄를 대상범죄로 추가하면서 전자장치 부착기간의 상한을 종래 10년에서 30년으로 상향조정하는 입법이 단행되었고, 2012년 12월 18일에는 강도범죄를 추가함과 동시에 형기종료 보호관찰제도를 도입하였으며, 그 법명도 「특정 범죄자에 대한 보호관찰 및 전자장치 부착 등에 관한 법률」로 변경되었다. 한편 2020년 2월 4일에는 전자장치 부착 제도가 특정범죄 이외의 범죄로 가석방되는 사람에 대해서도 적용될 수 있도록 하면서 또다시 법명을 「전자장치 부착 등에 관한 법률」(이하 '전자장치부착법'이라 함)[3]로 변경하는 내용의 입법이 이루어졌다. 나아가 2023년 7월 11일에는 위치추적 전자장치 부착명령 및 보호관찰명령의 청구 대상에 스토킹범죄자도 추가되는 법률 개정이 단행되었고, 이는 2024년 1월 12일부터 시행된다.

현행 전자장치부착법에 의할 때 검사는 ① 성폭력범죄로 징역형의 실형을 선

3 이 법은 수사·재판·집행 등 형사사법 절차에서 전자장치를 효율적으로 활용하여 불구속재판을 확대하고, 범죄인의 사회복귀를 촉진하며, 범죄로부터 국민을 보호함을 목적으로 한다(전자장치부착법 제1조).

고받은 사람이 그 집행을 종료한 후 또는 집행이 면제된 후 10년 이내에 성폭력범죄를 저지른 때, ② 성폭력범죄로 이 법에 따른 전자장치를 부착받은 전력이 있는 사람이 다시 성폭력범죄를 저지른 때, ③ 성폭력범죄를 2회 이상 범하여(유죄의 확정판결을 받은 경우를 포함) 그 습벽이 인정된 때, ④ 19세 미만의 사람에 대하여 성폭력범죄를 저지른 때, ⑤ 신체적 또는 정신적 장애가 있는 사람에 대하여 성폭력범죄를 저지른 때 중 어느 하나에 해당하고, 성폭력범죄를 다시 범할 위험성이 있다고 인정되는 사람에 대하여 전자장치를 부착하도록 하는 명령을 법원에 청구할 수 있다(전자장치부착법 제5조 ①항). 또한 법원은 공소가 제기된 특정범죄사건을 심리한 결과 부착명령을 선고할 필요가 있다고 인정하는 때에는 검사에게 부착명령의 청구를 요구할 수 있으며(동조 ⑦항), 부착명령 청구가 이유 있다고 인정하는 때에는 부착기간을 정하여 판결로 부착명령을 선고하여야 한다(동법 제9조 ①항).

법원은 부착명령을 선고하는 경우 부착기간의 범위에서 준수기간을 정하여 ① 야간 등 특정 시간대의 외출제한, ② 특정지역·장소에의 출입금지, ③ 주거지역의 제한, ④ 피해자 등 특정인에의 접근금지, ⑤ 특정범죄 치료 프로그램의 이수(500시간의 범위 내) 및 ⑥ 그 밖에 부착명령을 선고받는 사람의 재범방지와 성행교정을 위하여 필요한 사항 중 하나 이상을 부과할 수 있다(동법 제9조의2 ①항). 법원은 부착명령을 선고한 때에는 그 판결이 확정된 날부터 3일 이내에 부착명령을 선고받은 자의 주거지를 관할하는 보호관찰소의 장에게 판결문의 등본을 송부하여야 하고(동법 제10조 ①항), 교도소, 소년교도소, 구치소, 국립법무병원 및 군교도소의 장은 피부착명령자가 석방되기 5일 전까지 피부착명령자의 주거지를 관할하는 보호관찰소의 장에게 그 사실을 통보하여야 한다(동조 ②항).

부착명령은 검사의 지휘를 받아 보호관찰관이 집행하는데(동법 제12조 ①항), 특정범죄사건에 대한 형의 집행이 종료되거나 면제·가석방되는 날 또는 치료감호의 집행이 종료·가종료되는 날 석방 직전에 피부착명령자의 신체에 전자장치를 부착함으로써 집행한다(동법 제13조 ①항). 이때 부착명령의 집행은 신체의 완전성을 해하지 아니하는 범위 내에서 이루어져야 한다(동조 ④항). 피부착자는 전자장치의 부착기간 중 전자장치를 신체에서 임의로 분리·손상, 전파 방해 또는 수신자료의 변조, 그 밖의 방법으로 그 효용을 해하여서는 아니 되고(동법 제14조 ①항), 특정범죄사건에 대한 형의 집행이 종료되거나 면제·가석방되는 날부터 10일 이내에 주거지를 관할하는 보호관찰소에 출석하여 서면으로 신고하여야 하며(동조 ②항), 주거를 이전하거나 7일 이상의 국내여행을 하거나 출국할 때에는 미리 보호관찰관의 허가를 받아야 한다(동조 ③항).

보호관찰관은 피부착자의 재범방지와 건전한 사회복귀를 위하여 필요한 지도와 원호를 하는데(동법 제15조 ①항), 전자장치 부착기간 중 피부착자의 소재지 인근 의료기관에서의 치료, 상담시설에서의 상담치료 등 피부착자의 재범방지 및 수치심으로 인한 과도한 고통 방지를 위하여 필요한 조치를 할 수 있다(동조 ②항). 또한 보호관찰소의 장은 피부착자의 전자장치로부터 발신되는 전자파를 수신하여 그 자료를 보존해야 하며(동법 제16조 ①항), ① 피부착자의 특정범죄 혐의에 대한 수사 또는 재판자료로 사용하는 경우, ② 보호관찰관이 지도·원호를 목적으로 사용하는 경우, ③ 보호관찰심사위원회의 부착명령 임시해제와 그 취소에 관한 심사를 위하여 사용하는 경우, ④ 보호관찰소의 장이 피부착자의 제38조(전자장치의 부착기간 중 전자장치를 신체에서 임의로 분리·손상, 전파 방해 또는 수신자료의 변조, 그 밖의 방법으로 그 효용을 해한 때에 처벌) 또는 제39조(정당한 사유 없이 준수사항 위반 시 처벌)에 해당하는 범죄 혐의에 대한 수사를 의뢰하기 위하여 사용하는 경우 외에는 수신자료를 열람·조회 또는 공개할 수 없다(동조 ②항). 한편 보호관찰소의 장은 ① 부착명령과 함께 선고된 형이 「형법」 제81조에 따라 실효된 때, ② 부착명령과 함께 선고된 형이 사면으로 인하여 그 효력을 상실한 때, ③ 전자장치 부착이 종료된 자가 자격정지 이상의 형 또는 이 법에 따른 전자장치 부착을 받음이 없이 전자장치 부착을 종료한 날부터 5년이 경과한 때 중 어느 하나에 해당하는 때에는 수신자료를 폐기해야 한다(동조 ⑥항). 보호관찰소의 장은 범죄예방 및 수사에 필요하다고 판단하는 경우 피부착자가 신고한 신상정보 및 피부착자에 대한 지도·감독 중 알게 된 사실 등의 자료를 피부착자의 주거지를 관할하는 경찰관서의 장 등 수사기관에 제공할 수 있다(동법 제16조의2 ①항). 수사기관은 범죄예방 및 수사활동 중 인지한 사실이 피부착자의 지도·감독에 활용할 만한 자료라고 판단할 경우 이를 보호관찰소의 장에게 제공할 수 있다(동조 ②항). 나아가 보호관찰소의 장은 피부착자가 범죄를 저질렀거나 저질렀다고 의심할 만한 상당한 이유가 있을 때에는 이를 수사기관에 통보하여야 한다(동조 ③항).

보호관찰소의 장 또는 피부착자 및 그 법정대리인은 해당 보호관찰소를 관할하는 심사위원회에 부착명령의 임시해제를 신청할 수 있고(동법 제17조 ①항), 심사위원회는 피부착자가 부착명령이 계속 집행될 필요가 없을 정도로 개선되어 재범의 위험성이 없다고 인정하는 때에는 부착명령의 임시해제를 결정할 수 있다(동법 제18조 ④항). 또한 보호관찰소의 장은 부착명령이 임시해제된 자가 특정범죄를 저지르거나 주거이전 상황 등의 보고에 불응하는 등 재범의 위험성이 있다고 판단되는 때에는 심사위원회에 임시해제의 취소를 신청할 수 있는데, 이 경우 심사위원회는 임시해제된 자의 재범의 위험성이 현저하다고 인정되면 임시해제를 취소하여야 한다(동법 제19조 ①항).

한편 검사는 성폭력범죄를 저지른 사람으로서 성폭력범죄를 다시 범할 위험성이 있다고 인정되는 사람에 대하여 형의 집행이 종료한 때부터 「보호관찰 등에 관한 법률」에 따른 보호관찰을 받도록 하는 명령을 법원에 청구할 수 있다(동법 제21조의2 1호). 법원은 청구 대상자가 금고 이상의 선고형에 해당하고 보호관찰명령의 청구가 이유 있다고 인정하는 때에는 2년 이상 5년 이하의 범위에서 기간을 정하여 보호관찰명령을 선고하여야 한다(동법 제21조의3 ①항). 전자장치 부착명령 판결을 선고받지 아니한 특정 범죄자로서 형의 집행 중 가석방되어 보호관찰을 받게 되는 자는 준수사항 이행 여부 확인 등을 위하여 가석방기간 동안 전자장치를 부착하여야 한다. 다만, 심사위원회가 전자장치 부착이 필요하지 않다고 결정한 경우에는 그러하지 아니하다(동법 제22조 ①항). 또한 치료감호심의위원회도 전자장치 부착명령 판결을 선고받지 아니한 특정 범죄자로서 치료감호의 집행 중 가종료 또는 치료위탁되는 피치료감호자나 보호감호의 집행 중 가출소되는 피보호감호자에 대하여 준수사항 이행 여부 확인 등을 위하여 보호관찰 기간의 범위에서 기간을 정하여 전자장치를 부착하게 할 수 있다(동법 제23조 ①항). 아울러 법원은 특정범죄를 범한 자에 대하여 형의 집행을 유예하면서 보호관찰을 받을 것을 명할 때에는 보호관찰 기간의 범위 내에서 기간을 정하여 준수사항의 이행여부 확인 등을 위하여 전자장치를 부착할 것을 명할 수 있다(동법 제28조 ①항).

이러한 위치추적 전자감독 제도의 법적 성격을 어떻게 파악할 것인지에 대해서 논란이 야기되었으나, 2009년 대법원은 이를 일종의 보안처분이라고 파악하였다(대법원 2009. 9. 10. 선고 2009도6061, 2009전도13 판결). 대법원은 동 제도의 목적과 성격 및 그 운영에 관한 법률 규정을 고려할 때, 이는 범죄자에 대한 응보를 주된 목적으로 그 책임을 추궁하는 사후적 처분인 형벌과는 본질적으로 구별되는바, 형벌에 관한 일사부재리의 원칙이 그대로 적용되지 않는다고 판단한 것이다. 한편 2008년 12월 안산의 한 교회 화장실에서 발생한 8세 여아 대상 강간상해 사건과 2010년 2월 부산에서 발생한 13세 여중생 대상 강간살해 사건을 계기로 하여 아동을 대상으로 한 성폭력범죄를 예방하기 위한 각종 제도들에 대한 관심이 다시금 집중되었다. 특히 후자의 경우에는 가해자가 동법 시행 전에 유죄확정을 받고 형 집행 종료 후 출소하였기 때문에 위치추적 전자장치 부착 대상자에서 제외되었다는 점이 문제로 지적되었다. 이에 과거 성폭력범죄를 저지르고 이미 확정판결을 받아 위치추적 전자장치를 부착할 수 없는 경우라 할지라도 형 집행 중이거나 형 집행 종료 후 3년이 경과하지 아니한 성폭력범죄자에 대하여는 이를 부착할 수 있는 근거를 마련하는 법률 개정이 2010년 4월 15일에 단행되었다. 이와 관련해서는 형벌불소급의 원칙에 반하는지가 문제되었으나 2012년 헌법재판소는 비형벌적 보안처분인 전자장치 부착명령에 대해서는 소급효금지의 원칙이 적용되지 않는다고 판단하였다(헌법재판소 2012. 12. 27. 2010헌가82 등).

[Box 7.4] 위치추적 전자감독 제도의 법적 성격(대법원 2009. 9. 10. 선고 2009노6061 판결)

특정 성폭력범죄자에 대한 위치추적 전자장치 부착에 관한 법률에 의한 전자감시제도는, 성폭력범죄자의 재범방지와 성행교정을 통한 재사회화를 위하여 그의 행적을 추적하여 위치를 확인할 수 있는 전자장치를 신체에 부착하게 하는 부가적인 조치를 취함으로써 성폭력범죄로부터 국민을 보호함을 목적으로 하는 일종의 보안처분이다. 이러한 전자감시제도의 목적과 성격, 그 운영에 관한 위 법률의 규정 내용 및 취지 등을 종합해 보면, 전자감시제도는 범죄행위를 한 자에 대한 응보를 주된 목적으로 그 책임을 추궁하는 사후적 처분인 형벌과 구별되어 그 본질을 달리하는 것으로서 형벌에 관한 일사부재리의 원칙이 그대로 적용되지 않으므로, 위 법률이 형 집행의 종료 후에 부착명령을 집행하도록 규정하고 있다 하더라도 그것이 일사부재리의 원칙에 반한다고 볼 수 없다. 또 위 법률이 그 목적 달성을 위한 합리적 범위 내에서 전자감시제도를 탄력적으로 운영하도록 하면서 그에 따른 피부착자의 기본권 침해를 최소화하기 위한 방안을 마련하고 있는 이상, 오로지 형기를 마친 성폭력범죄자의 감시를 위한 방편으로만 이용함으로써 피부착자의 기본권을 과도하게 제한하는 과잉입법에 해당한다고 볼 수도 없다. 그리고 위 법률은 피부착자의 전자장치로부터 발신되는 전자파의 수신자료에 대한 사용을 피부착자의 재범방지와 성행교정 등을 위하여 필요한 경우로 엄격히 제한하고 있을 뿐 아니라, 부착명령의 선고와 함께 '야간 등 특정 시간대의 외출제한'을 준수사항으로 부과할 수 있도록 한 것도 범죄에 취약한 시간대의 외출을 제한함으로써 가능한 한 재범의 발생을 방지하려는 데 있으므로, 헌법이 보장한 거주이전의 자유를 본질적으로 침해하는 측면도 없다.

[Box 7.5] 출소예정자 및 형 집행 종료 후 3년이 경과하지 아니한 자에게 적용되는 부칙경과조항에 대한 합헌결정(헌법재판소 2012. 12. 27. 2010헌가82 등)

전자장치 부착명령은 전통적 의미의 형벌이 아닐 뿐 아니라, 성폭력범죄자의 성행교정과 재범방지를 도모하고 국민을 성폭력범죄로부터 보호한다고 하는 공익을 목적으로 하며, 의무적 노동의 부과나 여가시간의 박탈을 내용으로 하지 않고 전자장치의 부착을 통해서 피부착자의 행동 자체를 통제하는 것도 아니라는 점에서 처벌적인 효과를 나타낸다고 보기 어렵다. 또한 부착명령에 따른 피부착자의 기본권 침해를 최소화하기 위하여 피부착자에 관한 수신자료의 이용을 엄격하게 제한하고, 재범의 위험성이 없다고 인정되는 경우에는 부착명령을 가해제할 수 있도록 하고 있다. 그러므로 이 사건 부착명령은 형벌과 구별되는 비형벌적 보안처분으로서 소급효금지원칙이 적용되지 아니한다.
이 사건 부칙조항은 개정 전 법률로는 전자장치 부착명령의 대상자에 포함되지 아니한 성폭력범죄자의 재범에 효과적으로 대처할 만한 수단이 없다는 우려 아래 대상자의 범위를 확대한 것으로서, 성폭력범죄의 재범을 방지하고 성폭력범죄로부터 국민을 보호하고자 하는 목적의 정당성이 인정되고, 수단의 적절성도 인정된다. 전자장치 부착명령은 장래의 위험성을 방지하기 위한 보안처분이어서, 피부착대상자에 대한 부착 여부는 이를 판단하는 당시를 기준으로 판단하므로, 이 사건 부칙조항이 신설되기 전 형 집행 종료자 등이 부착명령 대상자가 되지 아니할 것이라는 기대를 가졌다고 하더라도, 그 신뢰의 보호가치가 크다고 보기 어렵다. 한편 입법자는 재범의 위험성에 대하여 검사와 법원이 판단하도록 하면서 적용요건 및 부착명령의 청구기간을 비교적 엄격하게 제한하고 있으므로, 이 사건 부칙조항이 전자장치 부착명령의 대상자 범위를 소급하여 확대하였다고 하여 대상자들의 신뢰이익의 침해 정도가 과중하다고 볼 수 없다. 반면 성폭력범죄로부터 국민, 특히 여성과 아동을 보호한다는 공익은 매우 큼에도 불구하고, 개정 전 법률은 형 집행 종료자 등에 대하여는 적용되지 않음으로써 가장 재범률이 높은 사람들에 대한 대책이 전무한 실정이었음을 고려하면, 이 사건 부칙조항의 입법목적은 매우 중대하고 긴요한 공익이라 할 것이므로 법익 균형성원칙에 위배된다고 할 수 없다.

Ⅲ 성충동 약물치료

화학적 거세라고도 불리는 성충동 약물치료는 남성 호르몬의 생성을 억제함으로써 성욕을 감퇴시키는 방법으로서 수술로 고환을 제거하는 물리적 거세와 구별된다. 현재 화학적 거세는 캘리포니아를 비롯한 일부 미국 주들과 독일, 덴마크, 스웨덴 등에서 시행되고 있는데, 독일이나 덴마크의 경우에는 물리적 거세도 이루어지고 있다. 성충동 약물치료와 관련해서는 호르몬 문제로 인해 성범죄

충동이 억제되지 않는 자가 성폭력범죄를 저지르는 것을 막기 위해서는 기존의 형벌로는 한계가 있는바 화학적 거세가 효과적이라는 입장이 있는가 하면, 약물치료는 치료대상자의 인격권을 침해하고 약물 부작용을 일으킬 수 있다는 이유로 우려를 표하는 입장도 있다.

우리나라의 경우 아동성폭력범에 대한 강력한 처벌 규정이 존재함에도 불구하고 아동에 대한 성충동을 조절할 수 없는 성폭력범의 재범을 방지하는 데에는 한계가 있다는 문제점이 지적되었다. 이에 상습적 아동성폭력범에게 성욕 조절 호르몬 주사를 주기적으로 투여하는 약물치료요법과 심리치료를 병행함으로써 아동성폭력범의 재범을 예방하고자 2010년 7월 23일에 「성폭력범죄자의 성충동 약물치료에 관한 법률」(이하 '성충동약물치료법'이라 함)이 제정되었다. 동법 제정 당시 성폭력범죄자에 대한 성충동 약물치료는 16세 미만자를 대상으로 한 성폭력 범죄자에 대해서만 실시되었으나, 이후 2012년 4월 수원 토막살인사건, 2012년 8월 나주 초등학생 납치 성폭행 사건 등 부녀자를 대상으로 한 연이은 강력 성폭력 사건들이 발생하면서 범죄피해자의 연령과 무관하게 성도착증 환자로서 재범위험성이 인정되는 자에 대해 성충동 약물치료가 이루어질 수 있도록 2012년 12월 18일에 동법 개정이 단행되었다. 또한 뒤이은 법 개정을 통해서도 성충동 약물치료의 대상 범죄가 점차 확대되었는바, 유사강간죄와 장애인인 아동·청소년에 대한 간음 및 「형법」상 강도강간미수죄와 해상강도강간미수죄 등이 약물치료 대상 범죄에 추가되었다.

약물치료가 실시되기 위해서는 ① 비정상적 성적 충동이나 욕구를 억제하거나 완화하기 위한 것으로서 의학적으로 알려진 것이어야 하고, ② 과도한 신체적 부작용을 초래하지 아니하며, ③ 의학적으로 알려진 방법대로 시행되어야 한다(성충동약물치료법 제3조). 검사는 성폭력범죄를 저지른 성도착증 환자로서 성폭력범죄를 다시 범할 위험성이 있다고 인정되는 19세 이상의 사람에 대하여 약물치료명령을 법원에 청구할 수 있는데(동법 제4조 ①항), 이때 검사는 치료명령 청구대상자에 대하여 정신건강의학과 전문의의 진단이나 감정을 받은 후 치료명령을 청구해야 한다(동조 ②항). 법원은 치료명령 청구가 이유 있다고 인정하는 때에는 15년의 범위 내에서 치료기간을 정하여 판결로 치료명령을 선고하여야 한다(동법 제8조 ①항). 2015년 헌법재판소는 성충동 약물치료 청구조항에 대해서는 과잉금지원칙에 위배되지 않는다고 판단한 반면, 명령조항에 대해서는 집행시점에서 불필요한 치료를 막을 수 있는 절차가 마련되어 있지 않다는 이유로 과잉금지원칙에 위배된다고 판단하였다. 다만 명령조항에는 위헌적 부분과 합헌적 부분이 공존하고 있고, 장기형 선고로 치료명령 선고시점과 집행시점 사이에 상당한 시간적 간극이 존재하는 경우에 불필요한 치료가 이루어질 가능성을 배제하는 구체적인 방법과 절차는 입법자에 의해 형성되는 것이 바람직하다는 이유로 헌법불합치 결정을 선고하였다(헌법재판소 2015. 12. 23. 2013헌가9). 이에 2017년 12월 19일 치료명령의 집행 면제 신청 절차를 마련하는 내용의 동법 개정이 단행되어 2018년 1월 1일부터 시행되고 있다(동법 제8조의2부터 제8조의4). 한편 법원은 치료명령을 선고한 때에는 그 판결이 확정된 날부터 3일 이내에 치료명령을 받은 사람의 주거지를 관할하는 보호관찰소의 장에게 판결문의 등본과 준수사항을 적은 서면을 송부하여야 하고(동법 제11조 ①항), 교도소, 소년교도소, 구치소 및 치료감호시설의 장은 치료명령을 받은 사람이 석방되기 3개월 전까지 치료명령을 받은 사람의 주거지를 관할하는 보호관찰소의 장에게 그 사실을 통보하여야 한다(동조 ②항).

치료명령은 검사의 지휘를 받아 보호관찰관이 집행하는데(동법 제13조 ①항), 「의료법」에 따른 의사의 진단과 처방에 의한 약물 투여, 「정신건강증진 및 정신질환자 복지서비스 지원에 관한 법률」에 따른 정신보건전문요원 등 전문가에 의한 인지행동 치료 등 심리치료 프로그램의 실시 등의 방법으로 집행된다(동법 제14조 ①항). 보호관찰관은 치료명령을 받은 사람에게 치료명령을 집행하기 전에 약물치료의 효과, 부작용 및 약물치료의 방법·주기·절차 등에 관하여 충분히 설명하여야 하고(동조 ②항), 치료명령을 받은 사람이 형의 집행이 종료되거나 면제·가석방 또는 치료감호의 집행이 종료·가종료 또는 치료위탁으로 석방되는 경우 보호관찰관은 석방되기 전 2개월 이내에 치료명령을 받은 사람에게 치료명령을 집행하여야 한다(동조 ③항). 치료명령을 받은 사람은 치료기간 중 상쇄약물의 투약 등의 방법으로 치료의 효과를 해하여서는 아니 되고(동법 제15조 ①항), 형의 집행이 종료되거나 면제·가석방 또는 치료감호의 집행이 종료·가종료 또는 치료위탁되는 날부터 10일 이내에 주거지를 관할하는 보호관찰소에 출석하여 서면으로 신고하여야 하며(동조 ②항), 주거 이전 또는 7일 이상의 국내여행을 하거나 출국할 때에는 미리 보호관찰관의 허가를 받아야 한다(동조 ③항). 한편 법원은 치료 경과 등에 비추어 치료명령을 받은 사람에 대한 약물치료를 계속해야 할 상당한 이유가 있거나 동법에서 정한 사유가 있는 경우에 치료기간을 연장할 수 있는데, 이

때 기간은 종전의 치료기간과 합산하여 15년을 초과할 수 없다(동법 제16조). 보호관찰소의 장 또는 치료명령을 받은 사람 및 그 법정대리인은 보호관찰 심사위원회에 치료명령의 임시해제를 신청할 수 있는데(동법 제17조 ①항), 심사위원회는 치료명령을 받은 사람이 치료명령이 계속 집행될 필요가 없을 정도로 개선되어 죄를 다시 범할 위험성이 없다고 인정하는 때에는 치료명령의 임시해제를 결정할 수 있다(동법 제18조 ④항). 또한 치료명령은 ① 치료기간이 지난 때, ② 치료명령과 함께 선고한 형이 사면되어 그 선고의 효력을 상실하게 된 때, ③ 치료명령이 임시해제된 사람이 그 임시해제가 취소됨이 없이 잔여 치료기간을 지난 때 중 어느 하나에 해당하는 때에 그 집행이 종료된다(동법 제20조).

[Box 7.6] 성충동 약물치료 명령에 대한 헌법불합치결정(헌법재판소 2015. 12. 23. 2013헌가9)

성폭력범죄를 저지른 성도착증 환자로서 재범의 위험성이 인정되는 19세 이상의 사람에 대해 법원이 15년의 범위에서 치료명령을 선고할 수 있도록 한 '성폭력범죄자의 성충동 약물치료에 관한 법률'(2012. 12. 18. 법률 제11557호로 개정된 것) 제4조 제1항 및 '성폭력범죄자의 성충동 약물치료에 관한 법률'(2010. 7. 23. 법률 제10371호로 제정된 것) 제8조 제1항은 성폭력범죄를 저지른 성도착증 환자의 동종 재범을 방지하기 위한 것으로서 그 입법목적이 정당하고, 성충동 약물치료는 성도착증 환자의 성적 환상이 충동 또는 실행으로 옮겨지는 과정의 핵심에 있는 남성호르몬의 생성 및 작용을 억제하는 것으로서 수단의 적절성이 인정된다. 또한 성충동 약물치료는 전문의의 감정을 거쳐 성도착증 환자로 인정되는 사람을 대상으로 청구되고, 한정된 기간 동안 의사의 진단과 처방에 의하여 이루어지며, 부작용 검사 및 치료가 함께 이루어지고, 치료가 불필요한 경우의 가해제(임시해제)제도가 있으며, 치료 중단 시 남성호르몬의 생성과 작용의 회복이 가능하다는 점을 고려할 때, 심판대상조항들은 원칙적으로 침해의 최소성 및 법익균형성이 충족된다. 다만 장기형이 선고되는 경우 치료명령의 선고시점과 집행시점 사이에 상당한 시간적 간극이 있어 집행시점에서 발생할 수 있는 불필요한 치료와 관련한 부분에 대해서는 침해의 최소성과 법익균형성을 인정하기 어렵다. 따라서 이 사건 청구조항은 과잉금지원칙에 위배되지 아니하나, 이 사건 명령조항은 집행 시점에서 불필요한 치료를 막을 수 있는 절차가 마련되어 있지 않은 점으로 인하여 과잉금지원칙에 위배되어 치료명령 피청구인의 신체의 자유 등 기본권을 침해한다.

한편 이 사건 명령조항에는 위헌적 부분과 합헌적 부분이 공존하고 있고, 장기형 선고로 치료명령 선고시점과 집행시점 사이에 상당한 시간적 간극이 존재하는 경우 불필요한 치료가 이루어질 가능성을 배제할 수 있는 구체적인 방법과 절차의 형성은 입법자의 판단에 맡기는 것이 바람직하다. 또한 이 사건 명령조항의 위헌적 부분은 치료명령의 선고에 의하여 곧바로 현실화되는 것이 아니라 집행시점에서 비로소 구체적으로 문제가 되며, 그 집행시점까지 개선입법을 함으로써 제거될 수 있으므로, 법적 혼란의 방지를 위하여 헌법불합치 결정을 선고하되, 2017. 12. 31.을 시한으로 입법자가 개정할 때까지 계속 적용하도록 하였다.

Ⅳ 취업제한

「아동·청소년의 성보호에 관한 법률」(이하 '청소년성보호법'이라 함)은 성범죄자에 대한 취업제한 규정을 두고 있다. 법원은 아동·청소년대상 성범죄 또는 성인대상 성범죄로 형 또는 치료감호를 선고하는 경우에는 판결(약식명령 포함)로 그 형이나 치료감호의 전부 또는 일부의 집행을 종료하거나 집행이 유예·면제된 날(벌금형을 선고받은 경우에는 그 형이 확정된 날)부터 일정 기간 동안 아동·청소년 관련기관 등을 운영하거나 해당 기관 등에 취업 또는 사실상 노무를 제공할 수 없도록 하는 명령을 성범죄 사건의 판결과 동시에 선고(약식명령의 경우에는 고지)해야 한다(청소년성보호법 제56조[4] ①항 본문). 다만 재범의 위험성이 현저히 낮은 경우, 그 밖에 취업을 제한하여서는 아니 되는 특별한 사정이 있다고 판단하는 경우에는 그러하지 아니한다(동항 단서). 아동·청소년 관련기관 등으로는 유치원을 비롯하여 학교나 위탁 교육기관, 교육청이나 교육지원청이 직접 설치·운영하거나 위탁하여 운영하는 학생상담지원시설 또는 위탁 교육시설, 국제학교, 학원이나 교습소 및 개인과외교습자, 청소년 보호·재활센터, 청소년활동시설, 청소년상담복지센터나 이주배경청소년지원센터 및 청소년복지시설, 학교 밖 청소년 지원센터, 어린이집과 육아종합지원센터 및 시간제보육서비스지정기관, 아동복지시설과 통합서비스 수행기관 및 다함께돌봄센터, 성매매피해자등을 위한 지원시설 및 성매매피해상담소, 성교육 전문기관 및 성매매 피해아동·청소년 지원센터, 공동주택의 관리사무소(경비업무에 직접 종사하는 사람에 한정), 아동·청소년의 이용이 제한되지 아니하는 체육시설로서 문화체육관광부장관이 지정하는 체육시설, 의료기관(의료인과 간호조무사 및 의료기사로 한정), 인터넷컴퓨터게임시설제공업이나 복합유통게임제공업을 하는 사업장, 경비업을 행하는 법인(경비업무에 직접 종사하는 사람에 한정), 청소년활동기획업소, 대중문화예술기획업소, 아동·청소년의 고용 또는 출입이 허용되는 기관·시설 또는 사업장으로서 대통령령으로 정하는 유형의 시설 등, 가정방문 등 학습교사 사업장(아동·청소년에게 직접 교육서비스를 제공하는 업무 종사자에 한정), 장애인 등에 대한 특수교육지원센터, 「지방자치법」에 따른 공공시설 및 「지방교육자치

---

4 청소년성보호법 제56조는 2023년 4월 11일에 개정되어 2023년 10월 12일부터 시행된다.

에 관한 법률」에 따른 교육기관, 어린이급식관리지원센터, 아이돌봄서비스제공기관, 건강가정지원센터 및 다문화가족지원센터 등이 있다. 취업제한 기간은 10년을 초과하지 못하며(동조 ②항), 법원은 취업제한 명령을 선고하려는 경우에 정신건강의학과 의사, 심리학자, 사회복지학자, 그 밖의 관련 전문가로부터 취업제한 명령 대상자의 재범 위험성 등에 관한 의견을 들을 수 있다(동조 ③항).

아동·청소년 관련기관 등의 설치 또는 설립 인가·신고를 관할하는 지방자치단체의 장, 교육감 또는 교육장은 아동·청소년 관련기관 등을 운영하려는 자에 대한 성범죄 경력 조회를 관계 기관의 장에게 요청해야 한다(동조 ④항 본문). 아동·청소년 관련기관 등의 장은 그 기관에 취업 중이거나 사실상 노무를 제공 중인 자 또는 취업하려 하거나 사실상 노무를 제공하려는 자에 대하여 성범죄의 경력을 확인하여야 하며, 이 경우 본인의 동의를 받아 관계 기관의 장에게 성범죄의 경력 조회를 요청하여야 한다(동조 ⑤항 본문). 성범죄 경력 조회 요청을 받은 관계기관의 장은 성범죄 경력 조회 회신서를 발급해야 하며(동조 ⑥항), 성범죄경력 조회의 요청 절차나 범위 등에 관해 필요한 사항은 대통령령으로 정한다(동조 ⑨항).

여성가족부장관 또는 관계 중앙행정기관의 장은 성범죄로 취업제한 명령을 선고받은 자가 아동·청소년 관련기관 등을 운영하거나 아동·청소년 관련기관 등에 취업 또는 사실상 노무를 제공하고 있는지를 직접 또는 관계 기관 조회 등의 방법으로 연 1회 이상 점검·확인하여야 한다(동법 제57조 ①항). 또한 중앙행정기관의 장이나 시·도지사, 시장·군수·구청장 또는 교육감은 아동·청소년 관련기관 등에의 취업제한 규정을 위반하여 취업하거나 사실상 노무를 제공하는 자가 있으면 아동·청소년 관련기관 등의 장에게 그의 해임을 요구할 수 있고(동법 제58조 ①항), 운영 중인 아동·청소년 관련기관 등의 폐쇄를 요구할 수 있다(동조 ②항). 해당 아동·청소년 관련기관 등의 장이 정당한 사유 없이 폐쇄요구를 거부하거나 1개월 이내에 요구사항을 이행하지 아니하는 경우에는 관계 행정기관의 장에게 해당 아동·청소년 관련기관 등의 폐쇄나 등록·허가 등의 취소를 요구할 수 있다(동조 ③항).

V 공소시효 특례

2006년 2월 서울에서 발생한 용산 초등학생 강간살인 사건을 필두로 아동을 대상으로 한 흉악한 성폭력 사건들이 연이어 발생하면서 아동성폭력범죄에 대해서는 특단의 조치가 모색되어야 한다는 논의가 전개되었고, 그 과정에서 아동성폭력범죄에 대한 공소시효제도의 개선 필요성도 대두되었다. 날로 지능화·흉포화되는 강력범죄에 대처하고자 2007년 12월 21일 「형사소송법」 개정을 통해 공소시효 기간이 대폭 연장되었고, 2010년 4월 15일에는 「성폭력범죄의 처벌 등에 관한 특례법」과 「아동·청소년의 성보호에 관한 법률」 개정을 통해 미성년자에 대한 성폭력범죄는 피해를 당한 미성년자가 성년에 달한 날부터 공소시효가 진행되는 것으로 하는 기산에 관한 특례 규정이 마련되었다. 이에 한 걸음 더 나아가 아동성폭력범죄에 대해서는 공소시효를 폐지해야 한다는 주장이 제기되었지만 미제사건의 증대 및 다른 흉악 범죄와의 형평성 문제로 인해 입법화되지 못하였다. 그러나 광주 인화학교의 장애학생 성폭력 사건을 모티브로 한 영화 「도가니」의 열풍에 힘입어 아동성폭력범죄에 대한 공소시효 폐지 주장이 많은 국민들의 지지를 얻게 되었고, 2011년 11월 17일 국회는 13세 미만의 아동과 장애인을 대상으로 한 성폭력범죄(강간·준강간)의 공소시효를 폐지하는 「성폭력범죄의 처벌 등에 관한 특례법」 개정을 단행하였다.

요컨대 강간등 살인·치사죄에 대해서는 공소시효가 배제되며(청소년성보호법 제20조 ④항, 성폭력처벌법 제21조 ④항), 13세 미만의 사람 및 신체적인 또는 정신적인 장애가 있는 사람에 대하여 강간이나 강제추행 등의 죄를 범한 경우에도 공소시효가 적용되지 않는다(청소년성보호법 제20조 ③항, 성폭력처벌법 제21조 ③항). 미성년자에 대한 성폭력범죄의 공소시효는 해당 성폭력범죄로 피해를 당한 미성년자가 성년에 달한 날부터 진행하며(청소년성보호법 제20조 ①항, 성폭력처벌법 제21조 ①항), 강간이나 강제추행의 죄는 DNA증거 등 그 죄를 증명할 수 있는 과학적인 증거가 있는 때에는 공소시효가 10년 연장된다(청소년성보호법 제20조 ②항, 성폭력처벌법 제21조 ②항).

Ⅵ 한국의 미투운동과 과제

2017년 10월 5일 뉴욕타임즈(The New York Times)를 통해 할리우드의 유명 제작자 하비 와인스타인(Harvey Weinstein)의 성추문이 폭로되었다. 이후 가수이자 영화배우인 알리사 밀라노(Alyssa Milano)는 트위터 등 소셜네트워크(SNS)에 '미투(Me Too)'라는 해시태그(#MeToo)를 달아서 자신이 겪었던 성폭력 피해를 드러냄으로써 이에 대한 경각심을 일깨우자고 제안하였다. 해시태그(hashtag)는 특정한 단어나 문구 앞에 해시(#)를 붙여서 연관 정보를 묶는 것으로서 '아랍의 봄' 시위나 '월가 점령 운동' 당시에 관련 정보 취합 및 검색을 용이하게 하였고, 시민운동이나 문화운동을 확산시키는 데 중요한 역할을 하고 있다. 이렇게 시작된 미투캠페인은 제안된 지 24시간 만에 50만 명이 넘는 사람들로부터 지지를 받았고, 8만여 명이 넘는 사람들이 자신의 성폭력 피해를 폭로하면서 이 운동에 동참하는 등 미국을 넘어 전 세계로 빠르게 확산되었다. 이에 2017년 12월 미국의 시사주간지 타임(TIME)은 미투운동으로 성폭력을 고발한 '침묵을 깬 사람들(The Silence Breakers)'을 올해의 인물로 선정하기도 했다. 한국에서는 2018년 1월 현직 검사가 생방송 뉴스에 출연하여 자신의 성폭력 피해를 폭로하면서 미투운동이 촉발되었고, 이후 연극과 영화 등 문화예술계는 물론이고 정치권 내의 성폭력 피해 폭로가 이어지면서 본격화되었다.

미투운동은 2006년 성폭력 피해를 입은 유색 인종 소녀들을 지원하고자 비영리단체 "저스트비(Just Be)"를 창설했던 타라나 버크(Tarana Burke)가 '공감을 통해 권한을 부여'하고자 전개했던 캠페인에서 그 기원을 찾을 수 있다. 타라나 버크는 미투운동이 성폭력을 겪은 모든 피해자를 위한 것이지 여성운동으로 한정되지 않고, 성별 간 혹은 여성 세대 간 장벽이 구축되는 것을 경계해야 한다고 주장했다. 그러나 가부장제 구조 하에서 형성된 남성 중심적인 통념이 잔재하고 있는 우리나라에서는 성폭력 피해를 고발한 여성들이 사건의 실체적 진실을 밝히는 과정에서 심각한 2차 피해를 입고 있다는 문제가 지적되었다. 2018년 2월에 개최된 UN 여성차별철폐협약(Convention on the Elimination of All Forms of Discrimination against Women) 대한민국 국가보고서 심의에서 UN 여성차별철폐위원회(Committee on the Elimination of Discrimination Against Women)는 형사절차가 진행되는 동안 성폭력 피해여성들이 의심과 비난의 대상이 됨으로써 2차 피해를 입는 것에 대해 우려를 표하였다. 또한 동 위원회는 우리 정부로 하여금 사법절차에서 피해자의 성적 이력이 증거로 사용되는 것을 금하고, 성폭력 피해자에 대한 역고소가 남용되는 것을 방지할 수 있는 조치를 취하도록 권고하였다. 아울러 강간 등 성폭력범죄를 규정함에 있어서 피해자의 자율적인 동의 여부가 기준이 되어야 한다는 의견도 제시하였다.

미투운동을 계기로 대두된 형사법적 쟁점으로는 업무상 위력 등에 의한 간음죄의 법정형 강화, 비동의 간음죄의 신설, 형사절차상 성폭력 피해자의 성적 이력 사용 제한, 성폭력 피해자에 대한 역고소 남용 대응 등이 있다. 미투를 통해 드러난 조직 내 권력형 성폭력 사건은 가해자가 사회적 지위를 이용해서 지속적으로 성폭력범죄를 저지르고, 이로 인해 피해자는 심각한 육체적·정신적 고통을 겪는 구조를 가지고 있었다. 그럼에도 불구하고 종래 「형법」은 업무상 위력 등에 의한 간음죄의 법정형 중 징역형을 5년 이하로 규정하고 있었던바, 이는 강제추행죄의 법정형이 10년 이하의 징역인 것과 비교할 때 상당히 낮은 수준이어서 범죄 예방 효과가 높지 않다는 비판이 제기되었다. 이에 업무나 고용 기타 관계로 인하여 자기의 보호 또는 감독을 받는 사람에 대하여 위계 또는 위력으로써 간음한 자에 대해 부과되던 법정형을 종래 '5년 이하의 징역 또는 1천 500만 원 이하의 벌금'에서 '7년 이하의 징역 또는 3천만 원 이하의 벌금'으로 상향조정하는 내용의 「형법」 개정이 2018년 10월 16일에 단행되어 같은 날부터 시행되고 있다(「형법」 제303조 ①항). 아울러 동 개정을 통해 법률에 의하여 구금된 사람을 감호하는 자가 그 사람(구금된 사람)을 간음한 때에 적용되는 피감호자 간음죄의 법정형도 종래 '7년 이하의 징역'에서 '10년 이하의 징역'으로 강화되었다(동조 ②항).

한편 현행 「형법」상 강간죄는 폭행이나 협박을 수단으로 할 때 적용되는데, 판례는 강간죄의 폭행·협박이 피해자의 반항을 현저히 곤란하게 할 정도여야 한다고 해석하고 있다. 이로 인해 폭행이나 협박이 동원된 강제적 성행위라고 하더라도 피해자의 저항 정도나 전후 태도 등을 고려해서 강간죄가 인정되지 않는 경우가 발생한다. 또한 미투를 통해 고발된 상당수 성폭력 사건들은 폭행·협박과 같은 물리적 강제력이 아닌 소속된 집단 내부의 권력 관계 등에 기인한 무형의 지배력에 의해 발생하였는데, 이 경우 업무상 위력에 의한 간음죄가 인정되기 위해서는 상대방의 자유로운 의사를 억압할 수 있을 정도의 위력이 요구된다. 현행법상 성폭력 행위에 대한 처벌의 공백이 문제되었고, 'No means no rule(아니라면 아닌 것)'의 맥락에서 상대방의 동의 없는 성관계를 범죄로 구성해야 한다는 주장이 힘을 얻게 되었다. 강간죄의 보호법익인 성적 자기결정권은 원하지 않는 성관계를 하지 않을 자유를 보장하기 때문에 폭행·협박이 없더라도 피해자가 공포심이나 수치심에 사로잡혀서 저항할 수 없었던 경우나 거부의사를 밝혔음에도 불구하고 성교에 이른 경우는 성적 자기결정권이 침해된 것으로 보아야 한다는 것이다. 반면 강간죄의 폭행·협박이나 업무상 위력에 의한 간음죄의 위력을 완화시켜 해석함으로써 문제를 해결할 수 있다고 주장하면서, 비동의간음죄의 신설에 대해 반대하는 입장도 있다. 이에 의하면 비동의간음죄의 동의 여부를 확인하는 것 자체가 어렵고, 합의 하에 이루어진 성관계가 추후 관계의 변화에 의해 비동의간음죄로 문제될 수 있는 등 악용의 소지가 있다는 것이다. 또한 비동의간음죄의 입법화는 오히려 여성을 성관계의 요구를 스스로 거부할 수 없는 수동적인 존재로 상정하고 있다는 비판적인 시각도 존재한다.

다음으로 우리나라는 재판과정에서 성폭력 피해자의 성적 이력이 무차별적으로 공개됨으로써 발생하는 2차 피해를 막고, 과거의 성적 행동 등을 기초로 하여 이와 무관한 사건에서 피해자의 신빙성이나 동의 유무를 판단하지 않도록 하는 법적 장치를 마련할 필요가 있다. 다만 그러한 입법적 조치로 인해 피고인의 방어권이 침해되어서는 안 된다는 점도 염두에 두어야 한다. 미국의 「강간피해자보호법(Rape Shield Law)」은 피해자의 성적 이력을 증거로 사용하는 것을 원칙적으로 금지하나 피고인의 방어권 행사를 위해 필요한 경우에는 그 예외를 인정하고 있다. 내밀하고 사적인 영역에서 발생하는 성폭력범죄의 경우 객관적 증거를 확보하는 것이 용이하지 않기 때문에 사건의 발생 경위나 사건 이후의 정황 및 가해자와 피해자의 관계 등이 간접증거로서 고려될 수밖에 없다. 즉 성폭력범죄의 2차 피해를 막기 위해서 피해자의 성적 이력을 사용하는 것은 제한되어야 하지만, 이로 인하여 형사절차상 보장된 피고인의 방어권이 본질적으로 침해될 수는 없는 것이다. 참고로 미국의 「연방증거법(Federal Rules of Evidence)」에 의할 때 피고인은 피해자로부터 발견된 정액 등의 증거가 자신이 아닌 다른 사람의 것이라는 사실을 입증하거나 당해 사건에서 피해자의 동의가 있었다는 사실을 입증하기 위해 피해자의 성적 이력을 증거로 사용할 수 있다.

미투운동이 확대되는 가운데 성폭력범죄의 가해자가 피해자를 무고죄나 명예훼손죄 등으로 고소함으로써 전세를 역전시키고자 하는 이른바 역고소가 문제되었다. 억울하게 가해자로 지목된 사람이 자신의 무죄를 주장하면서 무고나 명예훼손 등에 대한 법적 책임을 묻는 것을 비난할 수는 없으나, 일부 가해자들은 피해자에 대한 심리적 압박이나 보복의 용도로 역고소를 남용하는 것이다. 이 경우 역고소 사건의 피의자로서 범죄혐의를 벗어야 하는 성폭력 피해자는 자신이 피해를 입은 성폭력 사건에 주력할 수 없고, 역고소 사건의 수사 및 재판 과정에서 성폭력 상황을 또다시 진술해야 하는 고통을 겪게 된다. 이로 인해 일부 피해자들은 성폭력범죄의 실체를 밝히고 피해구제를 받는 것을 포기하기도 하는바, 성폭력범죄 가해자 측은 역고소를 법적 대응 전략 중 하나로 악용하기도 한다. 이러한 문제를 해결하기 위해 다양한 방안이 제시되고 있는데, 우선 역고소를 제기한 가해자가 성폭력범죄로 유죄가 인정되면 가중해서 처벌해야 한다는 의견이 나오고 있다. 또한 사실적시에 의한 명예훼손죄의 적용을 축소 내지는 배제해야 한다는 주장이 있는가 하면, 성폭력 피해자에 대한 무고죄의 고소가 있는 경우에는 성폭력 사건의 사실관계가 정리된 이후로 무고 사건의 수사 및 재판을 유예하는 방안도 모색되고 있다.

Ⅶ N번방 사건과 디지털 성폭력

2020년 3월 텔레그램 비밀대화방에서 성착취물을 유통시킨 조모씨(닉네임 '박사')와 그 일당이 검거되면서 디지털 성폭력에 대한 국민적 분노가 고조되었다. 이들은 트위터나 인스타그램 등을 통해 여성들에게 접근한 후 고액의 '스폰 알바'나 '모델 알바' 등을 제안하며 노출 사진과 신상정보 등을 받아낸 뒤 이를 이용해 피해자를 협박하여 가학적인 영상을 찍어 보내도록 했다. 이렇게 얻어낸 성착취물은 텔레그램에서 공유되었고, 해당 대화방의 입장료는 가상자산으로 지불되었다. 프라이버시 최우선 정책을 펼치고 있는 텔레그램은 이용자 및 통신 관련 정보를 수사기관에 제공하지 않는 것으로 유명하고, 특히 비밀대화방의 경우에는 보안성이 탁월한 것으로 정평이 나 있다. 이렇듯 수사기관의 접근이 어렵고 익명성이 보장되는 텔레그램에서 성착취물 공유 채팅방을 최초로 개설한 사람은 문모씨(닉네임 '갓갓')로 알려졌다. 그는 1번부터 8번까지 번호를 붙인 여러 개의 대화방을 개설하여 성착취물을 유통시켰는데, 해당 방들은 'N번방'이라는 이름으로 통칭되었고, 이후 'N번방'은 성착취물을 공유하는 비밀채팅방의 대명사격으로 사용되고 있다.

N번방을 통한 디지털 성폭력의 실체가 알려지면서 피의자의 신상공개 및 엄벌을 촉구하는 목소리가 높아졌다. 2020년 4월 23일 정부는 관계부처 합동으로 '디지털 성범죄 근절대책'을 발표했는데, 해당 대책을 통해 ① 처벌의 실효성 강화, ② 아동·청소년에 대한 확실한 보호, ③ 수요 차단 및 인식 개선, ④ 피해자 지원 내실화를 위한 분야별 과제들이 제시되었다. 뒤이어 국회는 이른바 'N번방 방지법'이라고 불리는 일련의 법안들을 통과시켰다. 개정된 법률의 주요 내용으로는 첫째, 피해자의 동의가 범죄 성립에 영향을 미치지 않는 「형법」상 미성년자의제강간죄의 연령기준이 13세에서 16세로 올라갔고(「형법」 제305조 ②항), 강간이나 유사강간 등의 예비·음모죄를 처벌하는 규정이 마련되었다(「형법」 제305조의3). 둘째 카메라 등 이용 촬영죄를 비롯하여 일부 성폭력범죄의 법정형이 상향조정되었으며(성폭력처벌법 제14조 ①항부터 ③항까지), 불법 성적 촬영물 등을 소지·구입·저장·시청한 경우를 처벌할 수 있는 규정이 신설되었다(성폭력처벌법 제14조 ④항). 셋째 '아동·청소년이용음란물'이 '아동·청소년성착취물'이라는 용어로 변경되었고(청소년성보호법 제2조 5호), 아동·청소년성착취물의 제작·배포 등에 관한 법정형이 강화되었으며, 아동·청소년성착취물을 광고·소개하거나 구입·시청한 자에 대한 처벌 규정도 마련되었다(청소년성보호법 제11조). 또한 아동·청소년성착취물의 제작·배포 등에 관한 범죄 신고자에게 포상금을 지급할 수 있게 되었고(청소년성보호법 제59조 ①항), '피해아동·청소년'에 '성매매 피해아동·청소년'도 포함되었다(청소년성보호법 제2조 6호).

한편 암호화·익명화 기술이 발전하면서 전통적인 수사 방식으로는 접근하기 어려운 사이버 공간이 등장했는데, 다크웹이나 텔레그램 비밀대화방 등이 대표적이다. 다크웹은 구글이나 네이버와 같은 검색엔진을 이용해서는 찾을 수 없고, 토르(Tor)와 같은 특별한 브라우저를 통해서만 접속할 수 있다. 1990년대 중반 미국 해군연구소는 'The Onion Routing(Tor)'이라는 이름의 프로젝트를 통해 웹페이지에 방문하더라도 완전한 익명성을 보장받을 수 있는 기술을 개발했다. 토르가 일반에 공개되면서 다크웹은 국가의 감시나 검열을 피해 표현의 자유나 사생활의 자유를 보장받을 수 있는 공간으로 이용되기 시작했다. 그러나 익명성이 담보된 다크웹은 범죄의 온상이 되기에도 적합했던바, 아동 성착취물이나 마약 및 총기 등의 불법 거래는 물론이고 살인 청부까지 이루어지는 공간으로 변모한 것이다. 디지털 성범죄의 온라인 플랫폼이 다크웹이나 텔레그램 비밀대화방 등과 같은 폐쇄된 가상공간으로 옮겨지면서, 범죄자들은 한층 더 대담해지고 있다. 이에 수사기관이 디지털 성범죄에 효과적으로 대응하기 위해서는 네트워크와 사이버 공간을 직접 대상으로 한 일종의 해킹 수사기법인 온라인 수색과 사이버 잠입수사 등이 제도화되어야 한다는 주장이 제기되었는데, 아동·청소년 대상 디지털 성범죄에 대한 신분비공개수사 및 신분위장수사 제도는 2021년 3월 23일에 단행된 청소년성보호법 개정을 통해 도입되었다.

summary

요 약

성범죄자의 재범을 억지하기 위한 대책으로는 신상공개 제도를 비롯하여 위치추적 전자감독과 성충동 약물치료 및 취업제한 제도 등이 있고, 처벌의 공백을 막기 위한 공소시효 특례도 마련되어 있다.

신상공개 제도는 그 도입과정에서부터 성범죄를 예방하기 위한 특단의 조치로서 합헌이라고 보는 입장과 범죄자의 인격권이나 사생활의 비밀을 과도하게 침해하는 것으로서 위헌이라고 보는 입장 간에 첨예한 의견 대립이 있었다. 그러나 2003년 6월 26일 헌법재판소가 신상공개 제도에 대해 합헌결정을 내렸고, 이후 동 제도는 위헌의 소지가 있는 문제점을 개선하고 실효성을 확보하는 방향으로 변모해왔다. 당초 청소년 성매매 예방을 위해 도입되었던 동 제도는 아동이나 청소년 대상 성폭력범죄자의 재범 예방으로 초점이 맞추어졌고, 지금은 19세 이상의 성인을 대상으로 한 성폭력범죄자에게도 적용되고 있다. 또한 신상공개 제도는 성범죄자의 신상정보 등록과 등록정보의 공개 및 고지로 이원화되어 있는데, 전자는 성폭력처벌법에 근거하여 법무부장관이 집행하고, 후자는 청소년성보호법에 근거하여 여성가족부장관이 집행하고 있다.

2000년대 중후반에 들어서는 성폭력 전과자가 아동을 대상으로 강간살인 등의 흉악한 범죄를 저지른 사건들이 연이어 발생하였는바, 이를 계기로 이른바 전자발찌 제도라고 불리는 위치추적 전자감독 제도를 비롯하여 성범죄자 재범억지를 위한 다양한 제도들이 도입되었다. 인공위성과 전자발찌 등 첨단 IT 기술을 활용한 위치추적 전자감독 제도는 전자발찌 부착 대상자의 현재 위치를 24시간 파악하여 보호관찰관의 지도감독 업무에 활용함으로써 재범률을 획기적으로 감소시켰다는 평가를 받았다. 이에 특정 성폭력 범죄자의 재범방지를 위해 도입되었던 동 제도는 미성년자 대상 유괴범죄와 살인범죄 및 강도범죄 등으로 그 대상범죄가 확대되었다.

한편 아동성폭력범에 대한 강력한 처벌 규정이 존재함에도 불구하고 아동에 대한 성충동을 조절할 수 없는 성폭력범의 재범을 방지하는 데에는 한계가 있다는 문제점이 지적되면서 2010년에는 성충동 약물치료제도가 도입되었다. 화학적 거세라고도 불리는 성충동 약물치료는 남성 호르몬의 생성을 억제함으로써 성욕을 감퇴시키는데, 제도 도입 당시 성충동 약물치료는 16세 미만자를 대상으로 한 성폭력 범죄자에 대해서만 실시되었으나, 이후 부녀자를 대상으로 한 연이은 강력 성폭력 사건들이 발생하면서 범죄피해자의 연령과 무관하게 성도착증 환자로서 재범위험성이 인정되는 자에 대해 성충동 약물치료가 이루어질 수 있도록 성충동약물치료법이 개정되었다.

또한 성범죄로 유죄판결이 확정된 자는 일정 기간 동안 아동·청소년 관련기관 등을 운영할 수 없고, 해당기관 등에 취업하거나 사실상 노무를 제공할 수 없다는 내용의 취업제한 규정도 마련되어 있다. 나아가 강간등 살인·치사죄와 13세 미만의 사람이나 신체적 또는 정신적 장애가 있는 사람을 대상으로 한 강간이나 강제추행 등에 대해서는 공소시효가 배제되며, 미성년자에 대한 성폭력범죄의 공소시효는 해당 성폭력범죄로 인해 피해를 입은 미성년자가 성년에 달한 날부터 진행되고, 강간이나 강제추행의 경우 DNA증거 등 과학적인 증거가 있는 때에는 공소시효가 10년 연장된다는 내용의 공소시효 관련 특례가 인정되고 있다.

key word &
current hot issues

주요 용어와 현안 문제

1. 형벌과 보안처분

범죄에 대한 형사제재로는 형벌과 보안처분이 있다. 우선 형벌이란 국가가 범죄자에 대하여 책임을 전제로 과하는 법익의 박탈을 일컫는바, 우리 「형법」이 규정하고 있는 형벌에는 사형, 징역, 금고, 자격상실, 자격정지, 벌금, 구류, 과료, 몰수의 9종이 있다. 한편 보안처분이란 형벌로는 행위자의 사회복귀나 범죄 예방을 도모할 수 없거나 행위자의 특수한 위험성으로 인해 형벌의 목적을 달성할 수 없는 경우에 과해지는 예방적 성질의 목적적 조치를 말한다. 형벌은 책임을 전제로 하고, 책임의 양을 넘을 수 없기 때문에 책임무능력자에 대해서는 처음부터 그 적용이 불가능할 뿐만 아니라 특별한 위험성이 있는 행위자로 인한 보안이나 그 개선의 필요성도 고려하지 않는다. 이에 행위자를 사회에 복귀시키고 장래의 범죄로부터 사회를 보호해야 할 형사정책적 필요성이 제기되었고, 보안처분이 또 다른 형사제재로 기능하고 있다. 요컨대 형벌은 책임을 전제로 책임주의의 범위 내에서 과하여지는 것임에 반해 보안처분은 행위자의 사회적 위험성을 전제로 특별예방의 관점에서 선고된다. 또한 형벌이 행위의 사회윤리적 비난을 표현하는 과거를 대상으로 하는 제재라면 보안처분은 장래에 대한 예방적 성격을 가진 제재라는 점에서 양자는 구분된다.

2. 공소시효

일정한 사실상태가 법률이 정한 기간 동안 계속된 경우, 진실한 법률관계와의 일치 여부를 고려하지 않고 사실상태 그대로를 존중하고 그에 적합한 법률효과를 발생시키는 제도를 시효라고 한다. 법률관계의 안정을 도모하는 시효제도 중 대표적인 형사시효가 바로 공소시효인데, 공소시효란 범죄행위가 종료된 후 공소가 제기되지 않은 상태로 일정 기간이 경과할 경우 소추권이 소멸하는 제도를 말한다. 공소시효는 일정한 시간의 경과에 따른 사실상태를 존중함으로써 사회와 개인생활의 안정을 도모하고, 형벌부과의 적정을 기하는 데 그 근거를 두고 있다. 또한 공소시효를 제도화한 것은 일정한 시간이 지남으로써 범죄로 인해 파괴되었던 사회질서가 상당부분 회복되었고, 증거가 멸실·산일될 가능성이 커져 진실발견이 어려워졌으며, 범죄자도 그 시간 동안 형벌에 상응하는 고통을 받았을 뿐만 아니라 국가의 태만으로 인한 책임을 범인에게만 돌리는 것은 부당하다는 등의 복합적인 요소가 고려된 것으로 파악된다.

3. 한국형 제시카법 도입 논의

2008년 12월 등교 중이던 8세 여아를 성폭행하여 장기파손 등의 상해를 입힌 조 모씨가 복역을 끝내고 2020년 12월에 출소했다. 12년의 징역형을 마치고 나온 조씨에게는 5년간의 신상공개와 7년간의 위치추적 전자감독이 집행되나, 이러한 조치만으로 재범위험에 대한 이웃 주민들의 불안이 해소되지 못했다. 2022년 10월에는 이른바 '수원 발발이'로 알려진 연쇄 성폭행범 박 모씨의 출소로 인해 거주지 주민들의 불안감이 고조되었고, 박씨 집 근처에서는 연일 퇴거 촉구 집회가 열리기도 했다. 이에 2023년 1월 법무부는 재범위험성이 높은 고위험 성범죄자가 학교나 어린이집, 유치원 등 교육·보육시설 등으로부터 500m 이내에 살지 못하도록 거주지를 제한하는 '한국형 제시카법' 도입을 추진하겠다는 계획을 밝혔다. 다만 헌법상 보장된 거주이전의 자유 등을 감안할 때 그 대상은 재범위험성이 높은 고위험 성범죄자를 대상으로 하고, 우리나라의 도시밀집형 환경에 맞는 제도를 도입한다는 것이다. 성범죄자 주거 제한을 두고 행해진 조사결과에 의하면 찬성이 반대보다 압도적으로 높은 것으로 나타났는데,[5] 이는 흉포한 성범죄자의 재범위험성에 대한 시민들의 불안과 우려가 반영된 것으로 파악된다. 이에 한국형 제시카법의 경우 형벌이 아닌 보안처분이므로 이중처벌의 논란 없이 입법정책적으로 도입될 수 있다는 의견이 제기되는가 하면, 동 제도가 보안처분이라고 하더라도 헌법상 과잉금지의 원칙에 반할 수 있고, 교육시설이 밀집해있는 대도시에 살지 못하게 된 성범죄자가 지방으로 몰리게 되는 풍선효과가 발생할 수 있다는 문제가 지적되기도 한다.

---

5 동아닷컴이 2022년 12월 2일부터 8일까지 온라인으로 실시한 설문조사에서 '출소 성범죄자에 대해 주거 제한을 가해야 하느냐'라는 물음에 응답자(1만 5,514명) 중 84%(1만 3,097명)가 찬성했고, 16%(2,417명)가 반대했다고 한다. 이기욱/이승우, ""성범죄자 사회서 격리"… 美-獨, 거주지역 법으로 제한", 동아일보, 2022년 12월 14일자, https://www.donga.com/news/article/all/20221214/116985696/1 (2023년 7월 10일 최종접속).

퀴즈 [선택형] quiz

1 다음 중 우리나라에 도입된 성범죄자 재범억지 대책이 아닌 것은?
① 신상공개 제도
② 위치추적 전자감독 제도
③ 성충동 약물치료 제도
④ 취업제한 제도
⑤ 거주지 제한 제도

2 다음 중 위치추적 전자장치 부착 대상이 되는 범죄유형이 아닌 것은?
① 특정 성폭력 범죄
② 방화죄
③ 미성년자 대상 유괴범죄
④ 살인범죄
⑤ 스토킹범죄

3 성충동 약물치료에 대한 설명으로 옳지 않은 것은?
① 화학적 거세라고도 불리는 성충동 약물치료는 남성 호르몬의 생성을 억제함으로써 성욕을 감퇴시키는 방법으로서 수술로 고환을 제거하는 물리적 거세와 구별된다.
② 범죄피해자의 연령과 무관하게 성도착증 환자로서 재범위험성이 인정되는 자에 대해 성충동 약물치료가 이루어질 수 있다.
③ 검사는 성폭력범죄를 저지른 성도착증 환자로서 성폭력범죄를 다시 범할 위험성이 있다고 인정되는 19세 이상의 사람에 대하여 약물치료명령을 법원에 청구할 수 있다.
④ 법원은 치료명령 청구가 이유 있다고 인정하는 때에는 15년의 범위 내에서 치료기간을 정하여 판결로 치료명령을 선고해야 하는데, 치료기간을 연장할 때에는 종전의 치료기간과 합산하여 15년을 초과할 수 있다.

⑤ 약물치료가 실시되기 위해서는 비정상적 성적 충동이나 욕구를 억제하거나 완화하기 위한 것으로서 의학적으로 알려진 것이어야 하고, 과도한 신체적 부작용을 초래하지 않으며, 의학적으로 알려진 방법대로 시행되어야 한다.

4 성폭력범죄의 공소시효에 관한 설명 중 옳지 않은 것은?

① 공소시효란 범죄행위가 종료된 후 공소가 제기되지 않은 상태로 일정 기간이 경과할 경우 소추권이 소멸하는 제도를 말한다.

② 미성년자에 대한 성폭력범죄는 피해를 당한 미성년자가 성년에 달한 날부터 공소시효가 진행된다.

③ 강간등 살인·치사죄에 대해서는 공소시효가 배제된다.

④ 강간이나 강제추행의 죄는 DNA증거 등 그 죄를 증명할 수 있는 과학적인 증거가 있는 때에는 공소시효가 배제된다.

⑤ 13세 미만의 사람 및 신체적인 또는 정신적인 장애가 있는 사람에 대하여 강간이나 강제추행 등의 죄를 범한 경우에도 공소시효가 적용되지 않는다.

5 N번방 사건을 계기로 이루어진 법률 개정의 내용 중 옳지 않은 것은?

① 피해자의 동의가 범죄 성립에 영향을 미치지 않는 「형법」상 미성년자 의제강간죄의 연령기준이 13세에서 14세로 올라갔다.

② 「형법」상 강간이나 유사강간 등의 예비·음모죄를 처벌하는 규정이 마련되었다.

③ 성폭력처벌법상 불법 성적 촬영물 등을 소지·구입·저장·시청한 경우를 처벌할 수 있는 규정이 신설되었다

④ 청소년성보호법상 '아동·청소년이용음란물'이 '아동·청소년성착취물'이라는 용어로 변경되었다.

⑤ 청소년성보호법상 '피해아동·청소년'에 '성매매 피해아동·청소년'도 포함되었다.

퀴즈 [진위형] quiz

6 범죄의 경중·재범의 위험성 여부를 불문하고 모든 신상정보등록대상자의 등록정보를 20년 동안 보존·관리하도록 한 「성폭력범죄의 처벌 등에 관한 특례법」 관련 규정은 신상정보등록대상자의 개인정보자기결정권을 침해한다.

7 (구) 「특정 범죄자에 대한 위치추적 전자장치 부착 등에 관한 법률」에 의하여 성폭력범죄를 2회 이상 범하여 습벽이 인정되고 재범의 위험성이 있는 자에게 검사의 청구에 따라 법원이 10년의 범위 내에서 위치추적 전자장치를 부착할 수 있도록 하는 것은 피부착자의 사생활의 비밀과 자유 및 개인정보자기결정권을 침해한다.

8 아동·청소년 대상 성범죄자에 대하여 신상정보 등록 후 1년마다 새로 촬영한 사진을 관할경찰관서에 제출하도록 하고 이에 위반하는 경우 형벌로 제재를 가하는 것은 기본권의 최소침해성 원칙에 반한다.

9 검사가 성폭력범죄를 다시 범할 위험성이 있다고 인정되는 사람에 대하여 전자장치 부착명령을 청구하고, 법원이 판결로 부착명령을 선고하는 경우, 이 부착명령의 선고는 특정범죄사건의 양형에 유리하게 참작할 수 있다.

10 청소년성보호법상 성범죄자에 대한 취업제한 규정은 재범 위험성이 현저히 낮더라도 성범죄자로부터 아동·청소년을 보호하기 위하여 예외 없이 적용된다.

참고문헌 및 학습도우미 전자자료
reference & study aid electronic materials

신동일, "성폭력범죄자의 성충동 약물치료에 관한 법률의 평가", 「형사정책」 제23권 제1호, 한국형사정책학회, 2011.

윤지영, "위치추적 전자감시제도에 관한 비판적 고찰", 「피해자학연구」 제18권 제2호, 한국피해자학회, 2010.

이용식, "성범죄자 신상등록·신상공개·신상고지 제도에 관한 소고", 「피해자학연구」 제24권 제1호, 한국피해자학회, 2016.

성범죄자 알림e, https://www.sexoffender.go.kr/indexN.nsc

법제처 국가법령정보센터, https://www.law.go.kr/LSW/main.html

헌법재판소, https://www.ccourt.go.kr/site/kor/main.do

대법원 종합법률정보, https://glaw.scourt.go.kr/wsjo/intesrch/sjo022.do

해 답
answer

1. ⑤
2023년 1월 법무부가 재범위험성이 높은 고위험 성범죄자가 학교나 어린이집, 유치원 등 교육·보육시설 등으로부터 500m 이내에 살지 못하도록 거주지를 제한하는 이른바 '한국형 제시카법' 도입을 추진하겠다는 계획을 밝혔으나, 2023년 7월 기준으로 입법화되지 못하고 있다.

2. ②
위치추적 전자장치 부착명령 및 보호관찰명령의 청구 대상이 되는 특정범죄에는 성폭력범죄, 미성년자 대상 유괴범죄, 살인범죄, 강도범죄 및 스토킹범죄가 있다. 이중 스토킹범죄는 2023년 7월 11일 단행된 전자장치부착법 개정을 통해 추가되어 2024년 1월 12일부터 시행된다.

3. ④
법원은 치료명령 청구가 이유 있다고 인정하는 때에는 15년의 범위 내에서 치료기간을 정하여 판결로 치료명령을 선고하여야 한다(성충동약물치료법 제8조 ①항). 또한 법원은 치료 경과 등에 비추어 치료명령을 받은 사람에 대한 약물치료를 계속해야 할 상당한 이유가 있거나 동법에서 정한 사유가 있는 경우에 치료기간을 연장할 수 있는데, 이때 기간은 종전의 치료기간과 합산하여 15년을 초과할 수 없다(동법 제16조).

4. ④
강간이나 강제추행의 죄는 DNA증거 등 그 죄를 증명할 수 있는 과학적인 증거가 있는 때에는 공소시효가 10년 연장된다(청소년성보호법 제20조 ②항, 성폭력처벌법 제21조 제②항).

5. ①
「형법」상 미성년자 의제강간죄의 연령기준이 13세에서 16세로 상향조정되었다(「형법」 제305조 ②항).

6. 그렇다.
성범죄의 재범을 억제하고 수사의 효율성을 제고하기 위하여, 법무부장관이 등록대상자의 재범 위험성이 상존하는 20년 동안 그의 신상정보를 보존·관리하는 것은 정당한 목적을 위한 적합한 수단이다. 그런데 재범의 위험성은 등록대상 성범죄의 종류, 등록대상자의 특성에 따라 다르게 나타날 수 있고, 입법자는 이에 따라 등록기간을 차등화함으로써 등록대상자의 개인정보자기결정권에 대한 제한을 최소화하는 것이 바람직함에도, 이 사건 관리조항은 모든 등록대상 성범죄자에 대하여 일률적으로 20년의 등록기간을 적용하고 있으며, 이 사건 관리조항에 따라 등록기간이 정해지고 나면, 등록의무를 면하거나 등록기간을 단축하기 위해 심사를 받을 수 있는 여지도 없으므로 지나치게 가혹하다. 그리고 이 사건 관리조항이 추구하는 공익이 중요하더라도, 모든 등록대상자에게 20년 동안 신상정보를 등록하게 하고 위 기간 동안 각종 의무를 부과하는 것은 비교적 경미한 등록대상 성범죄를 저지르고 재범의 위험성도 많지 않은 자들에 대해서는 달성되는 공익과 침해되는 사익 사이의 불균형이 발생할 수 있으므로 이 사건 관리조항은 개인정보자기결정권을 침해한다(헌법재판소 2015. 7. 30. 2014헌마340).

7. 아니다.
이 사건 전자장치부착조항은 성폭력범죄의 재범을 방지하고 성폭력범죄로부터 국민을 보호하려는 것으로 그 입법목적이 정당하고, 위치추적에 의한 감시제도가 재범 방지에 매우 효과적임이 실증적으로 확인되고 있어 수단의 적절성도 인정된다. 현재 범죄예방 효과의 측면에서 전자장치 부착을 통한 위치추적에 상응하면서 덜 기본권 제한적인 수단을 발견하기 어렵고, 부당한 전자장치 부착이나 위치정보 남용으로 인한 인권침해 방지 수단이 마련되어 있으며, 비교법적으로도 위치추적을 통한 전자감시제도가 세계적인 입법 추세인 점 등에 비추어 볼 때, 이 사건 전자장치부착조항은 피해의 최소성에 위반되지 않을 뿐 아니라, 구체적 사건에서 재범의 위험성에 상응한 적정한 부착기간을 선고하기 위해서는 그 상한을 비교적 높게 설정할 필요가 있고, 전자장치 부착 후 매 3개월마다 재범의 위험성을 심사하여 가해제(임시해제)를 통해 전자장치 부착으로부터 벗어날 수 있으므로 "10년"이라는 부착기간의 상한 역시 지나치게 길다고 보기 어렵다. 또한 피부착자는 그 '위치'가 노출될 뿐 행위 자체에는 아무런 제한이 없으며, 옷차림이나 출입장소 등에 대한 제약은 수인 한도를 넘는 정도라고 보기 어려운 반면, 성폭력범죄가 피해자와 그 주변 사람들 및 사회 전체에 미치는 피해의 심각성에 비추어 보면, 재범의 위험성 있는 성폭력범죄자가 이 사건 전자장치부착 조항으로 인해 입게 되는 불이익이 성폭력범죄의 피해로부터 국민을 보호하여야 할 이익에 비해 결코 크다고 할 수 없다(헌법재판소 2012. 12. 27. 2010헌바187). 성폭력범죄를 2회 이상 범하여 습벽이 인정되고 재범의 위험성이 있는 자에게 검사의 청구에 따라 법원이 10년의 범위 내에서 위치추적 전자장치를 부착할 수 있도록 한 것은 헌법에 위배되지 않는다.

8. 아니다.

아동·청소년대상 성범죄자의 신상정보를 등록하게 하고, 그 중 사진의 경우에는 1년마다 새로 촬영하여 제출하게 하고 이를 보존하는 것은 신상정보 등록대상자의 재범을 억제하고, 재범한 경우에는 범인을 신속하게 검거하기 위한 것이므로 그 입법목적이 정당하고, 사진이 징표하는 신상정보인 외모는 쉽게 변하며 그 변경 유무를 객관적으로 판단하기 어려우므로 1년마다 사진제출의무를 부과하는 것은 그러한 입법목적 달성을 위한 적합한 수단이다.

외모라는 신상정보의 특성에 비추어 보면 변경되는 정보의 보관을 위하여 정기적으로 사진을 제출하게 하는 방법 외에는 다른 대체수단을 찾기 어렵고, 등록의무자에게 매년 새로 촬영된 사진을 제출하게 하는 것이 그리 큰 부담은 아닐 뿐만 아니라, 의무위반 시 제재방법은 입법자에게 재량이 있으며 형벌 부과는 입법재량의 범위 내에 있고, 또한 명백히 잘못되었다고 할 수는 없으며, 법정형도 비교적 경미하므로 침해의 최소성 원칙 및 법익균형성 원칙에도 위배되지 아니한다. 따라서 이 사건 심판대상조항은 일반적 행동의 자유를 침해하지 아니한다(헌법재판소 2015. 7. 30. 2014헌바257).

9. 아니다.

「전자장치 부착 등에 관한 법률」 제9조 ⑦항은 "부착명령의 선고는 특정범죄사건의 양형에 유리하게 참작되어서는 아니 된다"고 규정하고 있다.

10. 아니다.

법원은 아동·청소년대상 성범죄 또는 성인대상 성범죄로 형 또는 치료감호를 선고하는 경우에는 판결로 그 형이나 치료감호의 전부 또는 일부의 집행을 종료하거나 집행이 유예·면제된 날부터 일정기간 동안 아동·청소년 관련기관 등을 운영하거나 해당 기관 등에 취업 또는 사실상 노무를 제공할 수 없도록 하는 명령을 성범죄 사건의 판결과 동시에 선고해야 한다(청소년성보호법 제56조 ①항 본문). 다만 재범의 위험성이 현저히 낮은 경우, 그 밖에 취업을 제한하여서는 아니 되는 특별한 사정이 있다고 판단하는 경우에는 그러하지 아니한다(동항 단서).

/ 제8장 /

사이버범죄

– 전지연

Ⅰ. 사이버범죄의 출현
Ⅱ. 사이버범죄의 유형과 현황
Ⅲ. 사이버범죄의 특징
Ⅳ. 사이버범죄의 종류

short storytelling

갑녀는 남자친구인 A의 휴대전화에 비밀번호를 몰래 입력하여 A의 전 여자친구의 연락처와 동영상을 열람하는 등의 행위를 하였다. 이 사실을 알게 된 A는 갑녀를 고소하였고, 검찰은 갑녀를 「형법」상 비밀침해죄를 범하였다고 판단해 벌금 30만 원에 약식기소하였다. 재판정에서 갑녀는 남자친구인 A가 비밀번호를 알려주어서 사용하였다고 주장하였다. 법원은 A가 갑에게 비밀번호를 알려주었다고 볼만한 증거가 없으며, 전 여자친구의 자료가 저장된 휴대전화의 비밀번호를 새로운 여자친구에게 알려준다는 것은 경험칙에 비추어 보아도 이해하기 어렵다고 보았다. 또한 설사 A가 비밀번호를 알려주었다고 하더라도 비밀번호의 사용은 다른 이성과의 접촉 여부를 확인할 수 있는 정도의 사용에 한정된다고 보아야 한다. 따라서 이를 넘어서 갑녀가 A의 휴대전화의 여기저기를 뒤져서 전 여자친구의 연락처와 동영상을 열람한 것은 A의 의사에 반하여 비밀번호의 입력이라는 기술적 수단을 이용하여 타인의 비밀정보를 취득한 것으로 보았다. 다만 범죄의 내용이 경미하고 초범인 점을 고려하여 법원은 갑녀에게 선고유예의 판결을 하였다.

2009년 7월 7일 오후 6시경부터 만 3일 동안 청와대, 국회, 국가정보원, 국방부 등 국가의 주요기관과 함께 언론사, 정당, 포털사이트, 금융기관 등 다수의 사이트가 DDos 공격을 받아 홈페이지에 접속장애가 발생하는 등으로 인하여 전자적으로 처리되는 각종의 사무가 처리 불가능하거나 지연되었으며, 특히 금융거래에서 큰 혼란이 야기되었다. 특히 이 DDos 공격에는 약 11만 5천대의 좀비PC가 활용된 것으로 보고되었다. 이를 '7.7 DDos사태'라고 부르며, 이 사태를 통하여 정부는 공동으로 사이버공격을 예방하고 국민들의 정보보호를 생활화하기 위하여 매년 7월 둘째 수요일을 '정보보호의 날'로 정하게 되었다.

I 사이버범죄의 출현

ICT기술의 발전은 현실세계와는 다른 또 하나의 세계, 즉 가상세계인 사이버공간을 만들어 놓았다. 초기의 사이버공간은 전문가나 국가기관들 사이의 정보처리나 정보교류의 장이었다. 그러나 PC와 스마트폰의 광범위한 보급과 인터넷의 대중화 및 통신망의 확산은 사이버공간을 누구나 접근할 수 있는 토론의 장인 동시에 정보교류의 장으로 변화시켰다. 사이버공간을 통하여 인간은 무수한 정보의 제한 없는 교류와 국경을 뛰어넘는 유대감의 형성, 조직의 힘을 빌리지 않는 개인의 이윤획득에 이르기까지 자유발현의 장이 되었다. 각종 정보가 홍수를 이루고 있는 상황에서 자신들이 필요로 하는 정보를 얼마나 효과적으로 획득할 수 있는가 또는 정보의 홍수를 얼마나 효율적으로 체계화하여 이를 이용할 수 있는가에 의하여 개인이나 사회의 성패가 직접적으로 영향을 받는다. 따라서 국가는 이것들이 가능할 수 있도록 인프라를 구축하고 효율적인 정보교류 시스템을 만들어 내는 일에 국가의 모든 노력을 경주하고 있다.

그러나 다른 한편 사이버공간이 새로운 범죄나 일탈의 장이 되고 때로는 범죄의 위험성을 높여주는 열린 공간이 되기도 한다. 예컨대 거의 모든 청소년들이 인터넷을 이용하는 상황에서 사이버공간에서 유통되는 정보의 다수가 음란물에 해당한다. 또한 사이버공간을 통하여 개인에 대한 모욕이나 명예훼손, 스토킹 또는 무차별적인 광고성 스팸메일의 발송, 바이러스의 유포, 해킹, 해킹에 의한 개인적 정보나 업무상의 비밀정보의 불법한 유출 등 사이버공간에서 발생하는 다양한 불법행위들이 출현하게 되었다.

사이버공간의 일탈행위는 기존의 법적 규제로는 해결할 수 없는 문제를 야기하였다. 종래의 형사법규정이 사이버공간에서의 유해행위들로부터 개인이나 기업의 정보나 재산을 효과적으로 보호할 수 있는가는 이미 1990년대 초반부터 의문시 되었다. 개정 형법이 국회를 통과하여 1996년부터 시행됨으로써 비로소 컴퓨터범죄에 대한 형법적 처벌이 이루어졌다. 그러나 정보통신망과 같은 정보통신기술이 급속히 발달·보급되고 범죄유형도 다양화되면서, 그 이후의 범죄는 단순한 컴퓨터범죄가 아니고 컴퓨터와 정보통신망이 결합하는 범죄로 확대되어, 다시금 이에 대한 신속한 대응이 필요하다는 이유로 특별법들을 통하여 형사법적인 처벌이 이루어지게 되었다. 그러나 최근에는 여기에서 더 나아가 모바일이나 스마트폰의 사용으로 인하여 개인용 컴퓨터나 정보처리장치 앞에 앉을 필요도 없이 모바일을 통하여 언제 어디서나 사이버범죄를 범할 수 있는 유비쿼터스적 환경이 조성되었다.

Ⅱ 사이버범죄의 유형과 현황

1. 사이버범죄의 유형

사이버범죄는 2013년까지는 사이버테러형 범죄와 일반 사이버범죄로 구분하였다. 여기서 사이버테러형 범죄는 정보통신망 자체를 공격대상으로 하는 불법행위로서 해킹, 바이러스유포, 메일 폭탄, DDOS공격 등 전자기적 침해장비를 이용한 컴퓨터시스템과 정보통신망을 공격하는 행위를 말한다. 이에 반해 일반 사이버범죄는 사이버공간을 이용한 일반적인 불법행위로서 사이버도박, 사이버스토킹, 사이버성폭력, 사이버명예훼손과 협박, 전자상거래사기, 개인정보유출 등의 행위를 말한다. 그러나 2014년부터 실무에서는 사이버범죄를 정보통신망 침해범죄, 정보통신망 이용범죄, 불법콘텐츠범죄의 세 가지로 유형화하였다.

(1) **정보통신망 침해범죄**는 정당한 접근권한 없이 또는 허용된 접근권한을 넘어 컴퓨터 또는 정보통신망(컴퓨터시스템)에 침입하거나 시스템·데이터 프로그램을 훼손·멸실·변경한 경우 및 정보통신망에 장애(성능저하·사용불능)를 발생하게 한 경우를 말한다. 이러한 정보통신망 침해범죄에는 해킹(정보통신망 단순침입, 자료유출, 자료훼손), 서비스거부공격(DDoS 등), 악성프로그램 전달·유포, 컴퓨터 등 장애 업무방해(「형법」 제314조 ②항)의 범죄가 여기에 속한다.

(2) **정보통신망 이용범죄**는 정보통신망을 범죄의 본질적 구성요건에 해당하는 행위를 행하는 주요 수단으로 이용하는 경우를 말하며, 인터넷 사기, 인터넷 쇼핑몰 사기, 게임사기, 랜섬웨어, 사이버 금융범죄(피싱, 파밍, 스미싱, 메모리해킹, 몸캠피싱 등), 개인·위치정보 침해, 사이버 저작권침해, 스팸메일, 컴퓨터등사용사기(「형법」 제347조의2)들이 이러한 정보통신망 이용범죄에 해당한다.

(3) **불법콘텐츠범죄**는 정보통신망을 통하여, 법률에서 금지하는 재화, 서비

스 또는 정보를 배포·판매·임대·전시하는 경우를 말하며, 사이버음란물, 아동음란물, 사이버도박, 스포츠 토토, 사이버 명예훼손·모욕, 사이버스토킹 범죄들이 여기의 유형에 해당한다.

2. 사이버범죄의 현황

실무에서의 사이버범죄 유형에 기초하여 경찰청 사이버안전국에서 2014년부터 작성한 사이버범죄의 발생과 그에 대한 검거현황은 다음의 <표>에서 보는 바와 같다.

[표 8.1] 사이버범죄의 발생과 검거현황

구분	총계			정보통신망 침해 범죄			정보통신망 이용 범죄			불법콘텐츠 범죄		
	발생	검거		발생	검거		발생	검거		발생	검거	
		건수	인원		건수	인원		건수	인원		건수	인원
2014	110,109	71,950	59,220	2,291	846	1,171	89,581	56,461	38,579	18,299	14,643	19,470
2015	144,679	104,888	75,250	3,154	842	1,098	118,362	86,658	50,777	23,163	17,388	23,375
2016	153,075	127,758	75,400	2,770	1,047	1,261	121,867	103,172	42,871	28,438	23,539	31,268
2017	131,734	107,489	59,369	3,156	1,398	1,141	107,271	88,779	36,103	21,307	17,312	22,125
2018	149,604	112,133	60,138	2,888	902	1,048	123,677	93,926	35,738	23,039	17,305	23,352
2019	180,499	132,559	67,020	3,638	1,007	1,340	151,916	112,398	39,508	24,945	19,154	26,172
2020	234,098	157,909	74,256	4,344	911	1.037	199,594	134,969	43,541	30,160	22,302	29,678
2021	217,807	138,710	65,725	3,845	1,254	824	174,684	111,172	35,246	39,278	26,284	29,655

*출처: 경찰청 사이버안전국

Ⅲ 사이버범죄의 특징

1. 행위자 특성

첫째, 범행의 주체를 밝히기가 사실상 곤란한 경우가 많다. 사용자 ID와 패스워드만 가지면 어떠한 범행도 가능하고 실명사용을 강제할 방법도 존재하지 않기 때문이다. 다른 사람의 ID와 비밀번호를 도용하여 범행을 저지르는 경우에는 완전범죄가 가능할 수도 있다. 다른 사람의 컴퓨터를 이용해 가상공간을 배회하다 목적지에 도달해 범행을 저지르고 사라지는 경우는 이용자의 신분을 알아낼 방법이 없다. 해외에서 가명으로 국내 사이트에 접속하여 범법행위를 저지르는 경우는 더 말할 나위가 없다.

둘째, 한사람 혹은 극소수 인원의 간단한 조작이나 속임수에 의해 가공할 피해가 유발될 수 있다. 혼자서 동시에 세계 각지의 여러 대상을 상대로 금지물품을 판매할 수도 있고 판매사기극을 연출할 수도 있다. 많은 국가들이 경쟁적으로 '사이버부대'를 창설하는 이유는 간단한 수법의 사이버테러로 국가기반시설이 무용지물로 전락할 수도 있기 때문이다. 컴퓨터기술과 정보통신기술이 발달할수록 모든 전산망이 온라인으로 연결되어 전문 해커들의 공격에 취약할 수밖에 없다.

셋째, 범행현장이 별도로 존재하지 않는다. 수법은 있으나 현장은 없는 경우가 많다는 것이다. 금융기관의 전산망에 침입해 다른 사람의 예금을 지정하는 가명계좌로 이체하고 사라지는 경우 등이 대표적인 본보기이다. 비슷한 범행이 동시다발적으로 혹은 반복적으로 이루어진 경우는 범행현장을 특정하기가 원천적으로 불가능하다. 특히 외국에서 범행을 저지른 경우에도 범죄자의 위치를 지목하기가 사실상 불가능하다. 외국의 사이트에 접속하여 범법행위를 저지르거나 외국인이 국내의 네트워크에 침입하여 불법행위를 저지르고 사라진 경우는 범죄현장을 알더라도 통치권이 미치지 못해 소용이 없다.

넷째, 범행의 흔적을 확인할 수 없는 경우가 많다. 전자자료로 저장된 컴퓨터자료를 복사 또는 변조하거나 전부 또는 일부를 없애버려도 아무런 흔적이나 표시가 남지 않기 때문이다. 컴퓨터자료를 단지 복사만 할 경우는 더더구나 아무런 흔적이 남지 않는다. 일정한 조건이 충족되면 자동으로 작동하여 피해를 야기하는 바이러스의 경우처럼, 현실적으로 피해가 발생하지 않으면 피해사실을 알기가 힘든 경우도 있다.

다섯째, 범행증거의 확보 및 범죄로 인한 피해와 사고로 인한 피해를 구분하기가 어렵다. 범죄자의 익명성, ID도용의 암행성, 범행장소의 불특정성, 범행흔적의 불가시성, 국제공조의 미흡 등은 모두가 범행증거의 확보와 범행사실의 입증을 어렵게 만드는 요인들이다. 증거가 될 만한 자료들을 해독곤란한 암호로 저장한 경우는 압수하더라도 소용이 없게 된다. 이와 같은 특성은 수사활동을 어렵게 만들 뿐 아니라, 기소와 재판단계에서 유죄입증을 어렵게 만들어 많은 사이버범죄자들이 형사처벌로부터 자유로워지는 결과로 이어진다.

여섯째, 사이버공간에는 현실세계보다 훨씬 더 많은 수사 장애물이 존재한다. 우선, 사이버공간에서 이루어지는 불법행위를 규제하는 데 필요한 법체계가 아주 허술하다. 법률에 구성요건이 없는 경우가 많고, 있더라도 법해석이 애매한 경우가 많다. 인터넷에 유통되는 무수한 메시지들을 일일이 감시할 수도 없다. 가상세계에서도 수사를 구실로 인권과 사생활을 침해해서는 안 될 뿐 아니라 일반인에 의한 현행범체포나 압수·수색과 같은 강제처분도 불가능하다. 범죄자들이 적용한 암호체계는 범죄입증을 가로막는 중대한 장애물이다.

일곱째, 사후적으로 범죄혐의를 입증하기가 어려운 경우가 많다. 컴퓨터는 단시간에 방대한 양의 자료를 처리하는 특성을 지니므로 자료를 조작하더라도 이를 입증하기가 매우 어렵다. 설령 밝힐 수 있더라도 비용문제로 포기할 수밖에 없는 경우가 많다. 또한 디지털자료는 디스크나 자기테이프와 같은 좁은 공간에 압축되어 저장될 뿐 아니라, 일단 저장되면 폐쇄성·은닉성·불가시성을 갖기 때문에 사후적으로 조작 등의 혐의를 밝히기가 어렵다. 그 밖에도 컴퓨터프로그램은 고유한 프로그램언어와 프로그래머의 독특한 표현방식과 기술로 구성되므로 전문가조차도 프로그램조작을 통한 범행을 가려내기가 매우 어렵다.

여덟째, 범행수법의 대담성이나 전문성에서 비롯되는 취약점도 많다. 첨단기술이나 비밀정보가 저장된 디스켓을 통째로 복사하여 유출시키더라도 흔적이 전혀 남지 않는다. 도청여부를 탐지하기가 매우 어려우며 일단 범행이 종료되면 흔적이 남지 않으므로 사후적으로 범행을 입증하기가 매우 어렵다. 도청장비의 발달에 동반하여 도청탐지장비도 발달하고 있으나 전자가 후자를 앞지를 수는 없는 노릇이고, 양적으로도 대응이 불가능하다.

2. 행위의 특성

첫째, 사이버범죄는 범행의 주체가 갖는 특성 때문에 암수율이 높을 수밖에 없는 특성을 보인다. 범행주체가 고도의 전문지식을 갖춘 자이거나 조직내부자 혹은 수사기관의 직원인 경우에는 단속기관의 접근 자체가 곤란하여 범행이 은폐될 여지가 많다. 금융기관, 유명기업, 국가기관 등은 범죄를 적발하더라도 신용도의 훼손, 중요정보의 누설 혹은 취약요소의 공개로 집중공략을 당하게 될 가능성 등을 고려하여 고발을 기피하는 경향을 보인다.

둘째, 단속의 곤란성이다. 이른바 전문 해커를 자처하는 자들은 컴퓨터 소프트웨어에 대한 '개인 소유권'의 개념을 부정한다. '컴퓨터프로그램은 어느 개인의 것이 아니라 사용자 모두의 것'이라고 믿기 때문이다. 이들은 컴퓨터와 관련된 어떤 파일이나 도구라도 자유로운 접근이 허용되어야 이 세상이 어떻게 돌아가는지 알 수 있고, 그것을 한층 더 개선시키려는 해커들의 노력이 진전될 수 있다고 믿는다. 그런데 이러한 근거없는 사고방식이 불순한 동기와 결합하여 컴퓨터 시스템에 대한 무차별 유린으로 나타나면 현실적으로 단속이 매우 어려워진다. 특히 금융기관 혹은 기업의 중요정보나 시스템의 관리자 또는 그러한 업무를 담당했던 사람이 자신의 지위나 전문지식을 이용해 고객들에게 피해를 입히거나 비밀정보를 유출시키는 사례를 적발해 내기란 쉬운 일이 아니다. 적발을 하더라도 대외공신력의 훼손이나 거래관행의 노출 등을 의식하여 내부문제로 처리하는 경우가 많다. 외국에서는 국가의 무기체계나 경제정책 등을 담당하는 고위책임자가 전자우편 등을 통해 중요기밀을 거래하거나 경쟁국가의 컴퓨터정보망에서 중요정보를 빼내는 사례도 보고되고 있다.

셋째, 유명기업이 경쟁기업의 비밀정보를 알아내거나 개발도상국의 지도층들이 선진국의 첨단기술이나 과학정보 등을 파악할 목적으로 해킹을 교사(敎唆)하거나 관계자를 매수하는 사례도 많다. 생산기술이 낙후되면 생존경쟁을 극복하기 어렵고, 과학기술이 발달한 일부 선진국가가 세계의 정치와 경제를 좌우하는 상황에서는 유명기업이나 합법정부에 의한 사이버스파이 사례가 갈수록 증가할 개연성이 높다.

넷째, 사이버범죄를 감시하고 단속하는 국가기관이 원칙을 무시하고 해킹이나 도시청(盜視聽) 등의 불법행위를 저지르는 사례도 있다. 국제사회의 경쟁에서 우위를 점하기 위하거나, 한계를 모르고 교활해지는 범죄자들을 효과적으로 제압하기 위해 통신감청을 무제한으로 허용할 때 이러한 상황이 발생한다.

IV 사이버범죄의 종류

1. 해킹(Hacking; 정보통신망 무단침입)

단순 해킹으로 불리는 정보통신망에의 무단침입을 처벌할 필요가 있는가에 대하여는 논란이 있었다. 「정보통신망 이용촉진 및 정보보호 등에 관한 법률」(이하 '정통망법'이라 약칭함)에 의하면 정보통신서비스제공자[1]는 정보통신서비스의 제공에 사용되는 정보통신망[2]의 안정성 및 정보의 신뢰성을 확보하기 위한 보호조치를 마련하여야 하고(제45조 ①항), 누구든지 정당한 접근권한 없이 또는 허용된 접근권한을 초과하여 정보통신망에 침입하여서는 안 된다(제48조 ①항). 이를 위반하여 정보통신망에 침입한 자를 처벌하며, 그 미수범에 대하여도 처벌한다(제63조).

따라서 정보통신망 무단침입죄는 정당한 접근권한 없이 또는 허용된 접근권한을 넘어 정보통신망에 침입함으로서 성립한다.

정당한 접근권한 없이 정보통신망에 침입하는 가와 관련하여, 정당한 접근권한의 존재여부를 누구를 기준으로 판단할 것인가에 대하여 해당 정보통신망을 이용하는 이용자를 기준으로 할 것인가, 아니면 정보통신망 서비스제공자(또는 관리자)를 기준으로 할 것인가에 대하여 논란이 될 수 있다. 정보통신망법상 무단침입죄를 규정하여 이를 처벌하고 있는 한에는 그 입법취지가 권한 없이 정보통신망에 침입하는 것을 막아 정보통신망 자체의 안정성과 그 정보의 신뢰성을 확보하는 것이고, 이는 이용자에 의하여 결정될 것이 아니라 정보통신망의 관리자(서

---

1 정보통신서비스제공자라 함은 전기통신기본법 제2조 7호의 규정에 의한 전기통신사업자와 영리를 목적으로 전기통신사업자의 전기통신역무를 이용하여 정보를 제공하거나 정보의 제공을 매개하는 자를 말한다(정보통신망법 제2조 3호).

2 정보통신망이라 함은 전기통신기본법 제2조 2호의 규정에 의한 전기통신설비를 이용하거나 전기통신설비와 컴퓨터 및 컴퓨터의 이용기술을 활용하여 정보를 수집, 가공, 저장, 검색, 송신 또는 수신하는 정보통신체제를 말한다(정보통신망법 제2조 1호).

비스제공자)에 의하여 결정되어야 할 것이다. 따라서 서비스제공자가 접근권한을 부여하거나 허용되는 범위를 설정하고, 서비스제공자로부터 이와 같은 권한을 부여받은 이용자가 아닌 제3자가 정보통신망에 접속한 경우 그에게 접근권한이 있는지 여부는 서비스제공자가 부여한 접근권한을 기준으로 판단하여야 할 것이다. 그러므로 타인의 아이디와 비밀번호로 정보통신망에 접속하거나 제3자가 이용자의 승낙하에 정보통신망에 접속하더라도 동의받은 범위를 넘어 정보통신망의 자료에 접근한 경우에는 정당한 접근권한 없이 무단침입한 것이다(대법원 2005. 11. 25. 선고 2005도870 판결).

허용된 접근권한을 넘어 침입한 경우는 서비스제공자가 정보통신망 이용자에게 일정한 범위의 접근권한을 부여하였는데, 이용자가 그 허용된 범위 이외의 서비스에 접근하는 행위를 말한다. 예컨대 동사무소에서 상근예비역으로 근무하는 피고인이 예비군 관리업무를 담당하면서 담당직원의 아이디와 비밀번호로 행정자치부 주민전산망시스템에 접속할 수 있음을 기화로, 함부로 접속하여 청소년 성범죄자들의 주민등록번호와 주소를 알아낸 경우나 이용자로부터 아이디를 사용하여 게임을 하는 것만을 승낙받고는 그 허락범위를 넘어 당해 게임 아이템을 임의로 자신의 캐릭터로 옮긴 경우 등이 여기에 해당한다.

2. DDos 공격

DDoS 공격은 다수의 공격자를 분산하여 배치시켜 놓은 다음, 특정한 시간대에 여러 대의 컴퓨터를 일제히 동작하게 하여 특정 사이트나 시스템을 공격하는 방식으로, 다수가 분산되어 공격한다는 의미에서 '분산서비스(Distributed Denial of Service)' 공격이라고 불리는 것이다. 여기서 DDoS 공격이 진행되는 방식은 먼저 공격자의 명령에 따라 이미 명령을 수행할 준비가 되어있는 다수의 좀비 PC에 명령을 내리고, 명령을 받은 PC들은 공격대상이 된 컴퓨터시스템에 동시에 접속하여 시스템이 처리할 수 없을 정도의 엄청난 분량의 유해 트래픽을 공격대상 시스템에 전송하고, 이로 인하여 서비스 시스템의 자원이 고갈되도록 하여 시스템의 성능을 저하시키거나 또는 정당한 사용자들이나 심각한 경우에는 시스템관리자들 역시 시스템에 접근하지 못하도록 시스템을 마비시켜 정상적인 서비스를 못하도록 방해하는 것이다.

DDoS 공격에 대한 형법적 처벌은 각 단계의 행위를 보다 세분하여 그 처벌이 결정된다.

DDoS 공격의 첫 단계로 DDoS 공격자가 자신의 명령에 따라 대상시스템에 공격을 수행할 '명령 수행 프로그램'인 Bot을 감염시키는 행위는 컴퓨터바이러스와 달리 기존의 전자기록이나 프로그램을 훼손, 멸실, 변경, 위조하는 행위에는 해당하지 아니한다. 그러나 공격 명령을 수행하는 프로그램은 정보통신 시스템이나 정보통신망에 영향을 주어 '정보통신 시스템의 운용을 방해할 수 있는 프로그램'에 해당하기 때문에, 이를 유포하는 행위는 정통망법의 '악성프로그램전달·유포죄'에 해당한다(동법 제70조의2).

둘째 단계로 공격자가 타깃으로 삼은 시스템에 DDoS 공격을 가하는 행위는 공격받은 시스템 서버에 과부하가 걸리고, 이로 인하여 시스템의 작동이 늦어지거나 시스템에 접근하는 것이 불가능하게 된다. 따라서 정보처리장치인 시스템에 장애가 발생한 것이다. 이러한 정보처리장치는 대부분 업무에 사용되어지는 것이므로 DDoS 공격에 의하여 제3자인 일반 사용자나 시스템관리자가 시스템에 접근하는 것이 어려워져 컴퓨터에 의한 업무방해죄(「형법」 제314조 ②항)[3]가 성립한다.

정통망법은 업무방해죄의 특수한 형태로 대량의 데이터전송 등을 통하여 정보통신망에 장애를 야기한 경우 이를 처벌하는 규정을 마련하고 있다. 즉, 누구든지 정보통신망의 안정적 운영을 방해할 목적으로 대량의 신호 또는 데이터를 보내거나 부정한 명령을 처리하도록 하는 등의 방법으로 정보통신망에 장애가 발생하게 하여서는 아니 되며(동법 제48조 ③항), 이를 위반하여 정보통신망에 장애가 발생하게 한 자는 처벌한다(동법 제71조 ①항 10호). 따라서 DDoS 공격자는 정통망법상의 '대량 데이터전송 업무방해죄'로도 처벌된다.

3. 인터넷피싱

피싱이라는 용어는 보통 '신원절도'(Identitätsdiebstahl)의 변형된 형태를 의미하며 비밀번호(password) 또는 개인정보(private data)와 낚는다(fishing)의 합성어로, 피해

3 「**형법**」 **제314조(업무방해)** ② 컴퓨터등 정보처리장치 또는 전자기록등 특수매체기록을 손괴하거나 정보처리장치에 허위의 정보 또는 부정한 명령을 입력하거나 기타 방법으로 정보처리에 장애를 발생하게 하여 사람의 업무를 방해한 자도 제1항의 형과 같다.

자를 기망 또는 협박하여 개인정보 및 금융거래 정보를 요구하거나 피해자의 금전을 이체하도록 하는 수법을 말하며, 인터넷피싱은 이러한 피싱을 인터넷상에서 하는 것을 말한다. 인터넷피싱에서 피싱을 하는 피셔는 개인정보들 가운데 특히 인터넷뱅킹에 필요한 주민등록번호, ID, 비밀번호, 계좌번호, 인증서의 인증번호 등 금융관련 정보들을 알아낸 다음, 이를 이용하여 피해자의 계좌에서 자금을 이체하는 행위를 한다.

인터넷피싱을 하는 수법은 매우 다양하나, 가장 많이 사용되는 피싱의 수법은 '메일을 통한 피싱(메일형 피싱)'과 '악성코드유포를 통한 피싱(악성코드유포형 피싱)'이다. 메일형 피싱은 은행이나 카드사에서 보낸 것처럼 착각하게 만드는 메일을 이용하여 정보를 취득하는 피싱이다. 예를 들면 "안녕하십니까. OO은행 웹사이트 관리자입니다"라고 시작되는 이메일을 고객들에게 보낸 후, 메일 안에서 '회원정보 수정' 등의 내용을 변경하는 것처럼 유도하여 해당란을 클릭하면 마치 진정한 해당 OO은행의 홈페이지인 것으로 위장한 사이트로 이동하여, 여기서 고객의 개인정보를 입력하게 하여, 입력한 개인정보를 빼내는 방식이다. 악성코드유포형 피싱은 피해자에게 자신도 모르게 악성코드를 다운로드받게 한 다음 피해자가 인터넷뱅킹 등의 금융거래를 하는 경우 피해자의 계좌번호와 비밀번호 등을 피셔에게 전송하도록 하는 방식이다.

인터넷피싱에 대한 형법적 처벌은 하나의 독립된 범죄로 처벌하는 것이 아니라 인터넷피싱이 이루어지는 단계에 따라 다양한 범죄가 개별적으로 성립한다. 인터넷피싱 가운데 전형적인 메일형 피싱의 경우를 예로 들면, 피셔는 금융기관을 사칭하는 전자메일의 작성으로 사전자기록위작죄(「형법」 제232조의2)가, 해당 메일을 발송하는 행위로 위작사전자기록행사죄(「형법」 제234조)가, 메일을 발송하기 위하여 전자메일의 주소를 수집하는 과정에 전자우편주소의 무단수집죄(「개인정보 보호법」 제75조), 위장 웹 사이트 제작을 위하여 금융기관의 홈페이지를 복사한 경우 저작권법위반죄(「저작권법」 제136조 ①항), 피해자가 위장 웹사이트에 개인의 금융관련 정보를 입력하여 이를 취득하는 행위는 '속이는 행위에 의한 개인정보수집 위반죄(「개인정보 보호법」 제59조 1호, 제72조 2호)', 해당 피해자의 비밀번호 등을 이용하여 계좌를 열람하는 행위는 정통망법상의 무단침입죄(동법 제72조 ①항 1호)와 비밀침해죄(동법 제49조, 제71조 11호), 그리고 자금을 이체하는 행위는 형법상의 컴퓨터 사용사기죄(「형법」 제347조의2)에 해당한다.

4. 사이버도박

도박은 사전적으로는 "금품을 걸고 승부를 다투는 일을 말하며, 내기·노름·박희(博戲)라고도 한다. 도박은 우연성이 큰 비중을 차지하며, 여기에 약간의 기량을 발휘할 여지가 있다."고 설명한다. 이를 기초로 하여 학설과 판례(대법원 2017. 4. 7. 선고 2016도19704 판결)에 따르면 도박은 ① 재물이나 재산상 이익을 걸고, ② 우연성에 의하여 그 득실을 결정하는 것이다. 다만 여기서 우연이란 주관적으로 당사자가 확실히 예견 또는 자유로이 지배할 수 없는 사실에 관하여 승패를 결정하는 것을 말하고, 객관적으로 불확실할 것을 요구하지는 않는다. 따라서 당사자의 능력이 승패의 결과에 영향을 미친다고 하더라도 다소라도 우연성의 사정에 의하여 영향을 받게 되는 때에는 도박이 인정될 수 있다. 이러한 의미에서 도박은 우연성이 없이 일방이 승리를 하게 되는 사기도박이나, 승패의 결정이 우연성에 치중하지 않고 거의 당사자의 능력에 의해 결정되는 경기와는 구별될 수 있는 개념이다.

사이버도박은 전술한 도박을 사이버공간에서 행하는 것을 의미한다. 즉, 사이버도박은 가상공간인 사이버공간에서 전자화폐나 전자금융거래를 이용하여 결제가 이루어지는 도박이라고 할 수 있다. 따라서 사이버도박은 ① 재물이나 재산상 이익을 걸고 우연에 의해 승패 등을 결정하는 것이 인터넷과 같은 사이버공간에서 이루어진다는 점, ② 재물이나 재산상 이익이 사이버머니라는 점이 기존의 도박과 가장 큰 차이라고 할 수 있다.

형법은 도박을 처벌하도록 규정하면서 도박이 '일시오락 정도에 불과한 경우'에는 예외로 한다(「형법」 제246조 ①항 단서)고 규정하고 있다. 따라서 도박에 해당한다고 할지라도 그것이 일시오락의 정도에 불과한 경우에는 처벌하지 않는다. 그리고 일시오락의 경우는 오프라인상의 도박뿐만 아니라 사이버도박의 경우에도 동일하게 적용되어 사이버도박이 일시오락 정도에 불과한 경우 마찬가지로 처벌하지 않는다. 여기서 일시오락의 여부는 단순히 재물의 근소성만을 가지고 일률적으로 평가할 수는 없고 이를 포함하여 도박의 시간과 장소, 도박자의 사회적 지위와 재산상황 등 다양한 사정들을 종합적으로 참작하여 결정한다(다수설, 대법원 1990. 2. 9. 선고 89도1992 판결).

사이버도박은 형법뿐만 아니라 다양한 형사특별법에 의하여 처벌된다. 도박사이트 운영자의 경우 도박개장죄(「형법」 제247조)로 처벌하며, 도박사이트의 설계자가 미리 프로그램을 조작하거나 해킹 등을 통해 상대 도박행위자의 정보를 훔쳐보거나 공모자들이 서로 정보를 공유할 수 있도록 하여 상대 도박행위자들이 이길 수 없게 조작하는 경우에는 도박죄가 아니라 사기죄에 해당한다. 도박사이트를 직접 개설하거나 이를 직접 운영하지 않고 도박사이트를 중개하는 경우에는 사이트의 중개를 어떠한 방식으로 하는가에 따라 구분하여 처벌한다. 외국의 도박사이트를 단순히 링크하거나 중개하는 경우에는 실제로 도박장을 개장한 자에 대한 도박개장죄의 공범이나 해당 사이트를 통하여 도박을 하는 자에 대한 도박죄의 공범이 성립한다. 그리고 도박사이트를 단순히 링크하는 것이 아니라 도박사이트의 개설이나 운영에 일정한 기여를 하는 경우에는 도박개장죄가 적용될 수 있다. 사이버공간에서의 도박행위에 참가한 자에 대하여는 도박죄가 성립하고, 상습적으로 사이버공간에서 도박행위를 한 자에 대하여는 상습도박죄(제246조 ②항)로 처벌된다.

summary

요 약

사이버범죄에 대한 형사법적 규제는 형법뿐 아니라 다수의 특별법을 통하여 이루어지고 있다. 특히 사이버범죄를 처벌함에 있어서 형법을 통한 처벌보다는 특별법을 통한 처벌의 경우가 상대적으로 다수이다. 이와 같이 사이버범죄를 특별법 중심으로 처벌규정을 마련하게 된 이유는 사이버공간에서 나타나는 범죄행위에 신속하게 대응할 필요가 있으므로 그때그때마다 관련 규정들을 수정, 보완하여야 하나, 형법은 개정하기가 쉽지 않다고 판단하여 이를 특별법으로 규제하게 되었다. 또한 사이버공간에서 발생하는 범죄행위와 관련하여 직접적으로 이해관계가 있는 정보통신망 운영업체, 인터넷서비스업체, 컴퓨터 관련 기관이나 이를 담당하는 정부의 기관들의 시각이 크게 작용하여 사이버범죄의 유형과 대상 그리고 법정형들이 정해지고, 이것이 형사규제로 입법화되었다. 그 결과 사이버범죄의 처벌과 관련하여 형법의 일반원리와 당벌성(Strafwürdigkeit), 그리고 다른 범죄들과의 형평성 등의 내용이 종합적으로 고려되기 보다는 신속한 형사법적 대응이 필요하다는 점과 발생하는 법익침해가 막대하다는 주장만이 전면에 등장하였다. 이에 근거하여 사이버공간의 일탈행위에 대한 거의 전방위적 처벌, 또한 그 처벌도 엄격한 처벌을 통하여 사이버범죄를 예방하려는 시도는 도처에 중첩적인 처벌규정들과 엄격한 규정들을 생산하여, 결국 사이버범죄에 대한 형사법적 규제는 과잉범죄화와 과잉형벌화의 문제를 지니게 되었다.

key word

주요 용어

1. 사이버범죄와 사이버공간

사이버공간에서 일어나는 범죄행위에 대하여 이를 사이버범죄라는 용어 이외에도 컴퓨터범죄, 인터넷범죄, 정보범죄, 정보통신범죄, 하이테크범죄 등 다양한 용어가 사용되고 있다. 여기서 해당 용어들은 그 의미와 내용이나 포섭범위에는 다소 차이가 있다. 즉 어떤 용어나 표현을 사용하는가에 따라 개념이 부분적으로 달라질 수 있으며, 관련 범죄의 특정 측면을 강조하는 효과를 나타낸다.

사이버공간은 컴퓨터가 서로 연결되어(네트워크화) 컴퓨터 내에서 이어져 나가는 정보세계를 의미하며, 물질적인 실체와는 구분되는 가상의 공간(virtual space)을 의미한다. 이와 같은 사이버라는 가상공간에서 발생하는 범죄는 우리가 다루어왔던 전통적인 의미의 컴퓨터범죄와 컴퓨터의 네트워크를 통한 연결성을 이용하여 행해지는 범죄를 모두 포괄하는 개념으로 보아야 한다. 따라서 사이버범죄는 전통적 컴퓨터범죄와 정보통신망을 이용한 범죄를 포섭하는 범죄로 이해된다.

2. 선고유예

선고유예는 판사가 피고인의 유죄가 인정됨에도 불구하고 경미한 범죄를 이유로 일정한 기간 형의 선고를 유예하고 이 기간이 경과하면 형의 선고를 면하게 하는 제도를 말한다. 선고유예는 주로 범죄의 정황이 경미한 초범자에 대하여 형을 부과하지 않고 자발적인 개선과 갱생을 촉진시키고자 하는 데에 제도의 취지가 있다. 선고유예는 1년 이하의 징역이나 금고, 자격정지 또는 벌금의 형을 선고할 경우에 제51조의 사항을 참작하여 개전의 정상이 현저한 때에 할 수 있다. 단, 자격정지 이상의 형을 받은 전과가 있는 자에 대하여는 예외로 한다. 그리고 형을 병과할 경우에도 형의 전부 또는 일부에 대하여 그 선고를 유예할 수 있다(「형법」 제59조).

3. 랜섬웨어

이것은 몸값(Ransom)과 소프트웨어(Software)가 결합된 용어로 시스템의 접근을 차단하거나 저장된 자료를 암호화해 사용불능 상태로 만들고 이를 이용하여 금전을 요구하는 악성프로그램을 말한다. 예컨대 기업의 컴퓨터나 시스템에 잠입하여 랜섬웨어로 내부문서나 스프레드시트 그림파일 PDF파일 등을 암호화해 열지 못하도록 만든 후 돈을 보내주면 해독용 열쇠 프로그램을 전송해 주겠다며 금품을 요구하는 방법이다.

4. 재물과 재산상 이익

우리 형법은 재산범죄의 객체가 재물인지 재산상 이익인지에 따라 이를 재물죄와 이득죄로 명시하여 규정하고 있다. 예컨대 절도죄(「형법」 제329조)는 재물만이 대상이 되며, 강도죄(제333조)는 재물과 재산상 이익이 모두 대상이 된다. 일반 사기죄(제347조)는 재물죄 겸 이득죄로 규정한 것과 달리 컴퓨터 사용사기죄(제347조의2)는 행위객체를 재물이 아닌 재산상의 이익으로만 한정하였다

'재물'은 유체물과 관리가능한 동력을 재물이라고 한다. '재산상 이익'은 일반적으로 재물 이외에 재산적 가치가 있는 모든 이익을 의미한다. 구체적으로 재산상 이익의 대상범위가 어디까지인지를 파악하려면 형법상 재산개념을 어떻게 파악하느냐에 따라 재산상 이익의 내용이 달라진다. 현재 판례는 재산의 법률적 측면을 고려하지 않고 경제적 교환가치만를 재산의 판단기준으로 삼는다. 이에 따르면 경제적 교환가치 없는 개인의 사법상의 권리는 재산이 아닌 반면, 경제적 가치 있는 사실상의 이익과 노동력을 비롯하여 불법한 이익이라도 경제적 교환가치만 있으면 얼마든지 재산에 해당한다.

퀴즈 [진위형] quiz

1 사이버범죄는 오프라인에서는 발생하지 않고 사이버공간에서만 발생하는 특수한 범죄를 의미한다.

2 사이버범죄는 컴퓨터, 정보통신망, 스마트폰 등 ICT 기술의 발달에 따라 새로운 유형의 사이버범죄가 등장하였으며, 장래에도 어떠한 새로운 사이버범죄가 등장할지 예측하는 것이 용이하지 않다.

3 사이버범죄를 정보통신망 침해범죄, 정보통신망 이용범죄, 불법콘텐츠범죄의 세 가지로 유형화하는 경우, 해킹은 정보통신망 이용범죄에 해당한다.

4 사이버범죄의 경우 그 피해가 막대하므로 범죄의 발각이 용이하다.

5 정보통신망 무단침입죄는 정당한 접근권한 없이 또는 허용된 접근권한을 넘어 정보통신망에 침입함으로서 성립하며, 정당한 접근권한의 존재여부는 이용자가 아니라 정보통신망 서비스제공자를 기준으로 한다.

6 DDoS 공격자는 정통망법의 '대량 데이터전송 업무방해죄'로도 처벌된다.

7 피싱은 '낚는다(fishing)'라는 용어를 그대로 영어로 표기한 것이다.

8 인터넷상에서 피싱행위를 통하여 획득한 비밀번호를 이용하여 타인의 금융계좌에서 자신의 계좌로 자금을 이체한 경우에는 전체의 행위를 정보통신망법의 '인터넷피싱죄'로 처벌한다.

9 사이버도박은 오프라인상의 도박을 사이버공간에서 행하는 것을 말한다.

10 도박사이트를 운영하거나 이를 중개하거나, 사이트에서 도박한 자는 모두 도박죄로 처벌한다.

참고문헌
reference

강동범, “사이버범죄 처벌규정의 문제점과 대책”, 「형사정책」 제19권 제2호, 2007.

류석준, “해킹에 대한 규제법규에 관한 연구”, 「비교형사법연구」 제6권 제2호, 2004.

박정난, 『사이버 명예훼손의 형사법적 연구』, 경인문화사, 2020.

이원상/이성식/이정환/탁한용/김일수, 『클라우드 컴퓨터 환경에서의 사이버범죄와 대응 방안 연구』, 한국형사정책연구원, 2012.

이정훈, “온라인 도박의 형사책임”, 「중앙법학」 제6집, 2004.

전지연, “인터넷피싱의 형사법적 책임”, 「형사정책연구」 제20권 제4호, 2009.

전지연, 『사이버범죄론』, 박영사, 2021.

주승희, “최근 독일에서의 사이버범죄의 발생 현황 및 대처 노력”, 「법학논총」 제22권 제3호, 2015.

최호진, “정보통신망침입죄에서 정보통신망 개념과 실행의 착수”, 「형사법연구」 제28권 제3호, 2016.

해 답
answer

1. 아니다.
사이버범죄는 사이버공간에서 발생하는 범죄를 의미한다. 사이버범죄에는 해킹, 악성프로그램 유포죄와 같이 오프라인에서는 발생하지 않고 사이버공간에서만 발생하는 범죄도 있고, 도박, 업무방해, 명예훼손과 같이 오프라인에서도 발생하나 해당 범죄가 사이버공간에서 발생하는 범죄도 있다.

2. 그렇다.
사이버범죄의 초기에는 컴퓨터 관련 범죄에 대한 처벌이 주를 이루었다. 그러나 정보통신망과 같은 정보통신기술이 급속히 발달·보급되고 범죄유형도 다양화되면서, 그 이후의 범죄는 단순한 컴퓨터범죄가 아니고 컴퓨터와 정보통신망이 결합하는 범죄로 확대되었다. 여기에서 더 나아가 모바일이나 스마트폰의 사용으로 인하여 개인용 컴퓨터나 정보처리장치 앞에 앉을 필요도 없이 모바일을 통하여 언제 어디서나 사이버범죄를 범할 수 있는 유비쿼터스적 환경이 조성되어 새로운 유형을 예측하는 것이 쉽지 않다.

3. 아니다.
사이버범죄를 3가지로 유형화하는 경우 해킹은 정보통신망에 무단으로 침입하는 행위를 하는 것이라는 점에서 정보통신망 이용범죄가 아니라 정보통신망 침해범죄에 해당한다.

4. 아니다.
사이버범죄의 피해는 막대한 규모에 이를 수 있다. 그러나 그것이 범죄로 인한 것인지 관련자들의 단순한 잘못에 의한 것인지를 증명하기가 용이하지 않다. 또한 많은 경우 정보처리장치에 의하여 전자적 정보들이 자동적으로 처리되는 관계로 사이버범죄가 발생하였다는 사실조차 인식하지 못하고 넘어가는 경우도 많다.

5. 그렇다.
정보통신망 무단침입죄는 정당한 접근권한 없이 또는 허용된 접근권한을 넘어 정보통신망에 침입함으로서 성립한다. 정보통신망법상 무단침입죄를 규정하여 이를 처벌하고 있는 한에는 그 입법취지가 권한 없이 정보통신망에 침입하는 것을 막아 정보통신망 자체의 안정성과 그 정보의 신뢰성을 확보하는 것이고, 이는 이용자에 의하여 결정될 것이 아니라 정보통신망의 관리자(서비스제공자)에 의하여 결정되어야 할 것이다. 따라서 서비스제공자가 접근권한을 부여하거나 허용되는 범위를 설정하고, 서비스제공자로부터 이와 같은 권한을 부여받은 이용자가 아닌 제3자가 정보통신망에 접속한 경우 그에게 접근권한이 있는지 여부는 서비스제공자가 부여한 접근권한을 기준으로 판단하여야 한다.

6. 그렇다.
정통망법은 업무방해죄의 특수한 형태로 대량의 데이터전송 등을 통하여 정보통신망에 장애를 야기한 경우 이를 처벌하는 규정을 마련하고 있다. 즉, 누구든지 정보통신망의 안정적 운영을 방해할 목적으로 대량의 신호 또는 데이터를 보내거나 부정한 명령을 처리하도록 하는 등의 방법으로 정보통신망에 장애가 발생하게 하여서는 아니 되며(동법 제48조 ③항), 이를 위반하여 정보통신망에 장애가 발생하게 한 자는 처벌한다(동법 제71조 ①항 10호). 따라서 DDoS 공격자는 정통망법상의 '대량 데이터전송 업무방해죄'로도 처벌된다.

7. 아니다.

피싱(Phishing)은 개인정보(private data)나 비밀번호(password)와 낚시(fishing)의 합성어로, 피해자를 기망 또는 협박하여 개인정보 및 금융거래 정보를 요구하거나 피해자의 금전을 이체하도록 하는 수법을 말하며, 인터넷피싱은 이러한 피싱을 인터넷상에서 하는 것을 말한다.

8. 아니다.

인터넷피싱에 대한 형법적 처벌은 하나의 독립된 범죄로 처벌하는 것이 아니라 인터넷피싱이 이루어지는 단계에 따라 다양한 범죄가 개별적으로 성립한다.

9. 아니다.

사이버도박은 도박을 사이버공간에서 행하는 것을 의미한다. 즉, 사이버도박은 가상공간인 사이버공간에서 전자화폐나 전자금융거래를 이용하여 결제가 이루어지는 도박이라고 할 수 있다. 따라서 사이버도박은 ① 재물이나 재산상 이익을 걸고 우연에 의해 승패 등을 결정하는 것이 인터넷과 같은 사이버공간에서 이루어진다는 점, ② 재물이나 재산상 이익이 사이버머니라는 점이 기존의 도박과 가장 큰 차이라고 할 수 있다.

10. 아니다.

도박사이트 운영자의 경우 도박개장죄(「형법」 제247조)로 처벌하며, 도박사이트를 직접 개설하거나 이를 직접 운영하지 않고 도박사이트를 중개하는 경우에는 사이트의 중개를 어떠한 방식으로 하는가에 따라 구분하여 처벌한다. 외국의 도박사이트를 단순히 링크하거나 중개하는 경우에는 실제로 도박장을 개장한 자에 대한 도박개장죄의 공범이나 해당 사이트를 통하여 도박을 하는 자에 대한 도박죄의 공범이 성립한다. 그리고 도박사이트를 단순히 링크하는 것이 아니라 도박사이트의 개설이나 운영에 일정한 기여를 하는 경우에는 도박개장죄가 적용된다. 사이버공간에서의 도박행위에 참가한 자에 대하여는 도박죄가 성립하고, 상습적으로 사이버공간에서 도박행위를 한 자는 상습도박죄로 처벌된다.

/ 제9장 /

경 찰

(police)

– 박다정

Ⅰ. 경찰이란 무엇인가?

Ⅱ. 한국의 경찰조직과 기능

Ⅲ. 경찰관의 주요 직무

Ⅳ. 사법경찰활동

Ⅴ. 한국의 지역사회 경찰활동
(community policing)

short storytelling 1

1. 옆집에서 부부싸움을 하는 것인지 한 시간 정도 큰 소리가 났어요. 한참 고성이 오가더니 갑자기 비명소리와 함께 쿵 하는 소리가 들리고 한순간에 조용해지지 뭐예요. '무슨 일이지' 생각하는데 아파트 복도에서 현관문이 쾅 닫히는 소리와 함께 다급하게 누군가 뛰어가는 소리가 들렸어요. 느낌이 너무 이상하더라고요. 어쩐지 경찰에 알려야 할 것 같아서 112로 신고를 했어요. 10분쯤 지났나……. 경찰관들이 와서 옆집 초인종을 누르고 문을 두드려도 아무도 나오지 않더라고요. 경찰관들이 강제로 문을 뜯고 들어가더니 갑자기 소란스러워졌어요. 사람이 죽었다고 해요. 저에게 경찰서로 가서 진술을 하라는데, 이게 다 무슨 일인지 모르겠어요.

2. 저는 초등학교 4학년 남학생이에요. 저는 부모님이 이혼하신 뒤 할아버지와 단둘이 살고 있어요. 할아버지는 아침부터 밤까지 폐지를 모아 파시느라 늘 바쁘세요. 매일 저녁 저 혼자 라면을 끓여 먹고 TV를 보다 잠이 들어요. 4학년에 올라오고 짝꿍이랑 우리 집에 와서 라면을 끓여 먹고 함께 만화영화를 보며 놀았어요. 그날은 즐겁게 놀았는데, 다음날 학교에 가보니 짝꿍이 친구들에게 "OO는 엄마 아빠가 안 계시고, 집도 더럽고, 냄새가 난다."고 소문을 냈더라고요. 그 뒤로 저는 반에서 왕따를 당하고 있어요. 친구들은 저에게 가까이 오지도 않고, 말도 걸어주지 않아요. 집에서도 학교에서도 저는 혼자에요. 외롭고 힘들어요. 저는 어떡하면 좋죠?

3. 지난 달 취업에 성공했어요. 제조공장 파트로 발령이 나서 출퇴근 거리가 상당하지만, 그래도 지하철이 연결되어 참 다행이에요. 그런데 제가 워낙 이른 시간에 집을 나서고, 늦은 밤중에 귀가를 하다 보니 지하철 역에서 집까지 오는 골목길이 무섭게 느껴져요. 가끔은 그 골목길에 불량 청소년들이 삼삼오오 모여 담배를 피우고 시끄럽게 떠들며 놀고 있는데, 어쩌다 시비를 걸어오지는 않을지 걱정도 되고 불안합니다. 처음 몇 번은 어머니가 배웅과 마중을 해주셨는데, 그것도 하루이틀이지 성인이 된 딸 출퇴근길에 어머니가 매번 나서주시는 것도 죄송하고 못할 일인 것 같아요. 좋은 방법이 없을까요.

4. 제 동생은 십대 시절부터 조현병이 심했습니다. 약을 꾸준히 먹으면 관리될 수 있는 병이라고 했고, 부모님께서 동생을 보살펴 주실 때에는 큰 문제가 없었습니다. 그런데 작년에 부모님께서 불의의 사고로 세상을 떠나신 뒤로 동생은 혼자 살고 있었어요. 병이

1 사례 1.~4.는 실제 우리나라에서 있었던 신고 사건을 각색한 것이다.

걱정되어 함께 살자고 설득했지만 동생은 거절하더군요. 물려받은 유산이 있으니 생활에는 문제가 없고 형수, 조카들과 함께 지내는 것은 불편할 것 같다고 하면서요. 그러나 동생은 혼자 지내면서부터 약을 챙겨 먹지 않았는지 어느 날 갑자기 전화를 걸어 형제들이 자신을 해치려 한다며 알 수 없는 이야기를 반복했어요. 걱정되어서 다음날 곧장 동생의 집으로 찾아갔지만 동생은 없었어요. 짐을 꾸린 흔적도 없고, 휴대전화도 두고 나갔더라고요. 다음 날까지 기다려도 동생은 집에 돌아오지 않았어요. 도대체 어디서 무엇을 하고 있는지 행방을 알 수 없어 걱정이 큽니다.

I 경찰이란 무엇인가?

1. 경찰의 개념과 역사

경찰이라는 단어는 '경계하다'라는 의미의 한자인 경(警)과 '살피다'라는 의미의 한자인 찰(察)로 의미 그대로 해석한다면, 경계하여 살피는 것으로 해석할 수 있다. 일본은 'けいさつ'라고 읽지만 우리와 같은 한자어 표기를 사용하고 중국에서는 경찰이라고도 하지만, 공공의 안전이란 의미의 '公安'이란 표현이 일반적이다. 영어권에서는 police, 독일어권에는 polizei, 스페인어권에서는 policia 등으로 표기한다.

어느 시대에나 법을 집행하고 사회질서를 유지하는 기능은 있었겠지만, 현재 우리가 알고 있는 '경찰'이라는 의미는 근대화 과정에서 수용된 서구식 경찰(제도)을 의미한다. police라는 용어는 고대 그리스어인 Politeia에서 유래하였다. Politeia는 고대국가인 polis에 그 어원을 두고 있는데 지금과는 달리 국가 또는 전체로서의 국가작용을 뜻하였다. 이후 국가기능의 분화 특히, 시민국가의 등장 이후 시민주권, 권력분립론 등을 배경으로 경찰은 지금과 같이 국가행정작용의 일부로서 소극적인 질서유지작용(law enforcement)을 지칭하게 된다.

고대의 경우, 중국 등 동양권에서는 봉건제 또는 군현제 하에서 각 지역통치 단위에서 법집행의 일환으로 지금과 유사한 경찰작용이 이루어졌다(prefecture system). 서구도 이와 유사한데, 일반적으로 군사적 수단에 의하여 질서유지나 법집행을 하였다. 가령, 고대 로마에서는 지역 별로 local watchmen을 활용하거나 Procurators Fiscal나 Quaetors가 범죄수사 및 기소를 하였는데, 아우구스투스 황제 이후 로마시에서는 군 조직인 Urban Cohort 및 Praetorian Guard의 지원 하에 Vigiles를 두고 소방, 야경 등의 업무를 수행하게 하였다.

중세 프랑스에는 국왕 하에 통치기구로 Great Officers of the Crown of France, 즉 Marshal of France(Maréchaussée), Constable of France(Connétablie)에 의하여 법집행과 질서유지를 담당하게 하였는데, 이는 백년전쟁 등을 거치면서 12세기 이후 형성된 군, 헌병경찰에 해당한다(1337년 이후 Connétablie는 Maréchaussée로 통합). 영국의 경우 1066년 노르만 공 정복 이전, 앵글로 색슨 왕조 시기에는 일종의 인보, 야경조직이라 할 수 있는 Ten Tithing System을 통해 지역 내 법 집행, 질서유지가 이루어졌다. 이는 10가구를 단위로 Tithing(Tun)이라 하고 그 책임자를 Tithingman이라 하였다. 그리고 이를 다시 10개 단위로 묶고 그 책임자를 Gerefa라고 하고 나중에 Reeve로 그 명칭이 바뀌게 되는데, 지역주민들에 의해 형성된 자율적 조직으로의 성격을 가졌다. 10세기경 바이킹의 침략 등을 받게 되면서 앵글로 색슨 왕조는 각 영지와 Tithing(Tun)을 Shire로 통합하고 각 Shire에 Reeves를 두고 법집행이나 질서유지 임무를 일임하는 형태로 변모하게 되는데, 앞서 지역주민의 대표로서 Reeves와 구별하기 위하여 Shire-Reeves(흔히 보안관으로 지칭되는 Sheriff의 어원에 해당)로 불렸다. 또한 영국에서는 전통적으로 모든 주민들은 법에 복종해야 할 뿐만 아니라 범법자를 발견하면 주위 다른 주민들에게 경고하고 조력을 받아 이를 검거하여 Reeves에게 호송하여야 할 의무가 부여되었다. 이것이 지역주민으로 구성된 방범 내지 자경조직으로 볼 수 있는 Hue and Cry다.

[사진 9-1] Roman Vigiles, 중세 프랑스의 Maréchaussée, 영국의 Hue and Cry

한편, 1642년 출간된 Sir. Edward Coke의 The Second Part of the Institutes of the Laws of England에서 Police(Polles)라는 표현이 처음으로 사용되지만, 현재와 같은 근대적 경찰제도가 확립된 것은 1800년대 이후가 된다.

1667년 프랑스 파리시에 최초로 중앙집권화된 경찰조직으로 The Office of Lieutenant General of Police(Lieutenant Général de Police)가 설치되었다. 프랑스 혁명 이후 나폴레옹 1세 때 파리를 포함 기타 도시에 Prefecture of Police를 설치하고, 1829년에는 최초의 정복 경찰관으로 구성된 City Sergeants(Sergents de Ville)이 등장하게 된다. 영국에서는 1737년 런던과 미들에섹스 지역의 Watchmen을 공영화하여 운영하고 1749년에는 Henrry Fielding이 사설조직이기는 하지만 이전의 Watchmen과 달리 보다 전문화된 야경조직으로 Bow Street Runners를 창설하였다. Bow Street

Runners는 범죄예방은 물론 수사와 범인검거 등 현재의 경찰과 같은 임무를 수행하였지만 사설조직으로 영리적으로 운용된 점에 특징이 있다. Bow Street Runners도 1754년 공영조직으로 성격이 변모한다. 그것은 1829년 Sir. Robert Peel의 주도로 제정된 London Metropolitan Police Act에 의한 근대적 경찰조직인 런던수도경찰청이 탄생하기까지 런던시의 유일한 privately financed police라는 점에 의미가 있다.

경찰이 명확한 공공조직으로 영국에서 등장하게 된 것은 1800년 the Marine Police Bill과 1797년 Patrick Colquhoun에 의하여 설립된 사설 야경조직인 Thames River Police가 공영조직으로 변모한 것이 최초다. 범인검거 등에 따른 수수료가 아닌 정해진 급료를 받고 전일근무의 정규 경찰조직으로 변화하게 되는데, 앞서 언급한 최초의 근대경찰로 인식되고 있는 런던수도경찰청(Met Police)의 탄생으로 대표되는 Sir. Robert Peel의 경찰개혁에 결정적 영향을 미친 것으로 평가된다. 1822년 당시 내무장관으로 임명된 Sir. Robert Peel의 주도로 진행된 경찰개혁과정을 거쳐 런던에 세계 최초로 근대적 경찰기관이 설치되었다.

[사진 9-2] **프랑스 Sergents de Ville 및 영국의 Thames River Police 및 the Great British 'Bobby'or Peelians**

[Box 9.1] Sir. Robert Peel이 제시한 근대경찰의 원칙(Peelian Principles of Policing)

1. To deter crime and disorder, as an alternative to their repression by military force and severity of legal punishment.
2. To recognize always that the power of the police to fulfil their functions and duties is dependent on public approval of their existence, actions and behavior, and on their ability to secure and maintain public respect.
3. To recognize always that to secure and maintain the respect and approval of the public means also the securing of the willing co-operation of the public in the task of securing observance of laws.
4. To recognize always that the extent to which the co-operation of the public can be secured diminishes proportionately the necessity of the use of physical force and compulsion for achieving police objectives.
5. To seek and preserve public favour, not by pandering to public opinion, but by constantly demonstrating absolutely impartial service to law, in complete independence of policy, and without regard to the justice or injustice of the substance of individual laws, by ready offering of individual service and friendship to all members of the public without regard to their wealth or social standing, by ready exercise of courtesy and friendly good humour, and by ready offering of individual sacrifice in protecting and preserving life.
6. To use physical force only when the exercise of persuasion, advice and warning is found to be insufficient to obtain public co-operation to an extent necessary to secure observance of law or to restore order, and to use only the minimum degree of physical force which is necessary on any particular occasion for achieving a police objective.
7. To maintain at all times a relationship with the public that gives reality to the historic tradition that the police are the public and that the public are the police, the police being only members of the public who are paid to give full-time attention to duties which are incumbent on every citizen in the interests of community welfare and existence.
8. To recognize always the need for strict adherence to police-executive functions, and to refrain from even seeming to usurp the powers of the judiciary, of avenging individuals or the State, and of authoritatively judging guilt and punishing the guilty.
9. To recognize always that the test of police efficiency is the absence of crime and disorder, and not the visible evidence of police action in dealing with them.

2. 경찰의 활동전략과 현대 경찰

1800년대 초반을 기점으로 탄생한 서구식 근대경찰의 발전과정은 크게 3단계로 나누어 볼 수 있다. 먼저 1800년대 중반 이후 1930년대를 전후로 한 시기(political era)와 1930년대 이후 1980년대 초반까지 기간으로 경찰의 프로페셔널화가 강력히 지향되던 시기(reform era 또는 professional era), 그리고 마지막으로 1980년대 이후 현재로, 프로페셔널화와 더불어 지역사회와의 관계개선 나아가 지역사회가 참여하고 주도하는 경찰활동이 강조되는 시기(community era)로 구별할 수 있다.

서구, 특히 영미권 국가의 경찰은 그 출발이 지역주민으로 구성된 자경조직이나 활동이다. 이는 자연스럽게 자치경찰제로 정착, 발전하는 계기가 되었다. 1930년 이전까지 경찰조직은 현재와 같이 법집행 분야에 특화된 고도로 전문화된 조직과는 거리가 멀었다. 경찰관의 선발과정에서 학력이나 경력 등의 제한이나 특별한 임용기준이나 시험 등이 없었고 선발 후 체계적인 교육과정도 미비하였다. 또한 지역사회에 기반한 소규모 분권형 조직으로 경찰관이나 조직체로서 경찰관에 대한 평가나 지지 등 경찰의 정당성이 지역주민의 정서적 지지에 기반을 두었다. 그러다보니 자연스럽게 경찰의 활동범위도 범죄예방이나 진압 등 법집행에 한정되는 것이 아니라 광범위한 사회봉사활동으로의 성격을 갖게 되고, 조직목표 역시 지역주민의 만족과 지지획득에 집중되어 검거율의 향상이나 지역사회의 범죄율 감소와 같은 객관적 효율성의 추구와는 거리가 멀었다.

이러한 경찰활동의 행태는 지역사회와 주민과의 친밀한 관계형성과 이를 통한 경찰에 대한 시민의 지지획득이라는 긍정적 효과를 가져 오기도 했지만, 비능률과 무능, 더 나아가 경찰 내 부정부패 등 부정적 효과를 유발하여 개혁의 필요성이 제기되었다.

한편, 이 시기에 과학기술과 더불어 경영학 등 인접학문의 발전은 경찰학이라는 새로운 학문분야가 탄생하는 계기가 되었는데 이는 경찰의 프로페셔널화로 이어지는 요인으로 작용하게 되었다. 예를 들어, 이 시기에 등장한 August Vollmer나 O. W. Wilson 등은 초기 경찰학자이자 경찰실무자로서 체계적인 경찰관 임용기준과 선발, 교육과정을 통해 경찰조직 내에 우수한 인력을 받아들이고 차량순찰, 무선통신을 도입하여 효율적인 순찰과 신고대응시간을 단축함으로써 범죄예방효과를 극대화하고, 법과학 분석실을 도입하여 범죄수사능력을 극대화하는 등 경찰조직의 전문화를 강력히 추진하게 되었다. 실제로 1931년 미 대통령 산하에 the National Commission on Law Observance and Enforcement(소위 Wikersham Commission)이 설치되고 여기서 경찰관의 선발, 교육훈련, 순찰 등 경찰활동의 전문화에 관한 보고자료나 권고, 개선안이 제시되고 이를 연방, 주 정부가 수용함으로써 1930년대 이전의 비효율적 경찰조직으로부터 탈피하여 전문화된 조직으로 변모하기 시작하였다.

그러나 경찰의 프로페셔널화는 1980년대 초반을 정점으로 그 이면의 또 다른 문제점이 제기되기 시작하였다. 극단적인 효율성과 전문화의 추구에 의하여 경찰은 중앙집권적이고 계층적인 대규모 관료조직으로 그 형태가 변모하고 지역주민의 만족과 정서적 지지의 획득보다는 C3 등 순찰역량의 강화와 신고대응시간의 극단적인 단축을 통한 검거율 상승과 범죄율 하락으로 대표되는 효율성을 조직의 목표와 정당화 근거로 삼게 되었다. 그러나 이러한 경찰의 프로페셔널화 전략은 실제 범죄예방과 감소효과를 가져오지 못하고 오히려 경찰에 대한 시민의 협조와 지지를 저하시키는 요인이 된다는 점이 인식되었다. 특히, 1972~73년 사이에 진행된 Kansas City Preventive Patrol Experiment는 경찰이 그동안 막대한 예산을 투여하며 강력히 추진해 온 차량순찰 등에 의한 경찰의 범죄예방전략이 사실상 효과가 없음을 보여주게 되어 상당한 충격을 주었다. 범죄나 무질서 등의 사회문제는 본질적으로 지역사회에 내포된 다양한 원인에 의한 것으로 이를 근본적으로 해결하기 위해서는 지역사회 구성원인 시민의 협력과 지지가 필수적이며, 지나치게 프로페셔널화에 경도된 기존의 활동전략은 지역사회로부터 경찰을 유리시킴으로써 오히려 경찰의 법집행 역량을 약화시키는 요인이 될 수 있었다.

1980년대 중반을 기점으로 기존의 프로페셔널화 전략에 추가되어 최근에는 이른바 지역사회 지향적 전략 하에 새롭게 다양한 경찰의 활동전략이 활용되는 변화가 생겼다. 현재의 경찰은 프로페셔널화와 함께 지역사회의 지지를 매우 중요하게 평가하고 범죄와 무질서를 야기하는 지역사회에 내포된 근본원인을 포착, 제거하는 선제적 대응을 주된 활동전략으로 삼고 있다. 이를 위해, 조직의 규모나 형태 역시 마치 기업과 같이 분권화된 외부 환경변화에 따라 즉시 대응 가능한 임무지향적 조직으로 변모하고 있으며, 경찰의 업무영역도 순찰, 범죄수사 등 기존의 전형적인 경찰활동에 국한하는 것이 아니라, 필요에 따라서 사회복지, 교육, 환경개선 등 다양한 활동과 연계 하에 지역주민이 함께 참여하는 형태로 광범위하게 확대되고 있다.

지역사회 지향적 경찰의 활동전략의 예로, 1960~70년대 사이에 영국경찰이 최초로 시도한 Team Policing,[2] 문제지향적 경찰활동(POP, Problem Oriented Policing), 지역사회 경찰활동(COP, Community Policing) 등을 들 수 있다. 아울러, 최근에는 지역사회 지향적 활동전략과 더불어 제한된 경찰의 인적, 물적 역량에도 불구하고 그 효율성을 극대화하여 경찰의 활동목표를 성취하기 위한 전략으로 정보에 따른 경찰활동(ILP, Intelligence Led Policing), 증거기반 경찰활동(EBP, Evidence Based Policing)나 SMART Policing(Strategic Management, Analysis & Research, Technology Policing) 등도 제시되고 있다. 세부적 내용에는 차이가 있지만, 감시기술 등 발전된 과학기술의 적극적인 활용, 통계나 정보분석이나 기타 경험적 연구 등 객관적 자료에 근거한 의사결정과 경찰력의 투입, 활용으로 범죄와 무질서를 야기하는 지역사회의 문제점에 대해 선제적 대응을 강조한다는 점은 공통적인 부분이다.

Ⅱ 한국의 경찰조직과 기능

1. 조직구성

각국의 경찰제도는 크게 중앙집권적 국가경찰제도와 분권형인 자치경찰제도로 구분될 수 있다. 프랑스, 스페인, 일본 등 일부 국가에서는 국가경찰과 자치경찰조직이 병존하는 일종의 절충형제도를 갖고 있기도 하다. 종래 한국의 경찰제도는 전형적인 국가경찰제도에 속했다. 그러나 2006년부터 제주특별자치도에서 국가경찰과 함께 자치경찰단이 설치되어 활동하였고, 사법제도개혁의 일환으로 자치경찰제도 도입에 관한 논의가 지속적으로 이루어져 왔다. 이에 따라 2019년부터는 기존 제주 외에 세종시를 시작으로 단계적으로 자치경찰제를 확대하였다. 그리고 2021년 7월 종전의 경찰법이 국가경찰과 자치경찰의 조직 및 운영에 관한 법률로 전부개정되며, 전국에 자치경찰제도[3]가 전면 도입되었다. 동법은 경찰

2 이승묵·주재진, "Team Policing에 관한 연구: 구성요소와 시행 및 적용 시 쟁점을 중심으로", 한국경찰학회보 제63권 제10호, 한국경찰학회, 2017, 176면 이하.

3 본래 자치경찰제도는 지방분권 이념에 따라 지방자치단체에 경찰권을 부여하여 자치경찰의 운영을 지방자치단체가 담당하는 제도이다. 2020년 자치경찰제도를 시행할 당시 예산 등의 문제

사무를 국가경찰사무, 자치경찰사무, 수사사무4로 나누어, 국가경찰사무는 경찰청장이, 수사사무는 국가수사본부장이, 자치경찰사무는 시·도자치경찰위원회가 지휘·감독하도록 하여 경찰권을 분산하였다. 따라서 한국의 경찰제도는 절충형 제도로 분류할 수 있다.

〈그림 9-1〉 국가경찰과 자치경찰의 구성

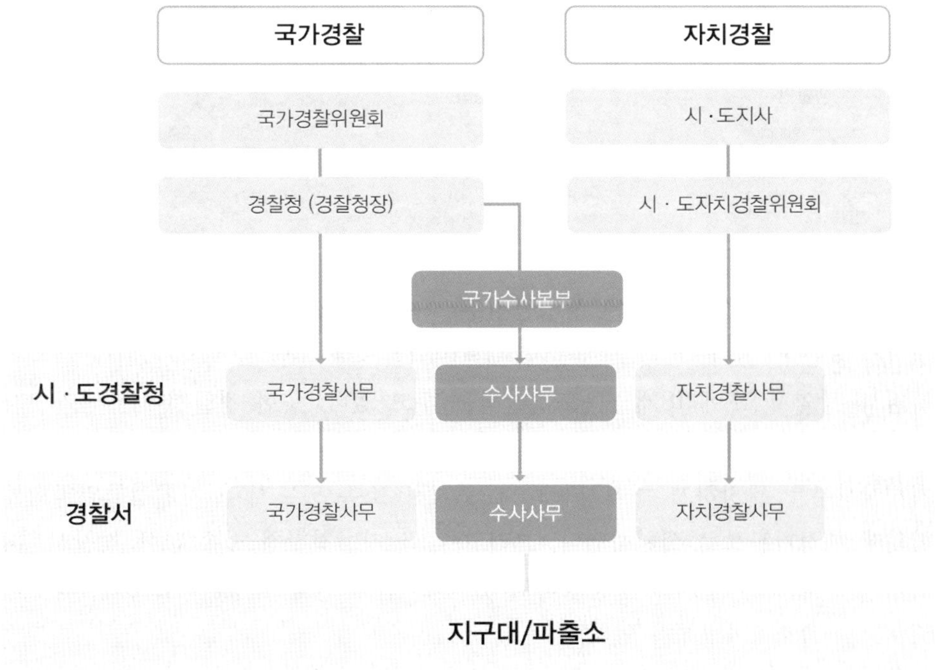

로 국가경찰과 자치경찰을 완전히 분리하는 이원화 제도를 택하지 못하고, 국가경찰이든 자치경찰이든 모두 경찰청 소속으로 두는 일원화 모델을 실시하였다. 현행 체제에서는 업무의 성격을 기준으로 지역내 주민의 생활안전 활동에 관한 사무, 지역 내 교통활동에 관한 사무, 지역 내 다중운집 행사 관련 혼잡 교통 및 안전관리, 소년범죄·아동학대·가정폭력·교통범죄 등 일부 지역사회 밀접 수사사무를 자치경찰사무로 규정하여, 각 시·도경찰청장이 자치경찰 사무에 대해서는 시·도자치경찰위원회의 지휘·감독을 받도록 되어 있다.

4 엄밀히 말하면 국가경찰과 자치경찰의 조직 및 운영에 관한 법률상 경찰의 업무는 국가경찰사무 및 자치경찰사무로 이원화되어 구분되고, 수사사무는 양 사무 모두에 분산되어 있다.

〈그림 9-2〉 자치경찰의 사무

주민 생활과 밀접한 지역 생활안전, 교통 · 경비, 수사 사무

생활안전

- 지역순찰, 범죄예방
- 주민참여 방범활동 지원
- 아동 · 여성 · 청소년 등 보호
- 안전사고 · 재해 · 재난 긴급구조지원

교통 · 경비

- 교통위반 단속
- 교통안전교육 · 홍보
- 교통안전시설 심의 · 설치 · 관리
- 어린이통학버스 신고, 통행허가
- 지역 다중운집행사 교통 및 안전관리

수사

- 학교폭력 등 소년범죄
- 가정폭력 · 아동학대
- 공연음란, 성적 목적 다중이용장소 침입
- 교통사고 가출인 · 실종아동 수색 등

현행 한국의 경찰조직은 행정안전부 소속의 외청으로 경찰사무를 총괄하는 경찰청을 두고 있다. 그리고 치안사무를 지역적으로 분담 수행하기 위해 전국의 특별시·광역시·도에 18개 시·도경찰청을 두고 있다. 또한 경찰청에는 국가수사본부를 두어 국가경찰·자치경찰 사무 중 수사업무를 따로 총괄하도록 하고, 자치경찰사무를 관장하게 하기 위해 시·도지사 소속으로 시·도자치경찰위원회를 합의제 행정기관으로 설치하였다. 그리고 각급 지방경찰청 소속 하에 경찰서, 지구대 및 파출소를 설치하여 운영하고 있는데, 현재 전국에 경찰서 259개, 지구대 626개, 파출소 1,417개가 있다.[5]

5 경찰청 조직구성도, 2023. 6. 29. 다만, 2023. 6. 29. 기준 전국 경찰서는 258개이지만, 2023. 7. 4. 전남 신안경찰서가 개서 예정이기에 259개로 표기하였다.
https://www.police.go.kr/www/agency/orginfo/orginfo01.jsp
https://www.smpa.go.kr/user/nd47695.do

〈그림 9-3〉 경찰청 조직도

경찰청장
차장
경무인사기획관
경무담당관
인사담당관
교육정책담당관
복지정책담당관
양성평등 정책담당관
기획조정관
혁신기획조정담당관
재정담당관
규제개혁법무 담당관
정책지원담당관
치안상황관리관
치안상황 관리담당관
미래치안정책국
미래치안정책과
정보화기반과
장비운영과
과학치안산업팀
데이터정책팀
과학기술개발과
생활안전국
여성청소년 안전기획과
범죄예방정책과
자치경찰과
아동청소년과
여성안전기획과
교통국
교통기획과
교통안전과
교통운영과
경비국
경비과
대테러위기관리과
경호과
항공과
공공안녕정보국
공공안녕 정보심의관
정보관리과
정보분석과
정보상황과
정보협력과
외사국
외사기획정보과
인터폴국제공조과
국제협력과
부속기관
경찰대학
경찰인재개발원
중앙경찰학교
경찰수사 연수원
경찰병원
대변인
홍보담당관
디지털소통팀
감사관
감사담당관
감찰담당관
인권보호담당관
국가수사본부
수사인권담당관
수사기획조정관
수사기획담당관
수사심사정책담당관
과학수사관리관
과학수사담당관
범죄분석담당관
수사국
경제범죄수사과
반부패공공 범죄수사과
범죄정보과
중대범죄수사과
형사국
강력범죄수사과
마약조직 범죄수사과
여성청소년 범죄수사과
사이버수사국
사이버수사기획과
사이버범죄수사과
사이버테러대응과
디지털포렌식센터
안보수사국
안보기획관리과
안보수사지휘과
안보범죄분석과
안보수사과

〈그림 9-4〉 **시경찰청(서울) 조직도**

〈그림 9-5〉 경찰서(서울 종로) 조직도

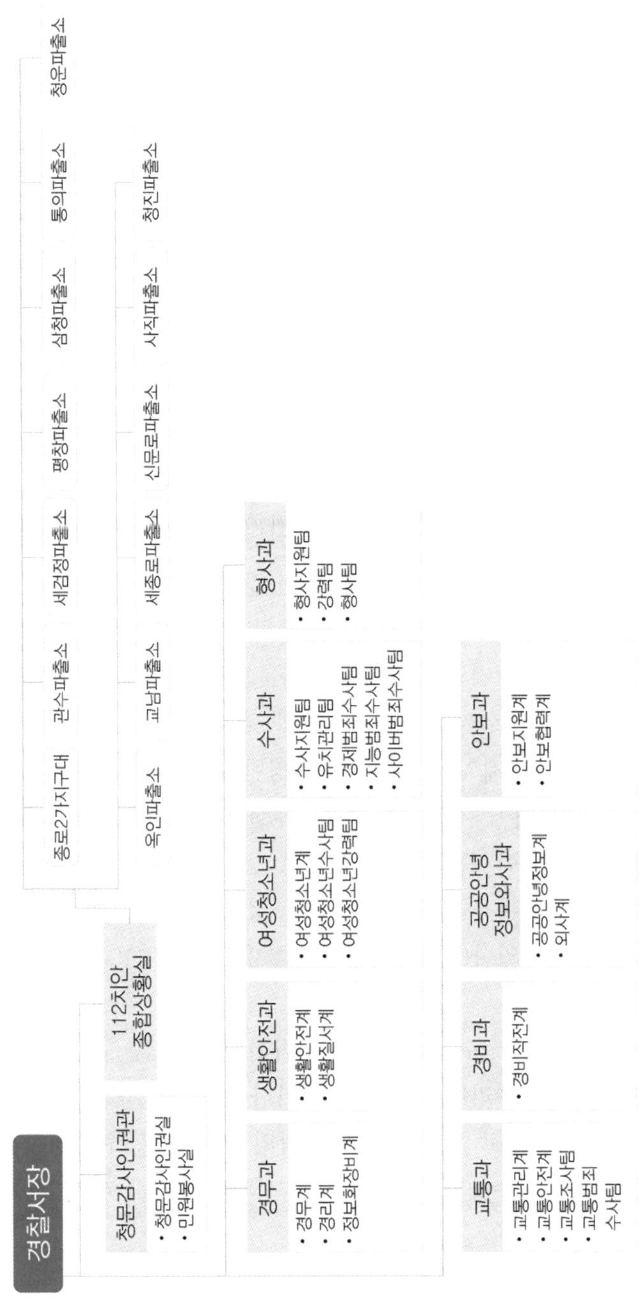

2. 기능별 업무

경찰의 업무는 국민들의 일상생활 전반에 걸쳐 작용하고 있어 그 범위가 매우 넓다. 경찰청의 국(局), 지방경찰청의 부(部) 또는 과(課), 경찰서의 과(課) 단위로 편제되어 있는 기능별 직무와 업무를 개괄하면 다음과 같다.[6]

① 경무: 경무기능은 인사행정·재무행정·조직행정 기능을 담당하여 112치안상황, 생활안전, 수사, 경비, 교통, 정보, 보안 등 다른 기능에서 경찰법상 명시된 직무를 구체적으로 수행하기 위해 필요한 인적·물적 자원을 분배하고 지원한다.

② 112치안상황: 112 관련시스템 및 상황실, 지역경찰을 운영하고 관리한다. 112신고를 접수하여 각종 치안상황을 신속하고 정확하게 파악한 뒤, 지역경찰 및 각 기능에 출동 등 초동조치를 지휘한다. 또한 112신고 및 치안상황에 대한 기록 및 각종 통계를 담당하고 있다. 긴급상황에 대한 신속하고 효율적인 초동조치를 위해 종전 생활안전 기능에서 담당하던 지역경찰(지구도·파출소) 운영을 2020년부터 112치안상황실 소속으로 이전하였다.

③ 생활안전: 위험방지와 범죄예방활동, 법집행을 통해 구체적으로 발생된 장해를 제거함으로써 공공의 안녕과 질서를 유지하고, 자치경찰제도 관련 각종 정책과 계획을 수립 및 운영한다. 구체적으로 각 서 생활안전기능은 풍속·성매매 지도 및 단속, 유실물·습득물 처리, 총포·도검·화약류 지도 및 단속, 즉결심판청구업무 등 다양한 업무분야를 담당하고 있다. 경찰청에서는 여성안전 및 아동청소년 관련 업무 또한 생활안전국 내에 편제되어 있다(시·도경찰청 및 경찰서에서는 여성청소년과를 생활안전기능과 분리하여 따로 편제하는 경우가 많음).

④ 수사(국가수사본부): 수사는 발생된 범죄의 진상을 규명하는 증거수집 및 조사활동이다. 우리나라에 접수되거나 발생된 사건의 대부분은 경찰서 단위에서 처리되고 있다. 경찰 개혁의 일환으로 수사경찰과 치안경찰을 분리하여 경찰 수사의 독립성과 수사역량 제고를 위해 2021년 1월 경찰

6 경찰의 직무와 부서편성에 관해 보다 자세한 내용은 이동희 외 8인 공저, 『경찰과 법』, 경찰대학, 2015.

청 산하에 국가수사본부가 설치되었다. 이후 수사, 형사(여성청소년범죄 및 교통범죄 포함), 사이버수사, 안보수사 등 범죄수사를 담당하는 모든 시·도 경찰청 및 경찰서의 수사부서는 국가수사본부의 지휘를 받아 운영되고 있으며, 경찰청장은 개별 수사 사건에 관하여 구체적인 지휘를 할 수 없다. 보통 일선 경찰서에는 경제금융사범 및 환경·병무·문화재·식품 등 관련 범죄 등을 담당하는 수사과, 살인·강도·절도·폭행·마약·방화 등 사건을 담당하는 형사과, 성폭력·가정폭력·아동학대·스토킹 등 사건을 담당하는 여성청소년과(여성청소년수사팀), 교통사고·난폭운전·보복운전 등 교통 관련 사건을 담당하는 교통과(교통범죄수사팀)로 나뉘어 수사업무가 이루어지고 있다.

⑤ 경비·교통: 경비경찰은 경비·요인경호 및 대간첩·대테러 작전을 수행하며, 교통경찰은 도로상에서 발생하는 각종 위험과 장해를 제거하고 교통사고가 발생한 경우 사고조사 및 수사를 담당한다.

⑥ 정보·안보·외사: 정보경찰은 치안정보의 수집·작성 및 분석하는 역할을 하며, 안보경찰은 안보상황·안보수사·탈북민 신변보호 등에 관한 업무 등을 수행하고, 외사경찰은 외국인 또는 외국인과 관련된 범죄 수사·외사 정보 수집 및 분석·외국경찰기관과의 교류 및 협력 업무 등을 담당한다.

⑦ 지역경찰: 지역경찰관서인 지구대·파출소에 속한 경찰을 말한다. 지구대·파출소의 규모 등 여건에 따라 소속 경찰관들을 몇 개의 순찰팀으로 나누어 교대근무를 통해 범죄예방 순찰, 각종 사건사고에 대한 초동조치 등 현장 치안활동을 담당하게 한다. 순찰 및 신고사건 초동조치 외에도 지역경찰은 교통단속, 방범진단, 치안정보 수집, 교통사고나 범죄예방 홍보, 혼잡경비 등 업무도 함께 담당하게 된다. 지구대와 파출소의 기능은 동일하지만 규모에서 차이가 있다. 통상 지구대는 3개 이상의 읍면동을 관할하며 약 40~60명의 인력이 근무하고, 파출소는 2개 이하의 읍면동을 관할하며 20~30명의 인력이 근무한다.

Ⅲ 경찰관의 주요 직무

1. 경찰관의 직무범위

경찰관은 시민의 자유와 권리를 보호하고 사회공공의 질서를 유지하는 것을 직무로 한다. 「경찰관 직무집행법」에서 정한 경찰관의 직무범위는 아래와 같다.

[Box 9.2] 「경찰관 직무집행법」 제2조

(직무의 범위) 경찰관은 다음 각 호의 직무를 수행한다.
1. 국민의 생명·신체 및 재산의 보호
2. 범죄의 예방·진압 및 수사
2-2. 범죄피해자 보호
3. 경비, 주요 인사 경호 및 대간첩·대테러 작전 수행
4. 공공안녕에 대한 위험의 예방과 대응을 위한 정보의 수집·작성 및 배포
5. 교통 단속과 교통 위해의 방지
6. 외국 정부기관 및 국제기구와의 국제협력
7. 그 밖에 공공의 안녕과 질서 유지

동법 1호부터 6호까지 예시된 경찰관의 직무는 7호의 "그 밖에 공공의 안녕과 질서 유지"에서 확인할 수 있는 것처럼 모두 공공의 안녕과 질서유지라는 범주에 포함될 수 있다. 결국, 경찰관의 직무는 공공의 안녕과 질서유지를 본질로 한다. 전통적으로 대륙법계 국가의 경우, 경찰관의 직무 내지 활동은 위험방지를 위한 사전예방적 경찰활동(행정경찰)과 범죄수사를 내용으로 하는 사법경찰과 같은 사후진압적 경찰활동으로 구별할 수 있다.[7]

2018년 4월 「경찰관 직무집행법상」의 경찰관 직무범위에 범죄피해자보호가 추가되었다. 범죄피해자에는 「형법」상 범죄행위에 의한 피해자만 아니라 경찰상 위험상태의 피해자를 포함하는데, 범죄피해자에 대한 형사절차 참여보장, 사생활의 평온 및 신변보호, 손실복구를 위한 피해자 지원 등을 구체적 내용으로 한다.[8]

또한 2020년 12월에는 종전 '치안정보의 수집·작성 및 배포'를 규정한 부분

7 이동희 외 8인 공저, 앞의 책, 47면 이하.

8 김형훈·박종철·이영돈, 『경찰관 직무집행법』, 경찰대학, 2018, 35면.

중 '치안정보'의 개념이 모호하여 자의적으로 광범위한 정보 수집활동을 할 수 있다는 우려를 불식시키기 위하여, '공공안녕에 대한 위험의 예방과 대응을 위한 정보'로 변경하였다. 이는 폭넓은 인권보호를 위한 조치로, 개정 이후 현행법상 경찰은 범죄, 재난, 공공갈등 등 공공안녕에 대한 위험의 예방과 대응을 위해서만 정보수집·작성·배포와 이에 수반되는 사실의 확인을 할 수 있다.

[표 9-1] 위험방지를 위한 사전예방적 경찰활동(행정경찰)과 사후진압적 경찰활동(사법경찰)

구 분	위험방지 (사전예방적 경찰활동 / 행정경찰)	사후진압 (사후진압적 경찰활동 / 사법경찰)
일반법	경찰관 직무집행법	형사소송법
일반원칙	편의주의 원칙	합법주의 원칙
지휘권한	경찰관서의 장	검사
경찰작용의 요건	구체적 위험의 존재	충분한 범죄혐의의 존재
권리구제절차	행정소송	형사소송

2. 행정경찰활동의 예

경찰관직무집행법은 제3조 이하에서 경찰관이 직무수행 과정에서 필요한 조치사항과 권한을 규정하고 있다. 공공의 안전확보와 질서유지를 위한 경찰관의 직무수행은 경우에 따라서는 피집행대상자를 포함한 시민 일반의 자유와 권리를 침해할 수 있음에서 그 근거와 절차를 법률로 규정하여야 한다(법치국가의 원리).

가. 불심검문

불심검문이란 경찰관이 어떠한 죄를 범하였거나 범하려 하고 있다고 믿을만한 상당한 이유가 있는 사람 또는 범죄사실에 대해 안다고 인정되는 사람을 정지시켜 질문하는 것을 말한다(동법 제3조). 사전에 범죄 등 위험요소를 확인, 예방하거나 범죄 혐의자를 발견, 검거하는 등으로 이미 발생한 위험요소의 확산 등을 제지하기 위하여 행하여진다.

(1) 요건

불심검문의 대상이 되는 자는 수상한 행동이나 그 밖의 주위 사정을 합리적으로 판단하여 볼 때 어떠한 죄를 범하였거나 범하려 하고 있다고 의심할 만한 상당한 이유가 있는 사람 또는 이미 행하여진 범죄나 행하여지려고 하는 범죄행위에 관한 사실을 안다고 인정되는 자이다.

① 수상한 거동 기타 주위 사정: 비정상적으로 자연스럽지 못한 언어·동작·태도·착의·휴대품소지 등으로 시간적, 장소적 상황과 관련하여 판단되며, 경찰관을 보고 급히 도주하거나 빈집을 몰래 기웃거리는 행위 등을 예로 들 수 있다.[9]

② 합리적 판단: 합리적으로 판단하는 주체에 대하여, 불심검문을 하는 경찰관이 주관적·독자적으로 생각한 것만으로는 불충분하고, 건전한 상식을 갖춘 일반인이 그 경우에 있어서 당연히 생각할 수 있는 객관성이 필요하다는 견해와 경찰관이 자신의 직무수행경험과 구체적 사례에서 획득한 인식에 기초하여 이를 일반인이 판단하였을 때, 합리적인 불심검문사유가 있는 것으로 판단될 수 있는 정도의 객관성이 필요하다는 견해가 대립한다.[10]

[Box 9.3] 불심검문사유의 존재와 경찰관의 합리적 판단 예

Q. 새벽에 불상자가 귀가중인 여성을 커터칼로 위협하며 30미터 가량 끌고가 강간을 시도하였으나 여성이 반항하자 현금을 강취해 달아났다. 피해자는 용의자는 키가 170cm 가량, 뚱뚱한 체격, 긴 머리라고 진술하였는데, 경찰관 A는 용의자의 인상착의에 대해 키가 180cm 가량, 보통 체격, 긴 머리라고 기억하였다. A는 순찰 중 키가 180cm이고 보통 체격에 보통 길이 머리를 가진 B를 발견하고 불심검문 실시하였다. 실제 용의자의 인상착의와 다소 차이가 있는 B에 대한 불심검문은 위법할까?

A. 경찰관 A가 B를 불심검문함은 불심검문 당시의 구체적 상황과 자신들의 사전 지식 및 경험칙에 기초하여 객관적·합리적 판단과정을 거쳐 이루어진 것으로, B의 인상착의가 미리 입수된 용의자에 대한 인상착의와 일부 일치하지 않는 부분이 있다고 하더라도 그것만으로 경찰관들이 피고인을 불심검문 대상자로 삼은 조치가 위법하다고 볼 수는 없다.[11]

---

9 김형훈·박종철·이영돈, 앞의 책, 58면.

10 이만종. “경찰불심검문의 적법성 한계에 관한 고찰”, 한국공안행정학회보 제28호, 한국공안행정학회, 2007, 178~179면.

11 대법원 2014. 2. 27. 선고 2011도13999 판결.

③ 어떠한 죄: 죄형법정주의에 입각한 형식적 의미의 범죄행위는 모두 해당한다. 경범죄처벌법상 경범죄가 포함되는지 여부에 대하여 견해가 대립하는데, 경범죄처벌법도 실질적 형법임을 부인할 수 없고, 불심검문을 통해 통고처분 또는 즉결심판회부가 가능하므로 경범죄도 포함될 수 있다고 하겠다.

④ 의심할 만한 상당한 이유: 막연한 혐의로는 부족하고 체포의 요건이 될 정도의 상당한 이유(probable cause)보다는 낮은 정도의 이유(reasonable suspicion)가 존재하여야 한다.[12]

⑤ 이미 행하여진 범죄나 행하여지려고 하는 범죄사실에 관하여 그 사실을 안다고 인정되는 사람: 범죄피해자, 범죄장소에 살고 있는 자, 교통사고의 승객, 야간에 도움을 청하며 달려온 자 등이 해당한다.[13]

(2) 절차

경찰관은 질문을 하거나 동행을 요구할 경우 자신의 신분을 표시하는 증표를 제시하면서 소속과 성명을 밝히고 질문이나 동행의 목적과 이유를 설명하여야 하며, 동행을 요구하는 경우에는 동행 장소를 밝혀야 한다. 불심검문시 경찰관의 질문은 합리적 의심을 해소하거나 경찰목적상 필요한 것을 알아내기 위한 것이므로 불심검문의 목적범위 내에서 이루어져야 한다.[14]

[Box 9.4] 불심검문 시 경찰관의 신분확인

Q. 경찰관 A는 제복을 입고 근무 중 업무방해 112 신고출동을 하였다. 신고된 상점에 도착하여 용의자로 보이는 B에게 다가가 자신의 성명과 소속 및 질문목적을 밝히고 신분증은 제시하지 않은 채 정지질문을 하였다. B는 A의 질문에 답하지 않고 다짜고짜 "너는 뭐냐"고 소리치며 A를 때렸고, A는 B를 공무집행방해 혐의로 현행범으로 체포하였다. A의 정지질문은 적법할까?

A. 불심검문을 하게 된 경위, 불심검문 당시의 현장상황과 검문을 하는 경찰관들의 복장, B가 공무원증 제시나 신분 확인을 요구하였는지 여부 등을 종합적으로 고려하여, 검문하는 사람이 경찰관이고 검문하는 이유가 범죄행위에 관한 것임을 B가 충분히 알고 있었다

---

12 유인창, "불심검문에 관한 소고", 한국경찰학회보 제2호, 한국경찰학회, 2000, 115면.

13 이만종, 앞의 글. 174~175면

14 김형훈·박종철·이영돈, 앞의 책, 64면.

고 보이는 경우에는 신분증을 제시하지 않았다고 하여 그 불심검문이 위법한 공무집행이라고 할 수 없다.[15]

(3) 흉기조사

경찰관은 질문 시 흉기소지 여부를 조사할 수 있다(경직법 제3조 ③항). 이때 강제조사가 가능한지 여부에 대하여 견해대립이 있으나 당해 규정은 불심검문에 임하는 경찰관과 피질문자의 생명이나 신체 보호를 위한 목적이라는 점에서 흉기 소지에 대한 고도의 개연성이 인정될 경우, 사회상규상 용인되는 수준의 강제력 행사는 가능한 것으로 해석된다.

[Box 9.5] 불심검문 시 흉기조사(이른바 외표검사 사례, stop and frisk)

Q. 경찰관 A는 망치를 든 강도 용의자를 쫓는 과정에서 용의자와 인상착의가 유사한 B를 만났다. A는 정지질문을 하던 중 B의 옷 앞섶은 불룩 튀어나와서 망치를 감춘 것이 의심되어 옷 안에 든 물건을 꺼내 보여 달라고 요구하였으나 B는 거절하였다. A는 B의 신체를 더듬어 옷 안에 든 것이 망치인지 확인할 수 있을까?

A. 경찰관 직무집행법상 강제 검사에 관한 명문의 규정은 없다. 다만 법원은 피질문자가 흉기를 휴대하였다고 인정할 수 있는 고도의 개연성이 있다고 보이지 않는 한 피질문자의 동의 없이 경찰관이 피질문자의 주머니에서 물건을 꺼내려고 한 행위는 적법한 불심검문 소지품검사로 볼 수 없다고 판결[16]한 바 있어, 만약 고도의 개연성이 있다면 강제조사에 나아갈 수 있는 가능성을 열어두었다. 참고로 미국은 판례 및 입법에 의해 일정한 요건을 갖추면 외표검사(Frisk)를 인정하고 있다. 일본 최고재판소는 소지품 검사는 원칙적으로 승낙을 한 후 행해질 수 있는 것이지만 필요성·긴급성·상당성이 있는 경우 승낙이 없어도 예외적으로 허용된다고 판시하였다.[17]

(4) 임의동행

검문대상자를 정지시킨 장소에서 질문을 하는 것이 그 사람에게 불리하거나 교통에 방해가 된다고 인정될 때에는 가까운 경찰관서로 동행할 것을 요구할 수 있다. 물론 검문대상자는 이러한 동행요구를 거부할 수 있다.

---

15 대법원 2014. 12. 11. 선고 2014도7976 판결.

16 대법원 2010. 1. 14. 선고 2009도11041 판결.

17 설계경, "불심검문제도에 관한 비교법적 고찰", 영산법률논총 제4권 제2호, 영산대학교 법률연구소, 2007, 132면.

임의동행을 하게 되면 경찰관은 동행한 사람의 가족이나 친지 등에게 동행한 경찰관의 신분, 동행 장소, 동행 목적과 이유를 알리거나 본인으로 하여금 즉시 연락할 수 있는 기회를 주어야 하며, 변호인의 도움을 받을 권리가 있음을 알려야 한다. 또한 6시간을 초과하여 대상자를 경찰관서에 머무르게 할 수 없으며, 법률에 의하지 않고 신체를 구속하거나 답변을 강요할 수 없다.

[Box 9.6] 불심검문에 불응한 대상자에 대한 강제력 행사

Q. 경찰관 A는 도로 위에서 음주운전이 의심되는 B를 발견하였다. A는 B에게 가까운 경찰관서로 동행을 요구하였으나 B는 다소 거친 언행을 보이며 거절하였다. 이에 경찰관 A는 B를 순찰차에 태워 B의 손목을 잡고 뒤로 꺾어 올려 반항을 제압하였다. A의 제압행위는 정당할까?

A. 법원은 경찰관이 검문대상자에게 임의동행을 요구하며 상대방을 순찰차에 태운 다음 손목을 잡고 뒤로 꺾어 올리는 등의 행위는 임의동행을 거부하는 자를 불법하게 체포·구금한 것으로 보았다.[18] 임의동행은 어디까지나 상대방의 동의 또는 승낙을 얻어 이루어져야 한다.

[Box 9.7] 불심검문을 위한 정지와 체포·구속의 구별

Q. 경찰관 A는 범죄용의자로 보이는 B를 적법한 절차에 따라 가까운 지구대로 임의동행하였다. 그런데 B는 지구대에 도착 후 30분 만에 조사받기를 거부하고 지구대에서 나가려고 하였다. 이에 경찰관 A는 B가 나가지 못하도록 제지하였다. 이후 A는 B를 6시간 동안 지구대에 머무르게 강제할 수 있을까?

A. B는 자유롭게 퇴거할 수 있다. 경찰관 직무집행법 제3조 제6항이 임의동행한 자를 6시간 동안 경찰관서에 구금하는 것을 허용하는 것은 아니다.[19]

나. 보호조치

보호조치란 수상한 행동이나 그 밖의 주위 사정을 합리적으로 판단하여 볼 때 다음 중 하나에 해당하는 응급구호가 필요한 사람을 발견하였을 때 경찰관이 보건의료기관이나 공공구호기관에 긴급구호를 요청하거나 경찰관서에 보호하는 조치를 말한다.

---

18 대법원 1999. 12. 28. 선고 98도138 판결.

19 대법원 1997. 9. 22. 선고 97도1240 판결.

① 정신착란을 일으키거나 술에 취하여 자신 또는 다른 사람의 생명·신체·재산에 위해를 끼칠 우려가 있는 사람
② 자살을 시도하는 사람
③ 미아, 병자, 부상자 등으로서 적당한 보호자가 없으며 응급구호가 필요하다고 인정되는 사람(다만, 이 경우 본인이 구호를 거절하는 경우는 제외)

[Box 9.8] 음주운전이 의심되는 운전자에 대한 보호조치의 적법성

Q. 경찰관 A는 화물차 운전자인 B에게 음주단속을 실시하였으나 B는 단속에 응하지 않고 도주하였다. 도주하던 중 B는 다른 차량에 막혀 멈췄고, 차에서 내려 재차 도주를 시도하였고, B의 아내인 C가 경찰관 A를 붙잡는 등 검거를 방해하였으나 결국 B는 경찰관 A에게 제압되었다. 그러나 그 후로도 B는 2회에 걸쳐 경찰관 A의 음주측정요구를 거부하였다. 경찰관 A는 음주측정을 위해 B, C의 의사에 반하여 B를 지구대로 데려갔다. A의 행위는 정당한 보호조치인가?

A. 법원은 당시 B가 술에 취한 상태이기는 하였으나 술에 만취하여 정상적인 판단능력이나 의사능력을 상실할 정도에 있었다고 보기 어렵고, 당시 상황에 비추어 평균적인 경찰관으로서는 B가 보호조치를 필요로 하는 상태에 있었다고 판단하지 않았을 것으로 보았다. 또한 경찰관이 B를 아내인 C에게 인계하지 않고 C의 의사에 반하여 지구대로 데려간 점을 보아 적법한 보호조치가 아니라고 판단하였다.[20]

다. 위험발생의 방지

경찰관은 사람의 생명 또는 신체에 위해를 끼치거나 재산에 중대한 손해를 끼칠 우려가 있는 천재지변이나 사변, 인공구조물의 파손이나 붕괴, 교통사고, 위험물의 폭발, 위험한 동물 등의 출현, 극도의 혼잡, 그 밖의 위험한 사태가 있을 때에는 위험발생을 방지하기 위한 다음 조치를 취할 수 있다(제5조).

① 그 장소에 모인 사람, 사물의 관리자, 그 밖의 관계인에게 필요한 경고를 하는 것
② 매우 긴급한 경우에는 위해를 입을 우려가 있는 사람을 필요한 한도에서 억류하거나 피난시키는 것
③ 그 장소에 있는 사람, 사물의 관리자, 그 밖의 관계인에게 위해를 방지하기 위하여 필요하다고 인정되는 조치를 하게 하거나 직접 그 조치를 하는 것

20 대법원 2012. 12. 13. 선고 2012도11162 판결.

[Box 9.9] 경찰관의 위험발생 방지조치의 성격

Q. 경찰관 직무집행법 제5조는 위험발생의 방지를 위한 "조치를 할 수 있다"고 규정되어 있는데, 위험발생 방지 조치는 경찰관의 재량행위에 불과할까?

A. 경찰관 직무집행법이 경찰관에게 위험발생 방지 권한을 부여한 취지와 목적에 비추어 볼 때 구체적인 사정에 따라 경찰관이 그 권한을 행사하여 필요한 조치를 취하지 아니하는 것이 현저하게 불합리하다고 인정되는 경우에는 그러한 권한의 불행사는 직무상의 의무를 위반한 것이 되어 위법하다. 법원은 경찰관이 농민들의 시위를 진압하고 시위과정에 도로상에 방치된 트랙터 1대에 대하여 이를 도로 밖으로 옮기거나 후방에 안전표지판을 설치하는 것과 같은 위험발생방지조치를 취하지 아니한 채 그대로 방치하고 철수하여 버린 결과, 야간에 그 도로를 진행하던 운전자가 위 방치된 트랙터를 피하려다가 다른 트랙터에 부딪혀 상해를 입은 사안에서 국가배상책임을 인정하였다.[21]

라. 범죄의 예방과 제지

경찰관은 범죄행위가 목전에서 행하여지려고 하고 있다고 인정될 때에는 이를 예방하기 위하여 관계인에게 필요한 경고를 하고, 그 행위로 인하여 사람의 생명·신체에 위해를 끼치거나 재산에 중대한 손해를 끼칠 우려가 있는 긴급한 경우에는 그 행위를 제지할 수 있다(제6조).

[Box 9.10] 경찰관의 범죄예방조치 사례

Q. 경찰관 A는 교통사고 신고를 받고 현장에 출동하였다. 경찰관 A가 현장에 도착했을 때 교통사고 가해자 B는 피해자 C를 이미 한 차례 폭행하고 서로 시비가 붙은 상황이었다. 경찰관 A는 B를 설득하여 경찰관서로 동행하기로 하고 순찰차에 탑승하려고 하는 순간 B의 여자친구인 D가 교통사고 목격자들과 말다툼을 하는 것을 보고 격분하여 그들을 향해 달려가 발길질을 하려고 하였다. 경찰관 A는 B가 목격자들에게 접근하기 직전에 B의 팔을 붙잡고 제지하였다. A의 제지는 적법할까?

A. 법원은 위와 같은 경우 이미 B가 C를 대상으로 폭행행위를 하였음을 지목받은 바 있고, B가 상당히 흥분한 상태에서 여자친구 D가 교통사고 목격자들과 말다툼하는 장소로 뛰어가 1~2m의 근접한 거리에까지 도달하였고, 다툼이 확대될 위험성이 있던 상황에 비추어 볼 때 또 다시 폭행 등 형사처벌 대상이 되는 행위가 막 이루어지려고 하는 상황임이 객관적으로 인정된다고 보아 경찰관 A의 직접 제지가 적법하다고 판단하였다.[22]

---

21 대법원 1998. 8. 25. 선고 98다16890 판결.

22 대법원 2013. 6. 13. 선고 2012도9937 판결.

마. 위험방지를 위한 출입

(1) 긴급출입

경찰관은 범죄 등 위험한 사태가 발생하여 사람의 생명·신체 또는 재산에 대한 위해가 임박한 때에 그 위해를 방지하거나 피해사를 구조하기 위하여 부득이하다고 인정하면 합리적으로 판단하여 필요한 한도에서 다른 사람의 토지·건물·배 또는 차에 출입할 수 있다(제7조 ①항).

[Box 9.11] 경찰관이 가정폭력발생장소에 출입한 사례

Q. 경찰관 A는 가정폭력 112 신고를 받고 신고지 주택에 도착하였다. 그러나 거주자가 문을 열어주지 않아 폭행행위가 있었는지 여부 및 피해상황을 확인하지 못하고 있다. 경찰관 A는 강제로 문을 개방하고 출입할 수 있을까?

A. 가정폭력방지 및 피해자보호 등에 관한 법률 제9조의4 제2항은 가정폭력범죄가 신고 접수된 때에 경찰관은 피해자 보호를 위해 신고된 현장 또는 사건조사를 위한 관련 장소에 출입하여 관계인에 대하여 조사하거나 질문할 수 있다고 규정하고 있다. 따라서 가정폭력 사건에 있어서는 특별법 우선 원칙에 따라 경찰관 직무집행법이 아닌 가정폭력방지 및 피해자보호 등에 관한 법률이 적용되고, 경찰관 A는 위 법률을 근거로 주택 내에 출입할 수 있다.

(2) 예방출입

여관, 음식점 등 많은 사람이 출입하는 장소의 관리자 등은 경찰관이 범죄나 사람의 생명·신체·재산에 대한 위해를 예방하기 위하여 해당 장소의 영업시간 혹은 일반에 공개된 시간에 그 장소에 출입하겠다고 요구하면 정당한 이유 없이 그 요구를 거절할 수 없다(제7조 ②항).

Ⅳ 사법경찰활동

1. 수사의 개념과 수사기관

수사는 범죄혐의의 유무를 명백히 하여 공소제기 및 공소유지 여부를 결정하기 위해서 범인을 발견·확보하고 증거를 수집·보전하는 수사기관의 활동을 말한다. 검사와 사법경찰관리는 수사기관으로 서로 협력관계를 유지하여야 한다(「형사소송법」 제195조, 제196조), 경찰관 중 경무관·총경·경정·경감·경위는 사법경찰관으로서 범죄의 혐의가 있다고 인식하는 때에는 범인, 범죄사실과 증거에 관하여 수사를 진행해야 하는 수사주체이며(동법 제196조 ①항), 경사·경장·순경은 사법경찰리로서 사법경찰관의 직무를 보조하는 수사보조기관에 해당한다(동법 제196조 ⑤항). 한편, 삼림, 해사, 전매, 세무, 군수사기관 기타 특별한 사항에 관하여 사법경찰관리의 직무를 행할 자로 특별사법경찰관리를 둔다(동법 제197조).

2. 「형사소송법」 개정과 수사권조정

우리 형사법 체계에서 종래 검사는 수사권과 기소권을 모두 가지고 있으며, 독점적 영장청구권과 수사종결권을 가지고 사법경찰관리를 지휘·감독하였다는 점에서 매우 독특한 지위를 지녀왔다. 경찰은 검사의 지휘에 복종하고, 내사와 구별되는 의미로서 수사를 거친 모든 사건은 검사에게 송치해왔다. 검사의 권한이 지나치게 비대하고, 수사와 기소를 분리시켜 각자의 역할에 충실함이 타당하다는 점에서 수사권 조정론이 지속적으로 제기되어왔고, 2018년 6월 사법제도개혁 논의에 따라 양 기관간 수사권 조정에 관한 합의가 이루어졌다. 그리고 이에 따라 2020년 2월 「형사소송법」이 일부 개정되었고(법률 제16924호),[23] 개정 「형사소송법」은 검사와 사법경찰관은 수사, 공소제기 및 공소유지에 관하여 서로 협력할 것을 규정하고 있다(동법 제195조 ①항). 이를 위하여 양 기관이 준수하여야 할 일반적 수사준칙을 담은 검사와 사법경찰관의 상호협력과 일반적 수사준칙에 관한 규정(대통령령 제31089호)이 제정되어 개정 「형사소송법」과 함께 2021년 1월부터 시행되었다.[24] 「검찰청법」 또한 개정되어, 어떠한 범죄든 검사가 직접 수사를 개

---

23 주요 개정내용은 다음과 같다(조문은 개정 「형사소송법」 기준).
 1) 사법경찰관과 검사의 협력관계 신설, 검사의 수사지휘권 폐지(개정법 제196조)
 2) 검사의 보완수사 및 시정조치 요구권 신설(제197조의2)
 3) 경찰의 불기소 사건에 대한 수사종결권 부여(제245조의5)
 4) 검사의 영장청구권 남용 방지를 위해 영장심의위원회 신설(제221조의5)
 5) 검사 작성 피의자신문조서의 증거능력을 경찰작성과 동일하게 변경(제312조 ①항)

24 개정 「형사소송법」은 공포(2020. 2. 4.) 후 6개월이 경과한 날부터 1년 내에 시행하되, 그 기간 내에 대통령령으로 정하는 시점부터 시행하도록 정하고 있다. 다만, 검사 작성 피의자신문

시할 수 있던 구법과 달리 검사의 수사개시범위가 명시적으로 한정되었다.[25]

수사권조정에 따른 법 개정으로 인해 달라진 점은 크게 다음과 같다. 첫째, 이미 기술한 바와 같이 검사의 수사개시범위에 제한이 생겼다. 둘째, 종전 전건송지주의(모든 사건을 검찰에 송치)에서 선별송치주의로 바뀌어, 경찰은 불송치 사건(혐의없음, 죄가안됨, 공소권없음, 각하)에 대해 자체적으로 종결할 수 있게 되어, 제한적으로나마 수사종결권을 갖게 되었다. 셋째, 검사의 포괄적 수사지휘권이 폐지되고, 개별적·구체적 통제범위[26]를 마련하여 검·경 상호간 견제가 가능하게 되었다.

개정 「형사소송법」은 검사의 독점적 영장청구권을 유지하는 등 수사와 기소를 완벽하게 분리하지 못하였다는 한계를 가지고 있고, 경찰 업무 범위의 확대에 따른 인력·예산의 조정이 부족하여 수사기일이 지체되는 등 부작용을 겪고 있다는 비판도 있다. 그러나 이전과 비교할 때 경찰과 검찰이 상호 견제할 수 있도록 보다 수평적 구조를 설정하여 권력분립의 측면에서 진일보하였다는 평가를 받는다. 이를 통해 향후 사법경찰관리와 검사 양 수사기관이 견제와 협력 속에서 국민을 위한 민주적이고 효율적 수사권을 행사할 수 있을 것이라 기대되고 있다.

조서의 증거능력에 관한 제312조 제1항의 개정규정은 공포 후 4년 내에 시행하되, 그 기간 내에 대통령령으로 정하는 시점부터 시행하도록 유예기간을 두어 실무상 갑작스런 변화에 따른 충격을 완화하고자 하고 있다(개정 「형사소송법」 부칙 제1조) 이에 따라 관련부처의 의견수렴을 거쳐 2020. 10. 7. 대통령령 제31091호로 개정 「형사소송법」(법률 제16924호)은 2021. 1. 1.부터 시행하되, 312조 제1항의 개정규정은 2022. 1. 1.부터 시행하도록 정하였다.

25 2020. 2. 4. 법률 제16908호로 개정된 「검찰청법」에 따르면 부패범죄, 경제범죄, 공직자범죄, 선거범죄, 방위사업범죄, 대형참사 등으로 수사개시범위가 한정되었다. 이는 2022. 9. 10. 재차 개정되어 현재는 부패범죄, 경제범죄 등 대통령령으로 정하는 중요 범죄 및 사법경찰관리·고위공직자범죄수사처 소속 공무원이 행한 범죄에 한해 검사가 수사를 개시할 수 있다고 규정하고 있다. 다만, 대통령령으로 정하고 있는 부패범죄, 경제범죄의 범위가 지나치게 광범위하여 검사의 직접수사범위 축소라는 수사권 조정 취지에 어긋난다는 비판이 있다.

26 검사는 송치사건의 공소제기·유지에 필요한 경우 또는 사법경찰관이 신청한 영장의 청구 여부 결정에 필요한 경우 사법경찰관에게 보완수사를 요구할 수 있고, 사법경찰관이 사건을 송치하지 않은 것이 위법 또는 부당한 때에는 재수사를 요청할 수 있다(「형사소송법」 제197조의2, 제245조의8).

[표 9-2] 수사권조정 전후 경찰과 검찰의 권한 차이

	수사권조정 이전		수사권조정 이후	
	경찰	검찰	경찰	검찰
수사개시권	○	○	○	○
(타기관에 대한) 수사지휘권	×	○	×	×
수사종결권	△ (내사종결에 한함)	○	○ (불송치 종결권)	○
영장청구권	×	○	×	○

3. 경찰수사의 흐름

경찰수사의 흐름은 죄종, 개별 사건의 사실관계, 수집가능하고 유의미한 증거 등 여러 가지 요소로 인해 사건별로 특수성을 갖는다. 스토리텔링 1번 사례와 관련하여 살인사건의 처리절차를 보면 다음과 같다.

가. 초동수사

112신고로 사건이 접수되면,[27] 112종합상황실의 지령에 따라 통상 사건발생지를 관할하는 지구대·파출소에서 지역경찰이 현장으로 출동하게 된다. 범죄현장에 최초 도착한 경찰관은 현장상황을 파악하고 피해자구호 및 목격자확보 등의 조치를 취하고, 경찰통제선(Police Line)을 설치하여 범죄현장에의 접근을 막고 현장보존을 실시하게 된다. 범인이 현장에서 멀리 벗어나지 못했다고 판단되는 경우, 경찰지령실에서는 범인검거를 위해 예상도주로에 경찰력을 긴급배치하기도 한다.

과학수사부서 내 감식팀은 현장사진을 촬영하고 범죄현장이나 그 주변에 남겨져 있는 지문, 혈흔, 타액 등 피의자를 특정할 수 있는 인체의 소산물이나 흉기, 의류, 담배꽁초 등 유류품, 족적 등 각종 흔적에 대한 수집활동을 한다.

27 사례는 112신고로 사건이 접수되었지만 실제 경찰의 수사가 개시되는 단서는 매우 다양하다. 112신고, 고소, 고발, 진정, 탄원 등 제3자를 통한 단서가 있을 수도 있고, 때로는 풍문 등을 통해 경찰이 직접 범죄혐의를 인지하여 수사에 착수하는 경우도 있다.

나. 사건분석 및 수사방침설정

범죄현장에서 수집된 유형 및 무형의 범죄흔적을 통해 범인이 누구인지를 발견하기 위해 범행의 목적, 수단, 방법 등이 어떠했는지 추리하여 가설을 세우는 사건분석을 한다. 사건분석에는 증거물분석, 범죄행태분석, 프로파일링 등 기법이 사용된다. 이를 바탕으로 용의자의 범위를 압축하고 한정된 수사력을 효율적으로 활용하기 위해 어떠한 방향에 주안점을 두고 수사를 진행할 것인지 수사의 방침을 설정한다.

다. 본격적인 수사

범죄 현장 인근주민이나 피해자의 친지·주변인물 등을 탐문하여 정보를 수집하는 탐문수사, 동일수법 전과자 조회를 통해 용의자를 압축하는 수법수사, 피해물품의 유통경로를 역추적하는 장물수사, 전화·인터넷 사용내역 등을 통한 통신수사, 사인확인이나 사망시간 추정을 위한 사체부검, 사체나 범죄현장에서 수집된 지문의 주체를 확인하는 지문감식, 휴대전화 등 디지털 증거물을 분석하는 포렌식수사 등 다양한 임의수사 및 강제수사 기법이 동원된다. 필요시 용의자의 뒤를 미행하거나 특정 장소에서 잠복감시를 하기도 하고, 용의자나 목격자를 대상으로 거짓말탐지기나 최면수사를 행하기도 한다. 용의자가 검거되면 피의자에 대한 조사절차로 피의자신문을 진행하며, 그 과정에도 다양한 과학적 신문기법이 사용된다.

라. 사건해결 및 종결

피의자 및 참고인 등에 대한 조사절차가 종료되고, 수집된 증거들로 보아 범죄혐의가 입증되어 기소될 수 있다고 판단하면, 경찰은 송치결정서를 작성하여 사건기록 일체를 검찰로 송치하게 되며,[28] 이로써 경찰수사가 종결된다. 만약 수사대상자(피의자)의 범죄혐의를 인정하기 어렵다는 수사결과가 도출된다면, 불송치 결정서를 작성하고 검찰에 송부한다.[29]

---

28 공소제기 및 공소유지를 위해 보완수사가 필요한 경우에 검사는 특별히 직접 보완수사를 할 필요가 있다고 인정되는 경우를 제외하고는 사법경찰관에게 보완수사를 요구하는 것을 원칙으로 한다(「형사소송법」 제197조의2 ①항, 검사와 사법경찰관의 상호협력과 일반적 수사준칙에 관한 규정 제39조 ①항).

29 검찰은 불송치 결정 사건을 송부받은 날로부터 90일 이내에 불송치 결정에 위법·부당한 사항

마. 피해자 보호 활동

범죄 피해자는 타인의 범죄행위로부터 피해를 본 사람 뿐만 아니라 그 배우자, 직계친족 및 형제자매를 포함한다(범죄피해자보호법 제3조). 종전 범죄자에 대한 국가의 처벌에만 중점을 두어 형사과정에서 피해자가 소외되어 왔다는 반성이 대두되며, 범죄 피해자 보호를 위한 각종 제도는 지속적으로 보완·발전하는 과정에 있다. 이에 따라 각 경찰관서에는 피해자 전담 경찰관을 두어 사건 발생 초기 단계에서부터 수사과정 전반에 걸쳐 진술권을 보장하고, 범죄 피해자에게 전문적인 상담 및 맞춤형 지원 정보를 제공하고 있다.

대표적 피해자 보호 제도는 다음과 같다. 첫째, 학교폭력·층간소음 등 당사자간 갈등해결이 필요할 경우 피해자 동의를 전제로 회복적 경찰활동을 진행하고 있다. 둘째, 범죄피해평가 제도를 마련하여, 전문가가 피해자의 신체적·심리적·경제적 피해를 종합평가한 후 그 결과를 수사서류에 첨부하여 가해자의 구속·양형에 영향을 주는 등 형사절차에 피해자의 입장을 반영하도록 돕고 있다. 셋째, 보복범죄 우려가 있거나 반복적으로 생명·신체에 대한 위해가 있는 경우 범죄피해자 안전조치를 신청하면, 보호시설 연계·임시숙소 제공·신변경호·스마트워치 지급·신원정보 변경 등 다양한 지원을 받을 수 있다. 넷째, 가정폭력의 경우 주거지로부터의 퇴거나 접근금지 등 임시조치·긴급임시조치 신청을 요청할 수 있고, 스토킹 범죄의 경우 접근금지 등 긴급응급조치 등을 신청할 수 있다. 그 밖에 범죄피해자 구조금, 강력범죄 현장정리 비용 지원, 피해자 및 참고인 교통여비, 치료비·생계비·장례비 지원 등 다양한 피해자 보호 제도가 운영되고 있다.

4. 인권보장을 위한 수사의 지도원리

수사절차상 인권보장을 위해 「헌법」과 「형사소송법」은 적법절차의 원칙, 무죄추정의 원칙, 강제수사법정주의 등 다양한 지도원칙을 정하고 있다.

을 발견하면 재수사를 요청할 수 있다. 90일 이후에는 경찰에 서류를 반환하여야 한다.

V 한국의 지역사회 경찰활동(community policing)

1. 경찰활동에 대한 패러다임의 변환

앞서 간략히 언급한 바 있지만, 지역사회 경찰활동은 경찰과 지역사회의 협력을 바탕으로 사회안전을 도모함을 말하며, 지역경찰제 도입과 함께 우리나라 경찰활동의 중요한 추진방향으로 인식되고 있다. 지역사회 경찰활동은 문제가 발생하거나 심화되기 전에 문제를 해결하기 위해 사건예방을 위한 적극적 대응과 함께 시민 개인의 범죄피해나 응급 사태에 대한 경찰의 적극적이고 효과적인 대응을 중요시한다.[30] 과거 1960~1970년대 이전까지는 지역경찰의 수를 증가시키는 것이 곧 범죄의 감소로 이어진다고 여겼으며, 경찰활동에 있어 핵심적인 사항으로 다음 세 가지가 강조되었다.[31]

[Box 9.12] 전통적 경찰활동의 특징

① 경찰차량을 이용하여 일상적으로 행하는 무작위 순찰활동(routine random patrol)
② 응급신고에 대한 빠른 응답(rapid response)
③ 발생한 범죄에 대한 수사활동(retroactive investigation of past crimes)

지역사회 경찰활동은 전통적 경찰활동과 달리 대내적·대외적으로 경찰활동에 대한 패러다임 변화를 추구하고, 범죄에 대한 사후적 대응에서 사전적 예방으로, 범죄와 관련된 사건의 처리에서 지역사회와 관련되는 폭넓은 문제의 해결로 업무 범위를 확장함으로써 시민과 함께하는 경찰활동을 통해 지역사회의 '삶의 질' 향상을 목표로 한다. 지역사회 경찰활동의 패러다임 전환 내용은 다음과 같다.[32]

[Box 9.13] 지역사회 경찰활동과 경찰활동의 패러다임 변화

① 범인검거에서 범죄예방분야로의 역량강화
사후적 검거활동에서 사전적 예방활동으로의 전환범죄예방을 위한 다양한 자원의 투입

30 강용길 외 5인 공저, 『경찰학개론Ⅱ』, 경찰공제회, 2012, 20면.
31 John S. Dempsey & Linda S. Forst, An Introduction to Policing, Thomson, 2005, p. 146.
32 강용길 외 5인 공저, 앞의 책, 24면.

경찰 능률평가의 기준을 검거실적에서 범죄예방노력과 범죄발생률로 전환
② 지역사회 협력치안 강화
경찰력에만 의존한 기존의 치안정책에서 지역사회 협력치안으로의 전환
지역사회 문제해결을 위한 경찰업무 영역의 확대
주민의 경찰행정 참여기회의 보장
③ 경찰내부 개혁
권한의 집중에서 권한분산을 통한 경찰책임 증대로 권한·책임의 일치
상의하달의 의사구조를 하의상달 구조로 변화하여 상호교류 확대

2. 지역사회 경찰활동과 관련한 경찰활동의 예

가. 탄력순찰제도

과거 경찰은 각종 범죄, 112신고 등 치안통계를 토대로 경찰의 입장에서 순찰시간 및 장소를 선정해왔다. 경찰청은 2017년 9월부터 '탄력순찰제도'를 운영하여 주민이 요청하는 시간 및 지점을 위주로 지역경찰순찰체계를 전환하였다.

경찰은 순찰신문고 홈페이지를 운영하여 지역주민들로부터 탄력순찰 지점을 신청 받아, 그 신청내용을 112신고 다발지, 범죄 취약지 등 요소와 함께 종합 분석하여 순찰장소의 우선순위를 결정한다. 또한 기존의 차량 순찰 방식에서 탈피하여 도보순찰, 거점을 통하여 주민과 직접 만나 대화하는 순찰활동을 지향하며, 자율방범대, 시민경찰, 생활안전협의회, 부녀방범대 등 민경협력치안 방범활동도 함께 전개하고 있다.

스토리텔링 3번 사례의 경우 온라인을 통해 순찰 희망 시간 및 장소를 신청받았고, 동일한 지역에 관해 탄력순찰 요청 건수가 많아 우선순찰장소로 지정하여 주기적으로 지역경찰이 도보 및 차량 순찰을 하고, 순찰 중 비행청소년을 발견하면 (범죄에 이르지 않는 경우) 계도하여 주민 체감안전도를 높일 수도 있도록 조치하였다. 탄력순찰은 인터넷 온라인 '순찰신문고' 홈페이지(patrol.police. go.kr)에 접속하여 신청하거나, 관할 지구대나 파출소에 직접 방문하여 요청서를 작성한 후 접수하는 방법으로 신청 가능하다.

나. 자율방범대

자율방범대는 지역사회 주민들의 자발적 범죄예방을 위한 자율봉사조직이자

경찰활동의 보조 인력이다. 지역사회의 범죄와 무질서, 범죄에 대한 두려움 해소를 위한 시민과 경찰의 협력이라는 점에서 지역사회 경찰활동의 철학적 요소에 가장 부합하는 형태라고 평가할 수 있다. 자율방범대는 주로 지역사회에 대한 자율순찰과 경찰과의 합동순찰 등을 통해 범죄현장의 신고, 부녀자 안전귀가, 청소년 선도보호활동 등 실질적 범죄예방활동을 진행한다.[33]

다. 범죄예방진단팀

경찰은 지역사회 범죄 취약 요소를 미리 파악해 예방책을 세우는 범죄예방진단팀(CPO, Crime Prevention Officer)을 신설하고, 2016년 6월부터 전국 1급지 경찰관서에서 운영 중에 있다. 범죄예방진단요원은 인적이 드물고 어두워 음주자의 행패가 잦거나 비행청소년들의 범죄지로 이용되는 공원 등 지역사회 내 특정 장소들을 진단하여 범죄취약요소를 파악하고 범죄예방계획을 수립하며, 지방자치단체 및 민간과 협업하여 방범CCTV 설치·도시계획참여 등을 통해 환경개선을 유도한다. 또한 범죄예방진단활동의 일환으로 여성 납치·강도 등이 우려되는 대형마트 주차장 등을 대상으로 범죄예방 우수시설 인증제도를 시행 중이다.

라. 학교전담경찰관

경찰은 2012년 학교폭력 예방대책의 일환으로 학교전담경찰관(SPO, School Police Officer) 제도를 도입하였다. 각 경찰서에 배치된 학교전담경찰관들은 1인당 평균 10여개의 초·중·고교를 담당하고, 담당학교와 공동대응체계를 구축하고 있다.

지역의 구체적인 사정에 따라 그 업무의 내용에는 다소 차이가 있지만, 학교전담경찰관들은 공통적으로 학교폭력 상담 및 신고접수, 교내외 폭력서클 등 해체, 선도프로그램 운영, 학교폭력 피해학생 상담·의료 등 연계, 범죄예방교육 등의 업무를 담당한다.

스토리텔링 2번 사례의 학생은 학교전담경찰관에게 학교폭력 상담을 받은 뒤 학교폭력위원회를 개최하였고, 피해 학생이 친구들에 대한 처벌을 원치 않아 상호간 원만하게 화해할 수 있도록 조치하였다. 또한 사례 학생에게 실질적 도움이 될 수 있도록 지자체 복지담당 공무원과 연계하여 적절한 생활 지원을 받을

33 강용길 외 5인 공저, 앞의 책, 64~65면.

수 있도록 하였다.

마. 실종아동 등 수배 및 보호활동

경찰은 전국에서 발생하는 모든 실종아동 등(18세 미만 아동, 치매환자, 지적장애인)에 대한 신고·접수처리를 신속하고 효율적으로 관리하기 위해 실종아동찾기센터를 운영하고 있다. 실종아동찾기센터는 전국에서 발생하는 모든 실종아동, 치매환자 등을 찾는 신고와 보호 신고를 24시간 접수·처리한다(신고번호 국번없이 182). 또한 실종아동 등 가출인의 발생상황과 신상정보를 등록 관리하며, 접수 즉시 전국 경찰관서에 수배하고 발생지 경찰서에 하달하여 탐문수색을 위한 시스템인 프로파일링시스템을 운영하고 있다. 그리고 18세 미만 아동, 지적·자폐성·정신·장애인, 치매환자를 대상으로 지문·사진·보호자 연락처 등을 경찰시스템에 미리 등록하고 유사시 등록된 정보를 활용해 신속히 신원을 확인하는 사전등록제도를 시행중이다.

스토리텔링 4번 사례의 경우 실종신고 즉시 프로파일링시스템에 찾는 신고를 입력하였고, 평소 실종 대상자의 생활반경을 중심으로 경찰서 실종수사팀 및 지역경찰이 합동으로 수색 중 공격적인 언행을 보이며 거리를 배회하는 대상자를 발견하여 인근 병원에 응급입원 조치하였다. 또한 지문을 사전등록하여 향후 유사상황 발생에 대비할 수 있도록 하였다.

실종아동 찾기센터는 현재 117학교·여성폭력및성매매피해자 긴급지원센터(117센터) 등 관련 홈페이지와 통합하여 「안전Dream」이라는 명칭으로 통합 운영되고 있다.[34]

34 http://www.safe182.go.kr/index.do(2020. 07. 13).

summary

요 약

「경찰관 직무집행법」에 따르면 경찰의 업무는 공공의 안녕과 질서 유지로 요약될 수 있으며, 크게 위험방지를 위한 사전예방적 경찰활동(행정경찰)과 범죄수사와 같은 사후진압적 경찰활동(사법경찰)으로 구분될 수 있다.

행정경찰활동과 관련하여 기본법률이라 할 수 있는 현행 「경찰관 직무집행법」은 경찰관이 그 직무를 집행함에 있어 행할 수 있는 조치와 권한으로 거동수상자에 대한 불심검문, 정신착란자·자살시도자·미아 등 구호대상자에 대한 보호조치, 천재지변·붕괴 등 사고·폭발 등 위험한 사태에 있어 경고·억류·피난 등 위험발생방지조치, 범죄예방과 제지, 위험발생을 위한 타인의 토지·건물·배·차에의 출입 등을 규정하고 있다.

한편 사법경찰활동으로서 경찰의 범죄수사는 죄종별로 그 흐름이 다양하나, 살인 등 강력사건의 경우 주로 112로 사건이 접수된다. 신고 즉시 관할 지구대·파출소 지역경찰이 현장 출동하여 현장보존활동을 하고, 감식팀이 현장에 남은 증거 수집활동을 한다. 초동수사 후에는 사건분석 및 수사방침을 설정하고 탐문수사·수법수사·통신수사 등 다양한 기법을 통해 용의자를 압축·검거한다. 이후 피의자를 포함한 사건관련자들을 조사하고 범죄혐의가 충분히 입증되면 사건송치서를 작성하여 검찰로 송치한다.

과거 경찰활동은 정해진 규칙에 따른 순찰활동과, 신고에 대한 빠른 대응, 발생된 범죄 해결에 주안점을 두었다면 지역사회 경찰활동은 사전적 예방과 폭넓은 지역문제를 다방면으로 해결하고, 경찰과 시민이 상호작용을 하는 방향으로 패러다임을 전환하였다. 우리나라 경찰은 이와 같은 패러다임 변화에 맞추어 탄력순찰제도, 자율방범대, 학교전담경찰관, 실종아동 찾기센터 등의 제도를 실행하고 있다.

key word &
current hot issues

주요 용어와 현안 문제

1. 수사

수사는 범죄혐의의 유무를 명백히 하여 공소제기 및 공소유지 여부를 결정하기 위해서 범인을 발견·확보하고 증거를 수집·보전하는 수사기관의 활동을 말한다. 수사는 피의사건 진상규명은 물론 공소제기 여부의 결정과 종국적으로 유죄판결을 통해 범죄자에 대하여 국가의 형벌권을 적용함으로써 사회 질서를 유지하고자 한다. 한편 범죄가 발생한 지역의 질서를 회복하거나 범죄 피해자의 물적·정신적 피해를 회복하는 역할을 수행하며, 역으로 억울한 혐의를 받고 있는 자에 대하여는 그 혐의를 해소시켜 사회에 정상적으로 복귀할 수 있도록 도와주는 역할도 수행한다.

2. 수사권 조정

검찰개혁의 움직임과 함께 이루어진 수사권 조정으로 2020.2.4.「형사소송법」 및「검찰청법」이 일부 개정되었다(법률 제16924호, 법률 제16908호). 이는「형사소송법」 제정 이래 65년만에 이루어진 수사구조개혁으로 평가받는다. 개정「형사소송법」은 검사와 사법경찰관은 수사, 공소제기 및 공소유지에 관하여 서로 협력할 것을 규정하고, 이에 따라 검사와 사법경찰관의 상호협력과 일반적 수사준칙에 관한 규정(대통령령 제31089호)이 제정되었다. 이로 인한 주요 변화 내용은 다음과 같다.

1) 검사의 수사지휘권 폐지 및 직접수사 개시범위 축소
2) 검사의 보완수사 및 시정조치 요구권 신설
3) 경찰의 불기소 사건에 대한 수사종결권 부여
4) 검사의 영장청구권 남용 방지를 위해 영장심의위원회 신설
5) 검사 작성 피의자신문조서의 증거능력을 경찰작성과 동일하게 변경

향후 사법경찰관리는 온전한 수사주체로서 책임수사를 행하고, 검사는 공정하고 객관적인 기소권자로서의 정체성을 강화해갈 것이 기대된다.

3. 지역사회 경찰활동

지역사회 경찰활동(Community Policing)은 경찰과 지역사회의 협력을 바탕으로 사회안전을 도모하고 문제가 발생하거나 심화되기 전에 문제를 해결하기 위해 사건예방을 위한 적극적 대응과 함께 시민 개인의 범죄피해나 응급 사태에 대한 경찰의 적극적이고 효과적인 대응을 중요시하는 경찰활동이다.

4. Team Policing

Team Policing은 종래 경찰이 지향한 프로페셔널화 모델이 가져온 부작용을 해소하고 범죄, 무질서를 유발하는 근본원인으로서 지역사회에 내재된 문제점과 지역주민들의 요구에 보다 능동적으로 대응하기 위하여 지역사회 지향적 경찰활동의 한 형태로 이해할 수 있다. 1960년대 영국의 스코틀랜드 애더딘 경찰국 등에서 처음 활용하였는데, 크게 범죄발생과 경찰의 출동대응이 집중된 지역을 중심으로 순찰경찰관과 수사관 등이 하나의 팀을 구성하여 활동하고 그 과정에서 지역주민들과의 소통 및 참여를 극대화하기 위하여 관할구역 내에서 정기적 모임이나 협력체계 구축, 지역주민으로 구성된 방범순찰대 운영 등을 내용으로 한다. 즉, ㉠ team policing은 순찰구역의 전담화, ㉡ 보다 적극적이고 활성화된 팀 구성원 간 상호교류, ㉢ 지역사회의 소통과 참여의 극대화를 특징으로 한다.

5. 피해자 보호

범죄 피해자는 타인의 범죄행위로부터 피해를 본 사람 뿐만 아니라 그 배우자, 직계친족 및 형제자매를 포함한다(「범죄피해자 보호법」 제3조). 종전 범죄자에 대한 국가의 처벌에만 중점을 두어 형사과정에서 피해자가 소외되어 왔다는 반성이 대두되며, 범죄 피해자 보호를 위한 각종 제도는 지속적으로 보완·발전하는 과정에 있다. 이에 따라 각 경찰관서에는 피해자 전담 경찰관을 두어 사건 발생 초기 단계에서부터 수사과정 전반에 걸쳐 진술권을 보장하고, 범죄 피해자에게 전문적인 상담 및 맞춤형 지원 정보를 제공하고 있다.

퀴즈 [진위형] quiz

1 경찰의 직무는 개별 사인의 사적영역의 안녕과 질서유지를 목적으로 한다.

2 가정폭력신고를 받은 경찰관은 「경찰관 직무집행법」에 의거하여 신고된 주택 내로 강제 출입할 수 있다.

3 지역사회 경찰활동은 경찰과 시민이 협력하여 정해진 매뉴얼에 따라 발생된 범죄를 해결하는 것에 집중한다.

4 행정경찰활동은 위험방지를 위한 사전예방적 성격의 경찰활동을 의미한다.

5 「경찰관 직무집행법」상 불심검문의 권한이 있기 때문에 공공의 안전을 위하여 시민은 경찰이 요구한다면 언제든 소지품 검사에 응해야 한다.

6 2018년 6월부터 2020년 2월까지 정부 부처간 합의와 「형사소송법」·「검찰청법」 개정 등으로 이루어진 수사권 조정은 검찰의 권한을 대폭 축소하고, 경찰의 권한은 대폭 확대한 조치이다.

7 경찰관서의 범죄예방진단요원(CPO)은 지역사회 공중화장실 등 범죄취약시설에 대해 범죄예방진단을 하고, 해당 시설의 환경개선임무는 지방자치단체가 전담한다.

퀴즈 [선택형] quiz

1 다음 중 「경찰관 직무집행법」 상 경찰의 직무가 아닌 것을 고르시오.

① 국민의 생명·신체 및 재산의 보호
② 교통 위해에 관해 즉각적인 지방자치단체로의 연계
③ 외국 정부기관 및 국제기구와의 국제협력
④ 범죄의 예방·진압 및 수사
⑤ 경비, 주요 인사 경호 및 대간첩·대테러 작전 수행

2 다음 중 경찰관의 직무집행이 적법한 경우를 고르시오.

① 경찰청장 A는 연쇄 방화 사건의 신속한 수사를 위해 관할 경찰 경찰서서 형사과장을 상대로 가용 가능한 경력을 총동원하여 가가호호 탐문수색하여 용의자를 검거하도록 지시하였다.
② 시 · 도경찰청장 B는 관내에서 발생한 성착취물 유포사건과 관련하여 관할 경찰서 수사과장을 상대로 인터넷망을 광범위하게 추적하여 향후 추가 유포를 원천차단하여 피해자 보호에 만전을 기하도록 지시하였다.
③ 경찰서 공공안녕정보외사과장인 C는 부하직원에게 안정적 치안유지를 위해 관내 고위공무원들의 특이동향을 주시하여 정보보고서를 작성해올 것을 지시하였다.
④ 사법경찰관인 D는 금전차용 사기사건을 검찰로 송치 후 차용금 소비용도를 구체적으로 확인해달라는 검사의 보완수사요구를 받았으나 공소제기 또는 공소유지에 필요하지 않은 사안이라고 판단하여 별다른 조치 없이 보완수사 요구사항을 이행하지 않았다.
⑤ 지역경찰인 E는 아동학대 의심 신고를 받고 현장에 출동하여 해당 가정에 쓰레기가 가득하고 아동의 영양상태가 매우 불량한 것을 확인하였으나, 부모가 강력히 거부하여 부모와 아동을 분리하지 않았다.

3 다음 중 형사사건 피해자가 경찰서 피해자 전담 경찰관으로부터 받을 수 있는 지원제도와 관련하여 옳은 것을 고르시오.

① 학교폭력이나 층간소음 등 당사자간 갈등해결이 필요한 때에는 당사자들의 동의여부와 관계 없이 갈등의 최종 봉합을 위해 회복적 경찰활동이 진행된다.

② 범죄피해평가 제도는 피해자의 경제적 피해를 평가하는 것을 목적으로 하므로, 신체적·심리적 피해의 경우 피해자가 따로 의사의 전문 소견서를 제출하여야만 수사서류에 반영된다.

③ 가정폭력 또는 스토킹 범죄 피해자는 관련 법에 따라 임시조치 및 긴급임시조치를 신청할 수 있다.

④ 모든 범죄피해자는 안전조치를 실시할 경우 신변경호와 스마트워치를 제공받을 수 있다.

⑤ 범죄피해자가 경찰관의 요청으로 진술을 위해 경찰관서에 방문할 경우 횟수에 상관없이 교통여비를 지급 받을 수 있다.

참고문헌
reference

강용길 외 5인 공저, 『경찰학개론 I 』, 경찰공제회, 2012.
강용길 외 5인 공저, 『경찰학개론II』, 경찰공제회, 2012.
김형훈·박종철·이영돈, 『경찰관 직무집행법』, 경찰대학, 2018.
유인창, "불심검문에 관한 소고", 한국경찰학회보 제2호, 한국경찰학회, 2000.
이동희 외 8인 공저, 『경찰과 법』, 경찰대학, 2015.
이만종, "경찰불심검문의 적법성 한계에 관한 고찰", 한국공안행정학회보 제28호, 한국공안행정학회, 2007.
이승묵·주재진, "Team Policing에 관한 연구: 구성요소와 시행 및 적용 시 쟁점을 중심으로", 한국경찰학회보 제63권 제10호, 한국경찰학회, 2017.
John S. Dempsey & Linda S. Forst, An Introduction to Policing, Thomson, 2005.

해 답[진위형]

answer

1. 아니다.

「경찰관 직무집행법」은 경찰활동은 국민의 자유와 권리를 보호하고 사회공공의 질서를 유지하기 위함이라고 규정하며, 동법 제2조에서 나열된 구체적 직무들은 광의의 공공의 안녕과 질서유지라는 범주에 포함될 수 있다. 개별 사인의 생명 및 재산 등을 보호하는 것은 공적 영역의 경찰활동에 대비되는 민간경비업의 직무에 속한다고 볼 수 있다.

2. 아니다.

「가정폭력방지 및 피해자보호 등에 관한 법률」 제9조의4 ②항은 가정폭력범죄가 신고 접수된 때에 경찰관은 피해자 보호를 위해 신고된 현장 또는 사건조사를 위한 관련 장소에 출입하여 관계인에 대하여 조사하거나 질문할 수 있다고 규정하고 있다. 따라서 가정폭력 사건에 있어서는 특별법 우선 원칙에 따라 「경찰관 직무집행법」이 아닌 「가정폭력방지 및 피해자보호 등에 관한 법률」이 적용된다.

3. 아니다.

정해진 매뉴얼에 따라 발생된 범죄를 사후에 해결하는 것에 집중하는 것은 전통적 경찰활동의 관점이다. 지역사회 경찰활동은 범죄에 대한 사후적 대응에서 사전적 예방으로, 범죄와 관련된 사건의 처리에서 지역사회와 관련되는 폭넓은 문제의 해결로 업무 범위를 확장함으로써 시민과 함께하는 경찰활동을 통해 지역사회의 '삶의 질' 향상을 목표로 한다.

4. 그렇다.

경찰활동 가운데 위험방지를 위한 사전예방적 성격을 갖는 경우를 행정경찰활동으로 구분한다. 범죄수사를 내용으로 하는 사후진압적 성격의 경찰활동은 사법경찰활동에 속한다. 대륙법계 국가에서는 전통적으로 행정, 사법경찰로 경찰활동을 구분하여 왔다. 반면, 영미법계의 경우, 특별히 이러한 구별 없이 본질적으로 동일한 법 집행(Law Enforcement) 활동으로 파악한다.

5. 아니다.

「경찰관 직무집행법」상 불심검문이란 어떠한 죄를 범하였거나 범하려 하고 있다고 믿을만한 상당한 이유가 있는 사람 또는 범죄사실에 대해 안다고 인정되는 사람을 정지시켜 질문하는 것을 말한다. 따라서 불심검문의 필요성이 인정되지 않는 경우 경찰은 불심검문을 요구할 수 없다.

6. 아니다.

검찰 수사개시 범위를 축소하고, 검찰 작성 피의자신문조서의 증거능력 인정 요건을 경찰과 동일하게 하는 등 검찰의 권한을 축소함과 동시에 시·도자치경찰위원회를 합의제 행정기관으로 설치하고, 개별 수사사건에 대한 경찰청장의 구체적 지휘권을 삭제하고, 검사의 징계 요구권 등 경찰 통제 방법을 규정하는 등 경찰 비대화 또한 경계하고 있어 권력분립의 원칙을 실현하고자 한 것이다.

7. 아니다.

범죄예방진단요원은 범죄취약시설에 대해 범죄예방진단활동을 하고, 지방자치단체·민간 유관기관과 협업하여 환경개선활동도 직접 수행한다.

해 답[선택형]

answer

1. ②

「경찰관 직무집행법」 제2조 제5호에 따르면, 지방자치단체 등 관련 기관에 연계하는 것에 그칠 것이 아니라 직접 교통 단속과 교통 위해를 방지하는 것이 경찰의 직무에 해당한다.

2. ②

① 「국가경찰과 자치경찰의 조직 및 운영에 관한 법률」 제14조 ⑥항에 따르면, 경찰청장은 개별 수사사건에 대한 구체적 지휘권이 없다. 다만, 국민의 생명·신체·재산 또는 공공의 안전 등에 중대한 위험을 초래하는 긴급하고 중요한 사건의 수사에 있어서 경찰의 자원을 대규모로 동원하는 등 통합적으로 현장 대응할 필요가 있다고 판단할 만한 상당한 이유가 있는 때에는 국가수사본부장을 통하여 개별사건의 수사에 대하여 구체적으로 지휘·감독할 수 있다.

② 「국가경찰과 자치경찰의 조직 및 운영에 관한 법률」 제28조 ③항에 따르면, 경찰청장과는 달리 시·도경찰청장은 국가수사본부장의 지휘·감독을 받아, 관내 개별 수사사건에 대한 구체적 지휘를 할 수 있다.

③ 「경찰관 직무집행법」 제2조 4호에 따르면, 경찰은 범죄, 재난, 공공갈등 등 공공안녕에 대한 위험의 예방과 대응을 위해서만 정보수집을 할 수 있다.

④ 「형사소송법」 제197조의2 ②항에 따르면, 사법경찰관은 정당한 이유가 없는 한 검사의 보완수사요구가 있을 때에는 지체 없이 이를 이행하고, 그 결과를 검사에게 통보하여야 한다.

⑤ 「아동학대범죄의 처벌 등에 관한 특례법」 제12조 ①항에 따르면, 아동학대범죄 현장에 출동한 사법경찰관리는 학대피해가 확인되고 재학대의 위험이 급박·현저한 경우 즉시 학대행위자를 피해아동으로부터 격리하여야 한다.

3. ⑤

① 회복적 경찰활동은 피해자의 동의를 전제로 한다.

② 범죄피해평가제도는 피해자의 신체적·심리적·경제적 피해를 종합평가한 후 그 결과를 수사서류에 첨부하도록 되어있다.

③ 가정폭력은 임시조치·긴급임시조치 제도를 두고 있고, 스토킹 범죄의 경우 긴급응급조치를 두고 있다.

④ 모든 피해자에게 신변경호와 스마트워치가 지급되는 것은 아니고, 피해의 정도와 필요성에 따라 제공되는 안전조치의 정도가 달라진다.

⑤ 범죄피해자가 경찰관의 요청으로 진술을 위해 경찰관서에 방문할 경우 횟수에 상관없이 교통여비를 지급 받을 수 있다.

/ 제10장 /

범죄예방

– 김연수

Ⅰ. 개관
Ⅱ. 범죄예방의 역사
Ⅲ. 범죄예방모델
Ⅳ. 범죄예방기법

short storytelling

▌스토리텔링 1.

1969년 스탠포드 대학의 심리학자 필립 짐바르도(Philip Seorge Zimbardo) 교수는 비교적 치안이 허술한 골목에 두 대의 자동차를 일주일간 방치해 두는 실험을 하였다. 한 대는 자동차 보닛만 열어놓았고, 다른 한 대는 보닛을 열어둔 데 더해 고의로 창문도 조금 깬 상태로 두었다. 보닛만 열어둔 차는 일주일이 지나도 특별한 변화가 없었지만, 유리창까지 깬 자동차는 10분이 되지 않아 자동차 배터리가 도난당했고, 타이어도 사라졌다.

이 유명한 실험이 바로 "깨진 유리창 법칙"으로 평소 법과 규칙을 잘 지키던 사람도 주변 환경의 분위기에 따라 얼마든지 불법행위에 가담할 수 있음을 보여주는 실험이다. 이 실험은 형사사법 영역에 좋은 아이디어를 제공해주었다. 1982년 럿커스 대학의 범죄학자 조지 켈링(George Kelling)과 제임스 윌슨(James Q. Wilson)은 깨진 유리창을 방치하는 것과 같은 사소한 부주의가 얼마든지 심각한 범죄로 발전할 수 있다는 점에서 초기대응의 중요성을 강조하는 글을 잡지에 발표하였다.

한편, 1994년 뉴욕시장으로 취임한 루돌프 줄리아니(Rudolph W. Giulianii)는 세계 최고의 무법도시로 악명을 떨치고 있던 뉴욕시의 범죄문제를 해결하는 것에 골머리를 앓았다. 당시 뉴욕시는 영화 배트맨에 등장하는 악당의 소굴 고담시의 배경이 되었을 만큼 무법천지였다. 줄리아니 시장은 1996년 우연히 눈에 띈 책 한 권에서 켈링과 윌슨의 글을 보게 되었고, 뉴욕시 곳곳의 낙서를 지우는 것에 관심을 갖게 되었다. 또, 당시 뉴욕경찰(NYPD)의 수장 윌리엄 브래튼(William Bratton) 국장 역시 깨진 유리창 이론의 신봉자로 무질서에 대한 강력한 억제정책의 필요성을 인식하고 있었다. 이들은 먼저, 뉴욕 지하철의 심각한 강력범죄를 소탕하기 위해 사소한 질서위반행위를 단속하기로 했다. 지하철역과 지하철 객차 내외부의 낙서를 지우기 시작했다. 또, 경찰을 지하로 내려 보내 개찰구에서 무임승차자에 대한 강력한 단속을 실시했다.

시민들은 지하철내 강력범죄 단속을 한다더니 낙서를 지우고, 무임승차자나 단속하는 사법당국의 정책을 비웃었다. 그런데, 놀랍게도 얼마 지나지 않아 뉴욕시의 강력범죄를 포함한 범죄율이 드라마틱하게 감소하기 시작하였다. 이를 통해 줄리아니 시장은 1997년 뉴욕시장 선거에서 당당히 재선에 성공하게 되었다.

강력범에 대한 범죄소탕 100일 작전이나 범죄와의 전쟁 같은 집중단속이 아닌 일상생활의 무질서를 개선하여 강력범죄를 억제할 수 있음을 보여준 것이다. 결국 깨진 유리창 이론은 사소한 무질서를 바로잡는 것에서부터 범죄를 예방할 수 있었다. 최근에도 깨진 유리창 이론을 입증하는 연구사례가 발표되고 있다.[1] 2008년 네덜란드 그로닝겐 대학(University of Groningen, The Netherlands)의 대학원생 케스 카이제르(Kees Keiser)와 그 동료들은 환경과 인간행동에 관한 여섯 가지 상황을 놓고 실험을 해보았다. 주변 환경이 깨끗한 경우와 벽에 낙서가 된 지저분한 경우 사람의 행동에는 어떤 차이가 나타나는지 살펴보는 것을 목적으로 하는 간단한 실험연구였다.

실험은 재미난 결과들을 보여주었다. 쓰레기통이 설치되지 않은 좁은 골목길에서 사람들이 자전거 손잡이에 부착된 광고전단을 어떻게 처리하는지 관찰했다. 그 결과 골목길 벽이 단일색으로 깔끔하게 칠해진 공간에서는 광고전단이 길바닥에 버려진 비율이 33%였다. 반면, 골목길 벽에 낙서가 된 공간에서는 길에 광고전단이 버려진 비율이 69%에 달했다. 골목길 벽에는 "낙서금지"라는 경고문구가 있었지만, 이러한 경고문에도 불구하고 낙서가 된 곳에서는 보통 사람들도 준법의식이 약해졌음을 보여준다.

연구팀은 또 주위가 말끔하게 정돈된 곳에 설치된 깨끗한 우체통과 쓰레기가 널브러진 곳에 설치된 깨끗한 우체통, 지저분한 환경 속의 낙서투성이 우체통에 5유로 지폐가 든 편지봉투를 걸쳐놓았다. 수신자 주소가 적힌 부위의 투명비닐을 통해 봉투 안에 5유로 지폐가 든 것을 확인할 수 있는 상황에서 행인들이 편지봉투를 슬쩍 집어 가는지 여부를 관찰한 것이다. 관찰결과, 편지봉투를 집어간 비율이 깨끗한 주위 환경의 깨끗한 우체통의 경우는 13%였으나 지저분한 환경의 깨끗한 우체통에서는 25%로 높아졌고, 지저분한 환경의 낙서투성이 우체통에서는 27%로 더 높아지는 결과가 확인되었다.

▌스토리텔링 2.

2002년 개봉된 영화 '마이너리티 리포트' 속 2054년 미국 워싱턴에서는 예지력을 가진 돌연변이 3인의 초능력을 활용해 경찰이 살인 등 범죄가 일어나기 전에 '사전 범죄자'를 체포하는 치안 시스템이 등장한다. 2016년 미국의 리처드 버크(Richard Berk) 펜실베이니아대 범죄학 교수는 돌연변이 초능력자가 아닌 기계학습 능력을 갖춘 컴퓨터로 인간이 출생하는 순간 그 아이가 18세 성인이 될 때까지 범죄를 저지를 확률을 예측하는 알고리즘

1 연합뉴스, 2008. 11. 23. "和연구팀, '깨진 유리창 이론' 입증."

을 구상하고 있다. 그 위험도에 따라 인지행태 치료 등을 통해 범죄를 예방한다는 것이다.

단순히 범죄학자로서 호기심이 아니다. 그는 이미 재범위험도(risk score)를 예측하고, 보호관찰·가석방 대상자를 선별하는 컴퓨터 알고리즘을 만들어 미국 각 주의 교정 당국에 보급해 실제 사용하고 있다. 그는 이를 더욱 발전시켜 6년 전부터는 필라델피아 당국과 협력을 통해 재판 선고까지 결정하는 알고리즘을 만드는 작업을 구체화하고 있다. 펜실베이니아는 2016년 가을부터 선고 때 재범위험도 알고리즘의 예측 결과를 활용할 예정이다.

…

지난 2006년 필라델피아 성인보호관찰·가석방 국이 버크 교수의 무보수 협력을 얻어 미국에서 처음 도입한 위험도 알고리즘은 과거 체포 이력, 저지른 범죄 유형, 나이를 비롯한 인구학적 정보 등 각종 자료를 입력해 재범 확률을 찾아낸다. 재범 위험도가 일정 기준 이하인 경우 교도소에 가둬놓기보다는 석방하는 것이 그 개인이나 교정 당국의 비용 등 여러 면에서 바람직하다. 경찰이 집중순찰 구역을 고를 때나, 교도소에서 어느 수감자를 어떤 시설에 수용할지 등을 정할 때도 이와 유사한 방식으로 한다.

필라델피아가 버크 교수의 알고리즘을 도입한 때는 살인 범죄는 기승을 부리는데 교도행정 예산은 부족한 상황이었다. 정말 감시가 필요한 범죄자들을 가려내 인지 행태적 치료를 하겠다는 생각이었는데, 버크 교수의 알고리즘은 가석방됐을 때 살인이나 살인미수를 저지를 가능성이 큰 사람을 찾아내 주는 것이었다. 나중에 이를 더 발전시켜 고위험도, 중위험도, 저위험도로 세분해 저위험도 가석방자에 대한 감시 부담을 크게 덜었다.

…

그러나 뭔가 불편한 심정이다. 가석방심사 때, 신생아의 범죄위험도 예측 때 인간의 편견을 없앤다지만, 도리어 기존에 있던 무의식적인 편견을 가중하는 결과가 나올 위험이 크다고 반대론은 비판한다. '쓰레기를 넣으면 쓰레기가 나온다'는 컴퓨터 과학자들의 격언대로, 이들 알고리즘에 입력할 과거 수십 년간의 자료들에 이미 인종, 성별, 경제력 등에 따른 편견과 차별이 숨겨져 있을 수 있기 때문이다. 범죄 관련 자료는 흑인, 빈곤층 등에 불리하게 작용할 수 있다.

널리 인용되는 한 연구결과에 따르면 구글 검색을 하면 여성보다는 남성에게 더 고임금의 일자리가 제시되고, 검색 대상이 백인보다 흑인일 때 경찰 체포 기록이 더 많이 뜬다고 블룸버드닷컴은 예시했다. 버크 교수도 이를 인정하면서 자신의 알고리즘엔 인종 정보는 입력되지 않으며, 자체 조사 결과 인종과 관계없이 유사한 위험도가 나왔다고 밝혔다.

그는 또 자신이 개발한 도구는 처벌 목적이 아니라 사법 당국이 지나치게 가혹하게 선고하는 경향을 돌려놓으려는 데 더 큰 목적이 있다고 강조했다. 판사들이나 가석방 심사위원들이 크게 걱정하지 않아도 될 사람들을 찾아준다는 것이다. 버크 교수의 알고리즘을 재판에 활용하려는 펜실베이니아도 이 문제가 안고 있는 윤리적, 정치적 민감성을 고려해 별도 위원회를 구성했다. 위원회는 인종 자료를 입력 대상에서 제외한다는 데는 바로 합의했으나, 다른 모든 자료는 포함 여부를 놓고 논란이 됐다.

거주지 정보의 경우 주 당국은 당초 통계학적으로 재범 예측에 도움이 된다고 보고 포함하려 했으나 형사전문 변호사 단체가 인종에 따른 거주지 차별 현상을 고려하면, 거주지 정보는 곧 인종 정보라며 반대했다.

…

버크 교수의 작업들에 대해 미시간 대학 로스쿨의 손자 스타(Sonja B. Starr) 교수는 "학문 연구와 사법체계의 기준이 상이한 점을 간과한 것"이라며 "사회과학 영역에선 어떤 집단의 사람이 어떤 일을 할 경향의 상대적 가망성을 측정하는 게 유용할 수 있어도, 현실의 사법체계에서 특정인의 미래를 전체 인구의 범죄통계 분석 결과에 근거해 계산한다는 것은 다른 차원의 문제"라고 지적했다. 특히 "그 계산에 사용되는 자료라는 것들이 과거 수십 년간의 인종적, 사회경제적 차이를 반영하고 있다면… 거기에 의존해선 안 된다"고 그는 덧붙였다.

출처: 연합뉴스, 2016. 7. 19. "성큼 다가온 미래의 '마이너리티 리포트'… 美, 범죄위험도 활용"

I 개관

한국형사정책연구원에서 실시한 '2008년 범죄의 사회적 비용 추계 보고서'에 따르면 매년 범죄로 인한 사회경제적 비용은 약 158조 원에 달하는 것으로 조사되었다. 국민 한사람이 1년 동안에 약 326만 5,000원을 범죄 관련 비용으로 부담하고 있다는 것을 의미한다. 특히 범죄로 인한 사회경제적 비용에서 가장 큰 비율을 차지하는 부분은 결과비용으로 조사되었으며, 이는 실제 범죄로 인해 발생되는 재산 및 신체적·정신적 피해를 의미한다. 범죄로 인해 소모되는 막대한 비용을 차치하더라도 피해자 개개인의 입장에서 범죄로 인해 발생한 피해는 원래 상태로 되돌리기 어려운 경우가 대부분이다. 살인을 비롯한 강도·강간·방화 등이 대표적인 경우인데, 이러한 범죄는 피해자에게 씻을 수 없는 상처를 남기게 된다.

범죄예방에 대한 논의는 사후대처식의 범죄통제의 한계점을 인식하고 사전예방의 필요성을 절감하면서 시작되었다. 범죄에 대응하는 패러다임이 사후 검거위주의 경찰활동에서 사전예방으로 변화하는 추세에 있으며, 경찰뿐만 아니라 국가기관, 지방자치단체, 공공기관, 사회단체 및 지역주민 등 모든 사회주체의 범죄예방활동에 대한 참여가 가속화되고 있다.

우리나라의 경우 최근에 들어 사회 안전과 관련된 각 부처 및 지방자치단체가 체계적이고 지속적으로 범죄예방활동을 수행할 수 있도록 '범죄예방 기반 조성에 관한 법률안' 등이 발의되고 있다. 발의된 법안의 주요 내용에는 범죄예방 교육 및 홍보, 범죄예방 환경개선사업, 범죄예방주체의 참여와 협조 제도화, 범죄예방적 관점에서 다기관 협의체 구성 등이 제시되고 있다.

한편 환경설계를 통하여 시민들이 각종 범죄로부터 안전한 도시환경에서 생활할 수 있도록 도모하는 범죄예방 전략이 주목받고 있다. 일명 셉테드(CPTED: Crime Prevention Through Environmental Design)로 불리는 환경설계를 통한 범죄예방 전략은 1990년대 국내에 소개된 이후 2013년 1월 9일에는 국토교통부에 의해 '건축물의 범죄예방 설계 가이드라인'이 시행되고, 이러한 가이드라인을 강화·의무화하는 '범죄예방 건축기준 고시'가 시행되기에 이르렀다. 일부 지방자치단체에 따라 다소 차이가 있지만 '범죄예방 도시(환경) 디자인 조례'라는 명칭으로 2016년 12월 현재 134개 지역에서 CPTED 전략을 자치법규로 제정하고 있다.

이 장에서는 이러한 범죄예방의 역사와 모델을 살펴보고 CPTED와 같이 실제 활용되고 있는 범죄예방 전략과 미래의 범죄예방 전략에 대해 학습하고자 한다.

Ⅱ 범죄예방의 역사

범죄예방의 역사는 범죄학적 관심의 이동과 그 궤를 같이한다. 이러한 흐름은 처벌과 응징에 대한 관심, 범죄자에 대한 관심, 피해자에 대한 관심, 범죄환경에 대한 관심으로 이어지고 있다. 우선, 초기의 범죄예방은 범죄에 대한 응보·보복적 대응이 대부분을 차지했다. 이는 잠재적 범죄자에게 범죄를 감행하였을 때 얻게 되는 이득은 없다는 것을 인지시키는 것이었고, 나아가 범죄를 감행하였을 경우 고통을 받을 수도 있다는 위험성을 각인시켜 범죄를 예방했다고 볼 수 있다. 응보주의를 강조한 사례로는 함무라비 법전의 기본원칙이 대표적이고, 우리나라의 경우 고조선의 팔조금법이 대표적이다. 인간은 범죄로 인해 발생하는 비용편익을 합리적으로 계산하여 행동하므로 처벌과 응징을 통해 범죄를 예방할 수 있다는 것을 가정하고 있다. 이러한 흐름은 20세기 실증주의가 나타나기 전까지 지속되어 왔다.

범죄자에 대한 관심의 단계에서는 범죄를 저지르는 사람의 특성에 관심을 가지고 범죄 발생의 원인을 생물학·심리학·사회학적 관점에서 실증적으로 밝혀내고자 하였다. 범죄를 야기하는 개인적 특성과 사회적 문제가 밝혀지면 이를 통제하고 교정·치료하는 방식으로 범죄예방의 전략을 이끌어 갔다. 하지만 개인적 특성을 교정·치료하고 사회적 범죄원인을 통제하는 방식은 범죄예방에서 직접적인 효과를 보장하지 못하였다. 따라서 범죄에서 그동안 경시되었던 피해자에게로 관심이 이동하게 되었다.

범죄의 원인을 규명하여 이를 통제하고자 하는 범죄예방의 큰 흐름은 범죄 피해를 입을 가능성이 높은 범행대상에 집중되었다. 피해자의 입장에서 범죄원인을 구체화시키고 특정할 수 있다면 기존의 범죄예방 전략들과 더불어 보다 효율적인 대책이 마련될 수 있다는 것이다. 이러한 관점에서 나아가 범죄가 가해자와 피해자 뿐만 아니라 범죄가 발생하게 되는 환경에서도 그 원인을 찾을 수 있다는 범죄환경에 대한 관심으로 확대되었다.

범죄환경에 대한 관심은 범죄자와 피해자, 범행목적, 장소 등이 범죄발생에 영향을 미친다고 이해하고 범죄가 발생하는 환경의 개선과 조정의 방법을 통하여 범죄예방을 추구하고 있다. 여기에는 환경설계를 통한 범죄예방(CPTED)이 대표적이다.

III 범죄예방모델

범죄예방모델은 범죄예방을 위한 대책, 범죄 분류, 범죄자 분류 등에 의해 다양하게 제시될 수 있다. 여러 범죄예방모델들 중에서 보다 쉬운 이해를 위해 Brantingham과 Faust가 제시한 범죄예방모델을 소개하고자 한다. 이들에 의하면 범죄예방모델은 3단계로 구분되며, 이러한 범죄예방모델은 질병예방에 관한 보건의료 모델에 기원을 두고 있다. 범죄를 사회병리적 현상으로 간주하여, 이를 사전에 예방하고 치료하기 위한 방법을 모색하는 과정에서 질병예방모델을 차용한 것이다.

1. 1차적 범죄예방

대부분의 질병을 예방하기 위해 우리는 규칙적인 생활과 적절한 운동 등을 통해 전반적으로 건강한 상태를 유지한다. 범죄예방에서도 1차적 조치는 범죄가 발생하지 않도록 사회 전반의 환경조건을 범죄로부터 안전하게 만드는 것으로 시작된다. 이러한 1차적 조치는 범죄발생의 원인이 될 수 있는 사회구조적 결함 등을 시정하는 것으로 이해될 수 있다. 실업·빈곤·교육 등을 비롯하여 사회가 안전하다고 느낄 수 있는 감시·순찰·건축설계 등이 이러한 조치에 해당된다.

2. 2차적 범죄예방

건강상태를 수시로 확인하기 위해 우리가 정기적인 건강검진을 받고 이를 통해 질병을 조기에 진단하여 심각한 질병으로 이어지지 못하도록 노력하는 것과 같이 2차적 범죄예방은 잠재적인 범죄행위가 범죄로 진전되기 전에 인지·대비하여 범죄의 기회를 제거하는 것을 의미한다.

3. 3차적 범죄예방

1차적, 2차적 예방활동에도 불구하고 건강에 문제가 생기게 되면, 질병으로 발전된 경우에 우리는 재발을 방지하기 위해 외과적 수술과 치료를 하게 된다. 3차적 범죄예방활동은 체포, 기소, 교정 활동 등이 포함되며, 앞선 단계의 예방활동에서 보다 구체화된 대상인 범죄자를 관리하게 된다.

3차적 범죄예방은 범죄 전력이 있는 자에 대한 집중관찰과 추적을 강조하기 때문에 인권침해의 여지를 갖는다. 하지만, 다른 범죄예방 및 예측전략에 비하여 상당히 효과적이라는 평가도 동시에 받고 있다.

Ⅳ 범죄예방기법

1. 환경설계를 통한 범죄예방(CPTED)

가. CPTED의 개념

환경설계를 통한 범죄예방의 줄임말인 CPTED는 건축환경의 적절한 설계와 효과적인 사용을 통해 범죄 불안감과 발생 범위를 줄이고 삶의 질을 증대시키는 기법을 말한다. 기존의 각종 범죄예방 대책과 현장에서 적용되고 있는 다양한 건축 또는 도시계획과 디자인 개념 중에서 범죄예방에 효과가 있다고 판단되는 것들을 체계적으로 정리하여 하나의 개념과 실천전략으로 정리한 이론이라고 할 수 있다.

다만 CPTED가 모든 범죄를 통제하고 예방할 수 있다는 것은 아니다. 단지

CPTED는 그 주요 원리에 입각하여 물리적·사회적 요인들을 통제하여 범죄 또는 범죄와 관련된 두려움을 예방하고 감소시키는 전략으로 이해하는 것이 바람직하다. CPTED는 감시, 접근통제, 공동체 강화라는 기본원리에 입각하여 다음의 다섯 가지 실천 전략으로 구성된다.

나. CPTED의 주요 원리

① 자연적 감시

가시권을 최대화시켜 주변을 잘 볼 수 있도록 하고 은폐장소를 최소화시키는 원리이다. 침입자가 발생한 경우 주민들이 침입 여부를 쉽게 판단하고, 침입자의 입장에서도 감시받고 있다는 인식으로 범죄기회를 줄이는 전략에 해당한다.

② 접근통제

외부인과 부적절한 사람의 출입을 통제하는 원리이다. 도로, 보행로, 문 등을 통해 일정한 공간으로만 접근하도록 유도하고, 허가받지 않는 사람의 접근을 차단함으로써 범행대상이나 목표의 노출을 최소화시키는 전략에 해당한다.

③ 영역성 강화

지역주민이 함께 공유하여 사용하면서 공간에 대한 책임의식을 강화시키는 설계방식으로 해당 공간에 대한 정당하지 못한 사용자를 구별하고, 지역공동체의식을 형성하게 된다.

④ 활동의 활성화

지역주민이 함께 쓸 수 있는 공공장소를 다양한 활동을 통하여 활발하게 사용하도록 유도하여, 자연감시를 강화하는 전략이다.

⑤ 유지관리

깨진 유리창 이론에서 알 수 있듯이, 황폐화되거나 무질서한 인상을 주는 공공장소는 범죄통제가 제대로 이루어지지 않는 인상을 잠재적 범죄자에게 남기게 된다. 따라서 지속적으로 안전한 환경 유지를 위한 계획을 수립해야 한다.

[Box 10.1] 프루이트 아이고(Pruitt-Igoe)

- 뉴욕의 세계 무역 센터를 디자인한 일본계 건축가 미노루 야마자키가 설계한 공동주거 시설
- 1940-1950년대 세인트루이스의 인구가 급격히 증가하면서 주 정부는 공공주택 설계를 야마자키에게 의뢰

〈예상과 달리 훼손된 아파트의 복도〉

〈우범지대로 변한 아파트를 붕괴시키는 장면〉

- 야마자키는 사회학자와 심리학자의 자문까지 받으며 '프루이트 아이고'를 설계
- 완공된 후 얼마 지나지 않아 폭력과 마약거래의 지역으로 전락
- 1976년, 주 정부는 폭파·철거 결정
- 주민의 행태를 잘 이해하고 공간을 설계하는 것이 얼마나 중요한지 보여주는 사례
- 미국 뉴욕대의 뉴먼(Newman)의 '방어공간이론' 정립에 영향

다. CPTED의 배경이론

전통적 범죄학에서는 범죄원인을 개인차원의 요인(성격, 심리, 유전자 등)과 사회환경적 요인(학습, 긴장, 낙인 등)의 결과로 이해하고 있다. 그러나 1980년대부터 1990년대 초반 보수주의 시대의 도래로 환경과 공간, 공동체 등의 종합적 원인을 분석하는 이론이 발달하였다. 주요 이론으로는 환경범죄학이론, 일상활동이론, 합리적 선택이론, 범죄패턴이론, 상황적 범죄예방이론, 방어공간이론 등이 있다.

주요 이론	내용
합리적 선택이론 Rational Choice Theory	범죄는 범죄자의 이성적 판단에 따라 발생하는 행위로 규정하며, 범죄로 인한 이익과 범죄의 실패 위험을 비교형량하여 범행을 실행에 옮긴다고 보고 있으며, 범죄가 발각될 환경적 요건이 강화될 경우 범죄를 포기한다고 설명한다.

주요 이론	내용
일상활동이론 Routine Activity Theory	기존 범죄이론들이 범죄자의 '범행동기'를 중심으로 연구되었던 것과 달리 '장소'를 중심으로 한 '기회적 요인'에 초점을 둔 것이 특징이다. 범죄는 범죄자, 목표물, 범죄유발 환경과 방어기재의 부재라는 조건에 의해 발생하는 것으로 정의한다.
상황적 범죄예방이론 Situational Crime Prevention Theory	범죄행위에 요구되는 노력의 증가, 위험의 증가, 보상의 감소, 유발의 감소, 변명의 제거 등 5가지 기본원칙을 설정하고 있으며, 이에 대한 25가지의 범죄기회 감소전략을 제안한다.
방어공간이론 Defensible Space Theory	지역의 물리적 특성을 강화시키면 지역주민과 잠재적인 범죄자 모두에게 그 지역은 소유자가 있으며, 소유자의 책임 하에 관리되고 있다는 영역 의식이 강화되어 궁극적으로 범죄가 예방될 수 있다는 이론이다.
범죄패턴이론 Crime Pattern Theory	범죄발생장소를 '적합한 범죄장소 특성에 대해 학습된 범죄자의 판단기준에 부합하는 환경적 단서를 제공하는 곳'으로 정의하며, 지역유형·건물위치·경제수준·감시가능성에 따른 범죄유발 및 억제요인과 범죄대상물 선택요인 등을 구분한 범죄발생 패턴을 규명하는 이론이다.
환경범죄학 Environmental Criminology	범죄란 법, 대상물, 범죄자, 장소의 4가지 요소에 의해 발생하는 것으로 특히, '장소'가 가장 중요한 개념이다. 환경범죄학이론을 통해 그간 범죄학과 도시건축학에서 개별적으로 진행되던 범죄연구가 통합될 수 있었다.

※ 출처: 범죄예방디자인 연구정보센터 홈페이지(http://www.cpted.kr/) 자료.

[Box 10.2] 2세대 CPTED와 3세대 CPTED

1970~80년대 진행된 기존의 전통적인 CPTED 개념이 주로 물리적 환경 개선을 통한 범죄예방을 강조하는 것이었다면, 1990년대 등장한 2세대 CPTED 개념은 지역 주민의 참여와 유대 강화의 필요성을 강조한 개념이다. 한편, 3세대 CPTED는 CPTED 원리의 지속가능성을 강조한 개념이다. 이들 CPTED 개념은 상호 분리된 개념이기 보다 CPTED의 기본원리 중에서 상대적으로 강조하는 점이 다른 것으로 이해할 수 있다.

최초 범죄예방 목적으로 개선된 물리적 환경일지라도 그 유지관리가 지속되지 못한 경우, 시간이 경과함에 따라 범죄예방 효과가 감소하거나 오히려 범죄와 무질서를 조장하는 요소가 될 수 있다. 유지관리의 지속성을 확보할 수 있는 것이 바로 주민의 공동체의식과 이를 의도적으로 함양하기 위한 사회적 환경개선이다. 여기에는 주민회합을 위한 공간조성에서부터 각종 행사와 프로그램 운영 등이 포함될 수 있다. 1세대 CPTED 개념에서 강조하는 물리적 환경 개선에 주민의 참여와 유대 강화를 위한 장치를 추가한 것이 바로 2세대 CPTED 개념이라 할 것이다. 또, 이것을 최근의 첨단기술(태양광 기술, AI, 빅데이터, AR/VR, 디지털 트윈 등)을 활용하여 지속가능성에 보다 중점을 두고자 한다면, 3세대 CPTED 개념이 되는 것이다.

2. 빅데이터를 활용한 범죄예방

가. 개념

강력범죄에서 10%의 범죄자들이 전체범죄의 50%를 저지르고, 경찰 신고 전화의 50%가 관할 지역의 10%에 집중되어 있으며, 영국에서는 범죄 피해자의 50%가 반복적인 피해를 입고, 그중 4%는 만성적인 피해자로 전체 신고범죄의 44%를 차지한다. 이러한 경향은 특정한 범죄자, 범행 장소, 범행 대상에 대한 대략적인 예측이 가능하다면 어느 정도의 범죄는 사전에 예방이 가능할 수 있다는 점을 시사하고 있다. 범죄의 발생이 임의적이지 않고, 대강으로나마 특정한 경향성을 가진다는 사실을 예측할 수 있다는 것만으로도 범죄예방활동은 보다 효과적으로 수행될 수 있음을 의미한다. 빅데이터를 활용한 범죄예측 및 예방활동은 이미 발생한 범죄에 대응하는 수동적 경찰활동을 벗어나 기존의 범죄발생경향을 파악하고 새로운 경향을 발견하는 적극적 경찰활동으로의 변화를 보여준다.

나. 과정

① 데이터 수집

빅데이터를 이용한 범죄예측 및 예방활동은 예측을 위해 범죄, 사고, 범죄자와 관련된 데이터를 수집하여야 한다. 적절한 예측 및 예방을 위해서는 정확하고 완전한 데이터가 확보될 필요가 있다. 현재성 유지와 변화된 환경을 반영하기 위해 정기적으로 업데이트 되어야 하고 데이터의 유용성을 높이기 위해서는 분석가와 연구가의 능력 또한 보장되어야 한다.

② 데이터 통합

범죄예측 및 예방을 위한 데이터는 범죄관련 데이터뿐만 아니라 범죄가 발생하는 환경과 관련된 데이터를 요구한다. 이렇게 서로 다른 원천에서 수집된 데이터들은 하나의 통합된 형태로 융합되어야 하는데, 이러한 과정은 단순한 기법에서부터 정교한 기법까지 다양한 방식으로 진행된다. 또한 통합과정에서는 불필요한 노이즈를 제거하는 정제과정도 수행된다.

③ 데이터 분석

데이터 수집과 통합의 과정을 거쳐 적절히 구성된 데이터 세트는 분석 목적에 적절한 방식을 거치면서 범죄 경향에 대한 통찰력을 높여준다. 이러한 데이터 분석 방식으로는 다음과 같다.

분석 방법	내용
핫스팟 분석 (Hot Spot Analysis)	핫스팟 분석은 주로 과거 범죄자료를 이용해 범죄다발지역을 찾아내는 기법으로서 범죄 예측과 피해자 예측에 활용
회귀분석 (Regression Analysis)	범죄자료뿐만 아니라 다양한 위험요인 자료를 이용해 인과관계를 밝히는데 유용한 기법으로서 모든 분야의 예측에 활용
데이터 마이닝 (Data Mining)	컴퓨터 학습 기법들을 사용하여 데이터들로부터 지식을 자동으로 분석하거나 추출하는 과정으로서 그 목적은 데이터 속에 감춰진 유용한 경향과 패턴을 모색
근접-반복 모델링 (Near-Repeat Modeling)	미래의 범죄는 현재의 범죄와 매우 근접한 시간과 장소에서 다시 발생할 것이라는 가정에서 출발하며, 주로 범죄와 범죄자 예측에 활용
시공간 분석 (Spatiotemporal Analysis)	시간적 특성에 초점을 맞추어 범죄를 예측하는 기법
위험지역 분석 (Risk Terrain Analysis)	범죄에 영향을 미치는 지리적 요인을 파악하는 기법과 이러한 범죄유발 지리적 요인과 얼마나 근접해 있는지를 근거로 범죄위험을 예측하는 기법

※ 출처: 탁희성·박준희·정진성·윤지원, 2015, 210~219면.

④ 적용 및 개입

양질의 데이터를 수집하고, 적절히 통합하고 정제하여, 목적에 맞는 기법으로 분석하여도 현실로 옮겨 적용하지 못한다면 아무런 의미가 없다. 분석결과에 따라 적합한 예방활동과 개입이 이루어져야 한다. 또한 이러한 활동에 대한 객관적 평가를 통해 향후 개선사항을 지속적으로 검토해야 한다.

⑤ 범죄자 반응

빅데이터 분석과 적용으로 범죄자들은 체포되거나, 범행을 포기하거나 또는 다른 수법을 통해 범죄를 저지를 수도 있고, 다른 지역을 범행 지역으로 선택할 수도 있다. 결국 기존에 수집되었던 데이터들은 변화된 범죄환경을 반영하지 못하게 된다. 따라서 범죄 분석 및 예측의 과정이 처음으로 되돌아가게 되고 다시 순환의 과정을 거치게 된다.

다. 적용 사례 – 미국 산타 크루즈 경찰서의 프레드폴(PredPol)

① 프레드폴(PredPol)

캘리포니아의 산타 크루즈 경찰서는 미국에서 최초로 예측적 경찰활동을 시행한 경찰관서 중 하나로 프레드폴을 통한 범죄예방효과를 확연히 체감하고 있다. 프레드폴 소프트웨어의 핵심은 특정 시간대에 범죄가 증가할 것으로 예상되는 지점을 지속적으로 찾아내는 것이다.

이러한 지점에 대한 정보를 제공받은 경찰관들은 해당 지역에 대한 순찰을 강화하도록 지시받게 된다. 또한 실시간으로 업데이트되는 정보를 온라인 시스템으로 확인하여 즉각적인 대응이 가능하다. 하지만 경찰관들은 프레드폴을 경찰활동을 강화하기 위한 수단으로만 활용할 것을 당부받게 된다. 프레드폴은 현장 경찰관들이 의존할 수단이 아니라 기존의 경험과 정보를 보충하는 수단으로 활용하도록 권장된다.

② 헌치랩(HunchLab)

미국은 또 다른 범죄예측 시스템인 헌치랩(HunchLab)을 운용하고 있다. 헌치랩은 시간이나 계절과 같은 주기 정보에 날씨, 지역경제, 과거 범죄데이터를 종합적으로 분석해 범죄가 일어날 확률이 가장 높은 지역을 예측하고, 특정 지역 위주로 경찰력을 집중 배치해 범죄를 사전에 예방하는 시스템이다.

3. 생체인식기술을 활용한 범죄예방

가. 개념

생체인식기술(Biometrics)은 행동이나 생물학적(해부학적, 생리학적) 특징을 측정하여 신원을 파악하는 것을 의미한다. 행동 특징으로는 보행인식, 음성인식, 서명인식 등이 있고, 생물학적 특징으로는 지문인식, 홍채인식, 망막인식, 손모양 인식, 안면인식 나아가 체취인식 등의 방법이 있다. 생체인식기술은 보편적으로 활용되고 있는 비밀번호나 PIN, 공인인증서와는 달리 복제가 불가능하고, 분실의 위험이 없으며, 편리성, 정확성, 신속성을 보장한다.

미국의 경우, 2001년 9.11테러 이후 범죄예방의 차원에서 테러의 위협으로부터 국민의 안전을 확보하기 위해 신원확인을 요구하는 등 거의 모든 영역에서 생체인식기술을 활용하고 있다. 최근 우리나라에서도 CCTV에 생체인식기술을 적용하여 얼굴 영역을 검출하는 방식으로 범죄수사와 범죄예방에 활용되고 있다.

다만 생체인식기술은 편리성과 유용성에도 불구하고 아직 프라이버시, 개인정보의 침해라는 문제를 안고 있다. 국가에 의한 국민 개개인의 행동감시 도구로 전락될 수 있다는 점, 개인의 익명성이 상실된다는 점 등이 생체인식기술의 활용의 미결과제로 남아 있다. 그럼에도 불구하고 생체인식기술은 진일보한 기술 개발로 범죄예방뿐만 아니라 다양한 영역에서 보다 활발히 활용될 전망이다.

나. 적용사례

미국 국방부는 9.11테러 사건을 계기로 테러범들의 신원을 확인하기 위해 자동생체인식신원확인시스템(Automated Biometric Identification System, ABIS)을 활용하고 있다. 이러한 생체인식정보를 통합관리하기 위한 기관도 설치하여 기존의 기관들을 2013년에 국방포렌식·생체인식기술청(Defence Forensics and Biometrics Agency, DFBA)으로 통합하였다.

미국 법무부(Department of Justice, DOJ) 산하의 FBI에서는 9.11테러 직후 FBI 형사사법정보서비스과를 통해 미국 전역의 전과기록과 생체인식정보를 포함하는 생체인식정보 데이터베이스를 구축하였다. 이를 통해 FBI는 테러범 등의 국가안보를 위협하는 범죄자들을 효과적으로 대응·예방하고자 국내외 공조를 통해 생체인식정보를 공유하고 있다.

민간부분에서의 활용을 살펴보면, 아틀랜타의 한 카지노에서는 사기도박 전과자의 얼굴을 인식하는 CCTV를 설치하여 전과자 6명의 출입을 제한시킬 수 있었다. 이러한 기술은 체중의 증가, 세월에 따른 변화, 변장 등을 고려하여 인식이 가능하다. 카지노의 보안부서는 미리 출동한 경찰관과 함께 이들을 예의주시하다가 사기도박을 하는 순간에 현행범으로 체포하였다.

또한 미국 애리조나주의 학교에서는 생체인식기술을 성범죄 예방 도구로 활용할 예정이다. 학교 출입문에 설치된 카메라를 통해 데이터베이스에 있는 범죄자 얼굴을 인식·비교하여 수상한 사항에 대해 현장출동을 지시하는 방식이다.

[Box 10.3] 범죄예방과 프라이버시 문제

빅데이터를 통한 범죄예방의 다음 단계는 인공지능 알고리즘을 통한 범죄예측 및 예방으로 이어진다. 신원확인에 활용될 수 있는 각종 생체정보 역시 그 데이터가 광범위해지면 빅데이터 및 AI 기술을 통해 정교한 범죄예측과 추적이 가능해질 것이다.

AI를 활용한 범죄예측과 예방은 데이터의 수집에서부터 시작되는데, 과연 AI 알고리즘에 투입될 데이터를 어떻게 확보할 것인가가 문제다. 비록, 2020년 1월 데이터3법 개정으로 데이터 이용 활성화를 위한 가명정보 개념이 도입되고, 개인정보 처리자의 책임 강화, 개인정보 판단 기준이 명확하게 규정됐다고는 하지만, 범죄 데이터의 민감성으로 인해 프라이버시 논란은 지속될 것으로 보인다. 그래서인지 샌프란시스코 경찰은 지난 5월부터 안면인식 프로그램의 사용을 전면 금지했고, 뉴욕에서는 NYPD의 치안감시기술과 관련된 전략을 공개하도록 강제하는 법안을 고려하고 있다. 이른바 빅브라더 논란을 의식한 조치들이다.

최근 AI는 상당한 수준의 정확성 내지 예측 능력을 자랑하지만, 과연 예측적 경찰활동, 즉 AI 경찰이나 빅데이터 경찰의 오류를 어떻게 통제하느냐 하는 부분도 주요 이슈 가운데 하나다. 2012년 뉴올리언스 경찰국은 첨단업체인 Palantir Technologies와 공동으로 예측적 경찰활동 시스템을 개발했지만 수정헌법 제4조(부당한 체포·구속·압수·수색에 대해 신체, 가택, 서류 및 동산의 안전을 보장받는 국민의 권리)의 위반 가능성이 지적되고 있다. 일각에서 범죄예측 알고리즘에 인종차별적 요소가 포함되어 있다는 비판이 나오는 것이다.

우리나라의 경우 다민족·다인종 국가라고 보기 어렵지만, 다양한 개인신상 관련 정보가 어떠한 형태로 활용되는가에 따라 논란이 발생할 가능성이 크다. 범죄예측에 활용된 AI 알고리즘도 공개되어야 하느냐를 놓고도 논란이 있다. 특히 범죄수사 목적에서 이루어지는 AI 경찰활동이라면 그 알고리즘의 공개는 재고되어야 하겠지만, 일반시민의 개인정보를 활용한 시스템이라면 정보자기결정권의 차원에서 어떤 정보가 어떻게 활용되고 가공되는지 알 권리도 존중돼야 한다. 앞으로 사회적 합의가 요청되는 대목이다.

출처: 김연수, "코로나19시대 스마트치안과 빅브라더 사이 … 한국 경찰의 미래를 묻는다", 피렌체의 식탁, 2020.7.10, https://firenzedt.com/8042/

summary

요 약

형사사법의 역사에서 범죄예방은 다양한 관점에서 다루어졌다. 고전범죄학의 관점에서 범죄예방은 처벌의 합리성을 통해 억제될 수 있는 것으로 보았다면, 실증주의 범죄학에서는 “생래적 범죄자(born criminal)”를 색출해내는 것이 대안이 될 수 있었다. 범죄사회학이 득세한 1940년대 이후로는 범죄는 범죄자 개인, 주변인, 지역사회 등을 중심으로 원인이 연구되고 그 원인을 제거하는 것으로 범죄예방 전략이 모색되었다.

본격적인 범죄예방의 이론적 설명은 Brantingham과 Faust가 제안한 범죄예방모델 3단계를 통해 체계화되었다. 1차적 범죄예방은 범죄예방적인 사회전반의 환경조건 형성을, 2차적 범죄예방은 잠재적 범죄자의 범죄예방을, 3차적 범죄예방은 이미 범죄를 저지른 경험이 있는 사람들의 재범억제를 각각 목표로 한다.

1990년대 우리나라에 소개된 이후 최근 10년간 가장 실천적인 범죄예방 전략으로 CPTED 전략이 꼽히고 있다. CPTED 전략은 자연적 감시, 접근통제, 영역성 강화, 활동의 활성화, 유지관리 등의 명확한 범죄예방기법을 제시한다. 신축 건물이나 신도시뿐 아니라 구도심의 도시재생사업 등에서도 CPTED 기법이 유용하게 활용되고 있다. 국민의 안전이 최우선 고려사항이 된 우리나라에서 바야흐로 CPTED의 전성시대가 도래했다는 말이 어색하지 않은 상황이 되었다.

이상의 범죄예방 전략이 주로 (잠재적) 피해자를 중심으로 한 수동적이고 소극적인 전략이었다면, 미래에는 능동적이고 적극적인 범죄예방 전략으로서 범죄예측이 적극 활용될 추세이다. 특히, 빅데이터 기술의 활용은 각종 범죄관련 데이터를 분석하여 범죄발생 가능성이 높은 지역과 시간을 특정한 범죄예방을 가능케 하였다. 또, 범죄자의 신원확인에 생체인식기술이 활용되는 것 역시 사후대응적 범죄진압과 사전예방적 범죄예방을 모두 가능하게 한다. 다만, 국가에 의한 개인의 자유권(정보자기결정권 등)이 범죄억제와 같은 공공이익과 어떻게 조화를 이루어낼 수 있을까에 대한 논의는 더욱 치열해질 전망이다.

key word &
current hot issues

주요 용어와 현안 문제

1. 범죄예방모델

1차적 범죄예방은 사회정책적 측면의 범죄예방으로 사회환경의 정화 및 교육을 통한 인성순화 등의 전략을 포함한다. 2차적 범죄예방은 범죄가능성이 있는 잠재적 범죄자의 조기발견과 관리를 통한 범죄예방을 의미하며, 3차적 범죄예방은 과거 범죄경험이 있는 자를 대상으로 재범억제를 꾀하는 전략이다.

2. CPTED

환경설계를 통한 범죄예방의 줄임말인 CPTED는 건축환경의 적절한 설계와 효과적인 사용을 통해 범죄 불안감과 발생 범위를 줄이고 삶의 질을 증대시키는 기법이다. CPTED는 감시, 접근통제, 공동체 강화라는 기본원리에 입각하여 다섯 가지 실천 전략으로 구성된다.

3. 빅데이터를 이용한 범죄예방

기존의 범죄발생 경향을 파악하여 특정한 범죄자, 범행장소, 범행대상에 대한 대략적인 예측을 통해 사전예방을 꾀하는 범죄예방기법이다. 빅데이터를 활용하기 위해 데이터 수집, 통합, 분석, 적용 및 개입의 절차를 거치고, 최종적으로 범죄자의 반응으로 나타난 변화를 재검토하는 과정을 통해 범죄예방을 한다.

4. 생체인식기술

행동이나 생물학적 특징을 특정하여 신원을 파악하는 기술을 의미한다. 행동 특징으로 보행, 음성, 서명 등을 활용하고, 생물학적 특징으로 지문, 홍채, 망막, 손모양, 안면, 체취 등을 활용하여 개인식별을 한다.

퀴즈 [선택형] quiz

1 Brantingham과 Faust가 제안한 범죄예방모델에 대한 설명으로 옳지 않은 것은?

① 1차적 범죄예방은 실업, 빈곤, 교육 등 범죄발생의 원인이 될 수 있는 사회구조적 문제해결에 초점을 두고 있다.

② 2차적 범죄예방은 잠재적 범죄행위가 범죄로 진전되기 전에 인지하고 대비하여 범죄의 기회를 제거하는 것을 뜻한다.

③ 3차적 범죄예방은 보다 구체적으로 범죄우려가 높은 사회취약계층에 대한 관리를 의미한다.

④ 범죄예방모델은 3단계로 구분되며, 질병예방에 관한 보건의료 모델에 기원을 두고 있다.

⑤ 범죄가 발생하지 않도록 사회 전반의 환경조건을 범죄로부터 안전하게 하는 것을 강조하는 것은 1차적 범죄예방이다.

2 다음 범죄예방모델 중 3차적 범죄예방에 해당하는 것은?

① 비행청소년 계도 캠페인 활동

② 경제 활성화를 통한 생계형 범죄예방 전략

③ 보호관찰 대상자에 대한 예방교육

④ 빈곤지역 아동대상 교육서비스 강화

⑤ 심야 우범지역에 대해 CCTV와 가로등 추가

3 CPTED의 배경 이론 중 장소를 중심으로 한 기회적 요인에 초점을 둔 이론으로 범죄자, 목표물, 범죄유발 환경(방어기재의 부재)를 강조하는 이론은 무엇인가?

① 합리적 선택이론

② 일상활동이론

③ 상황적 범죄예방이론

④ 방어공간이론

⑤ 범죄패턴이론

4 빅데이터를 활용한 범죄예방은 데이터 수집, 데이터 통합, 데이터 분석, 적용과 개입, 범죄자 반응의 과정을 거치게 된다. 범죄예방 과정에 활용되는 데이터 분석기법에 대한 설명으로 그 연결이 옳지 않은 것은?

① 핫스팟 분석 - 과거 범죄자료를 이용해 범죄다발지역을 찾아내는 기법

② 데이터 마이닝 - 컴퓨터 학습기법을 사용하여 데이터 속에 감춰진 유용한 경향과 패턴을 모색하는 기법

③ 시공간 분석 - 시간적 특성에 초점을 맞추어 범죄를 예측하는 기법

④ 위험지역 분석 - 지리적 범죄영향 요인을 파악하는 기법과 이러한 범죄유발 지리적 요인과 얼마나 근접해 있는지를 근거로 범죄위험을 예측하는 기법

⑤ 근접-반복 모델링 - 범죄자료와 다양한 위험요인 자료를 이용해 인과관계를 밝히는 기법

퀴즈 [진위형] quiz

5 환경설계를 통한 범죄예방의 주요 목적은 경찰순찰의 강화에 있다.

6 합리적 선택이론은 범죄자의 행위는 손해와 이익을 합리적으로 평가한 결과라는 가정을 하고 있다.

7 Brantingham과 Faust의 범죄예방모델은 질병예방에 관한 보건의료 모델에 기원을 두고 있다.

8 빅데이터를 이용한 범죄예방의 과정은 데이터 수집, 분석, 통합, 적용 및 개입, 범죄자 반응의 검토와 환류의 순서로 이루어진다.

9 생체인식기술은 지문, 홍채, 망막, 안면 등 생물학적 특징을 활용한 개인식별로 개인의 행동특징은 포함되지 않는다.

참고문헌 및 학습 도우미 전자자료

reference & study aid electronic materials

윤지영·이천현·최민영·민수홍·이원상·김재윤, “법과학을 활용한 형사사법의 선진화 방안(V)”, 「연구총서 14-B-03」, 한국형사정책연구원, 2014.

윤해성·전현욱, “범죄 빅데이터를 활용한 범죄예방시스템 구축을 위한 예비연구(I)”, 「연구총서 14-B-01」, 한국형사정책연구원, 2014.

이순래·박철현·김상원, 『범죄예방론』, 서울: 도서출판 그린, 2011.

임준태, 『범죄예방론』, 서울: 도서출판 대영문화사, 2009.

탁희성·박준희·정진성·윤지원, “범죄 빅데이터를 활용한 범죄예방시스템 구축을 위한 예비 연구(II)”, 「연구총서 15-B-18」, 한국형사정책연구원, 2015.

범죄예방디자인 연구정보센터, www.cpted.kr

범죄예방디자인 연구정보센터 http://www.cpted.kr/?r=home

범죄예방 이론의 50년 역사 영상 https://www.youtube.com/watch?v=tlEoFz2MJjA

영국 Secured by Design https://www.securedbydesign.com/

국제CPTED 협회 https://www.cpted.net/

해 답 [선택형]

answer

1. ③

해당 내용은 2차적 범죄예방에 해당하는 내용이고, 3차적 범죄예방은 실제 범죄를 저지른 전과자를 관리하는 것을 의미한다.

2. ③

3차적 범죄예방은 범죄자들이 더 이상 범죄를 저지르지 못하게 하는 범죄예방으로 교정기관에서의 형집행 및 처우가 여기에 해당한다. ①, ②, ③, ④, ⑤는 모두 1차적 범죄예방으로, 1차적 범죄예방에는 자물쇠장치, 조명, 건축설계, 접근통제와 같은 환경설계, 민간경비, 이웃감시, 경찰의 방범활동, 범죄예방 캠페인 등이 포함된다. 2차적 범죄예방은 잠재적 범죄자를 초기에 발견하고 이들의 범죄기회를 차단하여 범죄를 예방하는 것으로 범죄지역 분석이나 범죄예측, 전환제도 등이 여기에 포함된다.

3. ②

일상활동이론은 범죄발생의 3요소로 동기화된 범죄자, 적절한 범행대상, 감시의 부재를 강조한다.

4. ⑤

근접-반복 모델링은 미래의 범죄가 현재의 범죄와 매우 근접한 시간과 장소에서 발생한다는 가정에서 출발하여 주로 범죄와 범죄자 예측에 활용하는 기법이다. 범죄자료와 다양한 위험요인 자료를 이용해 인과관계를 밝히는 기법은 회귀분석이다.

해 답 [진위형]

answer

5. 아니다.

환경설계를 통한 범죄예방의 목적은 이웃 감시 활성화에 주요 목적이 있다. 이를 위해 자연적 감시, 접근통제, 영역성 강화, 활동의 활성화, 유지관리 이상의 다섯 가지 실천전략으로 구현된다.

6. 그렇다.

합리적 선택이론은 일반적으로 사람들이 법위반과 법준수 양쪽에 대한 이익과 손해를 비교한다는 것을 강조한다. 또한 범죄자들이 자신에게 이익이 되도록 범죄 실행의 여부·장소·시간·대상을 합리적인 방식으로 계획·결정하게 된다고 보고 있다. 따라서 효과적인 범죄예방은 체포의 위험성과 처벌의 확실성을 제고함으로써 가능하다고 주장한다.

7. 그렇다.

Brantingham과 Faust가 제시한 범죄예방모델은 3단계로 구분되며, 질병예방에 관한 보건의료 모델에 기원을 두고 있다. 범죄를 사회병리 현상으로 간주하여, 이를 사전에 예방하고 치료하기 위한 방법을 모색하는 과정에서 질병예방모델을 차용한 것으로 해석할 수 있다.

8. 아니다.

빅데이터를 활용한 범죄예방의 과정은 데이터 수집, 통합, 분석, 적용 및 개입, 환류(범죄자의 반응)의 과정으로 진행된다.

9. 아니다.

생체인식기술은 생물학적 특징 뿐 아니라 개인의 보행, 음성, 서명 등 행동특징도 활용하여 개인식별을 하는 기술을 의미한다.

/ 제11장 /

형 법
(criminal law)

– 김용수

Ⅰ. 죄형법정주의
Ⅱ. 형법과 형법전
Ⅲ. 범죄와 형벌
Ⅳ. 사안의 형법적 쟁점

short storytelling

시위군중을 향한 발포교사 사건(대법원 1977. 6. 28. 선고 77도251 판결)

▮사안

1960년 3월 15일에 치러진 제4대 대통령선거에서 이승만 정부와 자유당은 노골적인 부정행위를 저질렀다. 이에 반발하여 경상남도 마산에서 시민들이 대대적인 시위를 벌였는데, 그 사건이 바로 3.15 의거이다. 부정선거를 규탄하는 시민 수천 명이 돌을 던지면서 개표장인 시청 앞 50미터 지점까지 밀어닥쳤다. 이에 놀란 경찰서장 O가 당시 검찰 지청장인 D에게 "영감 야단났습니다. 어떻게 하면 좋겠습니까. 최루탄은 역풍으로 쓸모가 없고…"하면서 다급하게 묻자, D는 "빨갱이 같은 놈들 쏴버리시오. 쏴버려."라고 말했다. 그러나 O는 그러한 요구에 응하지 않았다.[1]

▮법원의 판단

항소심은 D의 행위가 「부정선거관련자처벌법」[2] 제5조 ④항[3]의 살인예비·음모에 해당한다고 보고, D에게 징역 2년에 집행유예 3년을 선고했다.[4] 그러나 대법원은 해당 규정이 죄형법정주의에 위반된다는 이유로 원판결을 파기하고 사건을 대구고등법원에 돌려보냈다. 구체적인 판결 이유는 다음과 같다.

> "… 형법 제28조에 의하면 범죄의 음모 또는 예비행위가 실행의 착수에 이르지 아니한 때에는 법률에 특별한 규정이 없는 한 처벌하지 아니한다고 규정하고 있어 범죄

---

1 그러나 불행히도 이후 시위대의 규모가 더 커지자 경찰이 실탄을 발포했고, 그 과정에서 수십 명의 시민이 죽거나 다쳤으며 일부는 실종되었다. 시위에 참여했다가 실종되었던 한 고등학생(김주열)의 시체가 참혹한 모습으로 4월 11일에 마산 앞바다에 떠올랐고, 분노한 마산시민들은 대규모의 2차 시위를 벌였다. 이 시위가 전국으로 퍼져 4.19혁명에 이르게 되었다.

2 3.15 선거와 관련하여 부정을 저질렀거나 그 과정에서 국민을 살상한 자들을 처벌하기 위해 1960년 12월 31일에 제정된 법률이다. 소급입법에 해당하나 제2공화국 정부는 그 근거를 마련하기 위해 제4차 개헌을 단행했다.

3 「부정선거관련자처벌법」 제5조 ① 부정선거에 관련하여 사람을 살해하거나 또는 부정선거에 항의하는 국민을 살해한 자는 사형, 무기 또는 7년 이상의 징역이나 금고에 처한다. (②~③ 생략) ④ 제1항의 예비, 음모와 미수는 이를 처벌한다.

4 대구고등법원 1976. 11. 6. 선고 74노158 판결.

의 음모 또는 예비는 원칙으로 벌하지 아니하되 예외적으로 법률에 특별한 규정이 있을 때, 다시 말하면 음모 또는 예비를 처벌한다는 취지와 그 형을 함께 규정하고 있을 때에 한하여 이를 처벌할 수 있다고 할 것이므로 위 부정선거 관련자 처벌법 제5조 4항에 '예비, 음모는 이를 처벌한다.'라고 규정하였다 하더라도 예비, 음모는 미수범의 경우와 달라서 그 형을 따로 정하여 놓지 아니한 이상 처벌할 형을 함께 규정한 것이라고는 볼 수 없고, 또 동법 제5조 4항의 입법취지가 동법 제5조 1항의 예비, 음모죄를 처벌한 의도이었다 할지라도 그 예비, 음모의 형에 관하여 특별한 규정이 없는 이상 이를 본범이나 미수범에 준하여 처벌한다고 해석함은 피고인의 불이익으로 돌아가는 것이므로 이는 죄형법정주의의 원칙상 허용할 수 없다."

I 죄형법정주의

사례가 보여주듯이 정의롭지 못한 검사는 사회의 잠재적 위험요소다. 검사는 공익을 대변하고 정의를 수호하는 임무를 수행해야 한다. 공익을 위협하는 불의의 세력이 살아있는 권력이라 할지라도, 그에 맞서 싸울 용기와 신념이 있는 사람이 검사가 되어야 한다. 그러나 검사 D는 그러한 자질을 갖추지 못했던 것 같다. 오히려 그는 부패한 권력의 편에 서서 그에 항거하는 시민들을 폭도로 내몰고 학살을 사주했다. D의 행동은 비난받아 마땅하고 형벌로써 엄히 다스려야 한다. 그러나 대법원은 처벌의 근거가 불분명하다며 그를 벌하지 않았다. 대법원이 D를 벌하지 않은 이유는 죄형법정주의의 준엄함 때문이다. 죄형법정주의는 형법의 본질이며 그에 위반한 형벌권의 행사는 법치를 가장한 폭력에 불과하다. 설사 죄지은 자를 벌하지 못하게 될지라도, 죄형법정주의가 추구하는 권리보장의 정신을 포기해서는 안 되는 것이다.

1. 역사적 배경

죄형법정주의의 기원은 1215년 영국의 대헌장(Magna Carta)[5]이라 할 수 있겠지만, 그것이 시민의 권리보장을 위한 보편적 원리로서 정립되고 전파되기 시작한 시기는 프랑스 혁명(1789년)을 전후한 시점이다. 계몽사상이 절정에 달한 이 시기에 시민들은 죄형전단주의[6]의 위험으로부터 자신들의 자유와 이익을 지키기 위한 수단으로 죄형법정주의를 선택했고, 프랑스 인권선언 제8조를 통해 그것을 명문화했다. 이후 그것이 1948년 유엔의 세계 인권선언 제11조 ②항에 계수되었고, 이를 통해 죄형법정주의는 세계 각국으로 전파되었다. 그런데 프랑스 혁명에 앞서 죄형법정주의의 기초를 정립한 사람은 이탈리아의 형법학자인 베카리아(Cesare Beccaria)이다. 프랑스 혁명이 일어나기 25년 전인 1764년에 베카리아는 『범죄와 형벌』이라는 저서를 통해 죄형법정주의의 당위성을 설파했고, 당시 유럽의 지식

---

5 영국의 존 왕이 귀족들의 압력에 굴복하여 작성한 권리보장 문서를 말한다.

6 범죄와 형벌을 성문의 법률에 정해놓지 않고, 권력자의 자의에 따라 범죄를 규정하고 형벌을 집행하는 주의를 뜻한다.

인들은 그것을 읽고 전율했다. 이 걸작은 그보다 2년 전에 발생했던 "장 칼라스(Jean Calas) 사건"을 계기로 탄생했다.

가. 장 칼라스 사건

1762년 3월 10일 프랑스 툴루즈에서 장 칼라스의 사형이 집행되었다. 형의 집행방법은 죄인의 사지를 찢어서 죽이는 거열형이었다. 칼라스에게 인정된 죄는 살인이었다. 툴루즈 법원은 그가 그의 장남인 마르크 앙투안을 말다툼 끝에 우발적으로 살해했다고 결론지었다. 집안이 이단을 믿는 관계로 공직에 나설 수 없었던 아들이 로마 가톨릭으로 개종할 것을 결심했으나, 아버지는 반대했고 두 사람의 갈등 끝에 살인사건이 발생했다는 것이 법원의 설명이었다. 그러나 칼라스는 혐의를 인정하지 않았다. 그는 처음에 아들이 살해당한 것은 맞지만 자신이 죽인 것이 아니라고 주장했다. 그러나 이후 모진 고문이 가해지자 그는 아들이 자살했다고 진술을 번복했다. 법원은 고문의 강도를 높이면 그가 범행을 자백할 것으로 생각하고 더욱 모진 고문을 가했다. 그러나 칼라스는 수레에 묶여 사지가 찢어지는 고통 속에서도 죄를 인정하지 않았다.

사실 칼라스는 종교에 관대하고 자식에게 자애로운 사람이었다. 이 사건이 발생하기 이미 오래전에 둘째 아들 루이가 로마 가톨릭으로 개종했을 때도, 그는 말없이 아들의 뜻을 따라주었다. 마르크 앙투안에 대해서도 마찬가지였다. 그는 자신의 종교 때문에 힘들게 살아가는 아들에게 늘 미안한 마음을 갖고 있었으며, 사건 당일에는 아들을 격려하기 위해 아들의 친구들을 저녁 식사에 초대해 즐거운 시간을 함께 보내고 있었다. 마르크 앙투안은 아버지와의 갈등 때문이 아니라 우울증 때문에 자살한 것이었다. 그러한 사실을 알고 있던 칼라스가 아들이 누군가에 의해 살해당한 것이라고 허위진술을 했던 이유는 당시의 종교법 때문이었다. 당시 종교법에 따르면 자살은 신을 모독하는 중범죄였기 때문에 망자는 육시(거열형)를 당해야 했다. 칼라스는 죽어서까지 고통을 당해야 할 아들을 생각하니 차마 진실을 말할 수 없었다.[7]

---

7 한인섭 역, 체사레 벡카리아의 범죄와 형벌, 박영사, 2006, xiv면.

나. 『범죄와 형벌』의 출간

이후 볼테르가 칼라스의 억울한 죽음을 전 유럽에 전파했고, 이 사연을 듣게 된 베카리아가 약 2년간의 작업 끝에 『범죄와 형벌』을 세상에 내놓게 되었다. 이 저서에는 고문과 사형의 폐해에 관한 내용뿐만 아니라, 죄형법정주의의 핵심적 내용인 "범죄와 형벌은 오직 법률을 통해 규정해야 하고, 그 법률은 명확하고 예측 가능해야 하며 널리 보급되어야 한다."와 같은 주장이 많이 담겨 있다. 이러한 연유에서 『범죄와 형벌』은 죄형법정주의의 선언서로 평가받는다.[8]

2. 의의와 내용

가. 의의

죄형법정주의란 범죄가 되는 행위는 무엇인지, 그 행위에 대하여 어떠한 형벌이 과해지는지를 법률에 미리 정해놓아야 한다는 원칙을 말한다. 독일의 형법학자인 포이어바흐는 이것을 "법률이 없으면 범죄도 없고, 형벌도 없다(nullum crimen, nulla poena sine lege)"는 표현으로 설명했다. 우리의 경우 죄형법정주의의 법적 근거는 「헌법」 제12조, 제13조 및 「형법」 제1조이다. 즉 「헌법」 제12조 ①항 후단에 "누구든지 법률에 의하지 아니하고는 체포·구속·압수·수색 또는 심문을 받지 아니하며, 법률과 적법한 절차에 의하지 아니하고는 처벌·보안처분 또는 강제노역을 받지 아니한다."고 규정하고 있고, 제13조 ①항에 "모든 국민은 행위시의 법률에 의하여 범죄를 구성하지 아니하는 행위로 소추되지 아니하며, 동일한 범죄에 대하여 거듭 처벌받지 아니한다."고 규정하고 있다. 이러한 헌법 이념에 따라 형법 제1조 ①항은 "범죄의 성립과 처벌은 행위시의 법률에 의한다."는 내용으로 시작한다.

나. 내용

죄형법정주의는 성문법률주의, 유추해석금지의 원칙, 적정성의 원칙, 소급효금지의 원칙, 명확성의 원칙과 같은 파생원칙들로 구체화된다. ① 성문법률주의란 범죄와 형벌은 형식적 의미의 법률, 즉 국회가 제정한 법률의 형식으로 규정

---

8 한인섭 역, 앞의 책, xxi면.

되어야 한다는 원칙을 뜻한다. 따라서 관습형법은 금지되며, 명령이나 규칙과 같은 하위 법규에 형벌규정을 두는 것도 원칙적으로 허용되지 않는다. ② 유추해석금지의 원칙이란 범죄와 유사한 행위라 하더라도 범죄로 규정되어 있지 않다면 처벌할 수 없으며, 유사한 규정을 유추해서 적용해서는 안 된다는 원칙을 말한다. ③ 적정성의 원칙이란 범죄와 형벌을 규정하는 법률의 내용은 기본적 인권을 실질적으로 보장할 수 있도록 적정해야 한다는 원칙을 말한다. 따라서 범죄와 형벌 사이에는 적절한 균형이 유지되어야 하며 책임을 초과하는 형벌이나 잔혹한 형벌은 금지된다. ④ 소급효금지의 원칙이란 형벌법규는 그것이 시행된 이후의 행위에만 적용되고 시행 이전의 행위에까지 소급하여 적용할 수 없다는 원칙을 말한다. 소급입법금지의 원칙, 형벌불소급의 원칙, 소급처벌금지의 원칙이라고도 한다. ⑤ 명확성의 원칙이란 범죄구성요건과 형벌에 관한 내용이 구체적이고 명확해야 함을 의미한다. 누구나 법률이 처벌하고자 하는 행위가 무엇이며, 그에 대한 형벌이 어떠한 것인지를 예견할 수 있어야 법관의 자의적인 해석이나 판단을 방지할 수 있기 때문이다.

Ⅱ 「형법」과 형법전

1. 「형법」

「형법」은 범죄와 형벌에 관한 법이다. 그런데 영국이나 미국처럼 범죄와 형벌에 관한 법을 범죄법이라 부르는 나라들도 있다. 이처럼 「형법」이 곧 범죄법인 이유는 형벌과 범죄가 동전의 양면과 같이 불가분적이고 밀접한 관계에 있기 때문이다.[9] 범죄와 형벌은 대상에게 해악을 가하는 행위라는 점에서 본질이 같다. 같은 것에 대해 상반된 법적 평가가 이루어지는 이유는 그 주체와 대상이 다르기 때문이다. 예를 들어 범죄자가 시민을 가두면 감금죄가 되지만, 국가가 그 범죄자를 가두면 자유형이 된다. 그러므로 국가 이외의 그 누구도 형벌을 부과할 수 없고 범죄자가 아닌 한 그 누구에게도 형벌이 부과되어서는 안 된다. 그러나 국

9 박상기·전지연, 형법학, 제4판, 집현재, 2018, 5~6면.

가권력이 부패하게 되면 범죄자가 아닌 선량한 시민에게 형벌권을 행사하는 일이 발생할 수도 있다. 그러한 경우의 국가작용은 범죄행위에 불과하다.

「형법」에는 어떠한 행위가 범죄에 해당하는지, 그러한 행위에 대해서는 어떠한 형벌이 과해지는지 규정되어 있다. 범죄에 대응해서 발생하는 주된 법적 효과는 형벌이지만, 형사적 제재수단에는 형벌 이외에 보안처분이라는 것도 있다. 치료감호나 보호관찰 같은 것들이 대표적인 보안처분 제도이다. 형벌의 주된 목적이 응보라면 보안처분의 그것은 재범방지라는 점에서 둘은 다르다. 그러나 가장 중요하고 오래된 범죄 제재수단은 형벌이므로 형벌 및 보안처분에 관한 법을 「형법」이라 불러도 무방하다. 그러므로 「형법」을 범죄와 형벌에 관한 법이라 정의하는 것이나, 그것을 범죄와 형벌 및 보안처분에 관한 법이라 정의하는 것은 모두 옳다.

한편 「형법」이란 용어는 좁은 의미로 쓰일 때도 있고 넓은 의미로 쓰일 때도 있다. 협의의 형법은 형법전을 가리킨다. 형법전은 1953년 9월 18일에 제정된 「형법」이라는 제목의 법전을 뜻한다. 형법전은 총칙과 각칙으로 구성되어 있으며, 범죄와 형벌에 관련된 가장 핵심적인 내용을 담고 있다. 협의의 형법을 형식적 의미의 형법이라 부르기도 한다. 이에 반해 광의의 형법은 범죄행위와 그에 상응한 형사제재에 관한 모든 법규범을 뜻한다. 즉 그러한 내용의 것이라면 그 존재형식은 형법전이어도 좋고 다른 법률이더라도 무방하다. 예를 들어, 「상법」에는 특별배임죄가 규정되어 있다(제622조). 「상법」은 범죄와 형벌을 정하기 위한 법규범은 아니지만, 그 본래의 목적을 달성하기 위해 형벌이라는 강력한 제재가 필요할 수도 있을 것이기 때문에 특별배임죄와 같은 형벌조항을 마련하고 있다. 특별배임죄는 협의의 형법에는 포함되지 않지만, 광의의 형법에는 포함된다. 광의의 형법을 실질적 의미의 형법이라 부르기도 한다.

2. 형법전

형법전은 형법총칙과 형법각칙으로 구성되어 있다. 참고로 형법총칙에 관한 학문 분야를 형법총론이라 하고, 형법각칙에 관한 그것을 형법각론이라 한다. 형법총칙과 형법각칙의 주요 내용은 다음과 같다.

가. 형법총칙

형법총칙은 모든 개별 형벌법규에 공통으로 적용되는 기본원칙에 해당한다. 형법총칙의 규정들은 원칙적으로 다른 법령에서 정한 죄에도 적용된다(「형법」 제8조). 형법총칙은 총 4개의 장으로 구성된다. ① 제1장은 형법의 적용 범위에 관해 규정하고 있다. 범행 당시의 법과 재판을 받을 때의 법이 서로 다를 경우 어느 법을 적용해야 하는지(시간적 적용범위), 한국형법이 외국인에게 적용될 수 있는지 혹은 외국에 있는 한국인에게 적용될 수 있는지(장소적 적용범위)에 관해 정하고 있다. ② 제2장은 범죄에 관해 규정하고 있다. 우선 ⅰ) 제1절에서는 범죄의 성립요건인 구성요건과 위법성, 책임에 관한 내용을 규정하고 있다. 이에 관한 내용은 아래의 Ⅳ절에서 상술하기로 한다. ⅱ) 제2절에는 미수범에 관한 내용을 규정하고 있다. 범행을 시작했으나 완성하지 못한 경우를 미수라 한다. ⅲ) 제3절은 공범에 관한 내용을 규정하고 있다. 다수인이 범죄에 참가한 경우에 각자를 어떻게 처벌할 것인지에 대한 내용이 주를 이룬다. ⅳ) 제4절은 누범, 즉 전과가 있는 자의 범행에 대한 가중처벌에 관한 내용을 규정하고 있다. ⅴ) 제5절은 경합범, 즉 행위자가 수개의 죄를 범한 경우에 어떻게 처벌해야 하는지 규정하고 있다. ③ 제3장은 형벌에 관해 규정하고 있다. 형벌의 종류와 경중, 형의 양정, 형의 유예, 형의 집행 및 가석방, 형의 시효에 관해 규정하고 있다. 형벌의 종류와 경중에 관해서는 아래의 Ⅳ절에서 상술하기로 한다. 마지막으로 ④ 제4장은 기간에 관해 규정하고 있다. 형기의 계산방법, 형의 기산점 등에 대해 정하고 있다.

나. 형법각칙

형법각칙에는 개개 범죄의 요건과 그에 상응한 각각의 형벌이 규정되어 있다. 형법각칙의 개별 범죄들은 보호법익에 따라 분류하는 것이 일반적이다. 보호법익이란 형법이 지키고자 하는 중요한 이익을 뜻하는데, 대개 이것을 국가적 법익, 사회적 법익, 개인적 법익의 세 가지로 구분한다. ① 국가적 법익에 대한 죄는 국가의 존립과 기능을 보호하기 위한 범죄들을 말한다. 내란·외환의 죄, 국기·국교에 관한 죄, 공안을 해하는 죄, 폭발물에 관한 죄, 공무원의 직무에 관한 죄, 공무방해에 관한 죄, 도주와 범인은닉의 죄, 위증과 증거인멸의 죄, 무고의 죄가 이에 해당한다. ② 사회적 법익에 대한 죄는 사회공동체의 안전과 신용 및 건강과

도덕을 보호하기 위한 범죄들을 말한다. 신앙에 관한 죄, 방화와 실화의 죄, 일수와 수리에 관한 죄, 교통방해의 죄, 음용수에 관한 죄, 아편에 관한 죄, 통화에 관한 죄, 유가증권·우표에 관한 죄, 문서에 관한 죄, 인장에 관한 죄, 성풍속에 관한 죄, 도박과 복표에 관한 죄가 이에 해당한다. ③ 개인적 법익에 대한 죄는 개인이 누려야 하는 인격권과 재산권을 보호하기 위한 범죄들을 말한다. 살인의 죄, 상해와 폭행의 죄, 과실치사상의 죄, 낙태의 죄, 유기와 학대의 죄, 체포와 감금의 죄, 협박의 죄, 약취와 유인의 죄, 강간과 추행의 죄, 명예에 관한 죄, 신용·업무와 경매에 관한 죄, 비밀침해의 죄, 주거침입의 죄, 권리행사를 방해하는 죄, 절도와 강도의 죄, 사기와 공갈의 죄, 횡령과 배임의 죄, 장물에 관한 죄, 손괴의 죄가 이에 해당한다.

Ⅲ 범죄와 형벌

1. 범죄

실질적 의미의 범죄는 사회적으로 유해한 행위 혹은 권리나 법익을 침해하는 행위라 할 수 있다. 그러나 이러한 개념 정의로는 범죄의 성립범위를 한정하지 못한다. 이러한 문제를 해결하기 위해 어떠한 행위가 범죄에 해당하는지 명확하게 인식하고 규정할 수 있도록 단계별로 요건을 정해놓게 되었는데, 이를 형식적 의미의 범죄라 한다. 형식적 의미에서 범죄란 구성요건에 해당하고 위법하며 유책한 행위이다.

2. 형벌

형벌이란 범죄에 대응해 부과되는 법적 효과로서 범인에 대한 법익 박탈의 제재라 정의할 수 있다. 「형법」 제41조는 아홉 가지 종류의 형벌을 규정하고 있으며, 그 순서는 사형, 징역, 금고, 자격상실, 자격정지, 벌금, 구류, 과료, 몰수이다. 구체적인 내용은 다음과 같다.

① 사형은 수형자의 생명을 박탈하는 것을 내용으로 하는 형벌이며, 「형법」

제66조에 따라 형무소 내에서 교수(絞首)하는 방법으로 집행한다. ② 징역은 수형자를 교도소 내에 구치하여 정역에 복무하게 하는 것을 내용으로 하는 형벌로, 유기징역과 무기징역으로 구분된다. 유기징역은 원칙적으로 1개월 이상 30년 이하의 범위에서 정할 수 있다. 무기징역은 종신형이지만, 20년이 경과한 시점부터는 가석방이 가능하다. ③ 금고는 정역을 부과하지 않는다는 점만 징역과 다를 뿐 그 외의 내용은 징역과 동일하다. ④ 구류는 1일 이상 30일 미만의 범위에서만 정할 수 있는 단기 자유형이다. ⑤ 자격상실은 사형·무기징역·무기금고의 선고가 있으면 그 형의 효력으로서 일정한 자격10이 당연히 상실되는 경우이다. ⑥ 자격정지는 당연정지와 선고정지가 있다. 당연정지는 유기징역 또는 유기금고의 판결을 받은 자의 일정한 자격이 그 형의 집행이 종료되거나 면제될 때까지 당연히 정지되는 경우이고, 선고정지는 판결에 의해서 자격의 전부 또는 일부를 정지시키는 형벌이다. 정지기간은 1년 이상 15년 이하이다. ⑦ 벌금은 일정한 금액의 지급의무를 범죄인에게 강제적으로 부담시키는 것을 내용으로 하는 형벌이다. 5만 원 이상으로 하는 것이 원칙이다. 벌금을 납입하지 아니한 자는 1일 이상 3년 이하의 범위에서 노역장에 유치하여 작업에 복무하게 한다. ⑧ 과료는 2천 원 이상 5만 원 미만의 범위에서 정해지는 경미한 범죄에 대해 부과되는 재산형이며, 행정상의 제재에 불과한 과태료와 구별된다. 과료를 납부하지 아니한 자는 1일 이상 30일 미만의 범위에서 노역장에 유치하여 작업에 복무하게 한다. ⑨ 몰수는 범죄행위와 관련된 재산을 박탈하여 국고에 귀속시키는 재산형이다. 몰수는 원칙적으로 다른 형에 부가하여 과한다(부가형). 참고로 추징은 몰수대상인 물건이 몰수하기 불능한 때에 그에 갈음하여 그 가액의 납부를 명하는 사법처분이다.

이상 아홉 가지 형벌의 경중은 「형법」 제41조의 기재 순서에 의한다. 단 무기금고와 유기징역은 금고를 중한 것으로 하고 유기금고의 장기가 유기징역의 장기를 초과하는 때에는 금고를 중한 것으로 한다. 같은 종류의 형은 장기의 긴 것과 다액의 많은 것을 중한 것으로 하고, 장기 또는 다액이 동일한 때에는 그 단기의 긴 것과 소액의 많은 것을 중한 것으로 한다.

---

10 공무원이 되는 자격, 공법상의 선거권과 피선거권, 법률로 요건을 정한 공법상의 업무에 관한 자격, 법인의 이사, 감사 또는 지배인 기타 법인의 업무에 관한 검사역이나 재산관리인이 되는 자격을 의미한다.

Ⅳ 사안의 형법적 쟁점

1. 명확성의 원칙

사안에서 D에게 적용된 혐의는 「부정선거관련자처벌법」 제5조 ④항의 살인 예비·음모죄이다. 그런데 이 조항은 "①항의 예비, 음모와 미수는 이를 처벌한다."고 되어있을 뿐, 어떻게 처벌하는지에 대한 내용이 전혀 없다. 죄형법정주의의 내용 중 명확성의 원칙에 의할 경우, 범죄구성요건과 형사제재에 관한 내용은 모두 구체적이고 명확해야 한다. 그리하여 누구든 법률이 처벌하고자 하는 행위가 무엇이며, 그에 대한 형벌이 어떠한 것인지를 예측할 수 있어야 한다. 따라서 문제의 형벌조항은 죄형법정주의, 구체적으로는 명확성의 원칙에 위반되므로 위헌무효에 해당한다.

2. 예비·음모죄와 미수범

가. 예비·음모죄

예비·음모는 목적하는 범죄를 실현하기 위해 행하는 일체의 준비행위를 가리킨다. 준비행위를 통해 실현하려는 범죄를 본범이라 한다. 형법상 범죄는 원칙적으로 본범이며, 그 준비행위가 별개의 범죄가 되는 경우는 많지 않다. 즉 법률에 특별한 규정이 있는 경우에만 예비·음모를 처벌하며(제28조), 이 특별한 규정의 죄를 보통 예비죄라 부른다. 엄밀한 의미에서 예비와 음모는 서로 구별되는 개념이지만, 「형법」의 규정은 예비와 음모를 늘 병렬적으로 규정하여 같이 취급하고 있으므로 구별의 실익은 없다.

「형법」은 일반 범죄에 대하여는 예비죄를 규정하지 않고, 중대한 범죄에만 예비죄를 규정하고 있다. 「형법」상 예비죄의 예로는 내란예비죄(제90조 ①항), 외환예비죄(제101조 ①항), 방화예비죄(제175조), 교통방해예비죄(제197조), 통화위조예비죄(제213조), 살인예비죄(제255조), 강도예비죄(제343조) 등을 들 수 있다. 살인예비죄를 예로 들면, "제250조(살인, 존속살해)와 제253조(위계·위력에 의한 살인)의 죄를 범할 목적으로 예비 또는 음모한 자는 10년 이하의 징역에 처한다."고 규정하고 있다. 살인예비죄를 비롯한 모든 예비죄의 규정 형식은 이와 같다. 본범을 범할 목적으로 예비·음모하는 행위가 범죄요건이고 형벌은 별도의 형을 정하고 있다.

나. 미수범

미수란 범죄의 실행에 착수하여 행위를 종료하지 못하였거나 결과가 발생하지 않은 때를 말한다. 미수는 실행의 착수를 전제로 한다는 점에서 예비와 다르다. 미수범도 예비와 마찬가지로 모든 경우에 다 처벌되는 것이 아니라 법률에 특별히 정해진 경우에만 처벌된다(제29조). 이러한 경우를 미수범이라 하며, 예비죄에 비해 처벌범위가 상대적으로 더 넓다. 미수는 세 가지 유형으로 나뉜다. 우선 ① 장애미수는 행위자가 범죄를 실현하고자 했으나 의외의 장애로 인하여 기수에 이르지 못한 경우를 의미한다. 이 경우에는 기수범보다 형을 감경할 수 있다(제25조). 다음 ② 중지미수는 실행의 착수 이후에 행위자가 스스로 행위를 중지하거나 결과의 발생을 저지한 경우를 의미한다. 이 경우에는 기수범보다 형을 감경하거나 면제해줘야 한다(제26조). 마지막으로 ③ 불능미수는 범죄의 수단이나 대상의 착오로 인해 결과의 발생이 애초에 불가능이었지만, 행위 자체가 위험한 경우를 의미한다. 불능미수는 기수범보다 형을 감경하거나 면제해 줄 수 있다(제27조). 살인미수를 예로 들면, 「형법」 제254조에 "전 4조(살인 및 존속살해죄, 영아살해죄, 촉탁·승낙살인죄, 위계·위력에 의한 살인죄)의 미수범은 처벌한다."고 규정하고 있다. 모든 미수범의 규정 형식은 이와 같다. 예비죄와 다른 점은 미수범 조항에 별도의 형벌을 정해놓지 않았다는 점이다. 미수범의 유형 중 어디에 해당하느냐에 따라 제25조에서 제27조의 규정을 적용하여 형벌을 정하면 되기 때문이다.

3. 교사의 의미와 실패한 교사

교사란 타인에게 범죄를 사주하는 것이다. 교사범은 피교사자인 정범이 범행을 결의하고 실행하게 함으로써 범죄를 저지르는 공범을 말한다. 참고로 교사범은 범죄의 의사가 없는 자에게 범죄 결의를 하도록 한다는 점에서 이미 범행을 결의하고 있는 정범을 도와주는 종범(방조범이라고도 함)과 다르다. 그러므로 교사범은 정범과 같은 형으로 처벌하는 반면(제31조 ①항), 종범은 정범의 형보다 감경한다(제34조 ②항). 사안에서 D가 O에게 시민들을 총으로 쏴버리라고 얘기한 것은 살인의 교사에 해당한다. 그러나 D의 요구를 O가 거절하였으므로 D의 행위는 실패한 교사에 해당한다. 실패한 교사란 교사를 했으나 피교사자가 범죄의 실행을 승낙하지 않거나 이미 범죄의 실행을 결의하고 있는 경우를 의미한다. 이 경우에는 교사자를 음모 또는 예비에 준하여 처벌한다(제31조 ③항). 따라서 D는 살인예비죄로 처벌된다.

4. 살인죄의 종류

살인죄의 기본이 되는 조항은「형법」제250조 ①항이다. 이를 다른 유형의 살인죄와 구별하기 위해 보통살인죄라 부르기도 한다. 살인행위가 특수목적이나 특정범죄와 결합하는 등의 사유로 보통살인죄보다 형벌이 가중되는 경우가 있다. 「형법」상 존속살해죄(제250조 ②항)와 피인취자 등 살해죄(제291조), 내란목적살인죄(제88조), 인질살해죄(제324조의4), 강도살인죄(제338조) 등이 그러하다. 그 외에도 사안과 같이 특별법에 의해 살인의 형벌을 가중하는 경우도 있다. 예를 들어,「특정범죄 가중처벌 등에 관한 법률」에는 약취 또는 유인한 13세 미만 미성년자를 살해한 경우, 사형 또는 무기징역에 처하도록 하고 있고(제5조의2), 보복의 목적 등[11]으로 사람을 살해한 경우에 대해 사형, 무기 또는 10년 이상의 징역에 처하도록 하고 있다(제5조의9). 이에 반해 보통살인죄보다 형이 감경되는 경우도 있다. 영아살해죄(제251조), 촉탁·승낙에 의한 살인죄(제252조) 등이 그러하다. 다만 위계 또는 위력을 써서 피해자로 하여금 살인을 촉탁 또는 승낙하게 하거나 자살을 결의하게 한 때에는 보통살인죄와 마찬가지로 처벌된다(제253조의 위계·위력에 의한 살인죄).

이렇듯 사람을 살해한 범죄라 하더라도 특별한 요건을 갖추고 있는 경우에는 그에 해당하는 특별규정을 적용하는 것이 옳다. 특별법은 일반법에 우선하기 때문이다. 사안에서 D를 기소한 검사가 D에 대해 형법이 아니라 부정선거관련자처벌법을 적용한 것도 마찬가지의 이유에서다. 다만 그가 공소장에「형법」상의 살인예비죄를 함께 기재했다면 D의 악행을 단죄할 수도 있었을 것이다.

---

11 자기 또는 타인의 형사사건의 수사 또는 재판과 관련하여 고소·고발 등 수사단서의 제공, 진술, 증언 또는 자료제출에 대한 보복의 목적 및 고소·고발 등 수사단서의 제공, 진술, 증언 또는 자료제출을 하지 못하게 하거나 고소·고발을 취소하게 하거나 거짓으로 진술·증언·자료제출을 하게 할 목적을 의미한다.

summary

요 약

죄형법정주의란 범죄가 되는 행위는 무엇인지, 그 행위에 대하여 어떠한 형벌이 과해지는지를 법률에 미리 정해놓아야 한다는 원칙을 말하며, 성문법률주의, 유추해석 금지, 적정성의 원칙, 소급효 금지, 명확성의 원칙과 같은 파생원칙들로 구체화 된다. 사안에서 D에게 적용된 혐의는 「부정선거관련자처벌법」 제5조 ④항의 살인예비·음모죄이다. 그런데 이 조항은 "①항의 예비, 음모와 미수는 이를 처벌한다."고 되어있을 뿐, 어떻게 처벌하는지에 대한 내용이 전혀 없다. 문제의 형벌조항은 죄형법정주의, 구체적으로는 명확성의 원칙에 위반되므로 위헌무효에 해당한다.

이러한 죄형법정주의에 따라 「형법」에는 어떠한 행위가 범죄가 되는지 그러한 행위에 대해서는 어떠한 형벌이 내려지는지가 규정되어 있다. 그런데 「형법」이란 용어는 좁은 의미로 쓰일 때도 있고 넓은 의미로 쓰일 때도 있다. 협의의 형법은 형법전을 가리키고, 광의의 형법은 범죄행위와 그에 상응한 형사제재에 관한 모든 법규범을 뜻한다. 이중 형법전은 가장 중요한 형법 규범이며, 그 내용은 제1편의 총칙과 제2편의 각칙으로 구성되어 있다. 형법총칙은 모든 처벌법규의 기본원칙으로 다른 법령에서 정한 죄에도 원칙적으로 적용된다. 총칙은 4개의 장으로 구성되어 있으며, 각각의 제목은 형법의 적용범위, 죄, 형, 기간이다. 형법각칙에는 개개범죄의 요건과 그에 상응한 각각의 형벌이 규정되어 있다. 제1장 내란의 죄부터 제42장 손괴의 죄에 이르기까지 총 286개의 조문으로 구성되어 있으나, 형법각칙의 개별범죄들을 보호법익에 따라 국가적 법익에 관한 죄, 사회적 법익에 관한 죄, 개인적 법익에 관한 죄로 분류하는 것이 일반적이다.

형벌이란 범죄에 대응해 부과되는 법적 효과로서 범인에 대한 법익 박탈의 제재라 정의할 수 있다. 형벌은 생명형, 자유형, 재산형, 자격형으로 분류된다. 「형법」 제41조는 가장 중한 형벌을 1호에 정하고 점차 낮은 형벌 순으로 9호까지 총 아홉 가지 종류의 형벌을 규정하고 있다. 사형, 징역, 금고, 자격상실, 자격정지, 벌금, 구류, 과료, 몰수가 그것이다. 이들 중 생명형은 사형이며, 자유형은 징역, 금고, 구류이다. 재산형은 벌금, 과료, 몰수이며, 자격형은 자격상실 및 자격정지이다.

key word &
current hot issues

주요 용어와 현안 문제

1. 명확성의 원칙

명확성의 원칙이란 범죄구성요건과 형사제재에 관한 내용이 구체적이고 명확해야 함을 의미한다. 누구나 법률이 처벌하고자 하는 행위가 무엇이며, 그에 대한 형벌이 어떠한 것인지를 예견할 수 있고, 법관의 자의적인 해석이나 판단을 방지하기 위함이다.

2. 협의의 형법

협의의 형법은 형법전을 가리킨다. 형법전은 1953년 9월 18일에 제정된 「형법」이라는 제목의 법전을 뜻한다. 형법전은 총칙과 각칙으로 구성되어 있으며, 범죄와 형벌에 관련된 가장 핵심적인 내용을 담고 있다. 협의의 형법을 형식적 의미의 형법이라 부르기도 한다.

3. 예비죄

예비·음모는 목적하는 범죄를 실현하기 위해 행하는 일체의 준비행위를 가리킨다. 준비행위를 통해 실현하려는 범죄를 본범이라 한다. 「형법」상 범죄는 원칙적으로 본범이며, 그 준비행위가 별개의 범죄가 되는 경우는 많지 않다. 법률에 특별한 규정이 있는 경우에만 예비·음모를 처벌하며, 이 특별한 규정의 죄를 보통 예비죄라 부른다. 엄밀한 의미에서 예비와 음모는 서로 구별되는 개념이지만, 「형법」의 규정은 예비와 음모를 늘 병렬적으로 규정하여 같이 취급하고 있으므로 구별의 실익은 없다.

4. 미수범

미수란 범죄의 실행에 착수하여 행위를 종료하지 못하였거나 결과가 발생하지 않은 때를 말한다. 예비와 다른 점은 범죄의 실행이 시작되었다는 점이다. 미수범도 예비와 마찬가지로 모든 경우에 다 처벌되는 것이 아니라 법률에 특별히 정해진 경우에만 처벌된다.

5. 실패한 교사

교사란 타인에게 범죄를 사주하는 것이다. 교사범은 피교사자인 정범이 범행을 결의하고 실행하게 함으로써 범죄를 저지르는 공범을 말한다. 실패한 교사란 교사를 했으나 피교사자가 범죄의 실행을 승낙하지 않거나 이미 범죄실행을 결의하고 있는 경우를 의미한다. 이 경우에는 교사자를 음모 또는 예비에 준하여 처벌한다.

퀴즈 [진위형] quiz

1 예비죄 규정을 두면서 그 법정형을 정하지 않은 경우, 해당 규정은 위헌무효이다.

2 광의의 형법은 협의의 형법을 모두 포함하는 개념이다.

3 A범죄의 법정형은 10년 이하의 징역이고 B범죄의 법정형은 1년 이상의 금고인 경우, A범죄의 형이 B범죄의 형보다 더 무겁다고 할 수 있다.

4 자살은 범죄이다.

5 갑이 을에게 강도를 교사했는데 을이 절도를 실행한 경우, 갑은 강도예비죄로 처벌된다.

6 죄형법정주의는 「형법」의 보호적 기능보다는 보장적 기능과 관련이 있다.

7 범죄와 형벌은 성문의 법률로 규정되어야 하며, 여기에서의 법률은 실질적 의미의 법률을 의미한다.

8 형벌의 위하 효과와 그에 따른 범죄예방이 형벌의 목적이라고 파악하는 견해는 인간을 수단적 존재로 격하시키는 문제점이 있다.

9 「도로교통법」, 「자본시장과 금융투자업에 관한 법률」, 「관세법」, 「항공법」, 「부정경쟁방지 및 영업비밀보호에 관한 법률」, 「상법」 중 실질적 의미의 형법에 포함되지 않는 법률은 없다.

10 자살교사를 위한 예비행위는 범죄가 아니다.

참고문헌 및 학습 도우미 전자자료
reference & study aid electronic materials

박상기 · 전지연, 『형법학』, 제4판, 집현재, 2018.

한인섭 역, 『체사레 벡카리아의 범죄와 형벌』, 박영사, 2006.

형법기초 강의

http://www.kocw.net/home/search/kemView.do?kemId=1459223

https://www.youtube.com/watch?v=N1K0EMQriuY

형사법 연구논문

https://www.kcla.net/bbs/board.php?bo_table=0501

기타 개별사건 관련 콘텐츠

- 강기훈 유서대필 조작사건: namu.wiki에서 “강기훈 유서대필 조작사건” 검색
- 형제복지원 사건: https://www.youtube.com/watch?v=w1rNx7X7BhU
- 보라매병원 사건: namu.wiki에서 “보라매병원 사건” 검색

해 답
answer

1. 그렇다.
형법총칙에는 예비죄를 어떻게 처벌해야 하는지 구체적인 내용이 규정되어 있지 않기 때문에, 각각의 예비죄 규정은 개별적으로 법정형을 정해야 한다. 법정형이 정해지지 않은 예비죄 규정은 명확성의 원칙에 위반되므로 위헌무효이다.

2. 아니다.
광의의 형법은 범죄행위와 그에 상응한 형사제재에 관한 모든 법규범을 뜻하고, 협의의 형법은 형법전을 의미한다. 협의의 형법의 내용은 대부분 범죄와 형벌에 관한 것이지만, 그것에 해당하지 않는 내용도 일부 포함하고 있다. 예를 들어, 친고죄의 고소조항과 같이 소송조건에 관한 규정들이 그러하다. 이러한 조항들은 광의의 형법에 해당하지 않는다.

3. 아니다.
징역은 금고보다 중한 형벌이지만, 유기금고의 장기가 유기징역의 장기를 초과하는 때에는 금고를 중한 것으로 본다. A죄의 경우 장기는 10년이지만, B죄의 경우 장기는 30년이다. 따라서 B죄의 형이 더 무겁다.

4. 아니다.
살인죄의 기본적 구성요건인 「형법」 제250조 ①항의 보통살인죄는 "사람을 살해한 자는 사형, 무기 또는 5년 이상의 징역에 처한다."고 규정하고 있다. 즉 살인죄의 객체는 사람이며, 사람이란 자신을 제외한 자연인으로 한정된다. 그러므로 자기를 살해하는 것은 살인죄에 해당하지 않는다. 다만, 타인에게 자살을 강요하거나 자살에 관여한 경우에는 살인죄나 자살관여죄가 성립한다.

5. 그렇다.
갑의 강도교사는 실패한 교사에 해당하므로 강도예비죄에 준하여 처벌한다.

6. 그렇다.
「형법」의 보호적 기능이란 「형법」을 통해 여러 법익이 범죄로부터 보호받음을 의미하고, 보장적 기능이란 「형법」에 범죄와 형벌이 무엇인지 엄격하게 정해놓음으로써 국가형벌권의 자의적 행사를 억제하여 개인의 자유와 권리가 보장됨을 의미한다.

7. 아니다.
죄형법정주의의 파생원칙 중 하나인 성문법률주의(Lex scripta)는 범죄와 형벌이 성문의 법률에 규정될 것을 요구한다. 나아가 여기에서의 법률은 입법부가 제정한 형식적 의미의 법률이어야 함이 원칙이다. 이러한 성문법률주의에 따라 관습형법은 금지되고, 위임입법도 엄격한 제한을 받는다.

8. 그렇다.
이러한 입장을 소극적 일반예방론이라 일컫는다. 이 견해는 형벌의 무서움을 일반인들에게 보여주거나 예고함으로써 효과적으로 범죄예방을 할 수 있다고 주장한다. 그러나 형벌의 무서움을 보여주는 방법은 바로 누군가를 처벌하는 것이므로, 이 견해에 따르면 결국 인간을 다른 사람들을 위한 수단으로 이용해야 하는 문제점이 있다.

9. 그렇다.
위의 법률에는 모두 벌칙 조항이 존재한다. 실질적 의미의 형법은 범죄와 형벌에 관한 모든 규범을 의미한다.

10. 그렇다.

「형법」 제252조 ②항에는 "사람을 교사하거나 방조하여 자살하게 한 자"는 1년 이상 10년 이하의 징역에 처하도록 규정하고 있다. 자살 교사·방조의 미수범도 제254조에 의해 처벌되지만, 예비죄 규정은 없다.

/ 제12장 /

정당방위
(self-defense)

– 이강민

Ⅰ. 범죄의 성립요소: 구성요건해당성과 위법성 그리고 책임
Ⅱ. 정당방위란 무엇인가?
Ⅲ. 어떠한 행위가 정당방위가 되는가?
Ⅳ. 정당방위에 해당하면?
Ⅴ. 정당방위에 해당하는 사례들

short storytelling

A씨는 2014년 3월 8일 새벽 3시 15분경 자신의 집에 귀가하여 문을 열어 거실에 서서 서랍장을 뒤지며 절취품을 물색하던 甲을 발견하고는 “당신 누구야?”라고 말한 뒤, 甲에게 다가가 주먹으로 甲의 얼굴을 수회 때려 넘어뜨리고, 甲이 넘어진 상태에서도 계속하여 도망을 하려 하자 甲이 팔로 감싸고 있던 뒤통수를 수회 차고, 뒤이어 집 거실 내에 놓인 위험한 물건인 빨래 건조대를 집어 들고 甲의 등 부분을 수회 때렸다. 이어 A씨는 허리에 차고 있던 벨트를 풀어 甲의 등 부분을 수회 때려 甲에게 치료기간을 알 수 없는 외상성 경막하 출혈 등의 상해를 가함으로써 甲은 뇌사상태에 빠진 후 9개월 만에 사망에 이르렀다. 일명 ‘도둑뇌사사건’이라고 불린 사안이다. ‘도둑을 때려잡은 것이 죄인가?’, 정당방위가 아니라면 A씨에게 상해치사죄의 죄책을 물어야 하는가? A씨는 폭력행위 등 처벌에 관한 법률(집단·흉기등상해) 위반죄로 기소되었고, 제1심법원은 정당방위나 과잉방위를 인정하지 않았으며, 징역 1년 6월의 실형을 선고하였다.[1] 이후 甲이 사망함에 따라 상해치사죄로 공소장변경이 이루어졌고, 항소심은 A씨의 행위는 비록 처음에는 현재의 부당한 법익침해에 대한 반격이었을지라도, 이미 쓰러진 상태의 甲을, 그것도 생명활동의 중추인 머리 부위를 집중하여 때리고 의식을 잃을 때까지 빨래 건조대와 허리띠로 추가 폭행을 한 것은 일반적인 방위의 한도를 현저하게 넘어선 것으로 사회통념상 방위행위라기보다는 적극적인 공격행위라고 보아 정당방위 및 과잉방위를 인정하지 않았고, A씨에게 징역 1년 6월에 집행유예 3년을 선고하고 240시간의 사회봉사를 명하였다.[2] 이에 A씨가 상고하였으나 대법원은 이를 기각하였다.[3] 이러한 내용이 언론에 보도되면서 주거침입과 절도의 피해자가 오히려 가해자가 될 수 있다는 것에, 또한 엄격한 정당방위 요건에 관하여, 나아가 과잉방위에 대해서까지 국민들은 갑론을박하며 법원의 판결에 수긍할 수 없다는 입장을 보이기도 하였다. 이제 우리는 집에 도둑이 들어도 도망가는 도둑을 잡을 수 없는 것일까? 위 사안에 대한 법원의 판결은 국민의 법감정과 거리가 먼 것으로 보일 수 있다.

예비 신랑 B씨는 2015년 9월 24일 새벽 5시 30분경 휴가를 나온 군인 乙이 자신의 집에 침입해 두 달 뒤 결혼하기로 한 예비 신부 丙을 흉기로 수차례 찔러 살해하고, 만취

1 춘천지방법원 원주지원 2014. 8. 13. 선고 2014고단444 판결.

2 서울고등법원 2016. 1. 29. 선고 (춘천)2015노11 판결.

3 대법원 2016. 5. 12. 선고 2016도2794 판결.

상태였던 乙이 B씨 자신의 생명마저 위협하자 몸싸움 끝에 乙이 들고 있던 흉기를 빼어 乙의 목과 등을 찔러 乙은 사망하였다. 일명 '공릉동 살인사건'이라고 불린 사안이다. B씨는 살인혐의로 입건되었으나 수사기관은 정당방위 요건을 충족한다고 판단하여 같은 해 12월 9일 불기소의견으로 검찰에 송치하였다. 이 사건은, 1990년 여자친구를 강간한 20대 남성을 격투 끝에 흉기로 찔러 사망케 한 사건에서 정당방위를 인정받은 이후 25년 만에 살인에 대한 정당방위를 인정한 사건으로 큰 이슈가 되었다. 그러나 살해행위가 정당방위로 인정되어 기소되지 않은 경우는 이례적이므로 합리적인 결론에 도달하기 위하여는 법적 판단 근거가 정확해야 하고, 절차적으로도 확실해야 한다는 등의 이유로 검찰은 2년여의 걸친 기간 동안 결론을 내리지 못했다. 이후 검찰은 乙과 丙의 유족과의 면담, 검찰청 의료자문위원회의 조언 및 검찰시민위원회의 의견 등의 과정을 거친 후 최종적으로 정당방위를 인정하고 B씨에 대해 불기소처분을 하였다.

C씨는 2012년 4월 치매에 걸린 시어머니를 모시고 병원에 가려고 현관을 나서던 중 7년 전부터 알코올중독 치료를 받으며 폭행을 일삼아오던 남편 丁에게 머리채를 잡혔다. C씨는 丁이 머리채를 잡은 손을 놓을 기미가 안 보이자 丁의 팔을 뿌리치고 돌아서 丁의 배를 걷어찼다. 이때 丁은 뒤로 넘어지면서 방바닥에 머리를 세게 부딪쳤을 뿐만 아니라 다음 날 병원 침대에서 떨어져 뇌사상태에 빠졌다. 이에 C씨는 폭행치상죄로 기소되었고, 국민참여재판으로 진행된 제1심법원에서는 정당방위를 인정하여 무죄를 선고하였다. 그러나 항소심에서는, C씨가 丁의 손을 뿌리친 시점에서 이미 침해행위는 종료되었다고 보아야 하므로 침해행위가 종료된 상황에서 丁의 복부를 발로 걷어찬 C씨의 행위가 소극적 방어행위에 불과하다고 보기 어렵다는 이유로, 정당방위를 인정하지 않았다. 이에 무죄를 선고한 원심을 파기하고 징역 1년 6월에 집행유예 3년을 선고하였다.[4] 이후 대법원도 C씨의 행위가 정당방위에 해당하지 않는다고 본 원심판단을 수긍하였다.[5] 이와 같은 가정폭력 관련 사건에서 정당방위를 인정한 사례를 찾아보기 어려운 것이 현실이다.

A씨와 B씨 그리고 C씨에 대한 법원의 판결은 정당한가? 그들은 더 이상 피해자가 아니며, 오히려 가해자가 된 셈이다. 이들이 가해자가 되는 것을 억울하다고 생각할 수 있다. 그렇다면 범죄피해자였던 이들이 그러한 불법한 공격으로부터 반격하는 것을 정당화시킬 수 있는 근거가 있을까? 누구든지 불법한 공격을 받으면 자기 스스로를 보호하려

---

4 서울고등법원 2015. 2. 9. 선고 2013노2350 판결.

5 대법원 2015. 6. 11. 선고 2015도2759 판결.

는 본능이 있고, 또한 법은 불법에 양보할 필요가 없다. 즉 「형법」은 개인이 불법에 대하여 법을 방위하는 것을 허용한다. 이것이 바로 '정당방위'이다. 이에 「형법」에서 정당방위가 어떠한 역할을 하는지를 밝히고, 정당방위란 무엇이며, 어떠한 요건을 갖추어야 인정될 수 있는지 그리고 어떠한 효과가 인정되는지를 이하에서 살펴보도록 한다.

I 범죄의 성립요소: 구성요건해당성과 위법성 그리고 책임

1. 구성요건해당성과 위법성 그리고 책임의 의의

구성요건이란 위법한 행위 가운데 특히 범죄로 하여 처벌할 필요가 있는 행위를 추상적으로 유형화해 놓은 것으로, 금지의 실질 내지 자료를 말한다(추상화된 위법유형). 즉 구성요건은 금지된 행위의 정형적 불법내용을 형성하고 다른 범죄와 구별되는 특수한 범죄정형의 형태와 내용이 되는 모든 요소를 결합해 놓은 것이다. 다만 구성요건과 구성요건해당성은 구별되어야 한다. 구성요건은 추상화된 위법행위의 유형임에 반하여, 구성요건해당성이란 구체적인 행위가 불법유형인 구성요건에 부합하는 것을 말한다.

위법성은 범죄성립요소의 하나로서 법질서 전체의 입장에서 내려지는 행위에 대한 부정적 가치판단이다. 다만 위법성은 불법과는 「형법」상 상이한 개념으로 이해되고 있다. 즉 위법성은 전체 법질서에 준거하여 행위가 전체 법질서와 충돌하는 것을 의미한다면, 불법은 위법한 행위가 갖는 내용적 측면에서의 실질적인 반가치내용이다. 예컨대, 절도와 살인은 각각 절도죄와 살인죄에 해당하는 행위로서 동일하게 위법하지만, 절도와 살인의 무게는 달리하며, 이때 그 무게가 불법의 질과 양이라 할 수 있다. 즉 불법은 반가치성의 무게에 따라 그 크기가 다르며, 이는 결국 형벌의 종류와 크기로 나타나게 된다.

바로 이러한 위법성단계에서 구성요건에 해당하는 행위의 위법 여부에 대한 최종적인 판단이 이루어진다. 다만 구성요건은 위법한 행위를 유형화해 놓은 것이기 때문에 구성요건에 해당하는 행위는 법이 허용하는 특별한 사유(위법성조각사유)에 해당하지 않는 한 위법하다. 따라서 「형법」은 위법성의 내용을 별도로 규정하지 않고 위법성조각사유만을 예외적으로 규정하고 있다.

책임이란 구성요건에 해당하는 위법행위를 한 행위자에 대한 비난가능성을 의미한다. 즉 행위자가 위법행위를 하지 않을 수 있었음에도 불구하고 불법을 결의하고 위법하게 행위하였다는 점에 대하여 가해지는 비난 내지 비난가능성이 책임이다. 책임은 행위의 위법성이 확정된 후에 비로소 제기되는 문제이므로 "책임 없는 불법"은 있을 수 있으나 "불법 없는 책임"은 생각할 수 없다. 위법성은 법질서 전체의 입장에서 내려지는 행위에 대한 부정적 가치판단임에 반하여, 책임은 법의식의 결여를 이유로 내려지는 행위자에 대한 부정적 가치판단이다.

2. 구성요건해당성과 위법성의 관계

어떤 행위가 구성요건에 해당한다는 것과 위법하다는 것은 구별되어야 한다. 구성요건에 해당한다는 것은 그 행위가 형벌법규의 개개 구성요건(불법내용)에 합치함을 말하고, 위법하다는 것은 그러한 불법내용에 합치한 행위가 법질서 전체의 입장에서 허용되지 아니함을 말한다. 다만 구성요건이란 위법한 행위를 유형화해 놓은 것이므로, 구성요건에 해당하는 행위는 특별한 사유가 없는 한 위법한 것으로 되며(구성요건은 위법성을 징표함), 구성요건에 해당하는 행위의 위법성을 배제시켜 주는 특별한 사유가 있는 때 위법성이 조각될 뿐이다.

3. 위법성과 책임의 관계

위법성은 법질서 전체의 입장에서 내리는 행위에 대한 객관적 판단이다. 여기서 "객관적 판단"이란 평가방법의 객관성, 즉 일반적 가치판단 내지 보편타당한 가치판단이라는 의미일 뿐, 평가대상이 객관적인 것에 한정된다는 것은 아니다. 위법성판단에서의 평가대상에는 주관적 요소를 내용으로 하는 행위반가치도 포함된다. 이에 반하여 책임은 행위자의 행위의사에 대한 비난가능성 유무를 판단하는 주관적 판단이다. 이와 같이 주관적 요소는 위법성과 책임에 있어서 그 평가대상이 되지만, 그 의미는 상이하다. 즉 위법성판단에서는 행위자가 무엇을 의욕하고 실현하였느냐가 문제되고, 책임판단에서는 행위의사가 어떻게 형성되었으며 이를 비난할 수 있느냐가 문제된다.

4. 위법성과 위법성조각사유

어떠한 행위가 처벌되기 위해서는 구성요건에 해당하여야 한다(즉 구성요건해당성은 범죄성립의 제1요소). 그런데 구성요건은 위법행위 중 형벌을 통해서 금지하려고 한 행위를 유형화해 놓은 것이므로, 구성요건에 해당하면(즉 구성요건해당성이 인정되면) 일응 위법한 것으로 추정된다. 따라서 구성요건에 해당하는 행위에 대해서는 적극적으로 위법한가를 문제 삼지 않고, 추정된 위법성이 깨지는가(조각되는가)가 문제될 뿐이다. 이와 같이 구성요건에 해당하는 행위의 위법성을 배제시켜 주는 특별한 사유를 위법성조각사유라고 한다. 여기에서 구성요건과 위법성조각사유의 관계는 원칙과 예외의 관계라 할 수 있고, 따라서 구성요건에 해당하는 행위는 위법성조각사유가 없는 한 위법하다.

위법성조각사유는 일반적 위법성조각사유와 특수한 위법성조각사유로 나눌 수 있다. 일반적 위법성조각사유는 모든 범죄에 공통적으로 적용될 수 있는 위법성조각사유로서, 형법총칙에 규정된 정당행위(제20조), 정당방위(제21조), 긴급피난(제22조), 자구행위(제23조), 피해자의 승낙에 의한 행위(제24조)를 말한다. 이에 반하여 몇몇 개별범죄에만 문제되는 특수한 위법성조각사유로는 명예훼손에 관한 위법성조각을 규정한「형법」제310조와 인공임신중절수술을 허용하는「모자보건법」제14조 등이 있다.

구성요건에 해당하는 어떠한 행위라도 위와 같은 위법성조각사유의 요건을 충족하면 그 행위는 위법하지 않은 행위, 즉 법이 허용하는 정당한 행위로서 범죄는 성립하지 않게 된다.

그런데 이러한 위법성조각사유 중 역사가 가장 오래되고, 일반적이며 전형적인 위법성조각사유가 바로 정당방위이다. 이하에서는 정당방위에 관하여 살펴보도록 한다.

Ⅱ 정당방위란 무엇인가?

정당방위란 자기 또는 타인의 법익에 대한 현재의 부당한 침해를 방위하기 위한 상당한 이유가 있는 행위를 말하며, 이는 위법성조각사유의 하나로「형법」제21조에 규정되어 있다. 정당방위는 현재의 부당한 침해를 방위하기 위한 정당한 행위로서 불법(不法) 대 법(法) 또는 부정(不正) 대 정(正)의 관계에 있다. 즉 정당방위는 "법은 불법에 양보할 필요 없다."는 것을 기본사상으로 하고 있는데, 이러한 사상은 자기보호의 원리와 법수호의 원리를 근거로 한다. 즉 정당방위는 자연법상의 권리로서 개인의 권리라는 측면에서 타인의 위법한 침해로부터 스스로 방위하는 것을 허용하는 것이며, 사회권적 측면에서는 피침해자가 자기방위를 통해 일반적인 평화질서 내지 정당한 법질서를 지키는 것이 된다. 따라서 정당방위는 위법성조각사유로서 정당방위를 행한 자의 행위는 적법한 행위가 된다.

III 어떠한 행위가 정당방위가 되는가?

어떠한 행위가 범죄구성요건에는 해당하지만 정당방위로서 위법하지 않은 행위가 되려면, 「형법」규정에 따라 세 가지 요건을 갖추어야 한다. 즉 첫째, 자기 또는 타인의 법익에 대한 현재의 부당한 침해가 있을 것, 둘째, 방위하기 위한 행위일 것, 셋째, 상당한 이유가 있을 것을 요한다.

1. 자기 또는 타인의 법익에 대한 현재의 부당한 침해

정당방위는 정당방위를 할 수 있는 객관적 상황이 있어야 가능하며, 이를 정당방위 상황이라고 한다. 즉 정당방위를 하기 위한 전제조건으로 자기 또는 타인의 법익에 대한 현재의 부당한 침해가 있어야 한다.

가. 자기 또는 타인의 법익

법에 의해 보호되는 모든 법익은 정당방위에 의해 보호될 수 있으므로, 생명, 신체, 자유, 명예, 재산 등 「형법」상 보호되는 법익뿐 아니라 가족관계, 애정관계와 같은 법익을 위해서도 정당방위를 할 수 있다. 따라서 부부 사이의 성관계를 엿보는 자에 대한 정당방위도 가능하다.[6] 또한 정당방위는 자기의 법익뿐만 아니라 타인의 법익을 위해서도 허용된다. 특히 타인의 법익을 위한 정당방위를 긴급구조라고 하며, 타인의 법익에는 자기 이외의 자연인, 법인의 모든 법익을 포함하지만, 국가적 또는 사회적 법익에 대하여는 정당방위가 허용되지 않는다는 것이 다수설이다. 이는 애초 정당방위가 타인의 위법한 침해로부터 개인을 방어

---

6 이재상·장영민·강동범, 형법총론, 2019, 246면.

하기 위하여 인정된 것이지 공공의 질서를 방어하기 위한 것은 아니기 때문이다. 즉 전체로서의 질서 내지 공공의 질서유지는 국가의 사명일 뿐 개인의 정당방위가 허용될 성격은 아니다. 다만 국가나 사회적 법익이라 할지라도 그것이 개인적 법익으로서 성격을 갖는 경우 예컨대, 국가 소유의 건물이나 물건에 대한 방화, 절도, 손괴 등과 같은 침해행위가 있는 때에는 이를 위한 정당방위는 허용된다.

[Box 12.1] 타인의 법익을 위한 정당방위(대법원 1986. 10. 14. 선고 86도1091 판결)

차량통행문제를 둘러싸고 피고인의 부(父)와 다툼이 있던 피해자가 그 소유의 차량에 올라타 문 안으로 운전해 들어가려 하자 피고인의 부(父)가 양팔을 벌리고 이를 제지하였으나 위 피해자가 이에 불응하고 그대로 그 차를 피고인의 부(父) 앞쪽으로 약 3미터 가량 전진시키자 위 차의 운전석 부근 옆에 서 있던 피고인이 부(父)가 위 차에 다치겠으므로 이에 당황하여 위 차를 정지시키기 위하여 운전석 옆 창문을 통하여 피해자의 머리털을 잡아당겨 그의 흉부가 위 차의 창문틀에 부딪쳐 약간의 상처를 입게 한 행위는 부(父)의 생명, 신체에 대한 현재의 부당한 침해를 방위하기 위한 행위로서 정당방위에 해당한다.

나. 현재의 침해(침해의 현재성)

정당방위는 현재의 침해에 대해서만 허용된다. 여기서 침해란 사람에 의한 공격이나 위험을 의미한다. 즉 법에 의해 보호되는 법익에 대한 공격이면 그 침해가 목적이나 고의에 의한 것이든 과실이나 책임 없는 자의 행위에 의한 것이든 묻지 않는다. 그러나 사람의 행위가 아닌 자연현상이나 동물에 의한 침해에 대해서는 정당방위를 할 수 없다. 다만, 동물에 의한 침해에 대하여는 긴급피난이 가능할 뿐이고, 만약 동물에 의한 침해가 사람에 의해 사주된 경우라면 이는 사람이 동물을 도구로 이용한 것에 불과하므로 결국 사람에 의한 침해가 되어 그에 대한 정당방위가 가능하다. 또한 침해는 적극적인 움직임(작위)으로 나타나는 것이 보통이지만, 그렇지 않은 때도 있다. 예컨대 부부간에는 부양의무(「민법」 제826조)가 있는데, 일방의 배우자가 생명이 위급한 때 상대 배우자가 적극적으로 구조행위를 하지 않음(부작위)으로써 생명에 대한 침해가 발생하는 경우가 이에 해당한다. 즉 부작위에 의한 침해도 가능하다.

그러나 침해가 존재한다고 하여 무조건 정당방위가 허용되는 것은 아니다. 즉 정당방위에서 침해는 현재에 있어야 한다. 따라서 과거의 침해나 장래에 나타날 침해에 대해서는 정당방위를 할 수 없다. 여기서 '현재'란 법익에 대한 침해가 급박한 상태, 즉 침해가 발생하기 직전인 경우 바로 발생하거나 아직 침해가 계속되고 있는 때, 즉 침해 발생 이후 종료나 그 직후까지를 포함한다. 침해가 바로 발생한 때 정당방위가 가능한 것은 당연하며, 침해가 발생하기 직전이라도 방어를 지체하여 침해가 발생하게 되면 이미 방어의 기회를 놓치게 되므로 이때에도 정당방위가 허용된다. 따라서 그 침해행위가 반드시 실행에 착수하여 미수에 이를 것을 요하는 것은 아니다. 또한 범죄가 이미 기수에 달하였더라도 그 침해행위가 범죄현장에서 계속되고 있는 한 정당방위는 가능하다. 따라서 전날 밤 도둑을 맞았는데 다음날 길에서 도둑을 만난 경우에는 정당방위를 할 수 없지만, 현행범인 절도범을 추격하여 도난당한 물품을 가져오는 것은 정당방위에 해당할 수 있다.

한편, 가정폭력의 경우처럼 과거에 계속적으로 법익침해가 있고 앞으로도 계속될 것이라고 예상되는 경우에 현재의 침해에 해당하여 정당방위를 할 수 있는가가 문제된다. 즉 '예방적 정당방위'가 허용될 수 있는가이다. 이에 대하여 가정폭력이나 아동학대의 경우 예외적으로 예방적 정당방위를 허용하는 입법안이 제시된 바도 있으나 「형법」상 정당방위 규정상으로는 이를 인정하기는 어렵다.[7] 정당방위는 예외적으로 자기사법을 허용하는 것이므로 침해의 현재성은 엄격히 해석되어야 하고,[8] 예방적 정당방위는 침해의 현재성이 인정되지 않기 때문이다.

침해의 현재성이 있는가는 피침해자의 주관이 아닌 객관적인 상황에 따라 결정되어야 하며, 이는 급박한 침해가 이루어진 때를 기준으로 한다. 따라서 담위에 철조망을 설치하는 경우처럼 미래의 도둑으로부터의 침해를 대비하기 위한 조치는 설치한 당시에 정당방위가 되는 것이 아니라 침해가 발생한 때, 즉 도둑이 담을 넘는 때를 기준으로 보아 현재의 침해에 대한 정당방위가 되는 것이다.

---

7 다만 폭력행위 등 처벌에 관한 법률에 따르면, 동법에 규정된 죄를 범한 사람이 흉기나 그 밖의 위험한 물건 등으로 사람에게 위해를 가하거나 가하려 할 때 이를 예방하거나 방위하기 위하여 한 행위는 벌하지 아니한다(「폭력행위 등 처벌에 관한 법률」 제8조 ①항).

8 이재상·장영민·강동범, 형법총론, 2019, 244면.

[Box 12.2] 침해의 현재성을 인정한 판례(대법원 1974. 5. 14. 선고 73도2401 판결)

타인이 보는 자리에서 자식으로부터 인륜상 용납할 수 없는 폭언과 함께 폭행을 가하려는 피해자를 1회 구타한 행위는 피고인의 신체에 대한 법익뿐만 아니라 아버지로서의 신분에 대한, 법익에 대한 현재의 부당한 침해를 방위하기 위한 행위로서 정황에 비추어 볼 때 피고인으로서는 피해자에게 일격을 가하지 아니할 수 없는 상당한 이유가 있는 행위로서 정당방위에 해당한다.

다. 부당한 침해(침해의 부당성)

정당방위는 부당한 침해에 대해서만 할 수 있다. 여기서 '부당'이란 위법, 즉 객관적으로 법질서를 침해하는 모든 행위를 말하므로 「형법」상의 불법뿐 아니라 그 외 법질서 전체에 위배되는 일반적인 위법행위를 의미하며, 여기에는 고의나 과실뿐 아니라 고의나 과실이 없는 단순한 결과불법에 해당하는 경우도 포함된다.

[Box 12.3] 부당한 침해에 대한 정당방위(대법원 2006. 11. 23. 선고 2006도2732 판결)

경찰관의 현행범 체포행위가 적법한 공무집행을 벗어나 불법하게 체포한 것으로 볼 수밖에 없다면, 현행범이 그 체포를 면하려고 반항하는 과정에서 경찰관에게 상해를 가한 것은 불법 체포로 인한 신체에 대한 현재의 부당한 침해에서 벗어나기 위한 행위로서 정당방위에 해당하여 위법성이 조각된다.

그러나 부당한 침해가 아닌 정당한 침해에 대해서는 정당방위를 할 수 없다.

[Box 12.4] 정당한 침해에 대한 정당방위 부정(대법원 2003. 11. 13. 선고 2003도3606 판결)

공직선거 후보자 합동연설회장에서 후보자 갑이 적시한 연설 내용이 다른 후보자 을에 대한 명예훼손 또는 후보자비방의 요건에 해당되나 그 위법성이 조각되는 경우, 갑의 연설 도중에 을이 마이크를 빼앗고 욕설을 하는 등 물리적으로 갑의 연설을 방해한 행위는 갑의 '위법하지 않은 정당한 침해'에 대하여 이루어진 것일 뿐만 아니라 '상당성'을 결여하여 정당방위의 요건을 갖추지 못한 것이다.

다만, 싸움의 경우 공격과 방어가 교차되기 때문에 한편의 행위만을 부당한 침해라고 하고 다른 한편의 행위는 방어라고 단정할 수 없으므로 원칙적으로 침해가 있다고 볼 수 없다는 것이 판례의 태도이다. 그러나 싸움에서 공격과 방어라고

하여 침해의 존재 자체를 부정할 수는 없다. 즉 싸움에서 공격과 방어는 모두 부당한 침해이지 부당한 침해가 없는 것은 아니기 때문이다. 다만, 판례는 i) 싸움에 있어서도 일방이 싸움을 중지하였거나, ii) 싸움에서 당연히 예상할 수 있는 범위를 넘는 공격이 있는 때, iii) 외관상 서로 싸움일지라도 실제로 상대방의 일방적인 불법폭행이 있는 때에는 부당한 침해를 인정하여 정당방위가 가능하다고 한다.

[Box 12.5] 싸움의 경우 정당방위에 관한 판례

[정당방위를 부정한 판례]

(i) 대법원 1971. 4. 30. 선고 71도527 판결
서로 공격할 의사로 싸우다가 상대방으로부터 먼저 공격을 받고 이에 대항하여 가해한 행위는 방위행위인 동시에 공격행위의 성격을 가진다 할 것이므로 정당방위 또는 과잉방위가 성립될 수 없다.

(ii) 대법원 2004. 6. 25. 선고 2003도4934 판결
가해자의 행위가 피해자의 부당한 공격을 방위하기 위한 것이라기보다는 서로 공격할 의사로 싸우다가 먼저 공격을 받고 이에 대항하여 가해하게 된 것이라고 봄이 상당한 경우, 그 가해행위는 방어행위인 동시에 공격행위의 성격을 가지므로 정당방위라고 볼 수 없다.

[정당방위를 인정한 판례]

(i) 대법원 1957. 3. 8. 4290형상18 판결
싸움이 중지된 후에 다시 피해자들이 도발한 별개의 가해행위를 방위하기 위하여 단도로 상대방의 복부에 자상을 입힌 행위에 대하여 정당방위에 해당한다고 한 것은 정당하다.

(ii) 대법원 1968. 5. 7. 선고 68도370 판결
싸움을 함에 있어서 격투를 하는 자 중의 한 사람의 공격이 그 격투에서 당연히 예상할 수 있는 정도를 초과하여 살인의 흉기 등을 사용하여 온 경우에는 이를 '부당한 침해'라고 아니할 수 없으므로 이에 대하여는 정당방위를 허용하여야 한다고 해석하여야 한다.

(iii) 대법원 1999. 10. 12. 선고 99도3377 판결
서로 격투를 하는 자 상호간에는 공격행위와 방어행위가 연속적으로 교차되고 방어행위는 동시에 공격행위가 되는 양면적 성격을 띠는 것이므로 어느 한쪽 당사자의 행위만을 가려내어 방어를 위한 정당행위라거나 또는 정당방위에 해당한다고 보기 어려운 것이 보통이나, 외관상 서로 격투를 하는 것처럼 보이는 경우라고 할지라도 실지로는 한쪽 당사자가 일방적으로 불법한 공격을 가하고 상대방은 이러한 불법한 공격으로부터 자신을 보호하고 이를 벗어나기 위한 저항수단으로 유형력을 행사한 경우라면, 그 행위가 적극적인 반격이 아니라 소극적인 방어의 한도를 벗어나지 않는 한 그 행위에 이르게 된 경위와 그 목적수단 및 행위자의 의사 등 제반 사정에 비추어 볼 때 사회통념상 허용될 만한 상당성이 있는 행위로서 위법성이 조각된다고 보아야 한다.

2. 방위하기 위한 행위

정당방위가 성립하기 위해서는 자기 또는 타인의 법익에 대한 현재의 부당한 침해를 방위하기 위한 행위이어야 한다. 방위행위가 되기 위해서는 우선 행위자에게 방위의사(주관적 정당화요소)가 있어야 한다. 다만 방위의사는 그것이 방위행위의 동기 또는 유일한 요소가 될 것을 요하는 것은 아니므로 증오나 분노, 복수와 같은 다른 동기가 있는 때에도 방위의사가 주된 기능을 하는 한 정당방위가 성립하는 데 문제되지 않는다.

[Box 12.6] 방위의사에 관한 판례

[방위의사를 인정한 판례] 대법원 1989. 3. 14. 선고 87도3674 판결
갑회사가 을이 점유하던 공사현장에 실력을 행사하여 들어와 현수막 및 간판을 설치하고 담장에 글씨를 쓴 행위는 을의 시공 및 공사현장의 점유를 방해하는 것으로서 을의 법익에 대한 현재의 부당한 침해라고 할 수 있으므로 을이 그 현수막을 찢고 간판 및 담장에 씌어진 글씨를 지운 것은 그 침해를 방어하기 위한 행위로서 상당한 이유가 있다.

[방위의사를 부정한 판례]
(i) 대법원 1984. 1. 24. 선고 83도1873 판결
피해자가 칼을 들고 피고인을 찌르자 그 칼을 빼어 그 칼로 반격을 가한 결과 피해자에게 상해를 입게 하였다 하더라도 그와 같은 사실만으로는 피고인에 대한 현재의 부당한 침해를 방위하기 위한 행위로서 상당한 이유가 있는 경우에 해당한다고 할 수 없다.
(ii) 대법원 1984. 6. 26. 선고 83도3090 판결
언쟁 중 흥분 끝에 싸우다가 상해를 입힌 행위는 서로 상대방의 상해행위를 유발한 것이어서 정당방위는 성립하지 아니한다.
(iii) 대법원 1996. 4. 9. 선고 96도241 판결
피해자의 침해행위에 대하여 자기의 권리를 방위하기 위한 부득이한 행위가 아니고, 그 침해행위에서 벗어난 후 분을 풀려는 목적에서 나온 공격행위는 정당방위에 해당한다고 할 수 없다.

방위행위란 그 침해가 계속되지 못하도록 침해를 배제하는 모든 행위를 포함하므로 침해에 대한 순수한 방어적 방위인 보호방위뿐만 아니라 침해자에 대한 적극적 반격인 반격방어도 이에 해당한다. 다만 제3자에 대하여 반격하는 경우에는 그것이 침해자에 대한 방위의 일부분이 되는 경우에 한하여 정당방위로 허용될 뿐이다.

[Box 12.7] 방위행위의 형태에 관한 판례(대법원 1992. 12. 22. 선고 92도2540 판결)

정당방위가 성립하려면 침해행위에 의하여 침해되는 법익의 종류, 정도, 침해의 방법, 침해행위의 완급과 방위행위에 의하여 침해될 법익의 종류, 정도 등 일체의 구체적 사정들을 참작하여 방위행위가 사회적으로 상당한 것이어야 하고, 정당방위의 성립요건으로서의 방어행위에는 순수한 수비적 방어뿐 아니라 적극적 반격을 포함하는 반격방어의 형태도 포함되나, 그 방어행위는 자기 또는 타인의 법익침해를 방위하기 위한 행위로서 상당한 이유가 있어야 한다.

3. 상당한 이유

정당방위가 성립하기 위해서는 방위행위에 상당한 이유가 있어야 한다. 상당한 이유란 침해에 대한 방위가 사회상규에 비추어 상당한 정도를 넘지 아니하고 당연시되는 것을 의미한다.[9] 정당방위는 자기보호뿐만 아니라 법질서 수호를 위해 인정되는 것이므로 원칙적으로 다른 피난방법이 없었을 것, 즉 방위행위가 최후수단이어야 하며 필요최소한의 범위에 이루어져야 한다는 보충성을 요하지 아니하고, 침해된 법익이 방위된 법익을 가치적으로 초과하지 않을 것, 즉 엄격한 법익균형성도 요하지 않는다. 결국 방위행위의 상당성이 인정되기 위해서는 방위행위의 필요성이 요구된다. 방위행위는 침해의 즉각적인 배제가 확실히 기대되고 위험의 제거가 보장되는 때에 그 필요성이 인정되므로, 정당방위의 객관적 요건이 충족되면 방위행위의 필요성은 당연히 인정된다고 할 수 있다. 따라서 방위행위가 방어를 위한 적합한 수단이고 그것이 상대적으로 경미한 피해를 입힌 경우뿐 아니라 선택의 여지가 없는 때에는 보다 큰 피해를 주더라도 방위행위의 필요성이 인정되며, 따라서 상당성을 충족한다. 다만, 방위행위에 상당한 이유가 있는가는 객관적으로 판단되어야 한다.

[Box 12.8] 상당성의 판단 기준(대법원 2003. 11. 13. 선고 2003도3606 판결)

어떠한 행위가 정당방위로 인정되려면 그 행위가 자기 또는 타인의 법익에 대한 현재의 부당한 침해를 방어하기 위한 것으로서 상당성이 있어야 하므로, 위법하지 않은 정당한 침해에 대한 정당방위는 인정되지 아니하고, 방위행위가 사회적으로 상당한 것인지 여부는 침해

9 이재상·장영민·강동범, 형법총론, 2019, 248면.

행위에 의해 침해되는 법익의 종류, 정도, 침해의 방법, 침해행위의 완급과 방위행위에 의해 침해될 법익의 종류, 정도 등 일체의 구체적 사정들을 참작하여 판단하여야 한다.

[Box 12.9] 상당성을 부정한 판례

(ⅰ) 대법원 1984. 9. 25. 선고 84도1611 판결
피고인이 그 소유의 밤나무 단지에서 피해자가 밤 18개를 푸대에 주워 담는 것을 보고 푸대를 빼앗으려다 반항하는 피해자의 뺨과 팔목을 때려 상처를 입혔다면 위 행위가 비록 피해자의 절취행위를 방지하기 위한 것이었다 하여도 긴박성과 상당성을 결여하여 정당방위라고 볼 수 없다.

(ⅱ) 대법원 1991. 5. 28. 선고 91도80 판결
피고인이 피해자로부터 갑작스럽게 뺨을 맞는 등 폭행을 당하여 서로 멱살을 잡고 다투자 주위 사람들이 싸움을 제지하였으나 피해자에게 대항하기 위하여 깨어진 병으로 피해자를 찌를 듯이 겨누어 협박한 경우, 피고인의 행위는 자기의 법익에 대한 현재의 부당한 침해를 방어하기 위한 것이라고 볼 수 있으나, 맨손으로 공격하는 상대방에 대하여 위험한 물건인 깨어진 병을 가지고 대항한다는 것은 사회통념상 그 정도를 초과한 방어행위로서 상당성이 결여된 것이고, 또 주위사람들이 싸움을 제지하였다는 상황에 비추어 야간의 공포나 당황으로 인한 것이었다고 보기도 어렵다.

(ⅲ) 대법원 1992. 12. 22. 선고 92도2540 판결
의붓아버지의 강간행위에 의하여 정조를 유린당한 후 계속적으로 성관계를 강요받아 온 피고인이 상피고인과 사전에 공모하여 범행을 준비하고 의붓아버지가 제대로 반항할 수 없는 상태에서 식칼로 심장을 찔러 살해한 행위는 사회통념상 상당성을 결여하여 정당방위가 성립하지 아니한다.

(ⅳ) 대법원 2001. 5. 15. 선고 2001도1089 판결
이혼소송중인 남편이 찾아와 가위로 폭행하고 변태적 성행위를 강요하는 데에 격분하여 처가 칼로 남편의 복부를 찔러 사망에 이르게 한 경우, 그 행위는 방위행위로서의 한도를 넘어선 것으로 사회통념상 용인될 수 없어 정당방위나 과잉방위에 해당하지 않는다.

Ⅳ 정당방위에 해당하면?

정당방위에 해당하면 「형법」 제21조 ①항에 따라 '벌하지 아니한다.' 벌하지 아니한다는 의미는 위법성이 조각되어 범죄의 성립이 부정되므로 벌하지 않는다는 것이다. 「형법」은 범죄의 성립요건이 충족되지 않는 경우에 '벌하지 아니한다' 라고 하여, 일정한 사유에 의하여 형벌을 과하지 않는 경우를 의미하는 '형을 면

제한다'와는 구별하여 규정하고 있다. 따라서 정당방위를 한 행위자에 대하여는 형면제판결이 아닌 무죄판결을 하여야 한다.

정당방위는 위법성이 조각되는 행위이므로 어떠한 행위가 정당방위로 인정되면 이에 대한 정당방위는 허용되지 않는다.

[Box 12.10] 정당방위에 대한 정당방위(대법원 1983. 9. 13. 선고 83도1467 판결)

피고인이 피해자를 살해하려고 먼저 가격한 이상 피해자의 반격이 있었더라도 피해자를 살해한 소위가 정당방위에 해당한다고 볼 수 없다.

V 정당방위에 해당하는 사례들

1953년 「형법」이 제정된 이래 60여 년이 넘는 역사 속에서 법원이 정당방위를 인정한 사례는 극히 드물며, 이에 법원은 국민들로부터 정당방위의 인정에 인색하다는 비판과 함께 정당방위에 관한 구체적인 판단 기준을 제시하고 있지 못한다는 점에서 비난을 받기도 한다.

다음은 위에서 언급된 판례 외에 법원이 정당방위를 인정한 대표적인 사례들이다.

[Box 12.11] 집단구타에 대한 방위행위(대법원 1981. 8. 25. 선고 80도800 판결)

피고인 경영의 주점에서 갑 등이 통금시간이 지나도록 외상술을 마시면서 접대부와 동침시켜 줄 것을 요구하고 이를 거절한 데 불만을 품고 내실까지 들어와 피고인의 처가 있는 데서 소변까지 하므로 피고인이 항의하자 갑이 그 일행과 함께 피고인을 집단구타하므로 피고인이 갑을 업어치기식으로 넘어뜨려 그에게 전치 12일의 상해를 입힌 경우에는 피고인의 갑에 대한 위 폭행행위는 정당방위로 죄가 되지 아니한다.

[Box 12.12] 성적 자기결정권을 위한 방위행위(대법원 1989. 8. 8. 선고 89도358 판결)

갑과 을이 공동으로 인적이 드문 심야에 혼자 귀가중인 병녀에게 뒤에서 느닷없이 달려들어 양팔을 붙잡고 어두운 골목길로 끌고 들어가 담벽에 쓰러뜨린 후 갑이 음부를 만지며 반항하는 병녀의 옆구리를 무릎으로 차고 억지로 키스를 함으로 병녀가 정조와 신체를 지키려는 일념에서 엉겁결에 갑의 혀를 깨물어 설절단상을 입혔다면, 병녀의 범행은 자기의 신체에 대한 현재의 부당한 침해에서 벗어나려고 한 행위로서 그 행위에 이르게 된 경위와 그 목적 및 수단, 행위자의 의사 등 제반 사정에 비추어 위법성이 결여된 행위이다.

[Box 12.13] 일방적 공격에 대한 방위행위(대법원 1989. 10. 10. 선고 89도623 판결)

피고인이 방안에서 피해자로부터 깨진 병으로 찔리고 이유 없이 폭행을 당하여 이를 피하여 방밖 홀로 도망쳐 나오자 피해자가 피고인을 쫓아 나와서까지 폭행을 하였다면, 이때 피고인이 방안에서 피해자를 껴안거나 두 손으로 멱살부분을 잡아 흔든 일이 있고 홀 밖에서 서로 붙잡고 밀고 당긴 일이 있다고 하여도 특별한 사정이 없는 한 이는 피해자에 대항하여 폭행을 가한 것이라기보다는 피해자의 부당한 공격에서 벗어나거나 이를 방어하려고 한 행위였다고 보는 것이 상당하고 그 행위에 이르게 된 경위, 목적, 수단, 의사 등 제반 사정에 비추어 위법성이 결여된 행위라고 볼 것이다.

[Box 12.14] 소극적인 방위행위(대법원 1999. 6. 11. 선고 99도943 판결)

피해자가 피고인 운전의 차량 앞에 뛰어들어 함부로 타려고 하고 이에 항의하는 피고인의 바지춤을 잡아당겨 찢고 피고인을 끌고 가려다가 넘어지자, 피고인이 피해자의 양 손목을 경찰관이 도착할 때까지 약 3분간 잡아 누른 경우, 정당방위에 해당한다.

summary

요 약

정당방위란 자기 또는 타인의 법익에 대한 현재의 부당한 침해를 방위하기 위한 상당한 이유가 있는 행위를 말한다(제21조). 정당방위는 현재의 부당한 침해를 방위하기 위한 행위이므로 불법(不法) 대 법(法)의 관계, 즉 "법은 불법에 양보할 필요 없다."는 것을 기본사상으로, 자기보호의 원리와 법수호의 원리를 그 근거로 한다. 이는 「형법」상 위법성조각사유에 해당하며, 따라서 정당방위를 행한 자의 행위는 적법한 행위가 된다.

정당방위가 성립하기 위해서는 세 가지 요건이 요구되는데, 자기 또는 타인의 법익에 대한 현재의 부당한 침해가 있을 것, 방위하기 위한 행위일 것, 상당한 이유가 있을 것을 요한다. 첫째, 자기 또는 타인의 법익에 대한 현재의 부당한 침해는 정당방위를 할 수 있는 전제조건이며, 이를 정당방위 상황이라고 한다. 정당방위는 자기의 법익뿐 아니라 타인의 법익을 위해서도 허용되며, 「형법」상 보호되는 법익뿐 아니라 「형법」상 보호되지 않는 법익을 위해서도 허용된다. 다만, 국가적·사회적 법익에 대하여는 그것이 개인적 법익으로서 성격을 갖는 때에 한하여 예외적으로 정당방위가 허용될 뿐이다. 또한 정당방위는 현재의 침해에 대해서만 허용된다. 여기서 침해는 사람에 의한 공격이나 위험을 의미하며, 법에 의해 보호되는 법익에 대한 공격이라면 고의·과실 여부 등을 불문하고 이에 대한 정당방위가 가능하다. 그러나 침해에는 현재성이 인정되어야 하므로 침해가 발생하기 직전, 바로 발생하거나 침해 발생 이후 종료나 그 직후까지는 정당방위가 허용되지만, 과거의 침해나 장래에 나타날 침해에 대하여는 정당방위를 할 수 없다. 특히 여기서 문제되는 것은 반복될 침해의 위험을 방위하기 위한 행위인 예방적 정당방위이다. 다수 견해에 따르면 정당방위는 예외적으로 자기사법을 허용하는 것으로서 침해의 현재성을 엄격히 해석해야 하므로 예방적 정당방위는 침해의 현재성이 부정되어 정당방위로 인정되지 않는다. 그리고 정당방위는 부당한 침해에 대해서만 할 수 있으며, 여기서 부당이란 「형법」상의 불법뿐 아니라 법질서 전체에 반하는 일반적 위법행위를 포함한다. 그러나 싸움의 경우 판례는 원칙적으로 부당한 침해의 존재를 인정하지 않는다. 다만 일방이 싸움을 중지하거나, 싸움에서 당연히 예상할 수 있는 범위를 넘는 공격이 있거나, 일방적인 불법폭행이 있는 때에 예외적으로 정당방위를 인정한다. 둘째, 정당방위가 성립하기 위해서는 자기 또는 타인의 법익에 대한 현재의 부당한 침해를 방위하기 위한 행위이어야 하므로 행위자에게 방위의사(주관적 정당화요소)가 있어야 한다. 다른 동기가 있더라도 방위의사가 주된 기능을 하는 한 정당방위는 인정된다. 이러한 방위행위는 순수한 방어적 방어행위뿐 아니라 적극적인 반격방어행위를 포함한다. 마지막으로 정당방위가 성립하기 위해서는 방위행위에 상당한 이유가 있어야 한다. 정당방위는 자기보호뿐만 아니라 법질서 수호를 위해 인정되는 것이므로 원칙적으로 보충성과 균형성을 요하지 않는다. 따라서 방위행위의 상당성은 방위행위의 필요성이 인정되면 족하며, 방위행위에 상당한 이유가 있는가는 객관적으로 판단되어야 한다.

정당방위의 위 요건들이 충족되면, 「형법」 제21조 ①항에 따라 그 행위는 벌하지 아니한다. 즉 정당방위로 인하여 위법성이 조각되어 범죄의 성립이 부정되므로 정당방위를 한 행위자에 대하여는 무죄판결을 해야 한다.

이에 비추어 논란이 많았던 도둑뇌사사건을 생각해보면, 2016년 5월 대법원은 원심을 확정하여 A씨에게 유죄를 인정하였다. 원심[10]은 A씨의 행위를 최초폭행과 추가폭행으로 나누어 하나의 연속적인 행위로 묶어 파악할 수는 없다고 하였는데, 최초폭행시, 즉 피고인이 피해자를 처음 발견하고 폭행하여 쓰러뜨렸을 때까지는 그 가해행위를 피해자의 공격력을 억압하고 신병을 확보하여 자신 또는 가족의 법익을 지키려는 목적의 부득이한 행위이며, 그로써 피해자의 부당한 침해는 일단 종료된 것으로 보았다. 그러나 추가폭행시, 즉 그를 일단 제압한 이후의 후속 가해행위는 법익침해로부터 자신과 가족을 보호하고 그로부터 벗어나기 위한 방위의사를 상쇄할 정도로 공격의사가 지배적이었다고 보았다. 결국 A씨의 행위는 비록 처음(최초폭행시)에는 현재의 부당한 법익침해에 대한 반격이었을지라도, 나중(추가폭행시)에는 법익을 방위할 의사를 완전히 대체할 정도로 공격의사가 압도적이었을 뿐만 아니라 사회통념상 상당성을 갖추었다고 볼 수도 없어 정당방위는 성립하지 않는다고 한 것이다.

---

10 서울고등법원 2016. 1. 29. 선고 (춘천)2015노11 판결.

key word &
current hot issues

주요 용어와 현안 문제

〈주요 용어〉

1. 위법성조각사유(違法性阻却事由)

위법성조각사유란 구성요건에 해당하는 행위의 위법성을 배제시키는 일련의 사유를 말한다. 범죄의 구성요건에 해당하는 행위, 즉 금지규범이나 명령규범에 반하는 행위는 원칙적으로 위법하다. 그러나 이와 반대로 위법성을 상쇄시킬 수 있는 규범이 인정될 수 있는데, 이를 허용규범이라 한다. 이에 위법성조각사유를 정당화사유 또는 허용규범이라고 한다. 따라서 위법성조각사유가 있으면, 범죄성립요소의 하나인 위법성이 인정되지 않으므로 범죄는 성립하지 않는다. 다만, 「형법」은 위법성에 관하여 적극적으로 규정하지 않고 소극적으로 위법성이 조각되는 사유만을 규정하고 있다. 따라서 위법성의 판단은 구성요건해당성에 의하여 징표된 위법성이 위법성조각사유에 의하여 조각되는가를 묻는 형태의 소극적인 방식으로 이루어진다. 이는 범죄로 유형화된 구성요건에 해당하는 행위의 위법성만이 문제되기 때문이다. 결국 구성요건에 해당하는 행위는 위법성조각사유가 없는 한 위법하다고 할 수 있다. 「형법」은 위법성조각사유로 위에서 언급된 정당방위(제21조) 이외에 정당행위(제20조), 긴급피난(제22조), 자구행위(제23조), 피해자의 승낙(제24조) 등의 규정을 두고 있다. 이와 달리 「형법」에 규정되어 있는 위법성조각사유 이외의 위법성조각사유를 초법규적 위법조각사유(超法規的 違法阻却事由)라고 하는데, 「형법」 제20조는 '기타 사회상규에 위배되지 않는 행위는 벌하지 아니한다'고 규정함으로써 사회상규(국가질서의 존엄성을 기초로 한 국민일반의 건전한 도의감 또는 공정하게 사유하는 일반인의 건전한 윤리감정)가 위법성조각사유의 일반적 기준이 된다는 것을 명문화하고 있다. 이처럼 「형법」 제20조가 초법규적 위법성조각사유를 정당행위라는 위법성조각사유로 규정하고 있기 때문에 이와 별도로 초법규적 위법성조각사유를 인정할 수 없다는 것이 일반적인 입장이다.

2. 과잉방위

과잉방위란 자기 또는 타인의 법익에 대한 현재의 부당한 침해를 방위하기 위한 행위이나 그 정도를 초과하여 상당한 이유가 없는 방위행위를 말한다. 즉 과잉방위는 정당방위 상황이 존재하지만 방위행위가 상당성을 초과한 경우이다. 따라서 과잉방위는 상당한 이유 외에는 정당방위와 같은 전제조건이 갖춰져야 한다. 이에 따르면 자기 또는 타인의 법익에 대한 현재의 부당한 침해를 방위하기 위한 행위이어야 하므로 과거의 침해나 침해가 종료한 이후에는 정당방위는 물론 과잉방위도 인정되지 않는다. 「형법」은 제21조에서 위법성조각사유의 하나인 정당방위와 함께 ②항과 ③항에서 과잉방위를 규정하고 있다. 즉 「형법」은 2개의 과잉방위 규정을 두고 있는데, 같은 조 ②항은 일반적인 과잉방위 규정으로서 '방위행위가 그 정도를 초과한 때에는 정황에 의하여 그 형을 감경 또는 면제할 수 있다'고 하여 형벌감면적 과잉방위라고 일컬어지며, 같은 조 ③항은 '과잉방위가 야간 기타 불안스러운 상태하에서 공포, 경악, 흥분 또는 당황으로 인한 때에는 벌하지 아니한다'고 하여 이를 불가벌적 과잉방위라고 한다. 과잉방위는 정당방위가 아니므로 위법한 행위이다. 그럼에도 불구하고 그 행위는 「형법」상 2개의 과잉방위 규정(제21조 ②항, ③항)에 따라 형을 감경 또는 면제할 수 있거나 심지어 벌하지 아니한다. 형벌감면적 과잉방위의 경우에는 유죄이기는 하나 행위자의 적법행위에 대한 기대가능성이 감소되어 책임이 감소하기 때문에 형을 감경하는 것이며, 형 면제는 처벌 필요성의 결여라는 정책적 고려를 하여 범죄는 성립하지만 형벌을 과하지 않는 것이다. 한편, 불가벌적 과잉방위는 ②항의 과잉방위와는 달리 '벌하지 아니한다'고 하고 있으므로, 위법성은 있지만 범죄가 성립하지 않는 과잉방위라고 할 수 있다. 이는 행위자에게 적법한 행위를 기대할 수 없어 책임이 조각되기 때문이며, 이에 해당하는 과잉방위는 결국 무죄가 되는 것이다.

3. 예방적 정당방위

예방적 정당방위란 장래에 예상되는 침해를 지금 예방하지 않으면 후에는 방어가 불가능하거나 현저하게 곤란해지는 경우에 침해가 예상되는 자에 대하여 행하는 예방적 조치를 말한다.[11] 즉 반복될 침해의 위험을 방위하기 위한 정당방위를 의미한다. 예컨대, 이미 침해행위를 끝내고 도주하는 자가 다시 공격할 것을 방위하기 위하여 총을 쏘거나 술을 마시면 어머니에게 폭행을 일삼는 아버지의 반복된 폭행을 막기 위하여 아버지를 살해한

11 원형식, 소위 "예방적 정당방위"에 관한 연구, 형사법연구 제16권, 2001, 85면.

경우 또는 의붓아버지의 계속된 성폭행을 피하기 위하여 그를 살해한 경우가 그러하다.[12] 과거에 계속적으로 법익침해가 있고 장래에도 법익침해가 계속될 것이라고 예상되는 경우에 현재의 침해가 있는 것으로 볼 것인가에 대하여는 견해가 내립하고 있으나, 정당방위는 현재의 부당한 침해가 있는 긴급상태에서 예외적으로 자기사법을 허용하는 것이므로 침해의 현재성은 엄격히 해석되어야 한다.[13] 이러한 의미에서 예방적 정당방위에서 장래 침해의 위험은 현재의 침해가 아니므로 침해의 현재성을 요건으로 하는 정당방위에는 해당하지 않는다고 할 수 있다. 따라서 예방적 정당방위는 정당방위가 아니다.

4. 오상방위

오상방위란 정당방위의 법적 성립요건이나 상황에 대한 착오로 방위행위에 나간 경우와 정당방위의 법적 성립요건은 알고 있지만 정당방위의 객관적 요건을 충족하는 상황(전제사실)이 아님에도 불구하고 행위자가 그것이 존재하는 것으로 오신하고 방위행위에 나간 경우 모두를 의미할 수 있으나, 일반적으로는 후자의 경우만을 오상방위로 본다. 전자에 해당하는 예로는 과거의 침해에 대해서도 정당방위가 가능하다고 생각하고 방위행위를 한 경우를 들 수 있으며, 이에 반해 정당방위의 요건(전제)사실의 착오의 경우는 예컨대, 가게에 손님이 들어오는 것을 강도가 들어오는 것으로 오인한 가게 주인이 그 손님을 폭행하여 내쫓은 경우가 그러하다. 그러나 전자의 경우는 정당방위의 요건에 대한 법적 평가에 대한 착오와 자신의 행위에 대한 법적 평가의 착오가 함께 존재하는 것으로서 모두 법적 평가상의 착오로서 법률의 착오의 문제로 다루어지므로,[14] 일반적으로 후자의 경우만을 오상방위라고 보는 것이다. 오상방위는 과잉방위와 마찬가지로 정당방위가 아니므로 위법성은 조각되지 않지만, 정당방위 상황이 없는 경우라는 점에서 정당방위 상황이 존재하는 과잉방위와는 구별된다. 그러나 「형법」은 과잉방위만을 규정하고 있을 뿐 오상방위에 관하여는 명문규정이 없다. 따라서 이에 대한 처벌 내지 그 효과가 문제될 수 있다. 즉 후자의 오상방위에서는 사실판단에 대한 착오와 법적 평가에 대한 착오가 모두 존재하므로, 이를 어떻게 평가할 것인가에 따라 그 결과가 달라질 수 있다. 다만, 다수 견해는 고의를 조각하는 것은 아니지만 법적 효과에 있어서는 사실의 착오와 같이 취급하여 과실범의 효과를 인정하고 있다.[15]

12 이재상·장영민·강동범, 형법총론, 2019, 244면.
13 이재상·장영민·강동범, 형법총론, 2019, 244면.
14 오영근, 형법총론, 2019, 201면.

〈현안 문제〉

1. '강제키스 혀 절단 사건' 피해 여성의 재심청구

최씨는 18살이던 1964년 5월 자신의 집에 놀러온 친구들을 데려다주기 위해 집을 나섰다가 당시 21살이던 노씨를 만났다. 위협을 느낀 최씨는 친구들부터 집에 보내야겠다는 생각에 노씨를 다른 길로 가도록 유인했다. 그러자 노씨가 돌연 최씨를 쓰러뜨려 성폭행을 시도했고, 그 과정에서 최씨는 노씨의 혀를 깨물어 저항하여 노씨의 혀는 1.5㎝가량 절단됐다. 이에 대하여 법원은 "강제키스를 하려는 남자의 혀를 물어 끊어버린 피고인의 행위는 강제키스가 피고인으로 하여금 반항을 하지 못하도록 꼼짝 못하게 해놓고 한 것은 아니었으므로, 비록 강제키스로부터 처녀의 순결성을 방위하기 위하여 한 것이라 하더라도 혀를 끊어버림으로써 피해자를 일생 말 못하는 불구의 몸이 되게 한 방위행위는 일반적·객관적으로 볼 때 법이 허용하는 상당한 방위의 정도를 지나친 것이라 할 것이며, 아울러 이러한 피고인의 지나친 행위가 야간에 흥분 또는 당황으로 인하여 이루어진 것이라고 보기 어려운 것이다. 따라서 본 건은 「형법」 제21조 제1항 또는 제3항에 해당하는 것이 아니고 동조 제2항에 해당하는 과잉방위가 된다."고 판시함으로써 최씨에게 중상해죄로 징역 10개월, 집행유예 2년을 선고하였다.[16] 이후 74세의 할머니가 된 최씨는 재판 과정에서 6개월간 옥살이까지 했던 억울함을 호소하며, 2020년 5월 6일 자신의 '중상해죄' 유죄판결에 대해 '정당방위'를 주장하며 재심을 청구하였고, 이는 '56년만의 미투'로 화제가 되었다. 과연 최씨 할머니는 정당방위를 인정받을 수 있을까? 1989년 유사 사건에서 성적 자기결정권을 위한 방위행위로 정당방위를 인정한 대법원 판례(위 Box 6.12 참조)를 참고하여 판단해보자. 위 재심사건에 대해 2021년 2월 18일 재판부(부산지법)는 "최씨가 제시한 증거들을 검토한 결과 무죄 등을 인정할 새로운 명백한 증거라고 볼 수 없다"는 이유로 기각 결정을 내렸다. 또한 이 사건을 유죄로 인정한 판결은 '법원 100년사'[17]에도 소개되었으며, 잘못된 판결의 사례로 지적되고 있다.

---

15 이재상·장영민·강동범, 형법총론, 2019, 256면.

16 부산지방법원 1965. 1. 12. 64고6813 판결.

17 법원행정처, 법원사, 1995, 632면.

2. 가정폭력과 예방적 정당방위

가정폭력은 가족 구성원 간의 폭력행위이기 때문에 잘 알려지지 않고 은폐되는 경향이 있으며, 지속적이고 반복적으로 행해진다는 점이 그 특징이다. 이러한 가정폭력에 시달려온 피해자는 종종 극단적인 선택을 하기도 한다. 즉 가정폭력 피해자가 그 가해자를 살해하는 경우가 그러하다. 살인죄의 가해자가 된 가정폭력 피해자는 정당방위를 주장하지만, 남편을 살해한 여성에게는 침해의 현재성과 방위행위의 상당성이 인정되지 않는다는 이유로 정당방위를 인정하지 않고 살인죄로 유죄를 선고하는 사례가 많다. 이에 가정폭력범죄에 있어서 정당방위를 폭넓게 인정하자는 움직임이 있어 왔다. 즉 가정폭력으로 피해자의 생명, 신체, 성적 자기결정권에 대한 현저한 침해를 반복적·지속적으로 행한 가정폭력행위자가 가정폭력범죄를 범하거나 범하려 할 때 이를 예방하거나 방위하기 위하여 한 행위에 대하여는 정당방위를 인정하자는 것이다. 이와 같은 취지로 2017. 12. 5. '가정폭력범죄의 처벌 등에 관한 특례법 일부개정법률안'[18]은 가정폭력범죄에 대한 정당방위 규정을 신설하려고 하였으나 폐기되었다. 이후 2020년 6월 17일 정춘숙 의원은 위와 같은 내용으로 「가정폭력범죄의 처벌 등에 관한 특례법 일부개정법률안」을 대표발의한 바 있다. 그 내용은 다음과 같다.[19]

안 제3조의2(정당방위 등)

① 가정폭력으로 피해자의 생명, 신체, 성적 자기결정권에 대한 현저한 침해를 반복적·지속적으로 행한 가정폭력행위자가 그 가정폭력범죄를 범하거나 범하려 할 때 이를 예방하거나 방위하기 위하여 한 행위는 벌하지 아니한다.

② 제1항의 경우에 예방 또는 방위 행위가 그 정도를 초과한 때에는 정황에 의하여 그 형을 감경 또는 면제할 수 있다.

③ 제2항의 경우에 그 행위가 야간이나 그 밖의 불안한 상태에서 공포, 경악, 흥분 또는 당황으로 인한 행위인 때에는 벌하지 아니한다.

– 이하 생략 –

18 제20대 국회 여성가족위원회 소속이었던 정춘숙 의원 등 11인이 발의하였으나 임기만료로 폐기되었다.

19 제20대 국회 임기만료로 폐기된 법률안과 동일한 내용으로 제21대 국회에서 정춘숙 의원 등 10인이 발의하였다.

예방적 정당방위는 「형법」상 정당방위 규정에 비추어 허용되지 않는다. 다만 가정폭력의 특수성과 그에 따른 방어조치의 필요성을 고려해본다면 적어도 가정폭력에 있어서만큼은 예방적 정당방위가 허용되어야 하는 것은 아닐까?

퀴즈 [진위형] quiz

1 이미 침해가 종결되었다 할지라도 반복될 침해의 위험을 방위하기 위해서는 정당방위가 가능하다.

2 방위행위를 할 때 방위의사와 더불어 다소 증오심이 있더라도 정당방위는 성립한다.

3 현행범인으로서의 요건을 갖추고 있지 않은 상황에서 경찰관들이 동행을 거부하는 사람을 체포하려고 하자 체포를 면하려고 반항하는 과정에서 경찰관에게 상해를 입혔다면 공무집행방해죄가 성립한다.

4 단순한 민사상의 채무불이행을 한 사람에 대하여도 정당방위를 할 수 있다.

5 갑이 을에게싸움의 경우에는 항상 정당방위가 불가능하다. 강도를 교사했는데 을이 절도를 실행한 경우, 갑은 강도예비죄로 처벌된다.

6 정신병자에 대한 정당방위는 절대 불가능하다.

7 갑 소유의 밤나무 단지에서 을이 밤 18개를 푸대에 주워 담는 것을 보고 푸대를 빼앗으려다 반항하는 을의 뺨과 팔목을 때려 상처를 입힌 경우 정당방위가 인정된다.

8 계속되는 절도범행을 예방하고자 미리 전류장치를 설치한 이후 도둑이 침입하다가 전류장치로 인하여 상해를 입은 경우 정당방위 성립이 가능하다.

9 갑이 을을 살해하려고 늦은 밤 방안 창문에서 총을 겨눈 후 을의 집 창문을 통해 을의 모습이 보이자 총을 발사하여 을이 사망하였다. 이후 그때 을도 갑을 살해하려고 총을 발사하기 직전이라는 사실이 밝혀졌다면, 정당방위가 성립한다.

10 절취해 온 물건을 점유하여 사용하는 사람은 그 물건을 훔쳐가려는 제3자에 대하여 정당방위를 할 수 없다.

참고문헌
reference

김병수, "도둑뇌사사건은 과잉방위이다", 「형사법연구」 제27권 제3호, 2015.

김준호, "판례평석(判例評釋): 절도범을 제압하기 위한 폭행이 방위행위로서의 한도를 넘어섰다고 본 사례—춘천지방법원 원주지원 2014. 8. 13. 선고, 2014고단444 판결—", 「법조」 제64권 제6호, 2015.

이용식, "피학대여성과 정당방위—잠자는 가정폭력 남편의 살해를 중심으로—침해의 현재성 요건에 있어서 계속범적 이론구성", 「교정연구」 제26권 제1호(통권 제70호), 2016. 3.

이유정, "여성 폭력과 사법", 「저스티스」, 통권 146-3호, 2015. 2.

해 답
answer

1. 아니다.

정당방위가 성립하기 위해서는 침해의 현재성을 요한다. 다만, 정당방위는 현재의 부당한 침해가 있는 긴급상태에서 예외적으로 허용하는 것이므로 침해의 현재성을 엄격히 해석하여야 한다. 이에 따르면 장래의 침해의 위험은 현재의 침해가 아니므로 반복될 계속침해는 비록 예방의 필요가 있는 때에도 현재의 침해라고 할 수 없다. 따라서 반복될 침해의 위험을 방위하기 위한 정당방위, 즉 예방적 정당방위는 허용되지 않는다는 것이 통설이다.

2. 그렇다.

정당방위에 있어서 방위행위에는 방위의사가 있어야 한다. 즉 방위의사는 정당방위가 성립하기 위한 주관적 정당화요소이다. 이러한 방위의사는 그것이 방위행위의 동기가 되거나 유일할 필요는 없다. 따라서 증오·분노·복수와 같은 다른 동기가 함께 작용한 때라 할지라도 방위의사가 주된 기능을 하고 있다면 정당방위가 성립하는 데는 문제되지 않는다.

3. 아니다.

「형법」 제136조가 규정하는 공무집행방해죄는 공무원의 직무집행이 적법한 경우에 한하여 성립하고, 여기서 적법한 공무집행은 그 행위가 공무원의 추상적 권한에 속할 뿐 아니라 구체적 직무집행에 관한 법률상 요건과 방식을 갖춘 경우를 가리킨다. 경찰관이 현행범인 체포요건을 갖추지 못하였는데도 실력으로 현행범인을 체포하려고 하였다면 적법한 공무집행이라고 할 수 없고, 현행범인 체포행위가 적법한 공무집행을 벗어나 불법인 것으로 볼 수밖에 없다면, 현행범이 체포를 면하려고 반항하는 과정에서 경찰관에게 상해를 가한 것은 불법체포로 인한 신체에 대한 현재의 부당한 침해에서 벗어나기 위한 행위로서 정당방위에 해당하여 위법성이 조각된다(대법원 2011. 5. 26. 선고 2011도3682 판결).

4. 아니다.

정당방위는 자기 또는 타인의 법익에 대한 현재의 부당한 침해를 전제로 한다. 이러한 침해는 적극적인 행위(작위)에 이루어지는 것이 보통이지만 반드시 적극적인 작위일 것을 요하는 것은 아니므로 기대되는 특정한 행위를 하지 않거나 결과의 발생을 방지하지 않는 행위(부작위)에 의해서도 행하여질 수 있다. 다만, 부작위에 의한 침해에 있어서는 작위의무(예컨대 부부간의 부양의무, 친권자의 보호의무 등)가 있는 자(보증인지위)로 인정되는 경우에 한하여 침해가 인정될 수 있다. 따라서 단순 계약상의 채무불이행의 경우는 부작위에 의한 침해라고 할 수 없으므로 이에 대하여는 정당방위가 있을 수 없다.

5. 아니다.

정당방위의 방위행위에는 침해에 대한 순수한 방어적 방위행위(수비적 방어)뿐 아니라 적극적 반격행위(반격적 방위)도 포함된다. 그러나 싸움의 경우는 공격의사와 방어의사가 교차하는 경우이므로 원칙적으로 방위행위에 해당한다고 보기는 어렵다. 다만, 일방이 싸움을 중지하였거나, 싸움에서 당연히 예상할 수 있는 범위를 넘는 공격이 있거나, 외관상 서로 싸움을 하는 것처럼 보이지만 실제로는 한쪽 당사자가 일방적으로 불법한 공격을 하는 경우에는 정당방위가 성립할 수 있다.

6. 아니다.

정신병자의 침해가 부당한 침해인 이상 정당방위가 가능하다. 다만 정당방위는 개인의 권리보호뿐 아니라 법질서 수호를 위한 것이므로 정당방위의 제한원리가 인정되고 있다. 따라서 책임 없는 자의 침해에 대한 방위에 대한 정당방위, 즉 유아·정신병자·명정자 등의 공격에 대하여 정당방위는 제한되며, 단, 공격을 회피할 수 없는 때에만 정당방위를 허용한다고 해석하는 것이 일반적이다.

7. 아니다.

비록 피해자의 절취행위를 방지하기 위한 것이었다 하여도 긴박성과 상당성을 결여하여 정당방위라고 볼 수 없다.[Box 12.9 참조] 또한 이와 같이 침해가 극히 경미한 경우에도 정당방위는 제한되며, 이는 법익 사이에 현저한 불균형이 있는 극단적인 경우에 한한다.

8. 그렇다.

이 경우는 예방정 정당방위가 아니라 현재의 침해에 대한 정당방위가 된다. 즉 도둑이 침입을 하는 순간 침해의 현재성을 인정할 수 있고 전류장치의 위해가 절도를 막기 위한 정도로 상당하다면 정당방위는 성립할 수 있다.

9. 아니다.

이와 같은 경우를 우연방위라 한다. 즉 정당방위의 객관적 정당화사정은 존재하였으나, 갑은 방위의사가 아닌 공격의사로 을을 사망케한 것이다. 주관적 정당화요소를 요하는 필요설에 따르면 정당방위가 성립하기 위하여 주관적 정당화요소가 필요하며, 즉 방위하기 위한 행위이어야 한다. 따라서 정당방위는 성립하지 않는다. 이에 대하여 불능미수범 또는 기수범으로 처벌해야 한다는 견해들이 있다.

10. 아니다.

정당방위의 요건의 부당한 침해란 객관적으로 법질서와 모순되는 위법한 침해이므로 도품이라도 사실상 평온하게 점유하고 있다면 보호대상이 된다. 따라서 원래의 소유자가 아닌 제3자가 절취하는 것은 현재의 부당한 침해가 되므로 정당방위가 가능하다.

/ 제13장 /

형사소송법: 실체적 진실의 발견과 적법한 절차 (Fact Finding & Due Process of Law)

– 권창국

Ⅰ. 형사소송법의 의의
Ⅱ. 실체적 진실의 추구와 적법절차
Ⅲ. 진술거부권 및 진술거부권을 고지받을 권리
Ⅳ. 범죄수사와 수사기관: 수사권의 분재와 조정
Ⅴ. 공판절차 및 재판
Ⅵ. 재심

short storytelling

A는 B, C D, E, F와 합동하여 1992년 9월 23일 23:40경 서울 구로구 구로동 번지불상 앞길에서 A와 C, E가 망을 보고 B와 D, F는 술에 취하여 졸고 있던 피해자에게 다가가 주먹과 발로 피해자의 얼굴 및 몸통부위를 수회 때리고 차 피해자의 반항을 억압한 후 피해자의 상·하의 호주머니에서 피해자 소유의 국민카드 2매, 비씨카드 2매, 현금 60,000원, 주민등록증이 들어 있는 지갑 2개를 꺼내어 가 이를 강취하고, 그로 인하여 피해자에게 치료일수 미상의 안면부 타박상 등을 입혔다(추가 기소된 후행 공소사실).

이후 이들은 다음 날인 24일 02:00경 서울 서초구 방배동에 있는 공중전화박스 근처에 모인 뒤, A, B, C는 이들이 전날 서울 구로구 구로동 노상에서 피해자로부터 강취한 피해자 소유의 국민카드 1매를 D 등으로부터 교부받아 취득하였다(확정된 선행 공소사실).

A와 B, C는 피해자의 신용카드를 사용하다가 발각되어 검거되었는데, 검사는 타인의 강취한 신용카드를 넘겨받아 사용한 것으로 사실관계를 파악하여, A 등을 장물취득, 구 신용카드업법(현 여신전문금융업법)위반, 사기죄로 기소하였고, 제1심 법원은 공소사실을 인정하여 유죄판결을 선고하였다. A는 원심판결에 불복하여 항소하였는데(B, C는 항소하지 않아 곧바로 확정), 이 무렵 공교롭게도 나머지 공범이 검거되면서 사실관계의 전모가 파악되자 검사는 A, B, C 등을 강도상해죄로 추가 기소하였고, 제1심 법원은 A 등에 대하여 유죄판결을 선고하였다(서울형사지방법원 1993. 3. 23. 선고 93고합179 판결). 이에 피고인 A는 앞서 기소되어 유죄판결이 선고된 A의 장물취득 등 사건의 항소를 급히 취소하였고, 이에 장물취득 등에 대한 유죄판결이 먼저 확정되었다.

강도상해죄로 추가 기소된 A는 앞서 확정된 장물취득사건의 사실관계가 추가 기소된 강도상해죄의 공소사실과 동일한 사실임을 이유로 확정판결에 따른 일사부재리효로 인하여 면소판결되어야 함을 주장하여 항소하였으나, 항소심은 앞서 확정된 장물취득의 사실과 본건 강도상해의 사실은 포괄일죄의 관계에 있지도 아니하고, 범죄의 일시, 장소, 피해자 등이 모두 서로 달라 공소사실의 동일성이 없어 위 장물취득에 관한 확정판결의 기판력이 이 사건 강도상해의 공소사실에 미친다고 할 수 없다고 하여 원심의 판단을 유지하였다(서울고등법원 1993.6.30. 선고 93노1011 판결). 피고인 A가 상고하였다.

[Box 13.1] 판결요지(대법원 1994. 3. 22. 선고 93도2080 전원합의체 판결)

「**(다수의견)** 형사재판이 실체적으로 확정되면 동일한 범죄에 대하여 거듭 처벌할 수 없고(헌법 제13조 제1항), 확정판결이 있는 사건과 동일사건에 대하여 공소의 제기가 있는 경우에는 판결로써 면소의 선고를 하여야 하는 것인 바(형사소송법 제326조 제1호), 위 장물취득죄와 이 사건 강도상해죄가 동일한 범죄 또는 동일한 사건인지, 위 장물취득죄의 확정판결의 기판력이 이 사건 강도상해죄에 미치는 것인지 여부는 그 기본적 사실관계가 동일한 것인가의 여부에 따라 판단하여야 할 것이다.

그러나, 공소사실이나 범죄사실의 동일성은 형사소송법상의 개념이므로 이것이 형사소송절차에서 가지는 의의나 소송법적 기능을 고려하여야 할 것이고, 따라서 두 죄의 기본적 사실관계가 동일한가의 여부는 그 규범적 요소를 전적으로 배제한 채 순수하게 사회적, 전 법률적인 관점에서만 파악할 수는 없고, 그 자연적, 사회적 사실관계나 피고인의 행위가 동일한 것인가 외에 그 규범적 요소도 기본적 사실관계 동일성의 실질적 내용의 일부를 이루는 것이라고 보는 것이 상당하다.

그러므로 피고인이 받은 장물취득죄의 확정판결의 기판력이 이 사건 강도상해죄의 공소사실에 미치는지 여부는, 사실의 동일성이 갖는 법률적 기능을 염두에 두고, 피고인의 행위와 그 사회적인 사실관계를 기본으로 하되 그 규범적 요소도 고려에 넣어 판단하여야 할 것이고, 피고인에 대한 법적 안정성의 보호와 국가의 적정한 형벌권행사가 조화가 이루어질 수 있도록 하여야 할 것인 바, 그렇게 본다면 위 장물취득죄의 범죄사실과 이 사건 강도상해죄의 공소사실은 그 기본적인 점에서 같다고 할 수 없고, 위 장물취득죄의 확정판결의 기판력은 이 사건 강도상해죄의 공소사실에는 미치지 않는다고 보는 것이 상당하고 이와 같이 본다고 하여 이 사건에서 피고인을 동일한 범죄로 부당하게 거듭 처벌한다거나 피고인의 지위의 법적 안정성이나 권익을 부당하게 침해하는 것이라고 할 수 없을 것이다.」

「**(반대의견)** 기본적 사실관계 동일설을 취하는 경우에는 그 사실의 기초가 되는 사회적 사실관계가 기본적인 점에서 동일한가의 여부를 구체적 사실에 관하여 개별적으로 판단하여 결정하여야 하는 것으로서(당원 1982.12.28. 선고 82도2156 판결 참조) 기본적 사실관계의 동일성 여부를 판단함에 있어서는 일체의 법률적 관점을 배제하고 순수하게 자연적, 전 법률적 관점에서 범죄사실의 동일성을 판단하고자 하는 것이고 규범적 요소는 고려되지 아니함이 원칙인 것이다. …(중략)… 기판력의 문제는 단순히 소송법상의 개념에 그치는 것이 아니라 모든 국민은 동일한 범죄에 대하여 거듭 처벌받지 아니한다고 천명한 헌법규정(제13조 제1항 후단)을 구체화한 개념으로 받아들여지고 있음에 유념해 볼 때, 기판력의 한계를 설정하는 공소사실의 동일성 여부는 자연적, 전법률적 관점에서 사회 일반인의 생활경험을 기준으로 판단해야 한다는 것이 보다 제도의 근본취지에 가까운 개념설정이라고 할 수 있을 것이며 이 사건에서처럼 금품을 강취한 후 그 장물을 분배하는 일련의 범죄행위는 이를 생활의 한 단면으로 보아야 할 것이고, 한편 공소사실의 동일성이 인정되는 한 공소장의 변경을 허용할 수 있어 기판력이 미치는 범위와 공소장변경이 허용되는 범위는 일치한다고 보아야 하는 바, 소추기관은 그 동일성이 있는 범위(기판력이 미치는 범위) 내의 사실에 대하여는 언제든지 공소장변경을 통하여 법원이 이를 심판할 수 있게 할 권능을 갖게 되는 것이어서 피고인이 그 동일성이 있는 범위 내의 어느 사실에 대하여 일단 소추를 당한 경우에는 그 동일성이 있는 범위 내의 모든 사실에 대하여 소추 재판의 위험이 따른다고 보아야 할 것이다.」

I 「형사소송법」의 의의

1. 형사소송이 지향하는 목표: 형사소송의 이념

「형법」을 소개한 장에서 이미 설명을 들었겠지만, 「형법」은 '만일 어떠한 사람이 ○○○(범죄행위)를 했다면(if~ then) ㅁㅁ(형벌)에 처한다.'라고 하여 범죄행위로 정의된 어떤 행위가 발생하였다고 가정한 뒤, 그에 대한 법적 효과로 형벌을 규정하는 형식을 취한다. 여기서 가정된 것이지만 범죄행위에 해당하는 일정한 사실관계를 사건의 '실체'라고 표현할 수 있다(실체법). 「형법」이 정한 형벌이 부과되기 위해서는 그 행위자가 일련의 사실관계에서 확인되는 범죄행위를 하였다는 점이 일정한 절차를 통해 확인되어야 한다. 범죄행위의 유·무를 확인하기 위한 이 절차를 '형사소송(criminal procedure)' 또는 '형사소송절차'라고 한다. 형벌권은 형사소송이라는 일련의 절차(procedure)를 거침으로써 구체적 사건(실체)에서 현실화 되는데, 이러한 일련의 절차를 규율하는 규범체계가 바로 절차법으로서 「형사소송법」이다.

「형법」의 죄형법정주의와 유사하게 형사소송 또한 법률에 정하여진 절차에 근거할 필요가 있다. 어떤 행위가 범죄행위가 될지 나아가 어떤 형벌을 얼마만큼 부과할지, 사전에 법률로 명확히 규정해 놓더라도, 형벌권자가 임의적이고 불공정한 절차로 형벌권을 행사한다면 형법적 정의 실현은 불가능하다. 이에 따라 「헌법」 제12조 ①항은 '모든 국민은 … 법률과 적법한 절차에 의하지 아니하고는 처벌·보안처분 또는 강제노역을 받지 아니한다.'라고 규정하여 이른바 '형사절차 법정주의'를 선언하고 있다.

모든 규범체계가 정의를 지향하는 것처럼, 「형사소송법」 역시 정의 실현을 궁극적 목표로 한다. 이를 위하여 ㉠ 범죄혐의를 의심받는 피의자 또는 피고인이 정말 범죄행위를 저질렀는지 그 사실 여부를 한 치도 틀림없이 확인하고(실체적 진실주의), 그 과정에서 ㉡ 피의자나 피고인이 자신을 위해 충분히 변명하고, 유리한 증거와 사실을 주장할 수 있는 방어 기회를 제공하는 것은 물론, 범죄행위의 유·무를 최종적으로 판단하는 법원이 불편부당함 없이 공정해야 하며(적법절차원칙), 나아가 피고인이 최종적으로 무죄로 판단되더라도 범죄혐의의 의심을 받는 그 자체만으로도 부담이 될 수 있음에서 ㉢ 이 모든 일련의 절차는 신속하여야(신속한 재판의 원칙) 한다. 이런 이유에서 실체적 진실주의, 적법절차원칙 그리고 신속한 재판의 원칙은 범인필벌과 함께 무고한 자가 처벌되는 예가 결코 허용될 수 있다는 형사법적 정의를 절차적으로 실현하기 위한 「형사소송법」의 이념 또는 목표로 강조되고 있다.

2. 형사소송의 이념을 실현하기 위한 도구로서 「형사소송법」: 형사소송의 구조

범죄사건이 처리되는 과정을 떠올려 보자. 일반적으로 먼저 사법경찰관이 범죄사건의 발생 여부와 함께 구체적 사실관계(누가, 언제, 어디서, 누구와 함께, 어떤 행위를 하여, 어떤 결과를 야기하였는가)를 확인한다(㉠ 수사). 원칙적으로 수사는 임의적 방법을 우선해야 하지만(임의수사 우선원칙), 필요한 때에는 압수·수색 등 대물적 강제처분을 통해 증거물 등을 확보하거나, 피의자가 증거를 인멸하거나 도주, 또는 도주할 우려가 있다고 판단되는 때는 체포나 구속을 통해 강제로 피의자를 확보하기도 한다. 물론, 이러한 강제수사는 법적 근거와 함께 원칙적으로 법관이 발부한 사전영장이 전제되어야 한다(강제수사법정주의 및 영장주의). 사법경찰관은 수사 결과, 범죄혐의가 있다고 의심받는 자(피의자)의 범행으로 확신하게 되면, 경찰관은 증거와 함께 각종 수사기록을 정리하여 검사에게 전달한다(송치). 검사는 경찰의 수사결과를 재차 검토하여 피의자의 혐의와 처벌의 필요성이 인정되면, 법원에 그에 대한 처벌의사를 표시한다(㉡ 공소제기). 공소를 제기 받은 법원은 증거에 기초하여 기소된 자(피고인)의 범죄사실 유무를 판단한다(㉢ 공판). 그 결과 유죄로 판단되면 형벌을 정하여 피고인에게 부과하고, 이러한 법원의 판단 결과에 더 이상 다툼이 없다면(재판의 확정), 검사가 형벌의 집행을 지휘함으로써(㉣ 형의 집행) 형사사건의 처리를 마무리하게 된다.

〈그림 13-1〉 일반적 범죄사건의 처리과정(수사 및 공판절차 개관)

출처: 대검찰청 사건처리절차, https://www.spo.go.kr/site/spo/01/10101050200002018112210.jsp

〈그림 13-2〉 형사소송절차 흐름도

출처: 대법원 형사소송절차 흐름도 https://help.scourt.go.kr/nm/min_9/min_9_1/index.html

한편, 대검찰청의 2022년 범죄분석에 의하면, 2021년 발생한 총 범죄사건은 1,531,705건으로 인구 10만 명 당 2,966.2건이 범죄가 발생한 것으로 확인된다. 형사소송절차에 가해지는 부담을 고려한다면, 이 모든 사건을 일률적인 절차로 처리하는 것은 지나치게 많은 사회적 비용을 유발하고 비효율적이다. 이에 따라 경미사건을 효율적으로 처리하기 위한 절차로 즉결심판(「즉결심판에 관한 절차법」)이나 약식명령절차(「형사소송법」 – 이하 '법'으로 지칭 – 제448조 이하)와 함께 피고인이 유죄를 인정하여 다툼이 없는 사건에서 공판절차를 효율적으로 진행하기 위한 간이공판절차(법 제286조의 2)를 두고 있다.

형사소송에서 검사 및 피고인, 법원을 소송주체라고 하고, 특히 검사와 피고인을 당사자라 지칭하기도 한다. 소송주체 간의 역할과 관계를 어떻게 설정하는가에 따라 형사절차의 모습이 달라진다. 이를 '소송구조'라고 한다. 형사소송의 구조는 크게 직권주의(Inquisitorial System)와 당사자주의(Adversary system) 2가지 형태로 구분된다. 흔히 대륙법계는 직권주의, 영미법계는 당사자주의로 각 소송구조상의 특징을 설명하지만, 반드시 일관된 것은 아니다. 직권주의는 소송절차의 진행을 법원이 직접 주도되면서 심증을 형성해 나아가는 형태다. 반면, 당사자주의에서 소송절차는 당사자로 지칭되는 검사와 피고인이 공격·방어활동에 의하여 소송절차를 주도하고, 법원은 이 과정에서 심증을 형성하여 유·무죄 판단을 한다. 일반적으로 피고인에 대한 법원의 예단이나 편견을 배제하기 위하여 공소장에 불필요한 사용을 기재하거나, 증거나 수사서류를 첨부하거나 증거물의 존재나 내용을 인용 등을 금지하는 공소장일본주의(형사소송규칙 – 이하 '규칙'으로 지칭 – 제118조), 공소장변경제도(법 제298조), 상호신문제도(법 제161조의2) 등은 당사자주의 소송구조의 특징으로 볼 수 있다. 다만, 현대의 형사소송절차에서는 직권주의나 당사자주의의 구분은 이론적 의미로 제한되고, 대부분 입법례에서 양자의 특징이 모두 관찰되고 있다.

[Box 13.2] 공소장일본주의와 당사자주의

규칙 제118조 ②항

공소장에는 제1항에 규정한 서류 외에 사건에 관하여 법원에 예단이 생기게 할 수 있는 서류 기타 물건을 첨부하거나 그 내용을 인용하여서는 아니된다.

대법원 2009. 10. 22. 선고 2009도7436 전원합의체 판결, 「형사소송법은 피고사건에 대한 실체심리가 공개된 법정에서 검사와 피고인 양 당사자의 공격·방어활동에 의하여 행해질 것을 요구하는 당사자주의와 공판중심주의 원칙 및 공소사실의 인정은 법관의 면전에서 직접 조사한 증거만을 기초로 이루어져야 한다는 직접심리주의와 증거재판주의 원칙 등을 채택하고 있다는 점 등을 아울러 살펴보면, 공소장일본주의는 위와 같은 형사소송절차의 원칙을 공소제기의 단계에서부터 실현할 것을 목적으로 하는 제도적 장치로서 우리나라 형사소송구조의 한 축을 이루고 있다고 보아야 한다. … 공소장변경제도는 실체적 진실발견이라는 형사소송이념을 실현하기 위한 직권주의적 요소로서 형사소송법이 절차법으로서 가지는 소송절차의 발전적·동적 성격과 소송경제의 이념 등을 반영하고 있는 것이므로, 이러한 점에서도 공소장일본주의의 적용은 공소제기 이후 공판절차가 진행된 단계에서는 필연적으로 일정한 한계를 가질 수밖에 없다. … 이러한 기준에 비추어 공소장일본주의에 위배된 공소제기라고 인정되는 때에는 그 절차가 법률의 규정에 위반하여 무효인 때에 해당하는 것으로 보아 공소기각의 판결을 선고하는 것이 원칙이다.」

[Box 13.3] 공소장변경절차와 당사자주의

법 제298조 ①항
검사는 법원의 허가를 얻어 공소장에 기재한 공소사실 또는 적용법조의 추가, 철회 또는 변경을 할 수 있다. 이 경우에 법원은 공소사실의 동일성을 해하지 아니하는 한도에서 허가하여야 한다.

대법원 1999. 4. 15. 선고 96도1922 전원합의체 판결, 「다수의견은 강제추행치상의 공소사실에 대한 피고인의 방어행위는 동시에 강제추행의 공소사실에 대한 방어행위를 겸하고 있다는 점과 고소 및 그 취소는 고소의 대상이 된 범죄사실과 동일성이 인정되는 범위 내의 공소사실 전부에 대하여 그 효력이 미친다는 점을 들어 피고인으로서는 강제추행죄로 처벌될 경우까지도 대비하여 고소취소의 원용 등 일체의 방어행위를 할 수 있을 것이라는 이유로 법원이 강제추행치상죄의 공소사실에 대하여 공소장변경절차를 거치지 아니하고 강제추행죄를 인정·처벌하였다고 하더라도 피고인의 방어권행사에 어떠한 불이익을 주었다고 할 수 없다는 취지이나, … 실체법적 측면에만 치중하여 다른 결과적 가중범에서와 같이 공소장변경절차를 거치지 아니하고 강제추행죄를 인정할 수 있다고 보는 것은 공소장변경제도가 없는 직권주의 법제하의 해석으로는 별론으로 하고 공소장변경제도를 채택한 당사자주의 법제하의 해석으로서는 수긍하기 어려우며, … 폭행치상죄로 공소제기된 사건을 심리한 결과 폭행사실만을 인정한 법원은 검사의 폭행죄로의 공소장변경절차 없이는 폭행죄로 단죄할 수 없다고 판시한 대법원 1971. 1. 12. 선고 70도2216 판결 등은 다수의견의 견해로는 이해할 수 없을 것이다.」 **(필자 주: 이 판결 당시, 강제추행죄는 친고죄였음)**

Ⅱ 실체적 진실의 추구와 적법절차

형사소송은 물론이고 모든 소송절차는 '진실'을 추구한다. 올바른 법해석과 적용이 이루어지더라도, 그 전제인 사실관계가 잘못 판단된다면, 정의에 반하는 결과를 산출할 뿐이다. 특히 국가권력으로서 형벌권의 강도와 남용 가능성을 염두에 둔다면, 형사소송에서 '진실'은 극히 강조될 수밖에 없는데, 형사소송의 이념으로서 '실체적 진실주의'는 바로 이 점을 강조한 것이다. 그러나 극단으로 강조된 실체적 진실의 추구는 자칫 비인도적이고 잔혹한 형사절차와 오히려 사실의 왜곡을 가져올 수 있기 때문에 '적법절차원칙'과의 조화가 불가결하다(소극적 실체적 진실주의).

1. 어떠한 절차가 적법한 절차인가?: 적법절차원칙

「헌법」 제12조 ①항의 '적법한 절차'는 형벌권의 행사는 법률이 정한 절차에 근거하여야 함은 물론 그 법률의 실체적 내용이 적정하여야 함을 말한다. 여기서 '적정하다'는 의미는 공정하고 합리적이며 상당성이 있어 정의 관념에 합치되는 것으로 설명할 수 있다(대법원 1988. 11. 16. 선고 88초60 판결 등 참조).

적법절차원칙(due process of law)은 형벌권의 대상이 된 피고인을 보호하기 위한 장치다. 이상적으로 본다면, 최종적 결론이 자신에게 불이익한 것이라도 이를 받아들일 수 있을 정도로 공정한 절차에 의한 결론을 의미한다. 여기서 공정한 절차라고 할 수 있기 위해서는 최종적 결론을 판단, 제시하는 자가 공정하고(㉠ 공정한 법원), 불이익을 받게 되는 자가 스스로를 옹호하여 방어할 수 있는 기회가 충분히 보장된 절차를 말한다(㉡ 피고인의 방어권 또는 책문권 보장). 「형사소송법」은 적법절차원칙을 실현하기 위한 장치를 곳곳에 설정하고 있다. 법원의 공정성을 확보하기 위한 최소한의 장치로 법관에 대한 제척·기피·회피(법 제17조 이하), 피의자 및 피고인의 방어권을 실질적으로 보장하기 위한 변호인의 선임(법 제30조 이하), 수사기관의 강제처분에 대한 영장주의원칙(법 제200조의2 이하 및 제215조), 위법하게 수집된 증거를 사실인정에 활용할 수 없도록 하는 위법수집증거배제법칙(법 제308조의2) 등은 그 대표적 예이다.

2. 영장주의원칙이란 무엇인가?

「형사소송법」은 강제처분의 경우, 명확한 법적 근거와 함께 원칙적으로 법관이 발부한 사전영장이 전제될 것을 요구한다(「헌법」 제12조 ③항 및 법 제199조 ①항). 이것은 임의적 수단에 비하여 신체의 자유나 재산권, 프라이버시 등 기본권에 대한 침해 강도가 높은 강제처분을 강력하게 통제하기 위한 장치로 이해할 수 있다.

과거 영국에서는 15세기 중반까지 관습법에 근거하여 현재의 압수·수색과 유사한 형태로 국왕이 임명한 무급 지방관인 Shire, Magistrate가 고용한 야경꾼 등이 범인을 추적하거나 도난품을 회수할 목적으로 민가에 진입하여 수색하는 경우가 있었다(소위 Hue & Cry). 또한 1335년 이후, 관세법에 근거하여 세관공무원이 밀수품 등을 단속할 목적으로 선박이나 창고, 가옥에 진입하여 밀수품을 압수·수색하거나 업종별로 만들어진 수공업조합인 길드가 밀조된 제품을 단속하기 위하여 제정법이나 왕명, 시 조례에 의하여 부여된 특별한 권한에 근거하여, 자신들이 고용한 자들로 하여금 밀조품을 압수·수색하는 예가 있었다. 이러한 사례에서는 집행자가 의심을 갖기만 하면, 어떠한 제한도 없이 민가 등에 진입하여 무차별적 압수·수색을 할 수 있었다. 그러나 대부분 실행지역과 밀수품 단속 등으로 그 목적이 한정되었고 집행자도 사인에 불과하여 집행과정에서 폭력이나 기물파손이 이루어지는 예는 많지 않았다.

그러나 1485년 튜더 왕조와 함께 시작된 절대왕정 하에 사회통제가 강화되면서 상황이 달라졌다. 지역적 수준이 아니라 국가 차원에서 범죄혐의를 의심받는 자나 가옥 등에 대하여 광범위한 수색이 이루어지고, 밀수단속범위도 확대되어 관련 수출입업자의 선박이나 창고에 한정되지 않고, 가옥, 점포, 주거 등에 대한 무차별적 압수·수색이 이루어지게 되었다. 또 수공업조합에 의한 압수·수색도 관련 업자 이외의 자로 대상이 확대되었다. 이외에 도시 부랑자, 유민 등 하층민에 대한 단속, 총포는 물론 의복, 육우 소비 억제 등 각종 경제규제나 밀엽단속, 허위파산에 따른 은닉재산의 색출 등 다양하고 광범위한 국가규제정책이 시행되면서 압수·수색의 권한과 범위가 강화되기 시작하였다.

이 시기의 압수·수색에서는 민사사건에서 사용된 것과 같이 정형화된 양식의 서식으로 Magistrate가 발부한 영장이 활용되었는데, 이는 현재와 같은 영장이 아니라 행정기관적 성격도 갖는 Magistrate가 자신의 직위와 권한을 표기하고 그 행사 권한을 하급 관리에게 부여하였다는 취지를 기록한 증명서적 서식에 불과하였다. 또한 수색 장소, 압수 물건도 전혀 특정되지 않은 일반영장(General Warrant)적 성격의 것이었다. 나아가 유럽대륙의 종교개혁으로 프로테스탄트적 종교서적이 영국에 유입되자 이를 적발하기 위한 광범위한 압수·수색이 이루어지고 헨리 8세의 이혼문제를 두고 로마 가톨릭과 결별하여 성공회가 등장한 후에는 다시 가톨릭 관련 서적을 단속하는 등, 정치적 반대세력을 제거할 목적으로 이러한 압수·수색이 광범위하게 이루어졌다.

이러한 압수·수색은 극히 잔혹한 방법으로 이루어졌다. 대부분 사례에서 체포 대상자 및 그 수색 범위 등이 한정되지 않고 무차별적이고 일반적인 압수·수색이 이루어졌고, 집행 방법 역시 주야 제한 없이 무장한 관리가 거칠고 폭력적인 수단으로 집행함으로써 강한 반발과 비판이 제기되었다.

그러나 이러한 비판에도 불구하고, 일반영장적 성격의 압수·수색은 1700년대 중반까지 계속 확대되었다. 18세기 들어서면서 영국의 식민지 경영이 본격화되자 식민지 관리에 필요한 군사비 증가 등에 따라 관세나 물품세가 확대되었다. 이에 따라 관련 압수·수색도 증가하였는데, 그럴수록 무자비한 압수·수색에 대한 비판은 더욱 증대되었다. 이 와중에 1763년 영국정부가 일반서민들이 즐기는 사과주에까지 물품세를 부과하자 강한 비난 여론이 제기되었다. 이때 하원의원 John Wilkes는 익명으로 정부를 비판하는 팸플릿을 출판, 배포하였는데, 영국 정부는 그때까지 관행적으로 발부되어오던 일반영장에 의하여 Wilkes를 포함한 수십 명의 출판업자 주거 등을 압수·수색하고 다수의 서적과 문서를 압수하는 것은 물론 이들 모두를 체포하였다. 이에 Wilkes 등은 압수·수색을 집행한 관리들을 대상으로 손해배상을 제기하였고, 동 사건에서 법원은 압수·수색의 집행 대상을 명확히 특정하지 않은 영장에 의하여 타인의 주거에 침입하는 것은 시민의 자유에 대한 극단적인 가해행위이며, 대헌장에 위배되어 배척하여야 한다고 판시하였다(Wilkes v. Wood, 98 E.R. 489, 498, C.P. 1763). 비슷한 시기의 유사 사례에서 일반영장에 근거하여 집행관리가 의심을 갖게 된 장소에 진입하여 책상 서랍을 열어보고 압수물 목록도 교부하지 않고 서류 등을 취거할 수 있는 재량권이 인정된다면, 시민의 자유는 완전히 파괴되어 위법하다고 판시한 사례도 나오게 된다(Huckle v. Money, 95 E.R. 768-69, C.P. 1763).

이후 다수의 판례가 일반영장에 의한 압수·수색을 위법하다고 판시하였는데, 영국의 초기 판례가 제정법에 근거한 압수·수색까지 부정한 것은 아니어서 여전히 일반영장적 압수·수색 등이 광범위하게 이루어졌지만, 위와 같은 일련의 변화가 식민지 등으로도 전파되면서 아메리카대륙 독립과정에 사상적인 영향을 주게 되었고, 그 결과 미 연방헌법 수정 제4조의 예와 같이 현대적 의미의 영장주의가 형사소송절차에 정착된 것이다.

[Box 13.4] 미 연방헌법 수정 제4조

The right of the people to be secure in their persons, houses, papers, and effects, against unreasonable searches and seizures, shall not be violated, and no warrants shall issue, but upon probable cause, supported by oath or affirmation, and particularly describing the place to be searched, and the persons or things to be seized.

이처럼 영장주의의 기원과 관련한 영국의 사례에서 짐작할 수 있듯이 강제처분의 전제로서 영장주의는 ㉠ 중립적 사법 관헌에 의하여 원칙적으로 사전심사를 거쳐 발부되어야 하며, ㉡ 압수할 물건이나 수색 장소, 체포나 구속 대상자와 같이 그 집행 대상과 범위가 명확히 한정되어야 하고, ㉢ 집행에 앞서 대상자에게 원칙적으로 사전 제시됨으로써 집행 대상과 방법의 한정성이 명확히 유지되는지 확인될 수 있어야 함을 핵심으로 한다.

[Box 13.5] 구「인신구속 등에 관한 임시 특례법」 위헌법률심판사건

구「인신구속 등에 관한 임시 특례법」 제2조 ①항
다음 각 호에 해당하는 죄를 범한 자에 대하여는 법관의 영장 없이 구속, 압수, 수색할 수 있다.
1. 특수범죄 처벌에 관한 특별법 제4조 내지 제7조의 죄
2. 국가보안법 및 반공법에 규정된 죄
3. 부정축재처리법에 규정된 죄

헌법재판소 2012. 12. 27. 선고 2011헌가5 전원재판부, 「우리 헌법제정권자가 제헌 헌법(제9조) 이래 현행 헌법(제12조 제3항)에 이르기까지 채택하여 온 영장주의는 형사절차와 관련하여 체포·구속·압수 등의 강제처분을 함에 있어서는 사법권 독립에 의하여 그 신분이 보장되는 법관이 발부한 영장에 의하지 않으면 아니된다는 원칙이고, 따라서 영장주의의 본질은 신체의 자유를 침해하는 강제처분을 함에 있어서는 인적·물적 독립을 보장받는 제3자인 법관이 구체적 판단을 거쳐 발부한 영장에 의하여야만 한다는 데에 있다. … 형식적으로 영장주의에 위배되는 법률은 곧바로 헌법에 위반된다고 할 것이고, 나아가 형식적으로는 영장주의를 준수하였더라도 실질적인 측면에서 입법자가 합리적인 선택범위를 일탈하는 등 그 입법형성권을 남용하였다면 그러한 법률은 자의금지원칙에 위배되어 헌법에 위반된다고 보

아야 한다. … 이 사건 법률조항은 수사기관이 법관에 의하여 발부된 영장 없이 일부 범죄 혐의자에 대하여 구속 등 강제처분을 할 수 있도록 규정하고 있을 뿐만 아니라, 그와 같이 영장 없이 이루어진 강제처분에 대하여 일정한 기간 내에 법관에 의한 사후영장을 발부받도록 하는 규정도 마련하지 아니함으로써, 수사기관이 법관에 의한 구체적 판단을 전혀 거치지 않고서도 임의로 불특정한 기간 동안 피의자에 대한 구속 등 강제처분을 할 수 있도록 하고 있는바, 이는 이 사건 법률조항의 입법목적과 그에 따른 입법자의 정책적 선택이 자의적이었는지 여부를 따질 필요도 없이 형식적으로 영장주의의 본질을 침해한다고 하지 않을 수 없다.」

3. 위법하게 수집된 증거와 적법절차원칙: 위법수집증거배제법칙

소송에서 증명하려는 또는 증명이 필요한 사실을 '요증사실'이라 한다. 가령, 甲의 살인죄와 관련하여 '甲이 乙을 살해하였다.'는 것이 요증사실이고, 검사는 증거에 의하여 이를 증명(입증)하여야 한다(거증책임 또는 입증책임의 부담). 「헌법」상 무죄추정원칙에 따라 피고인은 적극적으로 자신의 무죄를 입증할 필요가 없기 때문이다(「헌법」 제27조 ④항 참조). 만일'甲이 乙을 살해하였다.'는 요증사실에 대해 법원이 피고인의 무죄에 대한 합리적 의문을 해소하여(beyond reasonable doubts) 유죄의 확신에 이를 정도로 검사가 증명하지 못하였다면, 피고인이 자신의 무죄를 밝히기 위해 특별한 증명을 하지 않더라도 무죄가 될 수밖에 없다(의심스러울 때는 피고인의 이익으로 원칙, in dubio pro reo).

다만, 모든 사실에 증명이 요구되는 것은 아니다. '대한민국의 수도는 서울이다.'와 같이 누구나 이미 알고 있는 사실은(공지의 사실) 증명이 필요 없다. 증명이 금지되는 예도 있다. 증인은 증언으로 인하여 자기 또는 친족 등이 형사처벌을 받을 수 있는 사실이 노출될 수 있다면, 증언을 거부할 수 있다(증인의 증언거부권, 법 제148조). 실체적 진실보다 더욱 중요한 가치를 보호할 필요가 있기 때문으로, 증언거부권이 인정되는 범위에서 증명은 금지된다.

증명이 필요하더라도 피고인에 대한 공소사실과 같이 법률이 정한 일정한 자격을 갖춘 증거와 엄격한 증거조사절차에 의하여 증명이 이루어져야 하는 경우(엄격한 증명), 반대로 피고인과 피해자가 범죄피해 회복과 관련한 원만한 합의에 이르렀다는 예와 같이 비정형적이고 다양한 양형 사유나 제○회 공판기일에 변호인이 출석하였다는 사실과 같이 단순히 소송절차의 진행에 필요한 사실에 대해서는 증거와 그 조사절차에 특별한 제한을 두지 않고, 어떤 형태로든 증명이 이루지면 충분한 경우도 있다(자유로운 증명).

엄격한 증명에서 요구되는 법이 정한 증거로서의 적격성을 '증거능력'이라 한다. 반면 '증명력'은 증거가 법원 등 사실판단주체에게 제공하는 실질적인 설명력을 말하는데, 증명력은 법관의 자유로운 판단에 일임되어 있다(자유심증주의, 동법 제308조). 예를 들어, 「형사소송법」은 이른바 전문증거(hearsay evidence)는 특별히 예외적 상황에 해당하지 않는 한 증거로 사용할 수 없게끔 규정하고 있다(전문증거법칙, 법 제310조의2 이하). 체험사실이 직접 사실판단주체에게 보고되지 않고 간접적으로 전달되는 형태인 전문증거는 아무리 설득력이 높은 내용이라도(즉, 증명력이 높더라도~) 신뢰성이 구조적으로 부족하여 오판의 위험을 방지하고자 「형사소송법」은 원칙적으로 증거능력을 부정한 것이다.

한편 적법절차원칙은 증거법 부분에서도 중요한 의미를 갖는다. 법 제308조의2는 '적법한 절차에 따르지 아니하고 수집한 증거'를 사용할 수 없다는 위법수집증거배제법칙(exclusionary rule)을 명시하고 있다. 위법수집증거배제법칙은 증거의 획득과정에서 수사기관의 위법행위가 게재된 경우, 증거능력을 부정하여 사실인정에서 배제하는 증거법적 원칙으로 정의된다. 이는 헌법이 규정한 적법절차원칙을 구체적 형사소송절차에서 관철하기 위한 것이라거나(헌법적 보장설 또는 규범설), 장래의 위법수사를 억지하기 위한 수단(억지효설) 또는 형사사법절차에 대한 시민의 신뢰와 지지를 획득하기 위한 수단(사법의 염결성설, Judicial Integrity)이라는 점 등을 그 이론적 근거로 한다. 이 가운데, 위법수사의 억지효과에 착안한 억지효설을 지나치게 부각시킨다면, 수사기관의 위법이 아닌 사인의 위법행위에 의하여 획득된 증거는 배제할 수 없다는 논리적 귀결에 도달함에 유의할 필요가 있다.

[Box 13.6] 사인의 위법행위와 위법수집증거배제법칙

대법원 2008. 6. 26. 선고 2008도1584 판결, 「이 사건 업무일지 그 자체는 … 각 문서의 위조를 위해 미리 연습한 흔적이 남아 있는 것에 불과하여, 이를 피고인의 사생활 영역과 관계된 자유로운 인격권의 발현물이라고 볼 수는 없고, 사문서위조·위조사문서행사 및 소송사기로 이어지는 일련의 범행에 대하여 피고인을 형사소추하기 위해서는 이 사건 업무일지가 반드시 필요한 증거로 보이므로, 설령 그것이 제3자에 의하여 절취된 것으로서 위 소송사기 등의 피해자측이 이를 수사기관에 증거자료로 제출하기 위하여 대가를 지급하였다 하더라도, 공익의 실현을 위하여는 이 사건 업무일지를 범죄의 증거로 제출하는 것이 허용되어야 하고, 이로 말미암아 피고인의 사생활 영역을 침해하는 결과가 초래된다 하더라도 이는 피

고인이 수인하여야 할 기본권의 제한에 해당된다. 따라서 원심이 이 사건 업무일지가 증거능력이 있는 것이라는 전제에서 이를 사실인정의 자료로 삼은 조치는 옳고 …」

증거는 그 외형(증거방법)에 따라 인증과 물증으로, 증거조사를 통해 획득되는 내용(증거자료)에 따라서 진술증거와 비진술증거 등으로 구분할 수 있다. 또는 요증사실에 대한 설명방식에 따라 직접증거와 간접증거(정황증거)로 구분된다. 가령 인증에 해당하는 증인(증거방법)에 대한 증거조사(증인신문절차, 동법 제161조의2 참조)를 실시하면, 그 결과 증언(증거자료로서 진술증거)을 획득할 수 있고, 이 증언이 갖고 있는 설득력에 따라서 요증사실에 대한 심증이 형성된다(사람이 반드시 인증에 한정된 증거방법은 아니다). 피해자의 상해흔을 확인하고자 한다면 이때 피해자는 물증에 해당한다.

과거 판례가 물증의 경우, 위법한 절차를 통해 획득되었어도 그 형상과 성질에 변화가 없어 증거로 사용할 수 있다고 판시하기도 하였지만, 현재 위법수집증거배제법칙은 모든 증거에 적용된다. 나아가 위법하게 획득된 증거만이 아니라 그로부터 파생된 2차적 증거에도 적용되어 증거로 사용할 수 없다(독수의 과실이론, poisonous tree doctrine). 주의할 것은 위법하게 수집된 증거의 증거능력이 예외 없이 부정되는 것이(절대적 배제설 또는 위법기준설) 아니라, 절차 위반의 내용과 정도, 이에 따라 침해된 권리의 성격, 수사를 통해 획득될 수 있는 공익적 가치, 절차 위반에 대한 피고인의 관련성, 절차 위반과 증거획득 간의 인과관계 등을 고려하여 예외적으로 증거로 사용할 수 있다는 점이다(상대적 배제설 또는 종합판단설).

절대적 배제설에 의하면 자칫 법원이 지나치게 엄격한 판단기준을 적용하여 사실상 위법수집증거배제법칙을 무력화시킬 수 있고, 형사소송을 통해 추구되는 가치에는 실체적 진실주의도 포함되는 점을 상기한다면, 오히려 상대적 배제설이 합리적인 결론을 도출할 수 있다는 점이 상대적 배제설의 논거로 제시된다.

[Box 13.7] 위법한 절차를 통해 획득된 증거

대법원 2005. 10. 28. 선고 2004도4731 판결, 「군산경찰서 방범과 소속 경찰관들이 2002. 5. 2. 주류 판매여부를 확인하기 위하여 무단으로 피고인의 노래연습장을 검색하면서 적법한 압수절차를 거치지 아니하고 플라스틱 통에 들어 있던 음료를 취거한 사실은 인정되나, 압수물은 압수절차가 위법하다 하더라도 그 물건자체의 성질, 형태에 변경을 가져오는 것은 아니어서 그 형태, 성질 등에 관한 증거가치에는 변함이 없어 증거능력이 있다고 할 것이고, 또 기록상 위 경찰관들이 위 음료에 대한 감정을 하기 이전에 위 음료에 다른 알코올음료를 혼합하거나 위 음료를 다른 알코올음료로 바꾸었다고 볼 수도 없으므로, 위 음료나 이에 대한 국립과학수사연구소의 감정서가 증거능력이 없다는 취지의 상고이유의 주장은 이유 없다.」

대법원 2007. 11. 15. 선고 2007도3061 전원합의체 판결, 「헌법과 형사소송법이 정한 절차에 따르지 아니하고 수집된 증거는 기본적 인권보장을 위해 마련된 적법한 절차에 따르지 않은 것으로서 원칙적으로 유죄 인정의 증거로 삼을 수 없다 할 것이다.
무릇 수사기관의 강제처분인 압수수색은 그 과정에서 관련자들의 권리나 법익을 침해할 가능성이 적지 않으므로 엄격히 헌법과 형사소송법이 정한 절차를 준수하여 이루어져야 한다. 절차 조항에 따르지 않는 수사기관의 압수수색을 억제하고 재발을 방지하는 가장 효과적이고 확실한 대응책은 이를 통하여 수집한 증거는 물론 이를 기초로 하여 획득한 2차적 증거를 유죄 인정의 증거로 삼을 수 없도록 하는 것이다. … 수사기관의 증거수집 과정에서 이루어진 절차 위반행위와 관련된 모든 사정 즉, 절차 조항의 취지와 그 위반의 내용 및 정도, 구체적인 위반 경위와 회피가능성, 절차 조항이 보호하고자 하는 권리 또는 법익의 성질과 침해 정도 및 피고인과의 관련성, 절차 위반행위와 증거수집 사이의 인과관계 등 관련성의 정도, 수사기관의 인식과 의도 등을 전체적·종합적으로 살펴볼 때, … 예외적인 경우라면, 법원은 그 증거를 유죄 인정의 증거로 사용할 수 있다고 보아야 할 것이다.」

[Box 13.8] 위법한 절차와 증거획득 간의 인과관계

대법원 2016. 3. 10. 선고 2013도11233 판결, 「압수·수색은 영장 발부의 사유로 된 범죄 혐의사실과 관련된 증거에 한하여 할 수 있는 것이므로, 영장 발부의 사유로 된 범죄 혐의사실과 무관한 별개의 증거를 압수하였을 경우 이는 원칙적으로 유죄 인정의 증거로 사용할 수 없다.
다만 수사기관이 그 별개의 증거를 피압수자 등에게 환부하고 후에 이를 임의제출받아 다시 압수하였다면 그 증거를 압수한 최초의 절차 위반행위와 최종적인 증거수집 사이의 인과관계가 단절되었다고 평가할 수 있는 사정이 될 수 있으나, 환부 후 다시 제출하는 과정에서 수사기관의 우월적 지위에 의하여 임의제출의 명목으로 실질적으로 강제적인 압수가 행하여질 수 있으므로, 그 제출에 임의성이 있다는 점에 관하여는 검사가 합리적 의심을 배제할 수 있을 정도로 증명하여야 하고, 임의로 제출된 것이라고 볼 수 없는 경우에는 그 증거능력을 인정할 수 없다.」

대법원 2013. 3. 14. 선고 2012도13611 판결, 「법원이 2차적 증거의 증거능력 인정 여부를 최종적으로 판단할 때에는 먼저 절차에 따르지 아니한 1차적 증거 수집과 관련된 모든 사정들, 즉 절차조항의 취지와 그 위반의 내용 및 정도, 구체적인 위반 경위와 회피가능성, 절차조항이 보호하고자 하는 권리 또는 법익의 성질과 침해 정도 및 피고인과의 관련성, 절차 위반행위와 증거수집 사이의 인과관계 등 관련성의 정도, 수사기관의 인식과 의도 등을

살피는 것은 물론, 나아가 1차적 증거를 기초로 하여 다시 2차적 증거를 수집하는 과정에서 추가로 발생한 모든 사정들까지 구체적인 사안에 따라 주로 인과관계 희석 또는 단절 여부를 중심으로 전체적·종합적으로 고려하여야 한다. 수사기관이 이른바 임의동행 명목으로 피의자를 수사관서 등에 동행하는 방법에 의하여 실질적으로 영장 없이 피의자를 체포한 위법이 있는 경우에도, 그와 같이 체포된 상태에서 수집된 2차적 증거를 유죄 인정의 증거로 삼을 수 있는지 역시 위와 같은 법리에 의하여 판단되어야 한다. … 피고인이 동행을 거부하겠다는 의사를 표시하였음에도 불구하고 경찰관들이 영장에 의하지 아니하고 피고인을 강제로 연행한 조치는 위법한 체포에 해당하고, 이와 같이 위법한 체포상태에서 마약 투약 여부의 확인을 위한 채뇨 요구가 이루어진 이상, 경찰관들의 채뇨 요구 또한 위법하다고 평가할 수밖에 없다. 그렇다면 위와 같이 위법한 채뇨 요구에 의하여 수집된 '소변검사시인서'는 적법한 절차에 따르지 아니한 것으로서 유죄 인정의 증거로 삼을 수 없다고 할 것이다. … 그러나 … 경찰관들이 적법하지 아니한 임의동행 절차에 의하여 피고인을 연행하는 위법을 범하기는 하였으나, 당시 상황에 비추어 피고인에 대한 긴급한 구호의 필요성이 전혀 없었다고 볼 수 없다. … 그 임의동행 시점으로부터 얼마 지나지 아니하여 체포의 이유와 변호인 선임권 등을 고지하면서 피고인에 대한 긴급체포의 절차를 밟는 등 절차의 잘못을 시정하려고 한 바 있으므로, 경찰관들의 위와 같은 임의동행 조치는 단지 그 수사의 순서를 잘못 선택한 것이라고 할 수 있지만 관련 법 규정으로부터의 실질적 일탈 정도가 헌법에 규정된 영장주의 원칙을 현저히 침해할 정도에 이르렀다고 보기 어렵다. … 기록상 압수영장의 집행과정에 별다른 위법을 찾아볼 수 없고, 피고인 또한 압수영장을 제시받은 뒤 그 집행에 응하여 소변과 모발을 제출한 것으로 인정된다.

그렇다면 설령 수사기관의 연행이 위법한 체포에 해당하고 그에 이은 제1차 채뇨에 의한 증거수집이 위법하다고 하더라도, 피고인은 이후 법관이 발부한 구속영장에 의하여 적법하게 구금되었고 법관이 발부한 압수영장에 의하여 2차 채뇨 및 채모 절차가 적법하게 이루어진 이상, 그와 같은 2차적 증거수집이 위법한 체포·구금절차에 의하여 형성된 상태를 직접 이용하여 행하여진 것으로는 쉽사리 평가할 수 없으므로, 이와 같은 사정은 체포과정에서의 절차적 위법과 2차적 증거수집 사이의 인과관계를 희석하게 할 만한 정황에 속한다고 할 것이다.」

III 진술거부권 및 진술거부권을 고지받을 권리

현대와 달리 중세 이전의 형사재판에서 피고인에게는 진술 및 진실 의무가 있었다. 신의 판단을 대신하는 재판인 만큼, 진술을 거부하거나 허위 진술을 하는 것은 결코 있을 수 없었다. 그러나 강요된 피고인의 자백이 심각한 오판 원인임을 점차 인식하게 되면서 근대의 형사소송에서는 진술거부권이 인정되고, 「헌법」상 기본권으로까지 확장되었다. 「헌법」 제12조 ②항도 '모든 국민은 형사상 자기에게 불이익한 진술을 강요당하지 아니한다'고 하여 이를 명시하고 있다.

나아가 「형사소송법」은 수사기관의 피의자신문 전 진술거부권을 고지하도록 하고(법 제244조의3), 법원 역시 공판절차의 모두에서 피고인에게 진술거부권을 고지하도록 하고 있다(법 제283조의2). 흔히 '미란다 권리(Miranda v. Arizona, 384 U.S. 436, 1966)'로도 지칭되는 '진술거부권을 고지받을 권리'는 진술거부권을 실질화한다는 점에 중요한 의미가 있다. 진술거부권이 강조되더라도 심리적으로 위축되고 방어역량도 부족한 피의자 또는 피고인이 이를 자유롭게 행사하는 것을 기대하기 어렵기 때문에 자칫 진술거부권은 장식적 권리가 될 수 있다. 즉, 수사기관 등이 신문 전 진술거부권이 있음을 피의자에게 고지함으로써, 피의자 등이 이를 상기하고 자유롭게 행사할 수 있도록 최소한의 안전장치로 마련해둔 것이다.

[Box 13.9] 수사절차에서 미란다 권리가 갖는 의미

대법원 1992. 6. 23. 선고 92도682 판결, 「형사소송법 제200조 제2항은 검사 또는 사법경찰관이 출석한 피의자의 진술을 들을 때에는 미리 피의자에 대하여 진술을 거부할 수 있음을 알려야 한다고 규정하고 있는바, 이러한 피의자의 진술거부권은 헌법이 보장하는 형사상 자기에 불리한 진술을 강요당하지 않는 자기부죄 거부의 권리에 터 잡은 것이므로 수사기관이 피의자를 신문함에 있어서 피의자에게 미리 진술거부권을 고지하지 않은 때에는 그 피의자의 진술은 위법하게 수립된 증거로서 진술의 임의성이 인정되는 경우라도 증거능력이 부인되어야 한다.

원심이 인용한 1심판결 채용증거 중 부산지방법원 90고합1410호 사건의 비디오검증조서(공판기록 1284정 이하)는 이 사건 범죄단체조직죄에 관한 공범으로서 별도로 공소제기된 위 사건의 피고인에 대한 수사과정에서 담당검사가 위 사건의 피고인 2과 위 사건에 관하여 대화하는 내용과 장면을 녹화한 것으로 보이는 비디오테프에 대한 검증조서인바, 이러한 비디오테프의 녹화내용은 피의자의 진술을 기재한 피의자신문조서와 실질적으로 같다고 볼 것이므로 피의자신문조서에 준하여 그 증거능력을 가려야 할 것이다.

그런데 기록을 살펴보아도 검사가 위 사건(90고합1410호) 피고인의 진술을 들음에 있어 동인에게 미리 진술거부권이 있음을 고지한 사실을 인정할 자료가 없으므로 위 녹화내용은 위법하게 수집된 증거로서 증거능력이 없는 것으로 볼 수밖에 없고, 따라서 이러한 녹화내용에 대한 검증조서 기재는 유죄증거로 삼을 수 없는데도 원심이 위 검증조서를 유죄증거로 채용한 것은 채증법칙에 위반한 위법한 처사로서 이 점에 관한 논지는 이유 있다.」

대법원 2003. 11. 11. 자 2003모402 결정, 「형사소송법이 아직은 구금된 피의자의 피의자신문에 변호인이 참여할 수 있다는 명문 규정을 두고 있지는 아니하지만, 위와 같은 내용의

접견교통권이 헌법과 법률에 의하여 보장되고 있을 뿐 아니라 누구든지 체포 또는 구속을 당한 때에는 즉시 변호인의 조력을 받을 권리를 가진다고 선언한 헌법 규정에 비추어, 구금된 피의자는 형사소송법의 위 규정을 유추·적용하여 피의자신문을 받음에 있어 변호인의 참여를 요구할 수 있고 그러한 경우 수사기관은 이를 거절할 수 없는 것으로 해석하여야 하고, 이렇게 해석하는 것은 인신구속과 처벌에 관하여 "적법절차주의"를 선언한 헌법의 정신에도 부합한다할 것이다.

그러나 구금된 피의자가 피의자신문 시 변호인의 참여를 요구할 수 있는 권리가 형사소송법 제209조, 제89조 등의 유추적용에 의하여 보호되는 권리라 하더라도 헌법상 보장된 다른 기본권과 사이에 조화를 이루어야 하며, 구금된 피의자에 대한 신문 시 무제한적으로 변호인의 참여를 허용하는 것 또한, 헌법이 선언한 적법절차의 정신에 맞지 아니하므로 신문을 방해하거나 수사기밀을 누설하는 등의 염려가 있다고 의심할 만한 상당한 이유가 있는 특별한 사정이 있음이 객관적으로 명백하여 변호인의 참여를 제한하여야 할 필요가 있다고 인정되는 경우에는 변호인의 참여를 제한할 수 있음은 당연하다고 할 것이다.」

[Box 13.10] 미란다 권리의 성격: 「헌법」상 기본권 또는 법률적 권리?

대법원 2014. 1. 16. 선고 2013도5441 판결, 「헌법 제12조는 제1항에서 적법절차의 원칙을 선언하고 제2항에서 "모든 국민은 고문을 받지 아니하며, 형사상 자기에게 불리한 진술을 강요당하지 아니한다."고 규정하여 진술거부권을 국민의 기본적 권리로 보장하고 있다. 이는 형사책임과 관련하여 비인간적인 자백의 강요와 고문을 근절하고 인간의 존엄성과 가치를 보장하려는 데에 그 취지가 있다. 그러나 진술거부권이 보장되는 절차에서 진술거부권을 고지받을 권리가 헌법 제12조 제2항에 의하여 바로 도출된다고 할 수는 없고, 이를 인정하기 위해서는 입법적 뒷받침이 필요하다.

구 공직선거법(2013. 8. 13. 법률 제12111호로 개정되기 전의 것, 이하 같다)은 제272조의2에서 선거범죄 조사와 관련하여 선거관리위원회 위원·직원이 관계자에게 질문·조사를 할 수 있다고 규정하면서도 진술거부권의 고지에 관하여는 별도의 규정을 두지 않았고, 수사기관의 피의자에 대한 진술거부권 고지를 규정한 형사소송법 제244조의3 제1항이 구 공직선거법상 선거관리위원회 위원·직원의 조사절차에 당연히 유추적용된다고 볼 수도 없다. 한편, 2013. 8. 13. 법률 제12111호로 개정된 공직선거법은 제272조의2 제7항을 신설하여 선거관리위원회의 조사절차에서 피조사자에게 진술거부권을 고지하도록 하는 규정을 마련하였으나, 그 부칙 제1조는 "이 법은 공포한 날부터 시행한다."고 규정하고 있어 그 시행 전에 이루어진 선거관리위원회의 조사절차에 대하여는 구 공직선거법이 적용된다. 결국, 구 공직선거법 시행 당시 선거관리위원회 위원·직원이 선거범죄 조사와 관련하여 관계자에게 질문을 하면서 미리 진술거부권을 고지하지 않았다고 하여 단지 그러한 이유만으로 그 조사절차가 위법하다거나 그 과정에서 작성·수집된 선거관리위원회 문답서의 증거능력이 당연히 부정된다고 할 수는 없다.」

한편 진술거부권 및 진술거부권을 고지받을 권리 외에 「형사소송법」은 자백을 포함하여 모든 진술은 임의로 이루어져야 하며, 임의성이 의심되는 자백 등은 증거로 할 수 없다고 규정한다(법 제309조 및 제317조). 임의성이 의심되는 자백 등 제 진술을 증거로 할 수 없는 이유를 ㉠ 오판방지를 위하여 허위일 가능성이 높은 증거를 사전에 배제하여야 한다거나(허위배제설, voluntary test), ㉡ 진술자의 의사의 자유를 보호하기 위한 것으로(인권옹호설) 설명하기도 하지만, 현재 다수 견해는 ㉢ 허위일 가능성이나 진술자의 의사자유와 관계없이 적법절차원칙에 비추어 자백 등 진술의 획득과정에서 위법절차가 개제된 경우, 증거로 사용할 수 없도록 한 것으로 설명한다(위법배제설). 허위배제설은 형사소송의 처벌지향적 기능을 지나치게 강조하여 절차의 적정성을 무시할 수 있고, 자칫 증거가 갖는 설득력과 신빙성이 높아 강한 진실성을 갖는 것으로 추정된다면 그대로 증거로 사용할 수 있으며, 인권옹호설은 진술거부권의 보호라는 측면에서는 긍정적일 수 있지만, 수사기관의 약속에 의하여 유도된 자백 등과 같이 피의자신문과정에서 예상될 수 있는 다양한 위법사례를 적절히 커버할 수 없음에서 그 실효성에 문제가 있다. 위법배제설은 이러한 문제점을 회피할 수 있을 뿐만 아니라 비교적 객관적이고 명료한 판단기준이 될 수 있기 때문에 지지를 받고 있다.

[Box 13.11] 자백배제법칙과 위법수집증거배제법칙의 관계

대법원 2015. 9. 10. 선고 2012도9879 판결, 「임의성 없는 진술의 증거능력을 부정하는 취지는, 허위진술을 유발 또는 강요할 위험성이 있는 상태 하에서 행하여진 진술은 그 자체가 실체적 진실에 부합하지 아니하여 오판을 일으킬 소지가 있을 뿐만 아니라 그 진위를 떠나서 진술자의 기본적 인권을 침해하는 위법·부당한 압박이 가하여지는 것을 사전에 막기 위한 것이므로, 그 임의성에 다툼이 있을 때에는 그 임의성을 의심할 만한 합리적이고 구체적인 사실을 피고인이 증명할 것이 아니고 검사가 그 임의성의 의문점을 없애는 증명을 하여야 하고, 검사가 그 임의성의 의문점을 없애는 증명을 하지 못한 경우에는 그 진술증거는 증거능력이 부정된다. 나아가 피고인이 경찰에서 가혹행위 등으로 인하여 임의성 없는 자백을 하고 그 후 검찰이나 법정에서도 임의성 없는 심리상태가 계속되어 동일한 내용의 자백을 하였다면 각 자백도 임의성 없는 자백이라고 보아야 한다.」

[Box 13.12] 수사기관의 약속에 의한 자백

대법원 1984. 5. 9. 선고 83도2782 판결, 「피고인 1은 처음 검찰에서 범행을 부인하다가 뒤에 자백을 하는 과정에서 피고인 3으로부터 금 200만원을 뇌물로 받은 것으로 하면 특정

범죄가중처벌등에 관한 법률위반으로 중형을 받게 되니 금 200만원 중 금 30만원을 술값을 갚은 것으로 조서를 허위 작성하였다는 것으로서 이는 수사기관이 동 피고인에게 단순수뢰죄의 가벼운 형으로 처벌되게 하여 준다는 약속을 하고 자백을 유도한 것으로도 보여지고 (그 뒤에 동 피고인은 다시 범행을 부인하였으나 부인하는 제2회 피의자신문조서는 작성하지 아니하였다는 것이다) 위와 같은 상황 하에서 한 자백은 그 임의성에 의심이 가고 따라서 진실성이 없다는 취지에서 이를 배척하였다 하여 자유심증주의의 한계를 벗어난 위법이 있다고는 할 수 없다.」

Ⅳ 범죄수사와 수사기관: 수사권의 분재와 조정

1. 수사의 의의 및 유형, 수사조건

수사(criminal investigation)란 범인의 처벌을 목적으로 증거를 수집하여 범죄사실을 해명하고 범인을 확보하기 위하여 수사기관이 행하는 일련의 활동 또는 그 과정을 지칭한다.

법 제196조 및 제197조는 검사 또는 사법경찰관은 "범죄의 혐의가 있다고 사료하는 때"에 수사를 한다고 규정함으로써, 아직 발생하지 않은 범죄에 대한 범죄예방(행정경찰)과 수사(사법경찰)를 구분하고 있다. 이는 권력분립과 함께 합목적성을 지향하는 행정경찰과 달리 형벌권의 실현을 목적으로 하는 사법경찰작용에 내재된 강력한 인권침해적 속성을 억제하고자 강제수사법정주의, 영장주의 등으로 보다 엄격한 통제가 필요하다는 대륙법계의 전통적 사고에 기초한 것이다(행정·사법경찰작용 구별론). 그러나 범죄예방과 수사를 특별히 구별하지 않고, 모두 동일한 법집행(law enforcement)으로 본질적 차이가 없고, 필요에 따라서는 종래 행정경찰작용으로 생각되어 왔던 영역에도 수사와 마찬가지로 엄격한 법적근거나 영장주의가 요청된다는 견해도 있다(행정·사법경찰작용 구별부인론). 실제로 최근 수사기법의 고도화로 수사기관에 의한 다양한 감시활동(surveillance)이 이루어지는 것은 물론 범죄의 사후 진압보다 사전 예방이 강조되면서, 과거와 달리 범죄예방과 수사의 영역 구별이 모호해지는 사례가 늘어가고 있다. 가령, 통신비밀보호법 제5조는 "범죄를 계획 또는 실행하고 있거나 실행하였다고 의심할만한 충분한 이유가 있고 다른 방법으로는 그 범죄의 실행을 저지하거나 범인의 체포 또는 증거의 수집이 어려운 경우에" 감청 등 통신제한조치를 허용함으로써, 아직 실행되지 않은 범죄에 대한 수사를 사실상 허용하고 있다. 또한「경찰관 직무집행법」제3조의 불심검문은 흔히 범죄예방을 위한 행정경찰작용으로 이해되지만, 피검문자에게 진술거부권을 인정하는 것은 물론 임의동행된 피 검문자에 대한 변호인의 조력을 받을 권리에 대한 고지를 규정하고 있기도 하다.

[Box 13.13] 무인속도감시 장비에 의한 제한속도위반 차량의 감시, 단속의 적법성

대법원 1999. 12. 7. 선고 98도3329 판결,「범죄혐의의 유무를 명백히 하여 공소를 제기·유지할 것인가의 여부를 결정하기 위하여 범인을 발견·확보하고 증거를 수집·보전하는 수사기관의 활동은 수사 목적을 달성함에 필요한 경우에 한하여 사회통념상 상당하다고 인정되는 방법 등에 의하여 수행되어야 하는 것인바, 무인장비에 의한 제한속도 위반차량 단속은 이러한 수사활동의 일환으로서 도로에서의 위험을 방지하고 교통의 안전과 원활한 소통을 확보하기 위하여 도로교통법령에 따라 정해진 제한속도를 위반하여 차량을 주행하는 범죄가 현재 행하여지고 있고, 그 범죄의 성질·태양으로 보아 긴급하게 증거보전을 할 필요가 있는 상태에서 일반적으로 허용되는 한도를 넘지 않는 상당한 방법에 의한 것이라고 판단되므로, 이를 통하여 피고인 운전 차량의 차량번호 등을 촬영한 이 사건 사진을 두고 위법하게 수집된 증거로서 증거능력이 없다고 말할 수도 없다.」

한편, 수사는 다양한 기준에 따라 그 유형을 구분할 수 있다. 예를 들어, 주체에 따라 검사 또는 사법경찰관에 의한 수사로 구별할 수도 있지만, 공조제기 전과 후의 수사의 수사와 함께 일반적으로 그 방법에 따라 임의 또는 강제수사의 구별이 가장 중요한 의미를 갖는 것으로 이해된다. 공소제기 후에는 수사의 대상이 되는 피의자는 피고인이 되어 검사에 대응하는 명실상부한 방어권 주체인 당사자가 된다. 이러한 피고인의 지위를 고려할 때, 공소제기 전 단계의 피의자에 대한 수사와 달리 일정부분 그 허용범위나 형태가 제한되어야 할 필요가 있기 때문이다. 아울러, 법 제199조 ①항 단서는 강제수사의 경우, 법률에 특별한 규정이 있는 경우에 한하여 필요 최소한도의 범위에서 허용되고(강제수사법정주의),「헌법」제12조 ③항은 체포·구속·압수 또는 수색을 할 때에는 적법한 절차에 따라 검사의 신청에 의하여 법관이 발부한 영장을 제시할 것을 요구하여(영장주의원칙) 임의수사와 강제수사는 실무적으로도 중요한 문제를 야기할 수 있다.

물론, 임의수사도 무제한적으로 허용되는 것은 아니다. 법 제199조 ①항 본문은 "그 목적을 달성하기 위하여 필요한 때"에 수사를 허용함으로써, 임의수사

라도 수사가 허용되기 위한 일반적 조건을 갖추어야 함을 규정하고 있다. 흔히, 수사가 허용되기 위한 일반적 조건으로 수사의 필요성과 상당성을 든다. 먼저, 수사는 범죄사실의 해명을 통한 범인의 처벌이라는 기본적 목적달성에 필요한 때에만 허용될 수 있다. 친고죄 사건으로 고소권자의 고소가 없거나, 최소한 공소제기 전까지 유효한 고소가 있을 가능성도 없는 예처럼, 소송조건이 미비한 사건을 수사하는 것은 범인의 처벌이라는 목적을 달성할 수 없기 때문에 아무런 의미가 없다(대법원 2011. 3. 10. 선고 2008도7724 판결 등 참조). 한편, 수사의 목적 달성이 가능하더라도 상당한 방법에 의하여야 한다. 여기서 상당한 방법이란, 무죄추정원칙 등을 고려할 때, 수사의 대상인 피의자 등에게 가급적 최소의 침해효과로 가져오는 형태로 제한되어야 할 뿐만 아니라, 시민으로부터 신뢰받을 수 있는 방법, 즉 적법한 절차에 의하여야 한다는 것을 의미한다. 처음부터 그 대상자에게 범의를 유발하는 함정수사가 이루어지거나(대법원 2020. 1. 30. 선고 2019도15987 판결 등 참고), 마약밀수가 의심되어, 사전 또는 사후 영장을 발부받지 않은 가운데 검사의 요청으로 세관장이 수출입물품을 개봉, 검사하고 그 점유를 취득한 사례가 위법수사에 해당하는 것은(대법원 2017. 7. 18. 선고 2014도8719 판결 참고) 바로 이러한 이유에 의한 것이다.

2. 수사기관과 수사권

수사의 주체로서 수사기관은 크게 '검사'와 '일반·특별 사법경찰관리'로 구분되었다. 법 제197조 및 제245조의 9에 근거한 일반사법경찰관리와 달리 특별사법경찰관리는 법 제245조의 10과 함께 「사법경찰관리의 직무를 수행할 자와 그 직무범위에 관한 법률」에 의한다. 검사의 경우, 일반적으로 「검찰청법」에 규정된 검사 외에 「고위공직자범죄수사처의 설치 및 운영에 관한 법률」에 따른 '수사처검사' 그리고 「특별검사의 임명 등에 관한 법률」에 의한 '특별검사'가 있다(개별 법률에 근거한 특별검사와 구분하여 상설특별검사제도로 지칭되기도 한다).

수사기관 간 권한배분과 그 역할과 관련하여, 현행 「형사소송법」은 수사권을 둘러싼 검사와 일반사법경찰관의 관계를 대등한 상호 협력적 관계로 정의하면서, 과거와 달리 일반사법경찰관의 수사권을 대폭 강화한 점에 특징이 있다.

그 내용을 간략히 정리하면, 먼저 검사의 수사개시 권한을 제한함으로써, 사법경찰관에게 우선적 수사권을 부여하고 있다. 「검찰청법」 제4조 ①항 1호 및 그로부터 위임을 받은 「검사의 수사개시 범죄 범위에 관한 규정」 제2조는 사무의 공정을 해치는 불법, 부당한 방법으로 자기 또는 제3자의 이익을 도모하거나, 직무관련 지위나 권한의 남용 또는 범죄은폐나 그 수익의 은닉에 관련한 부패범죄, 경제범죄, 무고 등 사법질서를 저해하는 범죄, 기타 개별 법률에서 검사에게 고발, 수사의뢰 하도록 규정한 범죄를 제외하고는 검사가 수사개시를 할 수 없도록 하면서, 검사가 예외적으로 수사를 개시한 사건을 직접 기소할 수 없도록 하여, 수사의 주재자보다는 공소제기와 유지를 담당한 '공소관'으로 검사의 역할과 기능을 강조하고 있다. 또한 사법경찰관이 수사한 사건에 대하여 검사의 직접 수사를 제한한다. 검사는 사법경찰관이 송치한 사건에 대하여 공소제기 및 유지, 사법경찰관이 신청한 영장청구에 필요한 경우, 검사는 사법경찰관에게 보완수사를 요구할 수 있을 뿐이며(법 제197조의2), 위법, 부당하게 불송치된 사건에 대하여는 사법경찰관에게 그 이유를 명시한 문서로 재수사를 요청하고 이를 요청받은 사법경찰관은 필요적으로 재수사를 하여야 할 뿐(법 제245조의8), 검사가 이를 직접 수사하는 것은 제한하고 있다.

[Box 13.14] 「검사와 사법경찰관의 일반적 수사준칙에 관한 규정」 개정에 따른 논란

2023년 7월 법무부는 법 제195조에 따른 대통령령인 「검사와 사법경찰관의 일반적 수사준칙에 관한 규정(2023년 11월 1일부터 시행예정. 이하 수사준칙)」 개정을 입법예고함으로써, 검경 간 수사권배분과 관련하여 또 다른 논란을 불러일으키고 있다. 법무부는 수사준칙의 개정이유를 2021년 수사권 조정과 2022년 소위 '검수완박법'으로 지칭되는 개정된 형사소송법으로 인하여 야기된 사법경찰관의 수사업무 부담에 따른 수사지연, 부실수사 등 수사실무에서 노출된 여러 부작용을 합리적으로 해소하기 위한 것으로 설명하고 있다.

개정 수사준칙은 사법경찰관의 원칙적으로 보완수사를 전담하도록 한 현행 수사준칙 제59조를 개정하여, 검사가 직접 보완수사를 할 수 있는 범위를 대폭 확장시키고 기존 법률에 의한 사법경찰관의 수사종결권에 제한을 가하는 것을 핵심내용으로 한다. 먼저, 개정 수사준칙 제59조에 의하면, 사법경찰관으로부터 송치받은 사건에 대한 보완수사가 필요하다고 인정하는 경우, 검사가 특별한 필요가 없더라도 직접 보완수사를 할 수 있을 뿐만 아니라, ㉠ 사건 수리일로부터 1개월이 경과하거나, 송치된 이후 검사에 의하여 이미 상당 정도 보완수사가 이루어진 경우, 그리고 ㉡ 사법경찰관리의 수사과정에서 법률위반 등으로 검사로부터 시정조치 요구를 받았지만, 그 이행이 이루어지지 않거나, ㉢ 동일한 범죄사실에 대하여 검경 간 수사의 경합이 발생한 경우 또는 ㉣ 검사의 구속장소감찰(법 제198조의2 ①항)에서 불법체포나 구속이 의심되는 것으로 이유로 각기 검사로부터 송치를 요구받은 경우, ㉤ 검사와 사법경찰관이 사건 송치 전 당해 사건에 대한 수사사항 등에 관하여 협의를 마친 사건이 송치된 경우에는 원칙적으로 검사가 직접 보완수사를 하도록 한다.
한편, 법 제245조의8에 따라 사법경찰관이 위법하게 불송치한 사건에 대하여 검사는 사법경찰관에게 재수사를 요청할 수 있고, 이 경우 사법경찰관은 필요적으로 재수사를 하여야 하는데, 현행 수사준칙 제64조는 사법경찰관이 통보한 재수사 결과에 대하여 검사가 다시 재수사를 요청하거나 송치를 요구할 수 없도록 하되, 그 재수사 결과에 법리 위반이 있거나 그 재수사 결과만으로도 공소제기할 수 있을 정도로 명확한 채증법칙의 위반, 공소시효 등 소추요건 판단의 오류로 수사결과의 위법 또는 부당이 시정되지 않은 때에는 재수사 결과를 통보받은 날로부터 30일 이내에 검사가 사건송치를 요구할 수 있도록 규정하고 있다. 그러나 개정 수사준칙 제64조는 재수사 결과를 통보받은 날로부터 사건송치를 요구할 수 있는 30일의 기한을 폐지함으로써, 사법경찰관의 수사종결권을 제한한다.
이러한 법무부의 개정 수사준칙 입법예고에 대하여, 법률보다 하위의 명령으로 법률의 내용을 제한하는 위헌적 발상이라는 비판과 함께 국회 내 다수 의석을 차지한 야당인 민주당은 이를 사실상 '검수원복'으로 지칭하면서, 검찰의 수사권과 기소권을 완전히 분리하여 기존 검찰청으로 '기소청'으로 전환하는 관련 법률의 개정을 시사함으로써, 논란과 정치적 대립이 갈수록 첨예화하고 있다.

이처럼 현행「형사소송법」은 과거와 달리 사법경찰관의 독립적 수사권을 명확히 규정하면서도, 압수수색이나 체포·구속 등 강제수사를 위한 영장청구권은 여전히 검사에게 유보하여 일정한 한계도 갖고 있다. 특히, 이와 관련하여「헌법」제12조 ③항은 "적법한 절차에 따라 검사의 신청에 의하여 법관이 발부한 영장"이 제시되어야 한다고 규정하여 검사의 영장청구권을 영장주의와 관련한「헌법」상 제도적 보장으로 파악하는 태도를 취하고 있다. 다만,「형사소송법」은 사법경찰관이 신청한 영장에 대한 검사의 미 청구와 관련하여 사법경찰관이 검사 소속 지방검찰청을 관할하는 고등검찰청에 심의를 신청할 수 있고, 이를 위하여 각 고등검찰청에는 10인의 외부위원으로 구성된 영장심의위원회를 설치하도록 하여, 강제수사와 관련하여서도 사법경찰관의 독자적 수사권이 존중될 수 있도록 하고 있다.

물론,「형사소송법」은 사법경찰관의 수사권 남용을 억제하기 위한 장치도 갖고 있다. 법 제197조의3에 의하면, 검사는 사법경찰관리가 수사과정에서 법령위반, 인권침해 등 현저한 수사권남용이 의심되는 사실의 신고가 있거나 이를 인식한 때는 사법경찰관에게 사건기록 등본의 송부와 시정조치 요구, 시정조치에 따른 결과를 통보하도록 하고, 해당 사법경찰관리에 대한 징계요구와 함께 만일 이에 적절히 응하지 않은 때는 사건송치를 요구할 수 있다. 이 외에, 검사가 체포·

구속장소감찰 과정에서 불법체포가 의심되어 송치를 명령하거나(법 제198조의2 ②항) 고소인이나 피해자 또는 그 법정대리인이 사법경찰관의 불송치결정에 대한 이의신청이 있는 사건도 검사에게 사건이 송치되는데(법 제245조의7 ②항), 이 경우 검사가 직접 수사할 수 있지만, 송치 받은 사건과 동일성을 해치지 않는 범위 내로 검사의 직접 수사가 제한된다(법 제196조 ②항). 이는 위법한 별건수사를 억제하기 위한 규정으로 이해될 수 있다.

아울러, 제한적 사례이기는 하지만, 검사가 직접 수사를 개시할 수도 있기 때문에 동일 사건에 대하여 사법경찰관의 수사와 경합이 발생할 수 있다. 형사소송법은 이 경우 검사의 우선적 수사권을 인정하지만, 사법경찰관이 먼저 영장을 청구한 사건에서는 사법경찰관이 계속 수사할 수 있다(법 제197조의4).

한편, 언론을 통해 '검수완박(검찰수사권 완전 박탈)'으로 지칭되었던 2022년 개정 현행 「형사소송법」의 수사권 구조는 그간 형사사법절차를 구성하는 하나의 기관으로부터 강력한 권력기관으로 탈바꿈하여 성장한 검찰조직에 대한 개혁과 정치적 상황변화와의 상관관계로부터 산출된 결과물이라는 것은 누구도 부인하기 어려운 사실이다. 종국적으로는 기각 및 각하결정이 이루어졌지만, 국회의원과 함께 법무부장관 및 검사에 의한 헌법재판소에 대한 권한쟁의심판신청으로까지 이어진 현행 「형사사송법」의 수사권 구조개편과 관련한 논란은 이를 단적으로 증명하는 예로 볼 수 있는데(헌재 2023. 3. 23. 2022헌라2, 2022헌라4), 시민의 상식과 법 감각을 충실히 반영할 수 있고, 공정하고 합리적인 형사사법절차의 구축과 이를 위한 개혁의 필요성이라는 본래의 목적 및 배경과 분리되어 검·경으로 대표되는 형사사법기관 간의 헤게모니 쟁탈과 여야 정치세력 간 이해관계에 따른 다툼으로 논의과정이 변질된 것은 자칫 중대한 오류가 내포된 입법으로 이어질 수 있음에서 매우 심각한 문제점으로 지적될 수 있을 것이다.

[Box 13.15] 검사의 수사권 축소 등과 관련한 법무부장관 등과 국회 간 권한쟁의심판

헌법재판소 2023. 3. 23. 2022헌라4, 「수사권 및 소추권이 행정부 중 어느 '특정 국가기관'에 전속적으로 부여된 것으로 해석할 헌법상 근거를 발견하기는 어렵다. 이에 헌법재판소는, 아래와 같은 다양한 선례를 통해, 우리 헌법은 수사 및 공소제기의 주체·방법·절차에 관하여 직접적인 규정을 두고 있지 아니하므로, 이는 입법자가 우리의 역사와 문화, 입법당시의 시대적 상황과 국민 일반의 가치관 내지 법감정, 범죄성향, 우리가 채택한 형사사법제도의 기본골격 등을 종합적으로 고려하여 결정해야 할 입법형성의 자유에 속하는 사항이라는 취지를 반복하여 판시함으로써, 행정부 내에서 수사권 및 소추권의 구체적인 조정·배분은 헌법사항이 아닌 '입법사항'이므로 헌법이 수사권 및 소추권을 행정부 내의 특정 국가기관에 독점적·배타적으로 부여한 것이 아님을 밝히고 있다. …(중략)… 헌법상 검사의 영장신청권은, 종래 빈번히 야기되었던 검사 아닌 다른 수사기관의 영장신청에서 오는 인권유린의 폐해를 방지하기 위한 것으로서, 수사과정에서 남용될 수 있는 강제수사를 '법률전문가인 검사'가 합리적으로 '통제'하기 위하여 도입된 것임을 알 수 있다.
물론 헌법은 검사의 수사권에 대해 침묵하므로, 입법자로서는 영장신청권자인 검사에게 직접 수사권을 부여하는 방향으로 입법형성도 가능하고 그와 같은 방식에도 일정한 장점이 있다. 그러나 반대로 직접 수사권을 행사하는 수사기관은 자신의 수사에 대한 정당성을 의심하기 어려운 경향이 있어 영장신청을 상대적으로 남발하게 될 가능성이 있다는 점 역시 부인하기 어렵다. 즉, 직접 수사를 담당하는 국가기관이 그 수사대상에 대한 영장신청 여부를 스스로 결정하도록 하는 것은, 수사상황을 잘 알기 때문에 영장신청의 필요성 여부를 더 신속하고 효율적으로 결정할 것이라는 장점이 있겠지만, 역사적으로 형사절차가 규문주의에서 탄핵주의로 이행되어 온 과정을 고려할 때 자신의 수사대상에 대한 영장신청 여부를 스스로 결정하는 것은 객관성을 담보하기 어렵다는 구조적 약점도 있기 때문이다. 이에 헌법개정권자는 영장신청의 신속성·효율성 증진의 측면이 아니라 수사기관의 강제수사 남용 가능성을 경계하는 맥락에서, 법률전문가이자 인권옹호기관인 검사로 하여금 제3자의 입장에서 수사기관이 추진하는 강제수사의 오류와 무리를 통제하게 하기 위한 취지에서 영장신청권을 헌법에 도입한 것으로 해석되므로, 검사의 영장신청권 조항에서 검사에게 헌법상 수사권까지 부여한다는 내용까지 논리 필연적으로 도출된다고 보기 어렵다.」

[Box 13.16] 고위공직자범죄수사처의 설치

'고위공직자범죄수사처'는 지난 2021년 1월부터 시행되고 있는 「고위공직자범죄수사처 설치 및 운영에 관한 법률(공수처법)」에 근거하여 권력형 비리범죄를 전담하기 위한 기구로 정부조직법에 따라 중앙행정기관을 총괄하여 지휘, 감독하는 대통령으로부터 독립성이 보장된 점에서 특징이 있다.
권력형 비리행위 등 부패범죄를 전담하는 독립적 수사기관의 설치는 이미 90년대 중반부터 시민단체 등을 중심으로 주장되어 왔다. 처음에는 '고위공직자비리조사처'라는 명칭으로 그 설치의 필요성이 제기되었고 역대 정부에서도 관련 논의를 지속하였지만, 검찰의 강력한 반대에 부딪히면서 권력형 비리행위를 전담하는 독립적 수사기구 설치를 제외하고 먼저 2001년 7월 「(구)부패방지법」이 제정되었다(「(구)부패방지법」은 2008년 이후 현재 「부패방지 및 국민권익위원회의 설치와 운영에 관한 법률」에 통합되어 폐지됨). 이후 2014년 박근혜 정부 하에서 독립적 수사기구 설치의 대안으로 「특별감찰관법」에 따라 대통령 직속으로 직무와 관련하여 독립적 지위를 갖는 특별감찰관을 두고, 대통령의 친인척 등 특수한 관계자의 비행행위 감찰, 필요하다면 수사기관에 고발하도록 하는 한편, 「특별검사의 임명 등에 관한 법률」에 근거한 이른바 상설특검제를 도입하였다.
고위공직자의 권력형 비리행위 등 부패범죄를 전담하는 독립적 수사기구의 설치논의가 다시

금 본격화된 것은 지난 문재인 정부 하인 2017년 법무부에 설치된 법무·검찰개혁위원회에서 종래 '고위공직자비리수사처'라는 명칭을 '고위공직자범죄수사처'로 바꾸고 그 설치를 법무부장관에게 권고함과 동시에 구체적 방안이 제시되면서 부터이다. 당시 법무부는 이러한 개혁위 권고에 따라 같은 해 10월 법안을 발표하게 되는데, 이후 동 법안 및 수정법안을 놓고 수사 및 기소범위와 대상과 함께 처장의 임명권 등 정치적 중립성과 관련한 논란으로 여야 간의 극심한 정치적 대립을 가져오기도 하였다. 그러나 결국 2020년 1월 국회를 통과하면서 「공수처법」이 제정되었다. 한편, 현 여당인 국민의 힘의 전신으로 당시 야당인 자유한국당 소속 국회의원들이 동 법률의 제정과정에서 발생한 절차상 하자를 다투어 헌법재판소에 헌법소원을 제기하였는데, 고위공직자범죄수사처(이하 공수처)와 다른 수사기관 간의 권한배분과 관련한 부분에 대해서는 기본권침해가능성이 인정되지 않기 때문에 각하하고, 동법에 따라 전, 현직 국회의원으로 수사대상이 될 수 있는 점에서 청구적격이 인정되는 부분에 대하여는 독립된 중앙행정기관으로서 고위공직자범죄수사처의 설치가 헌법 상 금지되거나 권력분립원칙에 위배되지 않고, 무리한 표적수사나 기소가 있을 수 있다는 객관적이고 실증적 근거도 없고, 영장청구권 등 헌법상 검찰권의 행사의 주체가 검찰청 소속 검사로 한정되지 않아 영장주의원칙에 위배되지 않는 점에서 청구인들의 평등권, 신체의 자유에 대한 침해도 인정되지 않기 때문에 청구이유가 없어 기각한 바 있다(헌법재판소 2021. 1. 28. 2020헌마264 등 참고).

「공수처법」의 내용을 간략히 살펴보면, 먼저 적용대상으로 대통령, 국회의장이나 국회의원은 물론 대법원장 및 대법관 등 행정부는 물론 입법, 사법부를 아울러 고위직 공무원을 주로 대상으로 하는데, 주목할 점은 판사 및 검사, 경무관 이상의 경찰공무원 외에 감사원·국세청·공정거래위원회·금융위원회는 물론 대통령비서실·국가안보실·대통령경호처·국가정보원 소속 3급 이상 공무원, 기타 중앙행정기관의 정무직공무원을 포함하여 사법, 사정기관을 포함하는 주요 권력기관 소속 공직에 현재 재직하거나 퇴직한 자와 그 가족으로 배우자 및 직계비속(대통령이 경우는 배우자와 4촌 이내 친족)을 규정하고 있다(동법 제2조 1호 및 2호). 아울러 고위공직자범죄는 이들이 범한 범죄로 직무유기, 직권남용 등 흔히 말하는 공무원의 독직(瀆職)사건 외에 직무와 관련하여 공문서 또는 공전자기록을 훼손, 위·변조(공전자기록의 경우, 위·변작)하는 행위, 공금 등의 횡령, 배임행위, 직무와 관련하여 금품이나 이익을 수수하거나 요구·약속하는 행위 등은 물론 이러한 행위로 인한 범죄수익을 은닉, 가장하거나 수수하는 행위 그리고 이들 범죄행위에 대한 공범 등 관련범죄를 포괄한다(동법 제 제2조 3호 및 4호).

수사처는 처장 및 차장 각 1인과 25명 이내의 수사처검사(처장과 차장을 포함) 그리고 40명 이내의 수사처수사관, 기타 행정사무 등을 처리하기 위한 20명 이내의 직원으로 구성된다. 처장과 차장의 임기는 3년으로 중임이 불가능하며, 수사처검사는 임기 3년으로 3회에 한하여 연임할 수 있는데, 특히 처장은 국회의 고위공직자범죄수사처장추천위원회를 통해서 추천된 후보자 중에서 대통령이 임명하도록 하고 있다. 이는 대통령이 공수처의 직무수행에 관여할 수 없도록 한 규정(동법 제3조 ③항) 및 수사처 소속 공무원의 정치적 중립 및 직무상 독립에 대한 규정(동법 제22조) 함께 대부분 정치적 성격이 강한 사건을 담당하는 공수처의 중립성과 공정성을 보장하기 위한 장치로 이해될 수 있다.

수사처검사는 고위공직자범죄 혐의를 인지한 때는 이를 수사하고, 대법원장, 대법관, 검찰총장을 포함하여 판사 및 검사, 경무관 이상 경찰공무원의 고위공직자범죄에 대해서는 공소를 제기 및 유지를 담당한다(동법 제3조 ①항 및 제23조). 다른 수사기관이 수사 중, 고위공직자범죄를 인지한 때는 그 사실을 수사처에 통보하도록 하며(이 경우, 처장은 수사개시 여부를 회신하여야 함), 현재 수사처에서 수사중인 사건과 중복되는 사건을 다른 수사기관이 수사 중인 경우, 수사의 공정성 등을 고려할 때, 수사처에서 수사하는 것이 적절하다고 판단되는 때는 처장은 당해 수사기관에 동 사건의 이첩을 요구할 수도 있다. 물론, 고위공직자범죄를 항시 수사처에서 수사하여야 하는 것은 아니다. 다른 수사기관이 수사하는 것이 적절한 것으로 판단되는 경우, 처장은 이를 다른 수사기관에 이첩할 수도 있다(동법 제24조 참조).
이 외에, 검사의 고위공직자범죄 혐의는 수사처의 수사를 우선하도록 한다. 즉, 다른 수사기관이 검사의 해당 범죄혐의를 인지한 때는 이를 수사처에 이첩하여야 한다. 반면, 수사처검사의 범죄혐의를 수사처에서 인지한 때는 관련 자료와 함께 이를 대검찰청에 통보하도록 함으로써, 각 수사기관 간 견제와 균형이 이루어지도록 하고 있다.
만일 수사처검사가 직접 공소제기할 수 있는 사건(직접 공소제기 시, 원칙적으로 서울중앙지방법원을 관할로 함) 외의 고위공직자범죄혐의를 수사한 때는 동 사건을 어떻게 처리할까? 이때는 수사처검사는 관련 서류와 증거물을 지체없이 서울중앙지방검찰청 소속 검사에게 송부하여야 하고, 송부받은 검사는 공소제기 여부를 신속히 통보하여야 한다(동법 제26조).

V 공판절차 및 재판

1. 공판절차

검사가 피고인에 대하여 공소를 제기함에 따라 법원의 공판절차가 시작된다. 공소를 제기 받은 법원(수소법원)은 첫 공판기일 전에 피고인 및 변호인에게 공소장의 부본(복사본)을 송달하고 피고인 등이 이에 대한 의견서를 제출하면 이를 다시 검사에게 송달 한다(법 제266조 및 제266조의2). 이 과정이 마무리되면 공판기일을 지정하여 피고인과 검사에게 통지한다(법 제267조). 다만 수소법원의 재판장은 효율적이고 집중적인 심리를 위하여 필요하다고 판단하면, 사건의 쟁점을 확인하고 양 당사자의 주장이나 입증계획 등을 미리 정리하기 위하여 공판절차에 앞서 공판준비절차를 먼저 진행할 수 있다(법 제266조의5 이하). 특히 공판준비절차에서 피고인 또는 변호인은 방어준비에 필요하다고 판단되면, 증거개시제도(discovery)의 일환으로 검사에게 공소제기된 사건과 관련한 서류나 물건을 열람, 등사 또는 서면의 교부를 신청할 수 있고 만일 이 신청을 거부하는 때는 법원에 이를 허용하도록 신청할 수도 있다(법 제266조의3 및 266조의4). 반면, 검사도 이에 상응하여 피고인이나 변호인이 공판절차나 공판준비절차에서 알리바이(현재부재)나 심신상실이나 미약 등 법률상, 사실상의 주장을 한 때는 증거로 신청할 서류 등에 대하여 열람, 등사 또는 서면의 교부를 요구하거나 이를 거부한 때는 법원에 이를 허용하도록 신청할 수 있다(법 제266조의11).

제1회 공판기일에는 사실심리에 앞서 모두절차가 진행된다. 수소법원을 대표하는 재판장이 피고인의 출석여부를 확인하는 인정신문(법 제284조)을 함과 동시에 진술거부권이나 국선변호인신청 등 피고인에게 필요한 권리사항을 고지하여 알려준다(법 제283조의2). 그리고 검사는 이미 공소부본이 피고인에게 송달되었지만 재차 공소사실을 낭독하여 처벌할 대상으로 공소사실을 명확히 확정하게 된다(법 제285조). 만일 피고인이 특별히 진술거부권을 행사하지 않고 검사의 공소사실을 그대로 인정하게 된다면, 앞서 설명한 바와 같이 간이공판절차로 이행할 수 있다(법 제286조 및 제286조의2).

이렇게 모두절차가 종료하면, 공소사실과 관련하여 피고인의 유·무죄를 확인, 판단하기 위한 사실심리가 시작된다. 먼저 거증책임을 부담하는 검사가 신청한 증거들에 대한 조사가 이루어지고, 이후 피고인의 증거를 조사하는데, 증거조사가 끝나게 되면 마지막으로 피고인에 대한 신문절차(법 제296조의2)를 끝으로 사실심리가 종결된다. 그리고 최종변론으로 검사는 공소사실에 대한 최종적 의견으로서 논고와 양형에 대한 의견인 구형을 하고(법 제302조), 이에 대하여 피고인 및 변호인이 최후변론을 함으로써(법 제303조) 당사자들 간의 공격방어 활동인 변론이 종결된다. 물론, 필요하다면 법원은 직권 또는 검사, 피고인이나 변호인의 신청에 의하여 종결된 변론을 재개할 수도 있다(법 제305조).

변론 종결 후 남은 것은 당해 사건에 대한 법원의 최종적 판단으로서 재판이다. 재판은 법원 또는 법관이 소송절차에서 외부적으로 표시하는 모든 의사표시를 말한다. 즉, 유무죄의 판결만이 아니라 영장을 발부하는 것도 피고인의 보석신청을 기각하는 것도 모두 재판이다. 재판은 다양한 기준에 따라 그 유형을 분류할 수 있는데, ㉠ 그 형식에 따라서 '판결 → 결정 → 명령'으로 구분한다. 우측으로 갈수록 간이한 절차와 방식에 의하는데, 판결은 독립된 재판문(판결문) 작성이 필요하고 선고라는 절차를 통해 고지가 되지만, 결정과 명령은 반드시 독립된 재판문을 작성하지 않아도 좋고, 고지방식도 선고형식에 의할 필요가 없다. 판결과 결정은 법원이, 명령이 개별 법관이 하는 재판형식이다. ㉡ 의사표시의 시점에 따라서, 재판은 중간재판과 종국재판으로 구별할 수도 있다. 현재의 심급을 마무리하는 최종적 재판을 종국재판이라고 한다. 유죄 또는 무죄판결이 대표적으로 이후 현재 심급의 수소법원에서는 더 이상 사건에 대한 판단을 할 것은 없게 되며, 재판에 대한 당사자의 불복(상소)을 통해 현재 심급보다 상위의 심급법원의 판단만 가능하게 된다. 반면, 현재 심급이 진행되는 중에 재판이 중간재판으로 피고인의 보석신청이나 검사의 증거조사신청을 기각하는 등은 그 예다. 예외가 있지만 통상 종국재판은 판결의 형태로, 중간재판은 결정이나 명령에 의한다.

이 외에도 재판은 ㉢ 실체재판과 형식재판으로 구별되기도 한다. 실체재판은 공소제기된 사건에 대한 실체적 판단이 이루어진 재판으로, 유·무죄판결이 여기에 해당한다. 반대로 형식재판은 공소제기된 사건의 실체에 대한 판단이 아니라 실체를 판단하기 위한 전제로서 형식적 요건의 구비 유무에 대한 판단을 말한다. 예를 들어, 피고인이 사망했다고 가정하자. 기소된 사건과 관련하여 피고인의 유, 무죄를 판단할 실익이 있을까? 이 경우 유·무죄의 실체적 판단을 하는 것이 아니라 결정으로 공소를 기각하여 공판절차를 신속히 종결하는 것이 타당하다. 이러한 재판을 형식재판이라고 하고, 「형사소송법」에는 공소기각판결 및 결정(법 제327조 및 법 제328조), 관할위반판결(법 제319조) 그리고 면소판결(법 제326조)이라는 3가지 형태를 규정하고 있다.

2. 재판의 확정과 상소

법원 또는 법관의 의사표시인 재판에 불복하여 상급법원의 판단을 요구하는 것을 '상소'라고 한다. 상소가 언제나 가능한 것은 아니다. 신속한 절차 진행 등을 고려하여 처음부터 상소가 불가능한 재판도 있고, 상소가 가능하여도 일정한 기간(상소제기기간) 또는 적어도 당사자가 상소를 통해 구제받을 이익이(상소의 이익) 남아있어야 가능하다.

상소 제도는 통해 법원 간 판단의 통일성을 확보할 수 있고, 법령해석이나 사실인정과 관련한 오류를 수정할 기회를 통하여 당사자의 불이익을 구제할 수 있다는 점에 의미가 있다. 상소를 담당하는 법원을 상소심이라고 하는데, 상소심의 기능과 관련하여 상소심은 이론적으로 '법률심'과 '사실심'이라는 2가지 유형으로 구분할 수 있다. 법률심이 법령해석의 통일성에 중점을 두었다면, 사실심은 법령해석의 통일성 확보도 목적으로 하지만 사실오인으로 인한 당사자의 피해구제에 중점을 둔다. 보통 어느 국가나 최고법원은 하급심의 사실심리가 충실할 것을 전제로 상급법원에 대한 상소 남발을 제한하여 법령해석의 통일성 확보와 중요한 사법정책적 판단에 최고법원이 집중할 수 있도록 법률심에 근접한 형태를 갖는 예가 많다. 한편 상소심으로서의 사실심도 복심과 속심의 2종류로 다시 세분된다. 복심은 말 그대로 하급심의 판단을 완전히 뒤엎고 다시 재판하는 구조를 말한다. 따라서 복심인 상소심은 논리적으로 항시 하급심 결과를 파기하고 스스로 다시 재판한다(파기자판). 반면, 속심은 하급심의 연장선에서 심리를 속행하는 형태로, 파기자판을 원칙으로 하지만 상소이유가 없다면 그대로 상소기각 판결을 할 수도 있다. 아무래도 속심 구조를 취하면, 동일한 사실심으로서 상소심이라도 하급심의 사실심리 결과를 인용하는 등 반복적 절차를 회피할 수 있는 장점이 있다.

재판의 형식에 따라 구체적 상소 방법이 결정된다(표 13-1). 판결은 항소와 상고, 결정은 항고에 의한다. 반면 재판장 등 개별 법관이 하는 재판은 준항고에 의하는데, 극히 예외적인 경우로 제한된다. 통상 제1심 법원의 판결에 대한 불복을 항소라 하고 지방법원본원이나 지원의 단독판사로 구성된 수소법원이 제1심 법원이라면, 지방법원 본원합의부가 항소심의 심급관할을 갖는다. 만일 제1심 수소법원이 합의부였다면, 고등법원이 항소심으로서 심급관할을 갖는다. 항소심 판결에 대한 불복은 상고라 하고, 상고심은 항상 대법원이 심급관할을 갖는다. 특히 심급을 종료하는 종국재판으로서 하급심의 재판에 대한 불복으로 피고인이 항소나 상고를 하는 경우, 하급심(원심)이 선고한 형 보다 중한 형을 선고하는 것이 금지된다(법 제 368조 및 법 제396조 ②항). 만일 원심보다 무거운 형이 선고될 수 있다면 피고인이 이를 무릅쓰고 상소하는 것으로 현실적으로 기대하기 어려워, 현실적으로 피고인이 상소할 수 없게 된다. 이처럼 위험부담을 해소해 줌으로써 피고인의 상소권을 보장하기 위한 장치를 '불이익변경금지원칙'이라고 한다. 원래 불이익변경금지원칙은 상소절차 적용되지만, 예외적으로 확정된 유죄판결에 대한 재심이나(법 제439조) 약식명령이나 즉결심판에 대한 정식재판청구에서도 불이익변경금지원칙이 적용된다(법 제457조의2 및 즉결심판에 관한 절차법 제19조, 대법원 1999. 1. 15. 선고 98도2550 판결).

〈그림 13-3〉 **상소절차 개관**

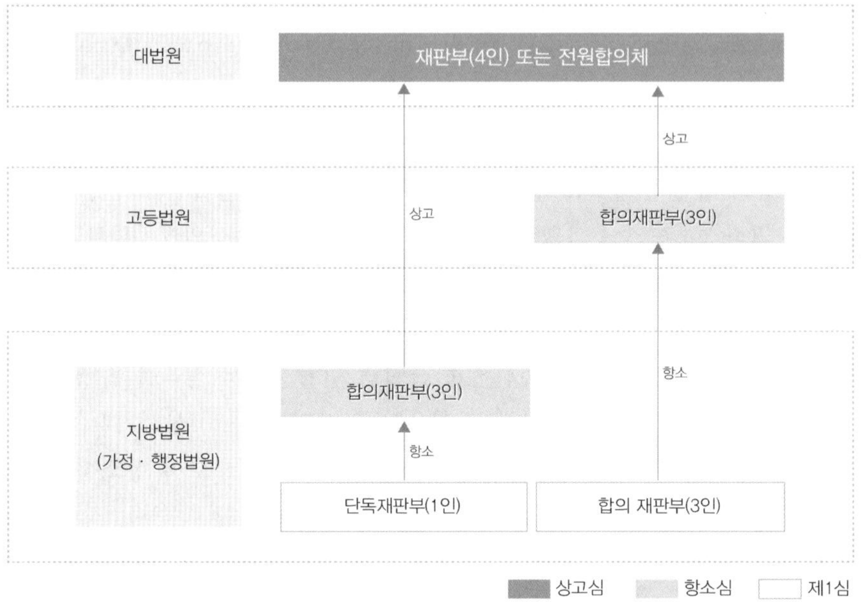

출처: 대법원 상소절차 개요, https://www.scourt.go.kr/supreme/sup_deci/process/process01/index.html

[표 13-1] **재판에 대한 상소의 유형**

재판의 형식	불복방식		내용
판결	항소		제1심 판결에 대한 상소(법 제357조 이하)
	상고	상고	항소심 판결에 대한 상소(법 제371조 이하)
		비약적 상고	제1심 판결에 대하여 항소심을 거치지 않고 곧바로 상고심으로 상소(법 제372조)
결정	일반항고	보통항고	법원의 결정에 대해선 항고이익(상소이익)이 있는 한 언제든 가능함이 원칙(법 제404조). 단, 법원의 관할이나 판결전 소송절차에 관한 결정으로 즉시항고가 가능하거나, 구금, 보석, 압수나 압수물의 환부에 관한 결정 또는 피고인의 감정유치에 관한 결정을 제외하고는 항고가 제한(법 제402조 및 제403조) 보통항고는 재판의 집행정지효가 없음(법 제409조)
		즉시항고	1. 즉시항고가 가능한 규정이 있는 때 2. 결정일로부터 7일 이내에 청구(법 제405조) 3. 원칙적으로 재판의 집행정지효가 있음(법 제410조)

재판의 형식	불복방식	내용
	특별항고 또는 재항고	1. 항고법원, 고등법원의 결정에 대한 불복 2. 결정에 영향을 미친 법령위반이 있는 때에 대법원에 청구로 방식은 즉시항고에 의함(법 제415조)
명령	재판장, 수명법관의 재판에 대한 준항고	1. 재판장, 수명법관의 재판으로, ① 기피신청의 기각재판 ② 구금, 보석, 압수 또는 압수물환부에 관한 재판 ③ 피고인에 대한 감정유치를 명한 재판 ④ 증인, 감정인, 통역인 또는 번역인에 대하여 과태료 또는 비용배상을 명한 재판 2. 재판이 있는 날로부터 7일 이내 청구 3. 집행정지효가 있음(법 제416조)
	수사기관의 처분에 대한 준항고	검사, 사법경찰관의 구금, 압수 또는 압수물의 처분, 피의자신문에 따른 변호인의 참여 등에 관한 처분에 불복으로, 관할법원 또는 소속 검찰청에 대응한 법원에 당해 처분의 취소, 변경청구(법 제417조)
	이의신청	1. 재판장의 소송지휘권에 법령위반이 있는 때(법 제304조 및 규칙 제136조) 2. 증거조사와 관련한 법원의 처분이 법령위반 또는 상당하지 않은 때 또는 증거신청에 대한 결정에 법령위반이 있는 때(법 제296조 및 규칙 제135조의2) 3. 당해 법원에 신청하고, 당해 법원은 즉시 결정하여야 함(규칙 제138조)

한편, 재판에 대하여 상소 등으로 더 이상 불복할 수 없는 상태를 '확정'이라 한다. 특히 종국재판으로서 실형이 선고된 유죄판결이 확정되면, 선고된 형의 집행 절차가 이어진다. 재판은 확정에 따라 다양한 효력이 발생하는데 이를 '확정력'이라 한다.

앞서 재판을 그 내용에 따라 실체재판과 형식재판으로 구분한다고 설명했는데, 이 구별의 실익은 재판의 효력으로서 '일사부재리효'와 관련한다. 즉, 실체재판에는 일사부재리효가 발생하지만, 형식재판에는 일사부재리효가 발생하지 않는다. 가령 검사가 관할법원을 잘못 지정하여 공소를 제기한 경우, 해당 법원은 유·무죄와 같은 사건의 실체에 대하여 판단할 필요 없이 관할위반의 판결로 절차를 종결한다(법 제319조). 관할위반의 판결이 확정되어도 일사부재리효력이 발생하지 않아, 검사는 관할법원을 정확히 지정하여 다시 공소를 제기할 수 있다. 공소제기와 관련한 형식적 하자가 발생한 것에 불과하고, 사건의 실체에 대해서는 전혀 판단하지 않았기 때문에, 검사는 형식적 하자를 수정할 수만 있다면 다시 기소하여 법원에 대하여 얼마든지 사건의 실체에 대한 판단을 요구할 수 있는 것이다. 그러나 유·무죄판결이 선고되고 상소포기나 상소기간의 도과 등으로 그 재판이 확정되었다면, 검사는 동일한 사건을 다시 기소하여 실체에 대한 판단을 요구할 수 없다. 만일 이를 허용한다면, 법원의 판단은 무한히 반복될 뿐만 아니라 피고인은 동일한 사건으로 거듭 처벌될 수 있다. 이를 방지하기 위한 것이 바로 '일사부재리효'다(라틴어로 non bis in idem, ne bis in idem이라고 하며, 'not twist against same thing'을 의미). 만일 확정된 유·무죄판결있는 사건에 대하여 검사가 다시 공소를 제기한다면, 법원은 형식재판의 한 형태인 면소판결을 하다(법 제326조 1호).

일사부재리효는 사건의 실체에 대한 동일한 사법관할(Jurisdiction) 내에서, 형사처벌을 위한 판단을 전제로 동일한 사건(역사적 사실)에 대하여만 적용된다. 따라서 동일한 사건이라도 서로 다른 사법관할권의 판단이 중복되거나 형사처벌이 아닌 징계처분이 있었던 것에 불과한 때는 일사부재리효는 발생하지 않는다.

[Box 13.17] 이태원 햄버거 가게 살인사건과 일사부재리효

1997년 4월 3일 이태원의 프랜차이즈 햄버거 가게에서 미국 국적의 10대 에드워드 리와 아서 패터슨이 화장실에서 우연히 마주친 한국인 대학생을 칼로 9회 찔러서 살해하였다. 검사는 법의학적 부검결과와 사건 당시 현장에 있었던 피고인들의 친구 A의 진술 등에 근거하여 리와 패터슨을 공범으로 기소하지 않고, 리가 칼로 피해자를 찔러 살해하고, 이후 패터슨이 현장에서 칼을 수거한 뒤, 버린 것으로 파악하여 리를 살인죄, 패터슨을 증거인멸 및 폭력행위 등 처벌에 관한 법률위반(우범자)으로 패터슨은 살인죄로 각각 기소하였다.
공판과정에서 초동수사과정에서 범행현장 보존 등 기초적 수사원칙이 제대로 지켜지지 않는 등 여러 문제점이 들어났고, 결국 리는 증거불충분으로 무죄가 확정되고, 이에 앞서 패터슨은 증거인멸 및 폭력행위 등 처벌에 관한 법률위반(우범자) 혐의로 단기 1년 장기 1년 6개월의 형이 확정되었나 1998년 8월 특별사면으로 형 집행이 면제되어 출소하였다. 결과적으로 리와 페터슨 중 누군가는 피해자를 칼로 찔러 살해하였고, 여러 정황 상 이들을 공범관계로 볼 수 있었음에도 불구하고 피고인들 중 누구도 살인죄로 처벌되지 않았다. 특히 패터슨은 특별사면으로 출소한 후 출국금지조치가 풀리는 틈을 타 곧바로 미국으로 도피하였다.
수사과정에서 많은 문제점을 노출시켰던 이 사건과 관련한 여론의 압박을 배경으로 수사재개와 함께 한미 간 형사사법공조를 통해 결국 2009년 페터슨에 대한 범죄인인도청구가 이루어지고, 2015년 9월 패터슨이 한국으로 송환되었다. 검사는 이미 무죄가 확정된 B와 공모하여 피해자를 살해한 혐의로 패터슨을 다시 기소하였다.

대법원 2017. 1. 25. 선고 2016도15526 판결, 「형사소송절차에서 두 죄 사이에 공소사실이나 범죄사실의 동일성이 있는지는 기본적 사실관계가 동일한지에 따라 판단하여야 한다. 이는 순수한 사실관계의 동일성이라는 관점에서만 파악할 수 없고, 피고인의 행위와 자연적·사회적 사실관계 이외에 규범적 요소를 고려하여 기본적 사실관계가 실질적으로 동일한지에 따라 결정해야 한다.

원심이 유죄로 인정한 이 사건 살인죄의 공소사실의 요지는 "피고인은 1997. 4. 3. 21:50경 서울 용산구 이태원동에 있는 ○○○ 햄버거 가게 화장실(이하 '○○○ 화장실'이라고 한다)에서 피해자를 칼로 찔러 공소외 1(필자 주: B)과 공모하여 피해자를 살해하였다."라는 것이다. 선행사건에서 피고인에 대하여 유죄로 확정된 '증거인멸죄 등'의 범죄사실의 요지는 "피고인은 1997. 2. 초순부터 1997. 4. 3. 22:00경까지 정당한 이유 없이 범죄에 공용될 우려가 있는 위험한 물건인 휴대용 칼을 소지하였고, 1997. 4. 3. 23:00경 공소외 1이 범행 후 ○○○ 화장실에 버린 칼을 집어 들고 나와 용산 미8군영 내 하수구에 버려 타인의 형사사건에 관한 증거를 인멸하였다."라는 것이다.

원심이 유죄로 인정한 이 사건 살인죄와 선행사건에서 유죄로 확정된 증거인멸죄 등은 범행의 일시, 장소와 행위 태양이 서로 다르고, 살인죄는 폭력행위 등 처벌에 관한 법률 위반(우범자)죄나 증거인멸죄와는 보호법익이 서로 다르며 죄질에서도 현저한 차이가 있다. 따라서 이 사건 살인죄의 공소사실과 증거인멸죄 등의 범죄사실 사이에 기본적 사실관계의 동일성을 인정할 수 없다.」

〈그림 13-4〉 **이태원 햄버거 가게 살인사건의 현장 재구성**

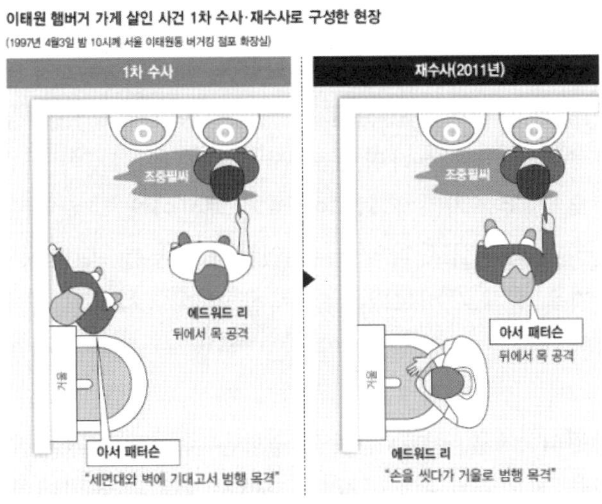

이태원 햄버거 가게 살인 사건 1차 수사·재수사로 구성한 현장

출처: 한겨레신문, '이태원 살인' 19년만에… 패터슨이 진범 '징역 20년' 선고, 2016. 1. 19, https://www.hani.co.kr/arti/PRINT/728483.html

[Box 13.18] 「소년법」상의 보호처분과 일사부재리효

대법원 1985. 5. 28. 선고 85도21 판결, 「소년법 제47조는 제30조의 보호처분을 받은 소년에 대하여는 그 심리결정된 사건은 다시 공소제기할 수 없고 소년부에 송치하시 못한다라고 규정하고 있으므로 제30조의 보호처분을 받은 사건과 동일(상습죄 등 포괄일죄 포함)한 사건에 대하여 다시 공소제기가 되었다면 소년법 제30조의 보호처분은 확정판결이 아니고 따라서 기판력도 없으므로 이에 대하여 면소판결을 할 것이 아니라 공소제기의 절차가 법률의 규정에 위배하여 무효인 때에 해당한 경우이므로 형사소송법 제327조 제1호의 규정에 의하여 공소기각의 판결을 하여야 할 것 임에도 불구하고 …」

그렇다면, 앞의 story telling으로 돌아가 보자. 먼저 확정된 장물취득의 사실과 이후 추가 기소되어 확정된 강도상해의 사실은 동일성이 부정되는 각기 다른 별개의 사실일까?

현재 다수 견해와 판례는 기본적 사실관계 동일설에 의하여 공소사실의 동일성을 판단하고 있다. 즉, 범죄가 성립되기 위한 구성요건 등 규범적 판단 이전에 그 기초가 되는 사회적 또는 역사적 사실관계가 동일한가의 여부에 의하여 공소사실 또는 범죄사실의 동일성이 판단되는 것이다. 실제 역사적으로 발생한 범죄사실과 검사가 처벌의 의사를 밝혀 공소장에 기재한 공소사실 간에는 차이가 발생할 수 있다. 이 차이를 극복하기 위한 것이 공소장변경절차로, 공소사실을 추가, 철회, 변경함으로써 실제 발생한 역사적 사실로서의 범죄사실과 공소장에 기재된 공소사실 간의 간극을 해소할 수 있다(법 제298조). 단, 공소사실의 변경 등은 변경 전의 사실과 변경하려는 사실 간에 동일성이 인정되는 경우만 허용될 수 있다. 동일성이 인정되지 않는다면, 공소장을 변경하는 것이 아니라 역사적으로 전혀 다른 사실로서, 추가기소가 되어야 하기 때문이다. 흔히 공소사실의 동일성은 역사적으로 하나의 사실로 파악할 수 있는지 여부를 의미하는 단일성과 단일성이 인정되는 것을 전제로 비교되는 양 사실 간의 유사성을 의미하는 협의의 동일성으로 세분되는데, 일반적으로 단일성은 「형법」상 죄수론에 의하여 판단된다. 즉, 죄수론상 일죄는 소송법상으로도 하나의 사실(사건)로 파악되고, 수죄는 수개의 사실로 파악된다. 예를 들어, 상상적 경합은 수회의 구성요건적 판단이 이루어짐으로써 실체법적으로는 수죄이지만, 자연적 행위는 하나이기 때문에 소송법적으로는 하나의 사실로 파악되는 것이다. 반면, 협의의 동일성은 비교되는 사실 간 일시, 장소 및 행위의 주체, 방법, 대상 등 구체적 사실관계 간의 유사성에 의

하여 판단되는 것이다. 공소사실의 동일성이 인정된다는 것은 결국 비교되는 양 사실이 역사적으로 같은 사실(사건)을 의미하는 것으로, 동일성이 인정되는 범위에서 검사의 공소제기에 따른 효과와(법 제248조 ②항) 동시에 법원의 판단에 따른 기판력 내지 일사부재리효력이 발생하기(법 제326조 1호) 때문에 공소사실의 동일성 판단은 「형사소송법」에서는 매우 중요한 문제가 된다.

story telling에서 소개된 사실관계에서 피고인 A가 나머지 공범들과 강도상해를 공동으로 하였다면, 이후 강도로 획득된 신용카드를 획득한 행위를 별도의 장물취득으로 파악할 수 없다. 역으로 장물취득행위가 인정된다면, 강도상해를 공동으로 한다는 것은 애당초 불가능하다. 결국 이미 확정된 장물취득의 사실과 추가 기소된 강도상해의 사실은 서로 각기 별개로 존재(양립)할 수 없는 사실로 역사적으로 단일한 사실에 해당하여 공소사실의 동일성이 인정되는 경우라고 하겠다(양립가능성, 대법원 2019. 3. 28. 선고 2018도16031 판결 등).

결국, story telling에서 소개된 대법원 판례의 사안은 실제로는 강도상해라는 중대한 범죄행위를 저지른 피고인이 장물취득이라는 경미한 죄로 처단됨으로써 발생할 수 있는 형사처벌의 공백과 부정의를 이론적 무리를 감수해서라도 극복하기 위한 시도로 이해할 수 있을 것이다.

Ⅵ 재심

상소가 확정되기 전의 재판에 불복하는 구제수단이라면 재심은 확정된 재판에 대한 불복이자 구제수단에 해당한다. 재심은 이미 확정된 재판을 확정 전 상태로 되돌림으로써, 법적 안정성에 중대한 예외를 형성하게 된다. 따라서 재심이 개시되기 위한 사유는(법 제420조) 재판의 오류가 매우 명확한 것은 물론 피고인의 불이익이 중대한 경우로 이를 구제하여야할 필요성이 높은 예로 제한되는 것이 일반적이다.

재심은 그 결과가 피고인에게 이익이 되는 경우로 한정되는가 아니면 불이익한 경우도 포함되는가에 따라 이익재심과 불이익재심으로 구분된다. 입법례에 따라서는 실체재판의 무오류성을 강조함으로써, 불이익재심을 허용하는 예도 있지만 현행 「형사소송법」은 이익재심만 허용한다(참고로, 구 「형사소송법」하에서는 불이익재심도 허용됨).

재심절차는 2단계로 구분, 진행된다. 첫 번째로, 정당한 재심사유가 있는지를 판단하기 위한 '재심개시절차'나. 여기서 재심이유가 인성되면, 재심개시 결정이 있게 된다. 두 번째로, 재심개시 결정이 확정되면, 재심이 청구된 각 심급에 응하여 재심심판절차가 이어진다. 재심심판절차는 본질적으로 확정 전 심급에 따른 공판절차와 동일하다. 재심청구는 유죄의 선고를 받은 자나 그 법정대리인(만일 유죄의 선고를 받은 자가 사망한 때는 그 배우자, 직계친족, 형제자매도 청구가능)이 유죄의 확정판결 또는 그와 관련한 항소나 상고기각판결에 대하여 선고받은 자의 이익을 위해 할 수 있는데, 검사도 청구할 수 있다(법 제424조). 재심심판절차에서도 유죄판결과 그에 따른 형이 선고될 수도 있다. 그러나 항소나 상고의 예와 같이 재심심판절차에서도 불이익변경금지원칙이 적용되기 때문에(법 제439조) 피고인에게 결과적으로 불이익은 발생하지 않는다. 재심심판절차에서 판결이 확정된 때에 그 이전 원판결은 효력을 상실한다.

[Box 13.19] 재심사유로서 유죄선고를 받은 자의 무죄 등을 인정할 명백하고 새로운 증거

「형사소송법」 제420조(재심이유)

재심은 다음 각 호의 1에 해당하는 이유가 있는 경우에 유죄의 확정판결에 대하여 그 선고를 받은 자의 이익을 위하여 청구할 수 있다.

1. 원판결의 증거된 서류 또는 증거물이 확정판결에 의하여 위조 또는 변조인 것이 증명된 때
2. 원판결의 증거된 증언, 감정, 통역 또는 번역이 확정판결에 의하여 허위인 것이 증명된 때
3. 무고로 인하여 유죄의 선고를 받은 경우에 그 무고의 죄가 확정판결에 의하여 증명된 때
4. 원판결의 증거된 재판이 확정재판에 의하여 변경된 때
5. 유죄의 선고를 받은 자에 대하여 무죄 또는 면소를, 형의 선고를 받은 자에 대하여 형의 면제 또는 원판결이 인정한 죄보다 경한 죄를 인정할 명백한 증거가 새로 발견된 때
6. 저작권, 특허권, 실용신안권, 의장권 또는 상표권을 침해한 죄로 유죄의 선고를 받은 사건에 관하여 그 권리에 대한 무효의 심결 또는 무효의 판결이 확정된 때
7. 원판결, 전심판결 또는 그 판결의 기초 된 조사에 관여한 법관, 공소의 제기 또는 그 공소의 기초 된 수사에 관여한 검사나 사법경찰관이 그 직무에 관한 죄를 범한 것이 확정판결에 의하여 증명된 때 단, 원판결의 선고 전에 법관, 검사 또는 사법경찰관에 대하여 공소의 제기가 있는 경우에는 원판결의 법원이 그 사유를 알지 못한 때에 한한다.

대법원 2009. 7. 16. 자 2005모472 전원합의체 결정. 「형사소송법 제420조 제5호(이하 '이 사건 조항'이라고 한다)는 재심사유의 하나로 "유죄의 선고를 받은 자에 대하여 무죄 또

는 면소를, 형의 선고를 받은 자에 대하여 형의 면제 또는 원판결이 인정한 죄보다 경한 죄를 인정할 명백한 증거가 새로 발견된 때"를 규정하고 있다. 이는 재심사유 가운데에서도 판결확정 후 새로운 증거의 출현을 내용으로 하는 이른바 신규형 재심사유로서, 첫째로 '새로운 증거가 발견되었을 것'(증거의 신규성)과 둘째로 새로 발견된 증거가 '무죄 등을 인정할 명백한 증거에 해당할 것'(증거의 명백성) 등을 그 요건으로 한다.

이 사건 조항에서 무죄 등을 인정할 '증거가 새로 발견된 때'라 함은 재심대상이 되는 확정판결의 소송절차에서 발견되지 못하였거나 또는 발견되었다 하더라도 제출할 수 없었던 증거로서 이를 새로 발견하였거나 비로소 제출할 수 있게 된 때를 말한다. 증거의 신규성을 누구를 기준으로 판단할 것인지에 대하여 이 사건 조항이 그 범위를 제한하고 있지 않으므로 그 대상을 법원으로 한정할 것은 아니다. 그러나 재심은 당해 심급에서 또는 상소를 통한 신중한 사실심리를 거쳐 확정된 사실관계를 재심사하는 예외적인 '비상구제절차'이므로, 피고인이 판결확정 전 소송절차에서 제출할 수 있었던 증거까지 거기에 포함된다고 보게 되면, 판결의 확정력이 피고인이 선택한 증거제출시기에 따라 손쉽게 부인될 수 있게 되어 형사재판의 법적 안정성을 해치고, 헌법이 대법원을 최종심으로 규정한 취지에 반하여 제4심으로서의 재심을 허용하는 결과를 초래할 수 있다. 따라서 피고인이 재심을 청구한 경우 재심대상이 되는 확정판결의 소송절차 중에 그러한 증거를 제출하지 못한 데에 과실이 있는 경우에는 그 증거는 이 사건 조항에서의 '증거가 새로 발견된 때'에서 제외된다고 해석함이 상당하다.

또한, '무죄 등을 인정할 명백한 증거'에 해당하는지 여부를 판단할 때에는 법원으로서는 새로 발견된 증거만을 독립적·고립적으로 고찰하여 그 증거가치만으로 재심의 개시 여부를 판단할 것이 아니라, 재심대상이 되는 확정판결을 선고한 법원이 사실인정의 기초로 삼은 증거들 가운데 새로 발견된 증거와 유기적으로 밀접하게 관련되고 모순되는 것들은 함께 고려하여 평가하여야 하고, 그 결과 단순히 재심대상이 되는 유죄의 확정판결에 대하여 그 정당성이 의심되는 수준을 넘어 그 판결을 그대로 유지할 수 없을 정도로 고도의 개연성이 인정되는 경우라면 그 새로운 증거는 이 사건 조항에서의 '명백한 증거'에 해당한다고 할 것이다. 만일 법원이 새로 발견된 증거만을 독립적·고립적으로 고찰하여 명백성 여부를 평가·판단하여야 한다면, 그 자체만으로 무죄 등을 인정할 수 있는 명백한 증거가치를 가지는 경우에만 재심 개시가 허용되어 재심사유가 지나치게 제한될 것인바, 이는 새로운 증거에 의하여 이전과 달라진 증거관계하에서 다시 살펴 실체적 진실을 모색하도록 하기 위해 '무죄 등을 인정할 명백한 증거가 새로 발견된 때'를 재심사유의 하나로 정한 재심제도의 취지에 반하기 때문이다.」

[Box 13.20] 재심심판절차에서 심급에 따라 다시 심판하는 취지

대법원 2015. 5. 14. 선고 2014도2946 판결('강기훈 유서대필사건' 재심심판). 「형사소송법 제438조 제1항은 "재심개시의 결정이 확정한 사건에 대하여는 제436조의 경우 외에는 법원은 그 심급에 따라 다시 심판을 하여야 한다."고 규정하고 있다. 여기서 '다시' 심판한다는 것은 재심대상판결의 당부를 심사하는 것이 아니라 피고 사건 자체를 처음부터 새로 심판하는 것을 의미하므로, 재심대상판결이 상소심을 거쳐 확정되었더라도 재심사건에서는 재심대상판결의 기초가 된 증거와 재심사건의 심리과정에서 제출된 증거를 모두 종합하여 공소사실이 인정되는지를 새로이 판단하여야 한다. 그리고 재심사건의 공소사실에 관한 증거취사와 이에 근거한 사실인정도 다른 사건과 마찬가지로 그것이 논리와 경험의 법칙을 위반하거나 자유심증주의의 한계를 벗어나지 아니하는 한 사실심으로서 재심사건을 심리하는 법원의 전권에 속한다. 한편 형사재판에서 공소제기된 범죄사실에 대한 증명책임은 검사에게 있고, 유죄의 인정은 법관으로 하여금 합리적인 의심을 할 여지가 없을 정도로 공소사실이 진실한 것이라는 확신을 가지게 하는 증명력을 가진 증거에 의하여야 하므로, 그와 같은 증거가 없다면 설령 피고인에게 유죄의 의심이 가더라도 피고인의 이익으로 판단하여야 한다.」

[Box 13.21] 재심심판절차에서 적용하여야 할 법령과 그 해석

대법원 2011. 10. 27. 선고 2009도1603 판결, 「재심이 개시된 사건에서 범죄사실에 대하여 적용하여야 할 법령은 재심판결 당시의 법령이고, 재심대상판결 당시의 법령이 변경된 경우 법원은 그 범죄사실에 대하여 재심판결 당시의 법령을 적용하여야 하며(대법원 2011. 1. 20. 선고 2008재도11 전원합의체 판결 참조. 필자 주: 이른바 '조봉암 진보당 사건' 재심심판), 법령을 해석함에 있어서도 재심판결 당시를 기준으로 하여야 하는 것이다.」

summary

요 약

형사소송은 실체적 진실의 추구를 통한 범인필벌과 함께 무고한 자가 처벌되지 않도록 적법한 절차에 기초한 공정한 재판도 중요한 가치로 지향하고 있다. 적법절차원칙은 사실판단주체로서 법원의 공정성과 함께 피고인에게 충분한 반론기회(방어권 또는 책문권)를 보장하는 것을 핵심으로 한다. 적법절차원칙은 「형사소송법」의 제 규정을 통해 '수사 → 공소제기 → 공판'으로 이어지는 전체 형사소송절차에 적용된다. 가령, 강제처분과 관련하여 강제수사법정주의와 영장주의, 진술거부권과 함께 이를 실질화 하기 위하여 진술거부권이 있음을 고지 받을 미란다 권리(Miranda warning), 위법수집증거배제법칙(exclusionary rule) 등이 그 전형적 예다.

한편, 형사소송절차는 비록 무죄판결로 결론이 나더라도 피고인에게는 견디기 어려운 고통을 야기하는 과정이다. 무분별하게 거듭된 소추와 그에 따른 비합리적인 형사처벌의 가능성을 방지하기 위한 것이 바로 재판의 효력으로서 일사부재리효(non bis in idem, ne bis in idem)로 형사재판에서 법적 안정성을 확보를 위한 중요한 기능을 수행한다.

key word &
current hot issues

주요 용어와 현안 문제

1. 수사단서와 수사개시

수사는 수사기관이 형사처벌을 목적으로 범죄사실을 해명하기 위하여 증거를 수집하고 범인을 확보하는 과정에서 행하는 일련의 활동을 지칭한다. 수사기관이 범죄혐의를 포착함으로써(인지) 수사가 개시되는데(입건), 수사를 개시하게 되는 계기를 통칭하여 '수사단서'라고 한다. 「형사소송법」에 규정된 고소·고발, 자수, 변사자검시, 경찰관직무집행법 상의 불심검문 등의 전형적 예 외에도 다양한 형태가 있는데, 수사기관은 이러한 수사단서 획득함으로써 특정한 범죄혐의포착하게 되고 이어서 수사를 개시하게 된다. 주의할 점은 수사기관이 갖게 되는 범죄혐의는 '주관적 혐의'에 불과하다. 객관적 증거에 근거하지만 어디까지나 범죄혐의는 수사기관이 주장하는 사실이라는 점에서 객관적 사실이 아니고, 주관적으로 주장되는 사실에 불과하다. 즉, 수사기관이 포착한 혐의는 수사절차가 이행되면서 점차 구체적이고 객관화된 사실에 근접하게 되지만 어디까지나 그 본질은 주관적인 것이다.

2. 수사의 유형과 조건

수사는 다양한 기준에 따라 분류가 가능하다. 주체에 따라서 검사의 수사, 사법경찰관의 수사로 분류할 수 있고, 시기에 따라서는 공소제기 전 및 공소제기 후의 수사로 구분할 수도 있다. 공소제기 후에는 피의자가 피고인으로 전환되어 본격적인 당사자적 지위에서 방어권 주체가 됨으로써, 공소제기 전과 달리 수사방법에 제한이 가해질 수 있다. 이러한 의미에서 공소제기 전, 후로 시점에 따라 수사를 구별하는 것은 이론적, 실무적 실익을 갖는다.

한편, 구체적인 수사방법에 따른 임의수사와 강제수사가 가장 중요하다. 강제수사의 경우 반드시 법적 근거가 전제되어야 하고, 영장주의를 통해 강력한 통제가 이루어지는 점에서 그 구별은 실무적으로도 상당한 실익을 갖는다. 흔히, 물리적 강제력의 사용유무, 권리(기본권) 침해적 성격을 수반하거나, 상대방의 동의가 있는지 여부, 적법절차원칙을 고려할 때 그 방법이나 절차에 제한을 둘 필요성이나 제한의 강도 등에 따라 임의·강제수사를 구별한다. 일반적으로 피의자신문, 참고인조사 등은 임의수사로 이해되는 반면, 압수·수색 및 체포, 구속, 통신감청 등은 강제수사의 예로 든다.
임의수사 역시 무제한으로 허용되는 것은 아니다. 임의수사의 경우도, 수사의 필요성과 상당성이라는 기본적 전제조건이 갖추어져야 한다. 가령, 친고죄에 있어서 피해자 등 고소권자의 고소가능성이 전혀 없는 사례와 같이 처음부터 형사처벌의 목적을 달성할 수 없는 수사는 불필요하다. 또한 수사는 그 방법이 상당하여야 한다. 상당하다는 의미는 가능한 최소의 권리침해를 가져오는 방법으로 제한되어야 하고(최소침해원칙 또는 비례원칙), 위법하지 않은 신뢰할 수 있는 방법과 절차에 의하여 진행되어야 한다(수사신뢰원칙). 다수 견해와 판례가 이른바 범의유발형 함정수사를 위법하다고 판단하는 이유를 여기서 찾을 수 있다.

3. 검사동일체원칙 및 법무부장관의 일반적·구체적 지휘권

'검사동일체원칙'이란 검찰총장을 정점으로 모든 검사가 마치 단일한 기관처럼 직무를 수행하는 것을 의미한다. 「검찰청법」 제7조 ①항은 검사에게 검찰사무와 관련하여 소속 상급자의 지휘, 감독에 따를 것을 요구하고(상명하복원칙), 동법 제7조의2에서는 검찰총장, 각급 검찰청의 검사자 및 지청장이 자신의 권한에 속하는 직무를 소속 검사에게 위임하거나(직무위임권), 소속 검사의 직무를 자신이 승계하거나 다른 검사에게 이전시킬 수 있도록 규정하고 있다(직무승계·이전권). 이러한 규정에 의하여 검찰사무의 통일성을 확보할 뿐만 아니라 독임제 관청으로 독립성과 함께 광범위한 재량권을 갖는 검사의 권한을 조직 내부에서 통제하여 검찰권의 남용을 막을 수 있다는 것이다.
한편, 검찰청은 법무부의 외청으로서 조직법상 법무부장관의 지휘, 감독을 받는다. 그러나 법무부장관은 검사가 아닌 국무위원으로서 자칫 법무부장관의 지휘, 감독으로 인하여 검찰사무의 정치적 중립성이 위협받을 수 있는 점을 고려하여 법무부장관의 지휘권은 일반적 사항에 대한 지휘로 한정하고(일반적 지휘권), 구체적 사건에 대한 지휘는(구체적 지휘권) 검찰총장에 한정하여 가능하도록 규정하고(동법 제8조), 동시에 검찰총장의 임기(2년으로 중임불가)를 보장하고 있다(동법 제12조 ③항). 따라서 법무부장관이 검찰총장이 아닌 검사에 대하여 특정 사건에 대한 지휘를 할 수 없고, 임기가 보장된 검찰총장은 자신의 소신을 갖고 정치적 외압을 거부할 수 있도록 한 것이다.
그러나 검사동일체원칙 등이 항시 긍정적으로 기능한 것은 아니었다. 독임제 관청으로서 검사의 독립성과 정치적 중립성을 오히려 침해하는 결과를 야기하고, 검찰에 경직된 조직문화를 야기한다는 지적이 계속되어 왔다. 이에 따라 현행 검찰청법은 검사에게 정치적 중립의무를 명시함과(동법 제4조 ②항) 동시에 구체적 사건에 대한 상급자의 지휘에 이의를 제기할 수 있는 권한을 부여하고 있는데(동법 제7조 ②항), 이러한 점에서 적어도 외형적으로는 현재 검사동일체원칙은 폐지되었다고 할 수 있다.

4. 법원의 심판대상(형사소송에 있어서 소송물)

논리적으로 보면, 검사가 공소를 제기한 사실(공소사실)이 법원의 심판대상이자 피고인의 방어대상이 된다. 나아가 이를 근거로 법원이 인정한 사실(범죄사실)에 대한 실체적 판단으로서 유·무죄판결이 확정되면 그 효과로서 발생하는 일사부재리효(기판력)도 인정된 범죄사실의 범위에서 발생한다(법 제248조 ②항 및 제254조 ③항, 제323조 ①항).

그러나 인간이 신이 아닌 이상, 검사가 포착한 공소사실 또는 법원이 인정한 범죄사실이 과거 시점의 역사적 사실을 남김없이 정확히 포착, 포함하는 것은 처음부터 불가능하다. 즉, 검사가 공소장에 기재한 공소사실과 실제 발생한 사실이 반드시 100% 일치하지 않아 간극이 발생할 수 있다. 가령, 실제 발생한 사건은 절도지만 증거불충분 등 여러 이유로 검사는 이를 점유이탈물횡령 만으로 포착할 수도 있다. 이러한 간극을 해소하여 적정한 형사처벌의 공백을 방지하고 적정한 범위를 확보하기 위한 장치가 바로 공소장변경절차다(법 제298조). 공소장변경에 의하여 검사는 사실인식 과정에서 발생한 간극을 사후적으로 보완할 수 있고, 법원 역시 이를 통해 역사적 사실에 근접한 범죄사실을 인정할 수 있게 된다. 피고인의 입장에서는 방어범위가 명확히 한정되어 자연스럽게 방어권이 보장되는 결과를 가져올 수 있게 된다. 이때 중요한 점은 변경 전의 공소장에 기재된 사실과 새롭게 변경하려는 사실은 동일한 사실(사건)이어야 한다(공소사실의 동일성). 검사가 공소장변경을 신청하는 경우, 법원이 양 사실이 동일성이 인정되는 범위 내에서만 이를 허용할 수 있다. 양 사실이 다르다는 것은 역사적으로 별개의 사실을 의미하고, 이 경우 공소장을 변경하는 것이 아니라 검사는 새로운 사실로 추가기소를 하여야 한다.

그렇다면, 만일 실제로는 절도임에도 불구하고, 점유이탈물횡령의 사실로 인식되어 유죄판결이 확정된다면, 피고인에 대하여 재차 절도의 사실로 공소를 제기할 수 있을까? 불가능하다. 비록 점유이탈물횡령의 사실로만 처벌되었지만 다시 기소된 절도와 역사적으로 같은 사실(동일한 사건)이라는 점에서, 이미 법원의 실체적 판단을 받아 확정됨으로써, 일사부재리효(기판력)가 발생하였기 때문이다.

퀴즈 [진위형] quiz

1 영장의 사후발부 또는 제시는 영장주의원칙에 위배된다.

2 피의자신문 시, 피의자가 원하는 경우 변호인의 동석을 허용하고 있다.

3 대법원 판례는 위법한 절차를 통해 증거가 획득된 모든 경우에 증거로 사용할 수 없다는 견해를 일관되게 제시하고 있다.

4 외국에서 살인죄로 무죄판결을 받은 후, 동일한 사건에 대하여 국내에서 다시 기소되어 징역 10년을 선고받았다면, 이는 일사부재리원칙에 위배된다.

5 현행 「형사소송법」에 의하면 피의자에 대한 수사기관의 구속은 최장 30일, 피고인에 대한 법원의 구속은 16개월까지 가능하다.

6 공판절차에서 피고인이 사망한 경우, 법원은 공소기각결정을 하여야 한다.

7 사법경찰관이 기소의견으로 검사에게 송치한 사건에 대하여, 검사는 공소제기 및 유지를 위하여 필요한 보완수사를 직접 할 수 있다.

8 사법경찰관이 무혐의 종결한 사건에 대하여 고발인은 당해 사법경찰관의 소속 관서의 장에게 이의신청할 수 있다.

9 대법원 판례는 피의자가 진술거부권을 고지받을 권리를 「헌법」상 기본권으로 이해하고 있다.

10 법원이 피고인에게 보석을 허용하자 검사가 항고하였다. 이처럼 검사의 항고가 있는 경우 법원의 보석결정은 항고에 대한 결정이 있을 때까지 그 집행이 정지된다.

참고문헌 및 학습 도우미 전자자료
reference & study aid electronic materials

김성돈 역, 『독일 형사소송법』, 서울: 성균관대학교 출판부, 2012.

김종현. "영장주의에 관한 헌법적 연구", 헌법재판소 헌법재판연구원, 2019.

김희균 외, "소위 수정된 기본적 사실동일설에 대한 비판적 검토 - 대법원 2017. 1. 25. 선고 2016도15526 판결 -", 강원법학 64호, 강원대학교 비교법학연구소, 2021.

박승옥, 미국연방대법원 판례시리즈 적법절차 자백배제법칙 배심제도 이중위험금지원칙, 서울: 법수례, 2013.

이재상 외, 『형사소소송법 제14판』, 서울: 박영사, 2022.

이주원, 『형사소송법 제5판』, 서울: 박영사, 2022.

장수훈, 『미국 연방 형사소송법 개정판』, 서울: 부크크, 2020.

조 국, 『위법수집증거 배제법칙 전면개정판』, 서울: 박영사, 2017.

최정학, "검찰개혁과 공수처의 역할", 형사정책 7권 29호, 한국형사정책학회, 2023. 1.

최호동, "1962년 헌법상 영장청구권 규정의 도입경위에 관한 연구", 법학논총 35권 3호, 국민대학교 법학연구소, 2023. 2.

CCJS(Crime & Criminal Justice Statistics) 범죄와 형사사법 통계자료, https://www.kicj.re.kr/crimestats/portal/main/indexPage.do

KICS(Korea Information System of Criminal Justice Services) 형사사법포털, https://www.kics.go.kr/index.html

해 답
answer

1. 아니다.
예를 들어, 사전에 체포·구속영장이 발부되어 있더라도 이를 소지하지 않은 상태에서 갑자기 체포 등의 대상인 피의자를 발견한 경우라면, 영장이 발부되어 있는 취지 등을 고지하고 체포한 뒤, 사후에 영장을 제시하는 것도 가능하다(법 제85조 ③항 및 제209조. 다만 압수·수색과 같은 대물적 강제처분의 경우는 이러한 예외가 없다). 또한 사전에 발부된 영장이 없는 상태에서 강제처분을 먼저 집행한 후, 영장을 사후에 발부받는 예도 있다. 중대한 범죄혐의로 피의자를 영장 없이 긴급체포하게 되면, 수사기관은 48시간 내에 구속영장을 청구하고 구속영장청구 시 긴급체포의 경위 등이 기재된 '긴급체포서'를 첨부하여야 한다. 이때 구속영장을 청구 받은 지방법원판사는 구속의 요건과 함께 그 전제가 된 긴급체포의 적법성도 함께 심사하여 구속영장발부를 결정하게 된다. 결국 구속영장청구와 함께 긴급체포에 대한 사후적 사법심사가 가능하여 영장주의원칙을 관철시킬 수 있게 되는 것이다(법 제200조의4). 압수·수색의 경우에도 사후영장의 예외가 있다(법 제216조 및 제217조 참조). 결론적으로 영장주의에 위배되는 것은 사후적 사법심사 조차 누락된 완전한 무 영장에 의한 강제처분의 경우다.

2. 그렇다.
「형사소송법」 제243조의2는 피의자 등의 신청이 있는 경우, 피의자신문 시 변호인의 동석하도록 규정하고 있다. 다만, 피의자신문을 방해하거나 공범 등과의 통모가능성 등으로 수사비밀의 유지의 필요성이 인정되는 등 정당한 사유가 있는 때는 변호인의 동석이 제한될 수도 있다.

대법원 2020. 3. 17. 자 2015모2357 결정.
「형사소송법 제243조의2 제1항은 검사 또는 사법경찰관은 피의자 또는 변호인 등이 신청할 경우 정당한 사유가 없는 한 변호인을 피의자 신문에 참여하게 하여야 한다고 규정하고 있다. 여기에서 '정당한 사유'란 변호인이 피의자 신문을 방해하거나 수사기밀을 누설할 염려가 있음이 객관적으로 명백한 경우 등을 말한다. 「형사소송법」 제243조의2 제3항 단서는 피의자신문에 참여한 변호인은 신문 중이라도 부당한 신문방법에 대하여 이의를 제기할 수 있다고 규정하고 있으므로, 검사 또는 사법경찰관의 부당한 신문방법에 대한 이의제기는 고성, 폭언 등 그 방식이 부적절하거나 또는 합리적 근거 없이 반복적으로 이루어지는 등의 특별한 사정이 없는 한, 원칙적으로 변호인에게 인정된 권리의 행사에 해당하며, 신문을 방해하는 행위로는 볼 수 없다. 따라서 검사 또는 사법경찰관이 그러한 특별한 사정 없이, 단지 변호인이 피의자신문 중에 부당한 신문방법에 대한 이의제기를 하였다는 이유만으로 변호인을 조사실에서 퇴거시키는 조치는 정당한 사유 없이 변호인의 피의자신문 참여권을 제한하는 것으로서 허용될 수 없다.」

3. 아니다.
위법한 절차를 통해 획득된 증거가 항시 증거로 사용할 수 없는 것은 아니다. 판례는 실체적 진실규명을 통한 형벌권의 실현도 형사소송의 중요한 가치라는 점을 근거로 절차 조항의 취지와 그 위반의 내용 및 정도, 구체적인 위반 경위와 회피가능성, 절차 조항이 보호하고자 하는 권리 또는 법익의 성질과 침해 정도 및 피고인과의 관련성, 절차 위반행위와 증거수집 사이의 인과관계 등 관련성의 정도, 수사기관의 인식과 의도 등을 전체적·종합적으로 살펴볼 때, 수사기관의 절차 위반행위가 적법절차의 실질적인 내용을 침해하는 경우에 해당하지 아니하고, 오히려 그 증거의 증거능력을 배제하는 것이 「헌법」과 「형사소송법」이 형사소송에 관한 절차 조항을 마련하여 적법절차의 원칙과 실체적 진실 규명의 조화를 도모하고 이를 통하여 형사 사법 정의를 실현하려 한 취지에 반하는 결과를 초래하는 것으로 평가되는 예외적인 경우라면, 피고인에 대한 유죄인정의 증거로 사용할 수 있다고 판시하고 있다(대법원 2007. 11. 15. 선고 2007도3061 전원합의체 판결 등 참조).

4. 아니다.

일사부재리효는 동일한 사법관할 내에서만 발생한다. 동일한 사건이라도 외국법원에서 받은 유·무죄의 확정판결은 한국법원에 아무런 효력을 갖지 않는다. 다만, 「형법」 제7조는 외국에서 동일한 범죄사실로 집행 받은 형의 전부 또는 일부를 한국에서 이루어지는 형사재판의 양형에서 산입하는데, 이것은 사실상 이중처벌에 의하여 피고인에게 가해질 수 있는 부담을 고려한 장치일 뿐으로 일사부재리효와는 관계가 없다.

대법원 2017. 8. 24. 선고 2017도5977 전원합의체 판결, 「형법 제7조는 "죄를 지어 외국에서 형의 전부 또는 일부가 집행된 사람에 대해서는 그 집행된 형의 전부 또는 일부를 선고하는 형에 산입한다."라고 규정하고 있다. 이 규정의 취지는, 형사판결은 국가주권의 일부분인 형벌권 행사에 기초한 것이어서 피고인이 외국에서 형사처벌을 과하는 확정판결을 받았더라도 그 외국 판결은 우리나라 법원을 기속할 수 없고 우리나라에서는 기판력도 없어 일사부재리의 원칙이 적용되지 않으므로(대법원 1983. 10. 25. 선고 83도2366 판결 참조), 피고인이 동일한 행위에 관하여 우리나라 형벌법규에 따라 다시 처벌받는 경우에 생길 수 있는 실질적인 불이익을 완화하려는 것이다.」

5. 아니다.

피의자에 대한 수사기관의 구속의 경우, 사법경찰관은 10일 내로, 검사는 피의자를 직접 구속하거나 사법경찰관으로부터 피의자를 인치받은 때로부터 1회 10일 내에 구속할 수 있는데(법 제202조 및 제203조), 여기에 검사는 1회 10일을 초과하지 않는 범위에서 지방법원판사에게 신청하여 피의자의 구속기간연장을 허가받을 수 있다(법 제205조). 다만, 여기에는 「국가보안법」에 의한 예외가 있다(동법 제19조). 즉, 사법경찰관은 1회 10일 범위에서, 검사는 추가적으로 1회 10일의 범위에서 구속기간의 연장이 허가될 수 있다. 따라서 최장 30일(국가보안법위반의 경우, 최장 50일)까지 피의자를 구속할 수 있다. 반면, 피고인에 대한 법원의 구속의 경우, 구속기간은 기본적으로 2개월인데, 심급 별로 2개월 단위로 2차에 걸쳐 연장이 가능하다. 또한 상소심에서는 피고인 또는 변호인이 신청한 증거의 조사, 상소이유를 보충하는 서면의 제출 등으로 추가 심리가 부득이 필요한 때는 3차에 한하여 갱신이 가능하다(법 제92조). 따라서 법원은 최장 18개월까지 피고인을 구속할 수 있다.

6. 맞다.

공판절차 중 피고인이 사망하거 피고인인 법인이 존속하지 아니하게 된 경우에 법원은 결정으로 공소를 기각한다(법 제328조 2호).

7. 아니다.

검사는 사법경찰관으로부터 송치된 사건에 대하여 공소제기 여부를 결정하거나 유지에 필요한 때에는 직접 보완수사를 하는 것이 아니라, 사법경찰관에게 이를 요구하여야 한다. 아울러, 사법경찰관이 검사로부터 보완수사의 요구를 받은 때는 지체 없이 수사하고 그 결과를 검사에게 통보하여야 한다(법 제197조의2).

8. 아니다.

이 경우, 고발인은 이의신청을 할 수 없다. 사법경찰관이 수사한 사건에 대하여 불송치 한 경우, 지체 없이 관련 서류와 증거물을 검사에게 송부하여야 하고, 송부한 때로부터 7일 이내에 고소인, 고발인, 피해자 또는 그 법정대리인에게 사전을 불송치한 취지와 이유를 통지하여한다(법 제245조의6). 이러한 통지를 받은 고소인, 피해자 또는 그 법정대리인은 사법경찰관의 불송치에 대하여 사법경찰관의 소속 관서 장에게 이의신청을 할 수 있다(법 제245조의7).

9. 아니다.

대법원 판례는 「헌법」 제12조 ②항에 명시된 진술거부권과 달리 피의자가 진술거부권을 고시 받을 권리는 기본권이 아닌 법률적 권리로 파악하고 있다.

대법원 2014. 1. 16. 선고 2013도5441 판결, 「헌법 제12조는 제1항에서 적법절차의 원칙을 선언하고 제2항에서 "모든 국민은 고문을 받지 아니하며, 형사상 자기에게 불리한 진술을 강요당하지 아니한다."고 규정하여 진술거부권을 국민의 기본적 권리로 보장하고 있다. 이는 형사책임과 관련하여 비인간적인 자백의 강요와 고문을 근절하고 인간의 존엄성과 가치를 보장하려는 데에 그 취지가 있다. 그러나 진술거부권이 보장되는 절차에서 진술거부권을 고지 받을 권리가 헌법 제12조 제2항에 의하여 바로 도출된다고 할 수는 없고, 이를 인정하기 위해서는 입법적 뒷받침이 필요하다.」

10. 아니다.

즉시항고와 달리 보통항고에서는 원칙적으로 재판의 집행이 필요적으로 정지되지 않는다. 다만, 원심법원이나 항고법원이 결정이 있을 때까지 재판의 집행을 정지할 수는 있다(법 제409조).

/ 제14장 /

교정학

– 안성훈

Ⅰ. 교정 일반론
Ⅱ. 「형의 집행 및 수용자의 처우에 관한 법률」
Ⅲ. 한국 교정행정의 당면과제

short storytelling

성실한 씨는 친구들과 술을 마시다가 옆 테이블의 손님들과 언쟁이 있었고, 결국 큰 싸움으로 번져 상대방에게 심각한 상해를 입혔다. 경찰에 현행범으로 체포된 성실한 씨는 상해 혐의로 기소되었고 법원에서 징역 3년의 형을 선고받았다. 성실한 씨는 1심법원 판결에 승복하여 판결은 그대로 확정되었고, 곧바로 교도소에 수감되었다. 교통법규위반 이외에 범죄전력이 없었던 성실한 씨는 교소도 입소경험이 처음으로, 범죄자라는 낙인으로 인한 자괴감과 함께 수형생활에 대한 많은 두려움이 머릿속을 떠나지 않았다. 그러나 점차 수형생활에 적응하게 되었고, 그 과정에서 교도소에는 징역 이외에도 금고와 구류 등의 다양한 자유형이 집행되고 있다는 사실과 신체의 구금 이외에 다양한 교정처우가 시행되고 있다는 사실을 알게 되었다.

이 사례는 일상생활 속에서 발생할 수 있는 범죄사례를 바탕으로 범죄자의 검거에서 교도소 수용에 이르기까지의 형사절차의 흐름을 대략적으로 보여주고 있다. 앞서 살펴보았듯이 형을 선고받아 유죄재판이 확정되면 집행유예의 경우를 제외하고 검사가 형을 집행하게 되는데, 징역, 금고, 구류와 같은 자유형은 교정시설(교도소, 구치소 및 그 지소)[1]에서 집행된다. 이러한 자유형의 집행에 관한 영역을 협의의 '행형(行刑)' 또는 '교정(矯正)'이라고 하고,[2] 교정 단계에서 수형자에게 이루어지는 다양한 조치들을 교정처우라고 한다.[3]

---

1 「형의 집행 및 수용자의 처우에 관한 법률」 제2조.

2 교정이란 용어는 행형의 목표 또는 이데올로기로서 교정을 전제하는 데서 발생한 용어이다. 배종대/정승환(2002), 행형학, 홍문사, 6면.

3 협의의 교정개념을 다시 최협의와 협의로 나누고, 협의의 교정개념에 형사피의자 또는 형사피고인에 대한 구속영장의 집행절차에 따른 미결수용의 집행을 포함하는 견해도 있다. 허주욱(2013), 교정학(증보판), 법문사, 4면.

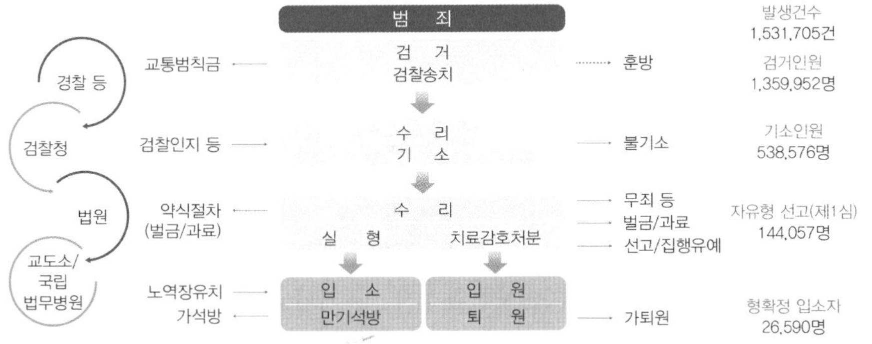

※ 법무연수원(2023), 2022년도 범죄백서 통계자료에 의해 작성

앞의 그림에서 알 수 있듯이 범죄를 저지른 모든 범죄자가 교도소에 수감되는 것은 아니다. 실제로 교도소에 수감되는 자는 전체 범죄자의 일부에 불과하다. 2022년도 범죄백서에 의하면 2021년 기준으로 우리나라에서 한 해 동안 발생한 전체 범죄 발생건수는 1,531,705으로 1,359,952명이 검거되었는데, 이 중 검찰이 기소한 인원은 538,576명(40.3%)이다. 기소된 인원 중 제1심 법원에서 자유형이 확정된 인원은 144,057명으로, 이들 중 79,478명은 집행유예 선고를 받은 것으로 나타났다. 종국적으로 항소 등으로 인한 미결수용자를 제외하고 형이 확정되어 교정시설에 입소하는 범죄자는 26,590명 정도로 전체 범죄자 1,531,705명 중 약 1.7%에 불과하다. 이러한 통계상의 수치에서 알 수 있듯이 대부분의 범죄자들은 수사단계에서 재판단계에 이르는 형사절차의 각 단계에서 다이버전(전환조치, Diversion) 조치를 통해 벗어나게 되고, 결국 교도소에는 일부의 범죄자만이 수용된다.

그렇다면 교정시설에 수용되는 사람들은 누구이고, 그들에게는 어떠한 처우들이 이루어지는가? 수용 처우의 목적과 법적 근거는 무엇인가? 이러한 의문들이 교정 단계에서의 주요한 관심사가 된다.

I 교정 일반론

1. 교정 및 행형법의 의의

가. 교정의 의의

교정은 국가의 수용시설인 교도소, 구치소 및 그 지소의 적정한 관리운영을 도모하고, 수형자, 미결수용자, 사형확정자 및 기타 피수용자의 인권을 존중하면서 각각의 수용목적에 따른 적절한 처우의 실시를 목적으로 하는 행정활동을 말하며, 이 행정활동의 준칙을 규정하고 있는 법률 또는 명령(시행령, 시행규칙)을 행형법 또는 교정법규라고 한다. 행형법은 수용시설 및 수용자처우에 관한 규정뿐만 아니라 피수용자의 수용목적을 실현하고자 하는 합목적성을 기본이념으로 하면서 교정행정을 법률관계, 즉 국가와 피수용자 간의 권리의무관계를 명확히 하고, 이에 대한 법적 규제에 관한 근거도 제시하고 있다.

교정행정의 법적 근거 및 준칙을 정하고 있는 대표적인 행형법인 「형의 집행 및 수용자의 처우에 관한 법률」은 「형법」, 「형사소송법」과 함께 범죄방지에 관한 법제의 하나로서 형사정책상 매우 중요한 지위를 차지하고 있다.

나. 교정의 목적

「형의 집행 및 수용자의 처우에 관한 법률」 제1조는 "이 법은 수형자의 교정교화와 건전한 사회복귀를 도모하고, 수용자의 처우와 권리 및 교정시설의 운영에 관하여 필요한 사항을 규정함을 목적으로 한다"고 규정하고 있어, 교정의 목적이 수형자의 '교정교화와 건전한 사회복귀'에 있음을 분명히 하고 있다.[4] 이와 같이 교정의 목적은 단순히 형을 집행하고 집행종료 후 석방한다고 하는 소극적 의미가 아니라 수형자를 사회에 복귀시켜 범죄를 저지르지 않고 정상적인 사회생활을 영위할 수 있도록 교정한다고 하는 적극적 의미로서의 '재사회화 이념'을 지향하고 있다.[5]

---

4 수용자의 처우와 권리 및 교정시설의 운영에 관하여 필요한 사항을 규정하는 것은 행형법의 목적으로 교정의 목적은 아니다.

5 배종대/정승환(2002), 앞의 책, 51~54면; 森下忠(1993), 刑事政策大綱(新版), 成文堂, 191~195면.

2. 국가와 수용자의 관계

종래 수형자는 유죄의 판결을 받아 교도소에 수용되면, 교도소 수용관계에 내재하는 형벌집행 목적의 범위 내에서는 교도소라고 하는 국가영조물의 이용자로서 교도소 당국이 제정한 규율에 근거하는 포괄적인 지배복종관계에 있다고 보았다. 이와 같은 특별권력관계에 있어서는 일반권력관계에서의 시민에게 보장되는 ① 「헌법」상의 기본권, ② 법률의 유보, ③ 사법적 구제는 배제된다. 즉 수용자를 어디에 수용할 것인지, 어떻게 자유를 허용할 것인지, 생활환경을 어떻게 형성할 것인지, 규율위반에 대한 징벌의 결정과 집행을 어떻게 할 것인지, 기타 다양한 교정행정의 모든 일상적 업무가 행형 당국의 전권적인 재량에 맡겨지게 된다. 그러나 최근에는 특별권력관계에 근거하는 견해는 부정되고 있으며, 수용자에게도 일반인과 같은 법률관계가 인정된다는 것이 지배적인 견해이다.[6] 특히 국가와 수용자와의 기본적인 관계는 「헌법」 제12조가 직접 요청하는 '적법절차원리에 근거한 관계'로 파악된다.[7] 즉 종래 「헌법」 제12조는 국가의 자의적인 형벌의 행사에 의한 일반시민의 인권침해를 방지하기 위하여 일반적 형벌권에 대한 죄형법정주의 및 개별적·관념적 형벌권에 대한 형사절차의 법정주의를 헌법상 보장하는 것으로 파악되어 왔으나, 인권사상의 발전에 따라 수형자의 교도소에서의 수용관계 또한 현실적 형벌권에 대한 행형법정주의를 포함하는 개념으로 해석된다. 따라서 수용자도 일반시민과 동일하게 헌법상의 권리 및 자유를 향유할 수 있는 주체이고, 이를 제약하기 위해서는 국가의 형벌목적을 달성하기 위해 필요최소한도의 제한이 법률로서 근거하여야 한다. 이와 같이 국가와 수용자의 관계는 법률적인 권리의무관계로 파악된다.[8]

3. 교정처우의 원칙

교정처우는 재판에 근거하여 범죄자 등을 일정한 시설에 수용하여 그 지위에 대응하여 실시되는 시설내 처우를 말한다.[9] 앞서 설명하였듯이 교정의 목적은

---

6 배종대/정승환(2002), 앞의 책, 92~93면.

7 澤登俊雄/所一彦/星野周弘/前野育三(1993), 新刑事政策, 日本評論社, 208면.

8 大谷實(2009), 刑事政策講義(新版), 弘文堂, 202~203면; 배종대/정승환(2002), 앞의 책, 89~93면.

수형자를 교정교화하여 재사회화를 도모하고자 하는 데 있기 때문에, 교정처우는 수형자의 재사회화라고 하는 목적의 달성을 위하여 실시된다. 그러나 일정한 시설에 수용되어 자유가 박탈되어 있는 수용자의 경우 인권에 대한 침해가능성이 매우 크기 때문에 교정처우에 있어서는 다음과 같은 일정한 원칙이 요구된다.[10] 첫째, 인도적 처우의 원칙이다. 인도적 처우의 원칙이란 교정시설의 생활환경 및 처우는 인간의 기본적 권리를 침해하지 않는 범위 내에서 유지되고 실시되어야 한다는 것이다. 즉 수용자에 대한 처우는 자유박탈의 여부를 불문하고 인간의 존엄성을 해하지 않는 범위 내에서 이루어져야 한다. 둘째, 공평한 처우의 원칙이다. 범죄자처우는 '법 앞의 평등'이라는 헌법의 기본 이념에 충실하여야 한다는 것으로, 법 앞의 평등원칙은 법의 불평등한 적용을 금지할 뿐만 아니라 불합리한 차별을 금지하는 것이다. 셋째, 법적 지위에 상응하는 개별처우의 원칙이다. 수용자는 그 법적 지위에 따라 시설 내에서의 권리와 의무에 차이가 있기 때문에 그의 법적 지위에 상응하는 처우를 받아야 한다는 것이다. 예컨대, 수형자와 미결수용자의 구분, 성인수형자와 소년수형자의 구분, 남녀수형자의 구분과 그에 따른 처우내용의 규정 등을 들 수 있다.

4. 교정시설 수용 현황

[표 14-1]은 우리나라 교정시설의 수용정원과 1일 평균 수용인원, 그리고 수용률에 대한 최근 10년 동안의 변화를 나타낸 것이다. 1일 평균 수용인원은 2012년을 제외하고 수용정원을 모두 초과하고 있다. 2012년까지는 수용률이 감소하는 추세를 보였으나, 2013년부터는 다시 수용률 100%를 초과하였고, 2015년에는 110%를, 2016년에는 120%를 초과하여 최고치인 121%를 기록하였다. 이후 수용률은 감소추세로 돌아섰으나 여전히 100% 이상의 과밀수용 상황을 유지하고 있다(과밀수용 상황의 문제점에 대해서는 후술하는 한국 교정행정의 당면과제 참조).[11]

9 森下忠(1993), 앞의 책, 196면.

10 大谷實(2009), 앞의 책, 168~169면.

11 2020년~2022년의 기간은 코로나바이러스감염증-19 확산에 따른 비상사태 시기로 교정시설의 수용인원의 변동에 주요 변수로 작용하였을 가능성이 있다는 점을 고려할 필요가 있다. 이하 통계에서도 같다.

[표 14-1] 교정시설 1일 평균 수용인원(2013년~2022년)

(단위: 명)

연도 \ 구분	수용정원	1일 평균 수용인원	수용률(%)
2013	45,690	47,924	104.9
2014	46,430	50,128	108.0
2015	46,600	53,892	115.6
2016	46,600	56,495	121.2
2017	47,820	57,298	119.8
2018	47,820	54,744	114.4
2019	47,990	54,624	113.8
2020	48,600	53,873	110.8
2021	48,980	52,368	106.9
2022	48,990	51,117	104.3

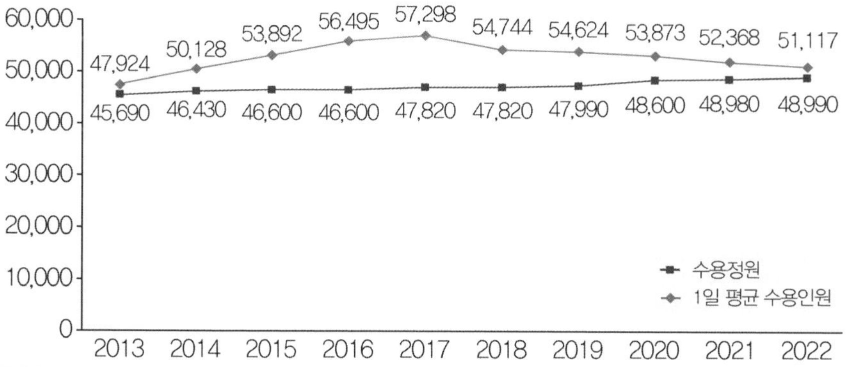

※ 법무부(2023), 법무연감, 665쪽, 〈표 5-128〉 수정 작성.

[표 14-2] 수용내용별 인원(2013년~2022년)

(단위: 명) (%)

구분 연도	1일 평균 수용인원	수용내용					
		기결수용자			미결수용자		
		계	수형자	노역수	계	피의자	피고인
2013	47,924 (100)	32,278 (67.4)	30,181 (63.0)	2,097 (4.4)	15,646 (32.7)	712 (1.5)	14,934 (31.2)
2014	50,128 (100)	32,751 (65.3)	30,727 (61.3)	2,024 (4.0)	17,377 (34.7)	747 (1.5)	16,630 (33.2)
2015	53,892 (100)	34,625 (64.3)	32,649 (60.6)	1,976 (3.7)	19,267 (35.8)	847 (1.6)	18,420 (34.2)
2016	56,495 (100)	35,618 (63.0/100)	33,791 (59.8/94.9)	1,827 (3.2/5.1)	20,877 (37.0/100)	864 (1.5/4.1)	20,013 (35.4/95.9)
2017	57,298 (100)	37,006 (64.6/100)	35,382 (61.8/95.6)	1,624 (2.8/4.4)	20,292 (35.4/100)	753 (1.3/3.7)	19,539 (34.1/96.3)
2018	54,744 (100)	35,877 (65.5/100)	34,380 (62.8/95.8)	1,497 (2.7/4.2)	18,867 (34.4/100)	643 (1.2/3.4)	18,224 (33.3/96.6)
2019	54,624 (100)	35,281 (64.5/100)	33,813 (61.9/95.8)	1,468 (2.6/4.2)	19,343 (35.4/100)	632 (1.2/3.3)	18,711 (34.3/96.7)
2020	53,873 (100)	34,789 (64.6/100)	33,392 (61.9/95.9)	1,397 (2.6/4.0)	19,084 (35.4/100)	558 (1.0/2.9)	18,526 (34.3/97.0)
2021	52,368 (100)	34,259 (65.4/100)	33,548 (62.2/97.9)	711 (1.3/2.0)	18,109 (34.5/100)	496 (0.9/2.7)	17,613 (33.6/97.2)
2022	51,117 (100)	33,381 (65.3/100)	32,610 (63.7/97.6)	771 (1.5/2.3)	17,736 (34.6/100)	526 (1.0/2.9)	17,210 (33.6/97.0)

※ 법무부(2023), 법무연감, 665쪽, 〈표 5-128〉 수정 작성.

[표 14-2]는 최근 10년간의 교정시설의 수용내용별 인원을 기결수용자와 미결수용자로 구분하여 나타낸 것이다. 기결수용자와 미결수용자의 인원은 2009년부터 꾸준히 감소하여 2012년에 최저 인원수를 기록하였으나, 다시 2013년부터 기결수용자와 미결수용자 모두 가파른 증가추세로 돌아섰다. 이러한 증가추세는 2017년을 기점으로 감소추세를 보이고 있고, 특히 기결수용자 중 노역수의 감소가 현저하게 나타나고 있어 주목된다.

[표 14-3] **수형자 출소 사유별 인원(2013년~2022년)**

(단위: 명) (%)

구분 \ 연도		2013	2014	2015	2016	2017	2018	2019	2020	2021	2022
출소자	계	54,297 (100)	54,203 (100)	60,414 (100)	62,979 (100)	62,819 (100)	58,303 (100)	56,900 (100)	51,817 (100)	35,844 (100)	36,547 (100)
	형기종료	16,374 (30.2)	17,191 (31.7)	19,187 (31.8)	21,357 (33.9)	23,324 (37.1)	21,759 (37.3)	21,092 (37.0)	19,737 (38.0)	17,910 (49.9)	16,479 (45.0)
	가석방	6,201 (11.4)	5,394 (10.0)	5,507 (9.1)	7,157 (11.4)	8,275 (13.2)	8,693 (14.9)	8,174 (14.4)	7,911 (15.2)	9,390 (26.1)	10,310 (28.2)
	사면	13 (0.0)	282 (0.5)	559 (0.9)	479 (0.8)	309 (0.5)	0 (0.0)	561 (1.0)	206 (0.3)	110 (0.3)	65 (0.1)
	기타	17,501 (32.2)	16,173 (29.8)	15,927 (26.4)	14,184 (22.5)	12,559 (20.0)	11,031 (18.9)	10,177 (17.9)	8,588 (16.5)	3,695 (10.3)	4,637 (12.6)
	노역종료	14,208 (26.2)	15,163 (28.0)	19,234 (31.8)	19,802 (31.4)	18,352 (29.2)	16,820 (28.8)	16,896 (29.7)	15,375 (29.6)	4,739 (13.2)	5,056 (13.8)
연도말인원		32,137	33,444	35,098	36,479	36,167	35,271	34,697	34,749	34,087	34,475

※ 법무부(2020). 법무연감. 599쪽 〈표 5-136〉 인용/편집.

[표 14-3]은 수형자의 출소 사유별 인원을 나타낸 것이다. 출소자 수는 2013년부터 증가추세를 보이다가 2016년 62,979명을 정점으로 2018년부터 감소추세를 보이고 있다. 2022년 출소자 수는 36,547명이다.[12] 출소 사유에 있어서 가석방·사면 등에 의한 출소는 2017년도까지는 변동이 없거나 오히려 감소추세를 보였으나 최근 다시 증가추세를 보이고 있고, 형기종료·노역종료에 의한 출소는 증가추세를 유지하고 있다. 출소자의 가석방 비율은 2013년 11.4%에서 2022년 28.2%로 큰 폭으로 증가하였으며, 사면 비율은 미미한 변화를 보이다가 2022년 0.1%로 감소하였다. 형기종료로 인한 출소비율은 2013년 30.2%에서 2022년 45.0%로 큰 폭으로 증가하였으나, 노역종료로 인한 출소비율은 2013년 26.2%에서 2022년 13.8%로 크게 감소하였다. 노역종료로 인한 출소비율이 감소한 이유는 앞서 살펴본 바와 같이 노역수의 수용인원이 크게 감소하였기 때문으로 보인다.

12 2020년~2022년의 기간은 코로나바이러스감염증-19 확산에 따른 비상사태 시기로 교정시설의 수용인원의 변동에 주요 변수로 작용하였을 가능성이 있다는 점을 고려할 필요가 있다.

주목할 부분은 2017년 이후 가석방·사면 등에 의한 출소가 최근 증가하고 있다는 점인데, 이는 2017년을 전후하여 교정시설 내 과밀수용이 문제가 되자 교정당국이 이를 해소하기 위한 방안으로 가석방과 같은 다이버전 조치를 적극적으로 활용하고 있기 때문으로 보인다.

Ⅱ 「형의 집행 및 수용자의 처우에 관한 법률」

1. 연혁

현행 행형법은 1950년 3월 2일 법률 제105호로 제정된 이래 그동안 20차례에 걸쳐서 개정이 이루어졌으며 특히 2007년 제10차 개정에서는 행형법의 전면개정이 이루어져 명칭 또한 「행형법」에서 「형의 집행 및 수용자의 처우에 관한 법률」(이하 형집행법이라고 한다)로 개칭되었다. 전면 개정의 배경에는 국내외 인권의식의 성장과 발전에 따라 수용자의 인권에 대한 국내외적 관심의 증가와 수용자 자신의 인권의식의 변화가 있었고, 무엇보다 2001년에 출범한 국가인권위원회가 교정시설의 수용현실과 규범의 문제를 광범위하게 다루기 시작하고 법원과 헌법재판소가 수용자의 인권 문제에 대해 적극적인 태도를 보인 것이 결정적인 역할을 했으며, 또한 인권단체가 운동의 차원을 넘어서 인권의 차원에서 수용자 문제에 관심을 기울인 것도 빼놓을 수 없는 요인이라고 할 수 있다. 전면 개정된 형집행법에서는 교육형주의라는 현대 행형의 이념을 명확하게 천명하고 행형관련 국제기준 및 선진외국의 입법례, 국가인권위원회 및 인권단체의 요구가 대폭 반영되었는데, ① 수용자의 인권 증진, ② 수용자의 개별처우 강화 등 수용관리의 합리화, ③ 교정의 과학화, ④ 교정행정의 투명성 강화 및 현대화 등을 주요 내용으로 하고 있다.

2. 형집행법의 주요 내용

가. 적용대상

형집행법은 수형자의 교정교화와 건전한 사회복귀를 도모하고, 수용자의 처우와 권리 및 교정시설의 운영에 관하여 필요한 사항을 규정함을 목적으로 한다(제1조). 여기서 수형자는 징역형·금고형 또는 구류형의 선고를 받아 그 형이 확정된 사람과 벌금 또는 과료를 완납하지 아니하여 노역장 유치명령을 받은 사람을 말하며(제2조 1호), 수용자란 수형자·미결수용자·사형확정자, 그 밖에 법률과 적법한 절차에 따라 교정시설(교도소·구치소 및 그 지소)에 수용된 사람을 말한다(제2조 5호).

나. 수용자의 인권존중 및 차별금지

형집행법을 집행하는 때에 수용자의 인권은 최대한으로 존중되어야 하며, 또한 수용자는 합리적인 이유 없이 성별, 종교, 장애, 나이, 사회적 신분, 출신지역, 출신국가, 출신민족, 용모 등 신체조건, 병력(病歷), 혼인 여부, 정치적 의견 및 성적(性的) 지향 등을 이유로 차별받지 아니한다(제4조 내지 제5조).

다. 수용자의 처우

① 수용구분

수용자는 법적 지위와 성별, 연령에 따른 구분/분리수용과 독거수용을 원칙으로 한다(제11조, 제13조 내지 제14조). 다만 일정한 사유에 의해 예외가 인정된다(제12조, 제14조 단서).

	구분수용(제11조 내지 제12조)	분리수용(제13조)	독거수용(제14조)
내용	1. 19세 이상 수형자: 교도소 2. 19세 미만 수형자: 소년교도소 3. 미결수용자: 구치소 4. 사형확정자: 교도소 또는 구치소. 이 경우 구체적인 구분 기준은 법무부령으로 정함	남성과 여성은 분리하여 수용	수용자는 독거수용
예외 사유	① 다음 각 호의 어느 하나에 해당하는 사유가 있으면 교도소에 미결수용자를 수용할 수 있다. 1. 관할 법원 및 검찰청 소재지에 구치소가 없는 때 2. 구치소의 수용인원이 정원을 훨씬 초과하여 정상적인 운영이 곤란한 때 3. 범죄의 증거인멸을 방지하기 위하여	없음	다음 각 호의 어느 하나에 해당하는 사유가 있으면 혼거수용할 수 있다. 1. 독거실 부족 등 시설여건이 충분하지 아니한 때 2. 수용자의 생명 또

	필요하거나 그 밖에 특별한 사정이 있는 때 ② 취사 등의 작업을 위하여 필요하거나 그 밖에 특별한 사정이 있으면 구치소에 수형자를 수용할 수 있다. ③ 수형자가 소년교도소에 수용 중에 19세가 된 경우에도 교육·교화프로그램, 작업, 직업훈련 등을 실시하기 위하여 특히 필요하다고 인정되면 23세가 되기 전까지는 계속하여 수용할 수 있다. ④ 소장은 특별한 사정이 있으면 제11조의 구분수용 기준에 따라 다른 교정시설로 이송하여야 할 수형자를 6개월을 초과하지 아니하는 기간 동안 계속하여 수용할 수 있다.		는 신체의 보호, 정서적 안정을 위하여 필요한 때 3. 수형자의 교화 또는 건전한 사회복귀를 위하여 필요한 때

[Box 14.1] 교도소내 혼거수용 위헌확인 등(헌재 2013. 6. 4. 2013헌마287 결정)

[사건개요]
청구인은 서울구치소에 수용 중인 자인바, 서울구치소장에게 2013. 1월에 외부진료를, 2013. 3월부터 엑스레이 검사를, 그리고 2013. 3월부터 독거수용을 요청하였으나 불허하였고(이하 각 '이 사건 외부진료 불허행위', '이 사건 엑스레이검사 불허행위', '이 사건 독방수용 불허행위'라 한다), 이로 인해 청구인의 기본권이 침해되었다고 주장하면서 2013. 5. 6. 이 사건 헌법소원심판을 청구하였다.

[판결요지]
'형의 집행 및 수용자의 처우에 관한 법률'(이하 '형집행법'이라 한다)은 "수용자는 독거수용한다. 다만, 다음 각 호의 어느 하나에 해당하는 사유가 있으면 혼거수용할 수 있다."(제14조), "소장은 수용자의 거실을 지정하는 경우에는 죄명·형기·죄질·성격·범죄전력·나이·경력 및 수용생활 태도, 그 밖에 수용자의 특성을 고려하여야 한다."(제15조)라고 규정하고 있다. 비록 형집행법은 독거수용을 원칙으로 하고 있지만, 필요한 경우 혼거수용을 할 수 있도록 하고 그 밖에 수용자의 거실을 지정하는 경우 수용자의 여러 특성을 고려하도록 하고 있는바, 그렇다면 교정시설의 장에게 모든 수용자를 독거수용하여야 할 의무가 있다고 볼 수 없으며, 수용자를 교정시설 내의 어떤 수용거실에 수용할 지 여부는 수용자의 교정교화와 건전한 사회복귀를 도모할 수 있도록 구체적인 사항을 참작하여 교정시설의 장이 결정할 수 있다 할 것이다. 나아가 헌법이나 형집행법 등에 수용자가 독거수용 신청을 할 수 있다는 규정이나, 그와 같은 신청이 있는 경우 이를 어떻게 처리할 것인지에 대한 규정도 존재하지 아니한다. 이 점을 고려하면 청구인과 같은 수용자에게 독거수용을 신청할 권리가 있다고 할 수 없다(헌재 2012. 12. 26. 2012헌마935 참조).

[주문]
이 사건 심판청구를 각하한다.

② 위생과 의료

교정시설에는 수용자의 진료를 위하여 필요한 의료 인력과 설비를 갖추어야 하고, 수용자가 건강한 생활을 하는 데에 필요한 위생 및 의료상의 적절한 조치를 하여야 한다(제30조, 제39조).

[Box 14.2] 의료상 주의의무 위반에 대한 손해배상 책임(대법원 2005. 3. 10. 선고 2004다65121 판결)

[판시사항]
① 교도소 의무관이 수용자에 대한 의료행위를 하는 경우 요구되는 주의의무의 내용
② 환자의 증세에 대하여 적절한 치료와 조치를 취하지 아니한 교도소 의무관의 주의의무 위반을 인정한 사례

[판결요지]
① 교도소의 의무관은 교도소 수용자에 대한 진찰·치료 등의 의료행위를 하는 경우 수용자의 생명·신체·건강을 관리하는 임무의 성질에 비추어 환자의 구체적인 증상이나 상황에 따라 위험을 방지하기 위하여 요구되는 최선의 조치를 행하여야 할 주의의무가 있다.
② 당뇨병 환자인 교도소 수용자가 당뇨병의 합병증인 당뇨병성 망막병증으로 인한 시력저하를 호소하였으나 교도소 의무관이 적절한 치료와 조치를 취하지 아니하여 수용자의 양안이 실명상태에 이르게 된 데 대하여 교도소 의무관은 주의의무 위반의 책임이 있다.

③ 접견·서신수수 및 전화통화

수용자의 외부인 접견권을 기본적 권리로 보장하고, 접견권이 침해되는 일이 없도록 하기 위하여 접견을 제한할 수 있는 경우를 구체적으로 법률로 명시하고 있다(제41조). 서신수수와 전화통화는 원칙적으로 허용되며, 일정한 사유가 있을 경우 제한할 수 있다(제43조 내지 제44조, 동시행규칙 제25조).

[표 14-4] 접견·서신수수 및 전화통화 제한사유

접견	서신수수	전화통화
① 형사 법령에 저촉되는 행위를 할 우려가 있는 때 ② 「형사소송법」이나 그 밖의 법률에 따른 접견금지의 결정이 있는 때 ③ 수형자의 교화 또는 건전한 사회복귀를 해칠 우려가 있는 때 ④ 시설의 안전 또는 질서를 해칠 우려가 있는 때	① 「형사소송법」이나 그 밖의 법률에 따른 서신의 수수금지 및 압수의 결정이 있는 때 ② 수형자의 교화 또는 건전한 사회복귀를 해칠 우려가 있는 때 ③ 시설의 안전 또는 질서를 해칠 우려가 있는 때	① 범죄의 증거를 인멸할 우려가 있을 때 ② 형사법령에 저촉되는 행위를 할 우려가 있을 때 ③ 「형사소송법」 제91조 및 같은 법 제209조에 따라 접견·서신수수 금지결정을 하였을 때 ④ 교정시설의 안전 또는 질서를 해칠 우려가 있을 때 ⑤ 수형자의 교화 또는 건전한 사회복귀를 해칠 우려가 있을 때

[Box 14.3] 서신발송 거부 처분 취소(서울행정법원 2011. 1. 28. 선고 2010구합32785 판결)

[처분경위의 요지]

원고는 마약류관리법위반죄로 구속되어 현재 부산교도소에 수감 중인 자로, 신문사의 기자에게 서울구치소의 부당한 의료처우를 고발하는 내용의 서신을 작성하여 피고인 서울구치소장에게 발송을 신청하였으나, 피고는 이 사건 서신에 수용자의 처우 또는 교정시설의 운영에 있어 명백한 허위사실이 포함되어 있다는 이유를 들어 형의 집행법 제43조 제5항 제4호에 근거하여 이 사건 서신의 발송을 불허하였다.

[판결요지]

① 형집행법 제43조 제5항 제4호는 서신의 발신·수신금지사유로 '수용자의 서신에 수용자의 처우 또는 교정시설의 운영에 관하여 명백한 거짓사실을 포함하고 있는 때'를 규정하고 있는데, 이 규정 소정의 '명백한 거짓사실'은 수용자의 처우 또는 교정시설의 운영에 관한 중요한 사항에 관하여 진실과 완전히 다른 사실을 의미하고, 수용자의 처우 또는 교정시설의 운영실상을 과장하거나 그에 대한 의견을 표명하는 것은 이에 포함되지 않는다고 해석함이 상당하다.

② 이 사건 서신에는 '순회진료조차 이루어지지 않는다'거나 '별다른 의료조치가 없다'는 등의 표현이 포함되어 있고, 그러한 표현은 미결수용자에 대한 의료 처우라는 교정시설의 운영상 중요한 문제에 관한 표현으로서 일견 사실과 다른 것으로 보인다. 그러나 다른 한 편 이 사건 서신에는 '진료를 받기가 어렵다', '엑스레이 결과 뼈에는 이상이 없다고 한다'는 내용도 포함되어 있으므로, 이 사건 서신을 전체적으로 보면 '순회진료조차 이루어지지 않는다'거나 '별다른 의료조치가 없다'는 등의 표현은 진실과 완전히 다른 사실이라기보다는 구치소에서 발을 다쳐 통증이 계속되고 있음에도 불구하고 발가락 뼈에 금이 갔다는 정확

한 진단과 그에 상응하는 치료를 받지 못한 채 구금되어 있는 현실에 대한 불만의 표시로서 피고의 의료조치가 다소 미흡하다는 것을 과장한 표현에 불과한 것으로 보인다. 나이가 이 사건 서신의 내용 중 의무행정에 대한 항의 부분은 사실의 적시가 아니라 의견 표명에 불과하다. 그러므로 이 사건 서신은 그 내용에 명백한 거짓사실이 포함되어 있는 것으로 볼 수 없다. 따라서 이 사건 처분의 근거되는 사실이 인정되지 아니하므로 위법하다.

[주문]
피고가 원고에 대하여 한 서신발송불허처분을 취소한다.

④ 수용자에 대한 특별한 처우

여성수용자에 대해서는 여성의 신체적·심리적 특성을 고려하여 처우하도록 하고 있으며(제50조 내지 제53조), 특히 노인, 장애인, 외국인 수용자의 경우 일반 수용자와 다른 특수성이 인정되므로 별도의 법률적 근거를 마련하여 적정한 처우를 실시하여야 한다(제54조).

라. 수형자의 처우

① 수형자 처우의 원칙

수형자의 처우는 교육·교화프로그램, 작업, 직업훈련 등을 통하여 교정교화를 도모하고 사회생활에 적응하는 능력을 함양하도록 처우하여야 한다는 처우원칙에 근거하여 수형자의 개별적인 특성에 맞는 처우계획을 수립하여 시행하여야 한다(제55조 내지 제56조). 이 수형자에 대한 개별처우의 실질적 효과를 위해서 수형자는 분류심사의 결과에 따라 그에 적합한 교정시설에 수용되며, 개별처우계획에 따라 그 특성에 알맞은 처우를 받는다(제57조).

수형자에 대한 처우는 교화 또는 건전한 사회복귀를 위하여 교정성적에 따라 상향 조정될 수 있으며, 특히 그 성적이 우수한 수형자는 개방시설에 수용되어 사회생활에 필요한 적정한 처우를 받을 수 있다(동조 ③항). 또한 가석방 또는 형기 종료를 앞둔 수형자 중에서 법무부령으로 정하는 일정한 요건을 갖춘 사람에 대해서는 가석방 또는 형기 종료 전 일정 기간 동안 지역사회 또는 교정시설에 설치된 개방시설에 수용하여 사회적응에 필요한 교육, 취업지원 등의 적정한 처우를 할 수 있다(동조 ④항).

수형자 개별처우 실현의 시설적 기반 조성을 위하여 전국교정시설을 경비등급에 따라 네 종류로 구분하고 있으며, 학과교육생·직업훈련생·외국인·여성·장애인·노인·환자·소년(19세 미만인 자), 중간처우의 대상자, 그 밖에 별도의 처우가 필요한 수형자는 법무부장관이 특히 그 처우를 전담하도록 지정한 전담교정시설에 수용되어, 그 특성에 알맞은 처우를 받는다.

개방시설	도주방지를 위한 통상적인 설비의 전부 또는 일부를 갖추지 아니하고 수형자의 자율적 활동이 가능하도록 통상적인 관리·감시의 전부 또는 일부를 하지 아니하는 교정시설
완화경비시설	도주방지를 위한 통상적인 설비 및 수형자에 대한 관리·감시를 일반경비시설보다 완화한 교정시설
일반경비시설	도주방지를 위한 통상적인 설비를 갖추고 수형자에 대하여 통상적인 관리·감시를 하는 교정시설
중(重)경비시설	도주방지 및 수형자 상호 간의 접촉을 차단하는 설비를 강화하고 수형자에 대한 관리·감시를 엄중히 하는 교정시설

② 교육과 교화프로그램의 실시

수형자에 대해서는 수형자의 교정교화를 위하여 ① 문화프로그램, ② 문제행동예방프로그램, ③ 가족관계회복프로그램, ④ 교화상담 등과 같은 상담·심리치료, 그 밖의 교화프로그램을 실시하여야 하고(제64조, 동시행규칙 제114조), 또한 수형자가 건전한 사회복귀에 필요한 지식과 소양을 습득하도록 교육할 수 있다(제63조).

③ 작업과 직업훈련의 실시

수형자는 자신에게 부과된 작업과 그 밖의 노역을 수행하여야 할 의무가 있으며(제66조), 수형자에게 부과하는 작업은 건전한 사회복귀를 위하여 기술을 습득하고 근로의욕을 고취하는 데에 적합한 것이어야 한다(제65조). 다만, 금고형 또는 구류형의 집행 중에 있는 사람에 대하여는 신청에 따라 작업을 부과할 수 있다(제67조). 작업수입은 국고수입이 되며, 수형자의 근로의욕을 고취하고 건전한 사회복귀를 지원하기 위하여 작업의 종류, 작업성적, 교정성적, 그 밖의 사정을 고려하여 수형자에게 작업장려금을 지급할 수 있다(제73조).

[Box 14.4] 작업상여금 관련 재산권 침해 여부(헌재 1998. 2. 27. 96헌마179 판결)

[결정요지]
징역형이 확정된 자는 형법 제67조에 따라 교도소에 구치되어 강제노역을 하여야 하고, 교도소에서는 동 규정에 따라 교도작업을 실시하고 있으며, 국고에서 작업상여금을 지급하고 있으나 이는 수형자의 근로의욕고취와 작업능률향상, 그리고 출소후의 생활자금의 조성을 위하여 작업에 취업하는 자에 한하여 작업의 종류, 성적, 행장, 기타의 사정을 참작하여 지급하는 상여금으로서 노무제공에 대한 사법적(私法的) 대가관계는 없고, 은혜적 성격을 가지므로 청구권은 인정되지 않는다. 따라서 이 사건 법률 제39조 제1항의 규정은 헌법상 보장된 재산권을 침해하는 규정이 아니다.

※ 2007년 행형법 개정시 '작업상여금'의 명칭은 '작업장려금'으로 개칭되었고, 그 지급의 목적이 수형자의 근로의욕을 고취하고 건전한 사회복귀를 지원하기 위한 것임을 명시하여 수형자의 작업에 대하여 지급하는 금전은 근로의 대가인 임금이 아님을 분명히 하였다.

마. 권리구제

수용자는 그 처우에 관하여 교정시설의 소장에게 면담을 신청할 수 있으며, 소장은 수용자의 면담신청이 있으면 일정한 사유[13]가 있는 경우를 제외하고는 면담에 응하여야 한다(제116조). 또한, 수용자는 그 처우에 관하여 불복하는 경우 법무부장관·순회점검공무원 또는 관할 지방교정청장에게 청원할 수 있다. 청원하려는 수용자는 청원서를 작성하여 봉한 후 소장에게 제출하여야 하고, 소장은 청원서를 개봉해서는 안 된다. 다만, 순회점검공무원에 대한 청원은 말로도 할 수 있으며, 순회점검공무원이 청원을 청취하는 경우에는 해당 교정시설의 교도관등이 참여해서는 안 된다(제117조). 수용자는 청원, 진정, 소장과의 면담, 그 밖의 권리구제를 위한 행위를 하였다는 이유로 불이익한 처우를 받지 아니한다(제118조).

바. 수용의 종료

① 가석방

징역 또는 금고의 집행 중에 있는 자가 그 행상이 양호하여 개전의 정이 현저한 때에는 무기에 있어서는 20년, 유기에 있어서는 형기의 3분의 1을 경과한

13 ① 정당한 사유 없이 면담사유를 밝히지 아니하는 때, ② 면담목적이 법령에 명백히 위배되는 사항을 요구하는 것인 때, ③ 동일한 사유로 면담한 사실이 있음에도 불구하고 정당한 사유 없이 반복하여 면담을 신청하는 때, ④ 교도관의 직무집행을 방해할 목적이라고 인정되는 상당한 이유가 있는 때.

후 행정처분으로 가석방을 할 수 있다(「형법」 제72조). 가석방의 적격 여부를 심사하기 위하여 법무부장관 소속으로 가석방심사위원회를 두고, 위원회는 수형자의 나이, 범죄동기, 죄명, 형기, 교정성적, 건강상태, 가석방 후의 생계능력, 생활환경, 재범의 위험성, 그 밖에 필요한 사정을 고려하여 가석방의 적격 여부를 결정한다(제119조, 제121조).

② 석방

수용자의 석방은 사면·형기종료 또는 권한이 있는 자의 명령에 따라 소장이 한다. ① 사면, 가석방, 형의 집행면제, 감형에 따른 석방은 그 서류 도달 후 12시간 이내에 행하여야 하고,[14] ② 형기종료에 따른 석방은 형기종료일에 행하여야 하며, ③ 권한이 있는 자의 명령에 따른 석방은 서류 도달 후 5시간 이내에 행하여야 한다(제123조 내지 제124조).

Ⅲ 한국 교정행정의 당면과제

1. 노인수형자의 급증에 따른 대책마련

통계청이 발표한 고령자 통계에 의하면, 우리나라 65세 이상의 노인인구는 2019년 768만 5천명으로 전체 인구의 14.9%를 차지하고 있다. 우리나라는 2000년 노인인구가 339만 5천명(7.2%)으로 전체인구의 7%를 넘어서 이미 '고령화사회'로 진입한 이후 급격한 증가추세를 보이며 2017년 전체인구의 14.2%를 노인인구가 차지하여 '고령사회'에 진입하였고, 2022년 65세 이상 노인인구는 901만 8천 명으로 전체인구의 17.5%를 차지하였다. 지금의 증가추세라면 2025년에는 전체인구의 20.6%를 차지하여 '초고령사회(Post-Aged Society)'에 진입할 것으로 추산[15]하고 있다.[16] 이와 같은 우리 사회의 급속한 고령화는, 범죄 및 범죄자 처우

14 다만, 그 서류에서 석방일시를 지정하고 있으면 그 일시에 행한다.

15 통계청(2022), 2022 고령자 통계 참조.

16 유엔은 고령인구 비율이 7%를 넘으면 고령화사회, 14%를 넘으면 고령사회, 20% 이상이면 초고령사회로 분류하고 있다.

에 관한 형사정책의 분야에서도 예외 없이 그 영향을 미치고 있으며, 그중에서도, 특히 형사시설 내 수형자의 고령화가 두드러지게 나타나고 있다. 2022년도 범죄백서에 의하면, 교정시설에 수용되어 있는 60세 이상의 노인수형자는 10년 전인 2012년에 총원 31,434명 중 2,150명(구성비 6.8%)이었던 것이, 2021년에는 총원 34,087명 중 5,291명으로 큰 폭으로 증가하여 수형자 전체의 15.5%를 점하고 있어, 교정시설 내의 고령화가 급속히 진행되고 있음을 알 수 있다.[17]

초고령사회를 목전에 두고, 'Aging Korea'에 대한 준비가 지금까지의 어느 시기보다도 강조되는 현시점에서 그 이미지가 변해가고 있는 노인범죄자와 범죄 및 범죄자 처우에 관한 형사정책의 분야, 그중에서도 특히 교정처우에 있어서의 새로운 관계를 설정하는 작업은 당면한 시급한 과제가 아닐 수 없다. 교정처우에서 노인수형자에 대한 새로운 관계를 설정함에 있어서 고려해야 할 것으로는 먼저, 노인수형자에의 양호적·복지적인 교정처우의 배려에 대한 국민 일반의 이해를 어디까지 얻을 수 있는가 하는 점이다. 노인이라고 하더라도 「형법」상의 자유형을 선고받은 수형자로서 복지시설에 수용된 수용자와는 본질적으로 다르다. 이 점에 있어서 복지와 형벌이라고 하는 상호 대립하는 이념을 어떻게 조화시킬 것인가가 교정 분야의 당면과제로서 대책 마련이 시급히 요청되고 있다.

노인수형자의 교정처우에 있어서의 고려해야 할 점은 다음과 같다.

첫째, 노인수형자의 분류와 수용의 기준으로서 연령만을 사용하는 것이 아니라 수형자 개인의 특성을 배려한 처우를 행할 필요가 있다. 구체적으로 말하자면, 노인수형자의 죄명, 형기, 범죄경향의 정도, 심신질환 및 장해의 유무, 인격의 특성 등, 개별 노인수형자가 가지는 문제성에 따라 그에 적합한 처우를 실시하는 것이 바람직하다. 왜냐하면, 고령자의 경우에는 신체적·정신적인 면에 있어서 장기간의 생활력에 의한 개인차가 축적되어 있기 때문에 그 편차가 천차만별이기 때문이다.

둘째, 교정시설 및 설비의 개선이 요구된다. 노인수형자의 경우, 심신질환이나 장애, 또는 운동기능 등의 전반적인 저하에 의해 보행 등의 일상동작과 의사소통에 있어 곤란한 경우가 많다. 주지하는 바와 같이, 노인은 그 행동에 있어서 환경적, 또는 물리적 제약을 많이 받고 있다. 일반사회에 있어서도 노인을 위해

17 법무연수원(2023), 2022년도 범죄백서 통계자료 참조.

서 시설과 설비의 면에서 많은 배려가 이루어지고 있다. 같은 이유로 교정시설 및 설비 개선의 필요성이 요구된다.

셋째, 의료 서비스 및 관련 시설의 개선이 요구된다. 노인수형자의 경우 노령화와 함께 기초 체력이 저하되어 보행, 식사 등의 일상적인 행동 전반에 걸쳐서 도움을 필요로 하는 자, 지적능력·이해력의 쇠퇴로 인해 교도작업이나 일상생활 상의 지시·지도에 상당한 시간과 노력을 요하는 자, 동작이 느리기 때문에 식사, 운동, 소내의 이동 등에 있어서 일반수형자의 동작시간에 부합하는 행동이 곤란한 자 등인 경우가 많다. 따라서 이 노인수형자를 고려한 충분한 의료시설의 마련과 외부 의료기관의 이용을 포함하여, 24시간 의료서비스를 받을 수 있는 시스템 등의 구축이 요구된다.

넷째, 노인수형자를 위한 특별 프로그램의 준비가 요구된다. '생산성과 효율성'이 중시되는 현대사회에서는 노인을, 생산능력을 상실 혹은 상실해 가고 있는, 의존성이 높아진 부양 및 보호의 대상으로 보는 부정적인 노인관이 증가하고 있는 것이 현실이다. 실제로, 노인수형자의 처우는 노인이라고 하는 사회적 약자의 관점에서 양호적·보호적인 측면이 선행하여 단순히 생명의 유지라고 하는 소극적인 처우에 그쳐 그 교정과 사회복귀를 목적으로 하는 적극적인 처우가 불충분하게 이루어질 가능성이 높다. 불충분한 교정처우는 수형자의 사회복귀에 부정적으로 작용하게 되는데 불충분한 사회복지 시스템과 맞물려 결국 노인범죄의 증가로 이어지게 된다. 따라서 노인수형자의 사회복귀가 원활하게 이루어질 수 있도록 이들을 위한 특별 프로그램을 마련할 필요가 있다.

2. 과밀수용 해소방안 마련

앞의 [표 14-1]에서 나타나듯이 최근 10년 간 교정시설 수용률의 추이를 살펴보면 2012년에는 전국 교정시설 수용률이 99.6%였으나 2013년 104.9%로 수용률을 초과한 이후 급격히 증가하여 2016년 121.2%로 최고 정점을 찍었고, 2017년부터 감소추세로 전환되었으나 여전히 100% 이상의 과밀수용 상황을 유지하고 있어 교정시설의 과밀수용 문제는 매우 심각한 상황이다.

교정시설에 수용된 수용자는 자유권규약 제10조 등의 국제인권조약과 「헌법」 제10조로부터 도출되는 인간으로서의 존엄 가치와 「헌법」 제34조 ①항이 규정하는 인간다운 생활을 할 권리를 가진다. 그런데도 교정시설에서의 과밀수용의 문제가 지속적으로 문제되고 있는데, 이에 대해 헌법재판소는 2016. 12. 29. 과밀수용이 인간의 존엄과 가치를 침해한다는 위헌결정을 하였고,[18] 대법원에서도 과밀수용이 인간의 존엄과 가치를 침해하는 불법행위라는 점을 인정하는 판결을 선고하여,[19] 과밀수용이 인간의 존엄과 가치를 침해한다는 점이 사법적으로 확인되었지만 2023년 현재까지 과밀수용의 문제는 여전히 해소되지 않고 있다.

교정시설의 과밀수용 상황은 사람으로 치면 동맥경화증을 앓고 있는 상황이다. 현재의 우리나라 교정시설의 과밀수용 상황은 중증의 동맥경화 상태이다. 이러한 과밀수용 상황이 지속되면 교정행정 및 교정처우 상의 많은 문제를 초래하게 된다.[20] 예컨대 수용자의 기본적인 인권 침해, 수용자 간의 범죄감염 조장, 수형자의 재사회화를 위한 교정처우의 수립과 수행의 곤란, 교정공무원의 업무부담 가중 및 교정역량의 저하 문제 등을 초래할 뿐만 아니라 직업훈련이나 교육, 의료, 운동 등의 질적 저하, 수용자 간의 갈등으로 인한 싸움, 폭행, 자살 등 교정사고의 발생요인으로 작용한다. 결국 이러한 상황은 행형의 중심을 수용자의 처우보다는 엄격한 질서와 보안에 두는 결과로 이어지게 되는데, 이는 오늘날 행형의 최종 목적이 범죄자로 하여금 법을 준수케 하고 일반시민으로서 사회에 복귀하게 하는 이른바 재사회화에 있다고 보는 시각과 배치되는 것으로, 교정시설의 과밀수용은 행형의 목적 달성을 불가능하게 만드는 결정적 요인으로 작용한다.[21]

이와 같이 과밀수용 문제는 수용자의 인권 침해, 교정공무원의 직무의지 약화와 교정역량 저하, 교정사고의 발생률 증가, 재사회화라는 교정의 목적 달성 불가 등 다양한 문제들을 동시에 발생시킬 우려가 매우 크고, 이는 곧 교정의 운영을 매우 곤란하게 할 뿐만 아니라 형사사법제도 전반에 영향을 미치고, 나아가 사회의 전반적인 문제(예컨대 범죄발생의 증가에 따른 치안 악화, 과밀수용과 관련된 국가예산의 증가 등)로 직결되어 국가정책(형사정책; 사회안전망 구축) 수행에 막대한 지장을 초

18 헌법재판소 2016. 12. 29. 선고 2013헌마142 결정.

19 대법원 2022. 7. 14. 선고 2017다266771 판결.

20 과밀수용이 초래하는 문제점의 상세한 내용에 대해서는 안성훈(2016), 교정시설에서의 과밀수용 현상과 그 대책에 관한 연구, 한국형사정책연구원, 29면 이하 참조.

21 위의 연구보고서, 12면.

래하게 된다.[22]

과거의 사례[23]나 외국의 사례[24]를 보더라도 과밀수용이 원인이 되어 그 결과로서 교정시설의 적정한 운영이 곤란하게 되고, 이렇게 시작된 악순환이 형사사법제도 전반을 지지하는 형벌제도에 영향을 미치는 사례를 찾아볼 수 있다.[25] 이와 같이 교정시설의 과밀수용 해소는 우리나라 행형의 당면과제로서 시급한 대책 마련이 요청된다.

교정시설의 과밀수용에 대한 해소방안을 마련하기 위해서는 그 원인을 파악할 필요가 있는데, 현재의 우리나라 과밀수용 상황의 경우 그 원인이 엄벌화 경향에 따른 수형자 형기의 증가와 소극적인 가석방 제도의 운영, 그리고 피고인 신분의 미결수용자의 증가에 있는 것으로 나타나고 있다. 따라서 이러한 원인을 고려한 대책 마련이 필요하다.

수형자의 증가에 의한 과밀수용 현상을 해소하는 방법으로는 입구전략으로써 자유형 대체형벌을 적극적으로 활용하는 방안과 출구전략으로써 가석방 제도의 적극적 활용을 고려해 볼 수 있다.[26] 우선 입구전략은 교정시설 입소인원을 조절하는 방안이다. 즉 양형단계에서 법관이 집행유예나 벌금형과 같은 비자유형보다 징역이나 금고의 실형 선고를 선호하게 되면, 결과적으로 피고인의 교도소 수용가능성이 증가하게 됨으로써 교정시설의 과밀화를 초래하게 된다. 따라서 양형단계에서의 벌금형 등과 같은 비자유형의 적극적인 운용과 집행유예 등의 다이버전 조치의 적극적 활용 여부는 교정시설 수용인원의 증감에 큰 영향을 미치기 때문에, 교정시설 입소인원의 증가를 억제하기 위해서는 다이버전 제도나 비자유형의 목적과 취지를 적극적으로 해석하여 양형단계에서 그 적용의 확대를

22 위의 연구보고서, 13면.

23 1976년 법무부는 교도소의 과밀수용을 해소하기 위해 가석방 혜택을 형기의 50%를 마친 수형자들에게까지 확대 실시하였고, 1998년에는 민영교도소 도입을 검토하기 시작하였다.

24 과밀수용으로 인해 교정시설 내 폭동과 교정사고 등으로 이어진 외국의 사례는 인터넷 검색 등으로 쉽게 찾아볼 수 있는데, 최근 발생한 사건으로는 과밀수용으로 인해 교도소 내 폭동과 방화가 일어나 수감자 470명이 집단 탈옥한 사건을 들 수 있다. “브라질 교도소 수감자 470명 집단탈옥 … 과밀수용에 폭동·방화”, 연합뉴스, 2016. 10. 1. 인터넷 기사, http://www.yonhapnews.co.kr/bulletin/2016/10/01/0200000000AKR20161001019900094.HTML?input=1195m(검색일 2016. 9. 30).

25 안성훈(2016), 앞의 보고서, 13-14면.

26 입구전략과 출구전략에 대한 상세한 내용은, 안성훈(2016), 앞의 연구보고서, 69면 이하 참조.

도모할 필요가 있다. 출구전략은 교정시설의 출소인원을 조절하는 방안이다. 즉 교정시설 수용인구는 신입자의 수와 구금기간에 의해 좌우된다. 특히 형기가 길어질수록 수용인원이 누적되어 증가하게 되므로 교정시설의 수용밀도는 높아지게 된다. 따라서 수용인원의 과밀화를 해결하기 위해서는 집행단계에서 수형자의 재소기간을 단축하는 가석방제도를 적극적으로 활용하는 방안을 고려할 필요가 있다. 가석방은 수형자의 재소기간을 실질적으로 단축하는 효과, 즉 형기단축 효과를 가진다. 현행법상 형기의 3분의 1을 복역하면 형식적으로 가석방이 가능한 요건을 충족하게 되기 때문에 가석방에 의해 형기의 3분의 2를 단축할 수 있는 가능성이 법적으로 보장되어 있다. 그러나 실제로는 형기의 80~90%를 복역한 후에야 가석방이 이루어지고 있다는 점에서 가석방 제도의 적극적 활용방안을 모색할 필요가 있다.

한편, 미결수용자 증가에 의한 과밀수용 현상을 해소하는 방법으로는 수사와 재판단계에서 가능한 한 구속을 하지 않음으로써 구속인원을 줄이는 방법과 수사와 재판으로 인한 미결구금기간을 줄이는 방법, 구치소의 증설 등을 고려해 볼 수 있다.[27] 현재의 미결수용자 증가는 재판단계에서의 구속인원의 증가에 기인하고 있다는 점에서 우선 불구속재판의 확대를 실현할 수 있는 보석제도의 활용을 적극적으로 활용하는 방안을 고려해 볼 수 있다. 보석제도는 보증금 등을 조건으로 피고인을 석방함으로써 피고인의 출석을 확보하여 구속의 목적을 실질적으로 달성하면서 한편으로는 피고인에게 자유를 부여하여 불구속재판을 가능하게 하는 제도이다. 또한, 보석은 미결구금시설을 운영하는데 필요한 경비를 절약할 수 있다는 장점과 함께 구금에 의한 악영향으로부터 피고인을 보호하는 형사정책적 의미도 가진다. 이 점에서 보석제도는 피고인의 법정구속 사유가 주로 도주의 우려라는 점을 고려할 때 불구속재판의 확대를 실현할 수 있는 대표적인 제도라고 할 수 있다.

다음으로 미결수용자의 인원에 비해 구치소의 수가 매우 적은 것으로 나타나 구치소를 증설하는 방안을 고려할 필요가 있다. 전국에 13개의 구치소가 있지만, 과밀수용 상황이 가장 심각했던 2016년 당시 수용률이 높은 상위 10개 교정

---

27 미결수용자 과밀수용 해소방안에 대한 상세한 내용은, 안성훈(2016), 앞의 연구보고서, 77면 이하 참조.

시설 중 6개 시설이 구치소이었고, 이들 시설의 평균 수용률은 약 153%에 이르렀는데, 그러한 상황은 여전히 해소되지 않고 있다. 더욱이 2022년 수용통계에 의하면 전국교정시설의 1일평균 수용인원은 51,117명으로 이 중 기결수용자는 약 65%인 3만 3천 명이고, 미결수용자는 약 35%인 1만 7천 명을 차지하고 있음에도 불구하고 전국 교정시설 55개 중 구치소는 13개 시설만 설치되어 있으며, 그것도 전국 분포로 보면 서울과 경기 남부, 경상남북도에 대부분 설치되어 있고, 강원도, 전라남북도, 충청남도, 경기 북부권에는 구치시설이 한 곳도 설치되어 있지 않다.[28] 재판의 방어권을 준비해야 하는 미결수용자의 입장에서 볼 때 현재의 과밀수용 상태는 법적인 정당한 권리행사에 지장을 초래할 뿐만 아니라, 헌법 제10조에 보장된 인간으로서의 존엄과 가치 및 행복추구권을 침해할 가능성이 매우 높다. 실제로 2016년 헌법재판소와 위헌결정에서 나타난 바와 같이 이 상황은 현실적인 문제로 나타나고 있다. 이러한 상황을 고려할 때 매우 예외적인 상황을 제외하고 원칙적으로 대체수용을 제한하는 규정을 마련하여 구치시설의 확보를 필요적으로 하는 방안 등을 모색할 필요가 있다.

28 위의 보고서, 84면.

summary

요 약

형을 선고받아 유죄재판이 확정되면 집행유예의 경우를 제외하고 검사의 지휘에 의해 형이 집행되게 되는데, 징역, 금고, 구류와 같은 자유형의 집행은 교정시설(교도소, 구치소 및 그 지소)에서 집행된다. 이와 같은 자유형의 집행에 관한 영역을 협의의 '행형'(行刑) 또는 '교정'(矯正)이라고 하며, 교정의 단계에서 수형자에게 이루어지는 다양한 조치들을 교정처우라고 한다.

교정은 국가의 수용시설인 교도소, 구치소 및 그 지소의 적정한 관리운영을 도모하고, 수형자, 미결수용자, 사형확정자 및 기타 피수용자의 인권을 존중하면서 각각의 수용목적에 따른 적절한 처우의 실시를 목적으로 하는 행정활동을 말하며, 이 행정활동의 준칙을 규정하고 있는 법률 또는 명령(시행령, 시행규칙)을 행형법 또는 교정법규라고 한다. 행형법은 수용시설 및 수용자처우에 관한 규정뿐만 아니라 피수용자의 수용목적을 실현하고자 하는 합목적성을 기본이념으로 하면서 행형을 법률관계, 즉 국가와 피수용자 간의 권리의무관계를 명확히 하고, 이에 대한 법적 규제에 관한 근거도 제시하고 있다. 교정행정의 법적 근거 및 준칙을 정하고 있는 대표적인 법률인 형집행법은 「형법」, 「형사소송법」과 함께 범죄방지에 관한 법제의 하나로서 형사정책상 매우 중요한 지위를 차지하고 있다.

교정의 목적은 수형자의 '교정교화와 건전한 사회복귀'에 있다. 이 목적의 의미는 행형은 단순히 형을 집행하고 집행종료 후 석방한다는 소극적 의미가 아니라 사회에 복귀하여 범죄를 저지르지 않고 정상적인 사회생활을 영위할 수 있도록 한다는 적극적 의미의 '재사회화 이념'이라는 의미를 가진다.

국가와 수용자와의 기본적인 관계는 「헌법」 제12조가 직접 요청하는 '적법절차원리에 근거한 관계'로 파악된다. 따라서 수용자도 일반시민과 동일하게 헌법상의 권리 및 자유를 향유할 수 있는 주체이고, 이를 제약하기 위해서는 국가의 형벌목적을 달성하기 위해 필요최소한도의 제한이 법률로 정해져야 한다. 이와 같이 국가와 수용자의 관계는 법률적인 권리의무관계로 파악된다.

교정처우는 재판에 근거하여 범죄자 등을 일정한 시설에 수용하여 그 지위에 대응하여 실시되는 시설 내 처우를 말한다. 행형의 목적은 수형자를 교정교화하여 재사회화를 도모하는 데 있기 때문에 교정처우는 이 목적의 달성을 위하여 실시된다. 그러나 일정한 시설에 수용되어 자유가 박탈되어 있는 수용자의 경우 인권을 침해할 가능성이 크기 때문에 교정처우에 있어서는 ① 인도적 처우의 원칙, ② 공평한 처우의 원칙, ③ 법적 지위에 상응하는 처우의 원칙과 같은 일정한 원칙이 요구된다.

key word &
current hot issues

주요 용어와 현안 문제

1. 교정(penology)

교정은 국가의 수용시설인 교도소, 구치소 및 그 지소의 적정한 관리운영을 도모하고, 수형자, 미결수용자, 사형확정자 및 기타 피수용자의 인권을 존중하면서 각각의 수용 목적에 따른 적절한 처우의 실시를 목적으로 하는 행정활동을 말하며, 행형(penology)이라는 용어로도 사용하고 있다. 형집행법은 이 행형의 법적 근거 및 준칙을 정하고 있는 법률로서 「형법」, 「형사소송법」과 함께 범죄방지에 관한 법제의 하나로서 형사 정책상 매우 중요한 지위를 차지하고 있다.

2. 교정시설

교정시설은 수용자들의 권익보호와 교정교육, 직업훈련 등 사회적응 능력의 배양을 통하여 건전한 사회복귀를 도모하고자 설치 운영하는 시설을 말한다. 일반적으로 교정시설을 교도소로 생각하지만, 교정시설 내에는 자유형을 선고 받아 수용된 수형자 이외에도 수사 또는 재판단계에서 구속 수감된 자, 노역장 유치자 등의 수용자가 수용되어 있고, 이들의 수용목적에 맞게 시설 또한 구분되어 있다. 형집행법에서는 교정시설로서 교도소, 구치소 및 그 지소를 규정하고 있다(제2조 4호).

3. 수형자·수용자

교정시설에는 징역형이나 금고형을 선고 받아 수용된 수형자만 있는 것으로 생각하지만 이러한 수형자 이외에도 수사단계 또는 재판단계에서 피의자/피고인 신분으로 구속되거나 재판이 확정되지 않은 미결수도 수용되어 있으며, 이외에도 사형의 선고를 받아 그 형이 확정되었으나 집행되지 않은 사형확정자, 벌금 또는 과료의 미납으로 인해 노역장유치 처분을 받아 수용된 자, 폭언이나 소란 등으로 법정의 질서를 어지럽혀 감치명령을 받아 수용된 자(「법원조직법」 제61조) 등이 수용되어 있다. 따라서 수형자와 수용자는 구분되는 개념으로 행형과 관련하여 논의할 때에는 두 용어를 명확히 구분하여 사용하여야 한다. 형집행법 제2조에서 정의하고 있는 수형자와 수용자의 의미는 다음과 같다. 수형자란 징역형·금고형 또는 구류형의 선고를 받아 그 형이 확정된 사람과 벌금 또는 과료를 완납하지 아니하여 노역장 유치명령을 받은 사람을 말한다(제2조 1호). 수용자란 수형자·미결수용자·사형확정자, 그 밖에 법률과 적법한 절차에 따라 교도소·구치소 및 그 지소(이하 "교정시설"이라 한다)에 수용된 사람을 말한다(동조 2호).

4. 교정처우

교정처우는 재판에 근거하여 범죄자 등을 일정한 시설에 수용하여 그 지위에 대응하여 실시되는 시설 내 처우를 말한다. 행형의 목적은 수형자를 교정교화하여 재사회화를 도모하는 데 있기 때문에 교정처우는 이 목적의 달성을 위하여 실시되며, 따라서 일반적으로 교정처우의 대상자는 수형자를 말한다. 사회와 격리된 시설에 수용된 자를 대상으로 처우가 이루어지기 때문에 교정처우에 있어서는 ① 인도적 처우의 원칙, ② 공평한 처우의 원칙, ③ 법적 지위에 상응하는 처우의 원칙과 같은 일정한 원칙이 요구된다. 형집행법에서는 제8장에 수형자처우의 집행방법에 대한 원칙으로 다음과 같이 구체적으로 규정하고 있다. 수형자의 처우는 교육·교화프로그램, 작업, 직업훈련 등을 통하여 교정교화를 도모하고 사회생활에 적응하는 능력을 함양하도록 처우하여야 한다는 처우원칙에 근거하여 수형자의 개별적인 특성에 맞는 처우계획을 수립하여 시행하여야 하고(제55조 내지 제56조), 이 수형자에 대한 개별처우의 실질적 효과를 위해서 수형자는 분류심사의 결과에 따라 그에 적합한 교정시설에 수용되며, 개별처우계획에 따라 그 특성에 알맞은 처우를 받는다고 규정하고 있다(제57조).

5. 경비등급

교정시설은 교정행정의 기능을 효과적으로 수행할 수 있도록 적당한 경비등급이 지정되고 있다. 이때 경비등급은 수용자의 구금확보와 관련하여 교정시설의 보안·계호와 수용자의 처우라는 두 가지 측면을 고려하여 지정된다. 형집행법 제57조 ②항은 교정시설 경비등급을 '도주방지 등을 위한 수용설비 및 계호의 정도'라고 규정하고, 각 교정시설을 개방시설, 완화경비시설, 일반경비시설, 중경비시설로 구분하도록 하고 있다.[29] 개방시설은 도주방지를 위한 통상적인 설비의 전부 또는 일부를 갖추지 아니하

29 경비등급과는 별도로 특수프로그램이 필요하거나, 다른 수용자와 구분하여 수용할 필요가 있

고 수형자의 자율적 활동이 가능하도록 통상적인 관리·감시의 전부 또는 일부를 하지 아니하는 교정시설이고, 완화경비시설은 도주방지를 위한 통상적인 설비 및 수형자에 대한 관리·감시를 일반경비시설보다 완화한 교정시설, 일반경비시설은 도주방지를 위한 통상적인 설비를 갖추고 수형자에 대해여 통상적인 관리·감시를 하는 교정시설, 중경비시설은 도주방지 및 수형자 상호 간의 접촉을 차단하는 설비를 강화하고 수형자에 대한 관리·감시를 엄중히 하는 교정시설이다. 개방시설은 천안개방교도소로 1개 시설이 지정되어 있고, 완화경비시설은 전국에 13개, 일반경비시설은 35개, 중경비시설은 경북북부제2교도소로 1개가 지정되어 있다. 제주교도소와 홍성교도소의 경우 특정경비등급으로만 운영할 수 없어서 복수의 경비등급시설로 지정하여, 1개 교정시설에 두 가지 경비등급의 수용자를 각각 혼합하여 수용하도록 하고 있다.

는 수형자들은 경비처우급과 상관없이 전담 교정시설을 지정하여 따로 수용하고 있다.

퀴즈 [진위형] quiz

1 교정시설은 교도소를 말하고, 교정시설에 수용된 자는 수형자라고 한다.

2 교정시설에 수용된 수용자는 법적 지위와 성별, 연령에 따른 구분/분리수용과 혼거수용을 원칙으로 한다.

3 교정시설에 수용된 수용자의 접견, 서신수수 및 전화통화는 원칙적으로 제한되며, 일정한 사유가 있을 경우 허용된다.

4 교정시설은 수용자의 도주방지 등을 위한 수용설비 및 계호의 정도 또한 수용자의 개별처우 실현의 시설적 기반 조성을 위하여 전국교정시설을 경비등급에 따라 개방시설, 완화경비시설, 일반경비시설, 중경비시설의 네 종류로 구분하고 있다.

5 수용자는 그 처우에 관하여 불복하는 경우 법무부장관·순회점검공무원 또는 관할 지방교정청장에게 청원할 수 있다.

6 교정시설의 장은 금고형 또는 구류형의 집행 중에 있는 수형자에 대하여 작업을 부과할 수 있다.

7 교정시설의 장은 사형확정자를 수용할 때에 수형자 또는 미결수용자와 혼거수용을 할 수 없다.

8 교정시설의 장은 수형자의 건전한 사회복귀와 기술습득을 촉진하기 위하여 필요하면 수형자에게 외부통근작업을 하게 할 수 있다.

9 수용자가 도주하는 경우 교도관이 정지할 것을 명령하였음에도 계속하여 도주하는 때에는 교도관이 수용자에 대하여 무기를 사용할 수 있다.

10 미결수용자의 변호인 등과의 접견의 경우에는 형사시설의 직원이 그 접견에 참여하지 못하고, 또한 접견 시의 발언을 청취할 수 없기 때문에 어떠한 경우에도 접견실이 실시되고 있는 접견실 내부를 시찰할 수 없다.

참고문헌
reference

배종대 · 정승환, 『행형학』, 홍문사, 2002.

법무부, 「2022년도 법무연감」, 2023.

법무연수원, 「2022년도 범죄백서」, 2023.

안성훈, 『교정시설에서의 과밀수용 현상과 그 대책에 관한 연구』, 한국형사정책연구원, 2016.

통계청, 2022년도 고령자 통계, 2022.

허주욱, 『교정학』(신정판), 법문사, 2003.

大谷實, 『刑事政策講義』(新版), 弘文堂, 2009.

森下忠, 『刑事政策大綱』(新版), 成文堂, 1993.

澤登俊雄 · 所一彦 · 星野周弘 · 前野育三, 『新刑事政策』, 日本評論社, 1993.

川出敏裕 · 金光旭, 刑事政策(第2版), 成文堂, 2018.

해 답
answer

1. 아니다.
교정시설에는 징역형이나 금고형을 선고받아 수용된 수형자 이외에도 수사단계 또는 재판단계에서 피의자/피고인 신분으로 구속되거나 재판이 확정되지 않은 미결수도 수용되어 있으며, 이외에도 사형의 선고를 받아 그 형이 확정되었으나 집행되지 않은 사형확정자, 벌금 또는 과료의 미납으로 인해 노역장 유치 처분을 받아 수용된 자, 폭언이나 소란 등으로 법정의 질서를 어지럽혀 감치명령을 받아 수용된 자(「법원조직법」 제61조) 등이 수용되어 있다. 따라서 교정시설에 수용된 자는 수용자라고 하고, 수형자는 징역형·금고형 또는 구류형의 선고를 받아 그 형이 확정된 사람과 벌금 또는 과료를 완납하지 아니하여 노역장 유치명령을 받은 사람을 말하며, 각각 수용목적에 맞게 교정시설 또한 구분되어 있다. 형집행법에서는 교도소, 구치소 및 그 지소를 교정시설로 규정하고 있다(형집행법 제2조).

2. 아니다.
교정시설에 수용된 수용자는 독거수용을 원칙으로 하며, ① 독거실 부족 등 시설여건이 충분하지 아니한 때, ② 수용자의 생명 또는 신체의 보호, 정서적 안정을 위하여 필요한 때, ③ 수형자의 교화 또는 건전한 사회복귀를 위하여 필요한 때와 같은 사유가 있을 경우에 혼거수용을 할 수 있다(형집행법 제14조).

3. 아니다.
교정시설에 수용된 수용자의 접견, 서신수수 및 전화통화는 원칙적으로 허용되며, 일정한 사유가 있을 경우에 한해 제한된다(형집행법 제41조 내지 제44조).

4. 그렇다.
형집행법 제57조 ②항은 도주방지 등을 위한 수용설비 및 계호의 정도(경비등급)에 따라 교정시설을 각각 개방시설, 완화경비시설, 일반경비시설, 중경비시설로 구분하도록 하고 있다.

5. 그렇다.
수용자는 그 처우에 관하여 소장에게 면담을 신청할 수 있고, 수용자는 그 처우에 관하여 불복하는 경우 법무부장관·순회점검공무원 또는 관할 지방교정청장에게 청원할 수 있다(형집행법 제116조 내지 제117조).

6. 아니다.
소장은 금고형 또는 구류형의 집행 중에 있는 사람에 대하여는 신청에 따라 작업을 부과할 수 있다(형집행법 제67조).

7. 아니다.
소장은 사형확정자의 자살·도주 등의 사고를 방지하기 위하여 필요한 경우에는 사형확정자와 미결수용자를 혼거수용할 수 있고, 사형확정자의 교육·교화프로그램, 작업 등의 적절한 처우를 위하여 필요한 경우에는 사형확정자와 수형자를 혼거수용할 수 있다(형집행법 제89조 ①항, 동규칙 제150조 ③항).

8. 그렇다.
소장은 수형자의 건전한 사회복귀와 기술습득을 촉진하기 위하여 필요하면 외부기업체 등에 통근 작업하게 하거나 교정시설의 안에 설치된 외부기업체의 작업장에서 작업하게 할 수 있다(형집행법 제68조 ①항).

9. 그렇다.
형집행법 제101조 ①항 4호

10. 아니다.
변호인 등과의 접견시 비밀교통의 보장은 접견시 대화내용에 대하여 비밀이 완전히 보장되고 어떠한 제한, 영향, 압력 또는 부당한 간섭 없이 자유롭게 대화할 수 있는 접견'을 제한할 수 없다는 것이지(헌재 1992. 1. 28. 91헌마111), 접견이 실시되고 있는 접견실 내부를 시찰하는 것이 변호인 등과의 비밀교통을 침해하는 것은 아니다. 형집행법 제84조 ①항은 "보이는 거리에서 미결수용자를 관찰할 수 있다."라고 하는 단서 규정을 두고 있는데 시설의 안전 또는 질서를 해하는 행위가 이루어질 경우를 대비한 규정이라고 할 수 있다.

/ 제15장 /

소년사법

– 김정환

Ⅰ. 소년범죄
Ⅱ. 소년법

short storytelling

우리는 소년의 범죄와 그에 대한 사법적 조치의 신문기사를 쉽게 접할 수 있다. 2016. 7. 4. 한국일보에는 '어둡고 부끄러웠던 과거는 안녕 치유의 멜로디로 꿈을 찾았어요'라는 제목의 기사가 실렸다. 기사내용은 다음과 같다. "교복을 입은 앳된 얼굴의 소년 6명이 모여 앉아 선생님과 호흡을 맞추며 통기타 연주에 열중했다. 윤도현밴드(YB)가 부른 '나는 나비'의 기타 코드 악보를 보고 한음씩 연주하면서 콧노래를 흥얼거렸다. … 손놀림은 서툴러 보였지만 연주하는 모습은 여느 밴드 못지않게 진지했다. 기타 연주에 푹 빠진 김모(15)군은 지난 3월 길가에 세워진 오토바이를 훔쳐 무면허로 운전을 하다 경찰에 붙잡혀 검찰에 송치됐다. 담당검사는 고민 끝에 김군에게 음악치료프로그램에 참여하는 조건으로 기소유예 처분을 내렸다. 이곳에서 만난 박모(16)군도 친구와 함께 의류매장에 들어가 옷을 훔친 혐의로 검찰에서 조사를 받았지만 검찰은 처벌 대신 정서적 치유를 결정했다. 나머지 4명도 유사한 혐의를 받고 있다. 광주지검 순천지청은 올해부터 이화여대와 함께 새로 시작하는 음악치료를 이수하는 조건으로 이들을 처벌하지 않기로 했다. 한 순간의 실수로 범죄자로 전락할 뻔한 소년범들이 처벌 대신 음악치료를 받는 것이다. … 청소년기는 심리·정서적으로 취약한 시기다. 사회적 상황에 대한 이해와 충동 조절능력이 부족해 자칫 한 순간의 잘못된 행동이 범죄로 이어질 위험성이 크다. 경찰청 통계에 따르면 지난해 범죄를 저지른 전국의 소년범이 8만여 명에 이른다. 특히 소년범의 재범률은 매년 40%대를 오르내리고 있을 정도로 심각한 사회문제가 되고 있다. … 사법기관에서 재범을 줄이기 위한 다양한 프로그램을 시행 중이지만 대부분 징벌적 제도에 그치고 있다. 전문가들은 처벌보다는 이들의 감정을 조절하고 긍정적인 사고를 유도하는 심리·정서적 치유가 필요하다는 의견을 제시하고 있다. … 선진국에서도 소년범을 대상으로 예술을 활용한 치유 사례가 많다. 영국은 가해자의 반성과 피해자의 용서 메시지의 가사와 함께 음원으로 제작한 뒤 함께 공유하는 음악치료를 하고 있다." 또한 2016. 5. 20. 한국일보에는 '나를 돌아보는 인문치료, 소년범에게 선순환 고리될 것'이라는 제목의 기사가 실렸다. 기사내용은 다음과 같다. "정 판사는 얼마 전 보호소년 3명에게 보호관찰 1년 및 1년 이내 100시간의 인문치료 수강명령 처분을 내려 법조계와 교육계의 관심을 받았다. 전국 처음으로 인문치료를 도입한 춘천지방법원이 강원대 인문대학과 함께 소년범들의 정서적 치유에 나서기로 한 뒤 나온 첫 판결이다. … 그에 따르면 구체적으로 춘천지법에서 인문치료명령을 받은 소년범은 강원대 인문대학에서 열리는 수업에 정기적으로 출석해 '미래시점에서 자서전 쓰기,' '랩으로 부르는 나의 이야기' 등 표현능력 향상을 위한 수업을 받는다. 이른바 '나'를 찾는 과정이다. 이후 음악·미술치료도 함께 이뤄진다. 전문가 멘토와 교류하는 과정에서 사회와 소통하는 방법을 스스로 배우라는 메시지가 담긴 '따뜻한 처벌'인 셈이다. … 날로 흉악해지는 청소년 범죄 예방을 위해 학교와 자치단체, 경찰과 검찰, 법원, 이웃주민들까지 참여하는 유기적인 협력체계를 강조했다. 어릴 때부터 가정폭력과 아동학대에 노출된 아동이 청소년 범죄에 빠지는 경우가 많은 만큼, 지역사회가 공조해 악순환의 원인이 되는 가정폭력 등을 조기에 발견해 큰 사고를 방지할 수 있는 유기적인 시스템을 만들자는 것이다." 이와 같은 기사 내용의 배경에 존재하는 소년사법제도에 대해서 알아보고자 한다.

I 소년범죄

1. 소년범죄의 개념

청소년은 사회적으로 미성숙한 사람으로서 건전한 사회구성원으로 발전되도록 사회가 보호해야 할 대상이라는 인식이 공유되며, 현재 법률들에는 보통 19세 미만자가 청소년이나 소년으로 규정되어 있다. 법률에서는 소년이라는 개념과 청소년이라는 개념이 혼용되어 사용되는데, 「아동·청소년의 성보호에 관한 법률」, 「청소년 기본법」, 「청소년 보호법」 등에서는 '청소년'이라는 개념이 사용되고 「소년법」이나 「보호소년 등의 처우에 관한 법률」에서는 '소년'이라는 개념이 사용된다. 범죄행위를 한 19세 미만의 자에 대한 처벌법규에는 소년이라는 개념을 사용하고 그 외의 경우에는 청소년이라는 개념을 사용하는 경향이다.

소년이 건전하게 성장하도록 돕기 위해서 형사처분에 관한 특별조치와 품행교정을 위한 보호조치를 규정한 「소년법」에서는 14세 이상 19세 미만의 소년에 의한 범죄행위와 10세 이상 14세 미만인 소년에 의한 촉법행위를 소년범죄로 보고 있다.[1] 아래에서는 「소년법」에 따른 소년범죄의 개념을 전제로 설명한다.

2. 소년범죄의 실태

「소년법」의 적용대상 중 10세 이상 19세 미만의 소년에 의한 범죄행위에 대한 통계를 보면 다음과 같다.

[표 15-1] 2011년~2020년 소년범죄 인원, 소년범죄율 및 소년비 현황[2]

[단위: 명(%)]

연도	소년범죄	소년범죄발생비	성인범죄발생비	소년비
2011	100,032	1660.2(–)	4,374.3(–)	5.3
2012	104,808	1796.8(108.2)	4,387.3(100.3)	5.5

1 법무연수원, 2021 범죄백서, 2022.4, 545면.

2 법무연수원, 2021 범죄백서, 2022.4, 546면.

연도	소년범죄	소년범죄발생비	성인범죄발생비	소년비
2013	88,762	1581.1(95.2)	4,520.3(103.3)	4.5
2014	77,594	1440.4(86.8)	4,338.3(99.2)	4.2
2015	71,035	1411.8(85.0)	4,482.4(102.5)	3.8
2016	76,000	1547.9(93.2)	4,373.5(100.0)	3.9
2017	72,759	1559.7(93.9)	4,089.8(93.5)	4.0
2018	66,142	2,486.0(149.7)	3,808.2(87.1)	3.9
2019	66,247	2,696.1(162.4)	5,069.0(87.4)	3.8
2020	64,480	2,747.0(165.5)	4,462.4(80.3)	4.0

소년범죄율은 소년인구 10만 명 당 범죄자수를 나타내는데, 2011년 이후 2020년까지 전체적으로 감소하는 추세이다. 비록 같은 기간 성인범죄율도 감소하고 있지만, 성인범죄 대비 소년범죄의 비율을 보면 소년범죄의 비중이 줄어들고 있다. 소년비(소년범/소년범+성인범의 비율)의 경우 2011년 5.3%에서 지속적으로 감소하여 2020년에는 4.0%를 나타내고 있다. 참고로 소년범죄발생비가 2018년부터 크게 증가한 이유는 2017년까지는 10세 이상 19세 미만 소년을 분석대상으로 하여 통계를 작성하였으나, 2018년부터 14세 미만의 소년은 통계의 분석대상에서 제외하였기 때문이다.[3]

한편 소년 형법범죄 중 연령층별 범죄현황을 보면 다음과 같다.

[표 15-2] **2011년~2020년 소년 형법범죄 연령층별 현황**[4]

[단위: 명(%)]

연령 / 연도	계	10세~13세		14세~15세		16세~17세		18세	
		인원	범죄율	인원	범죄율	인원	범죄율	인원	범죄율
2011	66,240 (100)	98 (0.1)	4.0	19,417 (29.3)	1,428.2	32,627 (49.3)	2,291.3	14,098 (21.3)	1,983.4
2012	87,779 (100)	582 (0.7)	25.1	29,700 (33.8)	2,262.0	40,169 (45.8)	2,879.9	17,328 (19.7)	2,427.0

3 법무연수원, 2021 범죄백서, 2022.4, 545면. 14세 미만의 촉법소년의 경우는 경찰에서 법원으로 바로 송치되는데, 이 경우 입건을 기준으로 범죄발생통계를 집계하는 통계에서 누락될 가능성이 크므로 14세 이상의 소년만을 통계의 대상으로 한다.

4 법무연수원, 2021 범죄백서, 2022.4, 552면.

연령 / 연도	계	10세~13세		14세~15세		16세~17세		18세	
		인원	범죄율	인원	범죄율	인원	범죄율	인원	범죄율
2013	74,509 (100)	241 (0.3)	11.0	24,735 (33.2)	1,961.8	33,014 (44.3)	2,430.9	16,519 (22.2)	2,332.4
2014	63,145 (100)	27 (0.0)	1.3	21,156 (33.5)	1,681.9	27,173 (43.1)	2,040.5	14,789 (23.4)	2,128.0
2015	56,962 (100)	45 (0.1)	2.4	12,632 (22.2)	1,052.8	28,660 (50.3)	2,273.8	15,625 (27.4)	2,326.9
2016	61,162 (100)	65 (0.1)	3.5	18,955 (31.0)	1,684.8	27,543 (45.0)	2,191.2	14,599 (23.9)	2,232.4
2017	58,255 (100)	38 (0.1)	2.0	17,695 (30.4)	1,788.9	26,112 (44.8)	2,177.4	14,410 (24.7)	2,325.2
2018	54,205 (100)	–	–	17,946 (33.1)	1,854.2	22,860 (42.2)	2,168.7	13,399 (24.7)	2,098.2
2019	54,497 (100)	–	–	18,721 (34.4)	2,056.0	22,195 (40.7)	2,246.7	13,581 (24.9)	2,430.8
2020	50,969 (100)	–	–	18,251 (35.8)	2,059.3	20,703 (40.6)	2,141.0	12,015 (23.6)	2,432.0

2020년의 경우 16세~17세의 범죄율이 인구 10만 명 당 2,141명으로 가장 높고, 그 다음이 14세~15세 2,059.3명, 18세 2,432명의 순이다. 다만 14세 미만의 촉법소년의 경우에는 경찰에서 법원으로 바로 송치되기 때문에 입건을 기준으로 범죄발생통계를 집계하는 경찰 및 검찰의 통계에서 누락될 가능성이 커서 2018년부터는 통계의 대상에서 제외하고 있다. 연령층별 현황의 추이를 보면, 지난 10년간 16세~17세의 범죄율은 감소한 반면 14세~15세의 범죄율은 증가하였다.

3. 소년범죄대책의 필요성

소년범죄에 대한 특별한 대책은 두 가지 점에서 요구된다. .첫째, 소년은 사회적으로 성숙하지 않은 존재라는 점이다. 사회적으로 미성숙한 소년은 쉽게 범죄를 범할 수 있고, 또한 범죄를 저지른 후에도 쉽게 교화될 수 있는 존재이다. 둘째, 소년범죄자는 후에 성인범죄자로 전이되는 비율이 높다는 점이다. 소년범죄자의 약 67%가 성인이 되어서도 범죄를 저지른다는 자료가 존재한다.[5]

5 배종대, 형사정책(제9판), 2014, 홍문사, 489면.

국가의 장래를 책임져야 할 존재인 소년이 건전한 인격체로 성장할 수 있도록 국가는 법적으로 보호해야 한다. 소년보호의 이념을 소년범죄자에 대해서 어떻게 반영할 것인지를 고려하여 소년법이 제정되었고, 「소년법」에서는 수사와 공판절차에서의 특수성과 형사처벌에서의 특수성이 고려되어 있다.

Ⅱ 「소년법」

1. 「소년법」의 연혁

가. 「소년법」 제정 이전

고대에는 소년을 보호의 객체가 아니라 노동력이라는 의미에서 일종의 재물로 취급하다가, 고려시대에 이르러 비로소 소년에 대하여 성인과는 다른 처우가 이루어졌다. 고려시대에는 반역죄를 범한 사람의 자식이 16세 이상인 경우 자식을 함께 교수형에 처하였으나 15세 이하인 경우에는 교수형 대신 노비로 삼았다.[6] 조선시대에는 연령에 따른 처우가 상세하게 규정되었는데, 형사책임능력을 3단계로 구분하여 7세 이하는 모든 경우 벌하지 않았고, 10세 이하는 반역·살인·절도·상해의 죄를 범한 경우에만 처벌하였고, 15세 이하는 사형에 처할 죄를 범하거나 반역죄에 연좌된 경우에는 유배형에 처하였다.[7] 근대적인 소년사법제도는 일제침략기인 1942. 3. 23. 조선소년령(제령 제6호)의 제정에서 비롯되었고, 조선소년령은 1945. 11. 2. 군정법령 제21조에 근거하여 광복 이후에도 효력이 유지되었다.

나. 「소년법」 제정 이후

대한민국정부의 수립 후 조선소년령을 대체할 독자적인 소년법안이 작성되어 1949. 4. 8. 정기국회에 상정되었으나 일반법원과 분리하여 소년심리원을 설치하는 방안에 대하여 반발이 심하여 폐기되었다.[8] 이후 정부가 1955. 7. 6.과

6 한국소년법학회 편, 소년법, 세창출판사, 2006, 46면.
7 한국소년법학회 편, 소년법, 세창출판사, 2006, 46면.
8 한국소년법학회 편, 소년법, 세창출판사, 2006, 49면.

1957. 6. 17. 제출한 소년법안도 폐기되었다. 정부가 1958. 6. 23. 제3차 소년법안을 제출하였고, 법제사법위원회에서 자구수정과 체제정비를 한 소년법안대안을 의결하여 1958. 7. 12. 본회의 의결을 거쳐 1958. 7. 24. 현행 「소년법」이 제정되었다.[9] 이후 2016년까지 8차에 걸쳐 개정되었다. 「소년법」은 총칙, 보호사건, 형사사건, 벌칙의 네 부분으로 구성되어 있는데, 원칙적으로 교화·개선을 위한 보호처분을 적용하고 있으며 형사처분의 특칙(구속영장의 제한, 사형과 무기형의 완화, 부정기형)을 두고 있다. 그 외에 보호사건에 대한 집행과 관련하여 보호소년 등의 처우 및 교정교육과 소년원의 조직, 기능 및 운영에 관하여 필요한 사항을 「보호소년 등의 처우에 관한 법률」에서 규정하고 있다.

1958년 제정된 「소년법」을 형식적 의미의 소년법이라고 하며, 그 외에 보호소년 등의 처우에 관한 법률·보호관찰 등에 관한 법률·아동복지법·청소년보호법 등 소년과 관련한 법규정을 실질적 의미의 소년법이라고 한다.[10] 일반적으로 「소년법」이라고 호칭할 때는 형식적 의미의 소년법을 말한다.

「소년법」을 형성한 이념은 크게 두 가지이다. 하나는 영미법계의 형평법의 '국친사상'이고, 다른 하나는 대륙법의 '교육사상에 기초한 형사정책이론'이다. 범죄소년 등 보호가 필요한 소년에 대하여 국가나 법원이 부모로서 보호를 하여 건전한 사회인으로 육성해야 한다는 것이 국친사상이고, 소년범죄자는 성인범죄자와 달리 교육적 가능성과 개선가능성이 높기 때문에 교육이념에 기초한 처분을 해야 한다는 것이 형사정책이론이다. 오늘날 우리나라의 소년법을 포함한 각국의 「소년법」은 국친사상과 형사정책이론을 모두 접목하여 제정·운용되고 있다.

9 한국소년법학회 편, 소년법, 세창출판사, 2006, 50면.

10 오영근 외 15인, 소년법, 박영사, 2021, 1면.

2. 「소년법」의 적용대상

「소년법」에서 말하는 소년이란 10세 이상 19세 미만인 자이다(「소년법」 제2조). 「소년법」은 본래 대상 소년의 연령을 12세 이상 20세 미만으로 규정하였으나, 2008. 6. 22.부터 10세 이상 19세 미만으로 하향하였다. 「소년법」이 적용되는 상한 연령을 19세 미만으로 한 것은 청소년의 성숙 정도, 다른 법률에서 규정한 청소년의 연령과의 통일성, 19세부터 대학생인 점 등을 고려한 것이며, 하한 연령을 10세 이상으로 낮춘 것은 범죄를 범하는 청소년의 연령이 낮아지는 추세를 고려한 것이고 초등학교 3~4학년까지의 소년에 대해서는 사법작용보다는 교육적 기능에 맡기고자 한 것이다.[11]

[Box 15.1] 「소년법」의 적용대상인 '소년'인지 여부를 판단하는 시기(대법원 2009. 5. 28. 선고 2009도2682, 2009전도7 판결)

[사안]

甲(남, 1990. 1. 3.생)은 2007. 8. 12. 17:00경 혼자 귀가하던 피해자 A(여, 9세)를 보고 강간하기로 마음을 먹고, 피해자를 뒤따라가 ○○아파트 227동 엘리베이터를 A와 함께 타고 가다가 10층에 이르러 내리려 하던 A의 입을 막고 잡아당겨 15층까지 올라갔다. 甲은 A를 끌어내려 옥상에 끌고 가 A에게 "소리 지르면 죽인다."라고 협박한 후 강간을 시도하였으나 미수에 그치고, 그 과정에서 A에게 약 10일간 치료를 요하는 상해를 입혔다.

[사건의 진행]

제1심(대구지방법원 2008. 12. 12. 선고 2008고합757, 2008전고6(병합) 판결)에서는 19세 미만인 甲에게 장기 2년 6월 단기 2년의 징역형을 선고하고 3년간 위치추적 전자장치의 부착을 명하였다. 甲은 제1심이 선고한 형(징역 장기 2년 6월, 단기 2년)은 너무 무거워서 부당하다고 항소하였다. 제2심(대구고등법원 2009. 3. 26. 선고 2008노617, 2008전노5(병합) 판결)은 甲에게 2년의 징역형을 선고하고 3년간 위치추적 전자장치의 부착을 명하였다. 제1심판결 선고 당시 甲은 소년법의 소년에 해당하여 부정기형이 선고되었으나, 제2심판결 선고 시에는 성년이 되었음이 명백하여 정기형을 선고하였다. 제2심 판결에 대하여 甲은 대법원에 상고하였다.

[판결요지]

대법원(대법원 2009. 5. 28. 선고 2009도2682, 2009전도7 판결)은 다음과 같은 이유로 제2심판결은 정당하다고 판단하였다. 소년법이 적용되는 '소년'이란 심판 당시에 19세 미만인

11 법원행정처, 법원실무제요 소년, 2014, 32면.

사람을 말하므로, 소년법의 적용을 받으려면 심판 시에 19세 미만이어야 한다. 따라서 소년법의 적용대상인 '소년'인지의 여부도 범죄행위시가 아니라 재판시, 즉 사실심판결 선고시를 기준으로 판단되어야 한다. 사안에서(제1심판결이 甲에 대하여 부정기형을 선고하였으니) 제2심의 선고 당시 19세 이상인 甲이 소년법상의 '소년'에 해당하지 않는다고 하여 제2심이 甲에게 정기형을 선고한 것은 정당하다.

[Box 15.2] **형사미성년자**

형사미성년자에 대하여 규정한 형법 제9조에는 "14세 되지 아니한 자의 행위는 벌하지 아니한다"고 되어 있다. 연령이라는 생물학적 표지로 형사책임능력을 결정한 것인데, 14세 미만자의 범죄행위는 책임이 부인되어 징역형, 벌금형 등의 형벌이 불가능하다. 그렇지만 형사미성년자라도 10세 이상인 경우에는 소년법이 적용되어 보호처분이 가능하다.
형사미성년자제도는 로마법에서 시작되어 독일법을 통해 현재까지 이어져 오고 있다. 로마법에서는 7세 미만의 자를, 독일은 1923년부터 취학종료연령인 14세를 기준(종교적으로 14세부터 성년으로 의제하는 것도 배경)으로 그 연령 미만의 자를 절대적 형사미성년자로 취급해 왔다. 이러한 전통이 우리의 현행 형법까지 이어지고 있다.[12] 현재 14세인 형사미성년자의 연령기준을 낮추어야 한다는 논의가 계속되나, 헌법재판소는 이를 합헌이라고 보고 있다.

[Box 15.3] **14세 미만의 자를 형사미성년자로 규정하고 있는 「형법」 제9조가 청구인의 재판절차진술권 및 평등권을 침해하여 위헌인지 여부(헌재 2003. 9. 25. 2002헌마533)**

[결정요지]
형법 제9조는, 육체적·정신적으로 미성숙한 소년의 경우 사물의 변별능력과 그 변별에 따른 행동통제능력이 없기 때문에 그 행위에 대한 비난가능성이 없고 나아가 형사정책적으로 어린 아이들은 교육적 조치에 의한 개선가능성이 있다는 점에서 형벌 이외의 수단에 의존하는 것이 적당하다는 고려에 입각한 것이다. 그리고 일정한 정신적 성숙의 정도와 사물의 변별능력이나 행동통제능력의 존부·정도를 각 개인마다 판단·추정하는 것은 곤란하고 부적절하므로 일정한 연령을 기준으로 하여 일률적으로 형사책임연령을 정한 것은 합리적인 방법으

---

12 "주요 국가의 형사미성년자 연령을 살펴보면, 독일, 이탈리아, 일본은 우리나라와 동일하게 14세 미만으로 정하고 있으며, 프랑스는 13세 미만으로 정하고 있다. 영국과 호주는 형사미성년자의 연령을 10세 미만으로 정하고 있다. 호주의 경우 10세에서 14세 사이의 소년에 대해서는 원칙적으로 책임능력이 없는 것으로 추정한 후 범죄행위 당시 소년이 악의로 행위를 하였다는 것이 증명이 되면 추정이 번복될 수 있도록 하고 있다. 미국은 대부분의 주에서 형사책임 연령에 관한 규정을 두지 않거나, 형사책임 하한연령에 관한 규정이 있는 주의 경우에는 7세부터 14세 사이로 규정하고 있다. 반면 형사미성년자 연령을 14세보다 높게 정하고 있는 나라도 있는 바, 덴마크, 핀란드, 노르웨이, 스웨덴은 15세 미만, 포르투갈은 16세 미만, 벨기에, 룩셈부르크는 18세 미만으로 정하고 있다(이혜미, 형사미성년자 연령 하향조정의 논의와 쟁점, 이슈와 논점 제372호, 2012. 1. 27)."

로 보인다.
형사책임이 면제되는 소년의 연령을 몇 세로 할 것인가의 문제는 현저하게 불합리하고 불공정한 것이 아닌 한 입법자의 재량에 속하는 것인바, 형사미성년자의 연령을 너무 낮게 규정하거나 연령 한계를 없앤다면 책임의 개념은 무의미하게 되고, 14세 미만이라는 연령기준은 다른 국가들의 입법례에 비추어 보더라도 지나치게 높다고 할 수 없다는 점을 고려할 때 이 사건 법률조항은 입법자의 합리적인 재량의 범위를 벗어난 것으로 보기 어렵다.

3. 소년사건의 처리절차

소년사건은 소년보호사건과 소년형사사건으로 구분되어 처리된다. 소년보호사건에서는 보호적·교육적 시각에서 보호처분을 행하는 반면, 소년형사사건에서는 일반 형사소송절차에 따라 처리된다. 다만 수사단계에서는 보호처분과 형사처분 모두가 고려되고, 소년보호절차의 개시 후에도 소년형사사건으로 변경될 수 있고(「소년법」 제7조) 소년형사절차의 개시 후에도 소년보호사건으로 변경될 수 있다(「소년법」 제50조). 소년사건은 소년보호사건과 소년형사사건으로 구별되어 있으면서도 양자가 서로 바뀔 수 있다.

가. 소년보호사건

① 대상

소년보호사건의 대상에는 범죄소년, 촉법소년, 우범소년이 있다. 「형법」 제9조에서는 만 14세가 되지 아니한 자의 행위는 벌하지 아니한다고 하여 형사미성년자를 규정하고 있다. 이에 따라 14세 미만자의 행위는 책임이 부인되어 벌금형이나 징역형 등의 형사처벌이 불가능하나, 「소년법」에서 이들을 촉법소년이라고 하여 이들에 대한 보호처분을 규정하고 있다. 촉법소년이란 「형법」과 기타 법령에 저촉되는 행위를 한 10세 이상 14세 미만인 소년이다(「소년법」 제4조 ①항 2호). 한편 집단적으로 몰려다니며 주위 사람들에게 불안감을 조성하는 성벽 또는 술을 마시고 소란을 피우거나 유해환경에 접하는 성벽, 정당한 이유 없이 가출하는 것 중 하나의 사유가 있는 10세 이상 19세 미만의 소년 중 장래 형벌 법령에 저촉되는 행위를 할 우려가 있는 소년을 우범소년이라고 한다(「소년법」 제4조 ①항 3호). 범죄행위를 하지 않은 우범소년에 대해서 「소년법」을 적용하여 보호처분을 부과하는 것에 대하여 소년보호를 가장한 부당한 인권침해라는 비판이 제기된다.[13] 그 외에 범죄소년은 법률상의 죄를 범한 14세 이상 19세 미만의 소년 중 보호처분의 대상소년을 말한다. 범죄는 「형법」뿐만 아니라 기타 특별법을 위반한 경우를 포함한다.

② 송치

경찰은 촉법소년과 우범소년을 발견한 때에는 직접 관할 소년부에 송치하여야 하고(「소년법」 제4조 ②항), 경찰이 범죄소년을 검거한 때에는 검사에게 송치하여야 한다. 검사가 경찰로부터 송치된 소년사건을 수사한 결과 보호처분에 해당하는 사유가 있다고 인정하는 경우에는 범죄소년을 관할 소년부에 송치한다(「소년법」 제49조 ①항). 또한 검사가 직접 인지한 범죄소년의 사건에 대해서도 보호처분에 해당하는 사유가 있다고 인정하는 경우에는 관할 소년부에 송치하게 된다. 이렇게 검사가 소년에 대한 사건을 불기소하거나 소년보호사건 또는 소년형사사건으로 처리하는 권한을 가지는 것을 '검사선의주의'라고 한다.

한편 검사가 형사사건으로 기소한 범죄소년에 대한 사건에 대하여 심리한 일반형사법원이 보호처분에 해당하는 사유가 있다고 인정하는 경우에 형사법원은 사건을 관할 소년부에 송치하는 결정을 한다(「소년법」 제50조).[14]

그 외에 범죄소년·촉법소년·우범소년을 발견한 보호자 또는 학교·사회복리시설·보호관찰소의 장은 이를 관할 소년부에 통고할 수 있다(「소년법」 제4조 ③항).

③ 조사

소년보호사건은 가정법원 소년부나 지방법원 소년부에서 처리된다. 보호대상소년을 송치 또는 통고 받은 소년부판사는 조사관에게 소년 본인·보호자 또는 참고인의 신문이나 그밖에 필요한 사항을 조사하도록 명할 수 있다. 조사는 의학·심리학·교육학·사회학이나 그 밖의 전문적인 지식을 활용하여 소년과 보호자 또는 참고인의 품행, 경력, 가정 상황, 그 밖의 환경 등을 밝히도록 노력하여야 하는데(「소년법」 제9조), 구체적인 조사내용은 비행사실, 그 동기와 비행 후의 정황 및 비행전력, 소년과 보호자의 교육정도·직업, 소년과 보호자의 관계, 소년의

13 박상기·손동권·이순래, 형사정책(제11판 제8쇄), 한국형사정책연구원, 2015, 533면.

14 소년에 대한 피고사건을 심리한 법원이 그 결과에 따라 보호처분에 해당할 사유가 있는지의 여부를 인정하는 것은 법관의 자유재량에 의하여 판정될 사항이다(대법원 1991. 1. 25. 선고 90도2693 판결).

교우관계 및 소년의 가정환경, 소년비행화의 경위, 보호자의 소년에 대한 보호감독상황과 향후의 보호 능력, 피해자에 대한 관계 및 재비행의 위험성과 정도, 소년의 심신상태 등이다(소년심판규칙 제11조 ①항).

소년부 또는 조사관이 범죄사실에 관하여 소년을 조사할 때에는 미리 소년에게 불리한 진술을 거부할 수 있음을 알려야 하는데(「소년법」 제10조), 진술거부권의 고지를 위반한 경우에는 해당 조사결과의 증거능력은 인정되지 않을 수 있다.[15] 소년부 판사는 사건의 조사 또는 심리에 필요하다고 인정하면 기일을 지정하여 사건 본인이나 보호자 또는 참고인을 소환할 수 있는데, 본인이나 보호자가 정당한 이유 없이 소환에 응하지 아니하면 소년부 판사는 동행영장을 발부할 수 있다(「소년법」 제13조).

④ 심리

소년부 판사는 송치서와 조사관의 조사보고에 따라 사건의 심리를 개시할 수 없거나 개시할 필요가 없다고 인정하면 심리를 개시하지 아니한다는 결정을 하여야 하는데(심리불개시결정), 사안이 가벼워서 심리불개시결정을 할 때에는 소년에게 훈계하거나 보호자에게 소년을 엄격히 관리하거나 교육하도록 고지할 수 있다(「소년법」 제19조). 반면 소년부 판사가 송치서와 조사관의 조사보고에 따라 사건을 심리할 필요가 있다고 인정하면 심리개시결정을 하는데, 이 경우 심리개시사유의 요지와 보조인을 선임할 수 있다는 취지를 사건 본인과 보호자에게 알려야 한다(「소년법」 제20조).

심리는 공개하지 아니하나, 소년부 판사는 적당하다고 인정하는 자에게 참석을 허가할 수 있다(「소년법」 제24조 ②항). 소년부 판사는 피해자 또는 그 법정대리인·변호인·배우자·직계친족·형제자매가 의견진술을 신청할 때에는 피해자나 그 대리인등에게 심리 기일에 의견을 진술할 기회(피해자등의 진술권)를 주어야 한다(「소년법」 제25조의2). 소년부 판사는 소년의 품행을 교정하고 피해자를 보호하기 위하여 필요하다고 인정하면 소년에게 피해 변상 등 피해자와의 화해를 권고할 수 있는데, 소년이 이 권고에 따라 피해자와 화해하였을 경우에는 보호처분을 결정할 때 이를 고려할 수 있다(「소년법」 제25조의3). 소년법에 화해권고제도를 도입한 것은 화해가 피해자보호에 효과적이고 화해를 통해 가해소년의 교정이라는 목적

15 배종대, 형사정책(제9판), 2014, 홍문사, 515면.

달성에 효과적이기 때문이다.[16]

⑤ 보호처분

소년부 판사가 심리 결과 보호처분을 할 수 없거나 할 필요가 없다고 인정하면 그 취지의 결정(불처분결정)을 하고, 이를 사건 본인과 보호자에게 알려야 한다(「소년법」 제29조). 반면 소년부 판사가 심리 결과 보호처분을 할 필요가 있다고 인정하면 결정으로써 다음 10개 처분 중 어느 하나에 해당하는 처분을 하는데, 경우에 따라 처분 상호 간에 전부 또는 일부를 병합할 수 있다. 처분의 종류는 다음과 같다(「소년법」 제32조 ①항).

- 1호처분: 보호자 또는 보호자를 대신하여 소년을 보호할 수 있는 자에게 감호 위탁
- 2호처분: 수강명령(12세 이상의 소년, 100시간 미만)
- 3호처분: 사회봉사명령(14세 이상의 소년, 200시간 미만)
- 4호처분: 보호관찰관의 단기(1년) 보호관찰
- 5호처분: 보호관찰관의 장기(2년) 보호관찰
- 6호처분: 「아동복지법」에 따른 아동복지시설이나 그 밖의 소년보호시설에 감호 위탁
- 7호처분: 병원, 요양소 또는 「보호소년 등의 처우에 관한 법률」에 따른 소년의료보호시설에 위탁
- 8호처분: 1개월 이내의 소년원 송치
- 9호처분: 단기(6개월 이내) 소년원 송치
- 10호처분: 장기 소년원 송치(12세 이상의 소년, 2년 이내)

소년보호처분 중 소년원 송치처분이 가장 중한 처분인데, 소년원 송치처분의 폭이 넓지 않아서 적절한 처분이 결정되지 못하는 측면이 있다. 소년보호처분 중 가장 중한 처분은 2년 이내의 장기 소년원 송치이므로 2년 이상의 소년원 송치가 적절하다고 판단되는 경우에도 그러한 처분을 할 수 없다. 예들 들어 13세인 소년이 상습적으로 절도를 범한 경우와 살인을 범한 경우의 처분은 동일한 것

---

16 배종대, 형사정책(제9판), 2014, 홍문사, 519면.

이 소년재판의 현실이다.[17]

소년의 보호처분은 그 소년의 장래 신상에 어떠한 영향도 미치지 아니하며(「소년법」 제32조 ⑥항), 보호처분을 받은 소년의 경우에 그 심리가 결정된 사건은 다시 공소를 제기하거나 소년부에 송치할 수 없다(「소년법」 제53조).

[표 15-3] 2014년~2018년 보호처분 유형별 현황[18]

[단위: 명(%)]

보호처분	2014	2015	2016	2017	2018
합계	24,529(100)	25,911(100)	23,526(100)	24,383(100)	24,494(100)
1호	2,960(12.1)	3,771(14.6)	3,142(13.4)	3,135(12.9)	3,104(12.7)
1, 2호	2,420(9.9)	2,609(10.2)	2,554(10.9)	2,504(10.3)	2,963(12.1)
1, 2, 3호	445(1.8)	581(2.2)	557(2.4)	727(3.0)	776(3.2)
1, 2, 4호	3,163(12.9)	3,696(14.3)	3,255(13.8)	3,025(12.4)	3,022(12.3)
1, 2, 5호	1,026(4.2)	803(3.1)	1,009(4.3)	969(4.0)	886(3.6)
1, 2, 3, 4호	1,160(4.7)	1,627(6.3)	1,272(5.4)	1,393(5.7)	1,262(5.2)
1, 2, 3, 5호	1,541(6.3)	1,571(6.1)	1,413(6.0)	1,519(6.2)	1,238(5.1)
1, 3호	982(4.0)	1,133(4.4)	851(3.6)	851(3.5)	754(3.1)
1, 3, 4호	1,844(7.5)	1,832(7.1)	1,194(5.1)	1,086(4.4)	958(3.9)
1, 3, 5호	1,535(6.3)	1,082(4.2)	891(3.8)	802(3.3)	754(3.1)
1, 4호	2,354(9.6)	2,299(8.9)	1,923(8.2)	1,508(6.2)	1,447(5.9)
1, 5호	742(3.0)	647(2.5)	522(2.2)	505(2.1)	443(1.8)
2호	70(0.3)	16(0.1)	59(0.3)	159(0.7)	274(1.1)
3호	92(0.4)	49(0.2)	87(0.4)	67(0.3)	175(0.7)
4호	63(0.3)	40(0.2)	154(0.7)	270(1.1)	279(1.1)
4, 6호	39(0.2)	46(0.2)	33(0.1)	41(0.2)	32(0.1)
5호	32(0.1)	19(0.1)	27(0.1)	80(0.3)	81(0.3)
5, 6호	834(3.4)	883(3.4)	1,063(4.5)	986(4.0)	1,229(5.0)

17 천종호, 호통판사 천종호의 변명, 2018, 도서출판 우리학교, 107면.

18 법무연수원, 2019 범죄백서, 2020.5, 581면.

보호처분	2014	2015	2016	2017	2018
5, 8호	1,257(5.1)	1,316(5.1)	1,012(4.3)	1,099(4.5)	1,194(4.0)
6호	9(0.0)	2(0.0)	5(0.0)	7(0.0)	5(0.0)
7호	183(0.7)	141(0.5)	105(0.4)	198(0.8)	230(0.9)
8호	-	5(0.0)	3(0.0)	-	9(0.0)
9호	812(3.3)	794(3.1)	770(3.3)	972(4.0)	842(3.4)
10호	813(3.3)	866(3.3)	770(3.3)	756(3.1)	779(3.2)
병과처분기타	153(0.6)	83(0.3)	855(3.6)	1,724(7.1)	1,758(7.2)

나. 소년형사사건

① 대상

검사는 14세 이상 19세 미만의 소년에 대한 사건을 수사한 결과 보호처분에 해당하는 사유가 없다고 인정할 경우에는 일반형사법원에 공소를 제기한다. 한편 검사가 소년에 대한 피의사건을 수사한 결과 보호처분에 해당하는 사유가 있다고 인정하여 사건을 관할 소년부에 송치한 경우에 소년부가 송치된 사건을 조사 또는 심리한 결과 그 동기와 죄질이 금고 이상의 형사처분을 할 필요가 있다고 인정할 때에는 결정으로써 해당 검찰청 검사에게 송치할 수 있으며, 이렇게 검사에게 송치된 사건은 다시 소년부에 송치될 수 없다(「소년법」 제49조).

② 형사절차상 특칙

소년형사사건은 형벌을 수단으로 하는 제재로서 성인의 일반형사사건과 마찬가지로 처리된다. 다만 약간의 특별규정이 존재하는데, 첫째, 선도조건부기소유예(선도유예)가 존재한다. 검사는 소년과 소년의 친권자·후견인 등 법정대리인의 동의를 받아 피의자에 대하여 범죄예방자원봉사위원의 선도나 소년의 선도·교육과 관련된 단체·시설에서의 상담·교육·활동 등을 받게 하고, 피의사건에 대한 공소를 제기하지 아니할 수 있다(「소년법」 제49조의3). 둘째, 소년에 대한 구속영장은 부득이한 경우가 아니면 발부하지 못하고, 소년을 구속하는 경우에는 특별한 사정이 없으면 다른 피의자나 피고인과 분리하여 수용하여야 한다(「소년법」 제55조). 셋째, 소년에 대하여 변호인이 없거나 출석하지 아니한 때에 법원은 반드시 국선변호인을 선정하여야 한다(「형사소송법」 제33조 ①항, 제283조).

[표 15-4] 2009년~2018년 선도조건부 기소유예의 현황[19]

[단위: 명(%)]

구분 연도	계	폭처법	절도	강도	사기	기타
2009	7,104(100)	1,774(25.0)	3,438(48.4)	45(0.6)	217(3.1)	1,630(22.9)
2010	2,967(100)	763(25.7)	1,319(44.5)	4(0.1)	194(6.5)	687(23.2)
2011	1,363(100)	364(26.7)	603(44.2)	7(0.5)	66(4.8)	323(23.7)
2012	5,812(100)	1,680(28.9)	2,277(39.2)	25(0.4)	275(4.7)	1,555(26.8)
2013	4,548(100)	1,015(22.3)	2,068(45.5)	12(0.3)	345(7.6)	1,108(24.4)
2014	3,473(100)	672(19.3)	1,477(42.5)	6(0.2)	241(6.9)	1,077(31.0)
2015	3,413(100)	664(19.5)	1,503(44.0)	1(0.0)	325(9.5)	920(27.0)
2016	3,409(100)	521(15.3)	1,341(38.5)	3(0.1)	353(10.4)	1,218(35.7)
2017	3,495(100)	582(16.7)	1,422(40.7)	3(0.1)	293(8.4)	1,195(34.2)
2018	3,031(100)	571(18.8)	1,220(40.3)	2(0.1)	217(7.2)	1,021(33.7)

③ 형벌의 특칙

죄를 범할 당시 18세 미만인 소년에 대하여 사형 또는 무기형으로 처할 경우에는 15년의 유기징역으로 한다(「소년법」 제59조). 이것은 한정적 책임능력밖에 없는 소년에게 인도적 차원에서 중형을 피하고 사회복귀의 기회를 주기 위한 것이다.[20] 그리고 형기의 상한과 하한을 정하여 일정 범위 내에서 부정기형을 선고하는 상대적 부정기형이 인정되는데, 소년이 법정형으로 장기 2년 이상의 유기형에 해당하는 죄를 범한 경우에는 그 형의 범위에서 장기(10년 이내)와 단기(5년 이내)를 정하여 선고한다(「소년법」 제60조 ①항). 그 외에도 벌금 또는 과료를 선고받고 이를 납입하지 아니한 성인은 유치기간을 정하여 노역장유치를 선고하게 되는데(「형법」 제70조 ①항), 18세 미만인 소년에게는 유치선고를 하지 못한다(「형법」 제62조). 노역장유치는 교육을 목적으로 하지 않는 단기의 자유구속이고 소년의 심성에 악영향을 미칠 수 있으므로 소년에게는 환형처분인 노역장유치가 금지된다.[21]

19 법무연수원, 2019 범죄백서, 2020.5, 573면.

20 법원행정처, 법원실무제요 소년, 2014, 460면.

21 법원행정처, 법원실무제요 소년, 2014, 460면.

summary

요 약

소년범죄에 대한 특별한 조치가 필요한 것은 두 가지 점에서 설명된다. 첫째, 사회적으로 미성숙한 소년은 쉽게 범죄를 범할 수 있고, 또한 범죄를 저지른 후에도 쉽게 교화될 수 있는 존재이다. 둘째, 소년범죄자는 후에 성인범죄자로 전이되는 비율이 높다는 점이다. 국가는 국가의 장래를 책임져야 할 존재인 소년이 건전한 인격체로 성장할 수 있도록 법적으로 보호해야 한다. 이에 소년범죄자에 대해서 소년보호의 이념을 어떻게 반영할 것인지를 고려하여 「소년법」이 제정되었고, 「소년법」에서는 수사와 공판절차에서의 특수성과 형사제재에서의 특수성이 고려되어 있다.

「소년법」에서 말하는 소년이란 10세 이상 19세 미만인 자이다. 「소년법」은 기존에 적용대상 소년의 연령을 12세 이상 20세 미만으로 규정하였으나, 2008. 6. 22.부터 10세 이상 19세 미만으로 하향하였다. 10세 이상 19세 미만의 소년이 범한 범죄행위나 일탈행위에 「소년법」이 적용되는데, 「소년법」상 소년사건은 소년보호사건과 소년형사사건으로 구분되어 처리된다. 소년보호사건에서는 보호적·교육적 시각에서 보호처분을 행하는 반면, 소년형사사건에서는 일반 형사소송절차에 따라 형벌을 부과한다. 소년사건은 소년보호사건과 소년형사사건으로 구별되어 있으면서도 양자가 서로 교체될 수도 있다.

「소년법」의 존재목적은 소년보호사건에서 매우 잘 반영되어 있다. 소년보호사건의 대상에는 범죄소년, 촉법소년, 우범소년이 있다. 촉법소년이란 「형법」과 기타 법령에 저촉되는 행위를 한 10세 이상 14세 미만인 소년이다. 집단적으로 몰려다니며 주위 사람들에게 불안감을 조성하는 성벽 또는 술을 마시고 소란을 피우거나 유해환경에 접하는 성벽, 정당한 이유 없이 가출하는 것 중 하나의 사유가 있는 10세 이상 19세 미만의 소년 중 장래 형벌 법령에 저촉되는 행위를 할 우려가 있는 소년을 우범소년이라고 한다. 범죄소년은 법률상의 죄를 범한 14세 이상 19세 미만의 소년 중 보호처분의 대상소년을 말한다.

보호처분에는 10종류가 규정되어 있는데, 보호자 또는 보호자를 대신하여 소년을 보호할 수 있는 자에게 감호 위탁, 수강명령, 사회봉사명령, 단기 보호관찰, 장기 보호관찰, 아동복지시설이나 그 밖의 소년보호시설에 감호 위탁, 소년의료보호시설에 위탁, 1개월 이내의 소년원 송치, 단기 소년원 송치, 장기 소년원 송치가 있다. 경우에 따라 처분 상호간에 전부 또는 일부가 병합될 수 있으며, 보호처분을 받은 소년의 경우에 그 심리가 결정된 사건은 다시 공소를 제기하거나 소년부에 송치할 수 없다. 형벌에 의한 전과와 달리 소년에 대한 보호처분은 소년의 장래 신상에 영향을 미치지 아니한다. 한편 소년범죄에 대한 수사단계에서 검사는 소년과 소년의 법정대리인의 동의를 받아 소년인 피의자에 대하여 범죄예방자원봉사위원의 선도 또는 소년의 선도·교육과 관련된 단체·시설에서의 상담·교육·활동 등을 받게 하고 공소를 제기하지 않을 수도 있다(선도유예).

key word &
current hot issues

주요 용어와 현안 문제

1. 보호처분

소년사건은 소년형사사건과 소년보호사건으로 나뉜다. 소년형사사건은 성인의 일반형사사건과 동일하게 처리되는 반면(「소년법」 제48조), 소년보호사건은 가정법원소년부 또는 지방법원소년부에서 처리된다(「소년법」 제3조). 소년보호사건의 대상에는 범죄소년, 촉법소년, 우범소년이 있고(「소년법」 제4조), 보호대상소년을 송치 또는 통고받은 소년부 판사는 조사 또는 심리를 한 후 처분여부와 내용을 결정한다. 보호처분에는 ① 보호자 또는 보호자를 대신하여 소년을 보호할 수 있는 자에게 감호 위탁, ② 수강명령, ③ 사회봉사명령, ④ 보호관찰관의 단기 보호관찰, ⑤ 보호관찰관의 장기 보호관찰, ⑥ 아동복지시설이나 소년보호시설에 감호 위탁, ⑦ 소년의료보호시설에 위탁, ⑧ 1개월 이내의 소년원 송치, ⑨ 단기 소년원 송치, ⑩ 장기 소년원 송치 등의 열 가지가 존재하고, 각 처분 상호 간에는 전부 또는 일부를 병합할 수 있다(「소년법」 제32조). 소년이 건전하게 성장하도록 돕는 것을 목적으로 하는 「소년법」에서는 소년범죄에 대하여 형사처분보다 보호처분이 우선되는데, 이를 보호처분 우선주의라고 한다.

2. 소년원

「소년법」은 열 가지의 보호처분의 종류를 규정하고 있는데(「소년법」 제32조), 이중 가장 무거운 처분이 소년원 송치이다. 장기로 소년원에 송치된 소년의 보호기간은 2년을 초과하지 못한다(「소년법」 제33조 ⑥항). 소년원은 전국에 10개(서울, 부산, 대구, 광주, 대전, 전주, 청주, 안양, 춘천, 제주)가 설치되어 있는데, 명칭은 학교를 사용하여 서울소년원은 고봉중·고등학교라는 명칭이 사용된다. 소년원에 수용된 소년은 각자의 특성에 따라 학교교육을 계속할 것인지 직업훈련을 받을 것인지가 결정되어 해당되는 교육 또는 훈련을 받게 된다. 소년원학교는 초·중등교육법에 의한 정규학교로서 보호소년이 소년원학교에 입학하면 입학·전학 또는 편입학한 것으로 본다.[22] 직업능력개발훈련을 받을 수 있는 보호소년은 15세 이상인데, 서울소년원의 경우 자체적으로 사진영상·제과제빵·

한식조리·매직엔터테인먼트 과정이 실시된다.[23]

3. 조건부 기소유예

공소제기의 요건을 구비하여 기소할 수 있는 형사사건에 대하여 검사가 재량으로 불기소처분을 하는 것을 기소유예라고 하는데, 「형사소송법」 제247조에서는 '기소유예'가 허용되고 있다. '조건부 기소유예'라는 것은 검사가 피의자에게 일정한 의무(출입금지, 피해배상, 수강명령 등)를 부과하여 이를 준수하는 조건으로 기소유예를 하는 것을 말하는데, 조건부 기소유예에 대한 일반적인 허용규정은 없다. 다만 「소년법」 제49조의3에서는 '조건부 기소유예'를 규정하고 있는데(선도유예), 검사는 소년과 소년의 법정대리인의 동의를 받아 소년인 피의자에 대하여 범죄예방자원봉사위원의 선도 또는 소년의 선도·교육과 관련된 단체·시설에서의 상담·교육·활동 등을 받게 하고 공소를 제기하지 않을 수 있다. 이 제도는 검사의 기소재량과 소년사건의 검사선의주의에 기초하여 등장하였는데, 2007년 「소년법」 개정으로 법제화되었고 '선도조건부 기소유예'에서 '조건부 기소유예'로 명칭이 변경되었다.[24]

22 법원행정처, 법원실무제요 소년, 2014, 368면.
23 법원행정처, 법원실무제요 소년, 2014, 366면.
24 박상기·손동권·이순래, 형사정책(전정판), 한국형사정책연구원, 2021, 343면.

퀴즈 [진위형] quiz

1 「소년법」에서 말하는 소년이란 12세 이상 20세 미만인 자이다.

2 14세 미만인 자는 범죄행위를 하더라도 형벌을 받지 아니한다.

3 「소년법」은 소년사건을 소년보호사건과 소년형사사건으로 구분하고 있다.

4 검사는 소년과 소년의 법정대리인의 동의를 받아 소년에 대하여 선도나 교육 등을 받게 하고 공소를 제기하지 않을 수 있다.

5 보호처분은 형사처분이 아니므로 소년이 범죄행위에 대하여 보호처분을 받더라도 검사는 그 범죄행위에 대하여 다시 공소를 제기할 수 있다.

6 촉법소년이나 범죄소년에게 소년법에 따른 보호처분을 부과하는 경우에 3년의 소년원 송치도 가능하다.

7 범죄시 18세인 소년에 대해서는 사형을 선고하는 것이 가능하다.

참고문헌
reference

김순태·이인영·이경재, 『형사정책』(초판 제7쇄), 한국방송통신대학교출판부, 2009.
박상기·손동권·이순래, 『형사정책』(전정판), 한국형사정책연구원, 2021.
박상기·손동권·이순래, 『형사정책』(제11판 제8쇄), 한국형사정책연구원, 2015.
배종대, 『형사정책』(제9판), 홍문사, 2014.
법무연수원, 『2021 범죄백서』, 2022.
법원행정처, 『법원실무제요 소년』, 2014.
오영근 외 15인, 『소년법』, 박영사, 2021
한국소년법학회 편, 『소년법』, 세창출판사, 2006.

해 답
answer

1. 아니다.

「소년법」에서 말하는 소년이란 10세 이상 19세 미만인 자이다(「소년법」 제2조). 소년법은 기존에 대상 소년의 연령을 12세 이상 20세 미만으로 규정하였으나, 2008. 6. 22.부터 10세 이상 19세 미만으로 하향하였다.

2. 그렇다.

「형법」 제9조에는 "14세 되지 아니한 자의 행위는 벌하지 아니한다"고 되어 있다. 14세 미만자의 범죄행위는 책임이 부인되어 징역형, 벌금형 등의 형사처벌이 불가능하다. 현재 14세인 형사미성년자의 연령기준을 낮추어야 한다는 논의가 계속되나, 헌법재판소는 이를 합헌이라고 보고 있다.

3. 그렇다.

소년사건은 소년보호사건과 소년형사사건으로 구분되어 처리된다. 소년보호사건에서는 보호적·교육적 시각에서 보호처분을 행하는 반면, 소년형사사건에서는 일반 형사소송절차에 따라 형벌을 부과한다.

4. 그렇다.

「소년법」 제49조의3에서는 '선도조건부 기소유예'를 규정되어 있는데, 검사는 소년과 소년의 법정대리인의 동의를 받아 소년인 피의자에 대하여 범죄예방자원봉사위원의 선도 또는 소년의 선도·교육과 관련된 단체·시설에서의 상담·교육·활동 등을 받게 하고 공소를 제기하지 않을 수 있다.

5. 아니다.

보호처분을 받은 소년의 경우에 그 심리가 결정된 사건은 다시 공소를 제기하거나 소년부에 송치할 수 없다(「소년법」 제53조).

6. 아니다.

소년보호처분 중 가장 중한 것이 장기 소년원 송치인데, 그 기간은 2년을 초과할 수 없다(「소년법」 제33조 ⑥항).

7. 그렇다.

죄를 범할 당시 18세 미만인 소년에 대하여 사형으로 처할 경우에는 15년의 유기징역으로 하므로(「소년법」 제59조), 18세인 경우는 사형이 가능하다.

/ 제16장 /

현대 형사사법절차와 법과학

(Forensic Science)

– 권창국

Ⅰ. 법과학의 기원과 발전
Ⅱ. 법과학과 형사사법절차
Ⅲ. DNA 프로파일링 및 DNA 데이터베이스
Ⅳ. 「디엔에이법」에 대한 위헌논란: Fingerprint Analogy vs. Genetic Privacy
Ⅴ. 법과학에 대한 올바른 접근과 이해

short storytelling

A, B는 2001년 12월 21일 오전 10시경, 대전 서구 둔산동 구 국민은행 충청지역본부 지하 1층 주차장에서 같은 해 12월 1일에 절취한 그랜저 승용차에 탑승하여 현금을 강취하기 위하여 은행 현금수송차를 기다리고 있었다. 현금수송차가 도착하여 지하 주차장으로 들어오자 곧 타고 있던 승용차를 이를 가로막은 뒤, 승용차에서 나오면서 위협하고자 앞서 10월 15일 대전 대덕구 비래동 골목에서 순찰 중인 경찰관으로부터 탈취한 권총을 발사하였는데, 현금수송차에 탑승하고 있던 은행직원 3인(현금출납 담당 직원, 청원경찰, 운전사) 가운데 현금출납 담당 직원이 이를 피하지 못하여 피격, 사망하였다. A, B는 현금가방을 챙겨 도주하였다. 그리고 같은 날 오후 6시경 범행 장소에서 300m 떨어진 상가 건물 지하주차장에서 이들이 사용한 승용차가 발견되었는데, A, B는 이곳에서 차량을 바꿔타고 도주하였다.

'대전 국민은행 강도사건'으로 지칭되는 이 사건에 대하여 경찰은 충남지방경찰청에 수사본부를 설치하고 사건 발생 직후부터 방대한 경찰력을 동원하여 강도 높은 수사를 진행하였고, 이 과정에서 현역군인을 포함한 3인을 유력한 용의자로 특정, 검거하였으나 범행에 사용한 권총 등 명확한 물증을 확보하지 못한 것은 물론 구속영장실질심사 과정에서 강압수사에 따른 허위자백이 있었음이 드러나 이들을 석방하였다. 결국 범인들을 특정하기 위한 어떠한 단서도 확보하지 못한 상태로 수사는 난항에 빠지게 되었고, 결국 장시간의 수사에도 불구하고 범인을 검거하지 못하고, 2011년 12월부로 대전지방경찰청 중요미제사건 전담수사팀으로 사건이 인계되었다(한편, 2015년 7월 살인사건이 공소시효를 폐지하는 내용의 「형사소송법」 개정이 있게 된다. 「형사소송법」 제253조의2).

그러던 중, 2017년 10월 DNA 데이터베이스를 운영하는 국립과학수사연구원(이하 국과수)으로부터 2015년 충북 소재 불법게임장 수사과정에서 현장에서 획득한 유류물에서 검출된 DNA 프로파일과 대전 국민은행 강도사건에서 범인들이 유기한 차량에서 획득한 마스크와 손수건에서 검출된 범인의 것으로 추정되는 DNA 프로파일이 일치한다는 감정결과가 회신되었다. 이를 토대로 게임장에 출입했을 가능성이 있는 약 1만 5천 명을 대상으로 범행 연관성을 확인하는 과정에서 2022년 8월 B가 검거되었고, 이어 B의 자백으로 토대로 A도 검거되었다. 이후 A, B는 강도살인혐의로 기소되어 제1심에서 각기 무기징역과 징역 20년형이 선고되었고(대전지방법원 2023. 2. 17. 선고 2022고합377, 2023전고2 판결) 이어진 항소심에서 A는 권총을 발사한 것은 자신이 아닌 B라고 주장하여 범죄사실의 일부를 부인하여 다투었으나 항소심은 이를 받아들이지 않고, 오히려 제1심에서 징역 20년형이 선고된 B에 대하여 양형상 유리한 정상보다 불리한 정상이 많음을 이유로 원심을 파기 A와 같이 무기징역을 선고하였다(대전고등법원 제1형사부 2023. 8. 18. 선고 2023노147 판결).

이 사건 여타 장기 미제사건 해결의 출발점이 되기도 하였다. 이 사건 이후 2003년 1월 대전 은행동, 같은 9월 태평동에서 각기 현금탈취 강도사건이 있었는데, 피고인 A가 동 사건을 본인의 범행으로 자백하였다. 또한 2002년 9월 20일 전북 전주시 덕진구 금암2동 파출소에서 발생한 경찰관 살해 및 총기탈취 사건('백선기 경사 피살사건')과 관련하여, 피고인 A가 공범인 B가 경찰관을 살해하고 총기를 탈취하였고, 총기가 보관된 위치를 제보하였는데, 이 제보로 탈취된 총기를 회수함으로써, 그간 장기 미제사건으로 남은 이 사건도 피고인 B의 단독범행으로 밝혀짐으로써 마침내 해결되었다.

〈그림 16-1〉 **대전 국민은행 강도 사건 및 백경사 피살사건**

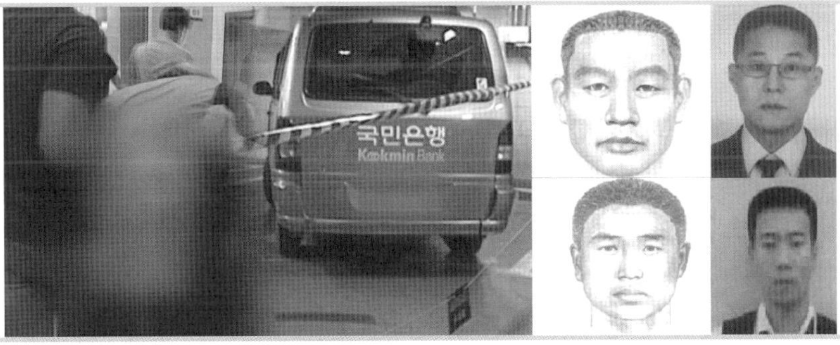

출처 및 상세 설명: 연합뉴스, 대전 은행강도살인 이승만 2심도 사형 구형… "총 내가 안 쏴", 2023. 6. 21, https://www.yna.co.kr/view/AKR20230621114700063?input=1195m

출처 및 상세 설명: 중앙일보, 21년 전 '파출소 백경사 살인'… 진범은 '권총 은행강도' 이정학, 2023. 6. 22, https://www.joongang.co.kr/article/25171747

I 법과학의 기원과 발전

법과학을 의미하는 'forensic'은 광장을 뜻하는 라틴어 'forum'을 어원으로 한다. 고대 로마에서 광장은 많은 사람들이 모이는 장소로 상업적 활동은 물론 공연이나 집회 등이 이루어지는 문화적 공간이기도 하였지만, 형사재판을 포함하여 공개된 가운데 재판이 이루어지는 장소이기도 하였다. 이를 이유로, forum은 토론회를 지칭하기도 하지만 '법정' 또는 '법정에서 사실인정 여부를 다투기 위한 법정 기술 또는 기법'을 의미하는 단어로도 사용된다. 나아가 근대에 들어서면서, 자연과학의 비약적 발전을 배경으로 합리적 사실인정을 위하여 활용되는 과학적 방법에 기초한 수단 또는 기법을 의미하게 되면서, 현재와 같이 법 과학 또는 과학적 증거를 의미하게 되었다(forensic or scientific evidence).

법과학의 기원은 중세 이전으로 거슬러 꽤 오래전의 시점에서 확인할 수 있다. 중국에서는 이미 3세기경 의학적 지식을 이용하여 민·형사사건을 해결하였다. 6세기에는 최초의 법의학 논문집이라 할 수 있는 명원세록(明怨洗錄)이 나오고, 1247년에는 최초의 법의학 교과서로 세원록(洗怨錄) 또는 세원집록(洗怨集錄)이 출간되었다. 특히 1303년 출간된 무원록(無怨錄)은 당시 고려와 일본에 전달되어 법의학 발전에 중요한 기초를 제공하기도 하였다. 서구 사회에서도 법과학은 고대로부터 존재하고 계속 발전하였다. 가령, 범죄 수사를 소재로 한 영미 드라마나 영화에 등장하는 '검시관 제도(coroner system)'는 9세기경 영국에서 시작되었다.

[Box 16.1] 송자(宋慈, 1186~1249)의 세원집록

남송의 관리로 1217년 과거시험에 합격하고 주로 사법관으로 활동하였다. 당시 관리들의 부정부패로 인하여 많은 형사사건에서 사실이 왜곡되고 무고한 사람이 처벌받거나 살해된 피해자가 자살로 둔갑하는 사례 등이 빈발하였다. 송자는 철저한 현장 조사와 분석으로 사건의 진상을 밝히고 억울한 누명을 해소하여 많은 칭송을 받았다. 1247년 자신의 경험에 근거하여 법의학 교과서인 세원집록(洗冤集錄)을 남기고 2년 뒤 사망하였다. 법의학의 선구자로 지칭된다.

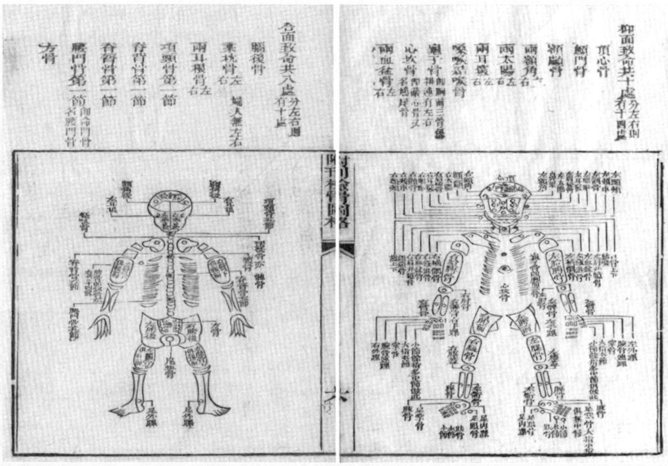

출처 및 상세 설명: 과학 수사의 시작 세원집록, https://tv.nate.com/clip/2163173?f=mnate

근대적 법과학의 발전은 자연과학의 발전에 따라 범죄 현상을 과학적 방법론을 통해 해명하려는 실증주의 범죄학의 등장으로부터 촉발되었다. 당시 서구 유럽 각국은 초기 자본주의와 더불어 산업화, 도시화로 대표되는 사회적 변화에 수반하여 도시에의 인구집중과 저소득 노동자 계층의 증가에 따른 슬럼화, 빈부 격차 등 열악한 환경에 따른 사회 갈등의 격화와 함께 급격한 범죄 증가, 특히 재범률 상승을 경험하게 된다. 이에 따라 상습적 범죄자에 대한 관심이 고조되면서 기존 베카리아류의 고전주의 범죄이론에 기초한 기존 형사사법제도를 개선할 필요성을 점차 인식되었다. 이 과정에서 자연과학의 발전에 따른 영향으로 과학적 방법론을 통해 범죄 현상을 해명하려는 시도가 이루어졌고, 그 결과 롬브로조 등의 범죄생물학, 범죄인류학으로 대표되는 실증주의 범죄이론 및 특별예방론적 형벌이론이 주목을 받게 되었다. 나아가 범죄자 분류와 상습적 범죄자에 대한 특별한 제재와 개별처우 등이 강조되면서 형사사법제도의 개혁이 시도되었다.

〈그림 16-2〉 법과학 발전사 개관

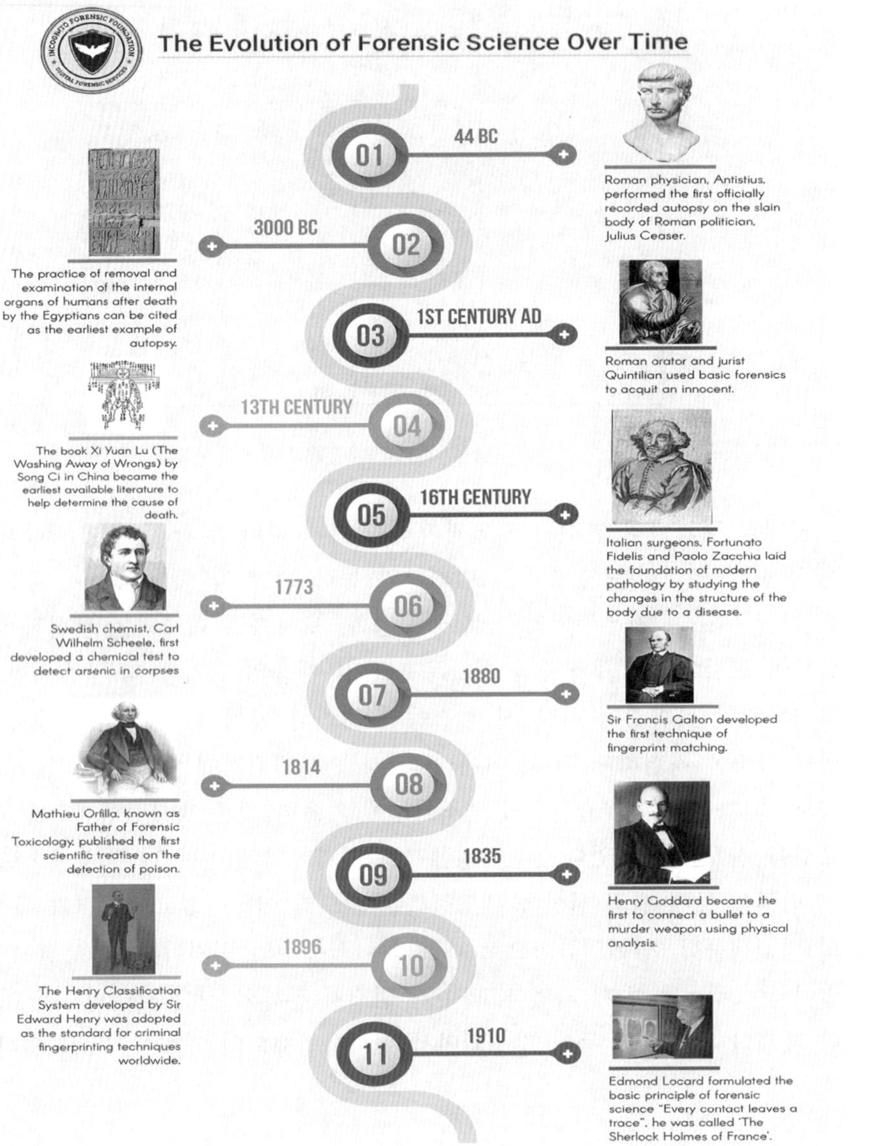

출처 및 상세 설명: Exploring the History of Forensic Science through the ages, https://ifflab.org/history-of-forensic-science/

범죄자 분류, 개별처우 등의 강조는 자연스럽게 보다 정교한 개인식별법(individual identification system)을 요구하게 되었다. 처음에는 범죄자 신원 등 인적 사항과 범죄경력 등을 기재한 서류에 의하였다. 가령, 1797년 뉴욕 그리니치빌리지 뉴 게이트 교도소에서는 1803년에 이르기까지 이름, 생년월일, 머리 색, 신장, 출신지, 유죄판결이 확정된 법원의 판사 등 관련 기록을 서면화하여 재소자를 관리하였고, 필라델피아, 펜실베이니아 교도소에서도 이와 유사한 기결수등록제도가 활용되었다(registration system for the convicted).

서면 기록에 의한 '형식적 개인식별법'의 경우, 기록멸실, 위·변조, 오기 등의 취약성에 따른 한계가 노출되면서 보다 신뢰할 수 있는 개인식별법이 요청되었고, 1800년대 중반 이미 보편화된 사진과 더불어 범죄생물학, 범죄인류학 등에 기초하여 계량화된 인간의 신체적 특징을 활용한 '실질적 개인식별법'이 고안되었다. 그 최초가 바로 1888년 프랑스 경찰관이었던 알폰소 베르티옹(Alphonse Bertillon)이 고안한 '베르티옹식 신체측정법(bertillionage or bertillion system)'이다.

〈그림 16-3〉 **알폰소 베르티옹과 베르티옹식 신체측정법**

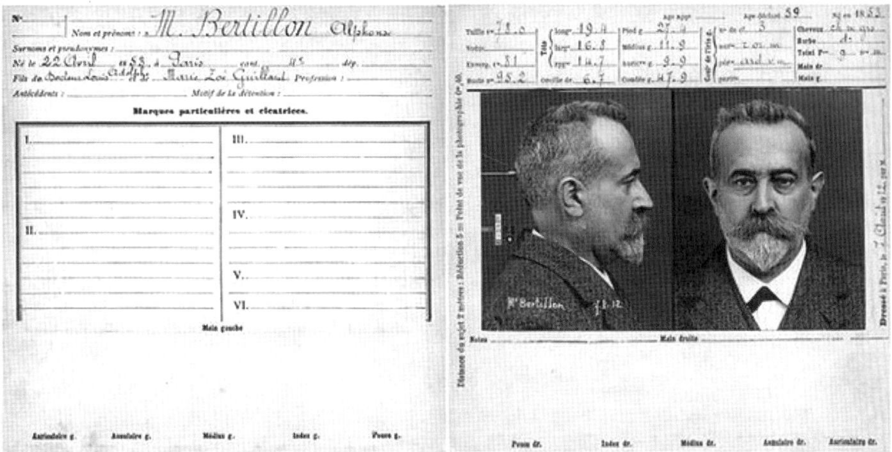

출처: Vancouver Police Museum, "The impact of Alphonse Bertillon's Work om Criminology and Modern Day Criminal Documentation", Jul 6, 2020.
https://www.vancouverpolicemuseum.ca/post/the-impact-of-alphonse-bertillon-s-work-on-criminology-and-modern-day-criminal-documentation

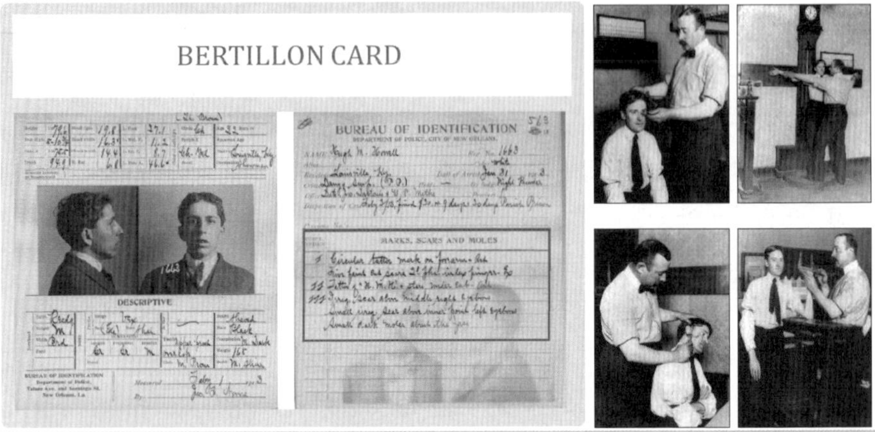

출처 및 상세 설명: ANTHROPOMETRY THE WORLD BEFORE FINGERPRINTS ALPHONSE BERTILLON(April 23, 1853—February 13, 1914) was a French law enforcement officer and biometrics, https://slideplayer.com/slide/7248203/

베르티옹식 신체측정법은 범죄경력자 관리나 수사에 활용하기에는 대단히 복잡하고 불편할 뿐만 아니라, 1901년 미국 리벤워스 교도소에서 발생한 윌 웨스트(Will West) 사건에서 볼 수 있듯이 부정확한 식별력으로 곧 한계가 드러나면서, 1800년대 후반에 등장한 지문법(fingerprint)으로 대체되었다. 지문법은 지금까지도 여전히 사용되고 있는데, 1960년대에 들어서면서 미 연방수사국 주도로 컴퓨터 알고리즘을 이용한 '자동지문검색시스템(AFIS, automatic fingerprint identification system)'의 개발을 통해 획기적으로 발전하는데, 1990년대 이후 거의 모든 국가의 수사기관에 보급되면서 보편적으로 활용되고 있다.

〈그림 16-4〉 윌 웨스트 사건(Will West case)

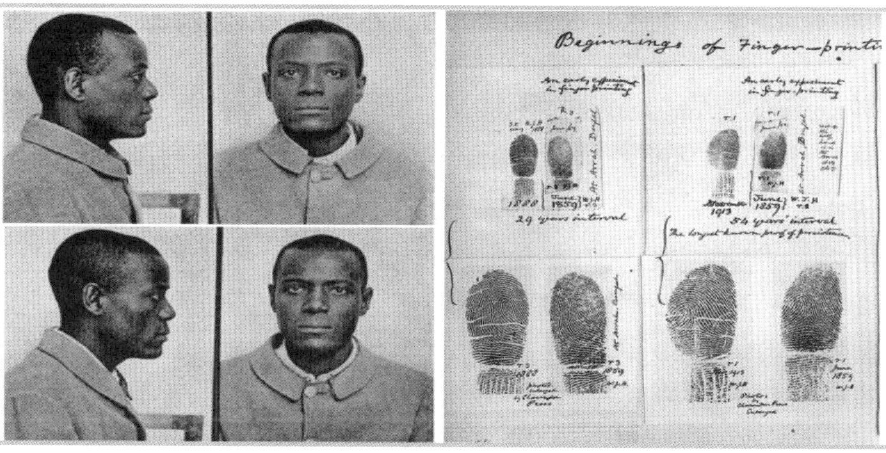

출처 및 상세 설명: Will and William West conundrum: How two unrelated but identical inmates showed need for fingerprinting https://www.thevintagenews.com/2017/09/29/will-and-william-west-conundrum-how-two-unrelated-but-identical-inmates-showed-need-for-fingerprinting/?Exc_D_LessThanPoint002_p1=1; The Will and William West case: The identical inmates that showed the need for fingerprinting, 1903, https://rarehistoricalphotos.com/will-william-west-case-fingerprints/

한편, 1940~50년대 전자현미경의 개발에 따른 분자생물학의 발전은 1980년대 중반 DNA를 구성하는 염기배열에 개체 간 다형성(Polymorphism)의 확인으로 이어지면서 법 과학의 일대 혁신이 일어나게 되었다. 이것이 앞서 스토리 텔링에서도 언급된 'DNA 프로파일'로 초기에는 '유전자 지문(DNA Fingerprint)'으로 불리기도 하였다. 최근 범죄 수법 역시 고도화됨에 따라 지문 등 기존 수사기법의 활용가치가 점차 떨어지고 있지만, 미세증거 수집과 분석기술 향상, 데이터베이스화와 연결되면서 DNA 프로파일의 활용 가치는 상대적으로 높아지고 있다.

범죄 수사 등에서 법과학은 범인의 특정(criminal identification)과 범행 재구성(crime reconstruction)에 주로 집중하게 됨으로써 일반적으로 개인식별 부분에 시선이 집중되지만, 사실 여기에 한정되지 않고 극히 범위를 망라한다.

다양한 법과학적 분석기법이나 증거도 세대 구분이 가능하다. 지문 등 ㉠ 1세대 유형(1st generation of forensic technology)은 그 활용이 특정 목적 또는 범죄유형으로 제한되고, 배경 이론 등에 대한 학술적 분석과 검증이 전제되지 않고, 다수의 실무 활용사례 축적에 따른 경험적 검증이나 유효성 평가에 기초하는 예가 많다. 또한 분석자 개인의 기술적 완성도에 따른 영향을 많이 받고, 배경 이론과 분석기법 등도 상대적으로 단순하다. 통상 피의자가 특정된 후, 범행 또는 범인과의 관련 여부에 대한 정황적 증거로 활용되며, 이들 증거에서 산출되는 정보의 양·질 모두 제한적이다. 가령, 범죄 현장에서 확보된 지문은 단순히 비교 대상인 피의자와 범인의 이동 여부만 식별할 뿐, 인구사회학적 특징 등 범인과 관련하여 상세한 정보는 대부분 직접 제공해주지 못한다.

반면, DNA 프로파일링 등 ㉡ 2세대 유형(2nd generation of forensic technology)은 거의 모든 유형의 범죄 사건에 활용될 수 있고, 객관적 검증이 가능한 체계적인 배경 이론과 표준화된 분석기법과 절차 등이 확립되어 있다. 또한 대부분 정황증거로서의 가치에 한정되는 지문 등과 달리 DNA 증거만으로 유죄 인정이 가능한 사례(cold-hits case)에서 볼 수 있듯이 통상 매우 강력한 증명력을 내포한다. 특히 2세대 유형의 법 과학적 분석기법과 증거들은 ㉢ 컴퓨터, IT, GIS 등 대량의 데이터 집중, 가공과 연결되어 이전 세대에서는 제공될 수 없던 다양한 정보를 제공함으로써, 단순히 수사기법으로서 범죄에 대한 사후적 대응만이(reactive response) 아니라 통계 분석 등 예측기법과 결합하여 잠재적 범죄자에 대한 감시 등에 의한 범죄 예방처럼, 선제적 대응(proactive response)도 가능한 형태로 진화하고 있다(3세대 유형, 3rd generation of forensic technology).

II 법과학과 형사사법절차

올바른 법률적 판단은 정확한 사실인정에 기초한다. 따라서 객관적, 합리적 사실인정은 극히 중요하며, 특히 형벌권의 행사를 위한 형사사법절차에서는 그 중요성이 더욱 배가 된다.

그러나 형사사법 실무에서 객관적, 합리적 사실인정이 항상 존중되고, 중요한 가치로 인식되는가? 애석하지만 현재에도 자백을 강요하는 등 강압적이고 반인권적 수사로 인한 오판 사례는 여전히 발생하고 있다.

[Box 16.2] 자백 획득을 위한 강압수사로 인한 오판: 약촌 오거리 택시강도 사건

2000년 8월 10일 새벽 2시경 전북 익산 약촌 오거리에서 오토바이를 몰고 가던 C는(당시 15세) 부근을 지나던 택시 앞으로 끼어들었고, 이게 격분한 택시 기사 Y씨와 시비 끝에 오토바이 사물함에 있던 흉기로 Y씨를 수 회 찔러 살해한 혐의로 기소 되었다. 피해자 Y씨는 폐동맥까지 손상된 상태에서 심한 출혈로 현장에서 사망하였다. 당초 C는 사건의 목격자였으나, 경찰 수사에서 범인으로 지목되어 위의 공소사실로 기소되고, 1심에서 징역 15년, 항소심에서 10년형을 선고받아 형이 확정되어 형 복역 후, 2010년 만기 출소하였다.
그러나 2003년 다른 택시강도 사건의 용의자 A가 진범이라는 첩보가 경찰에 입수되어 재수사 과정에서 A의 자백이 획득되자, C가 진범이 아닐 수 있다는 의문이 제기되었다. 아울러, 범행 시간에 근접하여 C가 친구와 통화한 핸드폰 통화기록, C가 택시에 끼어들었다면 당연히 있어야 할 급정차 없이 완만히 주행하여 정차한 것으로 나타난 피해자 Y 택시의 주행 기록, Y에 대한 법의학적 기록 등과 일치하지 않는 C의 범행 재현 시 설명, 범행 당시 사용했다는 흉기와 입었던 옷 어디에서도 C의 혈흔이 발견되지 않은 점, 보다 결정적으로는 사건 발생 당시 부근에서 Y의 택시는 보았으나 오토바이는 보지 못했다는 목격자의 일관된 진술 등, C가 범인이 아니라는 사실을 입증하는 증거들이 확인되었다. 또한 유죄 입증에 결정적이었던 수사 과정에서 획득된 C의 자백이 경찰관의 폭행 등 강압적 수사를 통해 획득된 점이 밝혀지면서 오판 가능성이 강하게 의심되었다.
결국 이 사건에 대한 재심청구가 이루어지고, 2015년 6월 22일 광주고등법원에서 재심개시 결정이 이루어졌다. 재심개시 결정에 대한 검찰의 즉시항고는 대법원에서 기각되어 재심개시가 확정되었고, 2016년 광주고등법원 제1형사부에서 진행된 재심공판에서 C에 대한 결국 무죄판결이 선고, 확정되었다. 아울러, 진범에 대하여 수사와 기소가 이어지면서 2018년 7월 대법원의 상고기각으로 15년형이 확정되면서 이 사건은 최종 종결되었다.

오판 사례는 대부분은 자백 등에 지나친 의존으로부터 야기되는 강압적 수사에 기인한다. 이러한 오판 원인을 해결하기 위하여 강압적 수사의 근절과 동시에 객관적 물증 확보와 분석을 중심으로 하는 '수사 및 사실인정 절차의 객관화'가 변화가 필요한데, 법과학적 분석기법과 증거 활용의 강조는 이를 배경으로 한다.

한편, 법과학적 분석기법과 이를 통해 획득된 증거는 여타 증거와 비교하여 법관 등 사실판단주체에게 강력하고 신뢰할 수 있는 설명력을 제공한다. 법과학적 증거의 강력한 설명적 가치는 배경 원리나 이론, 분석기법의 신뢰성, 수립된 표준적 분석 절차의 준수, 감정인의 적격성 등 제 조건의 충족을 전제로 한다. 만일 이들 조건이 충족되지 않으면 사이비 과학(Junk Science)으로 그 증거는 허용될 수 없다.

법과학적 증거가 허용되기 위한 요건(admissibility of forensic evidence)으로 영미법

에서는, ㉠ 당해 증거가 근거하는 이론, 분석기술 등에 대한 관련 전문가 집단으로부터 일반적 승인 또는 지지를 받고 있는지 여부를 기준으로 결정할 수 있다는 견해(일반적 승인원칙, general acceptance theory or Frye test, Frye v. United States, 54 App. D.C. 46, 293 F. 1013, 1923), ㉡ 증거가 갖는 설명적 가치와 그 증거로부터 야기될 수 있는 쟁점혼란, 소송지연, 당사자 간 불의의 타격 등 부정적 효과를 비교형량하여 설명적 가치가 월등히 우월한 경우, 증거능력을 인정할 수 있다는 견해(관련성 접근방식, relevancy approach), 마지막으로 ㉢ 법과학적 분석결과에 대한 검증가능성 및 검정여부, 타 전문가 집단에 의한 검토를 거쳤는지 여부, 잠재적 오류의 개재 가능성, 표준적 분석기법의 수립과 그 준수 여부, 관련 전문가집단이나 학계로부터의 광범위한 지지를 받고 있는지 여부를 종합적으로 고려하여 판단할 수 있다는 견해(Daubert test, William Daubert v. Merrel Dow Pharmaceutical Inc., 509 U.S. 579, 1993) 등이 제기되고 있다. 미국에서는 1993년 의약품 부작용과 관련 손해배상사건에서 미 연방대법원이 Daubert test를 제시하면서, Daubert test가 현재 각 주 및 연방하급심 판례에서 주류적 판단기준으로 정착되었다. 종래 대법원 판례는 과거 거짓말탐지기 검사결과에 대하여 관련성 접근방식과 유사한 기준에 의하여 거짓말탐지기 검사결의 증거능력을 부정하였는데(대법원 2005. 5. 26. 선고 2005도130 판결 등), 2007년 DNA 프로파일이 문제된 사례에서 대법원은 Daubert Test에 근접한 기준에 따라 법과학적 증거의 증명력을 판단한 바 있다.

[Box 16.3] 법과학적 증거와 검사의 객관의무

C는 야간에 피해자들의 집에 침입하여 금품을 강취하고 강간하였다는 수건의 범죄사실로 기소되어 제1심에서 유죄가 인정되었으나, 항소심은 범죄사실에 대한 증명이 없다는 이유로 무죄판결을 선고하였다. 검사의 상고가 기각되고, 결국 무죄판결이 확정되었다.

제1심이 피고인을 유죄로 판단한 결정적 근거는 C를 범인으로 지목한 피해자들의 목격진술이었다. 한편, 경찰수사에서 피해자 중 1인으로부터 범인의 정액 등 분비물이 묻은 팬티가 증거물로 확보되었는데, 최초 혈액형 분석결과 C의 혈액형과 다른 O형으로 판독되었다. 보다 정확한 식별을 위하여 이후 DNA 프로파일이 분석되었는데, 증거물인 팬티에서 확인된 DNA와 C의 DNA가 서로 불일치할 것뿐만 아니라, 피해자 남편의 DNA와도 일치하지 않는 것으로 판명되었다. 사건이 검찰이 송치된 후, 위 감정결과가 회신되었고 경찰은 검찰에 이를 추송하였으나, 이를 수사기록에 편철하지 않고 피해자들에 대한 보강수사와 C에 대한 피의자신문을 종료한 상태에서 그대로 기소하였다.

C는 무죄를 입증하는 결정적 증거인 DNA 분석결과를 무시하고 의도적으로 법원에 증거로

제출하지 않은 것은 검사의 공정의무 위배되는 것으로 검사의 공소제기 및 유지의 위법을 주장하여 국가를 상대로 손해배상을 제기하였다. 원심은 검사의 공소제기 및 유지가 모두 위법한 것으로 판단, 국가배상책임을 인정하였으나, 상고심은 공소제기 시, 검사가 DNA 분석결과를 인지한 것으로 보기 어려웠던 점에서 검사의 공소제기는 위법하지 않지만, 이후 공소유지를 위법한 것으로 판단하였다.

대법원 2002.02.22. 선고 2001다23447 판결. 「검찰청법 제4조 제1항은 검사는 공익의 대표자로서 범죄수사 · 공소제기와 그 유지에 관한 사항 및 법원에 대한 법령의 정당한 적용의 청구 등의 직무와 권한을 가진다고 규정하고, 같은 조 제2항은 검사는 그 직무를 수행함에 있어 그 부여된 권한을 남용하여서는 아니된다고 규정하고 있을 뿐 아니라, 형사소송법 제424조는 검사는 피고인을 위하여 재심을 청구할 수 있다고 규정하고 있고, 검사는 피고인의 이익을 위하여 항소할 수 있다고 해석되므로 검사는 공익의 대표자로서 실체적 진실에 입각한 국가 형벌권의 실현을 위하여 공소제기와 유지를 할 의무뿐만 아니라 그 과정에서 피고인의 정당한 이익을 옹호하여야 할 의무를 진다고 할 것이고, 따라서 검사가 수사 및 공판과정에서 피고인에게 유리한 증거를 발견하게 되었다면 피고인의 이익을 위하여 이를 법원에 제출하여야 한다.

원심이 적법하게 인정한 바와 같이, 검사는 원고 1을 기소한 후인 1996. 12. 30. 무렵 경찰을 통하여 정액 양성반응을 보인 피해자 1의 팬티에서 검출된 유전자형은 원고 1이나 그 피해자의 남편의 유전자형과 일치하지 않을 뿐 아니라, 그 피해자의 유전자형과도 일치하지 않는다는 국립과학수사연구소의 감정서를 입수하게 되었다는 것이다. 그런데 기록에 의한즉, 피해자 1은 범인이 자신의 팬티를 칼로 찢은 후 강간하였는데 당시 범인이 사정을 한 것 같다고 진술하고 있고, 그 피해자가 피해를 당한 그 날 바로 그 피해자의 팬티가 경찰에 압수되었으며, 그 팬티에 정액으로 보이는 얼룩이 있어 경찰이 국립과학수사연구소에 그 팬티에 대한 감정을 의뢰하였음을 알 수 있다.

그와 같은 피해자 1의 피해경위에 관한 진술과 그 피해자의 팬티의 압수 및 감정의뢰 경위 등을 감안할 때, 피해자 1의 팬티에 묻은 얼룩에서 검출된 남자의 유전자형이 원고 1 및 그 피해자의 남편의 그것과 다를 뿐 아니라 피해자의 그것과도 다르다는 감정 결과는 제3의 범인의 존재를 강력하게 시사하는 것으로서, 원고 1이 범행을 강력하게 부인하고 있고 피해자들도 범인의 얼굴을 정확하게 보지 못한 이 사건에서는 원고 1의 무죄를 입증할 수 있는 결정적인 증거에 해당한다고 보이므로, 검사가 그 감정서를 법정에 제출하지 아니함으로써 제1심법원이 원고 1에 대하여 일부 유죄를 인정하여 징역 15년의 형을 선고하게 하고, 항소심에서도 그 감정서를 제출하지 아니하여 항소심법원이 국립과학수사연구소에 직접 사실조회를 하여 비로소 위와 같은 감정 결과가 나온 사실을 알고서 그 원고에게 무죄판결을 선고하도록 하였으니, 검사는 공판과정에서 피고인인 원고 1에게 결정적으로 유리한 증거를 입수하고도 이를 법원에 제출하지 아니하고 은폐한 것으로서 그와 같은 검사의 행위는 도저히 그의 합리성을 긍정할 수 없는 정도에 이르러 위법할 뿐 아니라, 평균적인 검사의 주의력을 기준으로 한다고 하더라도 검사가 그와 같은 감정서를 법정에 제출하지 아니한 데에는 과실이 있다고 할 것이다.」

[Box 16.4] 법과학적 증거의 증명력 판단

대법원 2007.05.10. 선고 2007도1950 판결. 「경찰은 공소외 1에 대한 특수강간미수 등의 범행이 있은 직후 공소외 1로부터 범인의 정액이 묻어있는 옷을 제출받아 국립과학수사연구소에 유전자감정을 의뢰한 사실, 경찰은 피고인이 위 사건의 범인과 동일인인지 여부를 확인하기 위하여 피고인의 모발 및 타액에 대하여도 국립과학수사연구소에 유전자감정을 의뢰하였는데, DNA분석 결과 피고인의 유전자형이 범인의 그것과 상이하다는 감정 결과가 제1심법원에 제출된 사실을 인정할 수 있다.

그런데 DNA분석을 통한 유전자검사 결과는 충분한 전문적인 지식과 경험을 지닌 감정인이 적절하게 관리·보존된 감정자료에 대하여 일반적으로 확립된 표준적인 검사기법을 활용하여 감정을 실행하고, 그 결과의 분석이 적정한 절차를 통하여 수행되었음이 인정되는 이상 높은 신뢰성을 지닌다 할 것이고, 특히 유전자형이 다르면 동일인이 아니라고 확신할 수 있다는 유전자감정 분야에서 일반적으로 승인된 전문지식에 비추어 볼 때, 위와 같은 감정 결과는 피고인의 무죄를 입증할 수 있는 유력한 증거에 해당한다고 할 것이므로, 이 부분 공소사실은 합리적인 의심을 할 여지가 없을 정도로 입증되었다고 볼 수 없다.

따라서 원심으로서는 위의 각 감정을 시행함에 있어 감정인이 충분한 자격을 갖추지 못하였다거나, 감정자료의 관리·보존상태 또는 검사방법이 적절하지 못하다거나, 그 결론 도출과정이 합리적이지 못하다거나 혹은 감정 결과 자체에 모순점이 있다는 등으로 그 감정 결과의 신뢰성을 의심할 만한 다른 사정이 있는지에 관하여 심리하여 본 다음 피고인의 범행 여부를 판단하였어야 할 것임에도, 이에 관하여 아무런 심리 및 판단을 하지 아니하였다. …(중략)… 그럼에도 불구하고, 원심이 위 피해자들의 진술을 그대로 받아들여 피고인에 대한 이 사건 공소사실 중 피해자 공소외 1에 대한 특수강간미수 및 특수강도의 점, 피해자 공소외 2에 대한 강도치상의 점도 모두 그 증명이 있다고 본 제1심판결을 유지하고, 이 부분 공소사실에 대하여 피고인에게 유죄를 선고한 것은, 증거의 증명력을 판단함에 있어 경험칙과 논리법칙에 어긋나는 판단을 함으로써 자유심증주의에 관한 법리를 오해하거나 심리미진 또는 채증법칙 위배로 인하여 판결 결과에 영향을 미친 위법이 있다고 할 것이므로, 이러한 취지를 담은 상고이유의 주장은 이유 있다.」

[Box 16.5] 미 연방대법원의 Daubert test

William Daubert v. Merrel Dow Pharmaceutical Inc., 509 U.S. 579(1993). 「Frye test는 연방증거규칙의 제정에 의하여 폐기되었다는 원고 측 주장에 대하여 우리는 동의한다. 감정인에 관한 규정인 연방증거규칙 제702조의 문언상, 일반적 승인이 허용성의 절대적 요건이라고 할 수는 없다. …(중략)… 동 규칙 제정과정에 있어서도 Frye판결에 대한 언급은 없었고 또한 엄격한 일반적 승인 요건은] 동 규칙의 증거의 허용성을 완화하여 인정하는 기본적 입장과도 모순된다.…(중략)… 그러나 Frye test가 동 규칙에 언급되지 않았다고 하는 것은 동 규칙이 과학적 증거의 허용성에 대하여 어떠한 제한도 두지 않았다는 것을 의미하는 것은 아니다. …(중략)… 동 규칙 하에서 법관은 허용된 여하한 증거도 관련성뿐만이 아니라 신뢰성도 확보할 수 있도록 하여야 한다. 동 규칙 제702조에 의하면 감정인이 진술하는 내용은 과학적 지식이어야만 하는 바, 과학적이라고 하는 것은 과학적 방법이나 절차에 기반을 둔 것을 함의한다. 또한 지식이란 주관적 사고나 근거 없는 억측을 넘어선 것을 의미한다. …(중략)… 요컨대, 감정인의 진술이 과학적 지식에 근거한 것이어야만 한다는 요건은 증거로서의 신뢰성 기준에 기초한 것이라 하겠다. 연방증거규칙 제702조는 나아가 당해 증거나 진술이 사실판단주체의 증거평가나 사실인정을 도울 수 있는 것이라는 점도 요구한다. …(중략)… 이것은 요증사실과 관련하여 유효한 과학적 근거를 허용성의 요건으로 하는 것이다. 따라서 감정인에 대한 증거조사청구가 있는 경우, 법관은 이러한 2가지 요건을 판단하여야 하는데, 이러한 판단에는 진술에 기초가 된 이론이나 방법이 과학적으로 유효한가의 여부 및 그 이론이나 방법이 당해 사안에 적절하게 적용되었는지의 여부에 대한 …(중략)… 평가가 포함된다. 이러한 심사를 위하여 많은 요소가 관계하는데 즉, 이하와 같은 것이 거론될 수 있다. …(중략)… 통상, 어떠한 이론이나 기법이 사실판단주체를 도와서 과학적 지식 인지의 여부를 판단함에 있어서 검토하여야 할 주된 문제는 그 이론이나 기법이 테스트가 가능한가 또는 테스트가 되었는가의 여부 …(중략)… 또 하나의 고려사항은 그 이론이나 기법이 타 전문가에 의하여 음미되었거나 공간(公刊)되었는지의 여부이다. 공간은 … 반드시 허용성의 절대적 조건은 아니지만, …(중략)… 과학계에서 음미를 받았다는 점은 양질적 과학의 한 요소이다. …(중략)… 나아가 특정 과학적 기법에 대하여 법원은 통상, 오류발생 또는 발생가능성의 비율 및 당해 기법의 적용을 규제하는 기준의 존부 및 그 정비 상황을 고려하여야 한다. …(중략)… 광범위한 승인은 당해 증거에 허용성을 인정함에 있어서의 하나의 중요한 요소가 될 수 있다. …(중략)… 연방증거규칙 제702조가 예정하는 심사는 유연한 것이다. 여기에서 가장 중요한 문제는 당해 감정인 진술의 기초가 되는 원리의 과학적 유효성 – 즉, 그러한 증거로서의 관련성과 신뢰성이다. 물론, 초점은 원리와 방법에 집중되어야 하는 것으로, 그러한 원리와 방법이 창출한 결과에 집중되어야하는 것은 아니다.」

Ⅲ DNA 프로파일링 및 DNA 데이터베이스

DNA 프로파일이 최초로 범죄수사에 활용된 것은 1986년 영국에서 발생한 2건의 강간살인사건(Colin Pitchfork case)에서 이다. 첫 번째 사건은 1983년에 발생하였고, 두 번째 사건은 1986년에 발생하였는데, 모두 15세 여성 피해자를 강간살해하였다. 범죄현장에서 획득된 유류증거로 부터 범인의 혈액형 등이 확인되었고, 목격진술 등과 근거하여 학습장애를 갖고 있던 17세 소년이 범인으로 지목되어 체포되었다. 그러나 첫 번째 사건에 대하여는 자백하였지만 두 번째 사건은 부인하면서, 수사는 난항을 겪게 되었다. 1985년 레스터 대학 분자생물학자인 Alec Jefferys가 우연히 DNA의 일부 구간의 염기배열에 다형성(polymorphism)을 확인하면서, 이를 개인식별 등 법과학적 목적으로 활용할 수 있는 가능성을 열어 놓게 되었는데, 때마침 발생한 이 사건에 최초로 활용된 것이다. 먼저 사건이 발생한 지역을 중심으로 인근주민 중 일정 연령대의 남성 약 5,500명에 대한 DNA 시료를 제공받아 분석하였으나(DNA Dragnet) 범인은 확인되지 않았다. 그러나 우연히 Colin Pitchfork라는 남성이 자신의 DNA 시료를 제출하지 않고, 다른 사람으로 하여금 대리 제출하도록 한 정황이 확인되자 이를 계기로 체포하였다. 결국 Colin Pitchfork는 2건의 강간살인사건에 대하여 자백하고, 공판절차에서 유죄가 인정됨으로써 사건이 종결되었다. DNA 프로파일이 피고인의 유죄를 인정하는 결정적 증거로 활용된 사례는 곧바로 미국에서 등장하게 되었다. 1988년 미국 플로리다 주에서 발생한 강간살인 사건에서 최초로 법원이 DNA 프로파일 분석 감정결과를 증거로 허용할 수 있다고 판시하였다(Andrews v. Florida, 533 So. 2d 841, Fla. App.).

한편, DNA 프로파일 분석기법이 개발된 초기부터 마치 지문과 같이 범죄자들의 DNA 프로파일을 미리 데이터베이스화함으로써 보다 효과적인 수사가 가능하고 부가적으로 재범위험성이 높은 잠재적 범죄자들에 대한 재범억제와 범죄예방효과를 기대할 수 있다는 설명에 기초하여 DNA 데이터베이스 구축이 제안되었다. 1988년 미국 버지니아 주가 세계 최초로 DNA 데이터베이스를 구축하였고, 미 연방정부 차원에서도 1994년 CODIS(Combined DNA Index System)가 구축되면서 DNA 데이터베이스가 운영되기 시작하였다. 이후 영국이 1995년(NDNAD, National DNA Database), 독일이 1998년(DAD, DNA Analyse Datei), 프랑스가 1998년(실질적으로는 2001년임. FNAEG, Fichier National Automatisé des Empreintes Génétiques) 등 대부분 국가에서 2000년대 초반 전후로 한 시점에서 DNA 데이터베이스를 구축, 운용하기 시작하였다. 2016년 국제형사경찰기구(international criminal police organization, ICPO)의 조사결과에 의하면, DNA 프로파일링을 범죄수사에 활용하는 회원국은 전체 127개국 중 120개국, DNA 데이터베이스를 운용하고 있는 국가는 69개국에 달한다. 아울러, 2002년 이후 회원국들 간의 DNA 데이터베이스를 네트워크 화하여 프로파일 정보의 상호 교환, 검색에 활용하고 있는데, 2020년 현재 84개국이 참가하고 이를 통해 DB화된 프로파일은 180,000건에 달한다.

DNA 프로파일 분석기법은 현대적 첨단 수사기법에 그치지 않고 현대 범죄수사 및 형사재판의 특징을 변모시킬 정도의 위력을 과시하고 있다. 1989년 미국에서 유죄판결 확정 후 DNA 프로파일 분석에 의한 첫 재심무죄사건이 나왔다.

이후 'innocent project'로 지칭되는 오판 가능성이 있는 다수의 사건에 대한 재심을 통해 억울하게 유죄판결이 확정된 사법 피해자에 대한 구제활동이 현재까지 지속되고 있는데, 2020년 1월 기준으로 375명이 재심절차를 거쳐 무죄판결을 받았다. 또한 innocent project는 연방 및 대부분 주 법률에 DNA 프로파일 증거에 의한 재심청구권이 명문화되는 계기가 되었다.

DNA 프로파일 분석기법은 잘 정립된 배경이론만 아니라 통계적 검정 등에 의하여 분석결과의 신뢰성이 보장되고, 표준화된 분석방법과 절차의 수립되었을 뿐만 아니라 감정인의 적격성에 대한 확립된 기준이 제시되는 등, 법 과학적 증거를 대표하게 되는데, 미 연방대법원도 법과학적 증거의 허용성을 판단하기 위한 기준으로 Daubert test를 제시하면서 이를 주요 논거로 활용하였다. 나아가 미 National Academy of Science 산하 national Research Council이 2009년에 발표한 Strengthening Forensic Science In the United States. A Path Forward(2009 NRC report)는 1993년 미 연방대법원이 제시한 Daubert Test를 계기로 지문 등 기존 법과학적 분석기법과 증거의 신뢰성에 대한 의문과 쟁점을 다루면서 문제를 해결하기 위한 대안으로 DNA 프로파일 분석기법을 신뢰할 수 있는 법과학적 증거의 표준적 모델로 참고한 바 있다.

한국은 1993년부터 DNA 프로파일링이 범죄수사에 공식적으로 활용하였고, 2010년부터 「디엔에이신원확인정보의 이용 및 보호에 관한 법률(디엔에이법)」에 근거하여 DNA 데이터베이스를 구축, 운용하고 있다. 2021년 통계자료에 의하면 국립과학수사연구소에서 이루어진 DNA 감정처리 건수는 총 232,833건을 기록하고 있다. 아울러 DNA 데이터베이스의 경우, 등록된 수형인 및 구속피의자는 총 266,221명(수형인은 193,189명, 구속피의자는 73,032명으로 인구대비로 본다면 약 0.4%에 해당), 현장증거물 프로파일은 119,225건이 등록되어 있고, 수형인과 현장증거물 데이터베이스 간 검색은 2021년 12월 31일까지 총 263,910건의 범죄현장 증거물을 검색 의뢰하여 11,487건의 수형인 신원을 확인하였고, 1,206,465명의 수형인을 검색 의뢰하여 17,828건(12,875명)의 관련 사건을 확인하였다. 그리고 구속피의자의 경우, 구속피의자 DNA 프로파일을 등록하면서 범죄현장 증거물 데이터베이스와 상호 검색하여 총 14,364건(9,956명)의 관련 사건이 확인되었고, 범죄현장 증거물 DNA 프로파일을 등록하면서 구속피의자 데이터베이스와 상호 검색한 결과, 10,519건(8,758명)의 신원이 확인된 것으로 나타난다.

현재 디엔에이법은 데이터베이스 등록대상을 18개 유형의 범죄로 한정하고 있다(동법 제5조 ①항). 범죄유형 별로 등록건수가 높은 순으로 살펴보면, 절도(49,324건), 강간 및 추행(11,351건), 폭력행위 등 처벌에 관한 법률위반 등 폭력범죄(5,124건), 강간 및 추행 외의 기타 성폭력범죄(3,139건), 방화(2,486건), 살인(2,446건), 마약류(1,230건)으로 나타나고, 데이터베이스 검색일치율이 높은 순으로 보면, 마약류가 63.5%로 가장 높고, 살인 29.1%, 강도 28.2%, 기타 성폭력과 강간 및 추행이 각기 25.2%와 21.6%, 절도 20.8%의 순으로 확인된다.

Ⅳ 디엔에이법에 대한 위헌논란: Fingerprint Analogy vs. Genetic Privacy

2014년 8월 헌법재판소는 디엔에이법에 대한 위헌법률심판청구 사건에서(헌법재판소 2014. 8. 28. 2011헌마28·106·141·156·326, 2013헌마215·360(병합)), DNA 프로파일 정보를 데이터베이스 등록하는 것은 처벌효과를 수반하지 않는 비형벌적 보안처분에 해당하여 동법 시행 전 유죄판결이 확정된 수형인 등에게 적용하여도 이는 죄형법정주의원칙상 소급효금지원칙에 위배되지 않고, 데이터베이스 등록대상 범죄경력자들의 높은 재범위험성과 데이터베이스에 기대되는 범죄예방효과를 고려할 때, 등록대상이 아닌 다른 범죄경력자와 비교할 때 제기될 수 있는 평등권 침해도 인정되지 않는다고 결정하였다. 또한 면봉을 이용한 구강점막세포 채취 등에 의한 시료채취 방법의 경우, 이에 수반되는 신체적 침해가 결코 과도하다고 할 수 없고, 등록 대상인 수형인 등의 서면동의가 있거나 동의하지 않는 경우, 법관이 발부한 사전영장에 근거하여 분석에 필요한 시료가 채취될 수 있는 점에서 헌법상 영장주의원칙이나 적법절차원칙에도 위배되지 않는다고 판단한 바 있다.

아울러, 종래 논란이 집중된 프라이버시 침해여부에 대하여, 데이터베이스화된 정보는 개인식별을 위한 최소한의 정보인 단순한 숫자에 불과하여 개인의 유전정보까지 확인하는 것은 불가능하고, 등록되는 DNA 프로파일 정보가 개인의 존엄과 인격권에 심대한 영향을 미칠 수 있는 민감한 정보라고 보기 어렵기 때문에 개인의 자기정보결정권을 심각하게 침해하지 않는다고 하였다. 데이터베이스에 등록된 DNA 프로파일 정보는 기존 지문과 유사하게 개인식별의 목적만으로 활용될 수 있는 부호화된 단편적 정보를 제공할 뿐이고, 등록대상자의 유전정보, 기타 인구사회학적 정보 등을 제공할 수 없는 점에서 프라이버시에 대한 과도한 침해로 볼 수 없다는 것이다(fingerprint analogy).

[Box 16.6] 디엔에이법에 대한 위헌법률심판 청구사건 헌법재판소결정

헌법재판소 2014. 8. 28. 2011헌마28·106·141·156·326, 2013헌마215·360(병합). 「재범의 위험성이 높은 범죄를 범한 수형인 등은 생존하는 동안 재범의 가능성이 있으므로, 디엔에이신원확인정보를 수형인등이 사망할 때까지 관리하여 범죄 수사 및 예방에 이바지하고자 하는 이 사건 삭제조항은 입법목적의 정당성과 수단의 적절성이 인정된다. 디엔에이신원확인정보는 개인식별을 위한 최소한의 정보인 단순한 숫자에 불과하여 이로부터 개인의 유전정보를 확인할 수 없는 것이어서 개인의 존엄과 인격권에 심대한 영향을 미칠 수 있는 민감한 정보라고 보기 어렵고, 디엔에이신원확인정보의 수록 후 디엔에이감식시료와 디엔에이의 즉시 폐기, 무죄 등의 판결이 확정된 경우 디엔에이신원확인정보의 삭제, 디엔에이인적관리자와 디엔에이신원확인정보담당자의 분리, 디엔에이신원확인정보데이터베이스관리위원회의 설치, 업무목적 외 디엔에이신원확인정보의 사용·제공·누설 금지 및 위반시 처벌, 데이터베이스 보안장치 등 개인정보보호에 관한 규정을 두고 있으므로 이 사건 삭제조항은 침해최소성원칙에 위배되지 않는다. 디엔에이신원확인정보를 범죄수사 등에 이용함으로써 달성할 수 있는 공익의 중요성에 비하여 청구인의 불이익이 크다고 보기 어려워 법익균형성도 갖추었다. …(중략)… 디엔에이신원확인정보의 수집·이용은 수형인 등에게 심리적 압박으로 인한 범죄예방효과를 가진다는 점에서 보안처분의 성격을 지니지만, 처벌적인 효과가 없는 비형벌적 보안처분으로서 소급입법금지원칙이 적용되지 않는다.」

[Box 16.7] 지문채취와 프라이버시 침해

헌법재판소 2004. 9. 23. 2002헌가17·18(병합). 「지문채취 그 자체가 피의자에게 주는 피해는 그리 크지 않다. 우선 지문채취는 통상의 신문과정에서 이루어질 수 있는 사생활이나 내심의 생각에 대한 조사와는 질적으로 다르므로 그 자체로 개인의 은밀한 부분에 대한 수사기관의 관여가 이루어진다고 볼 수 없다. 또한 신원확인을 위해서는 오직 한 벌의 지문만이 필요하다는 점에서 반복하여 강요함으로써 피해를 입힐 가능성도 적고, 지문날인은 짧은 시간에 손쉽게 이루어질 수 있으므로 개인의 신체에 해를 입히는 등 다른 피해가 있을 수도 없다. 반면 일단 채취된 지문은 피의자의 신원을 확인하는 효과적인 수단이 될 뿐 아니라 수사절차에서 범인을 검거하는 데에 중요한 역할을 한다. 범인이 범죄현장에 남긴 지문을 발견하고 채취하여 피의자 또는 관련자들의 지문과 대조하면 일반적으로 매우 해결하기 곤란해 보이는 사건을 간단하게 해결할 수 있는 적극적인 효과를 얻을 수 있고, 피의자의 지문이 현장의 지문과 일치하지 않는 경우 일단 수사대상에서 제외하여 수사대상을 좁히는 소

극적인 효과를 얻을 수도 있다.」

DNA 프로파일 분석 및 DNA 데이터베이스와 관련하여 헌법재판소의 접근방식은 미 연방대법원 및 독일연방헌법재판소 판례에서도 유사하게 관찰된다. 2013년 미 연방대법원은 피체포자에 대한 DNA 시료제공 강제와 데이터베이스 등록을 규정한 메릴랜드 주 법률을 합헌으로 판시한 바 있다(Maryland v. King, 569 U.S. 435, 2013). 중범죄혐의(1, 2급 상해혐의)로 체포된 피의자의 DNA 프로파일을 데이터베이스화하도록 한 메릴랜드 주 법률과 관련한 사례로, 상해혐의로 체포된 피의자의 DNA 프로파일을 데이터베이스 자료와 대조하면서 과거 미결사건인 강간살인사건 용의자와 일치하는 것이 확인되었다. 미 연방대법원은 프로파일 분석에 필요한 시료채취는 체포, 수감된 피의자에 대한 사진촬영이나 지문채취와 같이 통상적인 신원확인에 필요한 절차(legitimate police booking procedure)에 불과하고, 시료획득 시 발생할 수 있는 신체적 침해 역시 극히 경미한 것은 물론 이미 영장 등 체포에 필요한 충분한 범죄혐의 및 기타 요건이 갖추어진 상태로, 피의자 신원확인 및 수사를 위해 DNA 프로파일에 의한 개인식별은 중요하고 필요한 수사방법으로 볼 수 있다고 판시하였다. 나아가 초동수사에서부터 무고한 피체포자에 대한 혐의해소는 물론 폭력적 중범죄자로부터 사회를 보호할 수 있는 효과적 수단이 될 수 있음에서 메릴랜드 주 법률을 합헌으로 판단하였다.

독일연방헌법재판소도 2000년 DNA 감정법(DNA Identiatsfest- stellungsgezetz)의 정보적 프라이버시 침해여부와 관련하여, DNA 데이터베이스에 활용되는 자료의 성격이 DNA 중 유전정보가 포함되지 않은 비 코드화 부분을 대상으로 하여, 지문과 유사성이 인정되고 당해 개인의 유전적 성질, 성격, 질환 등 인격적 프로파일을 귀납적으로 추론하는 것이 불가능한 한, DNA 데이터베이스가 반드시 절대적으로 보호되어야할 인격의 핵심영역에 관련하는 것은 아니라고 하여 합헌으로 판단하였다(BVerfGE 103, 21).

DNA 프로파일 분석 및 DNA 데이터베이스의 프라이버시 침해 위험은 생각처럼 높지 않고, 합리적 수준에서 프라이버시 침해우려를 통제할 수 있다는 위 논리는 분석목적을 개인식별에 제한하고, 획득되는 정보 역시 기존 지문과 유사하게 개인식별에 한정한 의미만을 갖는 단순한 염기배열 패턴에 관한 것으로, 유전정보, 기타 어떠한 형태라도 DNA 주체의 인격적, 인구사회학적 정보를 추론할 수 있는 내용이 포함되지 않다는 점에 근거한다. 기술적 측면에서도 분석에 활용된 부분은 유전적 기능을 수행하거나 유전정보를 포함하지 않은 부분(junk DNA)으로, 무분별한 프라이버시 침해는 원천적으로 불가능하다는 논리에 기초한다.

한편, 위 논거에 대하여 1980년대 후반부터 진행된 Human Genom Project에 이어서 2003년부터 진행된 ENCODE project 연구결과에 근거하여 본질적인 의문이 제기되면서 DNA 데이터베이스 등의 합헌성에 대하여 반대견해가 강력히 제기되었다. 즉, ENCODE project에 의하여 인간의 DNA에서 유전적 기능을 수행하거나 정보를 담고 있는 부분은 3~8% 정도에 불과하고 나머지는 Junk DNA에 불과하다는 기존 이해는 잘못된 것으로, Junk DNA로 지칭되는 부분을 포함하여 DNA의 80%에 해당하는 부분이 일정한 생화학적 기능을 수행한다고 점이 보고된 바 있다.

하지만 이러한 견해는 DNA의 생물학적 기능(biological function)에 대한 오해에서 비롯된 것으로, DNA의 대부분은 여전히 유전적 기능을 수행하지 않는다는 반론도 제기되고 있다. DNA의 생물학적 기능은 진화론적 차원에서 다양한 유전형질 중 특별히 어느 한 형질이 후세대에 전달되는 선별효과(selected effects)와 어떤 유전형질이 특정한 생화학적 기능을 수행한다는 원인적 역할(causal role) 모두를 포함한다. ENCODE project에 기초한 설명은 이 두 가지 기능과 관련한 개념을 혼동한 것으로, DNA의 대부분을 차지하며 개인식별을 위한 법과학적 분석에 활용되는 부분은 여전히 선별효과를 수행하지 않는다는 것이 정확한 이해라고 반박한다.

DNA 프로파일 분석 및 DNA 데이터베이스를 지지하는 또 다른 논거로 효율적 수사기법 외에 재범억제 및 범죄예방효과를 들 수 있다. 가령, 2016년 미국의 한 연구사례에 의하면, DNA 데이터베이스에 등록된 폭력범죄자들의 경우, 5년 이내 재범률이 4.5%, 재산범죄의 경우 2.4% 감소하고, 인구 10만 명당 1건의 범죄자 프로파일이 추가 등록되면 폭력범죄의 경우 0.051건, 재산범죄의 경우 0.323건의 범죄발생 감소효과를 가져오는 것으로 분석하고, 나아가 범죄유형별로 -0.07~-0.68건으로 강력범죄사건의 감소효과를 가져온다고 가정할 때, 이는 1,566~19,945 USD의 사회적 비용을 절감하는 것으로 추정된다고 보고된 바 있다. 다만, 아직까지 한국에서 DNA 프로파일 분석 및 DNA 데이터베이스의 정책적 효과를 실증적으로 분석한 연구사례는 확인되지 않고 있다.

[Box 16.8] 신안군 섬마을 여교사 성폭행 사건과 장기미제 성폭행 여죄사건

2016년 신안군의 한 섬마을의 초등학교에서 근무하는 여교사가 마을주민 3명에 의하여 관사에서 성폭행당한 사건이 발생하여 상당한 사회적 논란을 야기하였다. 이 사건 피고인 K, L, P는 모두 유죄로 인정되어 2018년 4월 각 15년, 12년, 10년의 징역형이 확정되었다. 이 사건의 수사과정에서 피고인 3명의 DNA를 확보하여 DNA 데이터베이스와 대조한 결과, 이중 K씨의 DNA 프로파일이 2007년 대전에서 발생한 성폭행 사건 용의자와 일치하는 것으로 확인되었다. 2007년 1월 대전에서 발생한 이 사건에서 피해자 A씨가 거주하는 원룸에 신원미상의 남자가 찾아가 초인종을 눌렀는데, A씨가 문을 여는 순간 문을 밀치고 들어가 A씨를 성폭행하였다. 당시 사건 수사과정에서 경찰은 용의자를 특정하지 못하고, 현장에서 발견된 범인의 DNA만 보관해 온 것으로 알려졌는데, 자칫 장기 미제사건이 될 수 있었던 과거 사건을 DNA 데이터베이스 검색에 의하여 해결함으로써 또 다른 주목을 받게 되었다. 이로 인하여 피고인 K는 발각된 여죄로 인하여 혐의가 추가되면서 피고인 가운데 가장 중한 형이 선고, 확정되었다.

V 법과학에 대한 올바른 접근과 이해

통계에서 확인되는 각종 감정의뢰 건수의 꾸준한 증가현상 그리고 사실판단 주체가 법과학적 증거의 뒷받침이 없이는 사실인정에 소극적 자세를 보여준다는 'CSI 효과'에서 추론할 수 있는 것처럼, 형사사법절차의 법과학에 대한 의존도는 계속하여 높아지고 있다.

법과학은 형사사법기관이 범죄문제에 대응하는 과정에서 매우 효과적인 무기가 될 수 있다. 지난 2018년 DNA 데이터베이스에 등록되는 DNA 프로파일 정보를 기존 13개 유전좌위(locus)의 STRs 분석 자료에서 20개 유전좌위로 확대하여 식별력을 강화하고, 강력범죄자의 높은 이종재범율을 고려하여 경미범죄로까지 데이터베이스 등록대상의 확대를 시도하거나 데이터베이스 검색 결과 소위 near-miss에 해당하는 일부 마커에 한정된 부분일치 사례에서 '가계검색기법(familiar search)'에 의하여 제한된 데이터베이스의 등록범위를 우회적으로 확정하는 시도 등은 법과학에 의한 수사력 강화 시도의 산물이라 하겠다.

이러한 시도가 항상 긍정적 효과를 가져오는 것은 아니다. 헌법재판소의 합헌판단은 나름의 타당성을 갖지만, DNA 데이터베이스에 등록된 DNA 프로파일

정보가 갖는 대상자에 대한 강력하고 광범위한 감시효과, 극히 은밀한 개인사에 해당하는 가족·혈연관계 등의 무분별한 노출, 범죄경력은 물론 의료정보나 유전적 특성, 성별, 인종, 기타 다양한 인구사회학적 정보와 같이 극히 개인적이고 민감한 정보가 노출될 위험성은 분명히 잠재되어 있고, 분석 대상 유전좌위 확대 등 식별력을 높이기 위한 시도는 그 위험성을 보다 정교한 형태로 배가시킬 수 있다. 또한 역설적으로 법과학에 대한 지나친 의존은 오히려 수사력 약화라는 부작용을 야기할 수도 있다.

결론적으로, 법과학적 증거에 잠재하는 위험성, 그 활용에 수반하여 야기되는 프라이버시 등 기본권 침해 등 법과학적 증거의 활용이 야기할 수 있는 부정적 측면에 대한 세심한 주의와 고민이 동반되어야 함을 잊어서는 안 될 것이다.

summary

요 약

효율적인 수사기법이자 범죄사실을 입증하는 강력한 증거로서 DNA 프로파일 분석기법은 살인, 강도, 성폭력 등 전형적 강력사건은 물론 다양한 범죄사건의 수사·공판절차에서 광범위하게 활용되고 있다. 이론적 전제, 표준화된 분석기법과 절차, 분석결과에 대한 검증가능성 등에서 확인될 수 있는 충분한 과학적 건전성 그리고 DNA 프로파일 분석결과만으로 유죄가 명확히 입증되는 'cold hits case'에서 짐작할 수 있는 것처럼, 지문 등과 같이 정황적 설명가치만을 제공하는 이전 세대의 법과학적 증거와 달리 DNA 프로파일 분석기법은 높은 증거가치를 갖는 것으로 평가된다. 특히 범죄에 대한 사후적 대응수단으로 단순히 수사기법으로의 활용에 한정되지 않고, 데이터베이스화 등에 의하여 재범위험성을 갖는 범죄자에 대한 재범억제와 범죄예방기법으로 활용되는 등 범죄에 선제적 대응역량도 갖고 있다. 하지만, DNA 프로파일 분석 및 DNA 데이터베이스와 관련하여, 프라이버시 등 기본권에 대한 강력하고 광범위한 침해 우려를 지적하고 경고하는 견해에도 주목하여야 한다.

key word &
current hot issues

주요 용어와 현안 문제

1. **제한효소절편다형성(RFLP, Restriction Fragment Length Polymorphism)**

1984년 영국의 Alec Jeffreys 교수가 고안한 최초의 분석기법이다. 이 방식은 염기배열 반복구간이 상대적으로 긴 부분을 이용함으로써, 1~3 마이크로그램의 비교적 많은 양의 분석시료(대략 50원 동전크기의 혈흔이나 정액흔 정도)가 소요되고, 분석시간도 장시간이 소요된다. 분석과정은 먼저, 시료로부터 DNA를 추출(Extraction)하고, 제한효소를 이용하여 일정한 염기배열이 반복된 구간을 끊어내어 절편화(Fragmentation)한다. 다음은 전기영동과정(Electrophoresis)으로 DNA는 음전하를 띄고 있기 때문에 절편화된 DNA를 젤리 같은 겔 상태의 용제가 담긴 용기 위에 놓고 전류를 통과시면 양극 쪽으로 이동하는데, 이때 절편의 크기에 따라 이동속도가 달라지면서 분류가 이루어진다. 하나의 용기에 보통, 피의자 시료, 범행현장에서 확보된 범인추정 시료, 그리고 control Marker로 이미 출처와 크기를 알고 있는 시료가 사용되는데, 만일 피의자가 범행현장에서 확보된 신원미확인 범인의 DNA 시료 출처에 해당한다면, 피고인이나 피의자로부터 확보된 DNA는 하나의 라인에 포함될 것이다. 이후 전기영동을 통해 배열된 DNA 절편을 Southern transfer라는 방법으로 나이론 재질의 막으로 이동, 고정시키고 변성과정(Denaturation)을 통해 결합된 두 가닥의 이중나선구조를 해체, 한 가닥으로 분리한다. 그리고 염기배열과 길이가 확인된 복제 DNA 가닥인 탐침(Probe)을 사용하여 변성된 DNA와 결합시키는데(혼성, Hybridization), 탐침은 방사성동위원소나 발광성을 갖는 화학물질로 처리되어, 혼성된 DNA 절편을 X선으로 촬영하게 되면 마치 바코드 같은 밴드문양으로 육안관찰이 가능한데, 이를 비교대조하여(동일사이즈의 절편이 동일 위치에서 확인되는지 여부) 개인이동식별을 하게 되고, 마치 지문 같은 문양비교가 이루어지는 점에서 초기 분석기법을 DNA Fingerprint로 지칭하게 되었다. 초기에는 혼성과정에 다수의 탐침을 사용하였는데(복합탐침법, Multi-Locus RFLP), 육안판독의 어려움, 각 탐침이 동일 염색체의 근접 좌위에서 혼성될 때 야기될 수 있는 Marker간 독립성에 대한 의문 등으로 이후 단일탐침법(Single-Locus RFLP)으로 변화하게 된다. 제한효소절편다형성 기법은 현재 활용되지 않는 구세대 분석기법이지만, 기본적인 분석절차나 원리는 현재 활용되는 STRs 분석기법에서도 동일하다.

2. 중합효소연쇄반응법(PCR, Polymerase Chain Reaction)

DNA 복제 내지 증폭기술로 지칭되는 PCR은 먼저 변성과정으로 가열하여 DNA의 이중나선구조를 분리, 해체하고, 염기배열 순서가 이미 확인된 플라이머(Primer)를 추가한 뒤 냉각과정(Annealing)을 거치면, 플라이머가 분리된 각 DNA 가닥에 달라붙게 된다. 이때 각 DNA 가닥은 증폭과정의 원판 내지는 원형으로 기능하고, 여기에 추가된 중합효소가 새로운 DNA 가닥을 합성해내게 되는데 이 단계가 복제단계(Extension)이다. 이러한 일련의 과정을 반복하게 되면 DNA가 복제되는데, 약 20회 정도 순환이 100% 이루어지면 원 시료를 100만 배 정도 증폭시킬 수 있다.

3. CODIS(Combined DNA Index System)

미국은 1988년 버지니아 주를 필두로 DNA 데이터베이스를 구축하기 시작하였는데, 1994년 제정된 DNA Identification Act에 근거하여 미국 내 각 지역, 주 및 연방정부에서 운영하는 데이터베이스를 통합, 네트워크화 한 CODIS를 운영하고 있다. 각 주의 경우, 시료제공 대상자의 카테고리가 다르지만 대체로 도입초기에는 데이터베이스 화 대상이 살인, 성폭력 등 중범죄로 유죄확정판결을 받은 자(Sex Offenders and A Few Categories of Violent Felon)에 한정되었으나, 이후 점차 확대되었다. 최초로 데이터베이스를 도입한 버지니아 주 역시 도입 1년 뒤인 1989년 그 대상을 모든 유형의 중범죄로 확대하였는데, 이러한 현상은 지속되어 중범죄자 외에 경범죄자, 소년범, 나아가 피체포자(Arrestee)로 확대되었다(2013년을 기준으로 25개 주에서 주로 중범죄에 한정하는 형태지만 피체포자의 DNA 프로파일 정보도 데이터베이스화하고 있다). 연방의 경우도, 2000년 제정된 DNA Analysis Backlog Elimination Act(DNA Analysis Act)를 통해 미 연방수사국이 직접 일정 유형의 연방범죄와 관련하여 중범죄자(Qualifying Federal Offender)로 교정시설에 수용되거나 가석방, 보호관찰, 조건부 석방된 자로 대상을 한정하여 직접 시료를 채취, 분석, 데이터베이스화하였다. 이후 2004년부터 모든 형태의 중범죄자로, 다시 2006년에는 피체포자나 기소된 피고인, 불법체류 외국인으로 대상을 확대하였다.

퀴즈 [진위형] quiz

1 현행 디엔에이법은 살인, 성범죄 등 일정한 범죄유형에 한정하여 유죄가 확정된 수형인 및 구속피의자를 대상으로 법원이 재범의 위험성을 인정한 경우로 DNA 프로파일 정보를 데이터베이스에 등록하고 있다.

2 DNA 프로파일 분석은 DNA 가운데 유전정보를 담고 있지 않은 부분을 대상으로 한다.

3 한국의 경우, DNA 데이터베이스 등록 후 프로파일 분석에 사용된 시료는 폐기하고 있다.

4 대법원 판례가 제시한 법과학적 증거가 신뢰성을 인정하기 위한 요건에는 관련 전문가들의 일반적 지지여부(general acceptance)가 포함되지 않는다.

5 DNA 프로파일 및 DNA 데이터베이스에서 야기되는 프라이버시 침해문제는 단순히 분석시료에 대한 물적 지배권에 한정된다.

6 거짓말탐지기검사결과와 관련하여 대법원 판례는 사실적 관련성이 인정되는 경우에 한하여 증거능력을 인정할 수 있다고 판시하고 있다.

7 헌법재판소는 디엔에이법을 합헌으로 판단하면서, 그 주요 논거 가운데 하나로 데이터베이스에 등록되는 정보는 개인식별에 활용되는 최소한의 정보만을 포함하여 개인의 유전정보를 확인할 수 없어, 인간의 존엄과 인격권을 침해하지 않는다는 점을 들고 있다.

8 현행 디엔에이법은 의학연구 등 연구목적으로 DNA 데이터베이스를 활용하는 것을 허용하고 있다.

9 현행 디엔에이법은 DNA 데이터베이스를 크게 등록대상 범죄로 유죄판결이 확정

된 수형인 등의 DNA 프로파일 정보가 등록되는 데이터베이스, 구속피의자 등의 DNA 프로파일 정보가 등록되는 데이터베이스로 그리고 범죄현장에서 수집한 현장 증거물로서 DNA 프로파일 정보가 등록되는 데이터베이스 구분하고 있다.

10 현재 DNA 프로파일 분석은 DNA 가운데 유전정보를 담고 있지 않은 부분(intron)을 대상으로 이루어진다.

참고문헌 및 학습도우미 전자자료

reference & study aid electronic materia

김성룡, “현행법에서 과학적 증거의 증거능력과 증명력”, 형사법연구 24권 4호, 한국형사법학회, 2012. 1.

네사 캐리(이충호 역), 『정크 DNA 쓸모없는 줄 알았던 정크 DNA의 비밀』, 서울: 해나무, 2018.

디엔에이신원확인정보 데이터베이스 관리위원회, 2021 DNA신원확인정보 데이터베이스 연례 운영보고서, 2022. 6.

왕여(김호 역). 『신주무원록』, 서울: 사계절, 2003.

이정봉, “과학적 증거의 증거법적 평가”, 형사판례연구 21권, 한국형사판례연구회, 2013.

조상현, 『현직CSI가 들려주는 알기 쉬운 과학수사』, 서울: 부크크, 2019.

국립과학수사연구원, https://nfs.go.kr/site/nfs/main.do

FBI combined DNA index system (CODIS),
https://le.fbi.gov/science-and-lab/biometrics-and-fingerprints/codis

U.K. National DNA Database statistics
https://www.gov.uk/government/statistics/national-dna-database-statistics

Innocent Project, https://innocenceproject.org/

해 답
answer

1. 아니다.

디엔에이법 제5조 및 제6조는 살인 등 총 11개 유형의 범죄행위로 유죄확정판결을 받은 수형인 등이나 구속피의자 등을 대상으로 DNA 프로파일 분석에 필요한 시료를 채취할 수 있도록 규정하고 있다. 다만, 별도로 재범위험성을 요건으로 하고 있지 않는데, 대상범죄의 경우, 여타 유형의 범죄에 비교하여 재범률이 높다는 점을 근거로 하는데, 이에 대하여 데이터베이스 대상범죄의 재범가능성에 대한 합리적 분석이 결여되어 있고, 대상범죄의 일반적, 평균적 재범률만 고려함으로써, 재범예측을 위한 개별 행위자의 특성을 무시하였다는 반론을 제기하는 견해도 있다. 참고로 미국이나 영국 등도 우리와 같이 데이터베이스 대상자의 재범위험성을 별도 요건으로 하지 않는데, 독일 등 입법례에 따라서는 각 대상자의 재범위험성을 요건으로 규정하기도 한다(독일형사소송법 제81조g).

2. 그렇다.

DNA 프로파일 분석이 이루어지는 부분은 단순히 일정한 염기배열순서가 반복된 구간(개재배열)으로 유전적 기능을 수행하거나 유전정보를 포함하지 않는다(Intron or Spacer Non-coding DNA. 이른바 Junk DNA)는 것이 기존 일반적 이해다. 그러나 분자생물학의 발전과 분석기술향상에 따라 이러한 기존 이해를 얼마든지 바뀔 수 있고, 현재 CODIS에 등록되는 25개 STRs 유전좌위의 일부에서 성별식별 등의 일정한 유전적 기능의 수행하거나 해당 정보를 포함한 부분이 있다는 연구결과가 발표된 예도 있음에 유의할 필요가 있다.

3. 그렇다.

디엔에이법 제12조는 DNA 분석에 활용된 시료 및 분석 후 잔여 DNA를 폐기하도록 규정하고 있다. 시료파기는 잔여 시료 등이 보존될 경우, 개인식별목적의 DNA 프로파일 분석 외에 각종 유전정보에 대한 획득 등이 가능하고 이에 의한 프라이버시 침해문제를 예방위한 조치이다. 반면, 미국이나 영국 등에서는 시료를 보존하는데, 분석기술 향상에 따라 차후 추가적인 분석가능성, DNA 데이터베이스의 품질보증 및 기술개선, 분석결과에 대한 집단유전학적 통계검증, 의학적 연구목적 등을 위해 시료보존이 필요하다는 견해도 강력하게 제기되고 있다.

4. 아니다.

대법원 2007. 5. 10. 선고 2007도1950 판결은 '유전자형이 다르면 동일인이 아니라고 확신할 수 있다는 유전자감정 분야에서 일반적으로 승인된 전문지식에 비추어 볼 때…' 라고 명시적으로 판시하여, 관련 전문가집단의 일반적 지지여부를 법과학적 증거 활용의 전제조건임을 명확히 하고 있다. 다만, 이것은 증거능력을 인정하기 위한 요건이 아니라 신뢰성을 판단, 인정하기 위한 것으로 판시하여 사실상 '증명력'의 판단, 평가요건으로 하고 있다.

대법원 2014. 2. 13. 선고 2013도9605 판결, 「공소사실을 뒷받침하는 과학적 증거방법은 전제로 하는 사실이 모두 진실임이 입증되고 추론의 방법이 과학적으로 정당하여 오류의 가능성이 전혀 없거나 무시할 정도로 극소한 것으로 인정되는 경우라야 법관이 사실인정을 하는데 상당한 정도로 구속력을 가진다. 이를 위하여는 그 증거방법이 전문적인 지식 · 기술 · 경험을 가진 감정인에 의하여 공인된 표준 검사기법으로 분석을 거쳐 법원에 제출된 것이어야 할 뿐만 아니라 채취 · 보관 · 분석 등 모든 과정에서 자료의 동일성이 인정되고 인위적인 조작 · 훼손 · 첨가가 없었음이 담보되어야 한다.」

5. 아니다.

DNA 프로파일링 및 DNA 데이터베이스에서 야기될 수 있는 프라이버시 침해문제에서 단순히 분석시료에 대한 물적 지배권(physical privacy)이 아니라, 시료에 내포된 정보, 즉 다양한 유전정보(Information privacy) 나아가 생명윤리(genetic privacy) 및 인간의 존엄(dignity privacy)에 대한 침해 가능성이 보다 본질적이다.

6. 그렇다.

대법원 2005. 5. 26. 선고 2005도130 판결, 「거짓말탐지기의 검사 결과에 대하여 사실적 관련성을 가진 증거로서 증거능력을 인정할 수 있으려면, 첫째로 거짓말을 하면 반드시 일정한 심리상태의 변동이 일어나고, 둘째로 그 심리상태의 변동은 반드시 일정한 생리적 반응을 일으키며, 셋째로 그 생리적 반응에 의하여 피검사자의 말이 거짓인지 아닌지가 정확히 판정될 수 있다는 세 가지 전제요건이 충족되어야 할 것이며, 특히 마지막 생리적 반응에 대한 거짓 여부 판정은 거짓말탐지기가 검사에 동의한 피검사자의 생리적 반응을 정확히 측정할 수 있는 장치이어야 하고, 질문사항의 작성과 검사의 기술 및 방법이 합리적이어야 하며, 검사자가 탐지기의 측정내용을 객관성 있고 정확하게 판독할 능력을 갖춘 경우라야만 그 정확성을 확보할 수 있는 것이므로, 이상과 같은 여러 가지 요건이 충족되지 않는 한 거짓말탐지기 검사 결과에 대하여 형사소송법상 증거능력을 부여할 수는 없다.」

7. 그렇다.

헌법재판소 2014. 8. 28. 2011헌마28 · 106 · 141 · 156 · 326, 2013헌마215 · 360(병합), 「디엔에이신원확인정보는 개인식별을 위한 최소한의 정보인 단순한 숫자에 불과하여 이로부터 개인의 유전정보를 확인할 수 없는 것이어서 개인의 존엄과 인격권에 심대한 영향을 미칠 수 있는 민감한 정보라고 보기 어렵고,…」

8. 아니다.

현행 디엔에이법은 DNA 데이터베이스의 검색이나 그 결과의 회보를 새로운 디엔에이신원확인정보를 수록하거나, 수사기관이 범죄수사 또는 변사자 신원확인을 위해 요청하는 경우, 법원이 형사재판에서 사실조회를 하는 경우, 데이터베이스 간 상호대조를 위하여 필요한 경우로 한정하고(동법 제11조), 감식시료나 디엔에이신원확인정보를 동법 소정의 목적 외로 활용하는 것을 금지하고 있다(동법 제15조). 참고로 미 연방법률은 미 연방수사국이 운영하는 CODIS는 의학, 생물학 등 연구목적으로의 데이터베이스 활용을 허용하고 있다.

9. 그렇다.

현행 디엔에이법은 등록대상 범죄로 유죄판결이 확정된 ㉠ 수형인 등의 DNA 정보가 등록된 데이터베이스(동법 제5조), ㉡ 구속피의자 등의 DNA 정보가 등록된 데이터베이스(동법 제6조), ㉢ 범죄현장 증거물로부터 획득된 DNA 정보가 등록된 데이터베이스를 각기 구분하고(동법 제7조), ㉠은 검찰총장이, ㉡과 ㉢은 경찰청장이 관련 사무를 총괄하도록 규정하고 있다(동법 제4조).

10. 그렇다.

'intron'은 DNA에서 단백질 생산과 관련하여 아미노산을 지정하지 않은 염기배열 부분으로 개재배열이라고도 한다. 반대로 아미노산을 지정하는 부분을 'exon'이라고 한다. 일반적으로 진핵생물에만 인트론이 있는데, 진화과정에서 다양한 유전자를 만들어내는 데 있어서 인트론이라는 여분의 구조가 필요하기 때문으로 추정된다. DNA에서 exon이 차지하는 비중은 얼마되지 않고, 대부분 intron에 해당한다. DNA 프로파일 분석에 의한 개인식별은 바로 이러한 intron 부분의 염기배열순서 또는 길이의 다형성에 착안한 것이다.

/ 제17장 /

피해자학

— 박종승

Ⅰ. '피해자 비난'에서 '피해자 보호'로의 변화
Ⅱ. 피해자의 개념 및 피해의 유형
Ⅲ. 범죄피해자 보호를 위한 법률의 주요 내용
Ⅳ. 범죄피해자 보호 현실
Ⅴ. 피해자 보호를 위한 발전 방향

short storytelling

2016년 5월 17일 오전 1시 서울의 강남역 인근 공용화장실에서는 30대 남성이 20대 여성을 흉기로 찔러 숨지게 하는 끔찍한 사건이 발생했다. 흔히 '강남역 묻지마 살인사건'이라고 불리는 이 사건은 가해 남성이 화장실에서 50여 분을 숨어서 기다리다가 남성들은 그냥 지나친 채 피해여성이 홀로 화장실에 남게 되자 범행을 저지른 것으로, "여혐", "남혐"이라는 사회적 문제를 불러일으키기도 하였다. 사건 이후 강남역 인근은 추모행렬이 이어졌으며, 사이버 상에서도 이와 관련된 추모 및 논쟁이 계속되었다.

하지만 이 과정에서 피해자를 비난하는 목소리가 들려왔다. 늦은 시간에 강남역이라는 공간에서 범행이 발생한 데에 대해서 "그 시간에 거기 있었으면 정상적인 여자가 아닐텐데", "밤 늦게 돌아다녔으니 죽어도 싸다"는 등의 피해자의 행동을 비난하는 글들이 게시되기도 하였다. 또한 "못 배운 것들이 밤에만 다닌다"는 등 인신공격적 언어 폭력도 나타났다. 이 과정에서 피해자의 가족들은 가족을 잃은 정신적인 충격에서 벗어나기도 전에 일면식도 없는 사람들로부터 또 다른 아픔까지 겪게 되었다. 결국 피해자의 부모는 사건의 충격으로 인해 직장에 나가지 못하는 등 정상적인 경제활동을 할 수 없게 되었으며, 유족 모두 사람들을 만나는 것을 기피하게 되었고 정상적인 생활을 하지 못하는 정서적 불안상태와 우울감을 느끼는 트라우마 증세를 겪게 되었다.

범죄로 인한 피해는 생명을 잃는 등의 심각한 피해가 수반되기도 하며, 위 사례에서 보는 바와 같이 범죄로 인해 직접적으로 겪게 되는 피해는 물론 이후의 사건처리 과정 또는 언론을 통해서 보도되는 과정 등을 통해 지속적으로 발생하게 된다. 또한 사건의 직접적인 당사자뿐만 아니라 긴밀한 관계를 맺고 있는 사람들 역시 범죄가 야기한 피해로부터 벗어나기가 어려운 것이 사실이다. 과거에는 이런 범죄로 인한 피해에 대해 큰 관심을 기울이지 않았다. 범죄가 발생하면 하루빨리 범인을 검거하는 것이 목적이었기 때문에 피해자에 대한 배려 없이 수사과정에서 피해자의 아픈 상처를 다시 한 번 건드리기도 했으며, 피해자는 보호받아야 할 존재라기 보다는 범죄를 빨리 해결해줄 수 있는 단서를 제공해주는 존재로 생각했었다.

하지만 범죄피해자에 대한 인식의 변화가 이루어지기 시작했다. 피해자는 보호받아야 하는 존재이며, 이들이 받은 피해를 조속히 회복할 수 있도록 적극적인 지원이 이루어져야 한다는 변화의 움직임이 태동하고 조금씩 진행되고 있다. 실제로 정부에서는 강남역 사건 직후 유족의 생활안정을 위해 장례비를 긴급 지원한 뒤, 긴급 생활비를 3개월간 지급했으며, 심리검사 이후 이들이 정신건강의학의에게 치료를 받을 수 있도록 조치를 취했다. 이후 유족의 피해상황이 심각하여 긴급 지원의 필요성이 있어 범죄행위의 기소 전에 유족구조금을 지급받을 수 있게 하는 등의 피해자를 지원하기 위한 조치[1]를 취했다. 이외에도 범죄피해자 보호를 위한 다양한 움직임 등이 이루어지고 있다.

1 서울중앙지검은 범죄피해자구조심의회를 개최하여 유족에게 유족구조금 약 6,600만 원을 일시 지급했으며, 범죄피해자중앙지원센터도 유족의 사회복귀를 도울 수 있도록 생계비(3년간 50만 원)와 생필품(분기별 10만 원 상당)을 지원하기로 하였다.

I '피해자 비난'에서 '피해자 보호'로의 변화

범죄가 발생하면 범죄를 일으킨 가해자와 이로 인해 피해를 입은 피해자가 동시에 존재하는 것이 일반적이다. 하지만 과거 형사사법체계는 이 두 대상에 대해서 모두 관심을 가지기 보다는 가해자의 처벌에 보다 많이 집중했으며, 피해자에 대해서는 별다른 관심을 보이지 않았다. 오히려 피해자는 범죄를 야기한 비난의 대상이라는 인식을 가진 일부 형사사법기관 종사자들의 잘못된 언행들로 인해 '슬럿워크 시위'[2]등이 발생하기도 하고, 일반 국민들 역시 '맞아도 싸다'는 식의 피해자에 대한 비난을 일삼기도 하였다. 이렇듯 피해자들에 대해 보호의 대상이라고 생각하기 보다는 '무엇인가 잘못 했으니 피해를 당했겠지'라는 비난의 눈초리가 존재했던 것이 사실이다.

하지만 범행동기를 뚜렷하게 규명할 수 없는 범죄발생 등으로 인해 특정인이 아닌 누구나 범죄의 피해자가 될 수 있다는 인식이 일반화되고, 가해자들이 형사사법체계에서 보장받는 인권의 개선 정도에 비해 피해자들의 권리보호는 지극히 한정되어 있는 점에 대한 문제제기들이 이루어지면서 '피해자 보호'에 대한 움직임이 시작되었다. 이런 움직임의 하나로 피해자의 실질적 피해회복을 중요시하는 회복적 사법의 개념이 등장했으며, 제도적인 도움을 위한 피해자보호법 등의 제정 역시 이루어졌다.

이 장에서는 피해자의 개념과 피해의 유형(Ⅱ)에 대해서 살펴보고, 현재 우리나라에서 피해자보호를 위해 제정된 법률의 주요 내용(Ⅲ)과 이러한 법률을 근거로 시행되고 있는 보호제도가 실제에서 어떻게 활용되는지(Ⅳ)에 대해서 살펴본 뒤, 마지막으로 피해자 보호를 위해 개선되어야 할 사안(Ⅴ)에 대해 알아본다.

2 슬럿워크 시위는 캐나다 토론토에서 시작해 전세계적으로 확산된 시위로, 우리나라에서도 2011년 7월 광화문에서 이루어졌다. 이 시위는 2011년 1월 캐나다 토론토의 한 대학 강연에서 경찰관인 마이크 생귀네티가 "성폭행을 당하지 않으려면 여자들은 슬럿(slut)처럼 입지마라"고 말하면서 촉발하였다. 슬럿은 노출이 심한 옷을 입고 남자를 유혹하는 여성을 부르는 말로, 결국 성폭행에 대해서 범죄를 저지른 가해자의 잘못을 지적하기보다는 피해자에게 책임을 묻는 것으로 해석되어 여성들로부터 많은 비난을 받게 되었고, 전세계적인 움직임으로 확산되었다.

Ⅱ 피해자의 개념 및 피해의 유형

1. 피해자의 개념

「범죄피해자 보호법」 제3조 ①항에서는 범죄피해자를 타인의 범죄행위로 피해를 당한 사람과 그 배우자(사실상의 혼인관계를 포함한다), 직계친족 및 형제자매로 정의하고 있다. 즉, 다른 사람의 범죄행위에 대해 직접적으로 범죄피해를 입은 당사자는 물론 피해로 인해 영향을 크게 받을 수 있는 가족을 포함시키고 있다. 이는 범죄로 인한 피해가 단순히 한 개인의 문제가 아니라 피해를 직접적으로 당한 자와 밀접한 관계를 가지고 있는 사람에게 영향을 미친다는 점을 인정하는 것이다.

실제로 일상에서 발생하는 많은 범죄들은 한 개인에게만 피해를 주는 것이 아니라 다수에게 영향을 미치고 있다. 집의 가장이 살해되거나 중상을 입은 경우 가족의 생계유지는 어려워지며, 애지중지 키운 자녀를 범죄로 잃은 부모는 감당하기 어려운 정신적인 고통을 겪게 된다. 범죄피해자의 정의에 범죄의 피해를 입은 직접적인 당사자는 물론 이들과 밀접한 관계를 맺고 있는 가족을 포함시키는 이유는 여기에 있다.

2. 피해의 유형

가. 1차 피해와 2차 피해

범죄피해는 먼저 1차 피해와 2차 피해로 구분할 수 있다. 1차 피해란 범죄사건으로부터 야기되는 피해를 의미한다. 절도 사건에서 발생하는 재산적 손실, 폭력사건에서 야기되는 신체적인 부상은 물론 이로 인해 지속적으로 겪게 되는 정신적 고통 등이 여기에 해당한다. 또한 이러한 1차 피해는 피해자 개인이 겪게 되는 피해와 함께 범죄문제 해결에 관여하는 정부의 비용을 발생시키는데, 대표적인 것이 형사사법시스템의 운영과 관련된 비용이다. 이러한 것들을 1차 피해라고 한다.

2차 피해는 가해자의 범죄행위가 일으킨 피해가 아닌 수사과정 또는 언론의 보도 등을 통해서 야기되는 피해를 말한다. 이러한 피해는 수사과정에서 노출된 개인정보로 인해 사생활을 침해받거나 언론을 통해서 공개된 자료로 인해 정상적인 생활을 영위하기 어려운 상황에 놓이는 것들이 대표적인 예이다. 이러한 2차 피해는 형사사법체계에서의 제도적 미비 또는 불법적 수사관행, 언론의 과도한 보도경쟁에서 주로 야기된다. 과거 이런 2차 피해와 관련해서는 관심을 가지지 않았으나, 최근 들어 피해자 보호의 측면에서 형사사법당국과 언론에서도 많은 관심을 기울이고 있으며, 2차 피해를 인정하고 이에 대해 보상하도록 하는 판결 역시 나오고 있다.

[Box 17.1] 2차 피해 인정판례: 범죄보도 기사의 피해자 및 피해자 가족에 대한 사생활 침해를 인정하여 뉴스 삭제와 손해배상을 명한 사례(서울중앙지방법원 2014. 3. 19. 선고 2013가합50317 판결; 2013가합50737; 2013가합52016)

[사안]

2012년 8월 30일 새벽 나주에서 아동을 대상으로 하는 성폭행 사건이 발생하였다. 당시 이 사건은 '조두순 사건'과 같이 아동을 대상으로 했다는 점에서 국민들의 큰 관심을 불러일으켰으며, 언론매체들은 사건 직후부터 경쟁적으로 범죄에 대한 보도를 하면서 성폭행 피해자는 물론 가족에 대한 2차 피해 문제가 공론화되었다. 원고인 성폭행 피해자와 가족은 사건의 보도과정에서 명예훼손 및 사생활의 비밀과 자유를 침해했다는 이유로 피고인 방송사 A, 종편방송사 B, 신문사 C에 대해 손해배상 소송을 제기하였다.

[쟁점]

원고는 언론사들의 범죄 관련 보도과정에서 성폭행을 당한 피해자 A의 부모 B씨가 술을 매우 많이 마시는 사람인 것처럼 보도하여 사건 당일 술을 마시고 잠을 자느라 피해자 A를 보호하지 못한 원인을 제공한 것처럼 암시한 보도는 명예훼손에 해당된다고 주장하였으며, 또한 보도과정에서 A의 상처 사진과 A가 친구들과 찍은 사진, A의 독서록과 노트 등을 공개하고, A의 집 내부를 촬영한 것은 사생활의 비밀과 자유 등을 침해한 것이라고 주장하였다. 반면 피고는 아동 성폭행 사건과 관련하여 사회의 여론을 환기시키기 위한 공적인 보도이며, 이와 같은 사실의 공개로 인해서 달성할 수 있는 공익이 원고들이 공개됨으로써 얻게 될 피해보다 크며 공개의 방식 역시 부당하지 않다며 위법성이 조각된다고 주장하였다.

[판결요지]

1. 언론사들이 공개한 원고의 사생활 관련 영역은 범죄의 경위를 설명하기 위해서 불가피하게 공개할 수밖에 없는 성질의 것에 해당하지 않는다. 또한 이 사건 자체가 공적인 사안에 해당된다고 하더라도, 원고들은 사건의 피해자로서 사적인 인물일 뿐 공적인 인물에 해당하지 않는다. 또한 이 사건을 통해서 공적 인물의 지위를 취득하게 된다고 보기도 어렵기 때문에, 공중의 정당한 관심의 대상이 되는 사항에 해당된다고 인정하기 어렵다. 설령 이와 같이 공개된 사항들이 일반 대중의 정당한 관심사에 포함된다 하더라도 그와 같은 관심이 원고들의 사생활의 비밀과 자유라는 인격적 이익보다 더 우월하다고 볼 수 없다.

2. 원고의 집 내부, 원고 A가 친구들과 찍은 사진, A의 독서록과 노트는 일반 공중에게 공개되어 있는 장소나 기록물이 아니므로 원고들의 그와 같은 사적인 생활관계에 대해 원고들이 통상적으로 기대하는 불간섭 상태는 보호될 가치가 매우 큰 것으로서 특히 성폭행 범죄의 피해자 및 그 가족으로서 위와 같은 보도의 대상이 되었다는 점에서 사회 일반에 노출됨으로써 원고들이 받는 피해의 정도는 매우 극심하다고 할 것이다.
3. 나아가 원고 A의 상처를 촬영한 사진은 사생활 영역 중에서도 가장 보호가치가 큰 비밀영역에 속한다고 볼 수 있는 것으로서, 원고 A는 그와 같은 사진이 공개되는 것을 심히 꺼릴 것으로 보이며, 더군다나 그와 같은 상처가 성폭행으로 비롯되었다는 점에서, 피고가 이를 촬영한 사진을 보도를 통하여 사회 일반에 공개하는 것은 어떠한 공익적인 목적으로도 정당화될 수 없다고 할 것이다.
4. 또한 B에 대한 보도는 범죄발생의 직접적인 원인이 되었다거나 범죄의 경위를 설명하기 위해 불가피하게 드러날 수밖에 없는 성질의 사실에 해당한다고 보기 어렵다. 일반 국민으로서도 이 사건 자체에 대해 알아야 할 정당한 이익이 있다고 하더라도 사적 인물인 원고 B의 사적인 사안에 대하여서까지 알아야 할 정당한 이익이 있다고 보기 어렵다. 사적 인물의 사적인 사안에 대하여는 언론의 자유보다 명예의 보호라는 인격권을 우선시함이 타당하다.
5. 특히 이 사건과 같은 아동 성폭행 사건에 있어서 언론보도로 말미암아 발생하는 피해자와 그 가족에 대한 2차 피해를 방지하기 위하여는 범죄의 원인 또는 경위와는 무관한 피해자나 그 가족의 인적사항 등에 관한 보도를 지양하여야 할 것이다.

나. 신체적·정신적·재산적 피해

범죄피해는 피해의 유형에 따라 신체적 피해, 정신적 피해, 재산적 피해로 구분할 수 있다. 신체적 피해는 폭력 등의 범죄에서 주로 발생하며, 일상생활과 직결되는 피해로 범죄와 동시에 발생하기 때문에 즉각적인 치료가 이루어져야 한다. 살인범죄와 같이 회복할 수 없는 신체적 피해를 겪는 경우도 있으며, 중요 장기의 손상 등으로 인해 평생 생활에 지장을 줄 수 있는 피해가 발생하기도 한다. 주요 범죄로 인해 발생하는 신체 피해현황을 살펴보면 [표 17-1]과 같이 많은 피해가 발생하고 있으며, 전치 6개월을 초과하는 피해(살인, 성폭력, 폭행, 상해 범죄)는 106건이나 되는 것으로 나타났다(대검찰청, 2022: 597).

[표 17-1] **주요 범죄로 인한 신체 피해현황(2021)**

(단위: 명)

구분	계	사망		상해	
		남	여	남	여
살인	401	133	110	106	52
강도	151	8	4	78	61
폭행	3,228	34	14	2,065	1,115
상해	22,817	30	6	14,290	8,491
성폭력	538	–	4	23	511

※ 자료: 대검찰청, 2022: 596.

다음으로 정신적 피해는 신체적 피해와 달리 직접 눈으로 확인을 할 수 있는 피해는 아니지만, 피해자가 범죄로 인해 겪게 되는 심리적인 변화, 후유증 등이 여기에 해당한다. 범죄의 직접적 피해로 인해 불안감을 느끼게 되거나, 범죄현장을 목격하여 정신적인 충격을 받는 경우 등이 포함된다. 이런 정신적 피해는 성폭력 범죄와 같이 신체적인 피해를 동반해서 발생하는 경우가 많았으나, 최근에는 명예훼손, 사이버 명예훼손 등의 범죄로 인해 오로지 정신적 피해만을 경험하게 되는 경우도 많아지고 있다. 이런 정신적 피해의 경우는 단기간의 정신적인 고통, 질환에서 끝나는 경우도 있지만, 장기화되거나 고통이 심각해져 우울증, 자살로 이어지는 문제점이 발생하기도 한다. 자주 보고되는 범죄 관련 정신적 후유증은 [표 17-2]와 같다.

[표 17-2] **범죄로 인한 정신적 후유증**

구분	내용
불안장애	외상 후 스트레스 장애, 급성 스트레스 장애, 적응장애, 공황장애
해리성 장애[3]	해리성 기억상실, 해리성 둔주, 해리성 정체감 장애, 이인성 장애
기분장애	우울장애, 양극성 장애, 순환성 장애
기타	자살, 단기 정신증적 장애, 인격장애

※ 자료: 스마일센터 홈페이지, 2016. 10. 4. 검색.

3 해리성 장애란 자신, 시간, 주위 환경에 대한 연소적 의식이 단절되는 해리현상이 지나치게 부적응적인 양상으로 나타나는 것으로, 범죄를 경험하거나 목격한 직후, 멍한 채 무감각하거나 비현실감을 경험하고, 혹은 사건의 중요한 부분을 기억하지 못한다(경찰청, 2016: 15).

실제로 [표 17-3]과 같이 형사정책연구원에서 실시한 전국범죄피해조사 2020 결과에 따르면 전체 폭력범죄 피해자 중 59.81%가 우울함을, 47.89%가 두려움을 느끼고 있는 것으로 나타났다.

[표 17-3] **폭력범죄피해로 인한 정신적 피해**

(단위: %)

구분	2014	2016	2018	2020
우울함(무력감, 자신감 상실)	63.66	62.32	77.03	59.81
두려움(공황 상태, 쇼크)	70.06	59.57	66.72	47.89
불면증, 악몽, 환청, 두통	34.48	47.09	44.47	25.89
고립감(외로움, 갇힌 느낌)	33.65	32.74	32.12	33.18
사회생활, 인간관계 유지 어려움	14.20	37.07	30.90	10.02
이사 또는 전학	8.69	15.49	3.39	6.88
자살 충동 및 자살 시도	3.03	2.16	–	11.19
그 외 고통	–	4.34	–	–

※ 자료: 박형민 외, 2021: 77; 김민영·한민경·박희정, 2019: 179.

마지막으로 재산적 피해는 범죄로 인해 겪게 되는 재산상의 손실을 의미한다. 절도와 같이 소유하고 있는 물건에 대한 소유권을 잃게 되거나, 손괴와 같이 소유한 물건에 대한 재산상의 가치를 하락시키는 것이 대표적인 재산적 피해이다. 검찰청에 집계된 범죄피해현황을 살펴보면 [표 17-4]와 같이 재산피해는 사기, 절도, 손괴, 횡령 순으로 높게 나타나며, 10억 원을 초과하는 피해도 2,100건 이상 발생하고 있다.

[표 17-4] **재산피해정도(2021)**

(단위: 건)

구분	계	1만 원 이하	10만 원 이하	100만 원 이하	1,000만 원 이하	1억 원 이하	10억 원 이하	10억 원 초과	미상
계	569,805	35,416	106,065	186,054	97,042	78,870	17,852	2,186	46,320
사기	295,337	3,691	30,302	87,187	64,358	70,668	14,842	1,411	22,878
절도	163,706	20,225	52,637	60,799	18,085	2,416	177	16	9,351

구분	계	1만 원 이하	10만 원 이하	100만 원 이하	1,000만 원 이하	1억 원 이하	10억 원 이하	10억 원 초과	미상
손괴	50,651	5,967	13,291	19,285	5,108	382	39	5	6,574
횡령	50,183	5,297	9,303	17,434	7,712	4,085	1,918	386	4,048
기타	173,634	20,461	53,169	62,148	19,864	3,735	1,053	384	12,820

※ 자료: 대검찰청, 2022: 593 재작성.

또한 재산적 피해는 신체적·정신적 피해를 동반하는 경우도 있는데, 이런 피해를 입은 경우 범죄로 인한 직접적 재산 피해 이외에도 신체적 피해와 정신적 피해를 치료하기 위한 비용의 부담까지도 재산적 피해에 포함된다.

Ⅲ 범죄피해자 보호를 위한 법률의 주요 내용

1. 「범죄피해자 보호법」의 취지 및 주요 내용

가. 「범죄피해자 보호법」의 제정취지

「헌법」 제30조는 범죄행위로 인해 생명·신체에 대한 피해를 받을 경우, 국민은 법률에 정하는 바에 의해 국가로부터 구조를 받을 수 있도록 하고 있다. 하지만 2005년 「범죄피해자 보호법」 제정 당시까지만 하더라도 범죄피해자를 돕기 위해 「범죄피해자구조법」, 「형사소송법」 등이 존재했으나, 정부 차원에서 적극적으로 범죄피해자를 보호하고 지원하는 체계를 구축하기 위한 기본적인 법률이 없었다.

이 법의 제정은 국가 및 지방자치단체가 범죄피해자에 대한 지원활동을 촉진하게 하여 이들의 정당한 권리행사와 복지증진에 기여하도록 하였다는 데 중요한 의의가 있다. 이후 2010년 「범죄피해자구조법」의 내용을 이 법에 통합하여 범죄피해자 구조와 보호를 위한 실질적인 규정 정비가 이루어졌다.

나. 「범죄피해자 보호법」의 구성 및 주요 내용

「범죄피해자 보호법」은 8장 50조로 되어 있다. 먼저, 총칙에서는 범죄피해자와 구조대상 범죄피해의 정의를 제시하여 법의 적용을 받을 수 있는 범위를 명확히 하였다. 더불어 범죄피해자 보호와 지원을 위한 정부와 국민의 책무를 명시하여 피해자 보호를 위한 기틀을 마련할 수 있게 되었다.

2장에서는 범죄피해자가 실질적으로 필요한 지원을 받을 수 있도록 하기 위한 제도 마련의 근거를 규정하고 있다. 범죄피해로 인한 정신적, 신체적 피해를 회복할 수 있도록 상담 및 의료의 제공, 법률적인 지원, 취업과 주거 관련 지원이 이루어질 수 있도록 하고 있으며(제7조 ①항), 형사소송 과정에서 진술 등으로부터 행해질 수 있는 보복 가능성에 대해 신변을 보호받을 수 있는 장치의 마련 역시 규정하고 있다(제9조 ②항).

3장에서는 2장의 명시적 규정이 현실에서 구체적으로 실현될 수 있도록 각종 제도의 시행을 위한 계획들을 수립하도록 하고 있다. 범죄피해자 보호와 지원을 위한 기본계획을 법무부장관이 5년마다 수립하고(제12조 ①항), 이를 근거로 하여 각 정부기관에서 연도별로 시행계획을 수립하도록 하고 있다(제13조 ①항). 이 시행계획에는 각 기관의 전년도 사업의 추진실적과 당해 연도의 사업의 방향이 제시되어 피해자 보호를 위한 각 기관의 활동내용을 확인할 수 있다.

4장에서는 구조대상 범죄를 입은 사람에 대해서 지급하는 구조금의 지급요건을 ⅰ) 구조피해자가 피해의 전부 또는 일부를 배상받지 못하는 경우, ⅱ) 자기 또는 타인의 형사사건의 수사 또는 재판에서 고소·고발 등 수사단서를 제공하거나 진술, 증언 또는 자료제출을 하다가 구조피해자가 된 경우로 규정하고(제16조), 이들에게 지급하는 구조금의 종류 등에 대해서 규정하여 범죄피해에 대한 국가의 재정적인 지원 기준을 제시하고 있다.

5장에서는 범죄피해자를 지원하는 법인에 대한 지원과 감독에 대한 사항을 제시하여 보조금 지급 등을 통해 민간의 범죄피해자에 대한 보호와 지원 활성화를 도모함과 동시에 이들이 목적에 맞게 활동하는지를 감독할 수 있게 하고 있다.

6장에서는 형사조정제도를 통해 피의자와 범죄피해자간 형사분쟁을 공정하고 원만하게 해결하고 피해자의 범죄피해의 실질적 회복이 이루어질 수 있도록 하고 있다. 이러한 형사조정제도의 도입은 회복적 사법의 대표적인 사례로 볼 수 있다.

2. 「범죄피해자보호기금법」의 취지 및 주요 내용

이 법은 국선변호인 선임 등 가해자를 위해 사용되는 예산에 비해 턱없이 부족한 예산이 피해자 보호에 배정되고 있는 상황에서 범죄피해자에 대한 실질적 지원이 지속적으로 이루어질 수 있는 재정의 확보를 안정적으로 하였다는 점에서 의미가 있다. 이 법 제4조 ②항에 따라 정부는 재산형 등의 집행으로 확보된 벌금의 100분의 8을 범죄피해자보호기금에 납입해야 한다. 이 재원을 바탕으로 범죄피해자들에게 구조금을 지급하고 범죄피해자를 지원하는 법인 등에게 보조금을 지원하고 있다.

3. 기타 피해자보호 관련 법률

위 두 가지 법률 이외에도 개별 법률에서 범죄피해자를 보호하기 위한 조항들이 포함되어 있다. 대표적으로 「성폭력범죄의 처벌 등에 관한 특례법」 제24조에서는 성폭력 범죄를 담당하거나 관여하는 공무원은 피해자의 인적사항과 사진 등을 다른 사람에게 누설하지 못하게 하고 있으며, 누구든지 방송 또는 정보통신망을 이용하여 피해자를 특정할 수 있는 사항들을 공개하지 못하도록 하고 있다. 또한 제26조와 제28조는 성폭력범죄에 대해 전담 검사 및 사법경찰관을 두어 이들에게 전문지식과 피해자보호 교육 등을 실시한 뒤 조사에 임하도록 하고 있으며, 법원에서는 성폭력범죄 전담재판부를 지정하여 관련 사건에 대해 재판하도록 하고 있다.

또한 「성폭력방지 및 피해자보호 등에 관한 법률」 제7조에서는 피해자 등에 대한 취학 지원이 이루어지도록 규정하고 있으며, 제7조의3에서는 불법촬영등으로 인한 피해자의 유포된 촬영물에 대한 삭제 지원을 할 수 있도록 규정하고 있다.

다음으로 「스토킹방지 및 피해자보호 등에 관한 법률」 제6조에서는 스토킹 사실을 신고한 자를 고용하고 있는 자가 신고를 한 것을 이유로 피해자 등에 대한 신분상 불이익조치(파면, 해임 등)와 부당한 인사조치(징계 등), 본인의 의사에 반하는 인사조치(직무 미부여, 직무 재배치 등) 등 불이익조치를 금지하도록 하고 있다. 더불어 2015년 「공익신탁법」이 제정되면서 공익신탁으로 범죄피해자를 돕는 것 역시 가능하게 되었다.

Ⅳ 범죄피해자 보호 현실

1. 경제적 지원제도

범죄피해자의 경제적 어려움을 해결하기 위해 정부에서는 범죄피해구조금을 지급하고 있다. 범죄피해구조금은 범죄로 인하여 생명 또는 신체적 피해를 당한 사람과 그 유족에게 경제적 지원을 하는 것으로, 구조피해자가 피해의 전부 또는 일부를 배상받지 못하는 경우 등에 지급을 받을 수 있다(「범죄피해자보호법」 제16조). 구조금은 사망한 피해자의 유족에게 지급하는 유족구조금과 장해나 중상해를 입은 범죄피해자 본인에게 지급하는 장해구조금과 중상해구조금이 있다. 각 구조금들은 월소득금액을 기준으로 하여 유족구조금은 최대 48개월, 장해구조금과 중상해구조금은 최대 40개월까지 지급한다.

구조금은 범죄피해 발생을 안 날로부터 3년, 범죄피해가 발생한 날로부터 10년 내에 신청해야 하며(동법 제25조 ①항), 피해자가 지급신청서 등의 구비서류를 지방검찰청에 접수하면, 각 지방검찰청에 설치된 범죄피해구조심의회에서 심의 후 지급여부를 결정한다. 최근 5년간 지급된 범죄피해구조금 현황은 [표 17-5]와 같다.

[표 17-5] **최근 5년간 범죄피해구조금 지급현황**

(단위: 건, 천원)

구분		2018	2019	2020	2021	2022
합계	건수	248	305	206	191	189
	지급액	10,175,047	11,516,297	9,567,057	9,792,147	9,502,935
유족구조금	건수	188	185	145	144	138
	지급액	9,234,467	9,278,850	8,214,365	8,894,672	8,406,292
장해구조금	건수	24	34	27	25	23
	지급액	736,133	1,140,317	985,276	639,389	821,919
중상해구조금	건수	36	86	34	22	28
	지급액	204,445	1,097,129	367,416	258,086	274,724

※ 자료: 국가지표체계 홈페이지, 2023. 7. 1. 검색.

이 이외에도 성폭력 피해자를 위한 의료비와 간병인, 돌봄비를 지원하거나 가정폭력피해자에 대해 의료비를 지원하는 등 금전적 지원을 해주는 프로그램과 방화 등의 범죄로 인해 주거지를 잃거나 기존 주거지에서 생활하기 어려운 범죄 피해자들에게 주거를 지원해주는 프로그램 등이 존재한다. 또한 경찰에서는 2015년 3월 국민건강보험과의 업무협약을 체결하여 과거 상해 등의 범죄 피해자가 건강보험 급여 적용을 받지 못했던 것을 적용받을 수 있도록 제도적 개선 역시 이루어졌다.

2. 심리적 지원제도

범죄로 인해 심리적 후유증 등을 겪고 있는 피해자들을 돕기 위해 법무부에서는 범죄피해자지원센터에 위탁하여 스마일센터를 개설하고 피해자들의 심리적인 회복을 위한 지원을 실시하고 있다. 전국 16개소(서울2, 부산, 인천, 광주, 대전, 대구, 춘천, 전주, 수원, 의정부, 청주, 울산, 창원, 제주, 목포)에 설치된 센터에서는 강력범죄 피해자들을 위해 체계적으로 심리상담과 평가를 실시하고, 심리치료와 피해자들의 정신과 진료를 돕고 있다. 또한 여성가족부에서는 성폭력과 가정폭력 피해자가 1년 365일 24시간 상담과 심리지원 등을 받을 수 있도록 해바라기센터를 운영하고 있다. 전국적으로 39개(위기지원형 16개, 아동 7개, 통합형 16개)가 설치되어 있으며, 주로 지역의 거점병원에 설치되어 있다.

[Box 17.2] 전문심리치료 사례

> 피해자 A씨는 강도살인 사건으로 남편을 잃었다. 남편을 잃은 뒤 언론을 통해 그 피해사례가 알려지면서 2차 피해를 겪었으며 사람들의 시선이 무서워 본인의 심리적 고통에 대해서도 제대로 마주하지 못하는 상황이었다. A씨는 치료초반 분노와 외로움, 복수심 등 극도의 혼란상태를 겪고 있었으나, 서울스마일센터에서 63회의 심리치료를 받으며 분노 감정이 줄어들고 배우자를 상실한 현실을 수용하며 일상생활을 건설적으로 계획하게 되었다. [최인호, 2016: 77–78 참고로 재작성]

이 이외에도 경찰에서는 사건의 발생초기부터 피해자들의 심리적인 지원을 위해 CARE(피해자심리전문요원)을 운영하고 있으며, 피해자 지원단체인 한국피해자지원협회(KOVA)에서도 피해회복을 위해서 피해자에 대한 전문 피해상담 및 심리치료 등의 지원을 하고 있다.

3. 신체적 보호제도

범죄피해자가 보복을 당할 우려가 있는 경우 이들의 신체적 안전을 위해서 검찰에서는 안전가옥을 마련하여 이용할 수 있도록 하고 있다. 이런 안전가옥은 관리위원회의 사용허가 결정이 통보된 날부터 재판이 종료할 때까지 사용할 수 있다. 또한 경찰에서는 피해자의 신변안전을 위해 일정기간 동안 신변보호를 하거나, 법원 등의 출석이나 귀가 시 동행을 하고 피해자의 주거, 직장에 대해서 주기적으로 순찰을 하는 등의 역할을 수행한다. 그리고 스마트워치(비상호출기)를 지급하여 위급한 상황이 발생하면 즉각적으로 보호할 수 있는 체계를 구축하고 있다.

[Box 17.3] 위치추적장치 활용 사례

2016년 6월 A씨는 관할 경찰서를 방문하여 헤어진 남자친구 B씨로부터 협박과 폭행을 당하고 있다며 고소장을 제출했고, 경찰은 신변보호의 필요성을 인정해 신변보호용 스마트워치를 제공하였다. 같은 해 9월 4일 경찰에 스마트워치 긴급신고가 접수되었고, 경찰은 A씨가 B씨와 함께 있을 것으로 판단하여 B씨의 차량을 긴급수배하여 추격전 끝에 B씨를 검거하고, A씨를 무사히 구출하였다. B씨는 A씨를 납치해 같이 시너를 뿌려 죽자고 협박한 것으로 나타났다.

4. 법률적 지원제도

범죄의 피해를 입었지만 법적 지식이 부족하거나 경제적인 어려움으로 인해 법률의 보호를 받지 못하는 경우를 막기 위해 대한법률구조공단에서는 법률적인 지원을 실시하고 있다. 방문 및 전화를 통한 무료법률상담을 실시하고 있으며, 소송서류를 무료로 작성해주고, 가해자를 상대로 한 손해배상청구소송을 지원한다. 또한 2013년 6월부터 피해자 국선변호사 제도를 도입해 성폭력·아동학대 피해자들을 대상으로 사건의 발생초기부터 수사와 재판에 이르는 모든 과정에서 피해자에게 필요한 전문적인 법률적 지원을 실시하고 있다. 이외에도 배상명령제도와 형사조정제도 등을 통해서 피해자의 피해가 최대한 회복될 수 있도록 하고 있다.

[Box 17.4] 형사조정 사례

피해자는 임신상태에서 자궁 길이를 늘이는 시술을 받던 중 융모양막염 등이 의심되어 의사로부터 태아를 유도분만 후 낙태하기 위한 수술을 받았는데, 회복 과정에서 심한 복통과 하혈을 호소하다 패혈증으로 사망하였다. 피해자가 사망한 이후 병원과의 민사소송이 진행되어 형사조정에 회부된 때에도 소송이 계속되고 있었다. 조정위원들은 피해자 유족의 아픔을 달래주기 위해 진심어린 노력을 하였고, 민사소송 소가의 70%에 해당하는 금액을 피해자에게 지급하도록 하는 권고안을 내면서, 형사조정을 통해 분쟁을 종국적으로 해결하도록 설득하였다. 조정위원들의 노력에 의해 피의자 측은 피해자에게 소정의 합의금을 지급하고, 피해자는 관련 민사소송을 취하하는 조건으로 조정이 성립되었다. 형사조정을 통해 민·형사적 법률분쟁을 한 번에 정리함으로써 분쟁의 장기화에 따른 당사자들의 고통을 덜어주고, 조정 당사자가 모두 만족할 합리적 결과를 이끌어냈다. [대검찰청, 2015]

V 피해자 보호를 위한 발전 방향

형사사법과정에서 피해자에 대한 보호와 지원이 거의 이루어지지 않았던 과거와는 달리 최근에는 형사사법기관은 물론 민간에서도 다양한 형태의 지원이 이루어지고 있다. 하지만 본격적으로 제도권 내에서 지원이 이루어진지는 그리 많은 시간이 지나지 않았기 때문에 아직까지 개선되어야 할 사항들이 일정 부분 존재한다. 특히 각종 피해자지원기관의 설립으로 인해 중복적으로 업무를 수행하고 있는 부분은 업무의 비효율 및 피해자에게 혼란을 줄 수도 있는 바, 피해자지원과 관련된 명확한 체계가 확립되어, 정신적·신체적·재산적 피해 등에 대해 효율적으로 보호·지원할 수 있는 시스템 마련이 필요하다. 또한 필리핀 살인기업[4] 사례와 같이 제도적 미비로 인해 보호받지 못하는 사각지대가 발생하지 않도록 미비점을 보완할 필요성이 있다. 그리고 언론의 범죄피해 관련 보도지침 마련을 통해 피해자가 2차 피해를 겪지 않도록 할 필요가 있다.

4 최세용과 공범들이 필리핀 여행 중인 한국인들을 대상으로 납치, 강도, 살인을 벌인 사건으로, 검찰에서는 이 사건이 국내가 아닌 해외에서 발생했다는 이유로 범죄피해구조금을 지급하지 않았다.

summary

요 약

범죄로 인한 피해는 범죄현장에서 발생하는 1차적 피해 이외에도 형사사법기관과 언론 등을 통해 2차적으로 발생하기도 한다. 과거에는 이런 범죄피해에 대해 관심을 가지기보다는 가해자의 처벌에 초점을 맞췄고, 피해자가 된 사람을 보호하기 보다는 피해자의 행위가 범죄를 유발했을 것이라는 피해자 비난을 일삼기도 했다. 하지만 누구든지 범죄피해의 당사자가 될 수 있다는 생각과 일면식도 없는 사람들에 의한 묻지마 식의 범죄가 자주 발생하게 되면서 피해자에 대한 관심을 기울이게 되었다. 많은 사람들이 범죄의 피해로 인해 신체·정신·경제적 고통을 겪고 있으며, 이러한 고통은 범죄의 당사자뿐만 아니라 가까운 관계에 있는 친족들 역시 함께 경험하고 있다.

이런 피해자들의 피해 회복을 위해 2005년 「범죄피해자 보호법」이 제정되었고, 이후 각종 법률의 제·개정을 통해 피해자들의 피해회복을 위한 각종 제도적 장치들이 마련되고 있다. 피해자가 겪게 되는 경제적 어려움을 지원하기 위해서 범죄피해자보호기금을 설치하여 피해자들에게 유족, 장해, 중상해 등의 구조금을 지원하고 있으며, 각종 의료비 및 주거시설 등에 대한 지원 역시 이루어지고 있다. 또한 정신적 피해를 최소화하고 회복을 돕기 위해 수사의 초기단계에서부터 전문화된 CARE요원을 투입하는 등의 제도적 장치를 마련하고 있으며, 민간의 각종 지원단체를 통해 심리상담과 평가, 정신과 진료가 이루어질 수 있도록 지원하고 있다. 그리고 형사조정제도의 도입을 통해 회복적 사법 개념이 현장에서 실질적으로 이루어질 수 있도록 하고 있으며, 대한법률구조공단 등을 통한 법률적인 지원 역시 이루어지고 있다.

하지만 아직까지도 피해자의 보호와 지원은 발전해 나가는 과정에 있으므로 많은 고민과 논의를 통해 현 제도 내에서 피해자들이 보호와 지원을 받지 못하고 있는 사각지대 문제를 해결할 수 있도록 하고, 피해자 지원을 위한 컨트롤 타워 마련을 통해 중복적으로 업무를 수행하고 있는 민간기관 및 정부기관들의 업무범위를 명확화하여 보다 효율적으로 피해자 지원이 이루어질 수 있도록 해야 한다. 더불어 2차 피해의 확산을 방지하기 위해 언론과 형사사법기관의 지속적인 고민과 노력이 요구된다.

key word &
current hot issues

주요 용어와 현안 문제

1. 피해자 비난

피해자 비난이란 범죄피해가 피해자가 행한 행위가 원인이 되어 발생했다고 피해자를 비난하는 것을 말한다. 즉 범죄피해에 대해 피해자가 위로나 보호, 지원을 받기보다는 비판이나 부정적 시선을 받는 것으로 주로 사람들이 피해자에 대해 가지는 편견 등에 의해서 비롯된다. 과거에는 사건 당시의 피해자의 행동에 대한 비난이 중심이 되었지만 최근에는 소셜미디어 등을 통해 공개된 피해자의 정보를 바탕으로 피해자의 한 특성만을 부각시켜 비난하는 사례들도 발생하고 있다. 이러한 피해자 비난은 피해자로 하여금 범죄피해 신고를 기피하도록 하는 등의 문제점을 야기한다.

2. 회복적 사법

회복적 사법이란 피해자와 가해자, 지역사회가 함께 범죄로 인해 발생한 피해를 회복해 나가는 것을 강조하는 개념이다. 범죄라는 것은 개인에 대한 법익의 침해 또는 지역사회 이익의 침해행위이기 때문에 이러한 침해행위에 대해 가해자가 책임을 지고 피해에 대한 보상을 해 나가도록 하는 것이다. 대상자들이 직접 대화과정을 통해 합의점을 찾고 타협을 해 나가는 것을 강조한다. 이 개념은 범죄는 국가규율에 대한 침해행위, 즉 법위반 행위이며, 가해자에 대한 엄격한 처벌을 주장한 응보적 사법과 대비되는 개념이다.

3. CARE(Crisis-intervention, Assistance & Response)

CARE(피해자심리전문요원)은 강력사건이 발생할 경우 경찰관들이 발생 초기에 현장에 출동하여 피해자들의 심리적 안정을 유도하는 등 범죄의 정신적 후유증으로부터 벗어날 수 있도록 지원하는 시스템이다. 시·도경찰청 수사과 피해자보호계에 소속되어 있으며, 전문성을 확보하기 위해 심리학 분야 석사 이상 또는 관련 분야에서 근무한 경력이 있는 사람들을 특별채용하고 있다. 이들은 피해자에 대한 심리평가 및 심리상담 등의 심리적 지원은 물론 수사의 과정에서 2차 피해가 발생하지 않도록 하는 역할 역시 수행하고 있다.

4. 형사조정제도

형사조정제도는 범죄피해자가 피해를 실질적으로 회복할 수 있도록 피의자와 범죄피해자 간의 형사분쟁에 대해 지역사회 등 제3자가 동참하여 분쟁을 자율적으로 해결할 수 있도록 하는 제도이다. 개인 간 금전거래로 인해 발생한 분쟁으로서 사기, 횡령, 배임 등 재산범죄 고소사건과 명예훼손 등 사적 분쟁에 대한 고소사건 등이 대상이 된다. 지방검찰청 형사조정위원회에서 당사자의 동의를 얻은 후에 형사조정절차가 시작되며, 의견 청취 후 합의점을 제안하고 이에 대해 찬성할 시 조정이 성립한다. 조정이 성립되었다고 하여 불기소 처분이 되는 것은 아니고, 검사는 이를 정상참작사유로 고려해 사건을 처리한다.

5. 배상명령제도

강도, 절도, 사기, 공갈 등의 사건에 대해 형사공판 절차에서 유죄판결을 선고하거나 가정보호사건 심리 절차에서 보호처분을 선고할 경우, 피해자가 민사소송을 별도로 제기하지 않더라도 직권 또는 피해자의 신청에 의해 직접적인 물적 피해, 치료비 등을 배상받을 수 있도록 명령하는 제도이다. 이런 절차가 없다면 피해자는 범행으로 입은 피해를 보상받기 위해 별도의 민사소송을 제기해야 한다. 「소송촉진 등에 관한 특례법」 제25조와 「가정폭력범죄의 처벌 등에 관한 특례법」 제57조에 근거하고 있다.

퀴즈 [진위형] quiz

1 형사조정제도는 피의자와 범죄피해자의 형사분쟁을 원활하게 해결하기 위한 제도로서, 당사자 간 만족할 만한 합의를 이끌어 내 피해자의 실질적인 피해가 회복되면, 형사사건의 처리절차가 종료된다.

2 「범죄피해자 보호법」에서는 보호받아야 하는 범죄의 피해자를 범죄의 직접적인 피해자는 물론 범죄로 인해 영향을 받을 수 있는 배우자 및 직계친족들을 포함하고 있다.

3 범죄피해의 보도와 관련하여 일반 대중의 정당한 관심사에 해당될 경우 이들의 궁금증을 충족시켜주기 위해 피해자의 사생활과 관련된 보도가 이루어진 것에 대해 법원은 국민의 알 권리 차원에서 허용된다고 본다.

4 범죄피해구조금은 국내외에서 발생한 범죄로 인하여 생명 또는 신체적 피해를 당한 사람과 그 유족에게 경제적 지원을 하는 것으로, 종류로는 유족구조금, 장해구조금, 중상해구조금이 있다.

5 2차 피해는 가해자가 범죄피해 신고 등을 이유로 피해자에게 다시 한 번 피해를 가하는 것을 의미한다.

6 정부는 재산형 등의 집행으로 확보된 벌금의 100분의 6 이상의 범위에서 대통령령으로 정한 비율을 곱한 금액을 범죄피해자보호기금에 납입하여야 한다.

퀴즈 [선택형] quiz

7 범죄피해구조금 제도에 대한 설명으로 틀린 것은?

① 범죄피해구조금은 범죄로 인하여 생명 또는 신체적 피해를 당한 사람과 그 유족에게 경제적 지원을 하는 것이다.

② 구조피해자가 피해의 일부를 배상받지 못하는 경우에도 구조금을 지급받을 수 있다.

③ 구조금은 범죄피해 발생을 안 날로부터 3년, 범죄피해가 발생한 날로부터 10년 내에 신청해야 한다.

④ 구조금은 각 시·도경찰청에 설치된 범죄피해구조심의회에서 심의 후 지급여부를 결정한다.

8 성폭력범죄 피해자를 위한 지원제도로 옳지 않은 것은?

① 여성가족부에서는 성폭력 피해자가 상담과 심리지원 등을 받을 수 있도록 해바라기센터를 운영하고 있다.

② 국가는 여성가족부를 통해 불법촬영등으로 인한 피해자에 대해 유포된 촬영물에 대한 삭제를 직접 실시하고 있다.

③ 지방법원장 또는 고등법원장은 특별한 사정이 없으면 성폭력범죄 전담재판부를 지정하여 성폭력범죄에 대하여 재판하게 하여야 한다.

④ 검찰총장은 각 지방검찰청 검사장으로 하여금 성폭력범죄 전담 검사를 지정하도록 하여 특별한 사정이 없으면 이들로 하여금 피해자를 조사하게 하여야 한다.

9 피해자에 대한 법률적 지원제도로 옳지 않은 것은?

① 성폭력, 아동학대 또는 인신매매 등 범죄 피해를 입은 아동 및 범죄 피해자인 장애인이 경찰이나 검찰에서 조사를 받거나 법정에서 증언을 할 때 의사소통을 도와주는 전문가로 진술조력인 제도를 두고 있다.

② 대한법률구조공단은 무료법률상담, 저소득층을 위한 소송대리·형사변호 지원 등의 법률구조사업을 수행하고 있다.

③ 성폭력, 강도 등 사건 발생 초기부터 수사, 재판에 이르는 전 과정에서 피해자를 위한 전문적인 법률지원을 위해 피해자 국선변호사제도를 운영하고 있다.
④ 형사조정제도는 피해자의 피해가 최대한 회복될 수 있도록 하는 제도 중 하나이다.

10 피해자에 대한 심리적 지원 제도와 기관의 연결이 옳지 않은 것은?
① 경찰 - CARE요원
② 법무부 - 스마일 센터
③ 여성가족부 - 해바라기 센터
④ 검찰 - 위기개입상담관

참고문헌 및 학습도우미 전자자료

reference & study aid electronic materia

경찰청, 「피해자·보호지원 매뉴얼」, 2016.

김민영·한민경·박희정, 「전국범죄피해조사 2018」, 한국형사정책연구원, 2019.

대검찰청, 「범죄분석」, 2022.

대검찰청, “형사조정! 사건 해결의 새로운 패러다임으로 정착하다” 보도자료, 2015.

박형민·최수형·김남희·이선형·조제성. 「전국범죄피해조사 2020 분석보고서」, 한국형사·법무정책연구원, 2021.

최인호, “사례분석을 통해 본 범죄피해자 지원제도의 필요성,” 「2016 범죄방지재단 춘계학술세미나」, 2016.

국가지표체계 홈페이지, http://www.index.go.kr

스마일센터 홈페이지, http://resmile.or.kr

1. 경찰청의 범죄피해자 지원 제도
   https://www.police.go.kr/www/security/support/support01/support07.jsp

2. 검찰의 범죄피해자 지원 제도
   https://www.spo.go.kr/site/spo/02/10211020100002018100812.jsp

3. 법무부 범죄피해자 지원제도
   http://www.moj.go.kr/cvs/2698/subview.do

4. 스마일센터
   https://resmile.or.kr/main/main.php

5. 해바라기 센터
   https://resmile.or.kr/main/main.php

해 답 [진위형]
answer

1. 아니다.
형사조정제도는 피해자의 피해를 실질적으로 회복할 수 있도록 돕는 제도로서, 지방검찰청 형사조정위원회에서 담당한다. 조정 당사자의 합의가 있을 경우 조정이 성립되며, 조정의 성립은 형사사건의 절차상 종결을 의미하지는 않는다. 형사조정은 피해자의 피해회복을 돕기 위한 회복적 사법의 일환으로, 조정이 성립되면 검사는 조정을 정상참작사유로 고려하여 사건을 처분한다.

2. 그렇다.
「범죄피해자 보호법」 제3조 ①항 1호에서는 타인의 범죄행위로 피해를 당한 사람과 그 배우자(사실상의 혼인관계를 포함한다), 직계친족 및 형제자매를 범죄피해자로 규정하고 있다. 「범죄피해자 보호법」은 범죄피해로 발생하게 될 경제적·정신적 충격을 고려하여 범죄피해를 직접 경험한 당사자 이외에도 그들과 밀접한 관계를 맺고 있는 친족들에 대해서도 범죄피해자로 인정하고 있다.

3. 아니다.
법원은 범죄피해의 보도와 관련하여 피해자의 사생활 관련 영역은 범죄의 경위를 설명하기 위해서 불가피하게 공개할 수 밖에 없는 성질의 것에 해당하지 않는다고 보고 있다. 또한 범죄와 관련된 사실이 일반 대중의 정당한 관심사에 포함된다 하더라도 그와 같은 관심이 사생활의 비밀과 자유라는 인격적 이익보다 더 우월하다고 볼 수는 없다고 본다.

4. 아니다.
「범죄피해자 보호법」 제4조 ①항 4호 규정에 의하면, "구조대상 범죄피해"란 대한민국의 영역 안에서 또는 대한민국의 영역 밖에 있는 대한민국의 선박이나 항공기 안에서 행하여진 사람의 생명 또는 신체를 해치는 죄에 해당하는 행위로 인하여 사망하거나 장해 또는 중상해를 입은 것을 말한다. 그러므로 범죄피해구조금을 받을 수 있는 범죄는 속지주의에 따른 범죄만을 대상으로 하는 바 국외에서 발생하는 범죄의 경우는 해당하지 않는다.

5. 아니다.
2차 피해는 가해자의 범죄행위가 일으킨 피해가 아닌 수사과정 또는 언론의 보도 등을 통해서 야기되는 피해를 말한다.

6. 그렇다
「범죄피해자보호기금법」 제4조 ②항의 내용이며, 2023년 기준 100분의 8을 납입하도록 하고 있다.

해 답 [선택형]

answer

7. ④
구조금 지급은 각 지방검찰청에 설치된 범죄피해구조심의회에서 심의 후 지급여부를 결정한다.

8. ②
국가는 불법촬영등으로 인한 피해자의 유포된 촬영물 삭제를 위한 지원을 할 수 있도록 규정하고 있다.

9. ③
피해자 국선변호사는 성폭력·아동학대·장애인학대·인신매매 등 범죄 피해자 및 성매매 피해아동·청소년을 대상으로 지원된다.

10. ④
위기개입상담관은 범죄발생 직후 긴급 심리지원을 전문적으로 담당하는 경찰청의 일반임기제 공무원이다.

/ 제18장 /

국민참여재판

– 김형국

Ⅰ. 국민주권주의와 국민참여재판
Ⅱ. 국민참여재판의 형태, 참심제와 배심제
Ⅲ. 국민참여재판의 유래와 발전
Ⅳ. 국민참여재판의 절차
Ⅴ. 국민참여재판의 효력과 전망

short storytelling

우리나라에서 국민참여재판은 2008년부터 시작되었는데 국민들의 관심이 집중된 국민참여재판이 2013년 10월 28일에 전주지방법원에서 열렸다. 안도현 시인에 대하여 검사가 공직선거법 상 허위사실유포와 후보자비방죄를 적용하여 법원에 재판을 청구한 사건이다. 안도현 시인은 대통령선거기간인 2012년 12월 10일부터 이틀간 17차례에 걸쳐 자신의 트위터에 새누리당 박근혜 대선후보가 안중근 의사의 유묵을 소장하거나 유묵 도난에 관여됐다는 내용의 글을 올린 혐의로 재판에 넘겨졌다. 당시 안도현 시인이 트위터에 올린 글은 '감쪽같이 사라진 안중근의사의 유묵은 1976년 3월 17일 홍익대 이사장 이도영이 박정희 대통령에게 기증했습니다', '도난된 보물 소장자는 박근혜입니다. 2001년 9월 2일 안중근의사숭모회 발간 도록 증거자료입니다'라는 내용이었다. 안도현 시인이 언급한 안중근의사의 유묵은 안중근의사가 의거를 치른 후 일제경찰에 체포되어 여순감옥에 갇혀 있을 때 붓으로 쓴 글인데 조국의 독립을 다짐하면서 약지손가락 첫마디를 자른 손도장이 찍혀 있어 더욱 유명한 글이다. 모두 18점이 있다고 알려져 있으며 일부는 국가문화재(보물 569호)로 지정되어 있다. 도난당한 국가문화재를 개인이 소장하고 있다는 것은 국가기강에 대한 중대한 문제였다. 대통령선거가 끝난 후 검사는 안도현 시인이 허위사실을 유포하고 대통령후보자를 비방한 죄를 범하였다고 주장하였고, 안도현 시인은 진실을 밝힌 것이라며 절필선언을 하면서 맞섰다. 안도현 시인의 거주지는 전주지방법원의 관할구역 내에 있어서 재판은 전주지방법원에서 열렸다. 안도현 시인은 2013년 8월 1일 제1회 공판이 열리기 전에 "제 혐의에 대해 국민 상식과 눈높이에 맞는 판단을 듣고 싶다"며 직업법관, 검사나 변호사만 참석하는 재판이 아닌 일반국민이 배심원으로 참석하는 국민참여재판을 신청하였다. 안도현 시인이 받는 재판은 선거과정에서 발생한 정치적 사건이어서 법원이 국민참여재판으로 진행하기 어려울 것이라는 우려가 있었으나 담당재판부인 전주지방법원 형사제2부(재판장 은택)는 안도현 시인의 신청을 받아들여 국민참여재판을 열기로 하였다. 이 재판의 주된 쟁점은 안도현 시인의 주장이 진실인지 여부였고 형사재판에서 범죄혐의의 입증책임은 검사에게 있으므로 안도현 시인의 주장이 허위사실이라는 것을 입증할 책임은 검사에게 있었다. 안도현 시인도 자신의 주장이 진실이라는 것을 입증하기 위하여 증인을 신청하였는데 증인으로 예정된 사람들은 문화재관리를 담당하는 분야에서 근무하는 사람들이었다. 재판과정에서 배심원으로 소집된 사람들은 아직 배심원이 아닌 배심원후보자라고 칭하는데 전주지방법원의 관할구역내에 거주하는 20세 이상의 국민들 중에서 주민등록자료를 기초로 컴퓨터를 이용한 무작위 추첨방식으로 선발한다. 약 100명 이상의 배심원후보자를 소환하였고, 이들에 대하여 편견을 갖고 있거나 공정한 판단을 하기 어려운 사람들을 배제하기 위한 질문과 답변을 거쳐 모두 7명의 배심원이 선발되었다. 공판과정에서 검사와 변호인 및 안도현 시인 사이에 치열한 공방이 이루어졌고, 안도현 시인이 트위터에 올린 글에 대한 근거자료와 관계자들의 증언이 이어졌다. 공판이 종료된 후 배심원들은 직업법관과 분리되어 배심원들만의 결론을 도출하기 위한 회의를 시작하였고 토론 끝에 만장일치로 안도현 시인에 대하여 무죄결정을 내렸다. 국민참여재판은 통상 배심원들의 결론이 도출되면 그날 즉시 판결을 선고하는데 이 사건에서 전주지방법원 형사제2부는 배심원들의 결론을 들은 후 재판부의 결론과 다른 점이 일부 있다는 이유로 통상과 달리 즉시 선고하지 않고 선고를 연기하였다. 약 1주일 후 전주지방법원 형사제2부는 안도현 시인에 대하여 허위사실유포죄에 대하여는 무죄, 후보자비방죄에 대하여는 유죄를 선고하였고, 유죄로 인정된 부분에 대하여는 형의 선고를 유예하여 실제로는 처벌하지 않는 판결을 선고하였다. 이 국민참여재판은 정치권에서는 매우 큰 파장을 일으켰는데 특히 당시 여당을 중심으로 일반 국민들이 참여하는 국민참여재판을 폐지해야 한다는 의견이 나오기까지 하였다. 특히 역대 선거에서 전라북도지역은 당시 야당후보를 많이 지지한 것을 이유로 전주에서 열린 안도현 시인에 대한 국민참여재판은 불공정할 수밖에 없다는 무용론까지 대두되었다. 하지만 선거결과가 재판결과에 영향을 미친다는 증거는 어디에도 없었고, 주권자인 일반 국민들이 행정권이나 입법권에는 선거를 통하여 관여할 수 있지만 사법권에는 직접 관여할 수 없었는데 유일한 직접 관여방법인 국민참여재판을 폐지하는 것은 민주주의에 역행하는 것이라는 비판을 받았고 국민참여재판은 계속 유지되었다. 이후 정치적 사건으로 진보적 성향인 조희연 교육감 사건이 있었는데 일반 국민들이 참여한 국민참여재판에서 배심원들은 만장일치로 유죄를 선고하였고 당선무효에 해당하는 중형을 선택하였다. 이어진 우리나라에서 최초로 열린 국가보안법위반사건에 대한 국민참여재판에서 배심원들은 만장일치로 피고인에게 유죄를 선고하였고 이후 일반국민들이 형사재판에 참여하는 것에 대한 비판의 목소리는 줄어들었다.

I 국민주권주의와 국민참여재판

국민참여재판이란 직업법관이 아닌 일반국민이 재판과정에 참여하는 형사재판을 의미한다. 형사재판이란 국가형벌권의 행사를 결정하기 위한 절차로 범죄가 발생하였는지 여부 및 범죄가 인정될 경우 어떤 형벌을 부과할 것인지 여부를 결정하는 일련의 절차이다. 인류문명이 발전하면서 범죄에 대한 개인적인 복수가 금지되었고 국가권력을 통한 형벌이 제도화됨에 따라 국가형벌권의 행사를 결정하는 형사재판은 국민들에게 중대한 영향을 미치는 분야가 되었다. 국가는 사형이라는 형벌을 통하여 국민의 생명을, 징역이라는 형벌을 통하여 국민의 자유를, 벌금이라는 형벌을 통하여 국민의 재산을 합법적으로 박탈하는 권력을 행사한다. 국가가 갖는 여러 권력 중에서도 국가형벌권은 가장 강력한 권력이다.

우리나라에서는 국민참여재판이 도입되기 전에 국가형벌권의 행사는 전문적인 교육과 소양을 갖춘 직업법관에게 맡겨야 하는 분야이고, 일반국민이 참여하는 것은 적당하지 않은 분야로 여겨져 왔다. 분쟁의 최종적인 해결을 위한 절차라는 점이나 그 해결방식이 형벌이라는 매우 중대한 권리침해를 가져온다는 점에서 비전문가인 일반 국민들을 참여시키기 어렵다는 주장이었다.

하지만 세계적으로 민주주의가 성숙되어 갔고, 우리나라에서도 민주주의가 발전하면서 가장 강력한 국가권력의 행사일수록 주권자인 국민의 참여가 보장되어야 한다는 견해가 힘을 얻었다. 민주주의는 국민이 주권을 갖는다는 국민주권주의를 기본적인 내용으로 하는데 우리 헌법 제1조 제1항은 「대한민국은 민주공화국이다.」라고 규정하고, 우리 헌법 제1조 제2항은 「대한민국의 주권은 국민에게 있고 모든 권력은 국민으로부터 나온다.」라고 규정하고 있다. 민주주의를 채택한 국가는 예외없이 국민주권주의를 채택하고 있는데 국민주권주의를 행사하는 방법은 근대민주주의에서 현대민주주의로 발전하면서 변화하였다. 근대민주주의가 선거철에만 일시적으로 국민이 주권을 행사하는 형식적 국민주권주의를 채택했다면 현대민주주의는 국민들이 상시적으로 주권자로서 권리를 행사할 수 있어야 한다는 실질적 국민주권주의를 채택하고 있다. 실질적 국민주권주의의 실현수단으로 국민투표, 주민소환, 여론조사 등이 거론되고 있다. 형사재판분야에서는 재판과정에 일반 국민의 참여를 보장하는 것이 실질적 국민주권주의를 실현하는 중요한 수단이다.

Ⅱ 국민참여재판의 형태, 참심제와 배심제

나라마다 역사와 정치사정에 따라 일반 국민이 형사재판에 참여하는 형태에는 차이가 있지만 어떤 형식으로든 형사재판과정에서 일반 국민의 참여를 보장하는 것은 세계적인 추세이다. 배심제가 꽃을 피운 미국과 영국은 물론이고, 참심제의 형태를 취하고 있는 독일과 프랑스, 영미법의 영향을 받은 호주와 뉴질랜드, 절충적인 형태를 취하고 있는 캐나다, 스페인, 러시아는 일반국민이 형사재판에 참여하는 제도를 두고 있는 나라이다. 이외에 지중해와 남미의 여러 나라들에도 유사한 제도가 있고, 심지어 서양식 민주주의와 거리가 있다고 여겨지는 중국도 인민배심제라는 유사한 제도를 두고 있다.

우리나라와 일본도 세계적인 추세에 맞추어 주권자인 일반 국민이 형사재판에 참여할 수 있는 제도를 도입하려는 노력을 계속하였고, 우리나라는 2008. 1. 1.부터 「국민의 형사재판 참여에 관한 법률」이 시행되면서 일반 국민이 형사재판에 참여할 수 있는 재판제도, 즉 국민참여재판이 마련되었다. 일본은 2009. 5.부터 재판원제도라는 명칭으로 일반 국민이 형사재판에 참여하는 제도를 시행하였다.

일반국민이 형사재판에 참여하는 형태는 크게 배심제와 참심제로 구분된다. 배심제는 배심원으로 일반국민을 선정하고 배심원으로 선정된 일반 국민들은 재판에 참석하여 증거를 살펴본 후 직업법관과 독립하여 배심원들 사이의 토론과 협의를 통하여 참석한 재판에 대하여 판단을 하며, 배심원들의 판단은 원칙적으로 만장일치에 이르러야 하고 배심원의 판단에 직업법관은 따라야 하는 제도이다. 참심제는 참심원으로 일반국민을 선정하고 참심원으로 선정된 일반 국민들은 직업법관과 함께 재판부를 구성해 재판에 참석하여 증거를 살펴본 후 직업법관과 참심원들이 토론과 협의를 통하여 참석한 재판에 대하여 판단을 하며, 다수결에 의하여 판단하고 참심원의 판단에 직업법관이 따를 필요가 없는 제도이다. 배심제와 참심제는 직업법관과 일반국민이 재판과정에서 분리되는지 여부 및 참여한 일반국민의 판단이 직업법관을 구속하는지 여부에 큰 차이가 있다.

일반적으로 배심제와 참심제는 거울에 비친 양면과 같은 장단점을 갖는다. 배심제의 장점으로는 일반 국민이 직업법관과 독립적으로 재판에 참석하므로 국민주권주의를 충실히 실현할 수 있으며, 사법에 대한 신뢰가 고양될 수 있고, 주권자인 일반 국민의 상식과 정서를 그대로 판결에 반영할 수 있다는 점을 든다. 배심제의 단점으로는 일반 국민이 배심원으로 참여할 때 전문지식이 부족하여 잘못된 판결을 할 수 있고, 시간과 비용이 많이 든다는 점을 든다. 참심제의 장점으로는 배심제에 비하여 시간과 비용이 절감될 수 있지만 단점으로는 직업법관들과 함께 재판에 참석하고 토론을 하면 전문가인 직업법관의 의견에 반대하기 어려워 일반 국민의 의견을 제대로 밝힐 수 없고, 결국 형식적인 참석에 그칠 수 있다는 우려가 있다.

하지만 위와 같은 평가는 일반적인 추론에 불과할 뿐 배심제를 채택한 국가에서 잘못된 판결이 늘어난다는 증거는 없고, 참심제를 채택한 국가에서 참심원들이 모두 형식적인 참석을 한다고 보기도 어렵다. 어떤 제도를 채택하든 장점을 살리고 단점을 보완하려는 노력이 필요하다.

우리나라의 국민참여재판은 배심제와 참심제를 절충한 형태를 취하고 있다. 국민참여재판에서 배심원으로 참여하게 된 일반 국민은 원칙적으로 직업법관과 독립하여 배심원단을 구성하고 직업법관과 의견교환을 하지 않은 상태에서 독립하여 토론하고 결론을 낸다는 점에서 배심제와 가깝다. 하지만 배심원들이 만장일치에 이르지 못할 경우 직업법관의 의견을 들어야 하고 배심원들의 결론은 직업법관에게 권고하는 효력을 가질 뿐 직업법관이 따를 의무가 없다는 점에서 참심제의 요소가 적지 않다. 국민참여재판은 두 가지 제도를 절충한 형태인 만큼 자칫 잘못하면 두 가지 제도의 단점만 드러낼 수도 있고, 효율적으로 운영하면 두 가지 제도의 장점만을 발휘할 수도 있다. 장점을 끌어내고 단점을 축소시키려는 노력이 더 필요하며 특히 배심원들의 결론에 어느 정도의 힘을 부여할 것인지 여부는 매우 중요하다.

Ⅲ 국민참여재판의 유래와 발전

일반 국민이 국가권력의 행사인 재판과정에 관여한 것은 영국의 배심재판이 시초로 알려져 있다. 통상 배심재판은 1066년 스칸디나비아 반도에 거주하던 노르만족이 영국을 정복한 후 일정한 수의 지역주민들을 모아놓고 선서를 시킨 다음 그 지역의 사실관계를 증언하도록 하는 제도에서 시작된 것으로 보는데 이때 모인 일정한 수의 지역주민들이 초창기의 배심원이었다. 처음 배심원은 지역사회의 실상을 알리는 정보제공자의 역할을 하였으나 점차 심판관으로 기능이 변모하였고 1367년에 이르러 배심원만장일치의 원칙이 확립되었다. 특히 형사재판에서 배심재판은 1215년 교황 이노센트 3세가 '불과 물의 심판'이라고 불리는 신성재판에 대한 카톨릭교회의 지지를 철회하면서 확립되기에 이르렀는데 '불과 물의 심판'이란 재판을 받는 사람의 육체에 불과 물을 사용한 고통을 가하고 그것을 이겨내는 사람에게 무죄를 선고하는 재판방식이다. 이후 배심재판은 거의 유일한 재판형식으로 자리잡았고 18세기에 이르러 사건당사자와 관련 없는 사람이 배심원이 되어야 한다는 원칙이 성립되었다. 초기의 배심원들은 유죄판결을 내리노록 강제되거나 고문을 당하기도 하였고, 법원은 유죄판결을 내리기를 거부한 배심원들을 구금하거나 재산을 몰수하기도 하였다. 1670년 부쉘사건은 배심재판의 전환점이 되었는데 유죄판결을 내리기를 거부한 배심원을 감금하고 벌금을 선고한 사건에서 영국 항소법원은 배심원은 사실판단에 대하여 재판장과 견해를 달리하더라도 처벌받지 않고 양심에 따라 판단할 수 있는 권리를 갖는다는 결정을 내렸다. 이로써 배심재판은 '자유가 살아 있음을 보여주는 등불'이라는 찬사를 받았다. 영국의 배심재판은 프랑스혁명을 통하여 프랑스에 입법화되었고 나폴레옹 전쟁을 통하여 유럽대륙으로 급속히 전파되었으며 새로운 재판제도를 원하던 계몽사상가들에게 큰 영향을 미쳤다.

배심재판은 미국독립전쟁에서 중요한 계기가 되었는데 영국의 식민지였던 미국에서 발생한 존 피터 쟁어 사건이 대표적이다. 1734년 뉴욕위클리저널이라는 신문의 발행인 쟁어는 영국 총독 코스비를 비난하는 글을 신문에 실었는데 식민지 당국은 쟁어를 문서에 의한 선동비방죄로 기소하였고 쟁어가 유죄인지 여부를 가리기 위한 형사재판이 식민지 미국에서 열렸다. 형사재판에 참여한 배심원은 선원, 양조업자, 제빵사, 도매상인, 대장장이, 목수 등 다양한 계층으로 구성되었는데 배심원단은 쟁어에게 무죄판결을 내렸다. 이에 영국정부는 미국식민지에서 미국인들이 배심원으로 참여하는 배심재판을 축소하였고 미국독립운동가들을 영국으로 압송하여 영국인들이 배심원으로 참여하는 배심재판을 열어 처벌하였다. 배심원이 될 수 있는 권리를 박탈당한 미국인들은 영국의 조치에 적극적으로 항의하였고, 독립의 필요성이 더욱 부각되었다. 결국 배심재판을 받을 권리는 미국독립선언서에 규정되었으며 미국헌법으로 보장되기에 이르렀다.

영국이나 미국과 달리 유럽대륙에서는 마녀재판으로 대표되는 비이성적인 잔혹한 재판이 성행하였다. 계몽주의 시대에 이르러 계몽주의자들은 형벌의 잔혹성과 형사절차의 자의성을 비판하면서 근대적인 형벌제도를 설계하고자 하였는데 이들은 영국의 배심재판을 높이 평가하였다. 1789년 프랑스 대혁명이 발생하였고 1791년 프랑스 헌법이 제정되면서 영국식배심제가 도입되었는데 '어떤 시민도 12인 이상의 수로 구성된 배심원에 의해서가 아니면 재판받지 아니한다'라고 규정하였다. 프랑스의 배심제는 이후 이어지는 정치적 격변과정에서 조금씩 수정되었지만 존속되었는데 1940년 제2차대전 중 독일의 침공을 받은 이후 독일점령지역에서 폐지되었다. 독일이 점령하지 않은 지역에서는 참심제라는 형태로 바뀌었는데 제2차대전이 종결된 후에도 참심제는 그대로 유지되었고 다만 참심원으로 참여하는 일반 국민의 수가 지속적으로 늘어났다. 독일은 나폴레옹의 침공에 대한 반발로 프랑스식 배심재판을 받아들이지 않았는데 라인지방을 선두로 프로이센지역 등 점차 배심재판을 받아들이는 지역이 확대되었고 1877년 독일통일 후에 제정된 제국법원조직법은 배심제를 채택하였다. 하지만 독일이 제1차대전에서 패배하면서 사회적 혼란에 대처하기 위하여 배심제가 아닌 참심제를 채택하였고 그나마 1933년 나치정권이 집권하자 참심제는 극도로 위축되었으며 1939년에는 참심제마저 폐지되었다. 독일의 참심제는 제2차대전이 종결된 후에 회복되었다. 이러한 역사적 사실을 근거로 배심제는 외국의 점령체제나 독재정권과는 어울리지 않는 민주주의를 대표하는 제도라는 견해가 있다.

우리나라의 국민참여재판에 대한 논의는 1980년대 후반 민주주의가 크게 성장하면서 1990년대부터 시작되었다. 1993년에 대법원에 설치된 '사법제도발전위원회'에서 사법제도의 개혁을 위한 여러 논의가 시작되었는데 1999년 대통령자문기구인 '사법개혁추진위원회'에서 중장기적이고 긍정적인 연구과제로 일반 국민의 형사재판에 참여가 선정되었다. 2003년에는 대법원에 '사법개혁위원회'가 설치되었고 2004년 '배심제와 참심제가 혼합된 1단계의 국민재판참여 제도 도입 건의'가 포함된 건의문이 채택되었다. 건의사항을 추진하기 위해 2004년 대통령령으로 '사법제도개혁추진위원회'가 구성되었고 사법제도개혁추진위원회는 2005년 국민의 형사재판참여에 관한 법률안을 마련하여 의결하였다. 위 법률안은 2005년 국회에 제출되어 2007년 4월 30일 국회본회의를 통과하였고 2008년 1월 1일부터 시행되어 우리나라에서도 일반 국민이 형사재판에 참여하는 국민참여재판이 실시되었다.

Ⅳ 국민참여재판의 절차

1. 국민참여재판의 신청과 배심원의 자격

국민참여재판의 대상사건은 처음에는 일부 중대범죄에 한하여 실시하는 것으로 규정되어 있었다. 이후 법률개정을 통하여 대상사건은 조금씩 확대되었고 2012년 1월 17일 개정을 통하여 국민참여재판의 대상사건은 형사 1심 합의부가 관할하는 모든 사건으로 확대되었다. 형사 1심 합의부가 관할하는 사건이란 직업법관 1명이 아닌 직업법관 3명이 합의체를 이루어 재판하도록 법률이 규정한 사건이다. 대표적으로 사형·무기징역·단기 1년 이상의 징역 또는 금고에 해당하는 사건을 들 수 있다. 또한 형사 1심 합의부는 사안의 중대성이나 일반 국민들에게 미치는 영향력을 고려하여 법관 1명이 재판하기에 적당하지 않은 사건에 대하여 합의부에서 재판할 것을 결정할 수 있으므로 형벌이 경미한 사건이라도 국민참여재판을 받을 수 있는 가능성이 있다.

국민참여재판은 모든 사람이 신청할 수 있다. 대한민국 국민은 물론이고 외국인도 국민참여재판을 신청할 수 있다. 외국인이 신청한 국민참여재판으로 유명한 사건은 부산지방법원에서 열린 소말리아 해적사건이다. 다만 배심원은 대한민국 국민만이 될 수 있다. 배심원이 될 수 있는 대한민국 국민은 만 20세 이상의 대한민국 국민 중 법률이 정한 결격사유, 직업 등에 따른 제외사유 및 제척사유가 없는 사람이다. 법률이 정한 결격사유로 피성년후견인 또는 피한정후견인, 파산자, 금고 이상의 실형을 받고 집행 종료 후 5년이 경과되지 않은 사람, 금고 이상의 집행유예판결을 선고받고 그 기간이 완료된 날부터 2년이 경과되지 않은 사람, 선고유예기간 중인 사람, 법원의 판결에 의한 자격상실 또는 자격정지된 사람이 있다. 직업 등에 따른 제외사유로 대통령, 국회의원, 정무직 공무원, 법관이나 검사, 변호사, 법원·검찰·경찰 공무원, 군인 등은 배심원이 될 수 없다. 제척사유로 해당 사건의 피해자나 그 법정대리인, 사건에 관여한 검사·변호인·증인 등도 배심원이 될 수 없다. 배심원의 수는 사건의 중대성에 따라 사형·무기징역 또는 무기금고에 해당하는 사건에서는 9인의 배심원이 참여하고, 그외의 사건에서는 7인의 배심원이 참여하며, 피고인이 공소사실의 주요내용을 인정하는 사건, 즉 자백하는 사건에서는 5인의 배심원이 참여할 수 있다. 다만 법원은 사건의 내용에 비추어 특별한 사정이 있는 경우 검사·피고인 또는 변호인의 동의를 얻어 배심원의 수를 7인과 9인 중에서 선택할 수 있다.

재판을 받는 피고인은 국민참여재판을 거부할 수 있고, 피고인이 거부하는 경우 국민참여재판은 열리지 못한다. 즉 국민참여재판은 현행 제도에서는 재판을 받는 피고인의 권리이지 의무는 아니다. 다만 사회적으로 중대한 영향을 미친 사건일지라도 재판을 받는 피고인이 거부하여 국민참여재판이 열리지 못하는 것은 국민참여재판의 이상과 반한다는 비판이 있다. 연쇄살인죄와 같은 중대범죄로 일반 국민들의 가치관에 중대한 영향을 준 범죄나 환경오염과 같이 피해자가 셀 수 없을 정도로 많은 범죄에 대하여 주권자인 일반 국민들이 범인에 대한 형사재판 과정에 참여하지 못하는 것은 국민주권주의의 실현이라는 점에서 미흡한 요소로 앞으로 개선이 필요하다.

재판을 받는 피고인이 국민참여재판을 신청하면 법원은 정식으로 재판을 열기 전에 준비기일을 지정하여 공판준비절차를 진행한다. 공판준비절차에서는 쌍방의 주장과 증거를 정리하고 재판계획을 수립한다. 공판준비절차에서는 배심원이 참여하지 않는다.

2. 배심원선정절차

국민참여재판이 열리는 날에는 우선 배심원선정절차가 진행된다. 재판이 열리는 법원은 미리 배심원후보예정자명부를 준비하는데 해당 법원의 관할 구역에 거주하는 국민 중에서 주민등록부를 기초로 컴퓨터를 이용해 무작위로 선발한다. 선발된 배심원후보자에게는 국민참여재판이 열리는 날에 법원에 출석할 것을 통지한다. 통지가 제대로 이루어지지 않거나 통지를 받고 출석하지 못하는 배심원후보자가 있을 수 있으므로 예정된 배심원수보다 많은 수의 배심원후보자를 선정하여 통지한다. 통상 7명의 배심원이 필요한 국민참여재판에서는 100명가량의 배심원후보자를 선정하여 통지하는데 배심원후보자들의 출석률은 평균 30% 가량이다.

배심원후보자들이 출석하면 법원은 무작위로 미리 정한 수만큼 배심원후보자를 추첨한다. 추첨된 배심원후보자들에 대하여 배심원선정을 위한 질문을 하는데 재판장이 직접 질문할 수 있고, 검사나 변호인에게 직접 질문하게 할 수도 있다. 질문을 하는 목적은 배심원후보자 중에 불공평한 판단을 할 우려가 있는 사람을 가려내어 공정한 배심원을 선발하는 것이다. 예를 들면 절도사건을 국민참여재판으로 진행하는데 최근 절도피해를 당한 사람이 배심원이 된다면 불공평한 판단을 할 우려가 있다. 공무집행방해사건을 국민참여재판으로 진행하는데 경찰관으로부터 폭행당한 경험이 있는 사람이 배심원이 된다면 불공평한 판단을 할 우려가 있다. 단 이러한 우려는 배심원후보자 개인에 대한 비난이 아니며 일반적인 기준에서 볼 때 발생할 수 있는 가능성이라는 의미에 불과하므로 배심원후보자들이 모욕감을 갖지 않도록 주의할 필요가 있다.

질문이 끝나면 질문결과를 검토하여 검사나 변호인은 기피신청권을 행사한다. 검사나 변호인에게는 배심원후보자가 배심원이 될 수 없는 이유를 들어 기피신청을 할 수 있는 이유부기피신청권과 아무런 이유를 대지 않고 배심원후보자를 배제할 수 있지만 그 행사횟수에 제한이 있는 무이유부기피신청권이 인정된다. 이유부기피신청권은 행사횟수에 제한이 없지만 행사이유를 법원이 수긍할 경우에만 인정된다. 무이유부기피신청권은 배심원이 9인인 경우 5인에 대하여, 배심원이 7인인 경우 4인에 대하여, 배심원이 5인인 경우 3인에 대하여 행사할 수 있다. 법원은 검사나 변호인의 기피신청권 행사에 따르거나 직권으로 특정 배심원후보자를 배심원으로 선정하지 않는 결정을 할 수 있다. 배심원으로 선정되지 않는 결정을 받은 배심원후보자는 방청석으로 돌아가고, 돌아간 배심원후보자들을 대신하여 그 숫자만큼 추첨되지 않은 다른 배심원후보자들에 대하여 무작위 추첨을 한다. 이어서 새롭게 추첨된 배심원후보자를 대상으로 질문과 기피신청을 반복하고 최종적으로 더 이상 기피신청이 없고, 직권으로 배제할 사유도 없는 경우 배심원이 확정되어 배심원단이 구성된다.

3. 국민참여재판의 공판과 배심원의 평결

배심원선정절차가 종료되면 국민참여재판이 시작된다. 국민참여재판도 형사재판인 이상 통상의 형사재판과 동일한 절차를 거친다. 다만 배심원들이 증거를 살펴볼 수 있도록 실물영상기 등을 통하여 증거를 제시하는 절차가 강조된다. 대부분의 경우 배심원들은 공판정에서 증거를 살펴볼 수 있을 뿐 나중에 다시 증거를 검토할 기회가 부족하므로 통상의 형사재판에 비하여 증거를 좀 더 상세히 제시하는 것이 필요하다. 또한 공판과정에서 배심원들이 직업법관과 독립하여 판단할 수 있도록 재판장이나 직업법관은 자신의 심증을 배심원들에게 드러내는 일이 없도록 주의해야 한다. 통상의 형사재판에는 직업법관들은 진실을 찾아내는 탐구자의 역할을 수행하는 반면 국민참여재판에서는 탐구자의 역할에 더하여 공정한 재판의 진행자 역할까지 요구되는 것이다.

국민참여재판은 피고인의 신분확인(인정신문), 검사의 모두 진술, 피고인 및 변호인의 모두 진술, 검사의 입증계획, 피고인 및 변호인의 입증계획, 증인신문, 서증 및 증거물의 조사, 검사의 의견제시, 변호인의 최후변론, 피고인의 최후진술 순서로 진행된다. 국민참여재판의 절차가 종료되면 재판장은 사건의 개요를 설명한 후 배심원들은 직업법관과 분리되어 별도의 회의실에 모여 사건의 내용에 대하여 토론한다. 이를 '평의'라고 하고 토론의 결과를 '평결'이라고 한다. 평결은 만장일치가 원칙이다. 하지만 아무리 토론을 해도 만장일치에 이르지 못할 경우 배심원들은 직업법관의 의견을 들은 후 다수결의 방법으로 평결한다. 단 의견을 제시한 직업법관은 배심원들의 다수결에 참여할 수 없다. 평결이 무죄라면 배심원들은 그 취지를 평결서에 기재하여 법원에 제출한다. 평결이 유죄인 경우 배심원들은 직업법관을 불러 함께 어떤 형을 정할 것인지 토의한다. 배심원들의 평결과 의견을 들은 직업법관은 이를 고려하여 최종적인 판결을 선고한다. 단 배심원들의 평결과 의견은 법원을 기속하지 아니한다. 통상의 배심재판과 달리 우리나라의 국민참여재판은 배심원들의 평결에 권고적 효력만을 인정하므로 직업법관은 배심원들의 판단과 다른 판단을 할 수 있다. 예외적인 일부 경우를 제외하면 통상 국민참여재판의 판결은 평의가 이루어진 당일 선고되며, 구속된 사람이 무죄판결이나 집행유예판결을 받을 경우 당일 석방된다.

V 국민참여재판의 효력과 전망

우리나라의 국민참여재판에서 배심원의 평결이 권고적 효력에 그친다고 하더라도 그 평결이 가지는 사실상의 효력은 적지 않다. 배심원은 일반 국민의 상식과 이성을 대표하는 사람으로 엄격한 선정절차를 거쳐 선발된 사람인데 직업법관이 배심원들의 생각과는 다른 판단을 한다면 그것은 직업법관의 가치관이 주권자인 일반 국민의 가치관과 동떨어졌다는 비난을 받을 수 있다. 또한 『국민의 형사재판 참여에 관한 법률』은 직업법관이 배심원들의 판단과 다른 판단을 할 경우에 그 이유를 판결서에 기재하도록 규정하고 있다. 우리 대법원도 2010. 3. 25. 선고 2009도14065 판결에서 「1심에서 배심원 만장일치로 무죄평결을 했고 1심재판부도 배심원들의 의견을 받아들여 무죄를 선고한 사건에서 2심 재판부는 명백히 반대되는 충분하고도 납득할 만한 현저한 사정이 나타나지 않는 한 1심판결을 함부로 변경해서는 안 된다」고 판시하였다.

2008년부터 시작된 우리나라의 국민참여재판은 첫해에 61건이 열렸지만 매년 증가하였고, 2013년에는 345건이 열렸다. 이후 다소 감소하여 2015년에는 203건의 국민참여재판이 열렸다. 2015년 12월 31일까지 우리나라에서 열린 국민참여재판은 모두 1,667건으로 짧은 기간 동안 상당한 경험이 축적되었으며 지금도 새로운 국민참여재판이 진행되고 있다.

국민참여재판의 목적은 『국민의 형사재판 참여에 관한 법률』 제1조에서 천명하고 있는 것과 같이 사법의 민주적 정당성과 신뢰를 높이기 위한 것이다. 주권자인 국민들이 형사재판을 믿을 수 있도록 하기 위해서는 국민들이 직접 재판에 참여하는 것보다 더 좋은 해결책은 없다. 다만 앞에서 언급한 대로 국민참여재판이 피고인의 신청이 있어야만 열릴 수 있도록 제도가 규정되어 있어 국민들의 참여가 제한되는 부분은 아쉬운 부분이다. 대법원에 설치된 국민사법참여위원회는 현행 국민참여재판제도의 개선점에 대하여 2013년 3월 6일 국민참여재판 최종형태안을 확정의결하였는데 그 내용을 살펴보면 배심원의 평결에 대하여 사실상의 기속력을 부여하고, 배심원 평결이 만장일치에 이르지 않더라도 배심원의 3/4가 찬성하면 평결할 수 있는 가중다수결제도를 도입하고, 피고인의 신청이 없는 경우에도 사법의 민주적 정당성과 투명성을 증진하기 위하여 필요한 경우 국민참여재판을 열 수 있도록 하는 방안을 담고 있다. 이러한 방안들은 그동안 국민참여재판을 수행한 경험을 토대로 앞으로 우리나라에 필요한 발전방안을 담은 것으로 보인다. 우리나라의 국민참여재판이 지속적인 발전을 통하여 세계에 자랑할 수 있는 국민의 사법참여제도가 될 수 있기를 바란다.

summary

요 약

전통적으로 형사재판은 전문가인 직업법관에게 맡기고 일반 국민은 관여하는 것이 적당하지 않은 분야로 여겨져왔다. 하지만 형사재판에서 선고되는 형벌은 국민의 자유나 재산을 적극적으로 박탈할 수 있는 매우 강력한 국가권력의 행사이다. 민주주의 국가에서는 강력한 국가권력의 행사일수록 국민의 참여를 보장하는 것이 민주적 정당성을 확보하기 위해 필요하고, 세계적으로 민주주의가 발전함에 따라 국가권력의 행사에 주권자인 국민의 참여는 확대되어왔다. 우리나라의 민주주의도 발전함에 따라 주권자인 국민이 형사재판에 참여할 수 있는 제도가 요구되었고 2008년 1월 1일부터 국민참여재판이 시행되었다.

국민참여재판은 일반국민이 배심원으로 재판절차에 참여하는 형사재판이다. 재판에 참여하는 배심원은 재판이 열리는 지방법원 본원의 관할구역 내에 거주하는 20세 이상의 국민들 중에서 컴퓨터에 의한 무작위추출방식으로 정해진다. 학력이나 재산에 따른 일체의 차별은 없다. 국민참여재판에서 배심원을 선정하는 절차는 매우 중요한 절차이다. 배심원들의 평결은 형사재판의 판결에 중대한 영향을 미치므로 배심원들을 선정하는 절차는 당해 사건의 판사를 뽑는 것과 유사한 의미를 갖는다. 국민참여재판에서 검사 및 변호인은 자신에게 유리한 배심원을 뽑을 수 없고 상대방에게 유리한 배심원을 이유부기피신청이나 무이유기피신청을 통하여 배제할 수 있을 뿐이다. 어느 일방에게 치우친 경향을 보이는 사람을 배제하여 최대한 중립적이고 공정한 배심원들을 선정하기 위한 방법이다.

우리나라의 국민참여재판은 2015년 말을 기준으로 1,667건이 열렸고, 지금도 상당한 경험이 축적되고 있다. 하지만 우리나라의 국민참여재판은 완성된 제도라기보다는 아직 개선하고 발전되고 있는 제도이다. 특히 피고인이 원할 경우에만 국민참여재판을 열 수 있어 국민적 관심이 큰 사건이라도 피고인이 원하지 않는다는 이유로 국민의 참여기회가 막히는 것은 바람직하지 않다. 대법원에 설치된 국민사법참여위원회는 위와 같은 문제점을 보완하는 안건을 의결하였으나 아직 법개정이 이루어지지 않았다. 우리나라의 국민참여재판이 세계에 자랑할 수 있는 국민의 사법참여제도가 되기 위하여 무엇보다 주권자인 국민들의 이해와 노력이 필요하다.

key word &
current hot issues

주요 용어와 현안 문제

1. 배심제와 참심제

일반국민이 재판에 참여하는 형태로 크게 배심제와 참심제가 있다. 세계 각국은 그 나라의 역사적 경험과 환경에 따라 다양한 형태로 일반 국민이 재판에 참여하는 제도를 두고 있는데 크게 나누어 배심제와 참심제로 구분할 수 있다. 배심제는 직업법관과 독립한 배심원을 소집하여 배심원단을 구성하고 배심원단은 직업법관과 함께 재판에 참석하지만 독립하여 배심원들 사이에서만 토론을 하고 결론을 도출한다. 배심원단의 결론에 직업법관은 따라야 하며 직업법관은 배심원단의 결론과 다른 판결을 선고할 수 없다. 참심제는 일반 국민 중에서 참심원을 소집하는 것은 배심제와 같지만 참심원은 직업 법관과 함께 재판부를 구성하며 재판에 참석하고 직업법관과 함께 토론을 하고 결론을 도출한다. 참심원의 의견은 직업법관을 구속할 수 없고 직업법관은 참심원의 의견과 다른 판결을 선고할 수 있다. 전통적인 일반국민의 사법참여형태는 영국의 배심제이며, 영국의 배심제가 유럽대륙으로 도입되면서 참심제로 바뀌었다.

2. 배심원선정절차

배심재판에 참석할 배심원을 일반 국민 중에서 선정하는 일련의 절차를 의미한다. 좁은 의미로는 재판이 열리기 전에 재판장이 진행하는 배심원 추첨 및 배심원에 대한 질문 및 기피신청 등을 의미한다. 넓은 의미로는 아직 재판이 시작되기 전에 일반 국민 중에서 배심원후보자가 될 사람을 선정하여 미리 명부를 만들고, 사전에 소환할 배심원후보자를 추첨하고, 질문표를 교부하는 일련의 절차를 모두 포함한다. 통상 배심원선정절차라고 할 때에는 좁은 의미로 사용된다. 좁은 의미의 배심원선정절차는 ① 출석한 배심원후보자들에게 번호표 부여, ② 출석한 배심원후보자들 중 배심원석에 앉아 질문을 받을 배심원후보자들의 추첨, ③ 추첨된 배심원후보자들에 대하여 공정한 재판을 할 수 없을 우려가 있는 사항에 대한 질문과 답변, ④ 검사와 변호인의 추첨된 배심원후보자에 대한 이유부기피신청 및 무이유부기피신청, ⑤ 법원의 배심원불선정결정,

⑥ 배심원불선정결정이 된 수만큼 추가로 배심원후보자 추첨을 하는 순서로 진행되고, 이후 새로 추첨된 배심원후보자에 대한 질문과 답변, 기피신청을 반복하여 미리 정한 배심원의 수가 충족할 때까지 진행한다.

3. 이유부기피신청과 무이유부기피신청

배심원선정절차에서 검사와 변호인 및 피고인은 배심원후보자로 소환된 일반 국민들 중 배심원석에서 질문을 받고 답변을 하도록 추첨된 배심원후보자에 대하여 질문을 하고 답변내용을 검토하여 이유부기피신청 및 무이유부기피신청을 할 수 있다.

이유부기피신청이란 해당 배심원후보자에 대한 질문과 답변결과 공정한 재판을 할 수 없는 사유가 있을 경우에 하는 신청이다. 이유부기피신청을 할 수 있는 횟수에는 제한이 없는 대신 법원이 심사를 통하여 공정한 재판을 할 수 없는 사유가 있다고 인정하는 경우에만 해당 배심원후보자는 배심원이 될 수 없다. 따라서 이유부기피신청을 하는 검사나 변호인 및 피고인은 그 사유를 소명하여 법원을 설득해야 한다.

무이유부기피신청이란 해당 배심원후보자에 대하여 아무런 이유를 제시하지 않고 배심원이 될 수 없게 하는 신청이다. 무이유부기피신청을 하는 검사나 변호인 및 피고인은 그 사유를 소명할 필요가 없지만 행사횟수는 법률에 정한 한도 내에서만 가능하다. 예를 들면 7인의 배심원을 선정하는 배심원선정절차에서 행사할 수 있는 무이유부기피신청은 4회이다.

이유부기피신청은 그 사유를 소명하는 것이 쉽지 않기 때문에 거의 사용되지 않지만 무이유부기피신청은 그 사유를 밝히지 않아도 행사할 수 있으므로 자주 사용된다. 기피신청을 통하여 검사나 변호인 및 피고인은 자신에게 가장 불리한 판단을 할 것으로 예상되는 배심원후보자를 배심원에서 배제한다. 이를 ‘경쟁적 배제방식’이라고 하는데 양쪽 당사자가 자기에게 유리한 편견을 가진 사람을 배심원으로 선정한다면 중립적인 배심원단을 구성할 수 없으므로 양쪽 당사자가 상대방에게 유리한 편견을 가진 사람을 배심원에서 배제하는 방식을 채택하여 어느 쪽에도 치우치지 않는 공정한 배심원단을 구성할 수 있다.

4. 평의와 평결의 구속력

배심원들은 재판과정을 직업법관과 같이 지켜보고 증거를 살펴본 후 검사의 논고와 변호인의 최후변론 및 피고인의 최후진술을 듣는다. 이 과정이 종료된 후에는 배심원들은 직업법관과 분리되어 별도의 회의실로 이동하여 재판의 결론에 대하여 토론한다. 배심원들이 직업법관과 분리되어 배심원들끼리 재판의 결론에 대하여 토론하는 것을 평의라고 한다. 우리나라의 국민참여재판은 형사재판이므로 피고인이 유죄인지 무죄인지를 결정하는 토론이 된다. 평의과정에서는 그 재판을 지휘한 재판장이라고 할지라도 관여할 수 없다.

배심원들이 평의를 거쳐 이르게 된 결론을 평결이라고 한다. 통상 배심재판에서는 배심원들의 평결은 직업법관을 구속하는 힘이 있어 직업법관은 평결과 다른 판결을 선고할 수 없다. 다만 우리나라의 국민참여재판은 배심제와 참심제가 혼합된 형태로 평결에 직업법관에 대한 구속력을 인정하지 않는다. 다만 주권자인 일반 국민이 재판과정을 직업법관과 함께 모두 살펴보고 낸 결론이어서 직업법관은 평결과 반대되는 판결을 선고하기 어려운 사실상의 구속력이 있다. 2015년 12월 31일을 기준으로 배심원들의 평결과 법원의 판결이 일치하는 비율은 93.2%이다.

퀴즈 [진위형] quiz

1 재판은 전문적인 영역이어서 일반 국민이 참여하지 않는 것이 세계적인 추세이다.

2 배심원인 일반국민은 직업법관보다 더욱 감정에 치우쳐서 재판을 할 것이다.

3 국민참여재판에서 선고되는 무죄비율은 일반 형사재판에서 선고되는 무죄비율보다 높다.

4 재판을 마치고 배심원들이 잘못된 결론을 내리려는 것으로 생각될 경우 직업법관인 재판장은 배심원들의 회의에 관여할 수 있다.

5 우리나라의 국민참여재판제도에서 배심원들의 의견은 권고적 효력이 있을 뿐이어서 배심원들의 의견과 직업법관의 의견이 다른 경우가 많다.

이미지

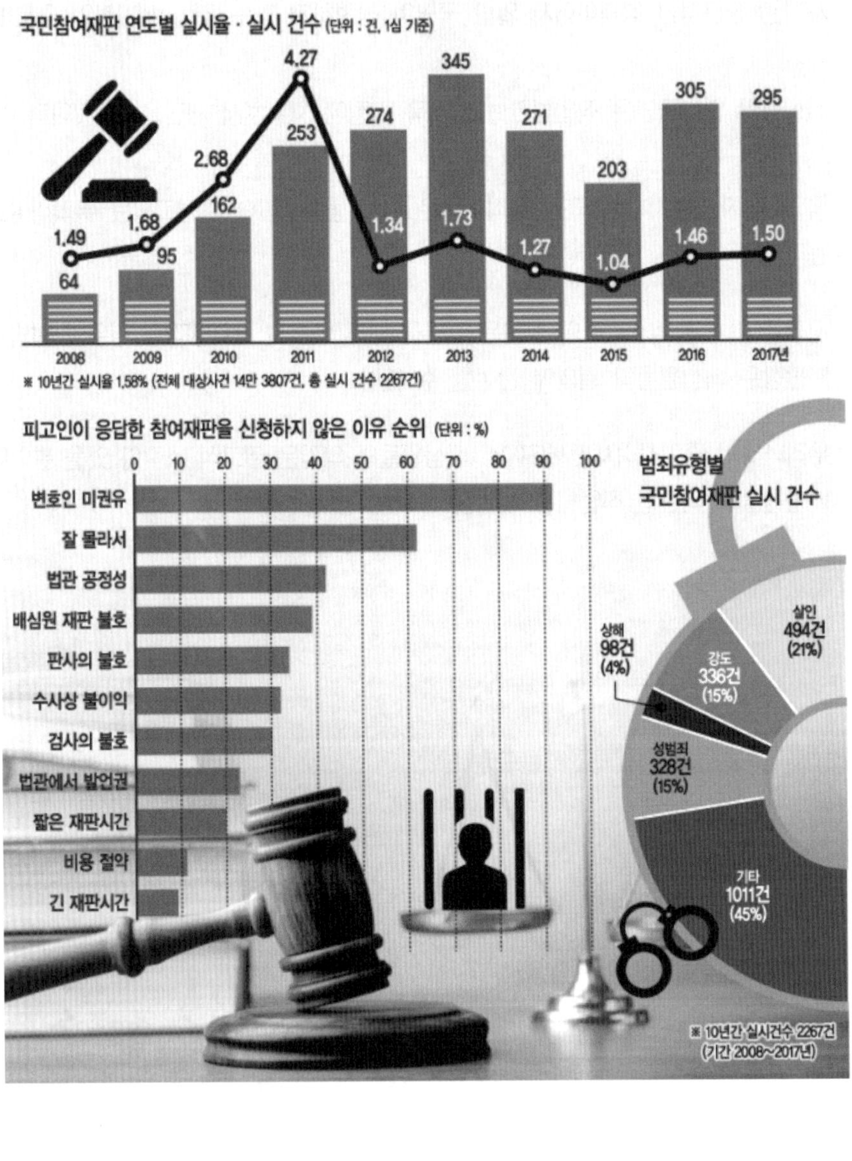
국민참여재판 연도별 실시율 · 실시 건수 (단위 : 건, 1심 기준)
2008 2009 2010 2011 2012 2013 2014 2015 2016 2017년
64 95 162 253 274 345 271 203 305 295
1.49 1.68 2.68 4.27 1.34 1.73 1.27 1.04 1.46 1.50
※ 10년간 실시율 1.58% (전체 대상사건 14만 3807건, 총 실시 건수 2267건)
피고인이 응답한 참여재판을 신청하지 않은 이유 순위 (단위 : %)
0 10 20 30 40 50 60 70 80 90 100
변호인 미권유
잘 몰라서
법관 공정성
배심원 재판 불호
판사의 불호
수사상 불이익
검사의 불호
법관에서 발언권
짧은 재판시간
비용 절약
긴 재판시간
범죄유형별
국민참여재판 실시 건수
살인 494건 (21%)
강도 336건 (15%)
상해 98건 (4%)
성범죄 328건 (15%)
기타 1011건 (45%)
※ 10년간 실시건수 2267건
(기간 2008~2017년)

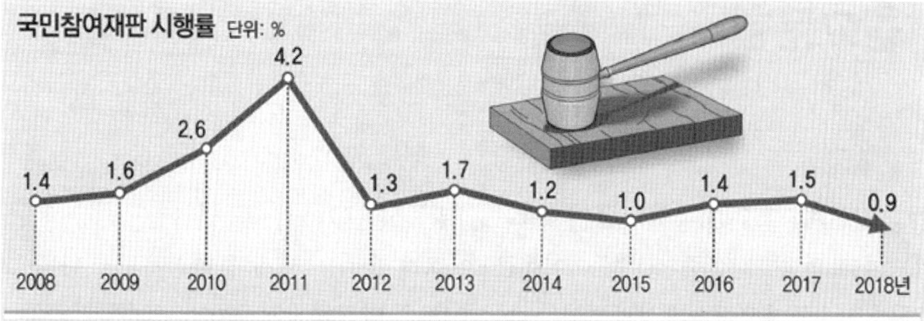

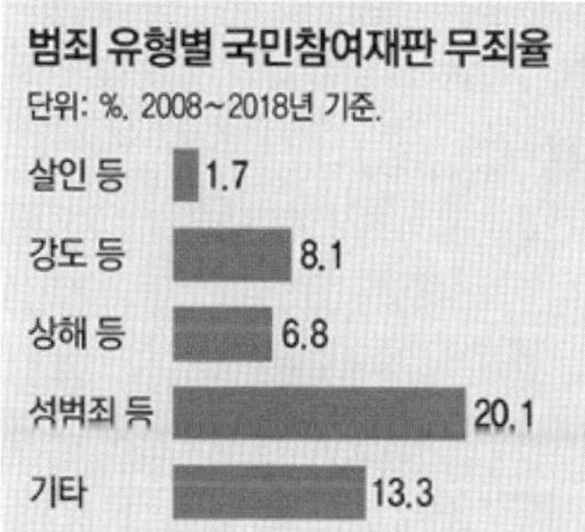

국회 계류 중인 국민참여재판 법률 개정안

고의에 의한 살인 사건은 '필수 대상 사건'으로 지정	**김종민** 더불어민주당 의원 등
배심원단은 성별·연령별 무작위 추출 방식으로 구성	**백혜련** 더불어민주당 의원 등
대상 사건을 단독판사 관할 사건까지 확대	**주광덕** 자유한국당 의원 등
피고인 신청이 없어도 법원 직권 또는 검사의 신청으로 가능	**성성호** 더불어민주당 의원 등

자료: 대법원 법원행정처

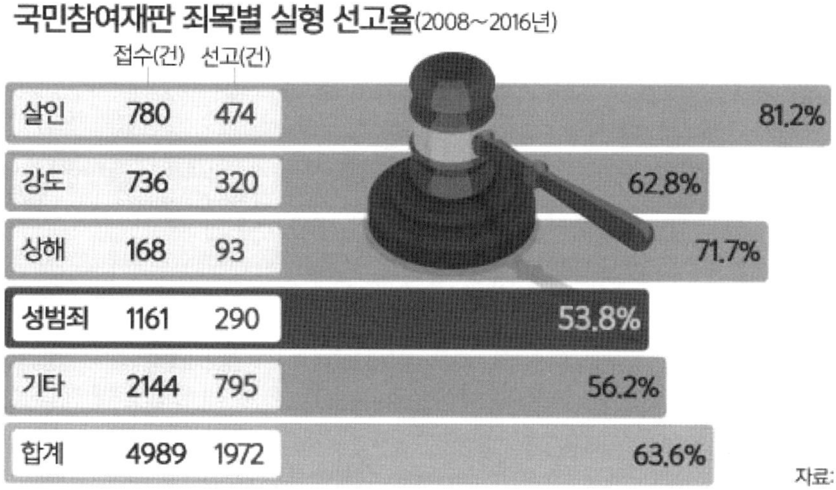

국민참여재판 죄목별 실형 선고율(2008~2016년)
접수(건) 선고(건)
살인 780 474 81.2%
강도 736 320 62.8%
상해 168 93 71.7%
성범죄 1161 290 53.8%
기타 2144 795 56.2%
합계 4989 1972 63.6%

자료: 대법원

참고문헌
reference

김형국·정선희·조수진, 『국민참여재판론』, 법문사, 2016.
닐 비드마르 엮음, 김상준·김형두·이동근·이효진 옮김, 『세계의 배심제도』, 나남, 2007.
법원행정처, "국민참여재판성과분석(2008~2015)," 법원행정처, 2016.
안경환·한인섭, 『배심제와 시민의 사법참여』, 집문당, 2005.
한인섭·한상훈, "국민의 사법참여," 국민의사법참여연구회, 2009.

해 답
answer

1. 아니다.
세계적으로 근대민주주의가 현대민주주의로 발전함에 따라 국민주권주의가 실질화되고 있고, 주권자인 국민이 선거철에만 주권을 행사할 수 있는 한계를 넘어 일상적인 주권자로 행사할 수 있게 되었다. 일반 국민이 재판에 참여하는 것은 주권자인 국민이 사법권력의 행사에 직접 관여하는 것으로 그 형태는 다르지만 영국, 미국, 프랑스, 독일, 스페인, 러시아가 채택하고 있고 이들 나라로부터 법체계를 받아들인 소국들에서도 채택되고 있다. 심지어 사회주의 국가인 중국도 일반국민들이 재판에 참여할 수 있는 제도를 두고 있다.

2. 아니다.
일반국민과 직업법관 중 누가 더 감정적인가는 쉽게 단정할 수 없지만 직업법관이 일반 국민보다 더 냉정하고 진실을 잘 파악한다는 증거는 없다. 직업법관과 마찬가지로 일반 국민은 배심원이 되는 순간 최대한 진실을 파악하기 위하여 노력한다. 일반 국민이 배심원으로 재판에 참여할 수 있는 기회는 평생 한번 경험하기 어려운 경우가 대부분이다. 그런 기회를 일시적인 감정의 동요에 맡기는 사람은 많지 않고 실제 재판에서 감정에 호소하는 노력은 대부분 실패하고 있다. 또한 감정에 휩쓸릴 우려가 있는 배심원후보자는 배심원선정절차를 통하여 배심원에서 배제된다.

3. 그렇다.
법원행정처에서 발간하는 자료를 살펴보면 국민참여재판의 무죄비율은 2015년 12월 31일을 기준으로 8%이고, 일반 형사재판 중 합의부의 무죄비율은 4.1%였다. 국민참여재판의 무죄비율이 높은 이유에 대하여 국민참여재판을 신청하는 사건은 피고인이 억울함을 호소하는 사건이 대부분이었기 때문이라는 견해와 국민참여재판에 참여하는 배심원들이 직업법관보다 무죄추정의 원칙에 충실하기 때문이라는 견해가 있다. 실제 배심원들은 CCTV와 같은 객관적인 증거가 없는 한 피해를 입었다는 사람의 말만 듣고 유죄로 인정하지 않으려는 경향이 있다.

4. 아니다.
배심원들이 재판결과에 대하여 토론하는 평의과정에는 그 재판을 지휘한 재판장이라고 할지라도 관여할 수 없다. 다만 배심원들이 자발적으로 재판장의 의견을 구할 경우 재판장이 사건의 내용과 증거에 대하여 설명할 수는 있지만 이후 토론과정에는 관여할 수 없다.

5. 아니다.
우리나라의 국민참여재판에서 배심원들의 의견은 권고적 효력만 있고 직업법관을 구속하는 힘은 없다. 하지만 주권자인 일반 국민들이 직업법관과 똑같이 재판과정에 참여하고 증거를 살펴보고 토론을 통하여 도출한 결론을 직업법관이 쉽게 무시하기 어려운 사실상의 구속력이 있다. 특히 국민참여재판을 규정하고 있는 법률인 「국민의 형사재판 참여에 관한 법률」에서는 직업법관이 배심원들의 평결과 다른 판결을 선고할 경우 그 이유를 판결서에 기재하도록 규정하고 있다. 국민참여재판에 대한 통계를 살펴보아도 배심원들의 평결과 직업법관의 판결은 93.2%가 일치하였다.

찾아보기 INDEX

ㄱ

가석방 443
가정폭력 137
가정폭력방지법 143
가정폭력처벌법 139
간통 110
개별처우 441
경무 270
경비 271
경비등급 442, 454
경찰관 직무집행법 272
공소시효 225, 226
공소시효 특례 216
공식통계 31
과료 333
과밀수용 446
과잉금지의 원칙 128
과잉방위 365
교사 335
교정법규 430
교정시설 453
교정의 목적 430
교정의 의의 430
교정처우의 원칙 431
교제폭력 148
교통 271
교화와 개선 16
교화프로그램 442
구류 333
구성요건해당성 349
국가경찰 264
국민의 형사재판 참여에 관한 법률 555
국민주권주의 546
국민참여재판 546
국민참여재판의 대상사건 551
국민참여재판의 신청 551
권리구제 443
금고 333
긴급출입 280
긴급피난 351

ㄴ

낙인 48
낙인이론 50
노인수형자 444

ㄷ

데이트폭력 149
도둑뇌사사건 371
DDos 공격 242
디지털 성폭력 220

ㄹ

랜섬웨어 249

ㅁ

마녀재판 550
매 맞는 여성 증후군 137
명확성의 원칙 329, 334
목적형 14
몰수 333
무기징역 333
무이유부기피신청권 553
미결수용자 449
미수범 335
미투운동 217

ㅂ

방위의사 357
방임 179
배상명령제도 535
배심원 551
배심원선정절차 552, 558
배심원의 자격 551
배심원의 평결 554, 555
배심원후보예정자명부 552
배심원후보자 552
배심제 547
벌금 333
범죄 332
범죄로 인한 정신적 후유증 524
범죄예방 305
범죄예방진단팀 288
범죄예측 307
범죄와 형벌 326, 328
범죄의 예방과 제지 279
범죄피해자 보호법 526
범죄피해자보호기금법 528
범죄피해조사 33
범죄학 29
범죄화론 120
보안 271
보안처분 225
보호관찰 16
보호관찰부 집행유예 17
보호조치 277
보호처분 474
본격적인 수사 284
불법콘텐츠범죄 236
불심검문 273
비범죄화론 110
빅데이터를 활용한 범죄예방 311

ㅅ

사법개혁위원회 550
사법경찰 280
사법의 민주적 정당성 555
사이버공간 248
사이버도박 245
사이버범죄 233, 235
사이버범죄의 특징 238
사이버범죄의 현황 237
사형 332
사회봉사명령 16
사회통제 43
사회해체 52
살인죄의 종류 336
상담조건부 기소유예 156
상당한 이유 358
생체인식기술을 활용한 범죄예방 313
생활안전 270
석방 444
선고유예 248
선도유예 479
선도조건부 기소유예 481
성매매 120
성문법률주의 328
성범죄자 신상공개 196
성적 자기결정권 360
성적 학대 177
성충동 약물치료 210
세계 인권선언 326
셰이큰 베이비 신드롬 188
소극적인 방위행위 361
소급효금지의 원칙 329
소년범죄 464
소년법 467
소년보호사건 471
소년원 480
소년형사사건 476
소말리아 해적사건 551
수강명령 16
수용구분 437
수용자 453
수용자의 처우 437
수형자 436, 453

수형자의 처우 441
스토킹 122
신체적 학대 171
실종아동 등 수배 289
실질적 범죄개념 127
실패한 교사 335
실형 15
싸움 356
CPTED 307

ㅇ

아노미 52
아동보호체제 188
아동복지법 180
아동특례법 180
아동학대 170
양심적 병역거부 112, 115, 236
N번방 사건 220
영국의 대헌장 326
예방적 정당방위 365
예방출입 280
예방형 14
예비·음모죄 334
오상방위 366
외사 271
위법성 350
위법성이 조각 359
위법성조각사유 350, 364, 367, 368
위생과 의료 439
위치추적 204
위치추적 전자감독 204
위험발생의 방지 278
유기 179
유기징역 333
유추해석금지의 원칙 329
응보형 13
이유부기피신청권 553
2차 피해 521
인터넷피싱 243
일반법 336
1차 피해 521
임의동행 276

ㅈ

자격상실 333
자격정지 333
자구행위 351
자기보고조사 32
자율방범대 287
자치경찰 264
재사회화 14
적정성의 원칙 329
전문심리치료 530, 531
전자발찌 204
접견·서신수수 439
접견권 439
정당방위 170, 351
정당행위 351
정보 271
정보통신망 무단침입 241
정보통신망 이용범죄 236
정보통신망 침해범죄 236
정서적 학대 175
조직적 아동성학대 188
죄형법정주의 127, 326
죄형전단주의 326
지역경찰 271
지역사회 경찰활동 286
직업법관 546
질서유지작용 258
징역 333

ㅊ

참심제 547
책임 350
처벌(또는 형벌)필요성 129
체벌 172, 185
초동수사 283
취업제한 214

침해의 부당성 355
침해의 현재성 353

ㅌ

탄력순찰 287
특별권력관계 431
특별법 336

ㅍ

평의와 평결의 구속력 559
Forensics 314
프랑스 인권선언 326
피해자 521
피해자 보호 520
피해자 비난 520
피해자심리전문요원 534
피해자의 승낙에 의한 행위 351

ㅎ

하위문화이론 38
학교전담경찰관 288
해킹 241
행위의 특성 240
행위자 특성 238
행정경찰 273
행형법 436
형벌 332
형벌론 12
형법 329
형법각칙 331
형법전 329
형법총칙 331
형사미성년자 470
형사조정 532
형집행법 436
혼인빙자간음 111
회복적 사법 14, 534
흉기조사 276

공저자 소개(차례순)

심희기 연세대학교 법학전문대학원 명예교수

노성호 전주대학교 경찰학과 교수

최이문 경찰대학 행정학과 교수

전지연 연세대학교 법학전문대학원 교수

윤지영 한국형사·법무정책연구원 형사정책연구본부 본부장

박다정 경기북부경찰청 반부패경제범죄수사2대장 경정/변호사

김연수 동국대학교 융합보안학과 교수

김용수 연세대학교 법학박사

이강민 김포대학교 경찰행정과 교수

권창국 전주대학교 경찰학과 교수

안성훈 한국형사·법무정책연구원 범죄예방·교정정책연구실 선임연구위원

김정환 연세대학교 법학전문대학원 교수

박종승 전주대학교 경찰학과 교수

김형국 연세대학교 법무대학원 법학석사, 변호사(사법연수원 35기)

형사사법 입문 – 범죄와 형벌 –

초판발행 2023년 9월 15일

지은이 심희기 외
펴낸이 안종만 · 안상준

편집 장유나
기획/마케팅 조성호
표지디자인 BEN STORY
제 작 고철민 · 조영환

펴낸곳 (주) 박영사
서울특별시 금천구 가산디지털2로 53, 210호(가산동, 한라시그마밸리)
등록 1959. 3. 11. 제300-1959-1호(倫)
전 화 02)733-6771
f a x 02)736-4818
e-mail pys@pybook.co.kr
homepage www.pybook.co.kr
ISBN 979-11-303-4546-8 93360

정 가 32,000원